2015
【第16卷】

西山年鉴

XISHAN YEARBOOK

昆明市西山区人民政府　主办
昆明市西山区地方志编纂委员会办公室　编

云南民族出版社

图书在版编目（CIP）数据

西山年鉴·2015 / 昆明市西山区地方志编纂委员会办公室编. -- 昆明：云南民族出版社，2015.11
ISBN 978-7-5367-6898-7

Ⅰ. ①西… Ⅱ. ①昆… Ⅲ. ①区（城市）－昆明市－2015－年鉴 Ⅳ. ①Z527.41

中国版本图书馆CIP数据核字(2015)第287933号

西 山 年 鉴
XISHAN NIANJIAN （2015）总第16卷

昆明市西山区地方志编纂委员会办公室 编

责任编辑 龚艾保
装帧设计 昆明凡影图文艺术有限公司

编 者 昆明市西山区地方志编纂委员会办公室
（昆明市秀苑路188号 西山区政府大楼8楼17号）
电话：0871-68227351(传真) 邮箱：xsnjbjb@163.com 邮编：650118
出版发行 云南民族出版社
（昆明市环城西路170号 云南民族大厦5楼 邮编：650032）
制 版 昆明凡影图文艺术有限公司
印 刷 昆明富新春彩色印务有限公司
开 本 889mm×1194mm 1/16
印 张 20.25
彩 页 36码
字 数 760千
版 次 2015年11月第1版
印 次 2015年11月第1次印刷
印 数 0001—1000册
定 价 200.00元
ISBN 978-7-5367-6898-7/Z·296

《西山年鉴》（2015）
编辑委员会

《西山年鉴》（2015）撰稿人员名单

（按部类顺序排列）

唐　敏　符月娜　姚　慰　余文君　林　莉　李浩龙　胡　涛
高　军　干亚霄　赵　杰　陶　敏　平新权　董庆华　毕翠花
莽敏琨　吴文甫　罗　燕　邬　敬　徐　波　杨丽丽　杜建国
张丽霞　王学文　马淑颖　何丽娜　王　燕　罗成云　张丽红
赵德苍　程　鑫　罗卫红　栗　雁　吴阳青　庞玉红　马祥芬
成　兰　李利娜　李燕朵　周伟杰　李　媚　高联勇　张　辉
王全华　张恒伟　李　燕　马忠义　姜　江　陈家辉　杨　莉
罗宝荣　李俊峰　符明榕　杨　薇　罗华萍　陆海娟　吴丽辉
吕雪梅　张春兰　杨　惠　诸颖超　马　茜　刘　枫　何　英
刘召霞　黄秀芬　张　敏　葛惠娟　龙　波　安志丽　马　萍
段雪莲　杨丽琼　杨明芳　杨雪兰　李廉平　周晨路　梁晓丽
王亚梅　卢永丽　聂庆国　黄兴明　李智辉　王　竣　杨其芬
杨　雨　范　超　袁　欢　张　颖　梁　璞　尹建军　李治宇
马智远　邓　超　张　艳　黄　兴　刘珂廷　王书德　徐　爽
郭明泉　李　昂　施冠宇　潘焕平　朱延辉　陈　勇　黄迎红
张忠升　王　蓓　李学亮　袁琼荣　杨　蕾　张春兰　张玉仙

西山区行政区划（2014年12月）

全区户籍人口52.8万人　10个街道办事处　1个管理委员会

104个社区居委会　393个居民小组

街道办事处	户籍人口（人）	驻　地	社区居委会	社区居委会（个）	居民小组（个）
马　街	51 493	华苑路358号	梁源、明波、积善、张峰、马街、大渔、普坪、西丽园、德缘	9	63
金　碧	97 900	西昌路77号	金碧、复兴、得胜桥、巡津街、书林街、立夏路、西岳庙、严家地、工人新村、卢家营、西坝北、西坝南、弥勒寺、气象路、河南	15	10
永　昌	52 594	云兴路68号	永顺里、永兴路、益康路、黄瓜营、螺蛳湾、永宁里、云纺、金花针织、永和里、永联、马家、金牛、马洒营、盛高大城、永昌路	15	10
前　卫	73 935	前兴路	红庙、官庄、拥护、南坝、广福小区、世纪半岛、同德锦江、望江路（筹备）	8	25
福　海	50 384	滇池路三公里444号	杨家、河北、船房、福海、陆家、新河、滇池路、阳光	8	44
棕树营	40 599	丹霞路43号	棕树营南区、棕树营北区、白马东区、白马西区、近华、鱼翅路、土堆、昆明医科大学	8	16
西　苑	33 810	西二环路199号（暂驻秀苑路162号）	秋苑、凯苑、春苑、梁源小区、碧鸡	5	—
碧　鸡	26 209	高峣村99号	观音山、西华、富善、黑荞母、龙门、碧鸡、长坡	7	29
海　口	67 260	中滩街76号	中平、桃树、云龙、青鱼、双哨、白鱼、海门、海丰、里仁、中新、中宝、山冲	12	74
团　结	33 818	龙潭街5号	大兴、白眉、棋台、妥吉、龙潭、和平、雨花、花红园、永靖、下冲、谷律、妥排、律则、乐亩、朵亩、蔡家	16	119
西山风景区管理委员会	—	西山风景区管委会	猫猫箐	1	3
总　计	528 002			104	393

编辑说明

一、《西山年鉴》是经西山区人民政府批准公开编辑出版的综合性地方年鉴，是系统反映西山区情的大型年刊。于2001年创刊，逐年编辑出版，形成系列，是集知识、信息、资料为一体的具有公报性、资料性、权威性的工具书。由西山区地方志编纂委员会办公室编辑。

二、本年鉴旨在系统记载西山区政治、经济、社会发展的历史进程。为社会各界了解西山、建设西山提供信息资料，也为编纂地方志书积累资料。

三、2015年版《西山年鉴》为总第十五卷，记述2014年全区各条战线在深化改革、扩大开放中的发展变化情况，彩页中党代会、人代会、政协会及纪委会议照片时间为出版年，其余均为2014年。“特载”主要收录出版年区党政领导在党代会、人代会、政协会及纪委会上的工作报告。

四、本年鉴设特载、大事记、概况、政党、政权　政务　政协、群众团体、法制、军事、经济管理、农林水　新农村建设、经济贸易　投资促进、商业、交通运输　邮政、城市建设与管理、生态及环境保护、财政　税务、金融　保险、科学技术和信息化　科协、教育　卫生、文化　旅游　体育、社会生活、街道办事处概况、人物、附录24个部类。

五、本年鉴采用分类编辑法，以条目为主体。体例分一、二、三级目。一级目为大类，如政党、群众团体、法制等，其标题在版内占三栏；二级目排在一级目下，其标题在版内占二栏；三级目排在二级目下，其标题在版内占一栏，或直接为基本撰写单元（条目）。各个层次以字体、字号予以区分，条目标题用黑体字加【 】号标明。

六、本年鉴内容稿件由各街道办事处镇、各部委办局行、各人民团体指定专人撰写，经承撰单位主要领导审核；照片除署名外，均为区新闻中心提供。本年鉴经年鉴编辑委员会审定。

七、《西山年鉴》编纂工作得到了全区各级领导、各部门及社会各界的大力支持与配合，在此谨表谢忱。同时希望获得宝贵的改进意见，以便把今后的工作做得更好。

❶ 2015年1月8日，中共昆明市西山区委十届六次全体（扩大）会议召开

❷ 区委书记赵学农作工作报告

❸ ❹ 与会人员分组讨论工作报告

区人民政府区长郭希林作政府工作报告

区人大常务委员会主任李增作人大工作报告

❶ 2015年1月15日，昆明市西山区第十五届人民代表大会第三次会议召开

❷ 主席台成员

❸ 代表分组审议大会各项工作报告

❹ 代表听取各项工作报告

区政协主席章震作政协工作报告

❶ 2015年1月14日，政协昆明市西山区第八届委员会第三次会议召开

❷ 委员听取各项工作报告

❸ 主席台成员

❹ 委员分组讨论各项工作报告

❶ 2015年2月4日，中共昆明市西山区纪委十届七次全体会议召开

❷ 区纪委书记张竞作工作报告

❸ 与会人员听取工作报告

❹ 主席台成员

各级领导到西山区考察调研和国际交流活动

❶ 4月10日，国家考核组考核滇池治理“十二五”规划实施情况

❷ 4月4日，云南省委第四巡视组副组长、省委教育实践活动办副主任徐卫民到西山区地税局开展党的群众路线教育实践活动随机调研　（区地税局　供稿）

❸ 5月23日，国家教育部副部长杜占元调研西山区教育信息化工作　（区教育局　供稿）

❶ 3月19日，云南省军区政委石晓到西山区人武部检查指导工作
（区人武部　供稿）

❷ 3月31日，云南省政协主席罗正富到马街街道办事处调研“政协委员之家”建设情况

❸ 5月28日，云南省高级人民法院领导到西山区法院调研
（区法院　供稿）

❶ 5月28日，第二批党的群众路线教育实践活动云南省第一督导组常务副组长彭济生一行到福海街道办事处调研群众路线教育实践活动开展情况
（福海街道办事处　供稿）

❷ 12月19日，云南省人大常委会原常务副主任、云南省老年人体育协会主席晏友琼到西苑街道文化站调研老体协工作
（西苑街道办事处　供稿）

❸ 6月17日，云南省委宣传部宣传教育处处长杨安兴等领导到丽苑社区检查指导“俭约云南”主题实践活动工作开展情况
（西苑街道办事处　供稿）

❶ 9月26日，省、市领导观摩西山区2014年职工职业技能大赛“维修电工”实操赛场

❷ 7月22日，云南省农业厅农村能源办公室主任侯斌到团结街道办事处检查农村沼气建设工作

（区农林局　供稿）

❸ 7月11日，省、市妇联参观团结民族刺绣工艺

❶ 2月16日，重庆市沙坪坝区考察团到西山区考察都市农庄建设工作

❷ 9月5日，昆明市政府市长李文荣慰问书林一小（区教育局 供稿）

❸ 5月4日，昆明市政府副市长李喜调研西山区“城乡清洁工程”

❶ 6月18日，昆明市政府副市长阮凤斌率市级有关部门到西山辖区中石油云南销售分公司就商贸和社会消费品零售工作进行调研
（福海街道办事处 供稿）

❷ 12月23日，昆明市政府副秘书长和丽川到西山区检查指导环保工作

❸ 1月21日，昆明市农业局副局长倪淼带队检查西山区“三品一标”工作
（区农业局 供稿）

❹ 11月5日，昆明市林业局副局长张建坤率队对西山区林下经济发展情况进行调研
（区农林局 供稿）

❶ 7月23日，昆明市反恐怖工作第一轮专项督导检查组领导到西山区检查相关工作

❷ 3月19日，区委书记赵学农到西华红映小组调研工作
（碧鸡街道办事处　供稿）

❸ 5月7日，区委书记赵学农带领的西山区转作风调结构促发展第一调研督查组到福海街道办事处调研
（福海街道办事处　供稿）

❹ 7月16日，区委书记赵学农到盛高大城社区指导平安建设工作
（区政法委　供稿）

❶ 9月10日，区政府区长郭希林到区公安分局专题调研公安工作

❷ 12月23日，区政府区长郭希林调研校园排危及学前教育工作

❸ 1月28日，区政府区长郭希林春节走访慰问困难群众

❹ 1月25日，区人大主任李增春节走访慰问基层群众

❺ 1月28日，区政协主席章震春节走访慰问基层群众

❶ 12月11日，西山区气象局工作人员在为来访的缅甸和老挝国家气象局科技人员作业务交流讲解（区气象局　供稿）

❷ 4月19日，西山青年与老挝、越南青年开展足球友谊赛（团区委　供稿）

❸ 9月11日，云南省妇联牵线英联邦协会到上冲村民小组开展捐赠活动

❹ 6月10日，西山区观音山中心学校举办2014年中韩学生国际文化交流活动（区教育局　供稿）

基础设施建设和城乡一体化发展

❶ 2月28日，召开西山区2014年产业发展大会

❷ 7月22日，西山区召开“一府两院”重大事项通报会

❸ 11月20日，西山区召开工业经济发展和园区建设工作推进会议

4月28日，西山区人民政府与高新区管委会签订高新西山分园区框架协议

（区政府办公室　供稿）

10月24日，西山区与云内动力集团“玻璃深加工项目和新能源客车项目”合作签约仪式

6月16日，西山区2014年安全生产月宣传活动

❶ 3月21日，西山区召开水质未达标河道整治工作会

❷ 3月13日，西山区首条学生公交专线开通

（区教育局　供稿）

❸ 11月1日，从眠山公交车场到海口西华村的C25路城乡公交车开通

❹ 11月14日，西山区道路改造

❺ 1月10日，西山区前卫西路二标段建成通车

（区住建局　供稿）

❻ 11月30日，西山279号规划道路完工通车

（区住建局　供稿）

❶ 1月14日，海口工业园区光学片区项目开工仪式

❷ ❸ 草海北片区45号、46号安置地块安置房建设

（区建拆办　供稿）

❹ 6月19日，建成交房的西坝路改造41户直管公房拆迁安置房

❺ 7月9日，17号片区回迁房分房现场

①② 1月2日，西山区园林局在昆明黑龙潭公园参展的梅花展小品
（区园林局　供稿）

③④ 2013年12月11日和2014年11月28日的西山区市级“美丽乡村”示范村——核桃箐村庄整体风貌建设前后对比图
（区统筹办　供稿）

❶ 农产品深加工——玫瑰精油等系列产品
❷ 规范化康乃馨栽培
❸ 高产韭菜种植
❹ 设施农业蔬菜大棚

“三个文明”建设

❶ 3月24日，西山区开展党的群众路线教育实践活动杨竹芳同志先进事迹报告会

❷ 4月23日，西山区开展学习习近平总书记系列重要讲话及党的十八届三中全会精神集中培训

❸ 11月13日，西山区举办2014年突发事件应急管理专题培训会

1. 8月1日，西山区召开区委常委班子专题民主生活会情况通报会
2. 7月23日，西山区举办2014年入党积极分子培训班
3. 4月16日，西山区召开2014年组织宣传统战暨老干部工作会
4. 6月14日，西山区工会第七次代表大会召开
5. 2月27日，西山区召开延安精神研究会三届三次理事会

❶ 3月27日，西山区召开实施省知识产权强县试点工程考核验收会

❷ 2月22日，西山区纪委监察局组织全区实职县处级领导干部以及重要部门、重要岗位公职人员参观“以案说法·反腐倡廉大型巡回展”
(区纪委办公室　供稿)

❸ 6月25日，西山区召开全区反恐怖工作会议

❹ 9月4日，西山区召开法学会暨第一次会员代表大会

❶ 6月6日，西山区检察院与云南省女子第三监狱建立警示教育基地
（区检察院　供稿）

❷ 11月19日，西山区开展2014年平安西山地震应急演练
（福海街道办事处　供稿）

❸ 11月21日，船房社区“儿童之家”被云南省妇儿工委办公室授予云南省实施“两规”示范县（市、区）儿童之家
（福海街道办事处　供稿）

❹ 7月15日，城市流动和贫困儿童家访示范项目昆明启动会在船房居委会召开
（福海街道办事处　供稿）

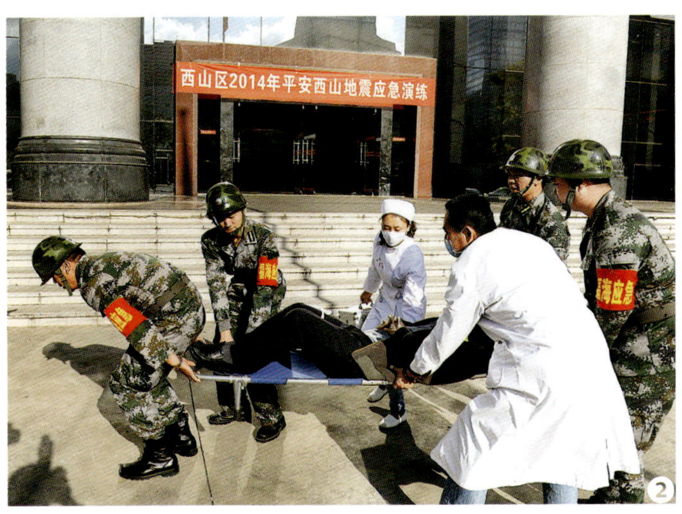

❶ 3月4日，西山区开展关爱外来务工人员子女志愿服务活动

❷ 4月30日，举行2014年度共青团西山区委希望水窖"1+X"公益活动启动仪式 （团区委　供稿）

❸ 10月22日，举办非公经济人士理论培训班

❹ 12月4日，西山区人大主任李增到妥排向选民述职并宣传宪法 (区人大　供稿)

❶ 12月13日，西山区开展森林防火宣传

❷ 6月28日，爱贝教育与新西兰塔卡普纳文法学校签署协议（区教育局　供稿）

❸ 6月9日，西山区开展滇台乡亲交流联谊活动

❹ 7月23日，昆明市县（市/区）老体协交流学习活动在西山区举行

❶ 8月13日，开展西山区诗词书画协会鲁甸震区捐赠义卖活动

❷ 11月21日，西山区陶艺协会成立

❸ 10月29日，西山区旅游协会成立

❶ 1月13日，西山区举办书画展

❷ 2月28日，祖玉兰滇绣画展在云南省博物馆展出

❸ 10月18日，西山区团结高原山地自行车公路赛

❹ 9月3日，在西山国家级风景名胜区举行南洋华侨机工回国抗战75周年纪念活动

共创西山优美环境

❶ 12月17日，西山区举办新《中华人民共和国环境保护法》专题培训会　（区环保局　供稿）

❷ 6月5日，西山区召开南博会相关工作筹备会议

❸ 4月18日，召开昆明市开展“城乡清洁工程”全面整治环境卫生和交通秩序的通告征求意见、听取民意西山区恳谈会

❶❷ 夜晚的碧鸡公园音乐喷泉

❸ 1月30日，西山区“四创两争”工作总指挥部开展迎新春爱国卫生大扫除活动

❹ 6月5日，西山区人武部与驻区部队开展迎“南博”卫生整治活动

❺ 8月1日，海口街道开展“中国梦、劳动美、城乡清洁工程”大扫除

❻ 11月14日，西山区道路河道改造

❼ 3月28日，西山环卫车辆进行绿化带浇水作业

❽ 盛高大城五期绿地景观

1 前兴路鲜花种植
2 金碧路鲜花种植
3 金碧广场鲜花种植
4 滇池路鲜花种植
5 西山区园林绿化景观

目 录
Contents

特 载
SPECIAL CARRIER

大事记
MAJOR EVENTS

西山区概况
XISHAN DSTRICT GENERAL SITUATION

政 党
POLITICAL PARTY

中国共产党西山区委员会
Xishan District CPC Committee

区委办公室
Office Work of the District Committee

组织工作
Organization Affairs

侨联·台联
Federation of Returned Overseas Chinese·Taiwan Compatriot's Federation

工商联
Industry and Commercial Federation

政权·政务·政协
POLITIC POWER · POLITIC AFFAIRS · POLITIC CONSULTATION

西山区人民代表大会常务委员会
Xishan District People's Congress

主要工作
Main Work

各委室工作
Division's Work

西山区人民政府
Xishan District People's Government

主要工作
Main Work

政府办公室工作
Work of the Government Office

区长热线
Hot Line of the District Head

政务服务
Administration Service

机关事务管理
Government Offices Administration

信访工作
The Work for Complaints

档　案
Archives

地方志
Local Chronicles

人民政协西山区委员会
Xishan District Committee of the CPPCC

各委室工作
Division's Work

群众团体
MASS ORGANIZATIONS

职　工
Staffs

青少年
Teen-agers

妇　女
Women

法　制
LEGAL SYSTEM

检　察
Procuratorate

审　判
Judgment

城市建设与管理
CITY CONSTRUCTION AND MANAGEMENT

生态及环境保护
ECOLOGICAL AND ENVIRONMENT PROTECTION

财政・税务
FINANCE・TAXATION

金融・保险
BANKING・INSURANCE

红十字会
The Red Cross

文化・旅游・体育
CULTURE・TOURISM・SPORTS

文 化
Culture

旅 游
Tourism

西山国家级风景名胜区
Xishan State-level Scenic Spot

体 育
Sports

社会生活
SOCIAL LIFE

人口・人民生活
Population・People's Life

人口控制
Population and Family Planning Administration

人力资源・社会保障
Human Resources・Social Security

民族・宗教
Nationalities·Religions

西苑街道办事处
Xiyuan Sub-district Office

碧鸡街道办事处
Biji Sub-district Office

海口街道办事处
Haikou Sub-district Office

团结街道办事处
Tuanjie Sub-district Office

人　物
FIGURES

附　录
APPENDIX

文件·报告
Documents and Reports

国民经济统计资料
National Economy Statistic Data

特　载

编辑　罗桂莲

适应新常态　激发新动力　推动新发展 奋力谱写率先全面建成小康社会的新篇章

——2015年1月8日在区委十届六次全体（扩大）会议上

中共西山区委书记　赵学农

同志们：

现在，我受区委常委会委托，向全委会作报告。

一、凝心聚力、真抓实干，经济社会发展迈出坚实步伐

2014年，面对错综复杂的宏观经济形势和较为繁重的改革发展稳定任务，在市委、市政府的坚强领导下，区委团结带领全区干部群众，积极适应经济发展新常态，围绕打造国际化商务中心和山水园林新城区，坚持稳中求进，锐意改革创新，奋力攻坚克难，统筹推进经济、政治、文化、社会、生态文明和党的建设，各项工作有新举措、新进展、新成效，为在全市率先全面建成小康社会打下了坚实基础。

（一）突出产业转型升级，经济增长转向新常态。始终把产业作为经济工作的主旋律、深化改革的主战场、富民强区的主引擎，聚焦转方式、调结构、促转型、惠民生，突出投资拉动、推动消费升级、巩固项目支撑、夯实园区载体，经济实力不断提升。扎实开展产业发展年、产业建设年、产业强区年活动，全面实施“1662”产业培育提升计划、“310”项目提升体系，加快城市综合体商务楼宇扩建增容，现代服务业增量提质，工业和建筑业加快发展，万达广场、爱琴海购物公园、文华酒店、中石油阳光酒店开业运营，海口工业园区、团结生物医药食品加工园区“一园两片”联动发展，长坡物流园区推行“园处合一”增强发展动力；都市农庄加快建设，都市型高原特色农业稳步发展。2014年，全区地区生产总值预计达458亿元，同比增长10.1%；完成区域规模以上固定资产投资474亿元，同比增长18.3%；实现地方公共财政预算收入34.6亿元，同比增长6.4%；三次产业结构比为0.7：26.2：73.1，连续9年荣获“云南省县域经济发展十强县”称号。

（二）注重提升城市品质，城乡统筹展现新面貌。围绕打造世界知名旅游城市核心区，注重高水平建设城市、精细化管理城市，山水园林新城区建设迈出新步伐。加快实施城市综合体建设，新增商务楼宇面积42.1万平方米。城中村改造新开工面积223万平方米，建成回迁安置房6213套63.2万平方米。滇池西岸度假休闲区启动湿地公园建设，西山风景区提升改造项目加快实施，螺蛳湾中央商务

区、草海时尚文化区、团结民族风情小镇建设稳步推进，建成9个美丽乡村。西北绕城高速、南连接线和24条城市道路、农村公路竣工通车，以道路交通为重点的基础设施加快建设。城市管理综合执法重心下移，实施城乡清洁工程扎实有效。在全市率先实施天然气置换，提高了居民用气安全保障水平。

（三）着力深化改革开放，科学发展注入新动力。突出发展导向、问题导向、需求导向，全面深化改革工作稳步推进。行政审批、财税体制、司法体制、事业单位、农村产权制度等改革有序展开。创建社区治理“五位一体”“围院式管理”品牌；全省首个光机电科技孵化器、全市首个扶持小微企业“助保贷”项目启动运行；成立全省首家县（区）级社会组织培育基地；创新推行政府投融资项目管理机制。实际利用外资8899.7万美元，引进市外到位资金103.7亿元。鸿翔一心堂成为全国连锁药店首家上市企业。全区非公经济增加值预计达238亿元，同比增长9.5%。

（四）彰显山水交融理念，生态保护建设实现新提升。创新以滇池治理为核心的生态治理机制，促进生态建设、经济建设、城市建设协调共进。滇池环湖截污、“四退三还一护”、生态修复、退耕还林、雨污管网建设、河道治理、城市绿化美化亮化等工作扎实推进，城乡人居环境不断改善。12条主要出入滇池河道水质巩固提升，海口河、西坝河整治全面完工。万元GDP能耗下降4%，空气质量优良率达95.8%。西山区荣获全省首批“生态文明区”称号。

（五）全面促进民生改善，社会和谐稳定开创新局面。区级财政民生支出27.9亿元，占预算支出78.8%。深入实施“十大民生工程”，年度惠民实事圆满办结。城镇新增就业1.7万人，城镇登记失业率控制在2.5%。城镇和农村常住居民人均可支配收入预计分别达31193元、14817元，分别增长11%、13%。健全社会保障和救助体系，城乡居民社会养老保险、基本医疗保险参保覆盖率稳步提高，城乡低保金同比增长14.6%。教育资源布局得到优化，引进昆一中西山学校、云师大附属润城学校，创办书林二小云投学校，完成17所学校（园）排危工程；科技、文化、卫生事业持续发展。保障性住房建成1758套、在建930套。全力维护社会和谐稳定，市级交办的“3·01”暴恐案件善后处置任务圆满完成；领导干部接访下访形成常态化机制，78个影响改革发展稳定的突出问题已化解34个；依法严厉打击违法犯罪，安全生产监管持续加强。西山区在全省群众安全感满意度测评中名列全市第一，创建“全国法治先进县区”通过省级考评，入选“云南省平安县区”。双拥工作扎实有效，连续六届荣获“云南省双拥模范城”称号。

（六）坚决从严管党治党，党的建设得到新加强。深入开展党的群众路线教育实践活动，全区1.91万名党员接受了严格的党性锻炼，党群干群关系进一步密切，党风政风、社会风气明显好转。坚持领导带头，整顿软弱涣散基层党组织；坚持问题导向，解决群众反映强烈的突出问题；坚持联动整改，打通联系服务群众“最后一公里”。严格执行中央八项规定，从严整治“四风”。认真落实党风廉政主体责任和监督责任，查处了一批违纪违法案件，党风廉政建设和反腐败斗争深入推进。社会主义民主政治建设得到加强，人大、政府、政协履职富有成效，宣传思想、精神文明、统战、民族宗教、国防动员、老干部等工作不断进步，工青妇等人民团体和社会组织作用充分发挥，全区上下形成了风清气正、干事创业的良好氛围。

这些成绩的取得，是省委、省政府和市委、市政府坚强领导的结果，是全区广大党员和干部群众奋发进取的结果，是各民主党派、工商联、人民团体、无党派人士同心奋斗的结果，是省、市机关和驻区部队、企事业单位支持帮助的结果。在此，我代表区委，向所有关心、支持、参与西山改革发展的同志们、朋友们表示衷心的感谢，并致以崇高的敬意！

当前，我们正处于经济社会发展转型关键期，西山的改革发展仍然存在一些不容忽视的矛盾和问题：一是产业支撑不强、创新驱动不足，特别是新型工业化发展较慢，现代服务业层次不高，财税收入结构不优，政府性债务风险不容忽视；开发园区、重点片区和部分重点项目建设迟缓、带动辐射作用不明显。二是城乡发展不协调，城市规划建设统筹不够，功能配套不完善，管理水平不高，“脏、乱、差、堵”问题不同程度存在。三是以滇池治理为重点的生态建设任务依然艰巨，河道整治与片区改造交织牵制，“五采区”生态修复难度大。四是就业、教育、医疗、住房等民生事业发展不足，与群众期盼相比仍有较大差距，安全生产、食品药品安全、环境保护等方面还存在薄弱环节。五是城市更新改造、征地拆迁、特殊群体利益诉求等引发的矛盾纠纷问题依然突出，一些热点难点问题尚未妥善解决，维护社会稳定压力较大。六是推进改革的方法不多、力度不大，重要领域、关键环节的改革推进不快，制约发展的体制机制障碍较为突出。七是有的党委（党组）履行党建工作责任制、党风廉政建设责任制不到位，少数基层党组织软弱涣散，战斗堡垒作用不强。八是部分党员干部思路、观念、作风转变慢，担当精神和能力不足，破解难题、推动发展的水平不高。对此，我们必须强化问题意识，树立问题导向，坚持以实干作风、创新精神、改革举措做好工作，决不辜负市委、市政府和全区人民的信任与重托。

二、科学研判、奋发进取，准确把握当前面临的形势和总体工作要求

肯取势者可为人先，能谋势者必有所成。纵观时局，我们正处于大发展大变革大调整时期，思想观念深刻变化、经济体制深刻变革、社会结构深刻变动、利益格局深刻调整。着眼西山，我们站在进退消长的“十字路口”，积极作为就能乘势而上，消极应对就会掉队落伍。我们必须因势利导、顺势而为，认识新常态、适应新常态、引领新常态，促进经济社会平稳健康发展。

2015年，全区工作的总体要求是：深入学习贯彻党的十八大和十八届三中、四中全会及习近平总书记系列重要讲话精神，按照中央经济工作会、省委九届九次全会、省委经济工作会、市委十届六次全会的安排部署，紧扣打造国际化商务中心和山水园林新城区的发展定位，以解放思想为先导，以深化改革为动力，以转型升级为主攻方向，以依法治区为有力保障，以增进民生福祉为根本目的，更加注重科学发展、更加注重改革开放、更加注重民生改善、更加注重生态保护、更加注重法治建设、更加注重从严治党，在新形势下适应新常态、激发新动力、推动新发展，加快建设区域性国际城市和世界知名旅游城市核心区，奋力谱写率先全面建成小康社会的新篇章。

围绕上述总体要求，必须突出三个着力面：

（一）主动适应“四种新常态”：一要主动适应经济发展新常态。要科学应对经济下行压力增大、财税体制深刻变革、结构调整阵痛显现、产业园区基础薄弱、环境问题日益突出等挑战，坚决摒弃新常态就是减慢增速、弱化发展、心安理得放任“自然增长”的片面认识，既要摆脱“速度情结”“换挡焦虑”，又要反对安于现状、无所作为。要始终坚持发展是硬道理，抓好发展这个第一要务，确保经济发展稳中有进积极“进”、稳中有为主动“为”，实现稳中提质、稳中求好、稳中求优。二要主动适应社会治理新常态。社会转型进程中，利益多样化、诉求多元化、渠道多维化、矛盾集中化的问题凸显，社会群体的公平意识、民主意识、权利意识不断增强，对各项工作公正性、透明度的要求越来越高，必须坚决摒弃“搞定就是稳定、摆平就是水平”和以言代法、以权压法、以压服代替说服等错误观念和做法，更加注重运用法治思维、法治手段、法治方式解决问题，善于引导群众理性合法地表达利益诉求，全面推进多层次多领域依法治理，把社会治理纳入法治化轨道。三要主动适应民生保障新常态。公平普惠是民生保障的新常态。我们要准确把握促发展与惠民生的结合点，按照“量力而行、尽力而为”的原则，千方百计把民生事业的“蛋糕”做大，公平合理把“蛋糕”分好。坚持把民生事业作为公共财政支出的优先方向，在教育医疗、就业养老、交通出行、住房保障、环境保护等民生领域，加大财政投入力度，加快构建更加完善、更高品质、与主城核心区地位相符的民生保障体系。四要主动适应管党治党新常态。我们要坚持思想建党与制度治党紧密结合，推动从严管党治党成为新常态。牢固树立“抓好党建是本职、抓不好党建是失职、不抓党建是渎职”的责任意识，真管真严、敢管敢严、长管长严，聚精会神抓党建、从严从实抓党建、统领发展抓党建，坚决防止“一手硬、一手软”，把“对党忠诚、个人干净、敢于担当”融入党性修养的全过程、贯穿于改革发展稳定的各方面，切实增强党员先锋模范

作用，发挥党组织战斗堡垒作用。

（二）充分激发“四个新动力”：一要激发重大战略机遇新动力。抢抓新一轮西部大开发、桥头堡建设、沿边开放、“一带一路”、长江经济带建设新机遇，加快融入滇中城市经济圈一体化建设，在全市构建大开放格局中，找准战略支点、建好桥梁纽带，把西山的区位优势、资源优势、环境优势转化为发展新动力，努力实现产业、市场、民生、交通、信息领域率先发展。二要激发产业转型升级新动力。抢抓新常态下经济调速、动力转换、产业转型、结构优化的机遇，找准省、市产业布局调整与西山发展的结合点，打造金融链、延长产业链、拓宽产业幅，培育发展资金技术密集型产业、高附加值战略新兴产业，加快推动经济从规模速度型粗放增长向质量效率型集约增长转变。充分发挥省会城市中心区集聚优势，实施养老健康家政、信息、旅游、住房、绿色消费、教育文化体育等6大领域消费工程，大力发展生产性服务业，推动服务业向高端化、现代化转型发展。三要激发市场创新驱动新动力。以建设“国家知识产权强县试点区”为契机，坚持市场需求导向和产业化方向，充分发挥市场机制作用，鼓励扶持各类市场主体自主创新，推动创新成果产业化，依靠创新来培育和形成新的增长点，加快推动经济发展方式转变，从单纯依靠投资驱动的外延式增长，转向依靠创新驱动的内涵式增长。四要激发统筹城乡发展新动力。切实增强和发挥主城核心区对涉农街道发展的辐射带动作用，提速农业特色化、农民专业化、产品品牌化、城乡一体化进程。依托民族风情小镇、生物医药食品加工园区、花红园片区，把团结打造为“依山”型特色集镇；依托滇池西岸度假休闲区、草海时尚文化区，把碧鸡、海口打造为“傍水”型特色集镇，加快缩短城乡差距，推进城乡统筹发展。

（三）努力争创“四大新亮点”：一要在基层党建中争创新亮点。强化抓党建“主业”意识，把抓党建、创品牌贯穿于固本强基、推动发展全过程。突出“五个服务”主题，结合实际打造一批立得住、叫得响、推得开、城市社区与翻牌社区各具特色的基层党建品牌，创建一批领导班子好、党员队伍好、保障投入好、工作机制好、发展业绩好、群众反映好的“六好”基层党组织，培养一批党性意识优、能力素质优、纪律作风优、服务群众优的“四优”基层党组织书记。二要在城市更新改造中争创新亮点。城市更新改造要更加注重民生民意，总结推广城中村改造拆迁平稳、回迁有序的典型经验；公共设施建设要更加注重市场化运营，总结推广社会资本参与合作、互利共赢的典型经验。在城市更新改造中，要统筹建设好基层党组织活动场所、社区公共服务设施，探索完善政府主导、市场运营、公开公平、群众满意的城市更新改造工作机制。三要在民生事业中争创新亮点。坚持培育品牌与引进名牌有机结合，丰富和拓展“名校带民校”“名校办分校”模式内涵，优化教育资源布局；坚持扶优做强社区医院，提升多层次的医疗服务品质，推动医疗、养老等社会服务深度融合；推动“办文化”向“管文化”转型改革，加快形成覆盖城乡、便捷高效、保基本、促公平的现代公共文化服务体系。四要在依法治区中争创新亮点。持续深入抓好“全国法治先进县区”创建工作，推动依法治区向更高水平迈进，努力在依法行政、司法体制改革、社会治理等方面打造新亮点，力争法治服务保障体系、法治建设满意度、法治环境质量、法治建设品牌影响力在全市领先。

三、克难奋进、拼搏创新，推动经济社会发展跃上新台阶

2015年是全面深化改革的关键之年，全面推进依法治国的开局之年，全面完成“十二五”规划的收官之年。全区经济社会发展的主要预期目标建议为：地区生产总值增长9%左右，地方公共财政预算收入增长6.5%，规模以上固定资产投资增长14%，社会消费品零售总额增长11%，城镇和农村常住居民人均可支配收入分别增长9%和10%以上，城镇登记失业率控制在4%以内，人口自然增长率控制在6‰以内。

围绕上述目标，要重点抓好以下4个方面工作：

（一）强化产业支撑，提高经济增长质量。坚持稳中求进的工作总基调，坚定不移转方式、调结构、稳增长、惠民生，开启提质增效升级的经济发展新阶段。

一要优化产业布局。主城核心区7个街道重点

发展楼宇经济、总部经济、都市工业，培育壮大融资租赁、商务咨询、服务外包、信息技术等新兴服务业，打造都市经济引领区。碧鸡、海口、团结重点发展现代物流、新型工业、都市农业、旅游文化产业，打造产业承载新平台。鼓励各街道因地制宜、创新发展，加快打造结构优、效益好、支撑强的现代产业体系。

二要做强现代服务业。把现代服务业作为调整经济结构的重要支柱，实现服务业与工业两轮驱动、融合发展。加快培育现代物流、高新技术服务、设计咨询、商务服务等生产性服务业，加快发展商贸服务、文化旅游、健康服务、家庭服务等生活性服务业。围绕打造区域性金融中心核心区，加快建设金融产业园区，着力构建现代金融服务体系。依托省属传媒、报业、出版、广电四大集团，云南移动、昆明广电、昆明日报三大总部，做强信息服务业。继续实施“310”项目提升体系，加快建设城市综合体，新增商务楼宇面积45万平方米以上，做强服务业提档升级的载体。充分发挥万达广场、南亚风情第壹城、红星国际广场等城市综合体的辐射带动作用，重点培育发展“总部楼”“亿元楼”，关键一招是抓好“二次招商”。全年第三产业增加值要达370亿元。

三要做大新型工业。坚持质量与效益优先、改造提升传统产业与培育发展新兴产业并重，努力构建中心城区都市工业圈、城郊区制造业圈，加快形成“一园两片一核心”工业空间布局。海口片区大力发展磷化工、光机电、装备制造、新材料、新能源产业，做好精深加工和转化增值“两篇文章”，让传统产业焕发新活力；团结片区大力发展生物医药食品产业，培育新兴绿色产业增长点；主城核心区大力发展楼宇工业、研发中心，着力打造都市工业板块。

四要做精都市农业。依托滇池、碧鸡山、观音山、棋盘山、卧云山等风景区，打造团结乐律—安富公路沿线芳香花卉走廊、高海—安晋—西北绕城高速公路沿线观赏苗木走廊，引导扶持休闲体验果园、生态农场、都市农庄向专业化、特色化、品牌化方向发展，大力发展都市型高原特色现代农业，提升乡村旅游品质。加大力度培育农业龙头企业，做优蔬菜、花卉、林果、生物资源等特色产业，打造有竞争力的绿色品牌。依托螳螂川、浑团公路、宝花公路沿线和龙门片区、白鱼口片区，全力打造乡村美食风景线，促进乡村体验、乡村旅游、乡村美食融合发展。

五要壮大园区经济。聚焦园区项目招商，突破基础设施配套瓶颈。加快实施海口工业园区“百亿园区提升工程”，推进项目集聚、培育产业集群、延伸产业链条。加快完善园区水、电、路、学校、医院等公共配套设施，推动海口工业园区与海口新城、团结生物医药食品加工园区与民族风情小镇的产城融合发展。西山风景区要完善基础设施，提升景区品质，推动创建国家5A级景区。深化园区管理体制改革，继续实施和完善“园处合一”运行机制，推动园区向市场化运作、企业化管理、社会化服务转型。

六要繁荣民营经济。坚持各类市场主体“法无禁止皆可为”。积极发展混合所有制经济，策划推出一批政府与社会资本合作项目（PPP模式）吸引投资，撬动民间资本参与公用事业、产业培育、基础设施建设。完善大市场监管机制，加强对民营企业的引导、扶持、服务，推动解决民营企业融资难、用地难、审批难等问题。认真落实小微企业扶持政策，优化小微企业营商环境，充分释放小微企业发展活力。

（二）统筹城乡发展，建设宜居宜业家园。坚持建管并重，加快完善城乡基础设施，提升新型城镇化质量，打造宜居宜业的现代都市环境，全力推进世界知名旅游城市建设。

一要提高城市规划建设管理水平。在城市规划建设中注重彰显山水生态特色，把自然禀赋、文化传承转化为城市建设运营的独特优势。积极稳妥推进城市更新改造，全力突破螺蛳湾中央商务区拆迁改造难点，坚持回迁安置优先，维护好动迁群众的合法权益。协调促进市级国有公司加快重点片区建设，草海时尚文化区要围绕打造靓丽城市客厅，加快安置房建设和片区开发，争取万达集团项目落地；滇池西岸度假休闲区、海口新城要联动发展，推进土地收储、湿地建设、项目招商、基础配套，着力打造旅游商贸区、生态居住区、精品度假休闲区、新型工业化城市片区。深入实施城乡清洁工程，健全完善数字化城市管理运行机制。

二要加大基础设施建设力度。全力推进16条城市道路建设，确保西坝路、西福路改造工程竣工通车；配合做好地铁3号线建设、昆明铁路枢纽扩能改造工作。统筹地上地下空间开发和市政配套建设，科学设置停车场、道路设施、无障碍设施等公共设施，培育发展商业、文化、体育、卫生、教育一体化的社区邻里中心，积极构建社区小型化、精品化、便利化、集成化的商业服务体系，拓展城市服务功能，丰富城市人文内涵。加快推进明朗水库、杨梅山水库、“五小”水利工程和农村公路、电力、通讯等基础设施建设，切实改善农村生产生活条件。

三要推进新型城镇化和“美丽乡村”建设。加大对涉农街道的政策倾斜和资金投入，促进城乡公共资源均衡配置，有序推进农业转移人口市民化，推动“物的新农村”“人的新农村”建设齐头并进，提高以人为本的新型城镇化水平。按照“三清四美三宜”的要求，全力推进“美丽乡村”建设，防止生搬硬套、千村一面、大拆大建，注重保护村庄原始风貌，体现特色、传承文化，打造望得见山、看得见水、记得住乡愁的农民新居、美丽家园。年内要建成10个“美丽乡村”示范村。

四要加强生态建设和环境保护。坚定不移推进滇池治理，紧抓雨污管网配套、河道综合整治、生态修复建设，巩固提升12条出入滇池河道水质，完善片区污水收集处理设施。深入实施“四退三还一护”，打造滇池湖滨良性生态系统。持续加强节能减排和环境保护监管，加大噪音、大气、扬尘、土壤污染防治力度，依法查处环境违法行为。加快“五采区”、石漠化和水土流失区域生态修复治理，加强森林资源管护和森林防火工作，持续深入创建生态区、生态街道、生态村。

（三）坚持深化改革，激发创新发展活力。坚持顶层设计和基层首创相结合，以改革举措破解难题，以创新思路寻求突破，以开放视野拓展空间，为西山发展再创新优势、再添新动力。

一要全力打好深化改革攻坚战。围绕财税体制、户籍制度、司法体制、农村综合改革等重点事项，制定符合上级精神、体现西山特色的路线图、时间表和改革措施；积极稳妥实施政府机构改革。要从群众关注的焦点、百姓生活的难点切入，从13类影响改革发展稳定的重大问题和群众反映强烈的突出问题入手，切实抓好城市建设、教育卫生、社会保障、环境保护、市场监管等领域改革，进一步释放改革红利。要科学编制好“十三五”规划，发挥规划对西山改革发展的引领作用。

二要提高对外开放水平。充分发挥西山作为昆明“西大门”的区位优势，主动融入省、市对外开放战略布局，着力构建省、市扩大对外交往交流的通道枢纽、合作平台，加快建设区域性国际城市核心区。大力实施“走出去”“引进来”战略，利用昆交会、南博会、农博会等国际会展平台推介项目、促进合作。支持有条件的驻区企业研发高附加值产品，扩大精细磷化工产品出口，积极拓展国际市场。全年进出口总额要增长10%以上。

三要加大招商引资力度。积极探索市场化招商新机制，突出抓好专业招商、产业招商、以商招商、精准招商，实现数量规模型招商向质量并举型择商转变。积极构建社会信用体系，坚决兑现招商、安商、富商承诺，营造良好的招商引资软环境。牢牢抓住合同履约率、资金到账率、项目开工率、建成投产率，确保招商引资取得实效。全年实际利用外资要达8000万美元，引进市外到位资金要达80亿元。

（四）增进民生福祉，努力构建和谐西山。把为民造福作为第一追求，把群众满意作为第一标准，更加注重保障和改善民生，切实维护社会稳定，让群众过上更加美好幸福的生活。

一要加快发展社会事业。深入实施基础教育强基提质工程、骨干教师培养工程、校安工程，推进学前教育普惠发展、义务教育均衡发展、高中教育提质发展、民办教育健康发展，稳步扩大优质教育资源覆盖面。深化医药卫生体制改革，全力推进基本公共卫生服务工作，健全农村医疗卫生服务网络，不断扩大医疗资源总量，做好人口和计划生育工作。加快推动基础性、群众性文化设施建设，推进文化资源向基层和农村倾斜，促进城乡基本公共文化服务均衡发展。加强科普宣传和科技创新，争创“云南省科普工作先进县区”。推进社区规范化、标准化、信息化建设，健全社区服务管理体系。抓好“菜篮子”“米袋子”工程，坚持每年为群众办一批惠民实事，不断增进百姓福祉。

二要完善社会保障体系。坚持强产业增岗位、抓发展促就业，突出解决好高校毕业生、农村转移劳动力、城镇困难人员、退役军人等重点群体就业。拓宽城镇居民增收渠道，完善农村居民持续增收长效机制，确保城乡居民收入与经济发展同步增长。切实提高社会保险待遇，做好社会救助工作，扩大社会保障覆盖面。加大保障性安居工程建设力度，构建符合西山实际的保障性住房体系。支持发展志愿服务组织，建立健全农村留守儿童、妇女、老年人关爱服务体系，推动社会福利由补缺型向普惠型转变。重视发展老龄事业，大力发展社区居家养老服务。

三要维护社会和谐稳定。始终牢记群众利益无小事，运用情理法交融的工作方法，依法妥善解决群众矛盾纠纷和利益诉求，做到乐于做群众工作、勤于做群众工作、善于做群众工作。建立完善科学有效的利益协调、诉求表达、矛盾调处、权益保障机制，从源头上预防和化解社会矛盾，更好地维护和保障群众利益。建立完善立体化社会治安防控体系，确保实现城乡社区网格化服务管理全覆盖。深入开展平安创建活动，依法严厉打击违法犯罪行为，加强反恐、安全生产、校园安全工作，健全气象、地质、消防等防灾减灾体系及救灾应急机制，提高应急管理和处置公共安全事件的能力。

四、全面推进依法治区，加快建设法治西山，为改革发展稳定提供有力的法治保障

坚持依法治区、依法执政、依法行政共同推进，法治西山、法治政府、法治社会一体建设，加快形成严格执法、公正司法、全民守法的依法治区新格局。

（一）坚持依法执政，促进科学民主决策。区委坚持重大方向依法决议、重大问题依法决策、重大事项依法决定，确保党的领导贯穿于依法治区全过程。加快推动协商民主广泛多层制度化发展，重点加强政党协商、政府协商、政协协商，积极开展人大协商、基层协商、人民团体协商，逐步探索社会组织协商。支持人大及其常委会依法行使国家权力机关职权，保障人大代表依法高效履职。支持人民政协履行好政治协商、民主监督、参政议政职能。做好统战、民族宗教和外事、台侨工作，充分发挥各民主党派、工商联、无党派人士和工会、共青团、妇联等人民团体、社会组织的积极作用。强化党管武装，创新双拥工作，提高国防动员和后备力量建设法治化水平，推动军民融合深度发展。完善党内规范性文件清理、备案、审查制度，提高管党治党的规范化水平。

（二）坚持依法行政，加快建设法治政府。按照政府机构、职能、权限、程序、责任法定化的要求，推行行政权力清单制度，切实做到法定职责必须为、法无授权不可为，努力建设职能科学、权责法定、执法严明、公开公正、廉洁高效、守法诚信的法治政府。健全落实行政决策公众参与、专家论证、风险评估、合法性审查、集体讨论决定等重大行政决策法定程序，健全重大决策终身责任追究制度和责任倒查机制。全面推进政务公开，确保权力在阳光下运行。深化行政执法体制改革，提高行政执法能力和服务水平。推行政府法律顾问制度，实现区、街道法律顾问全覆盖。

（三）坚持公正司法，提高司法公信力。以法院、检察院司法体制试点改革为契机，以优化司法职权配置为重点，构建开放、动态、透明、便民的阳光司法体制。支持法院、检察院依法独立公正行使职权，任何党政机关和个人不得违法干预司法活动、插手具体案件处理。强化对司法活动的监督，发挥好司法维护公平正义的最后一道防线作用。建立涉法涉诉信访事项导入司法程序机制，把涉法涉诉信访纳入法治轨道，打破“信访不信法”的怪圈。健全行政机关负责人依法出庭应诉、支持法院受理行政案件、尊重并执行法院生效裁判的制度，促进依法行政，强化法治权威。

（四）坚持法治信仰，增强全社会法治理念。党员领导干部要带头做学法、尊法、守法、用法的模范，自觉当好法治实践的引领者、示范者、推动者。把法治教育纳入干部教育培训规划，把宪法法律列为干部教育培训必修课，每年至少组织1次法治专题辅导讲座，提高党员干部运用法治思维、法治方式深化改革、推动发展、化解矛盾、维护稳定的能力。深入开展“法律十一进”活动，确保社区法治宣讲全覆盖，使学法懂法、尊法信法、守法用法成为全区干部群众的共同追求。建立区级领导干

部联系民主法治社区工作制度，推进基层法治化进程。教育引导群众牢固树立权利义务观念，推动形成办事依法、遇事找法、解决问题用法、化解矛盾靠法的行为习惯。

（五）坚持依法治理，提升法治建设水平。坚持党委领导、政府主导与调动社会积极性相结合，加快培育多元化社会治理主体，形成社会治理整体合力。健全以基层党组织为核心的城乡基层群众自治机制，充分尊重和发挥居民在基层社会治理中的主体作用，推进社区居委会依法自主管理社区事务。充分发挥社会规范在社会治理中的积极作用，推动形成多元参与的社会治理规则体系。加强街道、社区法律服务中心（站）建设，完善专业化、行业性人民调解委员会工作机制，改善基层基础设施和保障条件，健全基层法治机构、法治队伍。强化法律在维护群众利益、化解社会矛盾中的权威地位，扎实做好社会矛盾纠纷排查化解工作。加强公民思想道德建设，促进法律和道德相辅相成、相得益彰。深入开展多种形式的法治创建活动，年内实现“法治街道”全覆盖、争创10个市级“民主法治社区”。

五、坚持党要管党、从严治党，不断提高党的执政能力和领导水平

坚持把抓好党建作为最大的政绩，增强管党治党意识，落实管党治党责任，抓思想建设，抓措施落实，抓制度规范，以改革创新精神全面加强党的建设，切实把党的组织优势转化为推动科学发展的强大动力。

（一）加强思想政治建设，持续强化理论武装。完善区委中心组集体学习制度，坚持用中国特色社会主义理论武装头脑，把学习贯彻习近平总书记系列重要讲话精神引向深入，加强党性和道德教育，引导党员干部进一步坚定理想信念，补足精神之“钙”，祛除“软骨”之害，切实解决好世界观、人生观、价值观这个“总开关”问题。要加强宣传思想和舆论引导工作，让弘扬社会主义核心价值观成为全社会共同追求和自觉行动，有效引导干部群众关注西山前景、支持西山建设、聚力西山发展，凝聚西山改革发展正能量。

（二）加强基层党组织建设，夯实基层战斗堡垒。把2015年作为基层党建“制度落实年”，坚持党建与经济社会发展一起谋划、一起部署、一起考核，建立区委定期研究基层党建制度，完善区委常委挂钩联系整顿软弱涣散基层党组织、发展较慢地区基层党组织、群众反映问题突出地区基层党组织的“三联系”制度。把服务群众、做好群众工作作为基层党组织核心任务、基层干部基本职责，深入推进基层服务型党组织建设。完善区、街道、社区三级党组织书记抓基层党建工作述职评议考核制度，推动落实党建工作责任制，构建党委抓、书记抓、部门抓、一级抓一级、层层抓落实的党建工作新格局。

（三）加强干部队伍建设，提升组织保障能力。坚持“信念坚定、为民服务、勤政务实、敢于担当、清正廉洁”的好干部标准，树立鲜明的选人用人导向，以实干选任干部、以实绩考评干部，完善干部选拔任用制度和考核评价体系。制定实施党政领导班子建设规划纲要，建立领导班子分析研判制度。加强对领导班子和党员干部的监督管理，坚持从严教育、从严要求、从严管理、从严监督，使干部不敢懈怠、不敢腐败、不敢专权、不敢失责。要加强党对人才工作的领导，激发人才创新创业活力。重视老干部工作，发挥各年龄段干部和改任非领导职务干部的作用。从政治、工作、生活等各方面关心干部，充分调动广大干部干事创业的积极性。

（四）加强作风建设，巩固拓展党的群众路线教育实践活动成果。贯彻群众路线没有休止符，作风建设永远在路上。要深入践行党的群众路线，完善直接联系服务群众工作制度，认真开展“三严三实”和“忠诚干净担当”专题教育。坚持问题导向，发扬钉钉子精神，把13类影响改革发展稳定的重大问题和群众反映强烈的突出问题整改到位。要持之以恒落实中央八项规定精神，始终绷紧作风建设这根弦，保持高压态势不放松，绝不允许“四风”问题复发反弹、死灰复燃。对顶风违纪的党员干部，必须坚决惩戒、绝不姑息。继续做好作风建设建章立制工作，促进作风建设规范化、常态化、长效化，使党员干部的思想作风、工作作风、领导作风、生活作风全面纯洁起来。

（五）加强纪律约束，增强党的凝聚力战斗力。党员干部要牢固树立党员意识，加强党性修养，增强政治定力，严格执行党的政治纪律、组织纪律，在思想上、政治上、行动上始终与以习近平为总书记的党中央保持高度一致，决不允许“上有政策、下有对策”，决不允许有令不行、有禁不止，决不允许在贯彻执行中打折扣、做选择、搞变通；重要问题、重大事项必须按规定向组织请示报告，决不允许我行我素、自行其是，坚决清除自由散漫、阳奉阴违的歪风邪气。要严肃党内政治生活，讲政治、懂规矩、守纪律，认真开展批评与自我批评，贯彻执行好民主集中制，营造团结和谐健康的政治生态。提倡健康的党内关系，决不允许搞团团伙伙、结党营私、拉帮结派、“山头主义”。要坚持严格执纪、违纪必究，让党纪成为不可逾越的红线，让制度成为带电的高压线。

（六）坚决落实党风廉政责任，以党风廉政建设和反腐败斗争的成效取信于民。要强化党风廉政建设党委主体责任、纪委监督责任落实的制度保障，认真执行惩治和预防腐败体系工作规划。坚决落实党委领导班子的集体责任、党委书记的第一责任、领导班子成员在分管范围内的主要领导责任。纪检监察机关要协助党委加强党风廉政建设、组织协调反腐败工作，督促检查落实惩治和预防腐败任务，抓实监督执纪问责的主业主责。要加强廉政警示教育，让党员干部受警醒、明底线、知敬畏，在思想上划出红线、在行为上明确界限，筑牢“不想腐”的思想防线。要畅通纪检监督、群众监督、舆论监督渠道，深入推行办事公开制度，强化对权力运行的制约和监督，从源头上防治腐败，建立“不能腐”的刚性约束。要坚持有案必查、有腐必惩，以零容忍态度惩治腐败，对发生腐败案件和不正之风滋生蔓延的单位实行“一案双查”，做到有错必究、有责必问，强化“不敢腐”的惩治机制。各级干部既要勤政又要廉政，既要“干净”又要“干事”，争做勤廉双优、群众公认的好干部。

同志们，深化改革正当乘风破浪，加快发展更须快马加鞭。让我们紧密团结在以习近平为总书记的党中央周围，在市委、市政府的坚强领导下，同心同德、开拓进取、扎实工作，全面加快建设国际化商务中心和山水园林新城区，为在全市率先全面建成小康社会而努力奋斗！

政府工作报告

——2015年1月15日在西山区第十五届人民代表大会第三次会议上

西山区人民政府区长　郭希林

各位代表：

我代表区人民政府向大会报告工作，请予以审议，并请区政协委员和列席会议的同志提出意见。

一、2014年工作回顾

一年来，我们在市委、市政府和区委的坚强领导下，在区人大、区政协的监督支持下，团结带领全区各族人民，沉着应对复杂多变的宏观形势，紧紧围绕稳中求进总基调，着力稳增长、调结构、惠民生、转作风，较好地完成了全年各项目标任务，全区经济社会发展总体平稳，各项事业取得新进展。预计实现地区生产总值458亿元，增长10.1%；完成区域规模以上固定资产投资474亿元，增长18.3%；完成地方公共财政预算收入34.6亿元，增长6.4%；完成社会消费品零售总额413亿元，增长12.6%；城镇和农村常住居民人均可支配收入分别达31193元和14817元，增长11%和13%。获评首批“云南省生态文明区”，连续六届获评“云南省双拥模范城”，连续九年获评“云南省县域经济发展十强县”。

（一）坚持稳增长调结构，区域经济健康发展

一是产业发展持续优化。万达广场、红星国际广场爱琴海购物公园建成营业，文华酒店、阳光酒店投入运营；新增商务楼宇面积42.1万平方米，新培育产值超5000万元楼宇2栋；中石油云南销售公司、中国移动云南分公司等4家总部企业入驻；鸿翔一心堂成功上市，成为全国“直营连锁药店第一股”。外贸进出口总额达4.8亿美元，增长12.1%；旅游业总收入突破百亿大关，达100.8亿元，增长18.1%。预计第三产业实现增加值334亿元，增长10.5%，占地区生产总值的比重达73.1%，支撑作用日益凸显。三昌汽配、正邦科技等4个亿元以上工业项目开工建设，梅塞尔气体、普尔顿管业等4个亿元以上工业项目投产达效，预计实现规模以上工业增加值42亿元，增长11.5%。磷化工、高新装备制造、医药食品行业规模以上企业实现增加值28.3亿元，占全区规模以上工业增加值的67.4%，主导产业不断发展壮大。大龙潭生态园、团结苹果庄园等4个都市农庄投入运营，50家农业龙头企业实现产值65亿元，增长33.3%。种植高效农作物2066.67公顷，其中亩产值超万元占比达12.3%。预计第一产业实现增加值3.7亿元，增长4%。全区三次产业结构比为0.7：26.2：73.1。

二是园区建设不断加快。海口工业园区预收储土地124.67公顷，建成道路13.8千米、标准厂房6.1万平方米；新增规模以上工业企业5家，引入云内动力新能源客车等5个项目，协议投资达26亿元；实现规模以上工业增加值23.6亿元、主营业务收入92.6亿元。团结生物医药食品加工园区正港农牧、荣强饲料等6家企业建成投产，实现产值1.5亿元。长坡国际物流园区实现“园处合一”，控制性详细规划通过审批，完成泛亚港鑫汽车城、烟草物流配送中心等项目用地征收。金融产业园区基本完成土地和房屋征收一期工作，兴港名城、鹤唐福景等7个项目完成投资35.8亿元。西山风景区太华山庄、玉兰园提升改造顺利推进，启动景前区碧鸡历史文化古镇建设，接待游客75.9万人次，实现旅游收入3921.5万元。

三是发展后劲稳步增强。区级财力持续增长，

地方公共财政预算收入增收2.1亿元，完成融资20.8亿元，向上争取资金7.8亿元。完成政府存量债务清理甄别工作，有效防控债务风险。持续加大招商引资力度，引进内资项目75个，实际到位市外资金103.7亿元，引进外资项目5个，实际利用外资8899.7万美元。放活扶持非公经济发展，进一步放宽注册资本条件，精简工商登记前置审批项目，新登记企业同比增加56.6%，投入区级产业发展专项资金4000万元扶持企业发展，非公经济实现增加值238亿元，增长9.5%。不断强化科技创新对经济增长的支撑作用，投入区级科技扶持资金5373.8万元，组织实施科技项目146个，培育认定各类创新型企业66家，新增知识产权专利申请和授权936件，科技进步对经济增长的贡献率达60.2%，被确定为国家知识产权强县试点区。

（二）坚持提品质优生态，城乡环境更加宜人

一是基础设施建设持续加强。16条6.3千米城市道路和8条15.5千米农村公路竣工通车，完成采莲路、福景路—船房河交叉口等“4路4节点”综合整治，西坝路改扩建完成工程总量的80%，南连接线建成通车。杨梅山水库新建、明朗水库扩建分别完成主体工程的50%和90%，花山坡、马水河水库完成除险加固，建成“五小”水利工程591件。安装太阳能路灯1444盏，实现涉农社区太阳能路灯全覆盖。完成2个新农村省级重点村、1个市级“美丽乡村”和6个区级“幸福乡村”建设，惠及群众4900余人。

二是城乡环境面貌明显改善。全面完成主城控规梳理，城市功能布局更加优化。城中村改造完成投资约100亿元，云投中心、润城等12个项目223万平方米开工建设，奥宸中心、凤凰御景等9个项目140.8万平方米封顶断水。启庆钢材、锦大二手车等6个市场完成搬迁。全面开展“城乡清洁工程”，首创“门前三包、门内达标”流动红旗评比，开设“清洁西山”微信平台，上万群众参与“市民随手拍”活动；分级划定引导和禁止区域，规范违规占道经营行为6万余起；强化联合执法和动态巡查，拆除临违建筑41.3万平方米；修整市政道路路面1.4万平方米，新建垃圾中转站2座，新建、改扩建公厕15座；完成海口中滩街周边环境综合整治和昆安高速碧鸡关出入口“四化”提升二期工作。

三是生态保护治理成效显著。海口河综合整治全面完工，新运粮河等3条水系支流完成15.2千米河道整治；强化“河道三包”及“河段长”责任制，盘龙江、船房河等7条河道水质考核达标。完成海口工业园区污水并网，建成主城雨污排水管网7.4千米，铺设滇池环湖截污支次管网10千米。新增城市绿地165.4公顷，碧鸡博览公园基本建成。新造林733.33公顷、封山育林2133.33公顷，建成绿化苗木基地133.33公顷。海口创成“国家级生态乡镇”。完成主要污染物减排项目11项，减排化学需氧量3.5万吨、二氧化硫450吨。空气质量优良天数为343天，优良率达95.8%。

（三）坚持惠民生保稳定，社会大局安定和谐

一是社会事业持续健康发展。全区义务教育入学率和巩固率在99%以上，高考上线率达98.1%。新办昆一中西山学校、云师大附属润城学校、书林二小云投学校；完成育红小学、西山实验中学等17所学校4.7万平方米校舍改造。金果等4所幼儿园创成省一级三等示范幼儿园。新增民营医院3家、个体医疗机构10家。全面推行“三好一满意”医疗服务，开展省、市公立医院专家进社区活动，双向转诊就医绿色通道逐步形成，108家基层卫生机构实现基本药物制度全覆盖，群众基本医疗卫生权益得到切实保障。完成船房、中平等25个社区文化室改扩建，梅花园林艺术小品“疏影·暗香”获第十四届中国梅花腊梅展金奖，承办全国百城千村健身气功昆明展示活动，群众文化体育生活日益丰富。

二是社会保障力度不断加大。完成“四个一”安防工程、消费维权基地创建等8件惠民实事。民生支出达27.9亿元，占地方公共财政预算支出的78.8%。城镇新增就业1.7万人，城镇登记失业率控制在2.5%以内，实现农村劳动力转移就业6175人次。基本社会保险参保达91万人次，启动“全民参保登记计划”试点工作。农村低保全部转为城市低保，城市低保和农村“五保”供养标准分别提高14.6%和15.2%。2688套20.2万平方米保障房封顶断水；建成各类安置房73.5万平方米，交付使用4055套42.4万平方米。新增养老服务机构5家、床位410张。新建农贸市场1个、生鲜超市4个。顺利完成7个片区4.4万户居民天然气置换工作。

三是社管综治水平稳步提高。完成“和谐社区三年达标行动计划”，90%以上社区达到市级和谐社区创建标准，复兴等3个社区获评“全国和谐社区建设示范社区”，永昌获评“全国和谐社区建设示范街道”。船房社区首创城中村“1+1”围院管理模式，盛高大城“五位一体”社区管理模式在全省交流推广。强化源头治理，矛盾纠纷排查和领导干部接访下访工作深入开展，社会矛盾纠纷得到有效化解。妥善做好市级安排的“3·01”暴恐事件善后处置工作。在全市率先开展“零发案”网格创建活动，创新实施“九网一体系”立体防控，继续保持严打违法犯罪高压态势，全区治安形势持续稳定，群众安全感满意度测评全市第一，入选“云南省平安县区”。全年未发生重大安全生产事故。粮食、民宗、侨务、扶贫、档案、气象等工作取得了新进展。

（四）坚持改作风抓服务，政府建设切实加强

一是法治建设加速推进。自觉接受区人大及其常委会的法律监督、工作监督，主动接受区政协的民主监督，办复人大代表议案3件、建议208件和政协提案215件，办复率100%。积极接受人民群众和新闻媒体监督，听证重大决策13项，公示重要事项470项，通报重点工作4320项，公开政务信息2.3万余条。清理公开行政权力清单2681项，评查行政执法案卷3336件，办理法律援助案件415件，提供法律咨询服务2100余人次。创建“全国法治先进县区”通过初评。

二是行政效能不断提升。在全省率先推行建设工程第三方质量和安全监督管理制度。完成事业单位分类和食品药品监督管理体制调整。全面推行机构编制实名制管理，进一步落实机构编制“双控”制度，实现财政供养人员只减不增。创新推行“12345”窗口服务模式，基本建成覆盖全区的四级政务服务体系；行政审批制度改革持续深化，精简整合行政许可审批事项2项、管理服务事项11项；并联审批中心新增区消防大队等5家部门，办理并联审批项目272个，同比增加27.1%。

三是工作作风持续改进。扎实开展党的群众路线教育实践活动，认真查找整改“四风”突出问题。严格执行中央“八项规定”，清理、腾退办公用房1.4万平方米，文件、会议分别减少10.3%和12.8%，“三公”经费持续下降。强化行政问责和效能监察，政府工作人员服务意识、责任意识持续增强。

各位代表！过去一年取得的成绩来之不易，得益于上级党委、政府和区委的正确领导，得益于全区人大代表、政协委员和社会各界的鼎力支持，得益于全区广大干部群众的群策群力。在此，我谨代表区人民政府，向全区人民，向各位人大代表和政协委员，向各民主党派、工商联和社会各界人士，向省市各部门、兄弟县（市）区和驻区部队，向所有关心、支持和帮助西山经济社会发展的同志们、朋友们表示崇高的敬意和诚挚的感谢！

过去的一年，是西山各族干部群众凝心聚力、共克时艰的一年，通过努力，全区主要经济指标增速在主城各区排名位居前列，但宏观经济发展进入新常态，全区经济社会发展态势发生深刻变化，加之产业总体层次不高，创新能力、竞争能力不强等问题依然突出，长期存在的深层次结构性矛盾凸显，经济增长低于预期，部分指标未能达到区人代会既定目标。与此同时，全区城乡基础设施建设与经济社会发展的要求还有差距，城市精细化管理水平仍需提高；养老、就业等民生保障还存在薄弱环节，教育、卫生、文化等公共资源配置还不够均衡，社会治理面临社会加速转型、利益格局调整等带来的新问题；少数部门和工作人员的服务意识、责任意识和创新意识还比较薄弱，作风建设仍需加强。对于以上问题，我们一定高度重视，采取有效措施，切实加以解决。

二、2015年主要工作建议

2015年是全面深化改革的关键之年，是全面推进依法治国的开局之年，也是全面完成“十二五”规划的收官之年，我们要进一步增强责任意识、机遇意识、进取意识，善用底线思维，注重统筹兼顾，完成好2015年的各项任务。

2015年政府工作的总体要求是：以党的十八大及十八届三中全会、四中全会、中央经济工作会和总书记习近平系列重要讲话精神为指导，深入贯彻落实省委九届九次全会、省委经济工作会和市委、区委十届六次全会精神，紧紧围绕加快建设国际化商务中心和山水园林新城区的目标定位，坚持稳中求进工作总基调，主动适应经济发展新常态，以全面建设法治政府为方向，以持续深化改革为动力，以不断增进民生福祉为目的，着力提高经济发展质量，大力完善城市承载功能，致力提升民生保障水平，为全面建成小康社会奠定更加坚实的基础。

2015年全区经济和社会发展的主要目标建议为：地区生产总值增长9%左右，地方公共财政预算收入增长6.5%，社会消费品零售总额增长11%，规模以上固定资产投资增长14%，城镇和农村常住居民人均可支配收入分别增长9%和10%以上，万元地区生产总值能耗下降2%，城镇登记失业率控制在4%以内，人口自然增长率控制在6‰以内。

2015年，我们将重点做好以下工作：

（一）着力保障改善民生，完善基本公共服务

坚持以人为本、民生优先，集中力量解决群众反映强烈的民生问题，健全完善基本公共服务体系，不断创新社会治理，努力增进民生福祉，维护社会和谐稳定。

一是促进教育均衡发展。继续实施学前教育“春风化雨行动”计划，着力提高公办及普惠性民办幼儿园在园幼儿占比；落实好义务教育免试就近入学政策，实行学区制和九年一贯制对口招生，逐步解决择校难题；落实高中新课程改革工作，实施教育质量综合评价制度，整体提高办学水平和竞争优势。切实做好家庭经济困难学生资助工作，保障各类特殊群体平等接受教育，大力促进教育公平。建成明朗中心学校，力争城中村改造20号、46号等片区配建学校交付使用，完成西山一中、依兰中心学校等5所学校校舍排危新建工程。健全预防和应急救援体系，开展各类安全培训和演练，提高师生自护自救能力，持续强化平安校园创建。

二是持续提升医卫水平。巩固提升医疗卫生服务体系，切实抓好城乡居民健康档案管理、健康教育等13项基本公共卫生服务，完成1所卫生院、3个卫生室标准化建设。优化整合医疗卫生资源，鼓励引导社会资本举办医疗机构，新增医疗机构10家。完善疾病预防控制网格化管理和卫生应急体系，提高疾病预防控制工作水平和公共卫生事件应急处置能力。坚持计划生育基本国策，不断提高出生人口素质，促进人口长期均衡发展。

三是力促文旅体繁荣进步。抓好民俗节庆活动、专项艺术赛事举办和文化惠民示范社区创建等工作，不断提升公共文化服务能力，丰富群众文化生活。进一步普查和梳理历史文化资源，开展城区文化线路、传统风貌村镇、近代建筑的三大普查和价值评估工作，推动文旅深度融合发展。完成全国重点文物保护单位“石龙坝水电站”“东西寺塔”修缮，积极配合做好云南棋院建设前期工作。依托云报传媒广场、云南广电文化广场等项目，发展文化产业园区和创意基地，发挥规模产业集群效益。实施好农村文化体育活动广场、全民健身路径等项目，把加强公共体育设施建设作为落实全民健身国家战略的一项有力举措。

四是强化民计民生保障。继续实施“贷免扶补”、小额担保贷款扶持政策，以创业带动就业；不断增强公共就业服务能力，提供有效就业岗位2万个以上，实现新增就业1.7万人以上。进一步完善城乡基本养老、医疗、失业、工伤、生育保险制度，力争全区城镇“五险”参保率达95%以上。切实解决好困难群体基本生活问题，城市低保和农村“五保”供养标准提高15%以上。加快发展养老服务事业，新增居家养老服务中心3个，区综合福利院项目完成工程总量的50%以上。积极推广惠民安全能源，基本完成城区天然气置换工作。大力改善群众居住条件，确保2688套保障房交付使用，1.1万套安置房完成建设。做好昆湖小学校舍排危建设、砚台村进村道路硬化等8件惠民实事。加大地质灾害治理工作力度，力争完成双哨社区地质灾害搬迁点建设。

五是全面加强社会治理。加快基层自治组织规范化建设，探索建立社区民主协商议事制度，持续巩固和谐社区创建成果。健全完善矛盾纠纷预防和化解机制，畅通群众诉求渠道，引导群众依法有序表达诉求。深化平安西山建设，持续完善立体化治安防控体系，严厉打击各类刑事犯罪。健全预知、预判、预警工作机制，形成反恐维稳统一指挥体系，提高涉恐、涉暴事件处置能力。全面落实安全生产主体责任制，建立健全隐患排查治理体系和预防控制体系，严格考核与责任追究，坚决遏制重大

安全事故发生。

（二）着力优化产业体系，提高经济发展质量

加快推进“1662”产业培育提升计划，着力构建以现代商贸服务业为主导、以先进制造业为支撑的现代产业体系。

一是推动现代服务业提档增速。依托万达广场、红星国际广场等特色楼宇资源，健全商务楼宇、总部企业定点联系服务制度，开展好以商招商、二次招商，突出抓好金融、物流、产权交易、文化休闲娱乐等现代服务业的引进提升，扶持培育一批连锁、龙头企业，提升服务业整体水平。以“310”项目提升计划为核心，大力推进富滇银行总部、螺蛳湾等项目建设。做好重点园区征地拆迁、项目落地、企业服务等开发建设保障工作，长坡国际物流园区启动港鑫汽车城、烟草物流配送中心建设；金融产业园区加快推进蓝光昆仑中心、水岸青城等4个在建项目，力争平安银行昆明分行、广东中外建集团西南总部2个项目落地；西山风景区加快推进景前区改造，着力完善景区功能，深入挖掘历史文化，打造精品文化旅游品牌。确保全区新增总部企业3家以上、限额以上商贸企业5家以上、商务楼宇面积45万平方米以上，第三产业增加值增长10.5%以上。

二是推进工业经济转型升级。紧扣“一园两片一核”空间布局，以工业园区为承载，以产业集中区为基础，以都市工业服务核心区为支撑，逐步形成集约化生产、规模化经营、集群化发展新格局。加快推进海口、团结“一园两片”总规修编，吸引工业发展要素不断向园区集中，确保园区主营业务收入增长10%以上。海口片区完成预收储土地66.67公顷，新建标准化厂房6万平方米以上，引入亿元以上工业项目3个以上，大力推进新中烟异地技改等19个项目建设；依托西北绕城高速通车后形成的区位优势，加快团结片区基础设施建设，积极推进保元堂、龙海药业项目建设。确保全区新增规模以上工业企业4家以上，规模以上工业增加值增长10%以上。

三是促进现代农业强基提质。依托蔬菜、花卉、林果等特色优势产业，加快发展以高效作物种植、农产品精深加工、现代农业庄园为主导的高原特色农业。稳定粮食总产在1.2万吨以上，种植绿色蔬菜、花卉1200公顷和200公顷以上，推广应用果园标准化管理技术种植示范200公顷以上。重点培育英茂糖业、好宝有机农业等特色龙头企业，新增省、市农业龙头企业3家以上，认证有机、绿色、无公害产品20个以上。不断创新农业经营模式，全力做好新型职业农民和农村实用人才培育，着力发展新型农业经营主体，力争2个都市农庄建成运营，专业合作组织达30个以上，带动农户增收1500万元以上。

（三）着力完善城市功能，提升人居环境品质

一手抓规划建管，一手抓生态文明，突出区域特色，优化空间布局，提高城市承载能力，加快推进世界知名旅游城市建设，打造宜居宜业西山。

一是强化规划国土管理。围绕国际化商务中心和山水园林新城区的目标定位，突出历史文化传承、生态环境保护与现代城市建设有机结合，不断健全城乡规划体系。确保海口、团结片区控规通过审批，逐步实现全区法定规划全覆盖；启动城区城市设计、市政基础设施专项规划编制；统筹地上地下空间开发利用，精细编制单体规划、小区规划、组团规划。强化项目施工监督、竣工验收等批后管理，依法查处违反规划建设行为。规范国土资源管理秩序，加强土地卫片执法检查和矿产资源动态巡查。保护基本农田、建设山地城镇，抓好低丘缓坡土地综合开发利用试点项目建设，促进耕地保护与土地资源开发利用良性发展。

二是加快城乡建设步伐。全力推进已启动的29个城中村片区改造，加快云投中心、马街摩尔城等20个在建项目建设；完成4个片区56.4公顷土地交易；加快推进剩余片区征地拆迁工作。大力推动重点片区开发建设，完成白沙地片区249.2公顷土地交易，建成团结民族风情小镇商业街，做好草海片区、滇池西岸、海口新城征地拆迁工作，力促片区开发取得实效。建成西坝路、西福路延长线等16条9.4千米城市道路，完成车和公路等4条13.4千米农村公路改扩建。启动西部客运枢纽项目建设。完成地铁3号线西山段征地拆迁工作。加快重点水源工程建设，确保明朗水库实现蓄水、杨梅山水库完成工程总量的80%，完成“五小”水利工程投资500万元。全面实施10个“美丽乡村”示范村建设。

三是优化城市管理服务。积极探索新型城管

工作模式，建立权责明晰、运转高效的分级管理体制。持续完善城乡环境综合整治长效机制，强化“门前三包”网格化公示制度，确保“门前三包”履约率达95%以上；坚持疏堵结合，注重禁止区域专项整治与引导区域规范经营相结合，切实规范占道经营行为；依法查处违法建设，全面完成“拆临拆违三年行动计划”；推广运用远程监控系统，严格落实“七个百分百”要求，强化建筑工地及渣土运输管理；深入推进环卫保洁市场化运作，完善监督管理机制，确保全时段监管、全覆盖管理、无缝隙保洁。突出“建管并重”，落实道路、桥梁、绿化等管养主体责任，实现管养无盲区。实施“洁净增亮”工程，确保城区市政配套设施完好率达96%以上。

四是持续改善生态环境。深入实施“滇池治理三年行动计划”，加快推进金家河、老运粮河等4条河道整治及水质达标工作；完成团结集镇污水收集处理项目和滇池西岸截污完善工程建设；全力推进环湖路内建（构）筑物拆除和提升改造工作。加大饮用水源地、大气、噪声等污染防治力度，确保重点工业企业污染物排放达标率100%，空气质量优良率保持在85%以上。加强生态创建工作，力争碧鸡创成“国家级生态乡镇”，区本级基本达到“国家级生态县”创建标准。建成福文化主题公园，启动第三轮园博园建设，完成盘龙江、南连接线两侧等重点区域绿化景观提升工作，新增城市绿地100公顷以上。继续实施石漠化综合治理、“五采区”植被修复等林业生态工程，新增造林500公顷以上。严格落实森林防火“五个百分百”管理机制，全力防范森林火灾发生。

（四）着力推进改革攻坚，增强发展内生动力

立足当前、着眼长远，围绕解决发展面临的突出问题，以更大力度推动重点领域和关键环节改革举措落到实处，使改革举措有效转化为发展动力。

一是扎实推进各项改革。大力推进财税、投融资、国资国企等经济体制改革，深入推动政企分开、政资分开、政事分开、政府与市场中介组织分开，加大简政放权力度，充分激发市场活力，着重解决民间投资渠道不畅、意愿不强等问题，促进非公经济繁荣发展；继续稳步开展营业税改增值税试点扩面工作，切实推动结构性减税。加快推进以农村土地市场为核心的农村综合改革，做好农村土地承包经营权确权登记颁证，启动供销社综合改革试点工作，健全农业支持保护制度。统筹推进民生事业改革，采用特许经营、购买服务等多种方式，支持社会资本平等进入市政公用事业、社会事业等领域，依靠市场力量提升公共服务水平。

二是加快实施创新驱动。坚持政府引导与社会广泛参与相结合，突出企业创新主体地位，着力将创新资源引入企业，研发机构建在企业，科技服务覆盖企业，不断提升企业自主创新能力。实施科技项目不少于130项，培育认定创新型企业不少于30家，新增企业工程中心、技术研究中心4家以上。深入推进国家知识产权强县试点区建设，新增专利申请和授权680件以上。确保全社会科技研发投入强度达2.5%，科技成果转化率达42%，建成昆明市创新型试点区。

三是持续强化发展保障。实施全面规范、公开透明的预算制度，将政府收入和支出全部纳入预算管理；不断提升债务管理水平，规范举债程序和资金用途，妥善安排资金偿还存量债务。全力培植财源，加强重点税种征管和税源监控，积极向上争取资金，强化财税保障。合理控制财政性项目投资规模，优先保障在建项目续建和收尾。大力开展重点产业链招商、重点行业龙头招商、重点企业以商招商，确保实际到位市外资金80亿元、利用外资8000万美元以上。加大对签约项目的督促协调和跟踪服务力度，优化资源配置，强化要素保障，促进项目落地，提高招商引资实效。立足区情实际，紧扣民计民生，体现群众意愿，科学编制“十三五”规划，推动经济社会持续健康发展。

三、深入推进依法行政，加快建设法治政府

在区委的领导下，贯彻落实全面推进依法治国各项新要求，加快建设职能科学、权责法定、执法严明、公开公正、廉洁高效、守法诚信的法治政府。

（一）切实提高依法履职能力

不断完善依法决策机制，以合法性为首要前

提，规范行政决策程序，健全政府议事规则，完善重大事项公众参与、专家论证、风险评估、合法性审查和集体讨论制度，探索建立重大决策终身责任追究制度及责任倒查机制，确保决策制度科学、程序正当、过程公开、责任明确。积极稳妥实施政府机构改革，推进机构、职能、权限、程序、责任法定化，着力解决部门职能交叉、重叠和分散问题。坚持法定职责必须为，法无授权不可为，严格按照行政权力清单和运行流程图行使职权，探索推行责任清单制度，切实规范行政权力运行。不断强化法治意识，牢固树立公仆观念，建设一支高素质的公务员队伍，为群众提供优质高效的服务。

（二）强化行政权力制约监督

自觉接受区人大及其常委会法律监督、工作监督和区政协民主监督，进一步提高人大代表建议、意见和政协提案办理质量。坚持以公开为常态、不公开为例外原则，深入推进政务公开。建立完善新闻发布、投诉处置、公开评议、特邀监察员等制度，广泛接受群众和舆论监督，及时回应群众关切。加大行政监察和审计监督力度，抓好公共资源交易、政府投资项目、民生资金等重点领域监管，强化对“三公”经费使用的管理监督。加强政府内部监督，不断完善行政绩效考核机制，加强重点工作督查督办，强化行政问责和责任追究，提高行政效能。严格执行党风廉政建设责任制，严肃查处各类违法违纪案件，树立清正廉洁的良好形象。

（三）全力保障群众合法权益

深入实施“六五”普法，推动全社会树立法治意识。依法惩处各类违法行为，加大对生态环境、食品药品安全、城市管理等关系群众切身利益的重点领域执法力度。贯彻落实行政执法责任制，严格执行重大执法决定法制审核制度，健全行政裁量权基准制度，确保公平公正执法。完善行政相对人权利救济机制，履行好政府在行政调解、行政复议、行政诉讼、信访等权利救济渠道中的职能职责。巩固拓展党的群众路线教育实践活动成果，深入开展“三严三实”和“忠诚干净担当”专题教育，努力形成联系服务群众新常态，深入了解群众需求和困难，探索建立公共服务质量评估机制，切实提高医疗、教育、养老、文体等公共服务水平和覆盖面，依法保障群众平等享有基本公共服务的权利。

各位代表！面对新的使命、新的征程，我们责任在心、重任在肩。让我们在区委的坚强领导下，在区人大、区政协的监督支持下，凝聚全区人民的智慧和力量，紧盯目标不动摇，只争朝夕不懈怠，以更加振奋的精神、更加务实的作风，攻坚克难，锐意进取，加快建设国际化商务中心和山水园林新城区，为在全市率先全面建成小康社会而努力奋斗！

西山区人民代表大会常务委员会工作报告

——2015年1月16日在西山区第十五届人民代表大会第三次会议上

西山区人大常委会主任　李　增

各位代表：

我受西山区第十五届人民代表大会常务委员会的委托，向大会报告工作，请予审议。

2014年的主要工作

2014年，在中共西山区委的正确领导下，区人大常委会坚持以邓小平理论、“三个代表”重要思想、科学发展观为指导，全面贯彻党的十八大及十八届三中、四中全会和习近平总书记系列重要讲话精神，按照省委九届七次全会、市委十届四次全会、区委十届四次全会的部署和区十五届人大二次会议确定的目标任务，始终坚持党的领导、人民当家做主、依法治国有机统一，紧紧围绕全区改革发展稳定大局，认真行使宪法和法律赋予的各项职权，为加快建设国际化商务中心和山水园林新城区做出了积极努力。

一、围绕中心，依法决定，着力推动和谐发展

常委会紧紧围绕区委中心工作，立足宏观，着眼大局，研究修订了《西山区人大常委会讨论决定重大事项的规定》，进一步细化重大事项的范围、明确讨论决定重大事项的具体规则及程序，规范行使重大事项决定权。一年来，共召开主任会议16次，召开常委会会议7次，依法审议“一府两院”专项工作报告，作出决议、决定15项。听取和审议了西山区2014年融资计划，批准了西山区2014年融资额度；听取和审议了区政府2014年上半年国民经济和社会发展计划、财政预算执行情况报告，2013年地方财政决算执行和其他财政收支及审计工作报告，审查批准了2013年度地方财政决算和区本级财政净结余资金安排意见；听取了区政府关于2014年度财政预算收支和调整情况（草案）报告，在全面分析全区经济形势的基础上，充分考虑影响经济下行的因素，主动适应经济发展新常态，作出了“全区地方公共财政预算收入增长率由年初确定的12.5%调整为6%的决定”。

二、突出重点，强化监督，着力服务发展大局

常委会坚持法治、发展、民生导向，着眼于增强监督实效，进一步探索创新监督方式，围绕群众关心、社会关注的热点难点问题，适时组织专题调研、视察和检查，进一步加大对“一府两院”的监督力度。一年来，共组织开展工作调研13次、工作视察6次、工作检查6次、执法检查1项、专题询问2次，对区政府5个组成部门进行了工作评议。

（一）紧扣全区重大决策落实开展监督。加快推进产业转型升级，是区委作出的重大战略决策，也是常委会依法履职的重要着力点。常委会紧盯事关全区转型发展的大事要事，积极发挥人大工作在推进区域经济社会转型发展中依法办事、审议决策、服务保障的作用。常委会会议听取和审议了“一府两院”2014年各项重点目标任务、重点工作、重点项目分解落实情况等专项工作报告；组织部分市、区人大代表听取“一府两院”重大事项情况通报；围绕区委十届四次全会提出的提升发展都市农业开展监督，组织对全区都市农庄建设、农业特色园区提升、农业龙头企业培育进行视察，积极推进全区都市农庄、农业园区、乡村旅游融合发展；组织驻西山区的市人大代表对区城乡统筹建设情况进行了视察，围绕加强宣传、提升产业、创新机制向区政府及其职能部门提出了建议；对西山风景名胜区规划建设管理、宗教旅游文化开发、杨梅山水库建设、明朗水库加固扩容工程等进行调研，为区委决策提供参考，为区政府推进工作提供支持。

（二）紧扣群众关切民生改善开展监督。常委会坚持以人为本，紧紧围绕民生问题开展监督。组织部分区人大代表对区十五届人大二次会议代表议案、建议办理工作、区政府为民办实事工作、全区基层医疗卫生服务工作进行检查；组织对全区新农村建设、安置房和保障性安居工程建设推进情况进行视察；组织对昆明市第一中学滇池度假区分校建设及管理情况、棕树营小学排危改造项目、明朗中心学校搬迁重建等工作进行调研，提出了有针对性的意见和建议。

（三）紧扣生态保护城乡建设开展监督。常委会始终高度重视生态建设、环境保护和城乡建设，强化工作监督，增强监督实效。一是组织驻西山区的市人大代表对西山区滇池流域水环境综合治理工作情况进行视察，提出了加大力度完成滇池西岸截污整治工程，强化巡查监管的建议。二是组织对春耕备耕、护林防火、抗旱保供水工作进行检查，对防火通道建设和绿化造林、公共绿地维护管养工作进行调研。三是组织对区政府委托代建的城市道路建设工作进行了视察，从建立项目代建单位信用评价体系、完善资质审查机制、优化委托建设工作流程等方面提出了建议；组织对行政村路面硬化工程推进情况进行检查，提出了推进工作的意见和建议。

（四）紧扣依法行政公正司法开展监督。常委会不断加大监督力度，全力推进区政府依法行政，促进区“法检两院”公正司法。一是组成执法检查组对区政府贯彻执行《中华人民共和国义务教育法》情况进行了执法检查，从进一步落实责任、完善经费保障机制、优化教育资源配置、促进义务教育均衡发展等方面向区政府提出了意见建议。二是围绕“法治西山”建设，积极助推依法治区进程。先后听取和审议了区法院未成年人案件审判工作报告、区检察院反渎职侵权工作情况报告；组织对西山区社会治安防控体系建设三年行动计划实施情况进行视察，对西山看守所监管工作进行调研；组织部分区人大代表旁听了13件刑事案件的公诉及庭审，认真监督和支持“法检两院”依法独立行使审判权、检察权，切实维护公平正义，努力为全区经济社会发展营造良好的法治环境。

（五）紧扣工作方式创新深入开展监督。常委会充分发扬改革创新精神，积极推进思路创新和工作创新，研究制定了《西山区人大常委会专题询问办法》、《西山区人大常委会工作评议暂行办法》。首次对西山区6万吨储备粮仓库、综合福利院及民政配套设施项目建设情况进行专题询问，督促区政府及相关职能部门加快项目建设进度，确保项目如期建成。首次对区人力资源和社会保障局、区城管综合行政执法局、区农林局、区司法局、区文化旅游体育局进行了工作评议，进一步增强了区政府组成部门自觉接受人大法律监督和工作监督的意识。

三、坚持原则，依法任免，着力发挥职能作用

常委会始终坚持党管干部与人大依法任免相统一的原则，严格按法定程序组织开展人事任免工作。全年，共依法任免区级国家机关工作人员29人次，其中任职20人次，免职9人次；任命西山区人民陪审员100人，为全区经济社会发展提供了强有力的组织保证。同时，为加强对人大常委会任命干部的法制教育，专门举办了区十五届人大常委会第二期领导干部法制讲座，切实增强了区级国家机关工作人员的法律意识。

四、夯实基础，强化服务，着力创新代表工作

一年来，常委会不断完善代表工作机制，努力提高服务保障水平，着力发挥代表参与决策、桥梁纽带和监督协助的作用。

（一）强化学习交流，增强代表履职能力。常委会高度重视代表履职培训，组织常委会组成人员和街道人大工委主任参加了“全国人大2014年第十一期地方人大代表和干部培训班”，通过集中学习，进一步提高代表的政治理论水平和依法履职能力；密切与各地人大常委会的联系交流，先后与前来西山区学习考察的四川省凉山彝族自治州西昌市、宁夏回族自治区银川市西夏区、曲靖市罗平县、呈贡区等人大常委会交流基层代表工作，学习借鉴外地人大工作的先进经验；同时，加强与各街道工委的联系互动，先后组织召开2次街道工委工作联席会，围绕如何做好新形势下基层代表工作进

行探讨。通过形式多样的学习交流活动，教育引导广大代表带头学法、依法履职，为西山区改革发展凝聚智慧和力量。

（二）强化制度建设，增强代表履职活力。为密切常委会组成人员、代表、选民之间的联系，研究制定了常委会组成人员联系代表、代表联系选民、代表向选民述职等工作制度，从制度层面规范和保障代表联系群众工作。常委会领导先后带领组成人员深入基层、深入选区，倾听代表对人民群众生活、工作状况的反映，深入了解人民群众关注的热点、难点问题，进一步畅通了社情民意的表达渠道，积极搭建起了常委会组成人员与代表、代表与选民的沟通交流平台，促进代表联系群众更加紧密、服务群众更加主动、依法履职更加规范，代表履职活力得到了不断增强。

（三）强化跟踪督促，增强代表履职动力。常委会高度重视代表议案、建议办理工作，通过实地检查、重点督促、跟踪督办，推动了区十五届人大二次会议代表议案、建议办理工作由答复型向落实型转变。229件代表议案、建议中，解决或正在解决的190件，占82.97%，已列入相关部门工作计划、正逐步推动解决的26件，占11.35%，因条件限制暂时无法解决的13件，占5.68%。

五、完善制度，改进作风，着力践行群众路线

常委会高度重视自身建设，注重从思想、制度、作风建设等方面打牢基础，强化保障，确保人大工作更好地发挥在监督中支持、在支持中参与、在参与中服务的作用。

（一）注重学习，履职基础不断夯实。常委会始终坚持把学习作为提高工作能力的第一要务，牢固树立大局观念、群众观念和法治观念，建立健全了常委会、党组和机关学习制度，加强对党的十八大及十八届三中、四中全会和习近平总书记系列重要讲话精神的学习贯彻，扎实抓好宪法、法律和人大业务知识的学习培训，努力提高常委会组成人员和机关工作人员的法律素养和依法履职水平。

（二）改进作风，服务意识不断增强。常委会深入开展党的群众路线教育实践活动，针对人大工作中存在的“四风”问题，努力转变作风、提高效率，打通联系服务群众“最后一公里”。认真贯彻执行中央“八项规定”和省、市、区委实施细则，坚持在重务实上下功夫，合并、压缩会议和文件；在接地气上谋创新，改进视察、检查和调研；在抓节俭上严管理，控制公务活动规格规模和经费开支。全年，“三公经费”同比大幅下降，切实将反“四风”、密切联系群众体现到加强常委会机关作风建设的全过程。

（三）完善制度，内部管理不断强化。为保障常委会各项工作高效、有序运转，先后研究制定了常委会机关学习、提高会议质量、考勤、新闻宣传、信访接待、机关保密等6项内部管理制度，有效发挥制度引导、激励、约束的作用，强化日常监督检查，狠抓规章制度的执行和落实，进一步激发人大机关干部职工履职尽责的积极性、主动性和创造性，形成人人遵章守纪的良好氛围。

（四）服务群众，信访工作质量不断提升。常委会将信访工作和履行人大监督职能有机结合，严格执行《西山区人大常委会机关接待人民群众来信来访制度》，全年，共办理上级转办及群众来信来访38件，接待群众100余人次。通过受理群众来信来访，妥善化解各种矛盾，切实维护了人民群众的合法权益。

（五）多措并举，宣传工作不断加强。常委会始终坚持正确的舆论导向，充分运用主流媒体和网络平台，大力宣传人民代表大会制度，宣传人大常委会履职成效，较好地发挥了人大宣传主阵地的作用，营造了良好的舆论氛围。全年共印送《西山区人大常委会公报》4期、编印工作简报47期，上报工作信息33条，被《昆明人大》和《昆明人大信息》采用15条；专题询问、工作评议等创新工作被省、市媒体宣传报道。

六、同心协力、敢于担当，着力把区委要求转化为具体行动

常委会始终把人大工作置于区委的领导下，坚持重大事项向区委请示报告，围绕区委中心工作，制定人大工作计划，认真贯彻区委决策，保证人大工作与区委工作同心、同向、同步，努力把区委的要求转化为具体行动。全年，共抽调4名县处级、5名科级干部圆满完成昆明“3·01”暴恐案件善后处置任务；抽调5名县处级、5名科级干部参加市、区党的群众路线教育实践活动督导工作；按照区委统一部署，开展经济指标督查调研工作；认真做好

区委安排的联系“一个街道、一个社区、一个城中村、一个重点项目、一条路、一条河、一名宗教人士”等工作；主动投入森林火灾扑救、重点人员包保维稳、突发性事件处置等工作。

各位代表：过去的一年，常委会凝聚共识，积极探索，各项工作取得了新进展，这些成绩的取得是区委正确领导和高度重视的结果，是全体常委会组成人员、机关干部职工以及全区人大代表共同努力的结果，是“一府两院”积极配合和大力支持的结果，是全区人民和社会各界鼎力支持和积极参与的结果。在此，我代表常委会向大家表示衷心的感谢和崇高的敬意！

在肯定成绩的同时，我们也清醒地认识到，常委会的工作与形势发展要求相比，与广大代表和全区人民群众的期望相比，还有一定差距。主要表现在：一是依法对“一府两院”的监督支持机制有待进一步完善，监督工作的针对性、实效性还不够强，回应人民群众关注的热点、难点问题还不够及时。二是对常委会的决议、决定、议案建议办理跟踪问效反馈机制还不够完善。三是与代表和人民群众联系还不够密切，汇集民意的渠道还不够宽畅，代表活动形式不够丰富，代表主体作用有待进一步发挥。四是调研活动不够广泛深入，机关作风建设需进一步加强等。对于这些问题，常委会将高度重视，认真加以改进。

2015年的主要工作意见

2015年，是深入贯彻落实党的十八大及十八届三中、四中全会精神，全面落实深化改革发展和推进依法治区的关键之年，也是实现西山区“十二五”规划目标任务的收官之年。全面推进依法治区对人大工作赋予了光荣而艰巨的历史使命，做好2015年的工作，任务艰巨、责任重大。常委会工作的指导思想是：坚决贯彻落实党的十八大和十八届三中、四中全会精神，深入学习贯彻习近平总书记系列重要讲话精神，按照中央经济工作会、省委九届九次全会、省委经济工作会和市委十届六次全会、区委十届六次全会的安排部署，在中共西山区委的正确领导下，把坚持依法治国、维护宪法和法律权威作为首要任务，有力督促“一府两院”依法行政，公正司法，充分发挥地方国家权力机关在依法治区中的重要作用，主动适应新形势下“经济发展、社会治理、民生保障、管党治党”四种新常态，紧扣打造国际化商务中心和山水园林新城区的发展定位，深入推进改革全面深化、产业转型升级、民生改善、生态保护、法治建设等重点工作，促进全区经济社会平稳健康发展。

一、以四中全会精神为引领，深入推进依法治区进程

常委会将把学习《中共中央关于全面推进依法治国若干重大问题的决定》和习近平总书记系列重要讲话精神作为当前和今后一个时期的首要任务，深入领会精神实质，不断提高思想认识，为推动常委会工作发展筑牢思想基础。强化法治观念，保障宪法和法律法规在西山区的正确实施，保障区人大代表依法高效履职，提高区政府的依法行政能力和服务水平。围绕公正司法，强化对司法活动的监督，积极支持司法体制试点改革工作，支持“法检两院”依法独立公正行使职权，发挥好司法维护公平正义的最后一道防线作用，不断提高司法公信力。

二、以坚持党的领导为原则，依法行使人事任免权

坚持党对人大工作的领导，是任何时候都不能动摇的根本原则。常委会将紧紧围绕区委重大决策，谋划和推进人大工作，做到依靠不依赖、自立不独立、用权不越权。始终坚持党管干部与依法行使任免权相统一，善于使区委推荐的人选经过法定程序成为区级国家机关工作人员。按照全国、省、市人大的统一安排，积极落实经区人大及其常委会选举或决定任命的国家机关工作人员正式任职时公开向宪法宣誓制度，进一步增强被任命人员的宪法观念，彰显宪法权威。

三、以规范工作程序为重点，确保重大事项贯彻落实

围绕全区改革发展稳定大局，遵循合法性、全局性、民主性、可行性的原则，认真听取和审议“一府两院”专项工作报告，及时提出审议意见并作出决议、决定。认真执行常委会讨论决定重大事项的规定，按照区委“三重一大”事项集体决策制度的要求，依法决定西山区重大投资、重大民生、

生态保护、社会事业、国有资产处置等重大事项，确保区人大及其常委会作出的各项决议、决定符合科学发展要求，符合区情民意，充分发挥行使重大事项决定权对全区经济社会科学发展的推动作用，促进依法决策、科学决策、民主决策。

四、以保障群众利益为根本，不断强化监督工作实效

坚持把监督的重点放在促进经济发展、优先发展教育卫生、积极扩大就业、增加居民收入、完善社会保障、促进司法公正等事关民生的社会问题上，放在全区人民群众最关心、最直接、最现实的利益问题上，切实加强和改进人大监督工作，不断提高人大监督工作的针对性和实效性。在不断总结经验的基础上，继续选择事关全区改革发展和群众密切关注的问题开展专题询问，强化询问意见的跟踪落实，推进专题询问监督方式的常态化、规范化；继续组织对区政府组成部门进行工作评议，进一步提高人大常委会任命干部的工作责任感和使命感；积极探索加强对区政府全口径预决算审查监督的方式方法，努力促进区级财政预算、决算工作科学规范运行；认真听取和审议计划执行、财政预算执行、决算和审计工作报告，提高预算执行的严肃性和约束力；继续对事关群众切身利益、社会和谐稳定的安置房、保障房建设和分配使用情况进行视察；进一步健全跟踪督办工作机制，由常委会领导分工督办，不断提高代表议案、建议的办结率，切实保证常委会决议、决定和审议意见的落实。

五、以丰富代表活动为载体，充分发挥代表主体作用

尊重和保障代表权利，全面提升代表工作水平，更好地发挥代表参与管理国家事务的重要作用。一是从提供履职保障、拓宽履职渠道、丰富活动内容等方面积极搭建平台，依法保障代表知情知政。二是严格落实常委会组成人员联系代表、代表联系选民制度规定，促进代表联系群众工作的规范化、经常化，充分发挥代表联系群众的桥梁纽带作用。三是进一步加强代表履职培训工作，采取灵活多样的方式，有计划、有重点、分层次地对常委会组成人员、基层代表开展专题培训，不断提高广大代表的自身素质，充分发挥代表的主体作用。

六、以提高履职能力为目标，不断提升自身建设水平

始终把思想政治建设和作风建设摆在重要位置，深入学习贯彻党的十八大及十八届三中、四中全会和习近平总书记系列重要讲话精神，巩固拓展党的群众路线教育实践活动成果，认真开展“三严三实”和“忠诚、干净、担当”专题教育，切实推动作风建设新要求在常委会机关落地生根。认真抓好干部队伍建设，不断提升自身思想政治素质、综合业务能力和服务保障水平；积极推进人大制度理论创新和实践创新，不断提高人大工作科学化水平；着力增强学习调研、协同推进和联系服务群众的能力，不断提高依法履职水平；严格执行党的政治纪律、组织纪律，严格遵守党风廉政建设的各项规定，切实把思想和行动统一到中央和省、市、区委的决策部署上来，着力打造“信念坚定、为民服务、勤政务实、敢于担当、清正廉洁”的人大干部队伍，为全区经济社会发展凝聚正能量。

各位代表，党的十八届四中全会对人大工作提出了新的要求，为我们增添了新的动力。做好2015年的人大工作，责任重大、使命光荣。我们要紧密团结在以习近平为总书记的党中央周围，高举中国特色社会主义伟大旗帜，在中共西山区委的坚强领导下，以更加坚定的信心、更加饱满的热情、更加扎实的作风，凝心聚力，开拓奋进，为推进依法治区进程、全面加快建设国际化商务中心和山水园林新城区，为在全市率先全面建成小康社会而努力奋斗！

中国人民政治协商会议西山区第八届委员会常务委员会工作报告

——2015年1月14日在政协西山区第八届委员会第三次会议上

西山区政协主席　章　震

各位委员：

我受政协西山区第八届委员会常务委员会的委托，向大会作报告，请予审议，并请列席人员提出意见。

2014年主要工作回顾

2014年是西山区率先全面建成小康社会的重要一年，也是西山区政协成立30周年。一年来，在中共西山区委的领导和市政协的指导下，政协西山区第八届委员会常务委员会高举中国特色社会主义伟大旗帜，牢牢把握团结、民主两大主题，以邓小平理论、“三个代表”重要思想、科学发展观为指导，学习贯彻中共十八大和十八届三中、四中全会及习近平总书记系列重要讲话精神，紧紧围绕中共西山区委十届四次全会提出的目标任务，充分发挥协商民主的重要渠道作用，切实履行政治协商、民主监督、参政议政职能，为推动全区经济社会发展和全面深化改革作出了积极贡献。

一、围绕中心工作，发挥协商民主重要作用

常委会紧紧围绕全区经济社会发展的重要工作、重大决策以及西山区全面深化改革任务，制定《2014年协商工作计划》，把协商民主贯穿于履职全过程。

开展全面协商。充分运用政协全会、常委会议、主席会议等方式，开展协商活动。在区委全会和区“两会”召开前，对区委、政府、法检两院报告进行认真协商。八届二次全体会议期间，委员们对政府工作报告和计划、财政报告及“两院”工作报告进行协商，着重就经济结构调整和产业发展、城市规划建设管理、生态文明建设、民生改善、法治西山等方面的重大问题展开协商讨论，形成105条意见建议报区委、区政府。在八届六次常委（扩大）会议上，全体政协委员听取了上半年计划、财政执行情况，法检两院工作情况及区纪委关于党风廉政建设情况通报，展开协商讨论。全年多次召开主席会议，就美丽乡村建设及基层社区道路修复、饮水管网改造等民生改善问题进行协商。

开展专题协商。对区检察院民事行政检察和侦查监督工作、文化市场发展、总部经济、区法院执行指挥中心和远程审批系统软硬件建设、和谐社区建设等进行调研、视察，组织委员多方协商，找准问题，提出62条意见建议。特别是在对全区开展创新型县（市）区试点工作的专题协商座谈中，提出的完善产、学、研体系建设，实现资源共享，加快园区建设和产业结构调整步伐，发挥产业集聚效应等七方面的意见建议，得到了政府的采纳。

开展对口协商。各专委会积极与对口联系部门沟通、协调，参与重要工作研究，提出意见建议。先后对《西山区优抚对象困难家庭临时救济办法》《西山区进一步推进民营医院发展实施意见（试行）》等进行协商，提出修改意见。对全区执法部门的执法情况、执法案件监督评估工作、基层派出所服务体系建设、民族宗教工作、知识产权保护、科技项目及资金管理办法、安全生产工作、绿化建设等适时开展对口协商，形成了8个立意好、质量高的调研、视察课题，推动相关工作深入开展。

开展提案办理协商。全会前，对提案工作进行协商座谈，征集提案线索；立案工作中，对不符合立案标准的提案材料，开展作为意见建议办理的协商活动；交办工作中，开展区委、人大、政府、政协联合交办的协商活动；办理工作中，各承办单位认真落实“三访”制度，通过电话联系、面商座谈、登门走访、联合调研等方式，认真听取并研究解决提案人的意见和建议；督办工作中，建立重点提案主席督办制度，以重点提案办理带动其他提案办理，从而推动提案向质量、落实等方面转变。2014年全年共立案226件，每件提案都经过协商办理，办复率100%，办结率98.67%。

开展界别协商。发挥界别优势和作用，对环滇池生态湿地公园建设、重点道路交通设施建设、百集龙商业广场、区检察院检务公开等工作进行协商，促进相关问题解决。对新运粮河水环境综合整治协商，提出尽快推进马街片区截污系统建设、抓好非法排污相关处置工作、抓紧推进河道综合整治等建议。对润城项目云南师范大学附属润城学校建设协商，提出加强校园安全管理、尽快通煤气等建议。对环境卫生综合整治协商，提出认真落实市容环境卫生管理责任，加大“门前三包”的宣传，加强交通微循环整治，探索引摊入市等建议，促进政府部门改进工作。

二、服务发展需要，积极为经济社会发展献计出力

常委会始终把促进发展作为政协履行职能的第一要务，紧紧围绕区委、区政府的中心工作以及人民群众普遍关注的“热点”“难点”问题，充分依靠和发挥各专委会与各界别委员的作用，积极为西山区经济社会发展献计出力。

为推进县域经济发展献计出力。对大商汇、中石油云南总部、国开行云南总部、云投集团总部、昆钢集团总部等“十大总部”经济进行调研，提出因地制宜，在全区营造谋项目、抓项目、促项目的强势氛围等建议。开展《西山区城中村改造中企业流失的对策研究》重点课题调研，提出大力发展都市型商贸服务业和都市型旅游业，尽快制定出台西山区城中村改造中企业平台建设管理实施办法，加快各类创业园区建设，为城中村改造涉及的各类企业提供平台和载体等6方面的应对策略，市政协、区政府对此给予了充分肯定。

为推进园区建设献计出力。对长坡国际物流园区的建设发展情况进行调研，提出加强统筹协调，做好市政工程、教育、卫生、商业等配套设施建设等建议。对海口工业园区招商引资和项目建设情况进行调研，提出完善“园处合一”运行机制，突出主导产业向集约化、精细化、多元化发展等建议。对团结生物医药食品加工园区视察，提出借助西北绕城高速公路建成通车，加快基础设施建设，带动更多项目入驻园区等建议。在主席约谈委员活动中，就提升产业发展水平，加快构建现代产业体系，提出加大产业发展扶持力度，多支持实体经济，切实发挥财政资金的杠杆撬动作用，整合部门资源，健全跟踪和绩效考核机制，以此带动企业转型升级等5方面建议。

为推进文化西山建设献计出力。对文化市场发展情况进行调研，提出依托西山区的区位优势、环境优势，加大支持和引导力度，强化资金、政策措施方面的扶持等建议。对西山区全国重点文物保护单位“惠光寺塔和常乐寺塔”“石龙坝水电站”进行视察，提出认真处理好保护与利用的关系，加大对《文物保护法》及省、市文物保护条例的宣传，提高全社会文物保护意识等建议。开展《西山大旅游区文化建设对策研究》重点课题调研，通过对西山景区的民俗文化、滇池草海文化分析研究，提出加快西山大旅游区文化建设的途径和办法，希林区长作出了批示，分管副区长立即研究安排部署。

为推进城市管理献计出力。对西山区“城乡清洁工程”进行视察，提出积极引导社会资金参与、建管并重、探索符合城乡发展要求的城市管理新模式等建议。开展“城乡清洁工程·民盟志愿者在行动”活动，为营造干净、整齐、亮丽、优美的城乡人居环境发挥作用。通过《关于改善海口中滩街主大道交通阻塞》主席重点提案的办理，使中滩街、海川路、典赤路沿线道路两侧的建筑得到立面综合整治，灯光亮化完成约700米，点光源安装完成60个，为当地群众的出行提供了便利。开展《西山区道路、桥梁、河道、城市公园地名研究》重点课题调研，对全区未命名的道路、公路桥梁、河道、水利设施、城市公园、小游园（城市绿地）提出261个命名建议，得到区政府分管领导和有关部门的重视。

三、关注民生改善，为维护人民群众根本利益多做工作

常委会始终把维护人民群众根本利益、推动民生改善作为履职的出发点和落脚点，充分发挥联系广泛的优势，积极为改善民生履职建言、办实事、做好事。

履职助推民生改善。围绕城中村改造，对部分片区回迁安置房建设和草海拆迁安置工作进行视察。在主席约谈委员活动中，提出以市场配置资源、提高土地综合利用率，适当调控房地产市场的盲目扩张、建立退出和入场机制等建议。围绕就医，每月组织一次委员进社区义诊服务活动，入户问诊、送医送药，同时，还对部分偏远社区卫生服务中心进行视察。围绕就学，组织委员对区职业高级中学进行调研，对校园安全和校园文化建设以及名校办分校情况进行视察。围绕就业，组织工商联界别部分委员开展民营企业招聘活动，促成120人现场达成就业意向。2014年的提案，有183件涉及民生问题，占提案总数的81%，《关于对区属民办学校校（园）长或负责人进行定期培训》等提案提出的建议和措施已被区政府采纳并落实。

发挥优势为群众排忧解难。支持和引导各民主党派、工商联、有关人民团体为群众办实事、做好事。工商联界别组发动民营企业家向鲁甸地震灾区捐款221.7万元，民革西山基层委向灾区捐款7000余元等。区委统战部政协委员之家组织民革西山区基层委在龙潭社区开展爱心义诊社会服务活动，九三学社西山区委员会在团结街道办事处开展“西山区高原特色农业发展调研”活动。民族宗教界别组在团结街道喜乐福老年公寓开展“宗教慈善周”活动，为孤寡老人募捐善款27万余元，捐赠价值5万余元的米油等物资。

深入基层协调解决实际问题。区政协党组班子成员和机关干部深入联系点、机关结对帮扶点帮助协调解决一批基层实际问题，如团结朵亩社区乡村道路太阳能路灯照明，妥排社区村道贯通工程，长坡社区垃圾清运、居民生活用水、道路维修改造问题，西华社区基层组织建设，观音山社区道路修复、饮水管网改造，明朗基督教堂维修改造问题等。

四、拓展履职渠道，切实发挥委员主体作用

常委会把发挥政协委员主体作用作为一项基础性、经常性、全局性工作来抓，不断拓展履职渠道，提高委员履职能力，切实发挥委员主体作用。

多渠道组织学习培训。通过联络组、界别组、政协委员之家活动，邀请委员参与课题调研等方式，分层次、分专题、有针对性地组织学习中共十八大，十八届三中、四中全会精神，习总书记系列重要讲话及在人民政协成立65周年大会上的重要讲话精神，进一步把全体政协委员的思想认识统一到中央、省、市、区委要求上来，把各方面的力量凝聚到贯彻落实区委、区政府提出的各项工作任务上来，把广大政协委员的才能和智慧体现到履职尽责的水平和实效上来。

稳步推进委员之家建设。新创建了海口工业园区、碧鸡物流园区、前卫金融产业园区、永昌街道党员服务中心、经济界5个委员之家，同时成立了海埂街道管理处政协委员联络组。委员之家已由建在机关拓展到建在基层、建在社区、建在企业。马街街道委员之家设立政协委员社区工作站，为群众提供法律咨询服务和法律援助；福海街道委员之家组织委员参与城中村改造等重点项目实施所引发的社会矛盾排查、调处工作；统一战线委员之家采取集中与分散相结合，帮助企业协调解决生产经营中的困难和问题；医药卫生界别委员之家开展对口支援服务、专家进社区义诊活动；海口工业园区委员之家，开展“我为园区招商引资、做强工业、实现跨越做贡献”“我为企业出点子”活动等。

“四轮驱动”开展履职活动。各专委会、联络组、界别组、政协委员之家充分发挥“横向代表性强、纵向专业性强、内部联系性强”的优势，按照“专项、专题、专人”要求，有主题有针对性地开展联络交叉、界别交叉的“委员接访日”、“委员进社区”以及调研、视察活动，组织委员参加对部门党的群众路线教育实践活动开展民主评议和民主测评，举办政协委员书画摄影展，编印《西山区政协委员书画摄影作品选集》，2014年来四方面共开展专题活动368次，参与活动政协委员3000余人次。

五、强化自身建设，不断提高政协履职能力

常委会重视加强自身建设，在作风改进、制度

化建设、工作机制创新等方面取得了新的进步。

开展党的群众路线教育实践活动。按照中央和省、市、区的统一部署，组织党员干部认真研读重要文件和学习材料，开展专题学习讨论，实地学习“插甸经验”。坚持开门听与上门找相结合，广泛听取意见建议，征集意见建议362条。采取运用“十种方法”“五上五下”、集体“会诊”、照单全收主动认领等方式，党组班子查找自身问题31个、党组班子成员查找自身问题共49个，机关科级党员干部查找自身问题共168个。召开专题民主生活会和组织生活会，对照检查在遵守和执行党的政治纪律及中央八项规定方面存在的问题和“四风”方面的突出问题，制定整改方案，明确具体整改措施，到12月底，整改清单所列问题已全部整改销号，废、改、立制度31项。通过开展党的群众路线教育实践活动，党员干部工作作风明显转变，机关文风会风不断改进，整体工作效率有效提升，“三公经费”大幅度下降。

推进履职制度化。制定《政协西山区委员会专门委员会与相关职能部门对口联系制度》，以提案、调研视察报告等形式向对口联系部门提出意见和建议；制订《关于加强区政协对区政府部门实行民主监督推动工作落实的意见》，规范民主监督工作，促进区属部门改进工作；制定《政协西山区委员会反映社情民意信息工作实施办法》，支持委员积极反映各方面的意见建议；制定《政协西山区委员会直接联系和服务群众制度》，发挥政协组织做好群众工作的优势；制定《政协昆明市西山区委员会主席约谈委员制度》，广泛听取委员意见建议等。

推动工作机制建设。建立“四位一体”工作机制，对专委会、联络组、界别组、政协委员之家的工作同步安排，同步指导，同步检查，同步督促落实，形成以四方为主体的，委员齐动、小组互动、专委会联动、政协委员之家推动的“四位一体”基层政协工作格局。建立“提、办、督、评”一体化的提案工作机制，为委员提供提案撰写指导服务和咨询服务，为承办单位提供办理协调服务，将专委会督办与主席督办相结合，加大督办力度，评选表彰优秀提案，提高提案质量。建立“三重”工作机制，实施重点提案主席督办制度，对5件重点提案进行督办；开展重点课题调研，为区委、区政府决策提供参考；组织重点文史资料编辑出版西山文史资料第十二辑《湖畔西山》（西山专辑），该书获全市政协文史资料一等奖。

一年来，区政协班子成员在完成本职和兼任工作以外，担任9个城中村改造片区、8条重点道路建设、5条主要出入湖河道（支流）责任领导和6个重点招商引资项目，7个重点建设项目挂钩推进责任领导，5个市容市貌环境卫生综合整治片区责任人及“城乡清洁工程”段长，参加区群众路线教育实践活动5个督导组工作、“3·01”事件7个安抚组工作，完成区委统一安排的抽调机关干部驻村入户的工作。协助做好全国政协考察西山大旅游区建设、省政协“关于稳步推进基本公共卫生服务均等化的建议”重点提案调研、市政协关于非物质文化遗产传承的调研。编印《西山区政协三十年》纪念画册。

各位委员，政协西山区第八届委员会常务委员会在过去一年中所取得的成绩，是中共西山区委的领导，市政协的指导和区政府支持的结果，是全体政协委员、区级各民主党派、工商联、人民团体、无党派人士和各族各界共同努力、团结奋斗的结果。我谨代表政协西山区第八届委员会常务委员会，向关心和支持西山区政协工作的各级领导和同志们、朋友们表示崇高的敬意和衷心的感谢!

在肯定成绩的同时，也要清醒地认识到，我们的工作也存在着差距和不足。主要是履行职能的实效有待进一步提高，政协委员的主体作用有待进一步发挥，围绕经济社会建设的热点难点履行职能有待进一步加强，人民政协协商民主的制度化、规范化、程序化建设有待进一步完善等。对于这些问题，我们要在今后的工作中切实加以改进。

2015年主要工作任务

2015年是全面落实深化改革和依法治国的关键之年，也是实现西山区“十二五”规划的收官之年。新形势、新任务对人民政协提出了新要求。新的一年里，政协昆明市西山区委员会工作的总体要求是：深入贯彻落实中共十八大，十八届三中、四中全会，习近平总书记系列重要讲话精神及区委十届六次全会精神，牢牢把握团结、民主两大主题，在中共西山区委的领导下，切实履行政治协商、民主监督、参政议政职能，充分发挥人民政协作为协商民主重要渠道作用，为西山区全面深化改革、全面依法治区、全面建成小康社会献计出力。

一、在加强学习深入实践中推进基层协商民主

深入学习贯彻落实党的十八大，十八届三中、四中全会精神和习近平总书记系列重要讲话精神及习近平总书记在人民政协成立65周年大会上关于“四个必须”“五个坚持”的新要求，主动适应“四种新常态”，按照新常态下的新特征、新规律、新要求来进一步认识和研究政协工作。围绕区委十届六次全会提出的“适应新常态、激发新动力、推动新发展，奋力谱写率先全面建成小康社会的新篇章”这一主题，融协商、监督、合作、参与于一体，力求在协商民主的方式上有突破。坚持协商在民主之前，制定协商计划，推出月协商座谈会，一月一会一主题。

二、在围绕中心服务大局中献策出力

把服务发展、推动改革作为政协履行职能的第一要务，紧扣区委十届六次全会提出的目标任务，为全区工作大局建净言、谋善举、献良策。要在做强现代服务业，做大新型工业，做精都市农业，扶持激励总部经济和楼宇经济，加快推进园区建设，大力发展高原特色农业等方面献计出力。要在集聚重大项目、打造特色园区、招商引资、发展民营经济，持续推动经济增长等方面建言献策。要在着力提升城市经济品质、文化品质、环境品质、制度品质和生活品质，加快世界知名旅游城市建设等方面发挥优势。要在加快形成尚法守制、公平正义、诚信文明、安定有序的依法治区新格局等方面多做工作。

三、在关注民生履职为民中建言实干

把关注民生、服务民生、改善民生贯穿于履职全过程。围绕学前教育“春风化雨”行动计划，“校安工程”，农村中小学现代远程教育体系建设，医药卫生体制改革，社区居家养老服务建设，道路桥梁管养等民生问题开展视察。围绕安居工程建设，“菜篮子”“米袋子”工程，防灾减灾体系及救灾应急机制，“五小”水利工程、财政支农惠农工作、就业和再就业扶持等开展调查研究。引导政协委员发挥各自所长，关注困难、弱势、特殊群体，积极参与文化下乡、科技服务、送医送教、捐资助学、扶贫济困、社区服务等活动。

四、在把握主题发挥优势中凝心聚力

发挥爱国统一战线的组织优势，组织好区情通报会和季度民主党派、人民团体工作协商会，鼓励各党派团体在政协各种会议上发表意见建议。开展走访各民主党派和无党派人士、民族宗教代表人士、新经济组织人士活动，巩固和发展民族团结、宗教和睦、社会和谐的良好局面。关注社会新阶层的利益诉求，拓宽公民有序政治参与的渠道，全力助推改革开放，做好协调关系、化解矛盾、争取人心、汇聚力量的工作，进一步巩固和谐稳定的良好局面。

五、在把握方向立足主动中加强自身建设

继续巩固群众路线教育实践活动成果，认真参加“三严三实”和“忠诚、干净、担当”专题教育。按照“四个必须”“五个坚持”要求，认真抓好政协机关思想建设、组织建设、作风建设、制度建设和党风廉政建设，切实提高工作效率和服务水平。加强专委会、联络组、界别组、委员之家建设，做好委员联络服务工作，因地制宜开展学习、视察、调研活动，积极倾听和反映民声民意。加强机关干部队伍建设，建设一支严以修身、严以用权、严以律己，谋事要实、创业要实、做人要实，对党忠诚、个人干净、敢于担当的政协干部队伍。

各位委员，在全面建成小康社会的进程中，人民政协大有可为。让我们更加紧密地团结在以习近平为总书记的中共中央周围，深入贯彻落实中共十八大，十八届三中、四中全会精神，在中共西山区委的领导下，凝心聚力、议政建言，不断开创政协工作新局面，为全面加快建设国际化商务中心和山水园林新城区做出新的更大的贡献！

坚决落实依纪依规从严治党责任 深入推进党风廉政建设和反腐败斗争

——2015年2月4日在中共西山区纪委十届七次全体会议上

中共西山区纪委书记 张 竞

同志们：

我代表中国共产党昆明市西山区第十届纪律检查委员会常务委员会向第七次全体会议作工作报告，请予审议。

这次全会的主要任务是：学习贯彻习近平总书记系列重要讲话和十八届中央纪委五次全会、省纪委九届六次全会、市纪委十届七次全会和区委十届六次全会精神，总结2014年党风廉政建设和反腐败工作，部署2015年任务。区委对这次全会十分重视，区委常委会专题学习了十八届中央纪委五次全会、省纪委九届六次全会、市纪委十届七次全会精神，研究了我区党风廉政建设和反腐败工作。区委赵学农书记将作讲话，我们一定要认真学习领会，抓好贯彻落实。

一、2014年党风廉政建设和反腐败工作回顾

过去一年，全区各级党组织和纪检监察组织坚决贯彻落实党中央、省委、市委和中央、省、市纪委的部署要求，准确把握党要管党、从严治党的新任务和新要求，及时跟进党风廉政建设和反腐败斗争战略重点、战略布局、战略思路的新发展，深入落实党委主体责任和纪委监督责任，推动全区党风廉政建设和反腐败斗争深入开展。

（一）切实担当责任，聚焦党风廉政建设和反腐败斗争

坚决落实主体责任。区委制定出台了落实党风廉政建设主体责任实施办法和区委领导班子、主要负责人主体责任清单；各街道党工委和区属单位党委（党工委、党组）结合实际制定了责任清单，硬化落实主体责任的任务和要求。区委领导通过昆明日报专栏参与“书记谈责任”。区委常委会7次专题研究党风廉政建设工作，区委、区政府主要领导11次听取或批示区纪委监察局工作专报，15次对信访举报件进行批示，在查办案件工作机构、人员编制和谈话室建设等方面给予强有力的支持，切实加强对党风廉政建设的领导。区委常委班子成员以身作则，带头落实中央“八项规定”精神，自觉接受各方监督；带头解决群众反映强烈的突出问题，专题研究作风建设；带头讲廉政党课，组织开展理想信念及党性党风党纪教育。区委主要领导与62个区级单位签订党风廉政建设责任书，细化分解任务，层层传递压力，跟踪问效、督促落实。

认真履行监督责任。加快纪检监察机关转职能、转方式、转作风，进一步明确职责定位，强化监督执纪问责。深化纪律检查体制改革，参与的议事协调机构减少到14个；推进区纪委监察局机关内设机构改革调整工作，机构设置和人员配备向办案一线倾斜，将更多精力、资源集中到查办案件上来。

（二）强化纪律约束，持之以恒加强作风建设

加强对党的纪律执行情况的监督检查，持续刹风整纪，促进作风转变。在元旦、春节、中秋、国庆等重要时间节点，加大监督检查力度，对党员干部身上苗头性、一般性问题早提醒、早纠正、早处理，约谈46人。严厉问责“为官不为”、作风漂浮以及效能低下的干部28人，其中科级干部7人。切实解决群众反映强烈的突出问题，深化“五级联动”解决群众诉求机制，共收到群众诉求3511件，

办结3510件。

（三）保持高压态势，坚定不移惩治腐败

坚持有案必查、有腐必惩。制定案件线索集中管理办法，线索处置和查办情况及时向市纪委报告。2014年，区纪委共受理信访举报122件次，立案查处17件19人，其中，科级领导7件7人，立案数、结案数、处分人数同比增长30.77%、23.08%、38.46%；对19个轻微违规问题进行了适当处理，对反映失实的37名党员干部予以澄清。落实“一案双查”规定，立案查处4件5人。

坚持依纪依法、安全文明办案。办案程序、谈话场所使用、案件线索移送、“两规”“两指”及上级交办事项办理按照省、市纪委办案要求进行规范。

（四）落实从严要求，加强对干部的教育、监督和管理

认真落实“一述两谈”制度。18名党政主要负责人向区纪委全会述廉；建立区纪委约谈下级党委、纪委负责人制度，听取下级党委（党工委、党组）书记报告落实主体责任情况，纪委书记报告同级党委班子廉洁从政情况；抓好廉政审查和廉政谈话制度落实，对87名科级干部进行任前廉政谈话，签订廉政承诺书。制定《西山区贯彻落实中央2013～2017年惩防体系建设工作规划的实施办法》，强化对权力运行的监督制约。严明组织纪律加强请示报告，503名科级干部向组织报告个人有关事项，对27名科级干部报告情况进行了重点抽查，有10名科级领导干部报告了婚丧嫁娶事宜。注重加强反腐倡廉教育，被中央、省、市纪委采用反腐倡廉信息简报128篇、调研文章8篇、宣传报道15篇。组织全区各级党员干部274人参观“以案说法·反腐倡廉”大型巡回展，教育引导广大干部心有所畏、言有所戒、行有所止。

（五）自觉接受监督，打造过硬纪检监察干部队伍

按照“打铁还需自身硬”“监督者更应自觉接受监督”的要求，进一步严格内部管理，不断加强队伍自身建设。认真组织开展第二批党的群众路线教育实践活动，区纪委监察局班子成员带头落实领导干部直接联系群众制度，分别深入积善、大兴、白眉、凯苑社区等联系点深入调研，走访群众、倾听意见，帮助解决问题和困难；从联系群众、调查研究、议事决策、执纪办案、队伍建设等方面明确了17项制度建设任务。对派出（驻）机构运行情况进行调研，为顺利推进改革奠定坚实基础。

在充分肯定成绩的同时，也要清醒地看到我们工作存在的问题和差距，主要是反腐败体制机制还不完善，有的党委（党工委、党组）和党员领导干部落实主体责任不力；少数干部纪律涣散、精神懈怠、缺乏担当，“四风”问题和违纪案件时有发生；有的纪检监察干部对反腐败斗争的艰巨性、复杂性认识不足，思想作风、能力素质、工作方式还不适应党风廉政建设和反腐败工作新常态要求；深化“三转”，健全内部运行和工作机制的任务还比较繁重等。对此，我们必须高度重视，认真加以解决。

二、工作认识和体会

全区党风廉政建设和反腐败斗争取得的成效，得益于市纪委和区委的坚强领导，得益于全区各部门和广大党员干部群众的大力支持和参与，得益于全区纪检监察干部切实履职担责。我们有以下认识和体会：

第一，必须始终保持反腐败的坚定决心。当前，反腐败斗争形势依然严峻复杂，腐败手段不断翻新、权力风险仍然很大，在高压态势下，有的人仍然不收敛、不收手、顶风违纪违法。这些情况警示我们：党要管党、从严治党一刻也不能放松，减少腐败存量、遏制腐败增量、重构政治生态的工作艰巨繁重，不能有丝毫的麻痹懈怠。我们要深刻领会、准确把握党中央反腐败的坚定决心、坚决态度，敢于负责、勇于担当，坚持不懈纠正“四风”，坚决遏制腐败蔓延势头，坚定不移把党风廉政建设和反腐败斗争进行到底。

第二，必须正确处理发展与反腐的辩证关系。发展是硬道理，反腐是硬任务，廉洁是推动全区经济社会发展的政治保障。我们要始终保持清醒和坚定，明辨是非，不为杂音噪音所扰，不为传闻谣言所惑，始终坚持有腐必反、有贪必肃，以零容忍态度惩治腐败；始终坚持改革、发展、稳定和反腐“四位一体”统筹谋划，坚持实事求是、宽严相济，拔“烂树”、治“病树”、扶“歪树”，以党风廉政建设和反腐败斗争的实际成效取信于民。

第三，必须坚持从严依规管党治党。纪律是党的生命，从严治党首要的是严明党纪，以严的标准要求党员、严的措施管住干部。要继续高悬利剑，加大反腐力度，巩固“不敢腐”的氛围；不断深化改革，加大制度落实力度，强化“不能腐”的约束；加强党性修养，坚定“三个自信”，筑牢“不想腐”的思想防线。

第四，必须全面落实主体责任和监督责任。党委主体责任和纪委监督责任必须细化、量化、具体化，做到责任清、措施细、追究严，才能形成实实在在的工作支点。各级党委（党工委、党组）要把主体责任记在心上、扛在肩上、抓在手上，落实到行动上，坚持党风廉政建设和业务工作一起抓，主要领导和班子成员共同发力；各级纪检监察组织要敢于监督、敢于较真、敢抓敢管，严格责任追究，层层传递压力，切实将“两个责任”落到实处。

第五，必须不断推进转职能、转方式、转作风。“三转”是落实党章规定、适应党风廉政建设和反腐败斗争形势任务的必然要求，纪律检查机关作为党内监督专责机构，只有不断深化“三转”，聚焦聚焦再聚焦，守住职责定准位，才能抓好党风廉政建设和反腐败中心任务，使党要管党、从严治党的要求落到实处。

三、2015年党风廉政建设和反腐败工作主要任务

党风廉政建设和反腐败斗争永远在路上。全区各级党组织、纪检监察组织必须坚决把思想和行动统一到党中央的决策部署上来，冷静清醒判断形势，保持坚强政治定力，顺应党和人民期待，在监督执纪问责上下功夫，在总结典型案件教训上下功夫，在查处腐败行为上下功夫，在纠风正风上下功夫，在治理不作为上下功夫，在监督全覆盖上下功夫，在维护群众利益上下功夫，旗帜鲜明、坚定不移地深入推进党风廉政建设和反腐败斗争。

2015年工作的总体要求是：深入贯彻党的十八大和十八届三中、四中全会精神，认真贯彻习近平总书记系列重要讲话精神和视察云南重要讲话精神，按照十八届中央纪委五次全会和省纪委九届六次全会、市纪委十届七次全会的安排部署，坚持从严治党，依规管党治党，落实“两个责任”，深化纪检体制改革，强化监督执纪问责，持之以恒落实八项规定精神，坚决遏制腐败蔓延势头，营造良好政治生态，以更严的纪律管好纪检监察干部，以党风廉政建设和反腐败斗争新成效取信于民。

（一）严明党的纪律，落实依纪依规从严治党要求

把纪律建设摆在更加重要的地位，严明党的政治纪律和政治规矩。引导督促党员干部把守纪律作为底线，把讲规矩作为自觉，决不允许背离党中央要求另搞一套；决不允许在党内培植私人势力；决不允许擅作主张、我行我素；决不允许搞非组织活动；决不允许亲属和身边工作人员擅权干政、谋取私利。各级党组织要把严守纪律、严明规矩放到重要位置来抓，坚决查处违反政治纪律、组织纪律、保密纪律等党的纪律的行为，坚决防止组织涣散、纪律松弛；坚决制止干扰依法治国、破坏党的团结统一、影响改革发展稳定的行为，努力营造守纪律、讲规矩的氛围。

贯彻落实党风廉政法规制度，强化制度执行力。认真贯彻落实新修订颁布的廉政准则、纪律处分条例和行政监察法，结合全区纪律检查体制改革的目标任务，在加强对落实主体责任和监督责任、健全反腐败领导体制和工作机制、领导干部行使权力的制约监督、强化上级纪委对下级纪委的领导、加强派驻监督等方面建章立制，完善惩治和预防腐败、廉政风险防控、领导干部个人有关事项报告和任职回避、防止领导干部利用公共权力或自身影响谋取私利等方面的规章制度。强化对制度执行的监督检查，维护制度的权威性和执行力。

（二）解决突出问题，维护和营造良好的政治生态

要落实“六个严禁”。深入开展以严禁领导干部插手工程建设、严禁插手土地征用、严禁插手矿产资源开发利用、严禁违规使用扶贫和社保资金、严禁领导干部收受“红包”、严禁违反党的组织人事纪律等6个方面突出问题的专项整治。督促各级党委（党工委、党组）落实主体责任，规范权力运行。

要匡正选人用人风气。加强对领导班子和干部廉政情况的分析研判，严防“带病提拔”“带病上岗”，严防“圈子”和“山头”对干部选拔任用工作的干扰，坚持把任前廉政谈话作为必经程序，对有反映有举报但不影响任用的干部，谈话时责成说明情况，对廉政不过关的干部“一票否决”。严肃查处违规违纪选人用人行为，对封官许愿、跑风漏气的严肃组织处理；对行贿买官、受贿卖官的，按照组织程序，一律先予免职，再进行立案查处。推行新提任领导干部报告个人事项抽查制度。完善干部选拔任用责任追究机制，对用人失察失误造成严重后果的，倒查责任、严肃追究。

要严肃党内政治生活。坚决防止和纠正个人主义、自由主义、分散主义、好人主义，决不容忍结党营私、培植亲信、拉帮结派、利益输送，严肃查处目无组织、欺骗组织、对抗组织行为。有重点地列席指导下级党组织民主生活会，推动严肃的批评与自我批评常态化，对民主生活会不正常、走过场、流于形式等有针对性地进行集体谈话和个别提醒，坚决克服平淡化、庸俗化、随意化倾向，督促指导强化内部监督。

要维护群众切身利益。督促职能部门加强对扶贫、社保、抗灾救灾等民生专项资金管理使用情况的监督检查。严禁暗箱操作、滞拨滞留、随意分配、优亲厚友，严肃查处贪污私分、截留克扣、挤占挪用、虚报冒领等行为。深化“五级联动”解决群众诉求工作，集中力量解决涉纪涉腐群众诉求，对不作为、乱作为引发群体性事件或造成严重后果的，要坚决问责和查处。

（三）落实两个责任，深入推进党风廉政建设和反腐败斗争

进一步推动落实主体责任。全区各级党委（党工委、党组）要认真贯彻执行区委《关于落实党风廉政建设主体责任实施办法》，落实好“责任清单”，定期向上级党委和纪委报告主体责任落实情况。要全面落实党委（党工委、党组）书记的第一责任、班子成员的领导责任，党委（党工委、党组）书记负全责、首责、总责，重要工作亲自部署，重大问题亲自过问，重点环节亲自协调，重要案件亲自督办；班子其他成员既要对分管范围内党风廉政建设负责，又要积极协助书记抓好党委主体责任的落实。

严格履行监督责任。纪委既要协助同级党委，又要督促下级党委（党工委、党组）落实好主体责任，抓好惩治和预防腐败各项工作。加强对主体责任、监督责任落实情况的监督检查。认真落实监督责任清单，进一步改进领导干部述廉述责工作，防止以述职代替述廉。严格执行纪委领导班子成员定期约谈下级党委、纪委负责人制度，执行下级纪委书记每年向上级纪委报告同级党委班子成员履行主体责任及廉洁从政情况制度，对区委任用的干部进行任前廉政谈话，签订廉政承诺书。

坚决落实“一案双查”制度。对违反党的政治纪律和政治规矩、组织纪律，“四风”问题突出，发生了顶风违纪问题，出现区域性、系统性腐败案件的地方和单位，既查案件本身，又追究主体责任和监督责任，并严肃追究领导责任，及时予以通报。

（四）坚决纠正“四风”，让八项规定精神落地生根

认真落实中央“八项规定”精神，严格执行省委实施办法，市委、区委实施细则，跟踪“四风”新变化、新动向，坚持抓早抓小，露头就打，对顶风违纪的坚决查纠、严肃处理，决不搞法不责众、下不为例、情有可原。坚决纠正“为官不为”现象，对区委、区政府重大决策、重要工作、重点项目不落实、打折扣、推进慢等行为严肃追究。建立健全作风建设满意度评价制度，对“群众不满意单位”进行黄牌警告，对连续黄牌警告的追究主要负责人。

从严查处不收敛、不收手、我行我素、顶风违纪的行为。把违反中央“八项规定”精神列入党的纪律审查重点，坚决纠正违反中央关于厉行节约、办公用房、公车使用、职务消费等规定的行为，坚决查处公款吃喝、公款旅游、公款送礼、参与赌博、大操大办等问题。

（五）保持利剑高悬，坚决遏制腐败蔓延势头

健全办案领导体制和工作机制。进一步发挥区委反腐败协调小组作用，健全联合办案、线索移送、协助调查、信息共享等制度，进一步推动执纪执法机关的协作配合，形成合力。按照中央《关于查办腐败案件体制机制改革的实施意见》，落实

“两为主”要求，特别是下级党委管理的正职领导干部案件线索排查和处置情况向同级党委报告的同时向上一级纪委报告。健全完善办案责任制，建立纪委常委指导办案和包案督办制度。

突出纪律审查重点，重点查处十八大后不收敛、不收手，问题线索反映集中、群众反映强烈，现在重要岗位且可能还要提拔使用的领导干部。重点查办发生在领导机关和重要岗位领导干部插手工程建设、土地出让、矿产资源开发，侵吞国有资产，买官卖官、以权谋私、腐化堕落、失职渎职案件；基层干部违纪违法案件；顶风违反中央“八项规定”精神的案件；国有企业领导人员腐败案件。严肃查处转移赃款赃物、销毁证据、掩盖事实，搞攻守同盟、对抗组织审查的行为。对无中生有、诬告陷害的，要坚决惩治。

确保优质高效，依纪依法安全文明办案。区分一般信访件和案件线索，按照拟立案、初核、谈话和函询、暂存、了结五类标准，分类处置，区别对待、宽严相济。坚持抓早抓小，对苗头性倾向性问题早发现、早提醒、早处置，及时约谈、函询、诫勉，惩前毖后、治病救人。加强办案纪律和办案安全责任制执行情况的监督检查，对安全事故严肃追究直接责任和领导责任。

（六）继续深化纪律检查体制改革，打造忠诚、干净、担当的纪检监察干部队伍

要以深化改革促进转职能、转方式、转作风。紧紧围绕党风廉政建设和反腐败斗争这个中心任务，切实担负起监督责任。围绕省、市关于党的纪律检查体制改革的统一部署，立行立改，推动改革各项任务按时完成。落实好查办腐败案件以上级纪委领导为主，区管纪检监察干部的提名考察以区纪委会同区委组织部为主，县区纪委常委、监察局副局长任免以市纪委会同县区委组织部为主等制度。按照昆明市纪检监察派驻机构改革方案，实行统一名称、统一管理，逐步推进纪委派出机构改革。巩固纪委清理议事协调机构工作成果，通过组织制度创新，把更多力量集中到主业上，坚决把不该管的工作交还给主责部门，做到不越位、不缺位、不错位。

要践行对党绝对忠诚的政治承诺。纪检监察干部本质要好、本事要有、本身要净，要自觉接受监督，带头做到忠诚、干净、担当，带头讲党性、重品行、作表率，带头严守党的纪律和政治规矩，带头落实中央“八项规定”精神，带头做学法守法的表率。始终做到政治上坚定清醒、重大问题上旗帜鲜明、关键时刻经得起考验，真正成为党的忠诚卫士。纪委书记（纪检组长、纪工委书记）既要自身正，过得硬，又要领班子，带队伍。坚决防止不想监督、不敢监督，对得过且过、碌碌无为的干部，要坚决采取组织措施，该撤换的撤换、该调整的调整；对不敢抓、不敢管和监督缺位的干部要坚决问责。

要加强监督，严格管理。坚决防止在监督执纪中瞻前顾后，不担当、不作为；坚决防止能力不足、作风漂浮；坚决防止把纪检监察领导岗位用来作过渡性、安置性安排。坚决防范和查处在问题线索清理、处置和查办案件过程中，耍特权、简单粗暴；坚决防止搞逼供信，造冤案错案；坚决防止擅做取舍、选择性办案，甚至胆大妄为，违反审查纪律，跑风漏气，办人情案、关系案、金钱案等行为。充分发挥纪检监察干部监督机构的职能作用，完善内部监督机制，坚决防止“灯下黑”，用铁的纪律打造党和人民信任的纪检监察干部队伍。

同志们，党风廉政建设和反腐败斗争永远在路上。让我们更加紧密地团结在以习近平为总书记的党中央周围，在市纪委和区委的坚强领导下，敢于担当，攻坚克难，以更加有力的工作举措，深入推进全区党风廉政建设和反腐败斗争，为在全市率先全面建成小康社会做出新的更大贡献！

西山区党、政、群机关及事业单位负责人名录

（2014年1～12月）

区级五套班子

中共西山区委员会

书　　记　赵学农
副 书 记　郭希林
　　　　　蔡　刚
　　　　　杨顺清（挂职　至3月）
　　　　　舒艺欣（挂职）
　　　　　张学梅（挂职　3月起）
常　　委　张　达
　　　　　张　竞
　　　　　李汝林
　　　　　黄　梅
　　　　　吴韵梅
　　　　　张　攀
　　　　　吴毅刚
　　　　　李跃武

西山区人大常委会

主　　任　李　增
副 主 任　刘　伟
　　　　　谢劲松（1月起）
　　　　　李金义
　　　　　孔　卫
党组书记　李　增
党组副书记　刘　伟（2月起）

西山区人民政府

区　　长　郭希林
副 区 长　李汝林
　　　　　吴韵梅
　　　　　李克坚
　　　　　田　峰
　　　　　王　欣（至12月）
　　　　　张云生
　　　　　朱卫东（挂职　至7月）
　　　　　杜菁菁（挂职　至7月）
党组书记　郭希林
党组副书记　李汝林

政协西山区委员会

主　　席　章　震
副 主 席　李正良
　　　　　李天才
　　　　　舒静涛
　　　　　赵钰梅
秘 书 长　执发礼
党组书记　章　震
党组副书记　李正良

中共西山区纪律检查委员会

书　　记　张　竞
副 书 记　吴　彤
　　　　　张启光
　　　　　贾高瑞

区委各部委办局

区委办公室

主　　任　张　攀
副 主 任　李绍文
　　　　　晁　阳
　　　　　梁威威
　　　　　何　俊
目督办主任　李绍文（兼）
目督办副主任　敖　俊
秘书科科长　何　俊（兼　至12月）
　　　　　马学渊（12月起）
信息督查科科长　夏飞燕
常委办主任　梁　捷

区委机要局

局　　长　平新权
副 局 长　陈洪鑫

区密码管理局

局　　长　平新权（兼）

区保密局

局　　长　平新权（兼）

区委组织部

部　　长　黄　梅
常务副部长　陈勤华
副 部 长　李齐林
　　　　　杨　艳
　　　　　汤　岚（兼）
　　　　　卢永俊（兼）
　　　　　蔡文君（兼）
办公室主任　姚　慰
组织科科长　杨洪义（至12月）
　　　　　张建强（12月起）
干部科科长　非绍坤
干部教育监督科科长　彭述平
人才科科长　高媛蝶

区非公经济组织和社会组织党工委（2月起）

书　　记　李齐林（2月起）
副 书 记　许　娜（12月起）
　　　　　吴　怡（兼　2月起）
　　　　　杨俊锋（兼　2月起）
　　　　　刘新锟（兼　2月起）
　　　　　陈　婷（兼　2月起）

区委老干局

局　　长　卢永俊
副 局 长　赵春梅

区老干部活动中心主任　盖沂娟

区委宣传部
部　　长　吴毅刚
副 部 长　甘　敏
　　　　　金川萍
　　　　　杨树彬
　　　　　陈　锦（兼）
办公室主任　苏学峰
教育理论科科长　林　莉

区文明办
主　　任　金川萍（兼）

区文产办
主　　任　刘　伟（3月起）
副 主 任　陈　萍（12月起）

西山区新闻中心
主　　任　范　丹
副 主 任　李浩龙
　　　　　王利娟

区委统战部
部　　长　蔡　刚（兼）
常务副部长　李正良（兼）
副 部 长　李　平
　　　　　孔令国
　　　　　吴　怡（兼）
办公室主任　邬　敬
综合科科长　徐　玲
区台办主任　李晓岚

区委政法委
书　　记　张志强（至1月）
　　　　　李跃武（1月起）
副 书 记　张绍辉（至11月）
　　　　　张　哲（11月起）
　　　　　李　俊
办公室主任　莽敏琨（至11月）
　　　　　董隽颖（11月起）
政治处主任　莽敏琨（11月起）
执法监督室主任　张　辉
区委610办公室主任　董寿荣

区维护稳定工作领导小组办公室
主　　任　李　俊（兼　至11月）
　　　　　张　哲（兼　11月起）
副 主 任　董隽颖（至11月）
专职副主任　刘小萍（12月起）

区社会管理综合治理委员会办公室
主　　任　张绍辉（兼　至11月）
副 主 任　董寿荣（兼）
　　　　　慕　昭

区委机构编制办公室
（区机构编制委员会办公室）
主　　任　蔡文君
副 主 任　旷嘉兴

区委政研室
主　　任　张永盛
副 主 任　李艳玲

区级机关党工委
书　　记　陶光慧
副 书 记　孙萌若
　　　　　王　飞
　　　　　张建瑛

区委党史研究室
主　　任　张宗伟
副 主 任　杨云亮

区人大常委会工作机构

办公室主任　张洪文
办公室副主任　李主峰
　　　　　　华　琼
人事代表委主任　欧阳锐
人事代表委副主任　马俊园
民族宗教委主任　张春华
教科文卫委主任　赵　娟
内务司法委主任　柏琼英
财经委主任　谭丽娟
城建环保委主任　秦祝华
城建环保委副主任　杨黎辉

区政府各部门

区政府办公室
主　　任　陈绍波
副 主 任　向　阳
　　　　　王敬红
　　　　　刘昆林
　　　　　龙晶晶
　　　　　李泽勇（兼　至12月）
　　　　　李　毅
　　　　　陆　林
　　　　　陈松涛
　　　　　张子鉴（兼）
　　　　　袁　鉴（兼　12月起）
综合科科长　龙晶晶（兼）
信息督查科科长　银月尚宝

区长热线办公室
主　　任　刘秀芬（至12月）

区“四创两争”办公室
主　　任　熊佳艳
副 主 任　鲁　荣
　　　　　马　萍

区应急管理办公室
主　　任　陈绍波（兼）
专职副主任　何　昱

西山区统筹城乡发展工作委员会办公室
常务副主任　段　凤
副 主 任　张忠福
　　　　　张枫林

区社会主义新农村建设领导小组办公室
副 主 任　张忠福（兼）

区建设拆迁安置办公室
主　　任　杨怡菲
副 主 任　杨美玲
　　　　　刘　睿

区重点工程建设指挥部办公室
主　　任　明志新（兼）

区政府法制办公室
主　　任　张玲萍
副 主 任　朱江英

区政府外事办公室
主　　任　朱　勇

区监察局
监察局局长　张启光
监察局副局长　陈　军（2月起）

区发展和改革局
局　　长　万　方
副 局 长　董　梅
　　　　　王　艾
　　　　　李　彬
党委书记　段加喜
党委副书记　万　方
　　　　　黄文锋（12月起）
纪委书记　段加喜（兼）

区政府项目建设管理办公室
主　　任　龙春荣
副 主 任　王　艾（兼）

区粮食局
局　　长　李雄飞
副 局 长　孙永康
　　　　　蒋启香
党总支书记　李雄飞
党总支副书记　蒋启香

区扶贫开发领导小组办公室
主　　任　万　方（兼）
常务副主任　张正昌
副 主 任　毕凌云

区教育局
局　　长　张永平
副 局 长　景海林
　　　　　陈　旭
　　　　　周　兰
　　　　　王　蕾（兼）
　　　　　严　冰（兼）
　　　　　王　铸（兼）
党委书记　李丽玲（至11月）
党委副书记　张永平
　　　　　李柱秀
纪委书记　李柱秀（兼）

区科学技术和信息化局
局　　长　杨海波
副 局 长　邹开祥
　　　　　李　祜
党组书记　王劲松
区知识产权局局长　杨海波
区知识产权局副局长　王云辉

区民政局
局　　长　戚自良
副 局 长　矣培贵
　　　　　郑　江
　　　　　杨俊锋
　　　　　卜子涵
党委书记　戚自良
党委副书记　李万涛
纪委书记　李万涛（兼）
区双拥办公室副主任　郑　江（兼）
　　　　　张　云（至11月）

区司法局
局　　长　杨茂根
副 局 长　林　梅
　　　　　李亚军
政治处主任　钱志军
党组书记　杨茂根

区财政局
局　　长　李天才
副 局 长　杨宝屏
　　　　　彭冬生
　　　　　陈绍琼
党组书记　李天才
国资局局长　杨宝屏（兼）
区财政国库支付局局长　任思荣
区政府金融办主任　李天才（兼）
区政府金融办副主任　彭冬生（兼）
　　　　　姜璐璐
区非税收入管理局局长　刘新昆

区人力资源和社会保障局
局　　长　汤　岚
副 局 长　许星斗
　　　　　李建昆
　　　　　伍虹波
　　　　　敖　筠
　　　　　郭　明
党委书记　汤　岚
区医疗保险中心主任　李菊花
区社会保险局局长　吕德昆
区劳动就业服务局局长　喻　戎
区城乡居民社会养老保险局局长
　　　　　王艳君
区人力资源和社会保障劳动监察队队长
　　　　　苏祖寿（至12月）
区劳动人事争议仲裁院院长　杨　彬

区环境保护局
局　　长　欧秀川
副 局 长　李林平
　　　　　许富奎
党组书记　欧秀川
区环保局环境监察大队大队长　刘志伟

区住房和城乡建设局
局　　长　明志新
副 局 长　李宛谦
　　　　　师　华
　　　　　关海浩
　　　　　杜建祖
　　　　　张　启
党委书记　葛宝云
党委副书记　易　玲
纪委书记　易　玲（兼）
房屋拆迁管理处副处长　张　燕

区人民防空办公室
主　　任　明志新（兼）
副 主 任　李宛谦

区防震减灾局
局　　长　戴雨芡

区建设管理中心
主　　任　明志新（兼）

区住房保障局
局　　长　汪　兵

区“城中村”改造领导小组办公室

主　　任　明志新（兼）
副 主 任　张　燕（兼）

区交通运输局

局　　长　尚勇军
副 局 长　周　涛
　　　　　尹永田
党组书记　尚勇军
区公路路政管理大队大队长
　　　　　尚勇军（兼）
区公路路政管理大队副大队长　施绍斌
区公路路政管理大队教导员　王云红

区城市管理综合行政执法局

局　　长　陈　政
常务副局长　叶　勇
副 局 长　李　斌
　　　　　丛　静（兼　至10月）
　　　　　段静富
党委书记　叶之渊
党委副书记　陈　政
　　　　　孟　坤
纪委书记　孟　坤（兼）

区综合行政执法大队

大 队 长　陈　政（兼）
常务副大队长　叶　勇（兼　至10月）
副大队长　许　云
教 导 员　叶之渊（兼）
规划建管执法中队中队长　朱　峰
西山风景名胜区森林公园综合行政执法中队中队长　张云昆
马街综合行政执法中队中队长　徐美明
金碧综合行政执法中队中队长　赵向平
永昌综合行政执法中队中队长　李应钊
前卫综合行政执法中队中队长　杨　松
福海综合行政执法中队中队长
　　　　　黄富炼（2月起）
棕树营综合行政执法中队中队长
　　　　　杨世富
西苑综合行政执法中队中队长　董光华
碧鸡综合行政执法中队中队长　李　俊
海口综合行政执法中队中队长　孙小平
团结综合行政执法中队中队长
　　　　　何先亮（至2月）
　　　　　庞　荣（2月起）

区环境卫生管理处

处　　长　丛　静（至10月）
　　　　　叶　勇（10月起）
副 处 长　汤红兵（至7月）
　　　　　李开祥
　　　　　赵瑞娟（10月起）
党支部书记　段云华（至7月）

区数字城市管理指挥中心

主　　任　陈　政（兼）
副 主 任　赵　鑫

区园林绿化局

局　　长　刘　云
副 局 长　田学帮
　　　　　何铮昳
党组书记　杨琼珍（至9月）
　　　　　赵宇锋（9月起）

区农林局

局　　长　杜德富
副 局 长　张　伟
　　　　　黄韶春
　　　　　王先武
　　　　　杨昀平
　　　　　蔡万荣（兼）
党委书记　李建国
党委副书记　杜德富
　　　　　赵宏敏
纪委书记　赵宏敏（兼）

昆明市森林公安局西山分局

局　　长　蔡万荣
副 局 长　姚金春

区森林防火指挥部

专职副指挥长　刘丕富
办公室主任　张　能

区畜牧兽医局

局　　长　杜德富（兼）
专职副局长　姚江辉

区水务局

局　　长　余　祥
副 局 长　张海丽
　　　　　陈　诚
　　　　　王艳明
　　　　　陈　喜
党委书记　钟筱英
党委副书记　余　祥
　　　　　李　昆
纪委书记　李　昆（兼）

区滇池管理局

局　　长　余　祥（兼）

昆明市滇池管理综合行政执法总队西山大队

大 队 长　余　祥（兼）
副大队长　田　丽
　　　　　向　勇
　　　　　贾海波

区滇池湖滨生态带建设“四退三还一护”工作指挥部办公室

主　　任　余　祥（兼）
常务副主任　陈　喜（兼）

区滇池流域水环境综合治理督导组

组　　长　许建明
专职副组长　谢贵银

区出入湖河道截污及水环境综合整治工作指挥部办公室

常务副主任　王敬红（兼）
副 主 任　陈　诚（兼）

区经济贸易局

局　　长　张灵智
副 局 长　陈　婷
　　　　　关立新
党组书记　张灵智

区中小企业局

局　　长　张灵智（兼）
副 局 长　黄光国

区投资促进局
局　　长　李万青
副局长　申　丹
　　　　冯石柱
　　　　李燕秋
党组书记　李万青
区招商引资考核办公室副主任　张晓昆

区文化旅游体育局
局　　长　陈　锦
副局长　赵志华
　　　　陈　薇
　　　　李　剑
党组书记　陈　锦
区文化旅游市场综合执法大队大队长
　　　　宋　珩

区卫生局
局　　长　金　涛
副局长　袁福安
　　　　陈　龙
　　　　赵永兰
　　　　叶军川（兼）
党委书记　金　涛
党委副书记　李海维
纪委书记　李海维（兼）
区卫生执法监督局局长　李　涛

区食品药品监督管理局
局　　长　张伟新
副局长　金　文
　　　　张曙光
　　　　王宁瑜（10月起）
党组书记　张伟新
区食品药品稽查大队大队长　严　迅

区政府食品安全委员会办公室
（10月起）
主　　任　张伟新（10月起）
副主任　张曙光（10月起）

区食品药品投诉举报中心（10月起）
主　　任　严　迅（兼　10月起）

区人口和计划生育局
局　　长　薛扬涛
副局长　王春蕾
　　　　刘珂廷
党组书记　薛扬涛

区审计局
局　　长　蒋锐清
副局长　吴　勇
　　　　王少文
党组书记　蒋锐清

区统计局
局　　长　陆　莺
副局长　李分祥
　　　　吴懿明
党组书记　陆　莺

区民族宗教侨务局
局　　长　孔令国（兼）
副局长　龙正华
　　　　杨晓玉

区安全生产监督管理局
局　　长　王　益（至12月）
副局长　张文东
　　　　宋文宏
党组书记　王　益（至12月）
监察大队大队长　王汉昆

区政务服务管理局
局　　长　易玉茹
副局长　杨加富（至12月）
　　　　李勇清（至11月）
　　　　刘秀芬（12月起）
党组书记　易玉茹

区信访局
局　　长　李泽勇（至12月）
　　　　袁　鉴（12月起）
副局长　邬秉珍
　　　　白　琳

区委群众工作局
局　　长　李泽勇（兼　至12月）
　　　　袁　鉴（兼　12月起）
副局长　范文业

区机关事务管理局
局　　长　王永刚
副局长　张春祥

区接待服务中心
主　　任　王永刚（兼）

区档案局
局　　长　吴秀梅
副局长　罗翠鸿

区供销社
主　　任　李东杰
副主任　李建华
　　　　刘志刚
党委书记　李　德（至12月）
党委副书记　李东杰
　　　　李永平
纪委书记　李　德（兼　至12月）

西山区人民医院（西山区中医院）
院　　长　叶军川
副院长　崔　瑾
　　　　尹　坚
　　　　杨宏涛

区政协各工作机构

办公室主任　熊玉华
办公室副主任　左　权
　　　　罗建伟
文史资料委主任　王　丽
文史资料委副主任　李　崇
教科文卫体委主任　李惠娟
社会法制委主任　胡鹏飞
提案工作委员会主任　江　山
经工委主任　王建昆（至11月）
　　　　李雄飞（12月起）
经工委副主任　朱光明
城乡环保委主任　石生文（至11月）
　　　　王　益（12月起）
城乡环保委副主任　依丽华

区纪委（监察局）内设机构及派出机构

办公室主任　赵　明（至2月）
　　　　　　王保昌（2月起）
干部室主任　庄孝彬（2月起）
党风室主任　李仲立（至11月）
区监察局执法监察室主任　沈德斌
纪检监察室主任　张云才（至2月）
效能监察室主任　王保昌（至2月）
　　　　　　　　王雪星（2月起）
区政府纠正部门行业不正之风办公室
副主任　张玉仙
第一纪工委书记　张　军
第一纪工委副书记　周　忠
　　　　　　　　　徐康凝
第一监察分局局长　周　忠
第二纪工委书记　陈　虹
第二纪工委副书记　陈　军（至2月）
　　　　　　　　　杨　娅
第二监察分局局长　陈　军（至2月）
第三纪工委书记　赵　明（2月起）
第三纪工委副书记　叶先斌
　　　　　　　　　李　克（2月起）
第三监察分局局长　李　克（2月起）
第四纪工委书记　张云才（2月起）
第四纪工委副书记　高徐颖
　　　　　　　　　饶　华
第四监察分局局长　高徐颖
第五纪工委书记　邱国成
第五纪工委副书记　马　懿
　　　　　　　　　张　娟
第五监察分局局长　马　懿
第六纪工委书记　赵学光
第六纪工委副书记　张　琰
　　　　　　　　　赵元庆
第六监察分局局长　张　琰
第七纪工委书记　杨　艳
第七纪工委副书记　许　娜（至12月）
第八纪工委书记　屠　玮
第八纪工委副书记　杨兰珂（至2月）
　　　　　　　　　李继康
第八监察分局局长　李继康

区政法系统

区人民法院

院　　长　何家华
副 院 长　李锦源
　　　　　李宏光
　　　　　那云翔
党组书记　何家华
政治处主任　梁英华
政治处副主任　张茂林
办公室主任　任凤春
行政科科长　李文华
机关党委专职副书记　何昆文
纪 检 组 长　魏莲花（至11月）
　　　　　　张绍辉（11月起）
执行局局长　张　卫
执行局副局长　李丽玲
　　　　　　　李勇宏
监察室主任　唐红川
法警大队长　熊云辉
立案庭庭长　党　红
刑事审判第一庭庭长　郭志勇
刑事审判第二庭庭长　吴兆敏
民事审判第一庭庭长　周玉波
民事审判第三庭庭长　王会敏
审判监督庭庭长　文　健
福海人民法庭庭长　杜华萍
海口人民法庭庭长　张远国
行政审判庭庭长　李培伟
前卫人民法庭庭长　杨婉琳
审判管理办公室主任　王静波
专职审判委员会委员　合　峰
　　　　　　　　　　张　芳

区人民检察院

检 察 长　崔庆林
副检察长　丁志忠
　　　　　宗继明
　　　　　张燕宽
　　　　　杨竹芳
党组书记　崔庆林
政治处主任　王　霞
政治处副主任　毛浔阳
机关党委书记　王　霞（兼）
机关党委专职副书记　张　易
纪 检 组 长　王东华
反贪局局长　赵　明
反贪局副局长　李文彪
　　　　　　　张建昆
公诉一科科长　李　俊
公诉二科科长　王敬才
控告申诉检察科科长　幸金学
民事行政检察科科长　程秀伟
监察科科长　陈　琳
办公室主任　马祥芬
检察技术科科长　鲁庆飚
法警队队长　李建林
反渎职侵权局局长　李松林
监所检察科科长　彭　成
侦查监督科科长　杜琼仙
职务犯罪预防科科长　秦　云
计财装备科科长　刘　慧
人民监督员工作办公室主任　李姗姗
专职审判委员会委员　夏瑞钧
　　　　　　　　　　和瑞义
派驻海埂检察室主任　江　琦
派驻海埂检察室副主任　李健蓉
派驻海口检察室主任　吴韶林
派驻海口检察室副主任　毕建国

西山公安分局

局　　长　李克坚
政　　委　王曙辉
党委副书记兼纪委书记　蒲松
副 局 长　张勇坚
　　　　　谢玉昆
　　　　　张　钧
　　　　　田　军
　　　　　吴　韬
　　　　　杨　姜（挂职）
　　　　　包　皓（挂职）
政工室主任　周烈彪
副 主 任　谭继彪
　　　　　陈天菊（至2月）
　　　　　张舰文（至2月）
　　　　　谢　韬（12月起）
　　　　　桂正宇（2月起）
团委书记　谢　韬（至12月）
纪委监察室主任　张　剑
　　　副主任　赵　伟　危东华
指挥中心主任　杨　承

教导员　张　云
副主任　杨志强　李　蔚
二中队中队长　赵志文
五中队中队长　陈兴凯
六中队中队长　奎金福
警务保障室主任　李云霞
副主任　王　昆
黄兴东
寸　杨（12月起）
法制大队主任　黄　群
教导员　李云雄
副主任　陆金龙（至2月）
杨志荣
邵　山
五中队中队长　廖　劲
网络安全监察大队大队长　孙宜麟
教导员　李健员
副大队长　柏　津
于彦辉
赵　彦
一中队中队长　王　刚
二中队中队长　王　钊
三中队中队长　张永志
治安大队大队长　杨　军
教导员　曹立东
副大队长　李　洪（2月起）
周子毅（2月起）
张云鸿
国学锐（2月起）
杨　杰（至2月）
吕　立（至2月）
三中队中队长　张巧丽
五中队中队长　武锡昆（12月起）
七中队中队长　关　荣（至2月）
李朴留
九中队中队长　李　娄（至11月）
十中队中队长　赵　剑
刑侦大队大队长　程建军
教导员　普卫东
副大队长　阎光彦（至2月）
殷云清
胡俊峰（至2月）
李世剑（2月起）
杨育慧（2月起）
张硕（2月起）
二中队中队长　沈　军
四中队中队长　袁志兵（至2月）
六中队中队长　尹国福
七中队中队长　黄劲松
八中队中队长　宋吉林
十中队中队长　张　硕（至2月）
十二中队中队长　王惠昆（至12月）
巡特警大队大队长　张春林
教导员　李文东（至12月）
陈秀军（12月起）
副大队长　王　文
李　平
张　黎
一中队中队长　孙志强
二中队中队长　冯　露
三中队中队长　罗　勇
四中队中队长　赵　昇
五中队中队长　刘怀鲁
经济犯罪侦查大队
大队长　朱伟中
教导员　何云川
副大队长　张　静（2月起）
杨世达
胡明辉（至2月）
王学青（至11月）
一中队中队长　闫新河（12月起）
二中队中队长　王惠昆（12月起）
禁毒大队大队长　姚　颖
教导员　张跃新（2月起）
副大队长　胡檐（至2月）
王　钢
李　洪（至2月）
艾　雄（2月起）
一中队中队长　倪　勇
四中队中队长　杨　晋
五中队中队长　艾　雄（至2月）
六中队中队长　马　俊
八中队中队长　王昌文
国保大队大队长　袁春江
教导员　张舰文（2月起）
副大队长　罗　云
寸　杨（至12月）
邱学彦（2月起）
一中队中队长　郭玉荣（12月起）
二中队中队长　姜建军
四中队中队长　陈坤光
五中队中队长　邱学彦（至2月）
看守所所长　段宗清
教导员　肖贵
副所长　李红祥
余志勇
张寿明
一中队中队长　徐美富
二中队中队长　李永雄
三中队中队长　李　锦
四中队中队长　武锡昆（至12月）
李永寿（12月起）
七中队中队长　孙　敏
棕树营派出所所长　王　飞
教导员　许勇斌（2月起）
社区警务中队中队长　桂正宇（至2月）
巡逻防控中队中队长　孙云菁
综合内勤中队中队长　张　义（至12月）
罗秋波（12月起）
大观楼派出所所长　李昆华（至12月）
教导员　冯　浩
社区警务中队中队长　赵劲红（至12月）
巡逻防控中队中队长　唐建云
金碧派出所所长　杨　洁（2月起）
教导员　孙琥斌
社区警务中队中队长　李　伟（至12月）
李俊能（12月起）
所巡逻防控中队中队长　柳甘泉
综合内勤中队中队长　彭　玮
福海派出所所长　赵亚伟
教导员　李恒兵
案件办理中队中队长　杨　卫
社区警务中队中队长　王学勇
巡逻防控中队中队长　李耀庭
综合内勤中队中队长　张庭铵
东风派出所所长　张跃新（至2月）
吕　立（2月起）
教导员　陈秀军（至12月）
李文东（12月起）
案件办理中队中队长　赵　耀
社区警务中队中队长　吕　耀（12月起）
综合内勤中队中队长　吕　磊
梁源派出所所长　袁　鉴（至12月）
李昆华（12月起）
教导员　徐建军
社区警务中队中队长　张　韬
巡逻防控中队中队长　龙毅罡
综合内勤中队中队长　周子毅（至2月）

永昌派出所所长　杨春华
教导员　段　辉
案件办理中队中队长　吴　兵（至12月）
社区警务中队中队长　邓春升（至12月）
李志能（12月起）
巡逻防控中队中队长　代建聪
综合内勤中队中队长　缪　蒙
马街派出所所长　荀　昆
教导员　汤云江
案件办理中队中队长　李世剑
社区警务中队中队长　邓春升（12月起）
李志能（至12月）
巡逻防控中队中队长　杨　军
综合内勤中队中队长　毛庆瑶
碧鸡派出所所长　朱　宁
教导员　胡　檐（2月起）
案件办理中队中队长　施传尧
综合内勤中队中队长　杨锐锋
社区警务中队中队长　李东云（12月起）
海口派出所所长　施正文
教导员　段雁南
案件办理中队中队长　杨育慧（至2月）
社区警务中队中队长　陈加松
巡逻防控中队中队长　孙泽昕
综合内勤中队中队长　李彩云（至12月）
刘家营派出所所长　刘德勋
教导员　田　矜
案件办理中队中队长　吴道川
社区警务中队中队长　刘云海
综合内勤中队中队长　罗秋波（至12月）
巡逻防控中队中队长　赵劲红（12月）
前卫派出所所长　王　剑
教导员　闫光彦（2月起）
案件办理中队中队长　陈　韬
社区警务中队中队长　肖云峰（至12月）
巡逻防控中队中队长　许　晋
金牛派出所所长　吴　虞（至11月）
马　恒（11月起）
教导员　张静海
案件办理中队中队长　李俊能（至12月）
巡逻防控中队中队长　万　敏
综合内勤中队中队长　王　超
社区警务中队中队长　李　伟（12月起）
西华派出所所长　邓　刚
教导员　袁志兵（至2月）
社区警务中队中队长　李东云（至12月）
赵俊林（12月起）
巡逻防控中队中队长　马克军
综合内勤中队中队长　闫新河（至12月）
李彩云（12月起）
东陆桥派出所所长　夏进烜
教导员　杨汝富
社区警务中队中队长　刘敏昌
巡逻防控中队中队长　吕耀（至12月）
李学毅（12月起）
综合内勤中队中队长　郭玉荣（至12月）
滇池路派出所所长　向学勤
教导员　叶寿勇
案件办理中队中队长　张　静（至2月）
巡逻防控中队中队长　陶雪波
综合内勤中队中队长　刘顺龙
社区警务中队中队长　肖云峰（12月起）
金家河派出所所长　王　玮
教导员　李健权
案件办理中队中队长　李学毅（至12月）
社区警务中队中队长　赵俊林
巡逻防控中队中队长　伍永刚
综合内勤中队中队长　国学锐（至2月）
团结派出所所长　李　欣
教导员　胡明辉（2月起）
明朗派出所所长　许勇斌（至2月）
巴　丁（2月起）
教导员　陆金龙（2月起）
谷律派出所所长　马　恒（至11月）
吴　虞（11月起）
教导员　陈天菊（2月起）
西山风景区派出所所长　蔡晓松
教导员　胡俊峰（2月起）
（公安分局　李利娜）

群众团体

区总工会
主　　席　谢劲松（2月起）
常务副主席　赵　敏
副 主 席　李恒莉
肖　国

团区委
书　　记　林　勤
副 书 记　吴阳青
毛君琦

区妇联
主　　席　鲍春华（至12月）
副 主 席　曾玉竹
赵　芳

区残联
理 事 长　李太明
副理事长　毕正和

区工商联
主　　席　任剑峥（兼）
常务副主席　吴　怡
副 主 席　王　婧
党组书记　吴　怡

区科协
主　　席　张　睿
副 主 席　刘艳萍
张　伟（兼）
邹开祥（兼）
袁福安（兼）

区红十字会
会　　长　吴韵梅（兼）
专职副会长　盛自文

区政府派出机构

马街街道办事处
党工委书记　殷磊民
党工委副书记　郑　强
王　坚
董　柯
杨　蕾
人大工委主任　张红祥
办事处主任　郑　强
办事处副主任　黄文锋（至12月）
尹碧波
周　攀
李　敏
秦　颖
武装部部长　覃炳胜
司法所所长　陈林燕

金碧街道办事处

党工委书记　李　照
党工委副书记　贾海虹
范春明
万文林
人大工委主任　和润仙
办事处主任　贾海虹
办事处副主任　姚怡辰
杨树松
杨海莲
武装部部长　郭　清
司法所所长　李　达

永昌街道办事处

党工委书记　李玉祥
党工委副书记　李　建
贺建明
曹剑秋（至5月）
段　坤（5月起）
人大工委主任　陈永平
办事处主任　李　建
办事处副主任　张子鉴
宁德平
李应钊（兼）
郑　晶
段　坤（至7月）
曹剑秋（7月起）
武装部部长　张　鹏
司法所所长　李江涛

前卫街道办事处

党工委书记　郭荣祥
党工委副书记　何　松
徐　雁
刘　义
人大工委主任　常志刚
办事处主任　何　松
办事处副主任　夏　勇
李荣燕
程东亮
杨丽昆
杨　松（兼）
武装部部长　张玉林
司法所所长　曹珍云

福海街道办事处

党工委书记　李　志
党工委副书记　猫良华
张绍波
陈　萍（至12月）
杨洪义（12月起）
人大工委主任　王志武
办事处主任　猫良华
办事处副主任　蒋　薇
余卫红
苏余晖
陈　旭
周宗宇（兼）
武装部部长　张志刚
司法所所长　周宗宇

棕树营街道办事处

党工委书记　张　怀
党工委副书记　赵宇锋（至9月）
普云德
李云春
李泓俊
丛　静（9月起）
人大工委主任　鲁　旭
办事处主任　赵宇锋（至10月）
丛　静（10月起）
办事处副主任　王　斌
谭云东
张秀芳
王　戬（至2月）
李子田
武装部部长　祁继国
司法所所长　张　清

西苑街道办事处

党工委书记　石惠玲
党工委副书记　唐孝坤
苏　燕
张建强（至12月）
人大工委主任　吕　鹏
办事处主任　唐孝坤
办事处副主任　徐江昆
吴　博
何　川
朱云芬
武装部部长　唐志国
司法所所长　彭　洁

碧鸡街道办事处

党工委书记　黄吉先
党工委副书记　杨德勇
杨　东
董寿山
人大工委主任　何贵友
办事处主任　杨德勇
办事处副主任　董荣昆
姚勇德
徐菲霞
庄成斌
黄秋雁（至11月）
武装部部长　王　昆（至12月）
司法所所长　刘　波（至2月）
杨　涛（2月起）

昆明海口工业园区（海口街道办事处）

海口工业园区管委会第一主任
郭希林（兼）
海口工业园区管委会主任　保文胜
海口工业园区管委会常务副主任
刘　伟
海口工业园区管委会副主任
张　然
马建昆（兼）
海口工业园区党工委书记
赵学农（兼）
海口工业园区党工委常务副书记
保文胜
海口工业园区专职副书记　李　锦
海口工业园区投资促进局局长
白彦龙
海口工业园区建设局局长　马明霞
海口工业园区安全生产和环境保护局局长　伍文智
海口工业园区财政局局长　朱　磊
海口街道党工委书记　保文胜
海口街道党工委副书记
马建昆
王仁潮
张　哲（至11月）
海口街道人大工委主任　段　松
海口街道办事处主任　马建昆
海口街道办事处副主任　游国强

时关所
沈　洁
孙静宏

海口街道武装部部长　付俊明
海口街道司法所所长　李丽卿
海口街道办事处（海口工业园区）党工委工作办公室主任
沈凤生
海口街道办事处（海口工业园区）行政办公室主任
杨　锋
海口街道办事处（海口工业园区）经济发展办公室主任
毕　虹
海口街道办事处（海口工业园区）社会事务办公室主任
胡晓庆
海口街道办事处（海口工业园区）社会管理综治维稳办公室主任
李志红

团结街道办事处

党工委书记　杨正山
党工委副书记　杜天春
宋　蕾
人大工委主任　李成德
办事处主任　杜天春
办事处副主任　李玮砾
刘　蕊
陆春苏
李云波
武装部部长　熊凤忠
司法所所长　李玉生
区林业局团结分局局长　李光福
团结生态旅游开发区管委会副主任
刘清华

西山国家级风景名胜区

管委会主任　焦延田（兼）
郭希林（兼）
管委会常务副主任　矣志高
管委会副主任　董　姣（挂职）
李燕昆
陆李平
李仲立（11月起）
党工委书记　赵学农（兼）
党工委常务副书记　矣志高
管委会主任助理　蔡晓松（兼）

昆明长坡泛亚国际物流园区

管委会主任　李汝林（兼　至10月）
黄吉先（兼　10月起）
党工委书记　李汝林（兼）
党工委常务副书记　黄吉先（9月起）
党工委副书记　杨德勇（9月起）
董寿山（9月起）
管委会专职副主任
张　然（兼　10月起）
董　姣（兼　10月起）
杨德勇（兼　10月起）
管委会副主任
张　然（兼，至10月）
董　姣（兼　至10月）
杨德勇（兼　至10月）
李万青（兼）
黄吉先（兼　至10月）
姚德勇（兼　10月起）

团结生物医药食品加工园区

管委会主任　王　欣（兼　至12月）
党工委书记　王　欣（兼　至12月）
党工委常务副书记　杨正山（兼）
管委会常务副主任　杜天春（兼）

昆明海口新区

管委会主任　郭希林（兼）
党工委书记　赵学农（兼）
纪工委书记　张　竞（兼）
纪工委副书记　张启光（兼）
监察局局长　张启光（兼）
（区委组织部　陈　鑫）

大事记

1月

6日　召开中共昆明市西山区委十届四次全体（扩大）会议。全会听取、审议并通过区委书记赵学农代表区委常委会所作的《稳中求进抓发展　改革创新促转型　奋力推动建设国际化商务中心和山水园林新城区　为率先全面建成小康社会奠定更加坚实基础》工作报告；全会讨论通过《中共昆明市西山区委十届四次全体（扩大）会议决议》。

同日　云南省首个“医联体”模式医院——昆明三博脑科医院建成开业。该项目将引导群众分层次就医、缓解群众看病难。

9日　昆明市委秘书长柳文炜、昆明市政府副市长王道兴、昆明市政府副秘书长和丽川及昆明市水务局等相关单位领导调研盘龙江综合整治工作。

16～18日　政协八届二次全体会议召开。区政协主席章震代表常务委员会作政协工作报告，区政协副主席李正良代表常务委员会作提案工作情况报告。

16～19日　西山区第十五届人大第二次会议召开。会议听取和审议西山区人民代表大会常务委员会及一府两院工作报告；审议和批准西山区2013年国民经济和社会发展计划和执行情况、2014年国民经济和社会发展计划、西山区2013年地方财政预算执行情况和2014年地方财政预算；通过西山区第十五届人民代表大会第二次会议关于西山区人民代表大会常务委员会、“一府两院”工作报告，西山区2013年国民经济和社会发展计划执行情况与2014年国民经济和社会发展计划，2013年地方财政预算执行情况和2014年地方财政预算共6个决议；依法补选产生西山区第十五届人民代表大会常务委员会副主任。

23日　云南省统计局总统计师陈扬东，云南省统计局办公室副主任张智勇一行到西山区调研第三次全国经济普查入户登记工作。

28日　西山区发展和改革局下放项目备案审批权给海口街道办事处，并举行行政审批权限下放授印仪式，海口工业园区对入园项目正式行使项目备案权。

1月　西山区全面启用云南省民生资金信息化监管平台。企业离退休人员养老保险、就业创业培训补贴、城乡低保、教育补助等资金的下达、审批、拨付、发放等环节通过民生监管平台进行全程监控，为各项民生资金安全、高效运行筑牢“防火墙”。

同月　西山区人民政府被市政府表彰为“2013年促进农民就业工作先进单位”。

2月

13日　昆明市政府副市长保建斌调研西山区粮食安全工作。

14日　召开西山区委常委班子党的群众路线教育实践活动动员会。会议邀请昆明市委党的群众路线教育实践活动第四督导组组长武治有等领导到会指导。

27日　昆明市新能源光伏产业发展督导协调组副组长赵学锋调研长坡国际物流园区等7个市场建设项目，对西山区商贸流通体系建设工作进行检查。

28日　二环路及昆安高速灯光亮化设施建设工程通过市级专家验收。

同日，西山区区举办“春风行动”现场招聘会，提供岗位1200个，政策咨询服务300余人，达成就业意向81人。

同日，区文化旅游体育局开通微信公众平台—“行走西山”，设置资讯新鲜报、西山游乐帮、西山慢生活、西山文艺派、西山享运动、行走微互动6个专栏，在全市首推“指尖旅游顾问”。

同日，团结风情旅游小镇取得商业街“建设工程规划许可证”，售楼部建成投用。

同日，昆明市委常委、昆明市委秘书长柳文炜，昆明市政府副市长何波率市级相关部门负责人调研草海北片区保护治理与开发建设工作。

同日，西山区联合云南省非物质文化遗产保护中心在云南省博物馆举办的“祖氏滇绣画精品展”开幕，分9类展出祖玉兰滇绣画作品100余幅。云南省文化厅厅长黄峻、部分外国驻昆领事馆官员、昆明市文化广播电视体育局局长戴彬等领导出席开幕式活动。

2月，西山区政府被市政府表彰

为“2013年外贸工作任务完成先进单位”。

3月

5日　云南省委常委、云南省委组织部部长刘维佳随机调研西山区党的群众路线教育实践活动开展情况。

10日　云南省经普办常务副主任、云南省统计局副局长杨光军一行检查指导西山区经济普查工作。

同日　在2013年度环境监测考评工作中，西山区环境监测站名列全市14个县（市）区第一。

同日，西山区2014年36名下派新农村建设指导员全部就位，开展驻村工作。

同日起，西山区教育局、西山区食品药品监督管理局联合对全区156家中小学、幼儿园食堂的食品安全工作进行跟踪检查指导。

11日　自3月1日实行新《公司法》以来，西山区市场主体增量明显，呈现理性、放量态势。新增各类市场主体232户，比上年同期增长75.93%，认缴注册资本1.32亿元，比上年同期增长80%。

同日，云南省公安厅副厅长董家禄率督导组检查督导船房社区重点人员排查整治专项行动相关工作情况。

13日　西山区教育局联合昆明公交集团有限责任公司开通试运行西山区首条学生公交专线——西山书林一小学生公交专线。

同日　团区委推动“志愿者注册平台”“志愿活动参与平台”“志愿工作管理平台”三台融合，成功注册志愿者4200余名。

15日　西山区工商局联合西山区消费者协会自主开发的“随身3·15”手机软件于消费者权益日正式上线，在全省首推“指尖维权服务”。凡智能手机用户可通过扫描二维码等方式，下载安装该软件，享受消费投诉、商户查询、消费资讯等服务。至4月30日该手机软件商户查询服务范围从西山区覆盖到整个昆明市。

18日　中国艾滋病防治协会会长沈洁调研指导西山区健康关爱促进工作。

同日　昆明市委秘书长柳文炜、昆明市政府副市长何波率市级相关部门召开草海领导小组专题会议，加快推进草海北片区的安置房建设和零星土地出让工作。

同日　区委书记赵学农以《把握精神实质，强化理论武装，以西山科学发展的实绩检验教育实践活动成效》为题，为全区553名副科以上党员干部和95名社区党组织书记讲党课。

19日　昆明市委组织部部务委员、研究室主任赵增昆率队到西山区调研党的群众路线教育实践活动开展情况。

24日　辖区海航广场、皇冠假日酒店、昆钢索菲特酒店等在建旅游重大项目2013年度投资建设情况通过省、市旅游发展委员会考核。

28日　应云南省人大教科文卫委邀请，西山区“祖氏滇绣画——祖玉兰精品刺绣展”在云南省人大常委会办公大楼一楼大厅展出，共展出刺绣精品80余件。

同日　西山代表队参加“昆明市第五届外来务工人员健身运动会”，并获“优秀组织奖”。

31日　云南省政协主席罗正富调研西山区政协委员之家工作。

3月　在云南省地方志编纂委员会办公室、云南省年鉴研究会联合开展的云南省第十届年鉴系列评奖活动中，由西山区政府主办、西山区地方志办公室编撰的《西山年鉴》（2011、2012年版），经云南省年鉴研究会组织相关专家审读、评委会评定，双双获得综合一等奖。

同月　昆明市园林绿化局公布昆明市主城5区及3个开发（度假）区一季度城市园林绿化养护评比结果，西山区居第一位。

4月

1日　云南省政协提案委副主任、云南省委第一督导组常务副组长彭济生受邀为西山区党员干部作群众路线教育实践活动专题辅导，全区500余人参加学习。

1～4日　西山区广福路、前兴路提升整治工程通过竣工验收。

2日　昆明民间传统民俗节日——“三月三”民间艺术节当天，西山风景区接待游客总数10万余人，实现旅游门票收入15.33万元，带动民族工艺品、饮食服务等旅游商品与服务销售130万余元。

5～7日　清明节期间，全区共投入1.66万人开展“鲜花换纸钱”活动，免费向2.5万祭扫群众发放鲜花6万余支、防火宣传材料3.26万份。

8日　富民县政府考察团到西山区学习交流城中村改造工作，实地考察城中村改造2号片区云投中心项目。

9日　前卫街道办事处广福小区二期被评为2013年度“云南省园林小区”。

10日　昆明市政府副市长阮凤斌率市级相关部门对西山区金碧特色旅游文化商业街区建设工作进行调研。

17日　济南市人大及交运局考察西山区农村公路建设情况。

17～20日　在2014年“昆明市中小学生田径运动会”上，西山区代表队获得8金、9银、9铜。

18日　昆明市人大常委会副主任田翎检查西山区“城乡清洁”工程。

同日　昆明市国税局副局长范一非调研西山区国税局综合办公用房建设项目情况。

21日　云南省住建厅副厅长赵志勇调研永昌街道盛高大城社区“平安城镇小区示范试点”建设工作。

同日　城中村改造22号片区奥宸中心项目一期4.22公顷土地完成挂牌交易。

22日　在永昌街道办事处成立的“西山区侨法宣传角”被国务院侨务办公室授予“全国社区侨务工作明星社区”称号。

同日　云南省委组织部机关党

委副书记、人事处处长陈真永在前卫街道开展党的群众路线教育实践活动“插甸经验”专题讲座。

22～23日　西山区粮食局按照优质优价的原则，在弥勒县收购达国家二级以上标准的储备粮小麦1000吨，随后组织入库。

23日　云南省工商局党组成员、副局长曹阳调研诺仕达企业（集团）有限公司。

同日　云南省新闻出版局、共青团省委、昆明春晓图书经贸有限公司、西山区文化旅游体育局在南亚风情第壹城豪生大酒店联合举办“书香云南读书节暨第一届春晓图书博览会”。

25日　昆明市绕城高速内环中线新河社区临时保通道路工程全面完工。

同日，西山区司法局在云南乾盛司法鉴定中心成立云南省首家司法鉴定法律援助工作站。云南省司法厅司法鉴定管理局副局长刘志明、昆明市司法局党委副书记宋梅等出席成立仪式。

26日　中央第四巡回督导组随机调研西山区党的群众路线教育实践活动。

27日　书林二小在“全国青少年校园足球冠军杯赛”第二站分区赛中胜出，在全市独家晋级全国总决赛。

29日　云南省农业厅农村能源办主任侯斌、昆明市农业局副局长齐超英检查西山区养殖小区沼气建设工作。

30日　昆明市政府副市长何波调研昆枢铁路征拆工作。

4月　德赢华府小区、广福小区二期，云南省公路投资有限责任公司昆明西管处、昆明市西山区人民法院分别被授牌为“云南省园林小区”和“云南省园林单位”。

同月　西山区人力资源和社会保障局完成2014年首批小额担保贷款合同签约工作，110名申贷人员可获得5万元或8万元小额担保贷款。

同月　自3月28日实行“单独两孩”政策以来，西山区人口和计划生育局共接到“单独二孩”政策咨询电话591个，接待来访29人，受理申请42份，审批办理申请23份，办证6本。

5月

1日　从2014年5月1日起，西山区司法局将法律援助收案标准从“人均月收入600元以下经济困难人员或无固定生活来源且有一至五级伤残等级的残疾人”，放宽至“人均月收入1000元以下或无固定生活来源且有伤残等级的所有残疾人”。

同日　在“世博杯”昆明市第三届“大家乐”群众文化广场舞蹈大赛中，西山区作品《崴花灯》获金奖。

同日　在“中国梦·劳动美”昆明市职工庆“五一”系列活动太极拳、太极剑比赛中，西山区代表队获“优秀奖”和“展演奖”。

4日　昆明市政府副市长、前卫西路路长李喜调研前卫西路“城乡清洁工程”和道路综合整治工作。

5日　国家农业部联合昆明市渔业行政执法局、西山区水生动物检疫所，对西山区范围内环城南路云纺家乐福店、希望路农贸市场8个批次水产品进行抽样监测。

同日　昆明市农业局副局长鲁秉泉调研西山区农机化事业发展及农机安全生产工作。

同日　西山区政务微信平台完成升级，打造西山动态、政务厅及微社区3大功能版块重装上线。

同日上午　云南省国土资源厅督察组检查长坡国际物流园区低丘缓坡项目实施情况。下午，昆明市政府副市长何波调研园区并召开专题工作推进会。

同日　云南省首批金融功能社会保障卡（城乡居民社会保障二代卡）试点发行仪式在中国银行马街支行举行，向西山区684名城乡参保居民发放金融社会保障卡。同时，作为全省试点县（区）之一，西山区在区人民医院、区妇幼保健院和碧鸡卫生院开通相关服务。

8日　云南省政府滇池水污染防治专家督导组调研滇池湖滨“四退三还一护”省属单位及驻昆部队搬迁工作。

10日　西山区2014年石漠化综合治理工程方案通过省级初步设计评审会。

14日　云南省文化厅厅长黄峻专题调研碧鸡街道龙门文化艺术村项目。

同日　昆明市林业局木材经营加工清理整顿督查组检查西山区相关工作。

15日　云南省委第一督导组常务副组长彭济生、副组长许仕勇一行5人随机调研西山区党的群众路线教育实践活动情况。

16日　昆明市防震减灾局副局长蒋静蓉检查马街大渔中心学校市级防震减灾科普示范校创建工作。

16～18日　昆明市旅游发展委员会在大观楼举办“昆明国际旅游月”便民惠民超市活动，西山区推出“一站式”休闲旅游精品。

17～18日　以“儿童需要讲不完的故事”为主题的第七届“二十一世纪中国儿童阅读推广人”论坛在海贝中英文小学举行。

17～18日　昆湖小学组队参加“第十六届‘飞向北京’全国青少年航空模型比赛暨2014年昆明市中小学生航空、航天模型总决赛”，获3个团体冠军。

17～18日　云南省发展和改革委员会等部门联合中国西部人才开发基金会、泛海公益基金会，在云南大学滇池学院举办“泛海扬帆行动”昆明大学生创业成果暨产品交流会。西山区大学生创业园11家入驻企业参会交流。

18日　昆明市“国际博物馆日”活动在碧鸡公园举行。

21～22日　云南省第三次全国经济普查数据质量检查组到马街街道张峰社区和棕树营街道白马西区社区抽查经普数据质量。

22日　昆明市政府副市长杨皕调研团结街道乐居彝族古村落保护情况。

同日　全国政协原副主席王志珍考察西山华亭寺，省政协副秘书长、办公厅主任张宁参加考察。

23日　国家教育部副部长杜占元调研西山区教育信息化工作，现场观摩棕树营小学电子白板课堂教学、龙潭中心学校远程示范课及北师大昆明附中“班班通”项目，省教育厅厅长何金平、昆明市政府副市长杨皕参加调研。

24日　西山区统计局提前完成第三次全国经济普查第一阶段数据审核工作，审核、修改错误1.28万条。

24～25日　第十六届中国科协年会“院士专家科普报告彩云行”系列活动在西山区实验中学、粤秀中学和北师大昆明附中举行，中国工程院院士龙乐豪，高级工程师陈洁及周坚鑫作航天、航海科普知识讲座。

26日　昆明市就业局副局长徐维熹调研西山区就业创业工作。

同日　以“图书馆——传承优秀传统文化，建设民族精神家园”为主题的昆明地区公共图书馆服务宣传周活动在碧鸡公园启动。

27日　云南省妇儿工委到永顺里社区开展为儿童捐书活动。

同日　西山区与昆明第一中学合办的“昆明第一中学西山学校”揭牌。

同日　昆明市统计局副局长张蕾调研西山区重点贸易企业中国石油天然气股份有限公司云南昆明销售分公司经营情况。

27、28日　云南省妇联副主席、云南省妇儿工委办公室主任马迎春，云南省妇儿工委办公室常务副主任吴皖明分别到永昌街道永顺里社区和团结街道乐亩社区“儿童之家”开展“六一”慰问活动。

28日　昆明市政协副主席汪月菊调研西山区非物质文化遗产保护工作。

28～29日　第二批群众路线教育实践活动云南省委第一督导组常务副组长彭济生调研福海、团结、碧鸡3个街道办事处活动开展情况。

29日　昆明市政府副市长赵立功调研西山区重点医疗机构医疗纠纷化解工作情况。

30日　云南省政府滇池治理专家督导组组长牛绍尧、副组长宴友琼，昆明市政府副市长王道兴一行调研督导西山区出入滇河道综合整治工作。

同日　云南省委常委、云南省委组织部部长刘维佳一行到前卫街道广福社区开展入户访谈活动。

5月　团结街道办事处完成“2013年第二批及2014年国家级公益林生态效益补偿资金”发放工作，涉及蔡家等9个社区林地9073.33公顷、补偿金185.78万元。

6月

4日　昆明市产业发展督导组副组长赵学锋调研西山区高原特色农业发展情况。

同日　春苑幼儿园和昆十九中食堂通过昆明市食品药品监督管理局评估成为“A级”管理量化等级标准单位。至此，西山区164个学校食堂中A级食堂有24个，所有教办幼儿园食堂均为A级。

6日　西山区检察院联合云南省第三女子监狱挂牌成立西山区首个“预防职务犯罪警示教育基地”。

同日　云南省森林公安局科信处处长朱智江检查西山区执法办案场所改造情况。

6～10日　在第二届“中国—南亚博览会”暨第22届昆交会上，西山区与云南港鑫实业有限公司、云南家居家具有限公司等6家企业就泛亚港鑫国际汽车城、云南家居家具文化商业中心共6个项目分别签订正式投资协议，协议总投资达120.29亿元。签约项目涵盖工业、商贸物流、制造业、商业零售、现代金融等多个领域。

同日　南博会期间，西山区陶艺项目传承人蒋雨田、葫芦雕绘传承人徐孝国、云南指书艺术家张静3位非物质文化遗产传承人在云南展区进行现场技艺展示。

8日　国务院副总理刘延东远程视频巡查西山区和盈江县第一中高考考务工作。

9日　七彩云南宝岛行“十个一百”交流活动云南同乡代表赴滇交流参访团“滇台乡亲交流联谊活动”在西山区举行。

10日　西山区卫生局完成“西山区儿童口腔疾病综合干预项目”免费涂氟工作任务，惠及儿童5400名。

10～16日　西山区观音山中心学校举办“2014年中韩学生国际文化交流”活动。期间被省教育厅国际对外交流中心确定为“云南省对外教育交流小学示范基地”。

11日　昆明市委组织部原副部长、海口河河长助理管宏亮检查螳螂川（海口河）综合整治工程。

同日　昆明市委党史研究室副主任赵国华调研西山区革命遗址保护工作，实地察看马街农会旧址（马街下村51号）。

14日　西山区工会第七次代表大会召开，选出区总工会第七届委员会主席。

16日　西山区海口工业园区管委会（海口街道办事处）被国家环保部命名为“国家级生态乡镇”。

18日　昆明市人大常委会主任杨远翔，昆明市委常委、昆明市委组织部长彭琪，昆明市委常委、政法委书记金志伟，分别巡查大观河、船房河、螳螂川海口河综合治理情况。

同日　昆明市政府副市长阮凤斌调研西山区中石油云南销售分公司经营情况。

19日　昆明市人大常委会原主任、市关工委主任李庄率昆明市关工委第一调研组到西山区调研“五好”基层关工委建设情况。

同日　西坝路改扩建项目41户原直管公房拆迁租户获新房钥匙。新房位于云山路云投景苑小区，由西山区政府出资购买作为直管公房，按2.1元/月/平方米标准出租。

20～22日　西山区在昆明市第三届残疾人技能竞赛中获团体第四名。

23日　云南鸿翔一心堂药业（集团）股份有限公司在深圳证券交易所正式上市。公开发行6510万股人民币普通股，成为云南省第29家在境内上市的企业。

同日 全球驻华使节文化交流合作组织秘书长邢军考察团结街道办事处小村休闲果园及大龙潭都市农庄。

24日 昆明市委组织部副部长、第4调研组组长张玉宁随机调研西山区党的群众路线教育实践活动。

26日 昆明市统计局综合执法队抽查西山区15户联网直报企业相关统计工作。

同日 共青团昆明市委书记欧明峰调研金碧街道区域化团建阵地工作。

30日 省、市统计局工业处抽查西山区云南三环中化化肥有限公司等4家规模以上工业企业统计工作。

同日 西山区召开2013年“三级名标”表彰大会，36家企业、169件商品获奖。

6月 西山区被云南省委、云南省政府授予“2013年度全省县域科学发展先进县”荣誉称号。

同月 马街街道梁源等12个社区被昆明市授予“2013年度市级示范和谐社区”称号。至此，全区共有79个社区获“市级和谐社区”称号，创建率76.7%。

7月

3日 共青团中央城市部社区处处长郭鹏调研金碧街道区域化团建工作。

同日 昆明市人力资源和社会保障局副局长张庆检查西山区贯彻执行《劳务派遣暂行规定》情况。

同日 昆明市综治办副主任祝建昆调研西山区综治工作，到福海街道船房社区实地观摩“1+1围院式管理”工作。

同日 团市委组织主城各街道团工委观摩金碧街道区域化团建“青乐汇”工作阵地建设工作。

4日 昆明市关工委副主任张映华及相关工作负责人到西山区开展夏令营活动基地选点调研，团结街道龙潭社区入选。

同日 在昆的部分省人大代表实地调研团结街道苹果矮化密植优质高效栽培技术、观赏及加工型花卉产业及万亩绿色蔬菜种植3个农业产业结构调整项目。

5日 致公党昆明市西山区总支召开党员大会，成立致公党昆明市西山区基层委员会，选举产生第一届委员会及主任委员。

7日 昆明市粮食局副局长潘建刚赴西山区检查2014年上半年贯彻落实粮食行政首长负责制及年度工作目标任务完成情况。

同日 昆明市森林防火指挥部办公室副主任王伟率市森林防火工作考核组检查考核西山区2014年度森林防火工作。

同日 云南侨联南洋机工暨眷属联谊会在西山风景区举行南洋华侨机工“七七事变”纪念活动，从马来西亚回国的南侨机工家属100余人参加活动。

9日 云南省公安厅禁毒局在福海街道福海社区举行禁毒图片展，并向社区赠送价值2万元的文化活动室设备。云南省公安厅禁毒局局长胡祖俊参加活动。

同日 昆明市国家保密局局长王建荣调研督查西山区保密工作。

10日 昆明市政府法制办副主任朱广祥调研西山区国税局等单位依法行政示范单位创建工作。

同日 云南省纪委纪检监察专员王薇薇调研西山区人民医院与昆明三博脑科医院“医联体”合作模式情况。

同日 云南省青联、昆明市青联委员到永昌街道永昌小广场开展爱心义诊活动。

11日 省、市妇联参观团结刺绣与喜福乐老年公寓。

同日 昆明市政府副市长杨勇明实地调研长坡物流园区建设情况。

17日 驻区的昆明电缆集团股份有限公司、昆明拓东调味食品有限公司、云南金花针织有限公司3家企业被认定为第一批“昆明老字号”企业。

21日 昆明市公安局副局长杨建军调研西山区经侦工作。

22日 昆明市工商联党组书记、常务副主席蔡永福到西山区调研非公经济人士“理想信念教育实践活动”开展情况和县级“五好”工商联创建情况。

23日 昆明市住房城乡建设局检查组到西山区检查直管公房防汛安全工作。

同日 昆明市统计局副局长黄海风对西山区2014年规模以上固定资产投资统计范围内的亿元项目进行抽样巡查，被抽检的7个项目均符合有关要求。

8月

4日 国家文物局文物保护司副司长陆琼调研西山区文物保护工作。

4～5日 国家卫生计生委对西山区基层公共卫生工作进行考核。

5日 云南省委活动办调研组到西山区随机抽查党的群众路线教育实践活动进展情况。

6日 云南省民政厅社会事务处处长陈强督查西山区观音山公墓造林绿化工作。

12日 昆明市投资促进局党组书记谭爱苹调研西山区招商引资工作及第二届南博会暨第22届昆交会签约项目推进情况。

13日 昆明市防震减灾局副局长靳树才检查西山区地震应急避难场所建设情况。

同日 中央第四巡回督导组组长张维庆率中央第四巡回组部分成员及省、市、区相关领导莅临里仁社区现场指导专题组织生活会。

同日 西山区文产办被云南文化产业博览会组委会评为“创意云南2014文化产业博览会优秀组织奖和优秀展位奖”。

同日 驻区100余名官兵到团结街道棋台社区开展“军民共建双拥林”植树活动，新建“双拥林”2公顷。

15日 全市首批天然气置换工作在西山区启动，首批涉及4个小区2199户居民。17日，西山区天然气置换首期工作完成。截至12月底，完成7个片区4.4万户居民天然气置换工作。

同日　西山区秋季重大动物疫病防治工作启动。截至8月27日，共实施高致病性禽流感、口蹄疫等重大动物疫病免疫44万余头（只）次。

16日　团区委联合昆明市“12355”青少年服务台在金碧街道巡津社区举办未成年人心理健康教育公益大讲堂。

18日　国家知识产权局确定西山区为“2014年国家知识产权强县工程试点县（区）”，试点时限自2014年8月至2016年7月。

19日　云南省政协常务副主席白成亮、昆明市政协主席田云翔率队调研西山区基本公共卫生服务工作，实地查看前卫社区卫生服务中心、马街四季阳光社区卫生服务站、区疾病预防控制中心和区妇幼保健中心。

同日　省、市统计局能源处和贸易处相关领导调研西山区昆明汇荣经贸有限公司和云南汇东经贸有限公司能源购进和销售情况。

同日　昆明市大学生创业园建设工作协调领导小组考核西山区“市级大学生创业示范园”工作。

23日　福海街道办事处凤凰御景项目（27号片区）、高朱村社区回迁安置房分房工作启动，并于当天完成150户回迁户分房工作。

26日　昆明市政府副市长王春燕考察螺蛳湾中央商务区建设项目并召开现场工作会。

27日　西山区召开2014年“帮困助学”送温暖大会，发放首批帮困助学金17.2万元，惠及困难职工及农民工子女46名。

8月　西山区清理整顿党政机关办公用房1.36万平方米，区委编办、区统计局等7家单位120名干部职工迁入西山区综合行政办公大楼办公，每年节约外租办公经费600万元。

同月　西山区检察院被最高人民检察院表彰为“全国检察机关文明接待室”“全国检察宣传先进单位”。

同月　昆明市商务局授予西山区符合“食品安全、惠民工程、标准化建设”条件的和平农贸粮油海鲜综合市场“菜娃娃”标识。

9月

1日　从9月1日起，西山区财政正式对全区机关事业单位工资统发实行信息管理。

2日　昆明市台办主任冯美琼走访慰问西山区7户困难、高龄台胞台属。

同日　昆明市委政法委副书记郎佳率市涉法涉诉信访改革工作督查调研组督查西山区相关工作。

同日　昆明市民政局副局长吴智峰调研西山区社区信息化工作，现场观摩秋苑社区三维数字社区信息平台应用情况。

同日　云南省食品药品监督管理局副局长李靖国、食品安全总监林玉孝，昆明市食品药品监督管理局副局长李勤、张云海联合检查西山区“两节”食品安全监管工作。

4日　云南省妇儿工委组织各州市妇儿工委专干50余人观摩学习船房社区“儿童之家”经验做法。

11日　省妇联牵线英联邦协会到上冲村民小组捐赠10万元用于农业生产灌溉。

25～29日　西山区举办2014年“比技能、强素质、促发展”职工职业技能大赛，来自农业、工业、商贸服务业三个产业的588名选手参赛。

27日　云南省委副书记、省长李纪恒，副省长张祖林，云南省政府秘书长卯稳国，昆明市政府市长李文荣一行前往福海街道慰问百岁老人付纪棠。

28日　国家统计局人口就业司司长冯乃林、云南省统计局纪检组组长熊晓东、昆明市统计局局长吕志一行检查调研西山区云南兴长江实业有限公司“劳动工资一套表”数据统计情况。

同日　西山区食用农畜产品进入批发、零售市场或生产加工企业后的监督管理职责由西山区农林局划归西山区食品药品监管局。

同日　第27届西山音乐节在碧鸡公园拉开帷幕，并开展历时一个月的系列活动。

29日　西山区2014年农村劳动力转移特别行动计划大型招聘会在团结街道办事处举办，22家企业提供就业岗位915个，现场达成就业意向112人。

同日　“2014年全国百城千村健身气功交流展示系列活动云南省大会昆明会场”设在碧鸡公园，全市1000余名气功爱好者参加展演。

30日　昆明市农业局、市食品药品监管局、市工商局、市城管综合执法局联合检查组对西山区海口生猪定点屠宰场质量安全进行专项检查。

9月　云南石龙坝发电厂被昆明市旅游局命名为第一批“昆明市工业旅游示范点”。

同月　引进云师大基础教育集团在城中村18号片区润城项目配建学校，创办师大附小、附中。

10月

1～7日　“十一黄金周”全区纳入监测范围内的旅游企业共计接待游客40.9万人次，同比增长13.9%，实现旅游收入2.46亿元，同比增长18.27%。

8日　云南省国税局征管和科技发展处处长阙雄检查调研西山区《全国县级税务机关纳税服务规范（1.0版）》执行情况。

9日　云南省残疾人康复中心儿童肢体矫治手术定点合作医院正式在西山区人民医院挂牌。

同日　2012～2013年度昆明市星级“青年文明号”名单公布，西山区福海街道为民服务中心、西山区人民法院民事审判第二庭、西山区房产交易中心、团结街道大河村小组多功能活动中心、西山区工商局企业注册监督管理科5家单位榜上有名。

11日　云南省食品药品监督管理局副局长刘本军，昆明市食品药品监督管理局党组书记、局长杨柱专题调研西山区米线质量安全专项整治工作。

13日　昆明市委副秘书长、市委目督办主任徐正林率督查组现场督查乐海车市、毅人金属购物中心钢材市场搬迁情况。

14日　昆明市委目督办副主任张志宏、董静晖及督查专员吴进东对西山区10项重点工作推进情况进行跟踪督查。

15日　昆明市国税局副局长王斌对西山区出口货物税收函调工作情况进行检查指导。

24日　云南省林业厅农村能源工作站站长李树生到西山区检查指导农村能源建设工作。

27日　云南省科协科普示范社区领导小组办公室调研永昌街道永宁里"云南省科普示范社区"创建工作。

27～30日　西山区代表队在"2014年昆明市健身气功站（点）联赛"上取得2个集体项目一等奖，3个个人项目第一名。

29日　云南省委办公厅副主任石洪樑调研西山区党委信息及办文工作，实地查看万达广场建设、盛高大城社区"五位一体"管理服务模式、船房社区"围院式管理"服务模式、城中村改造中的教育资源优化布局、前卫街道办事处"政企居民一家亲"好班子服务模式等工作情况。

同日　西山区旅游协会成立大会暨第一届会员大会召开，辖区37家旅游从业单位成为协会首批会员。

30日　昆明市发展改革委副主任戴惠明调研西山区固定资产投资情况。

31日　万达集团全国第100个万达广场暨云南省首家六星级酒店昆明万达文华酒店开业。

同日　西山区民政局与云南连心社区照顾服务中心合作共建的云南省首家政府与民间组织共建"社会组织培育基地"和"社会工作人才服务中心"在马街街道办事处挂牌成立，将为社会组织提供6类专项服务。

10月，西山区观音山观音寺、甘美医院旧址等7项区级文物保护单位升级为市级文物保护单位。至此，西山区市级文物保护单位数量达到17项。

同月　中宣部、中华全国妇女联合会向社会发布10户"全国孝老爱亲最美家庭"先进事迹。西山区团结街道代琼兰"开办老年公寓，义务赡养孤寡老人"事迹上榜。

同月　西山区拥护中心学校和城市希望小学分别获评昆明市2014年中小学知识产权教育试点学校和示范学校。

至10月　西山区共有边纵联络处旧址、石龙坝发电厂（中国第一座水电站旧址）等6处革命遗址被列入《昆明市革命遗址名录》。

同月　西山区被省、市人力资源和社会保障部门选定为全市开展服务群众"最后一公里"试点工作和网络平台建设唯一试点。

同月　西山区司法局构建妇女儿童权益纠纷三级调解网络，实现妇女儿童权益纠纷调解机构在区、街道、社区三级组织全覆盖。

11月

2日　永昌街道办事处继2009年后再次被国家民政部命名为"全国和谐社区建设示范街道"；辖区盛高大城、永兴路2个社区获"全国和谐社区建设示范社区"称号。

8～9日　团区委联合区青联与倘甸轿子雪山两区团工委开展结对帮扶活动，向倘甸轿子雪山两区团工委赠送电脑9台、帮扶经费3万元。

10日　西山区福海街道船房社区儿童之家被评为市级"留守儿童之家"示范点。

11日　碧鸡街道云南滇池睡美人房车俱乐部房车、自驾车营地项目开业试运营，占地20公顷、拥有房车40辆，是云南省首家房车营地。

12日　云南省人力资源和社会保障厅教育处处长凌荔到团结街道检查指导社区服务型党组织平台建设情况。

同日　西山区被省委省政府、云南省军区授予第九届"双拥模范（先进）城（县）"称号。

14日　河南省济源市委组织部副部长李建设到永昌街道永兴路社区考察妇女组织建设情况。

同日　西山区在首届西南地区四城市"风雅颂——国学经典诵读"大赛昆明地区选拔赛中获组织奖。

16日　云南省统计局人口就业处副处长黄绚、昆明市统计局副局长袁静对西山区2014年全国人口变动抽样调查数据进行事后质量抽查。

18日　云南省民政厅副厅长卢振义、昆明市民政局副局长林华到西山区调研优抚安置工作。

19日　云南省疾控中心到西山区考核"西山区儿童口腔疾病综合干预项目"免费涂氟工作。

同日　西山区揭牌成立全省首家县（区）级团组织培育孵化的青少年社会事务民办非企业机构——"向阳花青少年事务服务中心"。

20日　云南省人力资源社会保障厅在团结街道举办服务群众"最后一公里"试点工作现场观摩活动，全省州、市、县人社局长等150余人参加。

21日　船房社区"儿童之家"获"国家'两纲'示范县区儿童之家""云南省'两规'示范县区儿童之家"授牌。

同日　西山区维护妇女儿童权益工作站在海口法庭挂牌成立。

同日，市委宣传部调研西山区宣传文化队伍建设工作。

26日　国家人力资源和社会保障部及上海市、江苏省、云南省等地人社部门实地调研团结街道和平社区社会保障服务站服务群众"最后一公里"试点工作。

27日　民政部社会救助司副巡视员周萍，社会救助司医疗救助处处长田固、副处长王自兴到西山区调研医疗救助工作。

同日　西山区获"全国科普日活动优秀组织奖"。

28日　昆明市政法委相关领导干部观摩船房社区"1+1围院式管理"

模式。

11月　西山区获评首批“云南省生态文明县（市/区）”称号。西山区已建成17个生态社区和2个生态街道，年环保投资指数大于3%。

同月　国家民政部确定西山区永昌街道办事处创建为“全国和谐社区建设示范街道”，永昌街道永兴路社区、永昌街道盛高大城社区、金碧街道复兴社区创建为“全国和谐社区建设示范社区”。

同月　广福社区创建为“国家级人口和计划生育基层群众自治示范社区”。

12月

2日　云南省妇联副主席马迎春调研西山区社会组织培育基地和社会工作人才服务中心建设情况。

同日　云南省司法厅机关党委联合金碧街道党工委、西岳庙社区党支部在西寺塔广场开展以“党员进社区”为主题的法律、法规宣传及文艺演出系列活动。

3日　昆明中药厂有限公司“昆中药传统中药制剂”成为云南省入选国家级非物质文化遗产保护的第一个中医药项目和第一家中药企业。

4日　西山区2014年太阳能热水器推广安装、节柴灶示范推广、省级资金户用沼气池建设、病旧沼气池改造以及沼气服务网点建设5个农村能源建设项目通过验收。

4日、5日、9日　云南省人力资源和社会保障厅副厅长杨焰平、昭通市委编办主任季顺江、勐海县人力资源社会保障局副局长高凡分别调研参观团结街道和平社区服务型党组织平台运行情况。

5～7日　西山区教育局在第二届全国产学研高峰论坛上交流中职教育经验。

8日　永昌街道永顺里社区“儿童之家”获首届中国青年志愿服务项目大赛云南地方赛“关爱农民工子女”类别金奖，成为全市唯一获此殊荣的社区“儿童之家”。

9日　云南省人大常委会原常务副主任晏友琼率云南省老体协联调组到永昌街道永兴路社区调研相关工作，昆明市政府副市长杨皕陪同。

同日　西山区民政局在西华粮库举行冬春救济粮发放仪式，向团结、海口、碧鸡3个街道办事处及西山风景区管委会发放冬春期间救济粮60吨，1723名困难群众受惠。

10日　团结街道朵亩社区半天白小组获市级“绿色证书示范村”授牌。该小组利用山药定位浅生长技术种植山药4.17公顷，种植户户均增收1.5万元。

同日　金碧街道西岳庙社区、永昌街道永顺里社区、前卫街道广福社区被评为“市级流动人口计划生育信息化服务管理示范社区”。

11日、15日　云南西仪工业股份有限公司“胀断连杆总成产业化开发”项目通过市、区2013～2014“科技富民强县示范工程”验收。

11日　全区累计完成土地流转3727件2386.67公顷，占总耕地面积的66.7%。流转形式为出租、转包、转让等，其中出租占总流转面积的93.3%。

12日　国家农业部、云南省农业厅、昆明市农业局专家组到团结街道大龙潭生态休闲园、倚天都市庄园调研休闲农业建设情况。

16日　昆明市委常委、市委统战部部长熊瑞丽，云南省治污督导长、省人大常委会农工委原主任潘政扬巡查正大河综合整治情况。

15日　海口工业园区年内实际到位内资11亿元、利用外资1322万美元，新签入园项目5个，用地总面积72.82公顷，协议总投资25.95亿元，产值33.79亿元，税收3.56亿元。

16日　西山区城中村改造年度投资100亿元，累计投资620亿元。建成小学3所、幼儿园8所、医院1座、生鲜超市6座，新增道路面积58.3万平方米。

17日　中央组织部办公厅巡视员、副主任纪红调研西山区组织工作信息化建设情况，云南省委组织部部务委员杨润、昆明市委组织部副部长张玉宁陪同。

20日　红星爱琴海购物公园开业。该项目由昆明红星美凯龙置业有限公司开发建设，总投资40亿元，商业总面积16万平方米，集“一站式”购物和“体验式”消费为一体，引进150余个国内外知名餐饮、服饰、精品生活品牌商家。

23日　昆明市政府副秘书长和丽川到西山区检查指导环保工作。

同日　西山区红十字会获“全市红十字会系统‘3·01’暴恐实践善后处置工作先进集体”称号。

12月，西山区创建为“云南省科协申请2016～2020年度云南省科普示范县（市、区）”。

同月　西山区5册党史书籍在2013～2014年度昆明市县（区）党史优秀编著出版成果评选活动中获得6项党史成果奖项。

（马　俊）

西山区概况

【区划·人口】 西山区位于昆明市主城区西南部，东经102°20′~102°43′、北纬25°12′~24°44′之间。东与五华区、官渡区毗邻，与呈贡区隔水相望；南连晋宁县；西邻昆明市属安宁市、楚雄州禄丰县；北接富民县、五华区。南北长53千米，东西宽38千米。其中城市建成区面积47.7平方千米。国土总面积881.32平方千米。西山区背山面湖，整个地形微向滇池倾斜。邻近昆明城区部分为坝区，其余为山区、半山区。辖区有滇池湖岸线68千米。

2014年，全区辖马街、金碧、永昌、前卫、福海、棕树营、西苑、碧鸡、海口、团结10个街道办事处和西山风景区管委会。下辖社区居委会103个、居民小组393个。年末，西山区常住人口为77.5万人，其中户籍人口为52.8万人。在户籍人口中，男性人口26.3万人，女性人口26.5万人。户籍人口中少数民族人口为8.23万人，占总人口的15.6%。出生人口5101人，人口出生率为11.74‰；死亡人口2351人，死亡率6.45‰。人口自然增长率5.29‰以内。

【经济综述】 2014年，西山区级财力持续增长，地方公共财政预算收入增收2.1亿元，完成融资20.8亿元，向上争取资金7.8亿元。完成政府存量债务清理甄别工作，有效防控债务风险。

全区实现地区生产总值451.91亿元，增长8.1%；地方公共财政预算收入完成34.595亿元，增长6.4%；地方公共财政预算支出35.53亿元，下降3.8%。区域规模以上固定资产投资完成483.64亿元，增长20.7%。区属规模以上固定资产投资完成388.33亿元，增长14.8%，其中第二产业完成投资30.94亿元，下降26.5%；第三产业完成投资357.39亿元，增长20.7%。社会消费品零售总额完成414.2亿元，增长11.7%。按经济成分划分，公有制经济实现零售额70.79亿元，占全区比重的17.1%；非公有制经济实现零售额343.41亿元，占全区比重的82.9%。第一产业实现增加值3.6亿元，增长4%；第二产业实现增加值119.96亿元，增长9.5%；第三产业实现增加值328.35亿元，增长7.6%，占地区生产总值比重的73.1%。坚持把产业结构优化转型升级作为产业发展的重点，产业结构进一步优化，三次产业比由上年末的0.8：26.9：72.3调整为0.8：26.5：72.7。人均GDP达到5.84万元。全年单位GDP能耗下降4.46%。非公经济实现增加值238亿元，增长9.5%。

完成国税收入19.455亿元，组织地方税收收入35.11亿元，分别增长4.59%和0.1%。

【商贸】 西山区持续加大招商引资力度，引进内资项目75个，实际到位市外资金103.7亿元；引进外资项目5个，实际利用外资8899.7万美元。放活扶持非公经济发展，进一步放宽注册资本条件，新登记企业数同比增长56.6%，投入区级产业发展专项资金4000万元扶持企业发展，非公经济实现增加值238亿元，增长9.5%。

现代服务业提质增效，万达广场、红星国际广场爱琴海购物公园建成营业，万达文华酒店、中石油阳光五星级酒店投入运营；昆钢科技大厦、云投中心等重点项目顺利推进；金马碧鸡特色文化旅游商业街区启动建设。商务楼宇面积新增42.1万平方米，新培育产值超5000万元楼宇2栋。15家实力文化企业入驻大观文化创意产业示范基地，文化产业增加值218亿元。中石油云南销售公司、中国移动云南分公司等4家总部企业入驻西山区；云南鸿翔一心堂药业（集团）股份有限公司成功上市，成为全国“直营连锁药店第一股”。

在第二届“中国—南亚博览会”暨第22届昆交会上，与云南港鑫实业有限公司、云南家居家具有限公司、华润万家有限公司、云南中烟再造烟叶有限公司、昆明三鼎置业有限公司、云南正邦科技有限公司6家企业就泛亚港鑫国际汽车城、云南家居家具文化商业中心、华润万家云南商场超市物流项目、云南中烟再造烟叶有限公司易地技改项目、维度空间、高分子精细化合物生产建设项目共6个项目分别签订了正式投资协议，协议总投资达120亿元。签约项目涵盖工业、商贸物流、制造业、商业零售、现代金融等多个领域。

2014年，外贸进出口总额达7.32亿美元。西山区全年接待游客总人数1003.67万人次，同比增长10.58%；全区实现旅游总收入100.82亿元，同比增长18.1%。

西山区民营经济增加值完成247.91亿元，同比增长14.87%。民营经济从业人员29.56万人，同比增长10.03%。新建5个菜市场（社区菜店），全区共有104个菜市场（生鲜超市）正常营业，其中主城区有76个。西山区已逐步形成标准化菜市场、过度性菜市场、生鲜超市互为补充，主城区与城郊区相统筹的菜市场建设新格局。打造杨家社区、广福社区2个商业服务示范社区。建成特色文化旅游商业街区——金碧特色商业街区。

【园区建设】 海口工业园区收储土地124.78公顷，建成道路13.8千米、标准厂房6.1万平方米；新增规模以上工业企业5家，引入云内动力新能源客车等5个项目，协议投资26亿元；实现规模以上工业增加值23.6亿元、主营业务收入92.6亿元。园区完成基础设施投资4.82亿元，中滩街、海川路、典赤路改造工程主体完工，园区道路体系逐步完善；成功签约企业异地搬迁技改、升级改造等5个项目；园区公租房项目封顶断水。

团结生物医药食品加工园区的正港农牧、荣强饲料等6家企业建成投产，实现产值1.5亿元。

长坡国际物流园区实现“园处合一”，控制性详细规划通过审批，完成土地征收142.33公顷。成功签约云南省烟草公司昆明市公司、云南港鑫实业有限公司、云南兴长江实业有限公司、云南家居家具有限公司、云南天宇现代置业有限公司5个项目；安置房项目有序推进。

金融产业园区基本完成土地和房屋征收一期工作，兴港名城、鹤唐福景等7个项目完成投资35.8亿元。完成土地及房屋征收43户约16万平方米；蓝光昆仑中心等重点项目落户园区。

西山风景区太华山庄、玉兰园提升改造顺利推进，启动景前区碧鸡历史文化古镇建设，接待游客75.9万人次，实现旅游收入3921.5万元。西山风景区5A级景区创建通过省、市旅游局评审。

【工业 建筑业】 全年全部工业增加值64.95亿元，比上年增长10%，其中，规模以上工业企业增加值41.6亿元，增长12.2%。在规模以上工业中：轻工业增加值8.91亿元，增长3.6%；重工业增加值32.69亿元，增长14.5%。从行业看，磷化工制造业实现18.77亿元，下降4.4%；医药制造业实现6.62亿元，增长26.6%；通用设备制造业实现1.23亿元，增长36.1%。

全年规模以上工业企业实现销售产值145.1亿元，比上年增长3.2%；实现利税总额8.89亿元，比上年增长103.3%，其中利润总额3.25亿元，增长324.8%；产品销售率99.81%。

完成规模以上工业固定资产投资30.94亿元，下降26.5%。第二产业转型加速，新增规模以上工业企业户数10户。亿元以上工业项目竣工3个。三昌汽配、正邦科技等4个亿元以上工业项目开工建设，梅塞尔气体、普尔顿管业等4个亿元以上工业项目投产达效。磷化工、高新装备制造、医药食品行业规模以上企业实现增加值28.3亿元，占全区规模以上工业增加值的67.4%。

全年全区建筑业实现增加值55亿元，比上年增长8.9%。完成建筑企业总产值181.3亿元，比上年增长3.4%。年末具有资质等级的总承包和专业承包建筑业企业194户，从业人员6.45万人。全年房地产开发投资263.2亿元，增长37.8%。房屋建筑施工面积811.9万平方米，房屋建筑竣工面积540.6万平方米。

【农业农村工作】 2014年，完成农林牧渔业总产值5.86亿元，同比增长3.8%，其中农业总产值3.06亿元、林业总产值0.36亿元、畜牧业总产值1.91亿元、渔业总产值0.25亿元、农林牧渔服务业0.28亿元。

全区粮食作物播种面积3052.1公顷，实现粮食总产量1.85万吨。围绕打造都市型高原特色现代农业目标，以万亩加工型花卉和万亩绿色蔬菜园区建设为重点，积极调整农业种植结构。2014年完成花卉、园艺种植面积980公顷。完成蔬菜种植面积2501.5公顷，实现产量6.29万吨。通过加大农业产业结构调整力度，创建亩产值超万元的山药、韭菜、草莓、康乃馨、食用菌等高效作物种植面积233.33公顷。

现代农业园区建设提档升级，万亩绿色蔬菜园区、四季特色瓜果园区和小村生态休闲观光农业园区3个园区的建设项目正常推进，并配套了相应的农艺措施。以永靖为重点的万亩绿色蔬菜园区完成绿色蔬菜种植1696.07公顷，建立绿色标准化示范基地383.4公顷，落实各项综合配套措施。四季特色瓜果园区建设初见成效，基本实现园区鲜果周年供应的目标，建设草莓良种育苗基地3.33公顷、草莓品种展示园6.67公顷，推广草莓优质高效栽培技术示范22.1公顷；开展优质西瓜种植示范21.73公顷；推广苹果矮化密植栽培技术示范16.04公顷，推广果园标准化管理技术示范191.86公顷。完成小村生态休闲观光园区的巩固提升工作，现代农业观光示范区、生态花果观光示范区、鼎顺农业观光园区和民族书画创作示范区4个片区的项目建设全面完成，投入资金500万余元。通过小村生态休闲观光农业园区的巩固提升，带动了好宝箐有机蔬菜园区、云南宝地牧业农业循环园区及云南大康蕈菌食用菌示范园区的建设，农业园区建设正向多元化、规范化发展。

2014年出栏肉猪9.93万头、肉牛1800头、肉羊1.3万只、家禽39.59万羽，肉类总产1.1万吨，比上年下降19.5%；蛋类总产862.9吨，增长1.3%；牛奶产量119吨，增长2.6%。截至年底，全区都市农庄建设项目资金投入累计达3亿余元，其中2014年累计完成投资1.05亿元，大龙潭生态园、团结苹果庄园等4个都市农庄投入运营。加强滇池流域面源污染治理，巩固“禁养”成果，积极探索畜禽—沼气—果树的果园养畜模式。完成600套农村太阳能热水器推广安装；完成1641眼节柴灶推广示范；新建农村户用沼气池100口；完成畜禽养殖小区沼气工程建设2个，完成沼气服务网点建设1个。

2014年西山区有农业龙头企业51户，实现产值65亿元。其中省级龙头企业6户、市级龙头企业21户、区级龙头企业24户，固定资产4.77亿元，年产值64.98亿元，带动农户11.65万户（含区内外）。

大力开展造林绿化和林业生态建设。2014年完成杨树种植200.73公顷、22.28万株；完成区级“五采区”生态修复34.67公顷；低效林改造66.67公顷；完成义务植树79.3万株。全区共完成市级退耕还林工程（核桃种植）67.27公顷。

【城市建设与管理】 2014年，16条共6.3千米城市道路竣工通车，完成前卫西路、采莲路、丹霞路、西苑浦路4条城市道路，以及福景路—船房河交叉口、阳光北路—船房河交叉口、日新西路—船房河交叉口、阳光南路—船房河交叉口4个交通节点综合整治，西坝路改扩建完成工程总量的80%，南连接线建成通车。

城市更新改造中，城中村改造完成投资约100亿元，云投中心、润城等12个项目223万平方米开工建设，奥宸中心、凤凰御景等9个项目140.8万平方米封顶断水。启庆钢材、锦大二手车等6个市场完成搬迁。全区已开展拆迁的34个片区共需回迁安置房272万平方米。年底，13个片区8268套98.9万平方米回迁安置房已交付使用；3个片区3085套29.9万平方米已建成正在分房；6个片区3947套39.5万平方米封顶断水；2个片区2012套21.55万平方米已建至地面正负零以上；2个片区1590套18万平方米正在实施基础工程；2个片区（螺蛳湾14、15号片区）3050套28万平方米已落实地块暂未启动建设；1个片区已购买商品房完成异地安置。剩余5个片区回迁安置房规划方案正在报批。

开展海口大桥景观亮化工程、灯光保亮工作。分级划定引导和禁止区域，规范违规占道经营行为6万余起；强化联合执法和动态巡查，拆除临违建筑41.3万平方米；修整市政道路路面1.4万平方米，新建垃圾中转站2座，新建、改扩建公厕15座；完成海口中滩街周边环境综合整治和昆安高速碧鸡关出入口“四化”（绿化、亮化、美化、净化）提升二期工作。商品交易市场关闭搬迁和升级改造整治，共拆除商品交易市场内的违法建筑10宗，关闭市场1个，自行升级改造5个。

【财政 金融】 全区地方公共财政预算收入34.595亿元，同比增长6.4%，其中税收收入29.40亿元，增长2.3%。地方公共财政预算支出35.529亿元，同比下降3.8%。

年末金融机构各项存款余额725亿元，比年初增长4.19%，其中单位存款319.2亿元，个人存款383.6亿元，分别增长3.09%和4.97%。金融机构各项贷款余额479.9亿元，比年初增长18.38%，其中短期贷款145.8亿元，中长期贷款331.2亿元，分别增长30.98%和13.19%。

【交通 邮政】 全年交通运输、仓储及邮电运输业实现增加值6.73亿元，增长5.3%。

全年总投资1814.2万元对团结街道办事处大、小妥吉，新民上、下村等7个自然村进村道路进行硬化及改扩建，工程合计14.86千米。区级从部门预算中安排农村公路日常养护资金156.92万元，其中县道56万元，海口街道办事处乡村道19.21万元，碧鸡街道办事处乡村道20.49万元，团结街道办事处乡村道61.22万元。全年总投资700万元，完成老昆富线（K1+950—K15+000）大（中）修工程和西山区和平小厂村路面大修工程及1个交通安保工程项目。2014年西山区农村公路养护资金达1128.92万元。

完成邮政业务收入2429.03万元。完成集邮业务收入769.27万元、函件业务收入915.3万元、电商专业收入98.05万元、速递包件专业收入123.39万元、汇兑业务收入28.36万元、速递业务收入106.02万元。

【生态保护治理】 全年单位GDP能耗下降4.46%；规模以上工业企业万元增加值能耗下降31.78%。

2014年，海口河综合整治全面完工，整治完成清水河、金家河、新运粮河等水系支流15.2千米；强化“河道三包”及“河段长”责任制，盘龙江、船房河等7条河道水质达标。完成海口工业园区污水并网，建成主城雨污排水管网7.4千米，铺设滇池环湖截污支次管网10千米。新增城市绿地165.4公顷，新增造林面积616.65公顷，碧鸡博览公园基本建成。完成主要污染物减排项目11项，减排化学需氧量3.5万吨、二氧化硫450吨。完成2013年石漠化综合治理工程封山育林2145.53公顷、人工造林289.6公顷。滇池环湖西岸中段富善村、西化村、古莲村、红联村、红映村、杨林港、观音山、白鱼村8个村庄支次管网建设工程完成主体工程。团结集镇污水收集处理工程启动建设。

2014年投入滇池流域水环境整治、“四退三还”、西山区滇池草海保护治理和开发建设工程其他城市基础设施建设、污水处理厂运行技改费用等项目资金和社会环保投资共14.373亿元。西山区工业固废处置利用率、城市污水集中处理率、环境保护设施竣工验收执行率均为100%。四项主要污染物总量减排任务完成率为100%。按期加强监察，确保云南三环中化化肥有限公司2×80万吨/年硫酸装置尾气吸收技改项目以及昆明好宝箐生态农业有限公司等6家养殖场污染减排各项措施落实到位。

【科技】 2014年，加大科技型企业培育发展力度，投入科技研发资金5373.8万元，实施区级科技项目146项，其中，重大科技计划项目54项；评选2014年科学技术进步奖7项、专利奖2项、创新认定奖41项。全年受理专利申请589件，获专利授权417件。建立西山区知识产权支持项目在线申报审批系统，西山区政府门户网站改版提升项目和区政府办公自动化（OA）系统开发完成并投入使用，完成西山区政府网络整体安全建设。

西山区培育推荐认定各级各类创新型企业共72家。加大对云南省光谷光机电科技孵化器的培育，入孵企业从上年的12家增加到26家；在科技计划项目中扶持在孵企业4家，扶持资金45万元；补助孵化器办公和孵化厂房57万元。

2014年，在22个社区83个村组安装1444盏太阳能路灯。2008～2014年，西山区在3个涉农街道办事处共安装太阳能路灯5420盏，总投资3425万元，基本实现了涉农街道全覆盖。

科技特派员进村入户示范工程促农民增收致富。分别在团结、碧鸡、海口3个涉农街道办事处举办各种技术培训班共10期，辐射培训1万余人次，配套实施9个核心技术，打造10个高效示范区，种植示范面积133.33公顷，产量或产值与当地同类生产的一般农户比增加7.2%。

2014年，西山区被国家知识产权局列入2014～2016年国家知识产权强县试点县（区）。评选出2014～2016年知识产权试点企业2家，2014～2016年知识产权示范企业5家。2014年区级科技研发经费项目共实施50个信息化项目，经费2977.96万元。西山区全社会研究与发展（R&D）经费投入占GDP比重达2.42%。

【教育】 年末，全区共有各级各类学校238所，其中小学74所（完小74所）、完全中学10所、初级中学9所、高级中学1所、幼儿园117所、中职学校9所、特教学校1所（昆明市盲哑学校）、九年一贯制学校14所，十二年一贯制学校2所、教育科研中心1所。在校学生总数共11.75万人，其中普通中学在校学生2.68万人，比上年下降2.28%；普通小学在校学生4.71万人，比上年增长0.95%；幼儿园入园班8311人，比上年增长0.39%。

推动优质学校跨区域发展，7月，引进昆明第一中学，开办“昆一中西山学校”；9月，将城中村改造2号片区配套学校交由书林二小领办“书林二小云投分校”；9月，引进云师大基础教育集团在城中村18号片区润城项目配建学校，创办师大附小、附中。

2014年新建改扩建校舍3.1万平方米，新增学位2430个，配备图书58万册、教学仪器380万元、计算机98台，区属义务教育学校办学条件基本达标。拨付专项资金753.3万元，实施农村义务教育营养改善计划，全面覆盖碧鸡、海口、团结3个涉农街道办事处16所中小学41个校点。拨付区级民办教育发展专项资金388.2万元；拨付省、市民办教育专项资金166万元；向4所中职学校拨付助学金及免学费补助1681.75万元，资助中职学生9884人。

2014年，发放学前教育家庭经济困难儿童资助35.49万元，惠及幼儿春季学期1315人、秋季学期1051人。发放普通高中学生国家助学金226.25万元，惠及学生3288人。2014年为21名大学生办理“贷免扶补”创业贷款共126万元。为考入高等院校的贫困新生开辟资助“绿色通道”，为156名家庭经济困难大学新生现场办理生源地信用助学贷款，发放助学贷款98.58万元。

【医疗卫生】 年末共有卫生机构687个，其中医院49个；卫生机构共有病床9403张，其中非营利性医疗机构设置床位数7900张，营利性医疗机构设置床位1403张；在职在编医生3767人，护士3966人，医技人员970人。

2014年，新增民营医院3家、个体医疗机构10家。108家基层卫生机构实现基本药物制度全覆盖，群众基本医疗卫生权益得到切实保障。截至12月31日全区共录入居民健康档案电子档案信息60.46万份，居民健康档案电子建档率为88.70%。

稳步推进医疗卫生服务体系建设，批准设置国防医院、红房子医院等医疗机构，合理配置辖区内医疗卫生资源。加快民营医院发展，推进西山区碧鸡医院项目建设，主体工程封顶断水。西山区人民医院大力引进优质医疗资源，创新实施“医联体”模式，采取医疗合作的形式与北京三博投资公司开展医疗合作项目，成立昆明三博脑科医院并正式营业。

全面推进实施基层中医药服务能力提升项目，在海口卫生院投资50万元对中医科进行装修改造，购买中医设备，11月投入使用。按照西山区公共卫生中医药健康服务管理项目方案，开展65岁老年人中医体质辨识和0～3岁儿童中医药健康服务工作。

提高孕产妇和儿童保健系统管理率，降低孕产妇死亡率、婴幼儿死亡率。分别于2013年12月和2014年8月开展2次全区育龄妇女拉网式孕情排查和孕妇普查工作。全年管理高危孕产妇3917人，高危孕产妇住院分娩率100%，孕产妇系统管理率99.07%、住院分娩率100%。孕产妇死亡率为56.47/10万，0～6岁儿童保健覆盖率94.75%，0～3岁儿童系统管理率94.79%，婴儿死亡率控制在3.67‰。

【文化 体育】 年末共有业余文化艺术表演团体184个，文化馆1个，公共图书馆1个，并完成昆明市“十二五”文化站室改、扩建任务25

个，全部社区文化室共开展活动2.35万次。公共文化服务运行资金到位率100%。收集整理10个街道办事处96个社区非物质文化遗产线索资料，完成1名省级非遗项目传承人、8个区级非遗项目、19个区级传承人的申报工作。先后承办、协办并参与了省文化厅在省博物馆举办的“祖氏滇绣画——祖玉兰刺绣精品展”、省人大举办的“祖玉兰刺绣精品展”以及“中国非物质文化遗产保护出版成果展”等7个非遗展览展示。民间文化技艺项目“葫芦雕绘”获第四届全国非遗联展银奖。

先后启动了全国重点文物保护单位石龙坝水电站第二发电车间及内厂区水工设施和东、西寺塔的修缮工程。对区级文物保护单位“节孝石牌坊”、登录文物“李培莲墓石牌坊”进行了科技保护修缮。同时，全力配合对市级文物保护单位“盘龙阁”、登录文物“盘龙十七号”进行修缮。区观音山观音寺等7项区级文物保护单位被昆明市人民政府公布为第六批市级文物保护单位，至此区市级文物保护单位达17项。在对区内514家国有单位摸底调查的基础上，认定全区共有可移动文物2000余项。

2014年推出“疏通群众血脉，凝聚核心力量”百场文化惠民演出活动，一年来在龙潭、西华、白马、永兴等103个社区共组织205场专业文艺演出，20万群众观赏了演出。共组织文化广场演出12场150余个节目。举办第27届西山音乐节系列活动，共进行了9场演出。

2014年，新增馆外图书流通点3个，全区共有馆外图书流通点29个；全年流通点配送图书进校30次，进机关、部队配送图书12次，共配送图书1.89万册次。在西山区海口街道办事处山冲社区建设全市首家社区图书馆，该图书馆使用面积350平方米，集传统阅览和电子阅览模式为一体，藏书量5000册、报（期）刊70种，电子阅览设备5台，服务近3万社区群众。

加强体育健身基础设施建设，完成10个街道办事处11条室外健身路径的安装工作，完成7个农民体育健身项目的储备工作。完成云南省第六次体育场地普查工作，西山区共有游泳、足球、棋牌等体育活动场地127家。

【社会保障】 社会保障覆盖面不断扩大，保障水平不断提高，基本社会保险参保达91万人次。实现城乡基本医疗保险全覆盖，基本医疗保险参保41.58万人；城乡居民社会养老保险参保8.43万人，城镇职工基本养老保险参保14.73万人。全年共发放城镇职工基本养老保险金10亿元；支付医疗保险金3.021亿元；支付失业保险金3432万元；发放最低生活保障金4167万元，其中城市居民最低生活保障金4030万元，农村居民最低生活保障金137万元；城镇新增就业1.74万人，城镇登记失业率控制在2.5%，实现农村劳动力转移就业6175人次。社会保障和就业财政支出2.47亿元。

全区农村低保已全部转为城市低保，纳入城市低保人数为6775户1万人，保障人数占全区非农人口的1.92%。为1.04万名农村五保户、低保人员、孤老、重残等人员购买居民医疗保险，共支出资金72.8万元。共向483户城乡困难户发放临时性生活困难补助金70.28万元。发放1752人次符合条件的低保住房困难家庭的租赁住房补贴共1.35万元。年末拥有公办城市老年养老机构3个，床位72张；民办老年养老机构14个，床位数2157张。2688套20.2万平方米保障房封顶断水；建成各类安置房73.5万平方米，交付使用4055套42.4万平方米。住房保障财政支出1.208亿元。

2014年，全区城镇常住居民人均可支配收入3.2万元，农村常住居民人均可支配收入1.39万元，分别增长8.8%和12%。

【平安西山建设】 西山区积极探索矛盾纠纷化解方式，先后建立了医患、劳动、环保、物业纠纷等12个专业性调委会。建立昆明市首家以区妇调委为主导，以街道工作站为基础，以社区工作室覆盖到面的“点线面”结合三级立体调解平台——西山区妇女儿童权益纠纷调解网络体系。成立个人调解工作室5个，形成人民调解、治安调处、信访调解、行政调解、诉讼调解“五位一体”的调解工作新格局。全区1290名人民调解员持证上岗。

全年排查、受理各类矛盾纠纷1.34万件，调解1.34万件，调解成功1.33万件，调解率为100%，调解成功率为99.35%。其中疑难复杂案件106件，协议涉及金额达2680.46万元，防止民间纠纷转化为刑事案件21件225人，防止群体性上访19件667人。共兑现人民调解“以奖代补”奖励金额66.9万元。全年全区到省集体访发生起数、参与人数同比下降25%、52%，进京非正常上访下降44%。办理各类援助案件415件，对提出申请符合条件给予法律援助率达100%，受援人228人，较上年增长20%。

持续推广电子防盗门锁等成熟技防产品，为棕树营、永昌等老旧居民小区新装500道防盗门、更换500套防盗门锁。建成社区警示教育基地144个。全面加强全区反恐防恐基础性工作，编发《公民防暴恐事件宣传手册》1万册，落实每年300万元反恐经费，解决了反恐工作中所需的人、财、物等保障。

（刁培凤）

政党

编辑　马　俊

中国共产党西山区委员会

【重要会议】 1月6日，召开中共昆明市西山区委十届四次全体（扩大）会议。全会听取、审议并通过区委书记赵学农代表区委常委会所作的《稳中求进抓发展　改革创新促转型　奋力推动建设国际化商务中心和山水园林新城区　为率先全面建成小康社会奠定更加坚实基础》工作报告；全会讨论通过《中共昆明市西山区委十届四次全体（扩大）会议决议》。

1月29日，召开中共西山区纪委十届四次全体会议。会议认真贯彻落实党的十八大、十八届三中全会精神，按照十八届中央纪委三次全会、省纪委九届四次全会、市纪委十届四次全会和区委十届四次全会要求，总结2013年全区党风廉政建设和反腐败工作，部署2014年工作任务。

2月14日，召开西山区党的群众路线教育实践活动动员大会。市委第四督导组全体成员应邀参会，区委书记赵学农作西山区开展党的群众路线教育实践活动动员讲话。

2月28日，召开西山区"城乡清洁工程"动员大会。会议传达市委、市政府召开昆明市"城乡清洁工程"动员大会精神，安排部署西山区"城乡清洁工程"相关工作。

同日，召开西山区产业发展大会。会议总结西山区2013年产业发展工作，通报2013年招商引资工作情况、2013年目标管理考核结果及纳税优秀企业表彰情况；安排部署西山区产业发展工作任务并签订《2014年西山区产业发展经济目标责任书》。

3月18日，召开西山区深入学习贯彻习近平系列重要讲话和党的十八届三中全会精神干部大会。区委书记赵学农作题为《把握精神实质，强化理论武装，以西山科学发展的实绩检验教育实践活动成效》的专题讲座。

4月2日，召开中共昆明市西山区委中心组（扩大）理论学习会议，开展马克思主义群众观点和党的群众路线专题讨论。区委常委、区人大常委会主任、区政协主席、区政府副区长分别作学习交流发言，其他参会人员参加学习讨论。

6月19日，召开区委十届五次全体（扩大）会议。市委第四督导组副组长程智到会指导工作。会议听取区委常委、组织部部长黄梅向全委会所作的关于《区委常委班子开展党的群众路线教育实践活动对照检查材料》（以下简称《对照检查材料》）起草情况说明。参会人员分组讨论审议区委常委班子《对照检查材料》，并对区人大常委会、区政府和区政协班子的《对照检查材料》提出修改意见。

7月30日，召开中共西山区委常委班子专题民主生活会。省委第一督导组副组长许仕勇，市委常委、市委政法委书记、市委第四督导组组长金志伟到会指导。会议以"反对'四

8月12日，召开中共昆明市西山区委工作会

风’、服务群众”为重点，紧密联系思想和工作实际，各区委常委严格开展批评和自我批评，进一步牢固树立宗旨意识和马克思主义群众观点，切实改进工作作风。

8月12日，召开2014年中共西山区委工作会议。会议以党的十八大、十八届三中全会精神为指导，深入学习习近平系列重要讲话精神，认真学习贯彻省委九届八次全会和市委工作会议精神；通报上半年全区和各街道主要经济指标、招商引资完成情况、全区党风廉政建设和作风建设情况，安排部署下半年工作任务。

9月2日，召开西山区委全面深化改革领导小组第一次会议。会议传达中央和省委、市委全面深化改革领导小组会议精神及市委改革办会议精神；研究审议西山区深化改革相关事项；区委书记、区委全面深化改革领导小组组长赵学农对西山区全面深化改革工作提出总体要求。

9月30日，召开西山区党的群众路线教育实践活动整改落实推进大会。会议对全区党的群众路线教育实践活动整改落实工作再安排再部署再推进，组织和动员全区各级干部，树立问题意识、坚持问题导向，集中时间、集中力量，采取有力举措，着力解决好影响全区改革发展稳定的重大问题和人民群众反映强烈的突出问题。

10月10日，召开西山区党的群众路线教育实践活动总结会议。市委常委、市委政法委书记、市委第四督导组组长金志伟到会讲话。会议全面总结西山区教育实践活动取得的成效和经验，组织动员全区各级党组织和广大党员，进一步巩固和扩大教育实践活动成果，坚定不移地贯彻落实党中央“党要管党、从严治党”的部署要求，努力谱写西山党的建设新篇章，为在全市率先建成小康社会而努力奋斗。

11月11日，召开西山区滇池保护治理工作推进会议。会议传达贯彻全市滇池治理工作会议精神，研究部署西山区滇池保护治理工作。

11月14日，召开西山区深入实施城乡环境综合整治强化城市管理服务工作推进会。会议传达贯彻市委主要领导对昆明广播电视台内参专报批示精神，安排部署深入实施城乡环境综合整治、强化城市管理服务工作。

11月20日，召开西山区工业经济发展和园区建设工作推进会议。会议传达贯彻昆明市加快工业产业转型升级工作会议精神；通报全区工业经济和园区建设发展情况并安排部署下一步工作。

11月24日，召开中共昆明市西山区委中心组（扩大）理论学习会议。会议学习领会党的十八届四中全会精神和10月14日云南省领导干部大会、省委中心组第三次学习会议、省委九届九次全会、市委中心组（扩大）理论学习会议精神，按照中央关于全面推进依法治国的重大决策部署，结合西山区实际，提高运用法治理念和法治办法开展工作、解决问题的能力与水平，全面推进依法治区、加快全区法治建设，为推动西山区科学发展和谐发展跨越发展、建设国际化商务中心和山水园林新城区提供坚强法治保障。

【重要活动】 1月3日，省统计局副局长杨光军、市统计局局长吕志调研第三次全国经济普查入户登记工作。区领导赵学农、张攀、王正双参加调研。

1月7日，市政府副秘书长、市规划局局长尹旭东调研推进困难重大项目进展情况。区领导赵学农、郭希林、张云生参加调研。

1月27日，省委书记秦光荣、省委秘书长曹建方、副省长刘慧晏及省委办公厅、省人力资源和社会保障厅、省国防科技工业局省工信委相关领导走访慰问海口困难企业职工，区委书记赵学农参加慰问。

2月13日，市政协副主席张建伟调研西山区涉军群体维稳工作。区领导赵学农、郭希林参加调研。

2月19日，副省长刘慧晏，省环保厅、省水利厅相关领导，市政府副市长王道兴、市政府副秘书长和丽川一行调研西园隧洞运行管理情况、草海水质情况及海口闸建设情况。区领导赵学农、郭希林、朱卫东参加调研。

2月25日，省政府滇池水污染防治专家督导组，副市长王道兴、市政府副秘书长和丽川，市环保局、市滇管局、市滇投公司相关领导调研西山区河道综合整治工作。区领导郭希林、朱卫东陪同调研。

2月26日，省委政法委常务副书记乔汉荣督查西山区“加强矛盾纠纷排查调处　解决进京非正常上访突出问题”工作开展情况。区领导赵学农、李跃武、李克坚参加调研。

3月4日，市委常委、市委政法委书记金志伟一行调研全国“两会”安保及“3·01”事件专项工作。区领导赵学农、李跃武参加调研。

3月5日，省委常委、省委组织部部长刘维佳随机调研党的群众路线教育实践活动开展情况。区领导赵学农、黄梅参加调研。

3月7日，市长李文荣到昆明市第一人民医院看望慰问遇难者家属并召开“3·01”事件处置工作专题会议。区领导赵学农、郭希林、蔡刚参加会议。

3月11日，省政府滇池治理水污染防治专家督导组组长牛绍尧一行调研滇池两个出水口现状及工程建设情况。区领导郭希林、朱卫东参加调研。

3月13日，市委常委、市委政法委书记金志伟调研西山区重点项目建设工作。区领导赵学农、李跃武、李克坚参加调研。

3月19日，云南省军区政委石晓、昆明警备区政委方兴国、昆明警备区司令员蒋朝忠一行调研区人武部建设情况。区领导赵学农、张达、张攀参加调研。

4月1日，全省党员教育中心主任暨服务型党组织综合平台建设现场培训会在团结街道办事处举行

3月31日，省政协主席罗正富、省政协秘书长车志敏、市政协主席田云翔调研基层政协委员之家建设情况。区领导赵学农、章震参加调研。

4月1日，省委组织部副部长崔茂虎、省委组织部部务委员陈为群、市委组织部常务副部长李康到团结街道办事处召开全省党员教育中心主任暨服务型党组织综合平台建设现场培训会。区领导赵学农、黄梅参加会议。

4月10日，国家环保部检查组，市政府副秘书长和丽川一行考核2013年滇池治理工作。区领导郭希林、朱卫东陪同检查。

4月26日，市委、市政府转作风调结构促发展第二调研督查组董保同、郭子贞、张建伟、赵学锋一行到西山区万达广场、润城、昆钢科技大厦、环城西路、西坝路开展调研督查工作。区领导赵学农、郭希林、李汝林、吴韵梅、张攀、张云生、朱卫东参加调研。

同日，中组部干部教育局副巡视员葛瑛率队调研西山区开展党的群众路线教育实践活动情况。区领导赵学农、张竞、黄梅、张攀参加调研。

5月14日，省文化厅厅长黄峻一行调研龙门文化艺术村项目。区领导赵学农、吴韵梅、张攀参加调研。

同日，市政府副秘书长、市规划局局长尹旭东调研西山区城中村改造片区规划有关问题。区领导赵学农、郭希林、张云生参加调研。

5月23日，市政府副市长王道兴、市政府副秘书长和丽川，市滇管局、市工信委、市国资委、市规划局、市国土资源局、市环保局、滇池西岸管委会分管领导一行调研云南国资水泥海口有限公司关闭、搬迁工作。区领导郭希林、朱卫东参加调研。

5月28日、29日，省委第一督导组常务副组长彭济生、副组长许仕勇一行调研西山区街道、社区开展党的群众路线教育实践活动情况。区领导赵学农、蔡刚、黄梅参加调研。

6月18日，市长李文荣，市委常委、市委秘书长柳文炜，市政府副市长王道兴调研滇池外海一级保护区建（构）筑物拆除情况及入滇河道综合整治情况。区领导赵学农、郭希林、张云生参加调研。

6月29日，市长李文荣、副市长何波调研地铁建设工程。区领导郭希林、李克坚参加调研。

6月30日，市长李文荣，副市长王道兴、何波、杨勇明一行调研草海片区建设推进情况。区领导赵学农、郭希林、田峰、张云生、舒静涛参加调研。

7月7日，市政府副市长王春燕调研金产园区建设进展情况。区委副书记、区政府区长郭希林参加调研。

7月9日，市长李文荣，市委常委、市委秘书长柳文炜，市政府副市长王道兴、何波、杨勇明调研西城海口片区开发建设情况。区领导赵学农、郭希林、张攀、田峰、张云生参加调研。

7月11日，省妇联主席和红梅、市妇联主席杨文惠调研祖玉兰刺绣培训中心，并慰问“全国最美家庭”代琼兰家庭。区领导赵学农、吴韵梅参加调研。

7月17日，省委常委、政法委书记孟苏铁一行在西山区盛高大城社区现场观摩全省社区建设情况。区领导赵学农、蔡刚、李跃武参加观摩活动。

8月19日，省政协常务副主席白成亮一行调研“关于稳步推进云南省基本公共卫生服务均等化的建议”重点提案。区领导赵学农、章震参加调研。

8月26日，市政府副市长王春燕调研螺蛳湾中央商务区升级改造项目建设情况。区委副书记、区长郭希林参加调研。

10月14日，市政府副市长何波调研全市综合交通现场推进会贯彻落实情况。区委副书记、区政府区长郭希林参加调研。

10月20日，市委主要领导，市政协主席田云翔调研城市更新改造工作。区领导赵学农、郭希林、吴毅刚、张云生参加调研。

10月27日，省统计局副局长胡利人，市统计局局长吕志调研规模以上工业和限额以上商贸企业经营情况。区领导赵学农、李汝林陪同调研。

11月5日，昆明产业发展督导组组长郭红波，市政府副市长阮凤斌调研金产园区开发建设情况。区领导赵学农、李汝林参加调研。

11月12日，省政协原常务副主席孟继尧调研西山区民营经济发展情况。区领导赵学农、章震、李汝林参加调研。

11月28日，市委常委、市委政法委书记金志伟调研平安社区建设网格化管理工作。区领导赵学农、郭希林参加调研。

12月10日，市委主要领导，市政府副市长赵立功调研督查安全生产工作。区领导赵学农、郭希林、李克坚参加调研。

12月22日，市委常委、市政府党组副书记何刚调研西山区经济社会发展情况、园区建设发展情况、税源培育情况、产业结构调整情况。区领导赵学农、郭希林、李汝林参加调研。

【决定】 1月9日，区委印发《关于成立中共西山区第十五届人民代表大会第二次会议临时委员会的决定》。

同日，区委印发《关于成立中共政协西山区第八届委员会第二次会议临时委员会的决定》。

2月27日，区委、区政府印发《关于表彰2013年度西山区工作目标完成优秀单位的决定》《关于表彰2013年度招商引资工作先进单位和先进个人的决定》《关于表彰2013年度优秀纳税企业的决定》。

3月18日，区委、区政府印发《关于实施“城乡清洁工程”的决定》。

4月25日，区委、区政府印发《关于表彰西山区2013年度新农村建设指导员工作优秀个人和先进单位的决定》。

5月15日，区委、区政府印发《关于建立云南省药物研究所等3家企业专家工作室的决定》。

9月9日，区委、区政府印发《关于表彰2013年度西山区优秀校长、优秀教师、优秀班主任和先进教育工作者的决定》。

12月12日，区委、区政府印发《关于命名2014年度西山区和谐社区的决定》。

【通知·意见·报告】 1月8日，区委印发《区委常委会在区委十届四次全体（扩大）会议上的工作报告》。

1月9日，区委印发《关于递补中共西山区第十届委员会委员的报告》。

1月17日，区委印发《关于调整区委书记、副书记和区委常委工作分工的通知》。

1月21日，区委、区政府印发《关于共建世界知名旅游城市的实施意见》。

2月12日，区委印发《关于在全区深入开展党的群众路线教育实践活动的实施方案》。

3月10日，区委印发《关于调整部分区级领导联系退休老领导工作的通知》。

4月9日，区委、区政府印发《关于2014年经济社会制度创新工作安排意见》。

6月20日，区委、区政府印发《关于进一步加强和改进反恐怖工作的意见》。

7月24日，区委印发《关于加强新形势下工会共青团妇联工作的意见》。

9月3日，区委、区政府印发《关于深化法治西山平安西山建设的意见》。

9月5日，区委印发《关于贯彻落实〈中央关于全面深化改革若干重大问题的决定〉的实施意见》。

10月10日，区委、区政府印发《西山区贯彻〈党政机关厉行节约反对浪费条例〉实施细则》。

11月4日，区委印发《关于认真学习宣传贯彻党的十八届四中全会精神的通知》。

11月6日，区委、区政府印发《西山区全面改善农村人居环境　建设“美丽乡村”的实施意见》。

11月14日，区委印发《关于落实党风廉政建设主体责任的实施办法》。

同日，区委印发《西山区贯彻落实中共中央〈建立健全惩治和预防腐败体系2013～2017年工作规划〉的通知》。

12月3日，区委、区政府印发《关于加强司法行政　促进依法治区的意见》。

12月12日，区委、区政府印发《关于加强督促检查工作　保障政令畅通和决策落实的实施意见》。

区委办公室

【办文】 严格按照程序、制度办事，确保公文处理工作规范化，办文工作安全、及时、准确。全年办理区委文件166件、会议纪要27件、通知35件、便签216件，起草报告、讲稿、汇报材料280余篇。处理区委领导批示件655件，转市委领导批示件21件。及时解答、妥善处理基层、群众来电、来信、来访3000余次。

【文件档案】 全年形成档案文书638件，其中永久件350件、30年期92件、10年期196件，合格率100%。全年共录入档案条目638条，查阅利用档案96次，档案利用33人次。全年收办上级机要件（考研究生试卷、军队专业个人档案、招工档案、大学毕业档案、机密文件）715件。

【会务·后勤】 全年承办会议20次，参与承办省、市、区领导视察调研55次。区委办公室牵头起草《西山区领导干部调研工作制度》《西山区党政机关国内公务接待管理实施细则》《关于加强督促检查保障政令畅通和决策落实的实施意见》等工作制度；进一步修订完善办公室内部管理一系列规章制度。严格落实中央“八项规定”及厉行节约有关要求，规范办公室“三公经费”管理、使用和物品采购程序、办公接待工作。

【信息工作】 全年向省、市采编上报各类信息1100期，省办采用129篇、中办采用27篇、市采用195篇，其中《西山区委办公室认真贯彻习近平总书记“5·8”重要讲话精神提出强化“三线”思维当好“八大员”》和《西山区积极探索城中村治理“1+1”

围院管理新模式打造和谐平安社区》等调研信息被省委办公厅和市委办公厅单篇独期采用。编辑出刊《每周要情》等41期，被区委主要领导批示13次，为区委、区政府领导科学决策提供重要依据。对全区信息考核单位分别召开党委信息工作业务交流座谈会4次，充分听取、广泛征求各单位信息员意见建议。实行党委信息跟班学习制度，“面对面、一对一”培训基层信息员10人。区委办公室获2014年全市党委信息工作先进集体一等奖。

【目标管理督查考核工作】 年内，西山区目标管理督查工作紧扣改革发展主线，紧跟党的群众路线教育实践活动步伐，通过强化年度工作考核目标过程管理，实施季度考评与年终考核相结合制度；建立健全党委领导、政府主导、部门联动、纪检问效的大督查工作格局；探索创新并开发运用目标管理督查系统。全年共开展现场督促检查40余次，下发《督查通知》71期，撰写《督查专报》20期。受理市委、市政府督查交办事项200件，办结165件；受理区委、区政府督查交办事项80件均全部办结；年初下达81家目标责任单位的2452项年度工作目标全部完成。有效推动党委、政府各项决策的贯彻落实，确保各级党委、政府政令畅通，充分发挥目标管理督查工作在督促落实、协调服务、考核问效等方面的作用。

（唐　敏　符月娜）

组织工作

【党的群众路线教育实践活动】 西山区自2014年2月14日全面启动党的群众路线教育实践活动以来，全区各级党组织高度重视，加强领导、完善机制，坚持在“求深”上统一思想认识，在“从严”上严格要求，在“务实”上狠下功夫，在“创新”力求突破，围绕中心、突出重心、体现特色，“一把手”带头发挥表率作用，深入开展随机调研，广泛征求意见建议，认真剖析、深入对照，坚持把问题导向贯穿始终，围绕群众期盼抓实整改，坚决防止“空对空”，解决当前一批突出问题。截至年底，全区各级各单位按照“四个回应”要求提出整改问题5329个，已整改完成4214个。

【基层党建】 坚持党要管党、从严治党，牢固树立“书记抓、抓书记”的理念，紧紧围绕全区发展大局谋划党建工作，制定《西山区党建工作目标责任制的考核办法》，采用定性与定量相结合的考核办法，对一些具体内容和环节作明确和规范，突出强调一把手抓党建考核和平时考核的权重比例，强化过程考核，针对街道、机关分类设定党建考核内容及分值，进一步增强考核方式完整性和系统性。建立党组织书记抓基层党建工作责任述职评议考核制度，明确基层党组织书记第一责任，年内将抓党建工作的履职情况自下而上层层述职，形成层层有责任、一级抓一级的工作机制。

把集中整顿软弱涣散基层党组织作为群众路线教育实践活动的重要整改内容，采取区委领导、组工干部、街道党工委书记、街道党工委分管副书记和社区党组织负责人五级联动开展集中整顿，10名区委常委先后到挂钩街道社区开展随机调研、专题调研26次。针对党组织班子配备不齐、书记长期缺职、工作处于停滞状态的问题，及时调整配齐基层党组织书记7人，按程序撤销因企业停产或半停产导致党组织无党员的“两类组织”9个；针对班子不团结、内耗严重、工作不能正常开展的问题，积极开展交心谈心，认真开展专题组织生活会，真诚沟通化解矛盾，建章立制，完善班子运行机制，班子凝聚力得到进一步提升；针对党组织服务意识差、服务能力弱、群众意见大的问题，健全完善管理制度，加强队伍管理力度，提升服务群众能力，让群众看到变化，感受到工作作风转变；针对社会治安和信访矛盾纠纷集中的问题，主动深入群众做好法律宣传、政策解答、协调司法介入，有针对性地协调解决因城中村改造、征地拆迁、回迁安置房建设和居务财务公开不到位引发的信访矛盾，干群矛盾得到缓解，上访频次下降，群众表示理解。通过定标准促规范、定方案促整改、定责任促落实“三定三促”整顿工作，做到“五清”，即排查问题清、台账资料清、整顿措施清、落实情况清、责任主体清。

【“两类组织”党建】 成立非公经济组织和社会组织工作委员会，出台《关于建立和完善中共西山区非公有

11月6日，西山区召开2014年目标管理督查考核工作推进会

制经济组织和社会组织工作委员会工作制度的意见》，形成区委统一领导、部门联动、条块结合、分类指导、齐抓共管的工作格局。组织135个“两类组织”党组织和1616名党员参加党的群众路线教育实践活动，1062名党员被评为“好”，占65.7%。建立区非公党工委委员单位直接联系“两类组织”制度，制定常务书记和党建指导员管理办法，全区9个委员单位共直接联系27个“两类组织”，选派常务书记10人，每家下拨专项工作经费5000元，按照“有特点、有看点、有亮点”的要求，全区共申报区级示范点10个，成功创建昆明市城建股份公司党委市级示范点。充分发挥以点带面、示范引领、整体推进“两类组织”党组织的作用。

【党员服务群众工作】 制定下发《关于推进在职党员到社区报到为群众服务的通知》，全区69个机关单位结对联系、结对服务、结对帮扶，实现2719名在职党员服务95个社区全覆盖，并探索“特色指导”服务群众模式，结合机关各自职能做好服务群众工作，在全区上下形成机关和社区共创共建的良好氛围。通过建立在职党员管理库，实现机关单位党组织、党员到社区报到有回执，报到服务情况有痕迹。推行在职党员向社区报到制度规范化、参与社区活动常态化、报到服务长效化，把公共服务、生产生活服务、科技文化服务、便民利民服务送进社区。

全面深化党员干部直接联系群众机制，巩固拓展党的群众路线教育实践活动成果，制定《西山区干部直接联系和服务群众制度》，进一步总结推广西山区实行干部直接联系群众制度经验，坚持“三深入”、实行“四联户”、开展“三同”体验民情、选派新农村建设工作队、选派常务书记、定期接访群众来访、推动党政干部联系服务企业、加强与宗教界代表人士的联系。坚持以问题为导向，把发现问题、研究问题、解决问题作为做好群众工作的主要任务。研究制定符合西山实际的干部随机调研制度，使调查研究回归本质、本真、本源，形成结果倒逼过程、基层倒逼机关、工作倒逼作风的良性机制，有效克服工作部署落实“两张皮”、服务基层“空对空”的现象，切实解决联系服务群众“最后一公里”问题。

【探索便民服务新途径】 针群众办事门难进、脸难看、事难办“三难”问题，在窗口单位探索建立“12345”工作模式，即一次告知流程、两次办理终结、三个环节简化、四项制度保障、五个平台支撑。在团结、碧鸡、海口3个涉农街道搭建服务型党组织综合平台，有效结合网络服务、走访服务、代办服务，把与群众生产生活息息相关的民政社保、就业养老、残联计生等30余项服务事项全部纳入平台，打通联系服务群众的“神经末梢”。在城市社区探索推广永昌街道盛高大城社区“五位一体”服务管理模式。充分发挥社区党组织的领导核心作用，在正确处理党组织与自治组织、企业与社区、物业与业主、社区与驻区单位、党员与群众等关系的基础上，探索建立居家养老服务、市场中介服务、社区公共服务为一体的“幸福驿站”，实行五方交叉任职、五方联系会议制度，引导社区各类组织形成共建共驻共管格局。在翻牌社区学习借鉴福海街道船房社区“围院管理”社区治理模式。依托技防措施形成有形和无形“围院”，全区域实时电子监控，组织志愿者服务队动态巡逻防控重点部位。将公安、民政、社保等服务职能整合为“一站式”服务，拓展社区“网格化”管理服务新路径。

【基层基础保障】 建立健全基层党建工作经费保障投入机制，提高社区干部岗位补贴。按照机关、街道、社区、非公企业等不同类型分别给予3000元至8万元不等的党建工作经费。确保每个社区每年办公经费在6万元以上，党建经费在5万元以上，培训经费在5000元以上。每年小组、社区工作人员岗位补贴2669.28万元，党建专项工作经费投入500万元，用于社区服务群众工作经费2600万余元。按照相关办法，为符合条件的社区干部办理“五险”。

【党员教育管理】 按照“控制总量、优化结构、提高质量、发挥作用”总要求，在总结工作实践、借鉴各地经验的基础上，结合新形势编制《西山区发展党员工作手册》，将发展党员流程科学细分为5个阶段39个步骤，对发展党员政策依据、原则要求、程序标准、工作制度、参考范例等内容进行系统介绍和规范阐解，建立发展党员工作责任制，实行发展党员公示制、预审制、入党介绍人资格审查制等制度，确保全区发展党员工作规范严格、健康有序。把严格和规范基层党组织生活作为“固本强基”创建基层服务型党组织的一项基础性工作，规范“三会一课”、谈心谈话、民主生活会、组织生活会、民主评议党员等党内组织生活制度。

【干部选拔任用及考核】 及时组织全区各级各部门对《党政领导干部选拔任用工作条例》的学习培训，建立完善《干部选拔任用工作流程》《干部推荐考察工作手册》，加强干部推荐考察工作中的政策指导和程序规范。制定《关于进一步完善西山区区属单位股级干部选拔任用工作的实施意见》，解决领导班子和干部队伍建设工作中的突出问题，进一步规范、完善西山区干部选拔任用工作，努力形成系统完备、科学规范、有效管用、简便易行的选人用人制度体系，把信念坚定、为民服务、勤政务实、敢于担当、清正廉洁的好干部标准落实到干部队伍建设工作中。

拟定《西山区科级领导班子及领导干部考核评价办法》，坚持党管干部原则，坚持以实绩考核为重点，围绕以德为先、改进作风和促进科学发展的导向，采取定量考核和定性考核相结合的办法，实行“经济社会科学发展目标考核与干部考核相结合”的综合考核评价模式，充分发挥综合考核工作导向、激励和约束作用，引导全区各级领导班子和领导干部在实干、实绩上竞争，把干事创业作为选拔干部的重要准则。

【干部监督管理】 一是制定《关于进一步严明纪律加强科级领导干部管理的通知》《关于严格落实组织工作重要事项请示报告制度的通知》，围绕《党政领导干部选拔任用工作条例》规定的干部考察“六个不得列为考察对象”的规定，严格执行领导干部个人有关事项报告制度，推行科级以上领导干部有关信息变动及时报告制度。二是严格执行因公临时出国（境）备案审核制度。对干部外出认真审核把关，加强干部出国（境）培训学习的监管，全年审核干部出国（境）学习考察5人。三是开展经济责任审计工作，加强对科级领导干部特别是主要领导干部履职情况的监督，年内对12名科级领导干部进行经济责任审计。

【人才工作】 在磷化工、机械制造、光学领域、生物医药等重点领域建成专家工作站2个、专家工作室9个。建立《西山区人才工作重点项目实施管理办法》，年内立项区级人才创新项目6个，市级项目3个，以重点项目引领人才开发。对近年来拨付的77.4万元人才工作经费开展绩效评价，撬动各项目建设单位争取各级配套经费9308万余元，强化责任落实，带动资源整合，促进党管人才工作格局的形成，提高人才工作为经济建设服务的水平。

【自身建设】 每周五开展“组工讲坛”，由科室长带头讲心得；每月第一天召开部机关工作会议，分析上月工作完成情况及安排布置本月计划；每季度召开一次季度分析会，汇报工作进展情况，研究重点难点问题；年底由副部长、科室长汇报履职情况及下步工作思路。根据全市组织工作年度要点和阶段性工作，各科室确定工作重点，建立“月完成清单”，细化量化工作任务，办公室随机抽查各科室工作进展情况，确保各项任务落实到位。

【老干部工作】 坚持老干部定期学习、情况通报制度，统一征订报刊杂志等学习资料，组织老干部集中政治理论学习及专题通报会8次；老干部读书班暨离退休干部党支部书记培训班1期；组织老领导参观考察西山区道路建设及河道综合整治等区级重点项目4次；开展“同心共筑中国梦，满腔赤诚报党恩”征文活动，并评选出优秀征文14篇。全年区老干局上报老干部信息23条，被市级采用4条，《云南省老年报》采用2条。

调整提高离休干部护理费标准，并全面落实发放离休干部生活补贴、特需费、健康休养费、医药费等相关费用13.9万元；开展离退休干部服务工作，在春节和国庆期间，走访慰问离退休干部、困难老干部及无固定收入老干部遗属1291人次；组织老干部健康体检以及健康疗养；及时看望生病住院老干部16人次；办理7名去世老干部后事；严格助老员量化考核制度，坚持“双月制”助老员工作例会，服务好辖区内离休干部587人，聘请专业人员讲授居家养老服务技巧和方法，提高助老员管理服务能力。

区老年大学进一步健全制度、完善设施，2014～2015学年招生1856人，设置18个专业30个班级，设立校外辅导班50个，学员5219人，实现老年大学分校（教学点）覆盖全区各街道办事处。组织参加“同心共筑中国梦　携手相聚彩云南”第四届全国老年合唱大赛获“彩霞金奖”；参加市老干部活动中心举办的文体活动，获“双扣”二等奖，象棋团体一等奖，个人一、二、三等奖；参加市老年大学理论研讨获二等奖和组织奖。创办老年大学校刊—《西霞》，老干部踊跃投稿。组织离退休干部深入学习宣传党的十八届三中、四中全会精神，开展离退休干部党的群众路线教育实践活动。老年活动中心开展“中国梦　西山情”书画展、“赈灾义卖”活动，通过形式多样、喜闻乐见的活动，调动老干部参与热情。组织老年志愿者开展“美丽春城、清洁昆明、学雷锋见行动”主题实践活动，清洁公交站台，发放宣传资料等，激发老同志学先进、争先进、当先进的内生动力。

（姚　慰）

机构编制

【机构情况】 年内，组建昆明市西山区食品药品监督管理局。批准成立中共西山区委全面深化改革领导小组办公室。批准增设区环境保护局内设机构。批准规范区教育局所属部分事业单位设置。批准调整：区委编办内设机构、区水务局所属部分事业单位设置，长坡泛亚国际物流园区管理委员会管理体制，区纠风办机构设置和人员编制，区委政法委执法监督室职责。批准同意：区公路路政管理大队设置内设机构，昆明市公安局西山分局使用空缺领导职数，西山区人民法院监察室、北京师范大学昆明附属中学更名。

【严格机构编制管理】 紧紧围绕实现本届中央政府任期内财政供养人员只减不增政治任务，按照“控制总量、盘活存量、优化结构、有减有增”的要求，坚持机构编制一个部门承办、一支笔审批、一家行文等行之有效的制度和做法，严格日常管理，进一步落实机构编制“双控”制度。为确保工作落到实处，区委编办拟定下发《关于严控机构编制确保只减不增的通知》，不断强化全区干部职工“编制是法”的意识，切实严格控制机构编制，尤其是对人员调动和机构编制调整事项从严把关。

继续加强与纪检、组织、财政、人社等部门的协调配合机制，实行人员编制事前审核制度，严格按照《西山区机构编制工作规程》规范工作。全年下达编制使用通知30份、列编通知41份、人员核减通知86份、增人通知11份、编制划转通知1份，涉及机构编制使用和调整事项，以编委会名义下达批复50份，以编办名义下达批复11份。严把编制使用入口关，配合组织、人事部门做好年内党政机关、政法系统及事业单位招考工作。

【编制核查和实名制管理工作】 认真贯彻落实中央、省、市委关于开展机构和人员编制核查，全面推行机构编制实名制管理的工作要求，根据西山区相关工作文件精神，6月24日，召开西山区动员暨业务培训会议，对西山区深入开展机构和人员编制核查全面推行机构编制实名制管理工作进行深入动员和全面部署。经过近4个月的初审和复审，基本完成对全区机关事业单位机构和人员编制基础数据的审核，并对15个单位（含其所属部门共182个单位）工作开展实地核查。10月28日，召开领导小组工作会议，专题研究核查工作中人员身份与机构、编制性质等问题，对核查工作中出现的问题进一步明确责任分工。11月4～5日，编办将全区核查数据录入到省委编办数据库，完成机构和人员编制核查工作。

【专项清理工作】 **机构设置和职数核定专项清理** 为贯彻落实中央严禁超职数配备干部文件精神，根据省、市编办要求，4月，区委编办在全区范围内开展机构设置和职数核定专项清理工作。此次专项清理工作主要针对未按程序或管理权限报批、突破机构限额设立机构、违规提高机构规格、超标准机构规格核定领导职数等情况。经对全区党政群机关、政法部门、事业单位情况进行认真清理，于5月4日形成《关于开展西山区机构设置和职数核定专项清理工作的自检自查报告》及相关调查数据和表格，并上报市委编办。

“吃空饷”专项清理 4月，为深入贯彻落实党中央、国务院和省委、省政府关于严格控制机构编制、确保财政供养人员“只减不增”的总要求，按照中央编办对机关事业单位人员“吃空饷”问题专项清理工作的安排部署，根据省、市委编办相关文件精神，区委编办制定通知，全面开展机关事业单位人员“吃空饷”问题专项清理工作。10月20日，为进一步落实区委、区政府相关决定，又下发专项清理“回头看”工作的通知，通过监督管理和检查清理，进一步摸清机构编制、财政供养人员基础底数，并于11月15日形成《西山区开展机关事业单位人员“吃空饷”问题专项清理工作情况总结》。

【改革工作】 **事业单位分类改革** 根据分类标准和分类指导目录等相关文件精神，在上年各单位分类意见基础上，与组织、人事、财政等部门采取联审的方式，提出西山区事业单位分类初步意见，经区编委研究并上报上级机构编制部门审核后，12月10日正式下发所属事业单位分类结果通知。

行政审批制度改革 加大西山区行政审批制度改革牵头单位调整进度。2月，区法制办与区委编办对行政审批制度改革工作业务实现移交，确保工作划转和承接到位。制定《西山区开展清理行政权力 公开行政权力清单工作实施方案》，并于5月14日协同区法制办召开全区清理行政权力公开权力清单动员暨培训会，10月底，完成对各单位行政权力清单及流程图初审和复审工作，并经区政府常务会议通过，按程序12月9日对外公告。为切实加强和规范行政许可项目的管理工作，11月3日，研究制定《西山区行政许可项目目录管理办法》。

政府职能转变和机构改革 按照省委、省政府《关于省以下政府职能转变和机构改革指导意见》的安排部署和市委编办的工作要求，西山区结合实际开展调研工作。10月20日，制定下发《关于开展政府工作部门和街道办事处执行“三定”规定自检自查工作的通知》，全面清理政府各部门职能职责。根据上级改革指导意见，经区委、区政府审定，拟定《昆明市西山区人民政府

6月24日，召开全区机构和人员编制核查全面推行机构编制实名制管理工作动员暨业务培训会
（区机编办 供稿）

5月14日，举办西山区权力清单动员暨培训会

职能转变和机构改革方案》，并提请市委、市政府审批。

【稳步推进园区建设】 为进一步适应改革发展需要，区委编办大力推动园区建设工作。7月，协同市委编办对西山区的长坡、草海、经产园区开展专项调研，重新拟定并上报成立长坡、草海、经产和团结4个园区管委会的专题请示。其中经产园区管委会已提请市委常委会议审议，草海园区管委会正由市委编办按程序报批中。

【事业单位登记管理及法人绩效评估工作】 加强事业单位日常管理，办理事业单位设立登记5家、变更登记44家、证书补领3家、注销登记22家。

在总结经验和学习借鉴的基础上，进一步创新工作机制，简化现场评估流程、优化工作方法，把事业单位法人绩效评估工作分为自我评估、现场评估和综合评价3个环节。1月2日，制定下发相关工作的通知。10月13日，制定并印发《2014年西山区区属事业单位法人绩效现场评估工作实施方案》，抽取具有代表性的棕树营小学、第二房管所、西山风景区管委会、福海社区卫生服务中心（福海卫生院）4个单位进行现场评估，形成书面评估报告，并及时反馈给被评估单位。

【推进网上名称管理工作】 在上年完成第一批单位中文域名注册管理工作的基础上，根据中央编办和国家工信部相关文件要求，区委编办安排专门人员参加10月28日由省委编办组织召开的党政机关、事业单位和社会组织网上名称管理工作培训会。根据工作安排，全区127个单位完成网站开办审核或资格复核，并全部加挂网站标识，实现区属党政机关和事业单位中文域名注册、资格审核、网站标识加挂全覆盖。

（余文君）

宣 传

【干部理论学习教育】 年内，学习、宣传、贯彻党的十八届三中全会精神，并组织宣讲进机关、进社区共6场，参加1500余人，发放《中共中央关于全面深化改革若干重大问题的决定》《党的十八届三中全会〈决定〉学习辅导百问》等学习资料1000余册。组织“党的十八大”学习辅导资料征订工作，征订相关学习读物4万余本（册）。

在全区开展以“多读书 读好书 培育和践行社会主义核心价值观”为主题的学习教育活动，先后开展“书香昆明”“全民读书活动”等，共推荐学习书目26本次。并做好通俗理论读物《马克思主义哲学十讲（党员干部读本）》学习宣传工作，全区共39家单位征订700余本。通过读书学习活动，培育引领干部在读书中思考、在实践中完善，促进全区学习型党组织、学习型机关、学习型社会建设。

在往年建设104个的基础上，2014年新增建设“西山区书香昆明公共阅读服务点”10个，统一公共阅读服务点标识，并加强日常监督管理，较大限度发挥公共阅读服务功能。协调安排福利院、敬老院、民工子弟学校等地的公共阅读服务点建设工作，推荐申报永宁里社区“金色怡园”居家养老服务站、西山区永昌办事处敬老院、昆明市西山中元育英学校创市级公共阅读服务点。

开展观看专题片学习活动，组织观看电影《青春雷锋》《天上的菊美》，同时围绕“中国梦·云南情”主题，组织云南新创优秀电影《索道医生》《扎西1935》观影活动。以先进模范人物为榜样，培育和弘扬社会主义核心价值观，进一步将群众路线教育实践活动推向深入。开展“我们的价值观·我们的中国梦”网上知识竞赛。组织干部群众积极参与，完成竞赛指标任务1000份，进一步提升党员的理论水平和党性修养。组织参加“云南省领导干部时代前沿知识讲座”9期、“昆明市领导干部培训日”10期，集中参训3600余人。收集整理全区理论教育学习指导材料，全年拟发《西山区理论教育学习指导参考》共20期，为全区党员干部的理论教育自学活动提供指导和参考。

（林 莉）

【对外宣传】 2014年，围绕区委、区政府中心工作，弘扬主旋律，传播正能量，履行好“鼓”与“呼”工作职责，为加快建设国际化商务中心和山水园林新城区营造良好舆论氛围。大力宣传区委、区政府深入贯彻十八届三中、四中全会的新部署、新举措，积极开展外宣主题策划，组织开展新闻媒体西山行系列采访活动52次，实现宣传报道大型策划每季度1次、常规策划每周1次。重点围绕全区党的群众路线教育实践活动、团结为民服务平台建设、盛高大城“五位一体”社区建设、船房社区围院式管理、经济转型调结构、生态建设进行专题系列报道，对外展示西山区经济社会发展成就和建设思路，深化西山外宣品牌建设。全年正面报道4073条（篇），其中在电视台播出1053条、在报刊刊登2559篇（条）、电台播出461条。在中央主流媒体刊发新闻报道65篇（条），其中广播20条、报纸32条、电视13条。在省级媒体刊发新闻报道1874条，其中电视152条、报纸1333条、云南人民广播电台389条。在市级媒体刊发新闻报道2134条，其中电视888条（昆明电视台《昆明新闻》229条、《联播昆明》栏目播出新闻报道569条、其他90条）、《昆明日报》851条、其他市级报刊343条、电台52条。制作反映西山区特色及美食的“联播伴你行”小专题11个，在昆明电视台《联播昆明》栏目播出，为打造魅力西山、和谐西山及宜居西山营造良好舆论环境。

舆情、信息、资料收集报送及提供体现高效性。监督确定重点、热点事件舆情，及时高效收集、汇报、处置，为各部门有效处置相关事件提供必要依据与参考。全年收集各级媒体刊播全区相关舆情信息5733条，发送正面手机舆情信息300天次1500条。上报区委、政府信息简报340条，被区委办采用62条。

（李浩龙）

1月26日，西山区新闻中心进行业务培训

【文化产业】 根据国家统计局新的《文化及相关产业分类》标准，文化产业统计口径、范围将发生较大变化，按省、市相关会议精神要求，对全区2大部分10个方面共1119家文化及相关产业单位名录库进行全面核查工作。通过核查，全区有文化及相关产业法人单位871个，其中“四上”企业（规模以上工业企业、资质等级建筑业企业、限额以上批零住餐企业、限额以上服务业企业等四类规模以上企业的统称）16个、“四下”企业838个、新增17个。2014年，西山区文化及相关产业增加值完成21.81亿元。

对重点文化产业项目做好项目协调服务工作。组织昆明云隐西山文化传播有限公司云隐西山项目、昆明市天宝斋墨业有限公司、昆明憨夯民间手工艺品有限公司等申报2014年度省级、市级文化产业发展专项资金。全年争取上级文产（文艺精品）扶持资金265万元。重点做好昆明广基瑞特房地产开发有限公司“悦天地”项目、昆明云隐西山文化传播有限公司云隐西山项目、文化空间、云报传媒广场的协调服务工作。其中“悦天地”项目系西山区2014年度重点推进项目，以发展“文化创意产业”为核心，结合昆明旅游产业，打造成为一张昆明“城市文化名片”。

积极为企业搭建平台，组织西山区6家企业参展创意云南2014文化产业博览会，展示西山区文化产业发展情况。区文产办被云南文化产业博览会组委会评为“创意云南2014文化产业博览会优秀组织奖”和“优秀展位奖”。

【文化事业】 组织西山区文化馆创作的花灯小戏《邻居、种鸡、杂毛鸡》和苗族芦笙舞《赶花山》申报有关“中国梦”主题的作品征集活动。组织“中国梦·云南美”微电影创作活动。鼓励下属协会会员重点围绕“中国梦”为主题的采风创作活动，举办“中国梦·西山情”书画展。

（高　军）

【新媒体建设】 2014年，在西山区政务门户网发布“西山要闻”990条，手机时讯249期1194条，昆明发布厅西山区实名微博4319条，西山区官方实名微信251期1465条，西山区委宣传部官方实名微博4319条。

加强对微博的运行、维护和管理工作，牢抓微博粉丝数量、微博被转发数量、网友咨询（投诉）办理、开展微活动等重要指标。微博信息日均发布量10条以上，粉丝数量从年初的1800余人，上升至2.06万人。每月昆明市互联网信息管理领导小组办公室发布《昆明市党务政务微博运行维护测评报告》中，@昆明市西山区发布在昆明市各县区，国家级、省级开发（度假）园区的17个微博均排名第二。网友在政务微博中提出的咨询、投诉等的事项，做到咨询事项当日内予以初步回复，投诉事项5个工作日内基本完成调查和初步办结工作，并及时反馈后续办理情况。

打造西山区政务微信平台升级上线。作为昆明市首个推出政务微信平台的县区，5月5日，西山区政务微信平台完成升级，打造西山动态、政务厅及微社区三大功能版块重装上线。微信平台上开展“晒图我在西山区，我要为西山区代言”“找西山区‘城乡清洁工程’微信内容，发微社区红包福利”等微活动。

与新华社云南分社联合开发的舆情综合服务平台加强舆情监控。重点浏览新华网、人民网、凤凰网、云南网、云南信息港、昆明信息港、猫扑网等各大知名网站，共报送网络舆情辑要48期。新闻舆论通报稳步推进，对辖区内的突发事件，第一时间将事件调查、处置情况在门户网站、微博、微信等网络媒介上发布，确保发布权威真实的信息，防止信息不透明造成网上流言四起，给政府部门形象带来重大损害。如针对“4·16”西山区团结街道办棋台社区利春小组发生森林火灾事故、“5·21”云南省公务员考试西山区地税局23人参考仅一人有分数等事件，第一时间发布新闻通稿，及时公开信息，各大媒体进行转载，对此类突发事件进行正面引导。

（吴慧芳）

【广播电视】 2014年西山区广播站完成广播电视户户通200座的建设工作，西山区广播电视覆盖率得以进一步提高。做好农村广播电视公共服务，让边远农村群众收听收看到广播电视节目。全年解决处理广播电视直播卫星接收设备故障16起，故障排除率100%。

（胡 涛）

精神文明建设

【加强公民思想道德建设】 年内，区文明办利用“创城”“我们的节日”等重大活动、重要节点，在广大社区居民、中小学生中，制作发放宣传社会主义核心价值观、“讲文明，树新风”、创建云南省文明城区等相关内容的宣传材料共10万余份，广泛宣传公民道德基本知识和创建知识，收到良好社会效果。指导全区178个届内省、市、区级文明单位（社区、村）开展“道德讲堂”专项活动712次，搭建公民思想道德建设新平台，把社会主义核心价值此观、公民基本道德规范内容项目化、实践化，为全区创建云南省文明城区奠定思想道德基础。

【“我们的节日”主题实践活动】 年内，区文明办深入挖掘春节、元宵、清明、端午、中秋节文化内涵，创新形式和载体，广泛开展群众性经典诵读、节日民俗、文化娱乐和体育健身活动，营造欢乐祥和的节日气氛，共建幸福美好的生活。春节前，在金碧老年公寓开展云南省暨昆明市“献爱心、迎新春”主题志愿服务活动，为金碧老年公寓的老人们捐赠洗衣机5台，棉被、床单各100床。

通过发挥公职人员在志愿服务活动中的带头示范作用，大力营造“我为人人、人人为我”的良好风尚。结合“三月三耍西山”的民俗节日，在西山森林公园内开展“美丽春城·清洁昆明·城乡清洁工程”志愿服务活动，向市民发放宣传材料1万余份，并对市民乱扔垃圾、拆枝掐花等不文明行为进行劝导。端午节、中秋节期间，组织机关干部、社区群众、中小学生代表在永昌广场诵读《论语》《弟子规》等中华传统文化经典名篇，提高社区群众文化品位和文明修养。

【选树先进】 年内，积极组织推荐西山区“昆明好人”，代琼兰、秦晓红、苏伟强等7人当选，其中代琼兰入选7月“中国好人”候选人。同时，开展第四届“西山区道德模范”及“西山好人”评选活动，共评选出“西山区道德模范”10人、“西山好人”10人，通过活动的开展在全区形成崇尚模范、学习好人、争做好人的良好道德风尚。精心推出公职人员志愿者典型，深入挖掘张丽霞典型事迹，选树其为昆明市优秀志愿者典型人物，以点带面宣传西山区各行各业志愿服务活动开展的情况。加强改进先进典型学习宣传，以西苑街道办事处为试点，积极推广“善行义举榜”，引导和激励广大干部群众以先进典型人物为榜样。

【加强未成年人思想道德建设】 把乡村学校少年宫建设作为加强未成年人思想道德建设的重点工作，积极指导帮助龙潭小学申报成乡村学校少年宫，并争取到项目启动资金20万元。同时，为2所城市少年宫争取到工作经费2万元。通过少年宫建设，推动学校开展丰富多彩的文体娱乐活动，以乐促智，以德育人。3月学雷锋活动期间，在西山区城市希望小学举办“学习雷锋 奉献社会 关爱外来务工人员子女暨昆明城乡清洁工程”志愿服务活动，向学校及外来务工人员子女捐赠书包200个，课外图书及文体活动用品一批，通过学生“小手拉大手”作用，带动广大家长共同参与到“美丽春城·城乡清洁工程”行动中。

【“云南省文明城区”创建工作】 2014年是西山区第二次创建“云南省文明城区”，在区委、区政府领导下，紧扣创建测评指标、内容等，组织指导做好台账收集整理、环境卫生整治、入户宣传文明知识、志愿服务活动等工作。在文明城区指数测评工作中，涉及西山区的共26类266个实地考察测评点。7月16日，召开全区创建云南省文明城区动员大会，把迎检任务分解到全区10个街道办事处和47个职能单位、部门，并明确各部门工作职责和要求。10月15日，召开迎检工作会议，对查找出的问题，及时召集相关街道办事处、相关责任单位整改。10月20～22日，省文明办组织专家对西山区创建云南省文明城区工作进行城区文明指数暗访测评与5个社区

100户居民随机入户问卷调查。

【“美丽春城·清洁昆明”宣传工作】 年内，积极组织开展形式多样的“美丽春城·清洁昆明”宣传活动。在各主次干道、广场周边、建筑施工工地周边围墙、围挡制作并张贴相关公益广告宣传彩绘。利用在主要临街道路、商业街商场、环保噪音LED显示屏上播放公益宣传片、宣传标语，累计播出320余小时；在各级政府办公场所，各社区、各级文明单位、各窗口行业、各金融企业、客运站、景区等LED显示屏播放“城乡清洁工程”宣传标语、宣传画。组织各社区、各公共场所张贴相关张贴画2万余张，制作黑板报400余期、宣传栏300余期。组织入户宣传发放《文明西山 美丽春城 清洁昆明》4万余册。创新宣传载体，发挥新媒体作用，重点针对西山区“城乡清洁工程”各项工作、政策及各个社区相关活动，在昆明发布厅@昆明市西山区发布、西山区官方微信“昆明西山发布”、西山手机时讯、西山区政务门户网“西山要闻”4个平台进行宣传。加大宣传报道力度，在《昆明日报》《春城晚报》《都市时报》等报刊和《联播昆明》《昆明新闻》等电视栏目大力宣传西山区相关工作、典型经验和工作中涌现出来的先进人物。

【区级文明单位（社区）创建工作】 年内，区文明办按照自愿申报、择优推荐原则，积极组织发动全区辖区内各级各部门、各单位、各社区、村参与到区级文明单位、文明社区、文明村创建工作中。按照申报、推荐、初审、培训、实地考评、公示等程序，经区文明委审议，报请区政府对符合各项创建程序的省委统战部等12个单位进行命名表彰，报请区文明委对符合各项创建程序的广福社区等3个社区、团结雨花社区赵家村小组进行命名表彰。

【志愿者服务工作】 年内，积极组织“三下乡”“讲文明 树新风 美丽春城·清洁昆明”“我们的传统节日”等志愿服务活动。学雷锋活动期间，全区各街道各社区共有志愿者上万人次参加到开展义诊、法律援助、就业指导、文化辅导、医疗保健、计划生育、电器维修、理发织补等便民利民服务活动中，引导市民从我做起，从现在做起，从身边的事做起。结合“城乡清洁工程”及“创城”迎检工作，广泛发动全区文明交通志愿者86人，从8月1日至10月31日，在全区主要干道交通路口开展文明交通劝导活动。组织500余名文明劝导志愿者，全天候加大对广场、街道等公共场所乱扔杂物、随地吐痰、禁烟区吸烟、践踏草坪、大声喧哗等不文明行为的劝阻、制止力度。12月4日，结合学习贯彻十八届四中全会精神，组织开展云南省“国际志愿者日”暨普法志愿服务活动周启动仪式，进一步推进依法治区，弘扬法治精神，构建和谐社会。

（千亚霄）

政策研究

【课题调研】 年内，立足于提供参谋服务的基本职能，紧紧围绕区委、区政府中心工作，着眼于重点工程、目标、任务及群众关心的热点、难点问题，依托区专家咨询委员会和区级职能部门力量，突出实践特色、深入基层，分别对经济发展、城市管理、党的建设等方面进行课题研究，全年完成《西山区产城一体化发展研究》《西山区加快建设面向西南开放的区域性国际金融中心核心区对策研究》《西山区县域经济与转型跨越发展研究》等调研文稿10篇。同时，作为大调研活动的策划者、组织者、指导者，区委政研室提前与牵头领导、承办单位及负责人协调沟通，商讨制定调研活动工作方案，确保调研活动有效开展；通过组织召开课题推进会议、电话友情提醒、适时深入课题责任单位跟踪服务等方式，及时了解掌握活动开展情况，加强工作督促和指导帮助，使承办单位按时按质按程序推进课题研究工作，确保活动开展有始有终、有过程有结果，做到研以致用、研以辅政，以优秀的调研成果更好服务于区委、区政府科学决策，努力体现政研决策“参在点子上，谋在关键处，成于实践中”的作用。

【文稿起草】 年内，一是配合市委政研室完成《西山区人口统计分析》《西山区滇池湖滨生态湿地建设情况汇报》《西山区重点产业发展和扶持政策落实情况汇报》等文稿的起草上

10月23日，西山区委政研室组织召开课题评审会 （区政研室 供稿）

报工作，并完成《昆明政研》《谋事之基》征稿工作。二是按照区委、区政府的工作安排，配合参与区委十届四次全会报告和《中共西山区委关于贯彻落实〈中共中央关于全面深化改革若干重大问题的决定〉的实施意见》的起草修改。三是围绕区“两会”及区委十届四次全会精神，区委政研室结合全区中心、重点工作，对产业发展、项目建设、园区发展、统筹城乡、生态建设、“三农”工作、改善民生等方面进行调研10余次，并将调研成果编制成《综合调研分析报告》。四是按照区委改革领导小组的要求，牵头完成年内全区全面深化改革涉及的18项重点任务调查研究工作，梳理汇总全区改革工作的重点调研报告20篇。五是由区委政研室牵头组织，对扶贫开发工作、前卫街道城中村和谐改造、全区生产性服务业发展、国有公司发展等开展调研，完成《西山区扶贫开发工作调研报告》《关注民生 和谐拆迁 体现民意 平稳建设——前卫街道办事处稳步推进城中村改造工作经验和启示》《西山区加快培育发展生产性服务业的调研报告》《西山区国有公司经营现状、困难及发展思路调查报告》等专题调研报告。同时，积极收集、筛选《西山区基本公共服务卫生服务工作现状调研报告》《关于对西山区文化市场发展情况的调研报告》《关于加强基层服务型团组织建设的调研报告》等31篇全区各级各部门年度优质调研成果，一并汇编成书推向全区，提高调研成果转化率，调动各级各单位调查研究工作积极性和自主性，切实发挥政研工作对党委、政府决策服务的重要作用。

【区专家咨询委工作】 年内，组织区专家咨询委有关专家对区域性国际金融中心核心区建设、产城一体化发展、县域经济等重大课题进行专项研究。多次深入基层调查研究，掌握第一手资料，与区属相关部门共同破解工作难题，推动西山经济社会全面发展。课题在广泛调研、认真修缮的基础上，年内全部通过专家评审，并组织省、市有关专家对经济社会发展调研成果开展综合评价。为进一步发挥西山区专家咨询委决策咨询服务作用，充分体现科学决策和民主决策，促进全区经济社会又好又快发展，区委政研室通过会议、信函、邮件等形式进一步加强与专家咨询委的联系，收集整理专家对全区各项工作的咨询建议，供领导参考。

【信息工作】 围绕区委、区政府中心工作，以刊物为阵地，积极发挥《参谋》信息平台作用，针对西山区经济社会发展中的难点、热点问题进行思考研究，及时发现新问题、反映新情况、提出新建议，发挥好参谋助手作用。全年编印《参谋》10期，并适时向省、市职能部门报送全区各项工作进展和目标任务完成情况，全面宣传西山区重点、亮点工作。《西山区建设国际商务中心研究》《西山区新型城镇化建设研究》等8篇文稿先后被《昆明社科研究》《昆明经济》《昆明政研》等市级刊物刊载。

（赵 杰）

区级机关党工委

【思想政治建设】 加强理论学习，增强党工委凝聚力，始终坚持把思想政治建设放在首位。一是深入学习习近平系列重要讲话精神和党的十八届三中、四中全会精神，区委十届四次全会精神。坚持以各党委（总支、支部）组织党员集体学习为主要形式，紧密结合机关工作实际，充分利用在线教育等平台组织党员干部进行政治学习，提升干部理论素养和服务基层的能力。二是认真开展好“读好书、求新知”活动。选购《正能量：党员干部提升读本》《治国理政镜鉴》《中国文脉》《主流（谁将打赢全球文化战争）》《党员干部活学活用的国学经典》5本书作为学习书籍发给干部职工。组织观看电影《焦裕禄》《杨善洲》《天上的菊美》。三是践行社会主义核心价值观。组织所属党组织党员干部职工开展“我们的价值观 我们的中国梦”网上知识竞赛活动，机关广大党员干部职工共170余人积极参与此次网上答题活动，通过竞赛，全方位展示了培育与践行社会主义核心价值观的重大意义、基本内涵与实践要求。四是认真做好党的群众路线教育实践活动宣传工作。向机关党组织发放反对“四风”“三严三实”“为民务实清廉”宣传海报800余份。在党工委机关制作党的群众路线教育实践活动边查边改公示栏展板2块，在机关楼道走廊张贴宣传展板6张。举办党的群众路线教育实践活动知识竞赛活动，所属46个党组织近1400名党员参加，评出一等奖5名、二等奖8名、三等奖15名。

【组织建设】 抓好基层党组织建设，全面推进机关党的组织建设。一是明确责任抓落实。建立基层党组织书记抓党建工作责任机制，与所属46个党组织签订“西山区区级机关2014年永葆先进性·‘云岭先锋’工程考核目标责任书”，通过半年检查，年底总结的方式，促进各项目标落实，通过抓实党组织分类定级和晋位升级工作，开展党员进社区报到服务等常规工作，为促进基层党组织服务发展、党员服务群众奠定基础。7个基层党组织进行公推直选换届选举，发展新党员8人，办理预备党员转正手续20人，接转党组织关系83人。二是强化制度抓规范。制定区级机关党工委《关于在党的群众路线教育实践活动中集中专项整顿软弱涣散基层党组织的实施方案》，对界定为软弱涣散的所属8个党支部进行集中整顿，取得明显成效。严格执行组织生活会制度和“三会一课”制度，全年深入基层党组织，督促指导专题组织生活

4月24日，西山区召开区级机关2014年党建工作会

会，开展交心谈心，开展民主评议，党工委班子成员参加所属党组织专题组织生活会30余次。举办党务干部培训班1期，参训100余人，为规范基层党组织党建工作进行专题实务辅导。购买《机关党建工作手册》等业务书籍200余册发放给所属基层党组织进行学习。三是以加强组织效能建设为重点，全力打造“服务型党组织”。所属各基层党组织把创建服务型党组织作为开展党的群众路线教育实践活动一项重要载体，从转变作风着手，聚焦“四风”不放松，转变服务观念、明确服务目标、盯住服务核心，把创建服务型党组织作为解决服务联系群众“最后一公里”的系统工程，着力拓展活动内涵，有效推进服务型党组织建设。年内，区政务服务管理局建立“12345”服务模式，区国税局、地税局开展“蹲企”服务，区农村信用联社开展“红色信贷资金”服务，区投资促进局、区经贸局党组织推出“五线谱”服务等，有效推进机关服务型党组织建设。深入挖掘和宣传工作亮点，组织拍摄党建专题片《为国聚财人》。

【党风廉政建设】　加强组织领导，抓好党风廉政建设责任制的落实。一是认真传达学习区纪委十届四次全会精神。学习区纪委工作报告和区委书记赵学农在全会上的重要讲话。抓好机关党员和党组织领导班子的教育培训，牢固树立宗旨意识、执政意识、大局意识、责任意识。二是切实加强反“四风”教育。组织学习“八项规定”“六条禁令”和《厉行节约、反对浪费—重要论述摘编》等。严格按照反“四风”要求教育广大机关党员干部在思想上、政治上、行动上自觉同党中央保持高度一致，决不允许有令不行、有禁不止，决不允许各自为政、阳奉阴违，不断加强机关工作作风建设，深入为基层服务。三是结合党的群众路线教育实践活动，开展反腐倡廉教育。紧紧围绕教育实践活动组织开展座谈会、集中学习讨论、观看电教片等多种方式的反腐倡廉学习活动。组织机关党员干部参观云南省“以案说法、反腐倡廉”大型巡回展。对机关党员干部进行全时、全方位反腐倡廉教育，切实增强机关党员干部为群众服务的意识。

（陶　敏）

保密工作

【组织领导】　认真传达贯彻国家和省、市保密工作会议精神，加强对保密工作的组织领导，推行领导干部保密工作责任制，加强保密要害部门（部位）保密管理，涉密人员教育管理，涉密载体、计算机及网络保密管理。针对人员变动，对区委保密委员会组成人员进行调整充实，进一步落实工作制度，确保充分履行职责。

【保密宣传】　年内，通过西山区委宣传部手机时讯（手机报），向全区副科以上干部发送《保密法》及系列保密知识宣传教育学习内容的手机报3700份次；印制配发西山区保密宣传图片手册2870册；向省保密局征订《保密意识保密常识手册》2000余册，发放全区干部群众学习；利用区政府大楼一楼电子显示屏滚动播放保密知识和宣传标语；在全区范围组织签订“保密承诺书”2484份；全年派出保密专兼职干部参加市局组织的保密干部培训及上岗培训70余人。

9月，组织开展“保密法制宣传教育月”活动，不断扩大宣传层面和宣传力度，利用保密委扩大会，以保密委主任上党课等形式，开展多种多样保密宣传教育和保密科技培训，并延伸课堂，走出去宣讲普及保密知识和保密法律法规。到区农村信用社、区政法委、区司法局、区检察院等单位进行保密授课，播放保密录像片等。

【保密检查】　年内，组织开展全区保密工作大检查2次：2月的全区纸质文件保密检查；6月的全区计算机保密专项检查。全年主动到基层单位进行保密抽查16次，通过自查、抽查、复查使全区各单位在认真查找隐患、解决问题的同时，增强保密意识，提高保密防范能力，完善长效保密管理机制。每季度进行计算机及网络保密自检自查和抽查；全年开展互联网公开信息保密检查12次，监测网站60个，共检查信息3.82万条，未发现有泄密情况发生。

【保密技术】　不断加强计算机及网络保密技术，提高技术防范水平。已完成全区注册备案涉密计算机终端保密技术防护系统配备工作，全面提升保密技术防范能力，坚决防止网络涉密事件发生。年内，积极筹建西山区保密综合业务机房建设，建设用房已落实1间48平方米，机房建设费34.04万元，即将进入机房开工建设。

【保密管理】 进一步规范和加强保密管理工作，切实做到保密管理工作精、准、细化和有动态管理。制定有关加强保密技术管理、人员管理等14项规章制度汇编下发全区，建立健全各项保密规章制度，加强对基层保密工作管理和指导。全年组织销毁各种、各类文件资料约23吨。全年共参与国家、省、市、区级种类考试提送试卷等保密工作18次，出动人员35人次，完成区内各类招生考试试卷保密管理、指导工作。

（平新权　董庆华）

党史研究

【编纂出版《中国共产党昆明市西山区历史第一卷（1926～1978）》】 自2011年3月启动《中国共产党昆明市西山区历史第一卷（1926～1978）》编纂工作以来，为出版经得起历史和实践检验的精品书籍，区委党史研究室在编纂过程中始终坚持实事求是的原则，在多方查找史料，进行历史求证的同时，还邀请有关领导、专家、学者对书稿反复进行修改、补充和完善。该书于2013年9月3日通过市委党史研究室审定，2013年12月9日通过西山区委审定，2014年5月出版。

【编纂出版《西山党史大事摘编（2013年1～12月）》】 年内，按照大事摘编的征编要求，落实专人按月收集2013年内区委下发的文件、开展的重要活动、实施的重要举措等806条，23万字的相关信息、资料，经认真的审核、修改，于3月编纂出版《西山党史大事摘编（2013年1～12月）》。

【《中共昆明市委执政纪要》（西山部分）资料整编】 年内，按照市委办公厅相关工作要求，收集整理汇编题为《稳中求进　改革创新　奋力推动建设国际化商务中心和山水园林新城区》西山综述，共8000余字，经区委领导审核同意后，于4月上报市委党史研究室。

【《2012年中共西山区委执政纪要》出版】 在上年编纂《2012年中共西山区委执政纪要》基础上，全书收集14个专题1061件资料稿件，经过反复修改、排版和“三审三校”等环节，于5月出版发行。该书在市委党史研究室组织的2013～2014年度昆明市（县/区）党史优秀编著出版成果评选中，获著作评选二等奖和优秀装帧设计二等奖。

【编纂出版《中国共产党昆明市西山区历史大事记（2003.1～2007.12）》】 为总结历史，服务现实和未来，使广大党员、干部和群众更好地了解区史，掌握区情。年内，在认真听取各方面意见基础上，对收集到的1740条信息资料进行反复核实和多次修改，于10月出版《中国共产党昆明市西山区历史大事记（2003.1～2007.12）》。

【编纂出版《中国共产党昆明市西山区历届代表大会简编》】 年初，启动以记载西山区委在1971年至2011年间召开的第一次至第十次代表大会工作报告，各次党代会选举产生的区委委员、候补委员和从本届委员中选举产生的区委常委、书记、副书记，选举产生的各届区纪委委员和从本届区纪委委员中选举产生的区纪委常委、书记、副书记名单为主要内容的《中国共产党昆明市西山区历次代表大会（1971～2011）》编纂工作。共查阅档案资料20余卷80余万字，通过编辑排版和“五校五审”工作，在报经区纪委、区委组织部审核无误后，于10月中旬出版。该书在市委党史研究室组织的2013～2014年度昆明市（县/区）党史优秀编著出版成果评选中，获著作评选二等奖和优秀装帧设计一等奖。

【编写《党史通讯汇编》及《党史通讯》】 为进一步满足弘扬革命传统、促进经济建设，构建和谐社会的迫切需要，全面落实党史研究存史、资政、育人的根本任务。年内，党史

9月11日，西山区委党史研究室在谷律社区开展党史宣传进社区活动

（区委党史研究室　供稿）

研究室紧紧围绕全区中心工作，以不断提升党史资料征集、党史资政研究、党史宣传教育和党史业务管理水平为主线，与党史学会共同编写出版《党史通讯汇编》，该书收集2010年以来编发的14期《党史通讯》的内容，共21万字。

年内，党史研究室紧紧围绕西山区中心工作，以不断提升党史资料征集、党史资政研究、党史宣传教育和党史业务管理水平为主线，全年编印《党史通讯》4期，发至区属70余个相关单位。

【党史宣传教育活动】 为深入贯彻落实十八届三中全会精神，区委党史研究室采取学党史、听党课、观遗址等方式，广泛宣传党的发展历程，积极引导和教育全区广大党员、干部群众坚定信念，听党话、知党恩、跟党走。一是结合党的群众路线教育实践活动，区委党史研究室领导分别为谷律和妥排社区党员上党课2次，为研究室干部职工讲党课。二是分别于9月11日、10月30日在谷律社区，10月22日在下冲社区开展党史宣传教育进社区活动3次。活动采取阅读党史书籍、发放党史资料和交流座谈等方式，广泛宣传党的历史。在活动中，区委党史研究室还给谷律和下冲社区的农家书屋赠送价值4000余元的党史书籍265册。三是儿童节期间，在谷律小学开展党史宣传教育“进学校”活动1次；四是采取集中辅导、阅读党史书籍和专题讨论的形式在妥排和谷律社区各举办一期西山区党史知识培训班，社区干部、党员、群众参加学习培训330人。

【西山区革命遗址利用和保护工作】 年内，区委党史研究室在学习借鉴宜良、晋宁等县区成功经验的基础上，按照省、市委党史研究室有关革命遗址保护利用工作要求，多次深入实地对西山辖区内的革命遗址进行调研。通过现场勘查，提出符合西山实际的革命遗址保护和利用工作方案，并报经区委同意，完成滇桂黔边纵队联络处旧址、马街农会旧址、石龙坝水电站、赵炳润墓和张天虚墓5处革命遗址的挂牌（立碑）保护工作。

（毕翠花）

政 法

【维护社会稳定】 年内，创新建立“一张网、两平台、三机制”的“大情报”运行工作模式，组织维稳情报信息责任人和联络员238人，坚持“每日一排查一上报”，提高情报信息搜集广度、掌握精度和传递速度；以“强化基础、创新机制、重点突破、全面提升”为目标，健全完善“主体责任、预测预警、应急处置、协调督办、竞争激励”等机制，使全区维稳工作走上制度化、规范化轨道。探索矛盾纠纷化解方式，完善专业性调解委员会建设，至年底，共建立医患、劳动、环保、物业纠纷等专业性调委会12个，成立个人调解工作室5个，形成人民调解、治安调处、信访调解、行政调解、诉讼调解“五位一体”调解工作新格局。深入开展“区级领导接访、部门领导下访、街道领导走访”活动。全年共排查重大不稳定隐患和矛盾纠纷143件，调处121件，调处成功率84.6%。

着力完善立体化社会治安防控体系，有效提升驾驭社会治安局势能力，大力推进治安防控体系“365”工程，建好“六张防控网”，推进“平安城市”视频监控报警系统建设，提高辅警人员待遇，将月工资从1300元/人提高到2050元/人。全年立“法轮功”案件4起，破4起，建成社区警示教育基地144个。西山区在2014年度全省群众安全感测评中，位列全市第一，被推荐为2014年度“云南省先进平安县（市）区”。

【反恐防控体系建设】 积极参与“3·01”重大暴恐案件善后处置。全面加强全区反恐防恐基础性工作，确保各项反恐工作责任不折不扣得到落实。编发《公民防暴恐事件宣传手册》1万册，落实每年反恐经费300万元，解决反恐工作中所需的人、财、物等保障。积极构建“打防管控处”一体化反恐工作体系，组建全市首支派出所PTU警队，建立一分钟处置圈2个，三分钟处置圈15个，五分钟处置圈2个。动员全民反恐防恐，实施“红袖标”工程，每天组织689名警力和1491名党员干部与治安积极分子，在重点区域开展专群结合的武装巡逻防控和10个重要路口的堵卡盘查工作。结合反恐实战要求，注重以最小实战单元为重点，精心组织开展查缉控制、实弹射击等警务实战技能训练暨

2月18日，召开西山区委政法工作会

考核工作，在西部客运站、金果幼儿园精心组织开展反恐实战模拟处置演练；按照“突出重点、明确责任，无缝管控、杜绝死角，公安牵头、专群结合”的思路，建立反恐情报信息奖励机制，安排专项经费80万元，采取“以奖代补”方法，广泛动员社会群众参与反恐人民战争。按照“四见、四知、五必须、十查”要求，严格落实特殊重点人群核查管控措施。

12月9日，西山区申报全国先进法治县（市/区）相关会议现场

【平安西山建设】　推动社会管理体制向党政主导、社会共治的社会治理体制转变，推动治安防控网络建设，以立体化社会治安防控体系维护社会和谐安定。依托全区已经建设成熟的为民服务体系，以网格化管理为抓手，进一步完善基层社会治理和服务体系，切实提高城乡基层社会服务管理的精细化和科学化水平，共划分基础网格441个，配置网格管理员433人，落实每年260万元补助经费。全面推开“6995”信息服务平台，建立“十户联防互助系统”，利用信息化手段对村民进行编组管理，实现编组内“一呼九应”，就近互帮互助。综治信息平台实现与街道、成员单位全面接通。制定出台“1+1”模式的《西山区社区矫正案件讨论制度》，在全市率先对矫正对象建立分类风险性评估矫正制度，强化社区矫正工作，预防人员重新犯罪。

【法治西山建设】　充分发挥社会各方面积极性，采取多种方式引导社会各方面参与法治西山建设，加大宣传力度，3月、9月开展“平安西山、法治西山、过硬队伍建设”为主题进行集中宣传，编印《创建“平安西山”服务工作手册》30万册逐户发放，户覆盖率达96%。拓展普法工作新领域，推动全民守法弘扬社会主义法治精神。至年底，创建校园法治文化建设示范点10个，民主法治示范企业3个。制定《西山区依法处理涉法涉诉信访问题的实施意见》，健全完善诉访分离、规范办理、依法终结的工作机制，加大涉法涉诉信访救助力度。区委政法委全年接待涉法涉诉信访44人次，按照要求已全部转相应政法部门处理，将涉法涉诉信访纳入法制轨道。

【铁路护路联防工作】　4月17日，召开全区铁路护路工作会议，重点对5方面进行工作安排部署，并签订相关责任书。继续加强“三排一创”工作，全区铁路沿线无因各种矛盾纠纷引起的上路拦车事件、指向铁路的恐怖破坏活动和个人极端事件发生。

随着昆铁枢纽扩能改造工程建设的不断推进，对小海口隧道前的小海口村和白塔村平交道口进行封闭。2个道口的拆除、封闭及五钠厂道口下穿公路涵洞两端连接道路的施工，从根本上杜绝行人、大牲畜上道提供必要安全保障。在成昆线长坡站以东的临时通道，在临时通道上方进行双孔跨线人行天桥施工，加强综合防控，压减铁路交通事故。

以爱路护路为导向，广泛开展爱路护路宣传活动。各街道办事处综治办利用赶集日等人员聚集时段，悬挂标语，向群众宣传爱路、护路知识，讲解铁路法律法规，发放宣传资料100余份、护路宣传作文本200本、护路宣传环保手提袋50个、护路宣传太阳帽50顶。区护路办以“平安西山建设秋季集中宣传行动”为载体，分别在碧鸡公园和金碧广场2个点开展爱路护路、“平安站区”创建宣传活动，共发放“铁路安全知识普及读物”100册，护路宣传作文本200本。

5月14日，区护路办牵头组织召开西山区路、地公安机关铁路护路反恐工作协调会议，安排部署重点工作任务，与会人员针对读书铺站派出所拟制的路、地公安机关反恐防范工作协作机制交换意见，明确在站区发生暴恐案件时的具体工作机制。9月，根据省、市护路办关于开展路外安全专项整治活动的通知要求，西山区护路办结合西山实际，对西山辖区内的成昆线“长坡段”及昆玉线海口段等重点路段开展为期1个月的路外安全整治活动；区护路办与碧鸡、海口街道办事处综治办联合对成昆线碧鸡段和昆玉线海口段大牲畜养殖管控情况进行回访；结合实际开展“平安站区”创建前期工作。按照年度创建重点要求，区综治办把“平安站区”创建工作重点放白塔村站区，通过开展创建前期工作，有效化解白塔村站与达子长村路地矛盾纠纷，为下年创建工作创造条件。

为推进西山区铁路护路联防工作网格化服务管理工作，按照“尊重传统、方便管理、无缝衔接”的原则，在不改变现有铁路护路联巡包防里程的前提下，结合每5千米1个责任区段确定网格基础单元，全区铁路沿线共划分为8个网格单元，配备铁路护路网格信息员8人。区护路办与昆明铁路公安处读书铺站派出所、开远公安处昆明北站派出所签订巡线护路区段委托管理协议。

【队伍建设】 紧密结合群众路线教育实践活动，积极开展西山区政法系统科级领导干部“挂片包案联所”工作，制定出台相关实施意见，区级政法机关直接联系群众6160户。在全区政法各单位开展“季度之星”评选活动，并开展领导干部带头讲党课，公文业务、保密知识、综治维稳、法治建设等专题教育培训。加强建章立制，制定完善规章制度，加强政法系统党风廉政建设，不断提升工作效率和执行力。

（莽敏琨）

纪委·监察

【十届区纪委五次全会】 7月2日，召开中国共产党昆明市西山区第十届纪律检查委员会第五次全体会议，会议按照《关于做好党的群众路线教育实践活动查摆问题、开展批评环节有关工作的通知》要求，审议区纪委常委班子开展党的群众路线教育实践活动对照检查材料。区委常委、纪委书记张竞代表区纪委常委班子宣读《西山区纪委常委班子对照检查材料》，根据“照镜子、正衣冠、洗洗澡、治治病”的总要求，紧紧围绕为民务实清廉的主题，聚焦“四风”问题，联系纪检监察工作实际，通过“群众提、自己找、上级点、互相帮、集体议”等方式，深入查摆“四风”方面存在的突出问题，深刻剖析问题产生的根源，提出下步整改措施和努力方向。

【十届区纪委六次全会】 10月9日，召开中国共产党昆明市西山区第十届纪律检查委员会第六次全体会议，会议按照省委、市委、区委关于开展党政领导班子主要负责人述廉工作的部署和要求，专题组织区管党政领导班子主要负责人向十届区纪委六次全会述廉，述廉过程包括：个人述廉、质询提问、民主测评3个部分，述廉测评情况记入述廉人员档案，并作为业绩评定、奖励惩处和选拔任用的重要依据。

【党风廉政建设】 协助区委推进责任制贯彻落实。一是细化厘清责任。结合西山实际，研究制定《西山区贯彻落实〈中共中央惩治和预防腐败体系2013～2017年工作规划〉的实施办法》《关于落实党风廉政建设主体责任的实施办法》《区委领导班子落实党风廉政建设主体责任清单》，提出反腐倡廉建设和落实主体责任的工作目标和工作重点。研究制定3类党风廉政建设责任书，明确领导班子、领导干部在党风廉政建设中的职责和任务分工；区委书记与区委常委，区人大、政协主要领导，“法检两长”以及62个单位第一责任人签订责任书，要求做到守土有责、守土负责、守土尽责。二是加强监督检查。对全区各单位、各部门贯彻落实党风廉政建设责任制情况开展专项检查32次，督促相关责任部门落实惩治和预防腐败工作任务，推动各级各部门切实履行主体责任，确保党风廉政建设责任制各项工作任务落实到位。三是严格考核评价。制定《党风廉政建设责任制工作实施方案》和考核实施细则，建立健全日常考评机制。按照区委安排，对全区各单位落实责任制工作情况按季度进行评价和考评，考评情况计入2014年全区目标管理考核总分进行综合评定。

协助区委抓好反腐倡廉制度建设。一是深化有腐必反的惩戒机制。加强反腐败协调领导小组成员单位的协作，充分发挥协调领导小组各成员单位在查办案件中的作用，有效整合充实办案力量，既各负其责，又齐抓共管，形成反腐倡廉工作合力。建立健全“一案双查”制度，通过办案查找和堵塞体制机制及管理上的漏洞，对发生重大腐败案件和严重违纪行为的地方、部门和单位，既追究当事人的责任，又约谈相关责任领导。二是深化廉政风险防控机制。积极推进廉政风险防控管理动态化、常态化，建立健全廉政风险责任落实机制、动态监控机制、预警处置机制和检查评估机制；协助区委督促区级行政职能部门全力推行权力清单制度。加快推进科技防腐，强化电子监察，2014年1月1日开始，实行民生资金网上统一管理和实时监控，强化对政府部门转变职能的监督。三是深化群众参与监督机制。充分发挥基层党风廉政建设联席会议成员单位作用，建立健全居务监督委员会工作运行机制，基层党风廉政建设、民主监督的内容和方式进一步拓展，有效防止社区权力失控、决策失误和行为失范。健全完善社会力量参与作风建设监督机制，组建60人社会监督员队伍，构建作风建设常态化监督平台。

【反腐倡廉宣传教育】 一是坚持每半年召开1次全区违纪违法案例通报暨警示教育大会，通报违纪违法典型案例。二是组织全区党员领导干部到反腐倡廉警示教育基地接受警示教育，教育引导广大干部心有所畏、言有所戒、行有所止。组织全区各级党员干部274人参观“以案说法·反腐倡廉”大型巡回展，通过参观省内外反面案例86个、正面典型13个，增强党员干部政治意识和纪律观念，帮助广大党员干部特别是党员领导干部增强廉洁从政自觉性。三是有针对性地组织重点行业、重要领域和关键岗位领导干部和工作人员，旁听人民法院案件审理和宣判，用身边的事教育身边的人。四是组织开展对十八大以来廉政新规的专题学习，通过举办专题讲座、知识竞赛、知识测试等形式，将廉政新规内化于心、外化于行。五是加强反腐倡廉宣传报道和纪检监察信息工作，全年被中央、省、市纪委采用反腐倡廉信息简报128篇、调研文章8篇、宣传报道15篇。

【纪检监察信访】　区纪检监察机关共受理信访举报122件次，对反映失实的37名党员干部给予澄清。大力推动畅通群众诉求渠道“五级联动”工作，将此项工作横向扩展到区级机关设党委、纪委的10个单位，纵向延伸至全区10个街道、西山风景区和100个社区，形成不留空白、层层负责的联动工作机制。2014年全区共受理群众诉求3511件，办结3510件。围绕反腐倡廉建设和关乎群众切身利益的热点难点问题，加强源头治理，发现问题，化解矛盾，为进一步密切党群干群关系，进一步夯实党的执政基础，制定《中共西山区纪委监察局班子成员接访工作办法（试行）》，定期接待群众来访，维护群众合法权益，促进社会和谐稳定。

【案件查办】　加大查办案件工作力度，保持惩治腐败高压态势，严肃查处违反党的各项纪律、严重损害群众利益、顶风违反中央“八项规定”和“四风”方面的案件。全年区纪委立案查处17件19人，其中科级领导7件7人，立案数、结案数、处分人数同比增长30.77%、23.08%、38.46%。

严格依纪依法安全文明办案，认真落实工作责任，把查办案件放到惩防体系建设的全局来把握，促进惩治成果向预防成果转化，注重优选典型案件进行警示教育。加大组织协调力度，进一步健全和完善办案协调机制，充分发挥区纪委反腐败工作协调领导小组职能作用，形成案件查办工作整体合力。积极发挥查办案件促进监督机制健全作用，坚持惩前毖后、治病救人，打击极少数，教育和挽救大多数党员干部，取得良好政治、社会和法纪效果，充分发挥办案综合效果。

【监督检查】　一是抓常态，强化动态督查。采取经常检查、突击检查、专项检查等方式，对经费预算开支以及“三公”经费使用情况、公车私用、大吃大喝、公款旅游、大操大办婚丧喜庆等方面进行监督。对倾向性、苗头性问题早发现、早教育、早查处，对一些党员干部及时进行谈话提醒、诫勉、教育，防止小问题变成大问题，有效促进领导干部廉洁自律和勤政廉政。二是抓整治，坚决正风肃纪。认真贯彻落实中央“八项规定”精神，注重完善“四风”突出问题专项整治工作机制，坚决整治“四风”突出问题。着力纠正领导干部利用婚丧嫁娶、乔迁履新、就医出国等名义收受礼金的行为；严格执行《昆明市关于禁止发送和收受“红包”的规定》，对顶风收送“红包”行为进行快查快办；制定下发《关于进一步整治“会所中的歪风”工作实施方案》《整治领导干部违规插手工程建设工作方案》《整治拖欠群众钱款、克扣群众财物工作实施方案》等通知，开展专项整治工作，严格责任追究，狠刹不良风气。三是抓问责，确保政令畅通。围绕区委、区政府重大决策部署，开展履职情况监督检查，采取挂牌督办、约谈、质询等方式，督促整改落实，坚决纠正不作为、乱作为，坚决克服懒政、怠政、职权滥用行为；对整改不彻底和整改后出现反弹的实行责任倒查，促进职能部门认真依法履职。全年共组织开展各项监督检查120余次，形成督查报告46篇、督查通报2篇、督查专报8篇，下发整改通知书42份，责成办理通知7份。对不作为、慢作为、乱作为等行为实施问责，共问责工作措施不力、违反工作纪律的干部28人，其中科级领导干部6人。四是加大对损害群众利益行为的监督检查，积极组织参与“春城热线”“金色热线”等政风行风在线访谈，接受、回复群众咨询投诉18件，并就网友提出的9个热点问题通过官方微博进行回应。五是积极开展群众评议区直机关行业作风工作，组织全区社会各界评议代表围绕“贯彻落实中央‘八项规定’‘四风’问题专项整治、群众路线活动意见建议整改落实、提高行政效率和服务水平、群众投诉举报问题办理”5个方面的内容，对区级机关65个部门和10个街道办事处进行问卷测评、定向测评和日常考评，广泛接受人民群众的评议。督促各部门对群众提出意见建议进行整改落实。

【体制机制改革创新】　按照中央、省委和市委对“改革党的纪律检查体制，健全反腐败领导体制和机制”要求，落实西山区加强反腐败体制机制创新和制度保障相关措施。一是落实“两个为主”。按市纪委统一部署和安排，逐步实施西山区纪检工作双重领导体制具体化、程序化、制度化实施办法，建立下级纪委向上级纪委报告工作、定期述职、约谈汇报等制度；线索处置和案件查办在向同级党委报告的同时必须向上级纪委报告；下级纪委书记、副书记的提名和考察以上级纪委会同组织部门为主。二是清理议事协调机构。对区纪委监察局牵头和参与的85个议事协调机构进行清理调整，确定取消或不再参与的议事协调机构71个，保留或继续参与的议事协调机构14个，把不该参与的工作交还给主责部门，切实做到不越位、不缺位、不错位。三是开展调整机关内设机构准备工作。突出纪检监察主业，落实中央、省、市纪委“转职能、转方式、转作风”要求，将人员配备、工作经费向查办案件部门倾斜，50%的人员和经费集中到查办案件一线。

【队伍自身建设】　按照“打铁还需自身硬”“监督者更应自觉接受监督”的要求，进一步严格内部管理，不断加强队伍自身建设。认真组织开展第二批党的群众路线教育实践活动，区纪委监察局班子成员带头落实领导干部直接联系群众制度，分别深入积善、大兴、白眉、凯苑社区等联系点深入调研，走访群众、倾听意见，帮助解决问题和困难；从联系群众、调查研究、议事决策、执纪办案、队伍建设等方面明确制度建设任务17项。对派出（驻）机构运行情况进行调研，为推进改革奠定坚实基础。

（吴文甫）

*　*　*　*　*　*

质文化遗产保护示范性精品项目试点—东、西寺塔的修缮；命名西山区第三批非物质文化遗产项目代表性传承人19人，其中传统音乐1人、戏剧4人、美术3人、技艺1人、医药10人；苗族歌舞《赶花山》参加全省少数民族文艺展演获“金奖”；举办第六期苗文、第五期彝文培训班和团结街道办事处民族文化系列活动。

重视和加强清真食品的监督管理工作，认真贯彻落实《昆明市清真食品管理条例》，对辖区内的162户清真食品经营单位进行调查统计，聘请义务监督员6人，对清真食品生产经营实施有效监管，确保清真食品领域规范有序、和谐稳定。深入贯彻落实《宗教事务条例》，规范对宗教活动、宗教活动场所、宗教人士、宗教团体的管理，协调补助华亭寺虚云长老纪念堂基本建设资金700万元，争取市宗教局补助修缮观音寺大悲阁200万元，安排西山区基督教三自爱国会、西山区伊斯兰教协会办公经费各3万元。做好17名朝觐人员的服务工作。积极抵御宗教渗透，依法取缔西苑街道办事处凯苑小区基督教非法聚会传教活

统一战线·民主党派·侨联·台联·工商联

统一战线

【多党合作和政治协商】　年内，继续建立健全民主党派与政府部门对口联系和民主党派、工商联领导与区委、区政府领导交友联系制度，区委、区政府有关会议邀请民主党派负责人参加。调整区委领导分工联系民主党派和工商联主要负责人制度，积极为民主党派开展活动创造条件。鼓励支持民主党派活动，拓展“同心”实践内涵和范围，深化全区各民主党派、人民团体社会服务活动，抓好帮扶项目建设。组织各民主党派、人民团体在永昌街道办事处中心广场开展以“统一战线同心行、民主党派进社区”为主题的社会服务活动，通过专家义诊、法律援助、青少年心理健康咨询、社区群防群治、对台政策、侨法宣传等形式，为社区居民义诊2521人次、免费发放2万余元的药品，咨询人数3623人，发放各种宣传资料6000余份，受益居民达4000余人。“8·03”鲁甸地震发生后，全区统一战线积极行动，各民主党派、台侨联、工商联踊跃捐款捐物支援地震灾区。支持党派加强自身建设，完成换届选举等工作。坚持完善专题调研制度，采取由统战部命题调研与党派自行调研相结合，党派调研与党派联合调研相结合，民主党派活动与政协委员之家活动相结合等多种方式，支持协助各民主党派、人民团体开展调研工作。此外，由统战部命题，组织统一战线代表人士对西山区人民检察院检务公开工作和西山区侨光小学历史与现状开展协商调研活动，全年共形成调研报告16篇。加强统战理论精神学习，采取党派负责人联系会、台侨联谊会等多种形式，组织统一战线代表人士专题学习贯彻党的十八届四中全会精神，区委统战部主要领导就十八届四中全会公报精神进行传达和解读。

【民族宗教工作】　加快少数民族地区发展，争取省、市民族机动金和散杂居民族专项资金等补助项目12项144万元，区级民族机动金扶持项目27项92万元。以“美丽乡村”建设为主，突出加工型玫瑰、民族文化生态旅游、干果种植、人畜饮水、多功能活动室设施配套等特色产业扶持，促进少数民族群众增收和改善居住环境。发展少数民族社会事业，加快推进乐居彝族村寨的保护和开发，乐居彝族古村落被财政部、文化部、住建部列入“中国传统村落名录”；抓好非物

8月15日，西山区召开统一战线代表人士区情通报会

动。加强创新宗教事务管理，建立健全区级领导挂钩联系宗教界代表人士制度，并配套工作经费25万元，通过落实区级领导联系宗教活动场所、宗教界代表人士制度，解决宗教活动场所一些多年来未能解决的困难和问题。筹资15万元协调解决因重点工程拆除的明朗基督教堂活动场所问题，配合抓好在城中村改造过程中拆除弥勒寺、佛龙神寺、福海庵、南庵寺和迁移保护庆丰庵工作，及时化解宗教领域矛盾纠纷和不安定因素。对宗教代表人士和宗教教职人员发放生活补助61人31.56万元。引导宗教界加强自身建设，组织开展“宗教慈善周”系列活动，加强对宗教界的引导，推动宗教界进一步加大教风建设力度，提高宗教教职人员综合素质，营造遵规守戒良好风尚，树立宗教界良好形象。永宁清真寺被中央统战部、国家宗教事务局表彰为“第二届全国创建和谐寺观教堂先进集体”，观音寺列为“市级文物保护单位”。

【港澳台和海外统战工作】　深入推进对台交流交往，组织15人的社区考察团赴台湾地区进行考察学习，进一步推进西山区社区建设和管理工作。组织区台胞台属50余人参加市台联举办的“台海形势报告会”进行涉台教育。以永昌社区为试点，开展涉台教育进社区、入校园活动，先后在永昌小广场、碧鸡公园、区文化馆及区老年大学等地方开展涉台宣传教育活动，发放涉台宣传资料1500余份。积极做好台商拟在西山区选址投资生态农业、绿色新型环保建筑材料项目协调服务工作。对“香草芳林”“天工木业”等台资企业在生产经营、生活过程中遇到的困难和问题给予协调解决。扎实落实涉台“民心”工作，接待台胞、台属来信来访11人次，其中信访件5件、咨询件6件，帮助台胞台属解决子女入学3人次，妥善处理各种矛盾，有效维护涉台稳定。解决台湾游客在西山区辖区内遗失重要物品一事，得到省台办投诉法规处肯定。支持台联加强自身建设，积极帮助、支持区台联召开西山区台胞台属联谊会第六次代表大会，完成区台联换届工作。

贯彻落实上级侨联工作相关文件精神，向区委常委会书面汇报西山区加强侨联工作有关情况，坚持以侨为本、为侨服务宗旨，保护好归侨、侨眷合法权益，结合西山区侨务工作实际，确保西山区困难归侨侨眷足人足额享受实施细则优惠政策。积极协调有关部门妥善解决归侨侨眷生活困难、子女入学、房屋拆迁及各类投诉纠纷30余起。先后接待海外华人华侨10余人次。支持侨联加强自身建设，积极帮助、支持区侨联召开西山区归侨侨眷第五次代表大会，完成区侨联换届工作。西山区“侨法宣传角”被国务院侨办命名为“全国社区侨务工作明星社区”。

【党外代表人士工作】　坚持培养为重、以用为本，认真抓好民主党派、党外知识分子、民族、宗教、非公有制经济人士、港澳台海外“六支队伍”建设，并扎实推进党外代表人士队伍建设。积极主动向组织部门推荐优秀党外干部，不断加大对优秀党外干部的推荐培养选拔使用工作力度。加强党外干部培训学习，增强参政议政和合作共事能力。及时更新全区党外知识分子、党外干部信息库。至年底，全区有非党科级干部41人，其中正科级以上9人、副科级32人，少数民族9人，在24个政府职能部门中，有15个职能部门配备非党干部。

（罗　燕）

民主党派

【简况】　2014年底，西山区共有民革、民盟、民建、民进、农工党、致公党、九三学社7个民主党派和西山区归国华侨联合会、西山区台胞台属联谊会、西山区中华职业教育社3个人民团体。其中基层委员会5个（民革、民盟、民建、民进、致公党），总支部委员会1个（农工党），委员会1个（九三学社），下设支部（支社）42个，有成员1054人。年内，7个民主党派和3个人民团体均组织学习中共十八届三中、四中全会精神和习近平系列重要讲话精神，共开展50次，2264人次参加。春节、中秋节共走访慰问困难人员320人。12月20日，均参加区委统战部组织的以“统一战线同心行、民主党派进社区”为主题的社会服务活动。

【民革西山区基层委员会】　下设支部6个，有党员117人。加强自身建设，积极引导广大党员加强理论修养，建设学习型参政党。深入基层调研，积极参政议政。全年省、市、区人大及政协提案15件，完成调研报告1篇。加强组织建设，完成民革西山基层委第2支部换届工作。

1月27日，到昆明市五华区普吉社区，看望原国民党抗战老兵1人，并送上节日祝福。6月14日，在团结街道办事处龙潭社区居委会开展爱心义诊社会服务活动。义诊医务人员20余人，开展内、外、儿科等科目诊断，群众免费领价值2万余元的药品，受益500余人。8月13日，民革西山基层委慰问组到鲁甸灾区龙树镇，向灾区群众送去捐款7000余元，向灾区遇难家属、受灾群众表示亲切慰问。

年内，民革西山区基层委被民革昆明市委评为“先进基层委员会”，民革西山区基层委第2支部、第5支部被民革市委评为“先进支部”，被民革昆明市委评为优秀党员19人。

【民盟西山区基层委员会】　下设支部9个，有盟员265人，其中新入盟盟员13人。加强组织建设，完成综合支部、文化支部换届工作。参政议政方面，有区政协委员7人，提交政协提案18件，完成调研报告1篇。

1月23日下午，民盟西山区基层委召开“民盟西山区基层委2014年盟员

12月22日，西山区开展民主党派进社区服务活动

大会”，中共昆明市委统战部副部长贾玉华、民盟昆明市委副主委冯刚、中共西山区委统战部副部长李平以及联系民盟西山区基层委的5个部门的领导莅临会议，参会盟员100余人。1月28日，民盟云南省社会服务工委、民盟云南省第一人民医院总支和民盟西山区基层委结合正在开展的群众路线教育实践活动，与当地党工委、卫生院、社区卫生服务中心对上年签署的医疗对口支援帮扶协议进行回访，总结协议实施一年来的成效、经验、存在问题及社会反向，并落实2014年开展社区医生就地集中培训、到省市医院业务进修等责任。4月18日，民盟西山区基层委召开“坚持和发展中国特色社会主义学习实践活动”动员大会，就4大重点10方面活动进行安排部署，民盟昆明市委主委夏静、中共昆明市委统战部副部长贾玉华应邀出席会议。5月9日，民盟西山区基层委20位盟员志愿者参加民盟昆明市委组织的“‘城乡清洁工程’—民盟志愿者在行动”，到五华区丰宁街道办事处参与街道保洁并深入老旧小区单元楼道清理小广告。8月21日，为深入推进“坚持和发展中国特色社会主义学习实践”活动，民盟西山区基层委在团结街道办事处蔡家社区举办“同心工程进社区—‘美丽乡村’在行动”社会服务活动。围绕“城乡清洁”行动向蔡家社区捐赠垃圾收集桶、锄头、铁铲等劳动工具，并整修排洪沟渠，清理社区道路。基层委同时还组织医疗专家为社区群众开展义诊活动，为群众免费发放价值2万余元的药品。9月21～27日，民盟云南省委举办基层组织负责人培训班，民盟西山区基层委主委赵钰梅作专题讲座。

年内，民盟西山基层委员会被民盟中央评为“先进基层组织”，被民盟云南省委评为“基层组织建设先进集体”等荣誉称号。

【民建西山基层委员会】 下设支部4个，有会员142人，其中发展新会员4人。每季度召开1次全委会，安排布置下一季度、半年和下半年工作任务。积极参政议政，全年民建西山基层委员会共提交提案44个，其中省政协提案10件、市政协提案9件、区政协提案25件。组织开展调研活动，完成并提交调研报告1篇，为区委、政府决策提供参考。

9月6日，民建西山基层委开展“共创共享—同心筑梦”2014年会员企业走访暨各党派交流活动，邀请其他党派成员一起参加，增加党派之间的联系并增进感情，使党派之间达到相互交流、共同了解的目的。省人大常委委员、省政协副秘书长、民建云南省委专职副主委王宏，市委统战部副部长贾玉华，盘龙区人民政府副区长、民建昆明市委主委高中建，区政协常务副主席、中共西山区委统战部常务副部长李正良出席活动并讲话，组织民建会员向鲁甸地震灾区捐款6.5万元。

年内，民建西山基层委员会获“云南省民建先进会务集体”、省红十字会“红十字人道救助荣誉单位”、民建昆明市委“2014年先进集体”、民建昆明市委“同心同行第一名”、民建昆明市委“先进支部”等荣誉称号。

【民进西山区基层委员会】 下设支部12个，有会员208人，其中新发展会员2人。深入基层调查研究，完成并提交调研报告1篇。

5月23日，民进西山区基层委组织下属支部的主委、副主委共21人深入碧鸡街道办事处龙门社区居委会就非物质文化遗产传承项目进行调研，并深入十字绣培训班现场参观学员手工刺绣制作情况，了解手工刺绣制作和市场前景，并前往西山国家级风景名胜区管委会就民族文化旅游项目进行调研。9月26日，民进西山区基层委组织心理健康讲座，邀请国际华人心理健康学会理事、浙江大学教授余知行主讲，昆五中全体教职工，民进西山区基层委部分会员，昆十八中、福海中学等“手拉手”兄弟学校和民进西山基层委各支部部分会员、教师和天恒酒店部分员工近300人参加。

年内，被民进市委授予“先进基层委员会”称号。

【农工党西山区总支】 下设支部3个，有党员54人。全年向区政协提交提案12件，完成调研报告1篇。

年内，总支组织党员开展帮扶乡镇卫生院、义诊咨询、健康讲座、关爱贫困妇女和留守儿童等社会服务活动2次，受惠群众625人次。针对农村基层医疗实际，组织各科专家带教查房、学术讲座和培训、协助安排进修实习，提高农村基层医务人员技术水平，便于群众就近就医，从根本上缓解农民群众看病贵、看病难问题。

【致公党西山区基层委员会】 下设支部5个，有党员136人。全年召开基层委员会4次，年终召开党员大会1次。全年提交市政协提案9件、区政协提案13件，完成调研报告1篇。

7月5日，致公党西山区总支召开党员大会，成立致公党昆明市西山区基层委员会，选举产生第一届委员会及西山区基层委员会主任委员。致公党昆明市委副主委黄秋苹、谷欣，中共昆明市委统战部党派处处长许广以及区委、区人大、区政协有关领导出席会议。区级各民主党派、区工商联、区侨联、区台联、区中华职教社负责人以及联系致公党的区环境保护局、区投资促进局、区民族宗教侨务局领导到会对致公党西山区基层委员会成立表示祝贺。

10月29日，致公党西山区基层委员会在永昌台侨联谊组开展健康与营养专题知识讲座，参加成员30人。

年内，致公党西山区基层委员会获致公党昆明市委“2014年度先进集体”称号，被致公党昆明市委评为优秀党员9人。

【九三学社西山区委员会】 下设支社3个，有社员132人。全年提交政协委员提案11件，完成调研报告1篇。

11月1日，为充分发挥九三学社优势和特色，结合参政议政工作寻找社会服务工作的结合点、切入点，深入推进“坚持和发展中国特色社会主义学习实践”活动，九三学社西山区基层委在团结街道办事处开展“西山区高原特色农业发展调研”活动。九三学社云南省委副主委周勇，九三学社昆明市委秘书长王云玮，中共西山区委统战部副部长李平，中共西山区委统战部副部长、区工商联党组书记吴怡，区属各民主党派负责人及部分成员，九三学社有关县区委领导，九三西山区基层委员会社员共70余人参加调研，并进行座谈交流。

年内，被九三学社昆明市委授予“目标考核优秀奖”和“先进委员会”称号，被评为市级基层优秀社员7人。

侨联·台联

【西山区归国华侨联合会】 年内，西山区共有归侨侨眷736户2206人。领导班子坚持每月1次学习制度，按照工作方针，认真履行职责。积极参政议政，全年提交提案12件，妥善解决各种信访件3件。全年西山区归国华侨联合会共接待海外华人华侨25人次。

5月23日，西山区归侨侨眷第五次代表大会召开，完成换届工作。换届工作会议审议通过《西山区西山区归侨侨眷第四届理事会工作报告》，选举产生新一届委员会，杨茂根当选为西山区归侨侨眷第五届委员会主席，会上聘请西山区侨联第五届委员会顾问3人。昆明市侨联主席朱燕，以及区委、区政协有关领导应邀参加并表示祝贺。到会领导对第四届区侨联工作给予充分肯定，并对新一届侨联工作提出要求。

年内，西山区侨联被评为昆明市侨联系统先进集体，被评为昆明市先进侨眷5人，被评为昆明市侨联系统先进工作者1人。

【西山区台胞台属联谊会】 西山区有台胞台属716户2205人，有台资企业42家。组织台胞台属学习，进一步增强广大台胞台属对推进祖国统一重要性的认识，维护党和国家对两岸关系政策一贯性和连续性。坚持每月召开1次会长办公会，全年召开全体台胞台属大会2次。协助解决台胞台属子女上学等问题3人次，接待来信来访11件。参政议政方面，全年共提交政协委员提案13件，完成调研报告1篇。

5月22日，昆明市西山区台胞台属联谊会召开第六次代表大会，完成换届选举，产生新一届理事会，万方当选为西山区台联第六届理事会会长。市台办主任冯美琼、市台联会长姚韵梅，以及区委、区政府、区政协有关领导应邀参加会议，并对区台联成功换届表示祝贺，对区台联工作给予充分肯定，并对下步工作提出要求和希望。

【西山区中华职业教育社】 西山区中华职教社按照“小步快跑、稳步发展”原则，通过发展团体社员带动个体社员发展。至年底，有团体社员4户，个体社员88人。全年提交区政协委员提案7件，完成调研报告1篇。

5月30日，为进一步发展西山区职业教育事业，培养更多技能型人才，西山区中华职教社邀请区属各民主党派负责人深入西山区职业高级中学调研，共谋职业教育发展工作。在调研中实地参观学校的技能实验室，与职中教师进行职业教育发展趋势等问题座谈，并提出意见、建议。7月18日，借助团体社员西山区职业高级中学为培训平台，举办果树提质增效培训班，参训35人，提高农村乡土技术队伍技术水平。

（邬 敬）

工商联

【教育引导及培训工作】 认真总结非公经济人士理想信念教育实践活动中的成功经验和规律性认识，在“三信”基础上增加“对社会的信誉”内容，组织非公经济人士紧紧围绕“民营企业家与中国梦”主题开展征文活动，以短文形式“忆成长、话梦想”，区工商联选取部分有代表性的企业为内容，编印《追求卓越 共圆梦想》画册，共向相关部门、企业、政协委员、人大代表等发放2000余册，展示西山区企业良好形象和精神风貌。为充分体现西山区优秀企业示范引领作用，举办理想信念专题报告会，印发宣传画报2000余份，制作宣传栏10余块。围绕“对社会的信誉”，以“诚信经营、道德兴商”为主题，向会员企业发出倡议书。

结合非公经济人士理想信念教育活动的开展，加大对非公经济人士培训力度。4月14日，组织全区非公经济党组织负责人140余人，参加由区委副书记、统战部部长蔡刚作的党课；同月，组织20家非公企业参加昆明市工商联举办的《宏观经济与企业发展》专题讲座；10月，举办非公有制经济人士理论培训班，邀请云南大学经济学院博士生导师、云南省知名经济学专家、教授徐光远作专题讲座，西山区非公经济代表人士、各街道分会、驻区商会秘书长共150余人参训，企业家围绕全面深化改革、聚焦“四信”主题内容作理想信念报告。

【服务非公经济】 积极搭建维权服务平台，与西山区人民检察院加强协调、达成共识，以服务改革、发展、稳定大局为出发点，以维护非公企业合法权益为切入点，为共同推动非公有制经济发展服务形成合力，完成《西山区人民检察院 西山区工商业联合会关于服务非公有制经济发展的实施意见（试行）》，并联合开展“送法进企业”等活动。建立日常联系非公企业制度，定期深入企业，及时了解企业需求，加强与政府职能部门的对口联系和协调，积极受理商会和会员企业反映的事项，帮助会员协调解决生产经营中的困难和问题，为企业协调解决问题26起。与区人社局、区总工会建立“三方协调机制”，为企业建立和谐劳动关系保驾护航。

充分发挥银企合作服务中心作用，多方促成企业和金融机构合作，积极创造条件，助推非公经济发展新跨越。6月，与相关部门联合举办西山区2014年中小企业银企座谈会。发挥银企合作服务中心职能作用，促成西山区金融促进会与中小企业达成融资1.5亿元。

坚持建管并重，加强对商会组织的管理和服务，结合党的群众路线教育实践活动，多次到西山玻璃商会、西山区金融促进会等商会调研并听取意见，及时了解商会工作开展情况、存在及需解决的问题。按照积极稳妥的原则，结合县域经济发展实际，6月，指导组建昆明市西山区四川叙永商会。

【光彩事业】 年内，组织会员企业开展“感恩社会·温暖百家”系列活动，分别于1月14日和1月23日，到团结街道办事处大兴社区和金碧街道巡津社区慰问困难群众和困难党员100户，发放慰问金2万元。8月，区工商联会员企业向鲁甸地震灾区捐款1221.7万元，其中主席单位昆明诺仕达企业（集团）有限公司捐款1000万元。

11月24日，西山区工商联审查微型企业申报材料

【推进创业就业】 加大宣传力度，采取多种措施，积极做好贷免扶补工作。印制宣传表册2000份，发放1000余份。截至2014年9月，西山区工商联完成省、市下达的“贷免扶补”工作目标，自主创业对象81人，贷款558万元。

5月，与有关部门共同举办“西山区2014年民营企业招聘会”，参与民营企业45家，提供岗位信息1300余个，求职人员进行政策咨询和求职登记800余人，现场达成就业意向约120人，现场发放宣传材料2000余份。

大力开展“两个10万元”微型企业培育工程，通过加大宣传力度，变“被动受理”为“主动服务”，使微型企业发展扶持政策家喻户晓，营造良好创业氛围，年内完成微型企业创业扶持70户。

【其他工作】 发挥工商联界别作用，积极组织非公经济代表人士参政议政、建言献策，“两会”期间向市、区人大提交建议案14件，向市、区政协提交提案37件。区工商联紧紧围绕西山区经济社会发展和建设重大课题，结合西山区非公经济发展现状，完成调研报告2篇。

年内，推荐昆明诺仕达企业集团为全国社会扶贫先进集体；推荐云南一心堂药业（集团）有限公司为昆明市第十二届优秀企业候选企业；推荐昆明红星美凯龙置业有限公司1人为昆明市第十二届优秀企业家候选人。

【自身建设】 深入开展党的群众路线教育实践活动，认真贯彻落实中央和省、市、区委精神，确保各项规定动作准确到位，活动有力有序开展。针对查找出的23个问题，共制定专项整治措施30项，并明确具体措施和时

5月13日，西山区工商联举办鼓励创业“贷免扶补”培训会

（区工商联　供稿）

限要求。为巩固教育实践活动成果，对现行规章制度进行认真梳理，切实做好废、改、立工作，经认真梳理，拟修订完善制度5项、新建制度3项。积极向党委、政府和上级工商联报告工作进展、成效、问题，相关工作信息被省级媒体宣传报道3次，市级媒体宣传报道5次。

大力开展“五好工商联”创建，先后获市工商联目标完成一等奖、“昆明市非公有制经济人士理想信念教育实践活动先进单位”“昆明市非公有制经济人士理想信念教育实践活动督导一等奖”等荣誉称号。

（徐　波）

政权·政务·政协

编辑 马 俊

西山区人民代表大会常务委员会

主要工作

【区第十五届人大第二次会议】 会议于1月16~19日举行。会议应出席代表253名，实际到会代表233名。区委、“一府两院”及有关方面负责人142人列席会议。区政协委员列席大会第一次全体会议听取区政府工作报告。10名公民经申请获准旁听区第十五届人民代表大会第二次会议。昆明市人大常委会人事代表工作委员会原主任范正明应邀参加会议。

会议听取和审议区人大常委会主任李增作的《昆明市西山区人民代表大会常务委员会工作报告》、区人民政府区长郭希林代表区人民政府作的《昆明市西山区政府工作报告》、区人民法院院长何家华作的《昆明市西山区人民法院工作报告》、区人民检察院检察长崔庆林作的《昆明市西山区人民检察院工作报告》。书面审查《昆明市西山区2013年国民经济和社会发展计划（草案）的报告》，批准西山区2014年国民经济和社会发展计划；书面审查《昆明市西山区2013年地方财政预算执行情况和2014年地方财政预算（草案）的报告》，批准西山区2014年地方财政预算。会议通过《昆明市西山区第十五届人民代表大会第二次会议关于西山区人民代表大会常务委员会工作报告的决议》《昆明市西山区第十五届人民代表大会第二次会议关于西山区人民政府工作报告的决议》《昆明市西山区第十五届人民代表大会第二次会议关于西山区人民法院工作报告的决议》《昆明市西山区第十五届人民代表大会第二次会议关于西山区人民检察院工作报告的决议》《昆明市西山区第十五届人民代表大会第二次会议关于西山区2013年国民经济和社会发展计划执行情况与2014年国民经济和社会发展计划的决议》《昆明市西山区第十五届人民代表大会第二次会议关于西山区2013年地方财政预算执行情况和2014年地方财政预算的决议》6个决议；依法补选产生谢劲松为西山区第十五届人民代表大会常务委员会副主任。

本次会议期间，共收到区第十五届人大代表提出的议案15件，建议、批评和意见209件。经大会主席团决定，列为并提交本次大会审议议案3个，其余12件议案转为建议、意见。涉及市有关部门职能的14件建议，转请市人大代表向市有关部门提出。207件建议、意见由大会秘书处转交区人民政府以及其他有关机关、组织，按照《昆明市西山区人民代表大会代表建议、批评和意见处理办法》研究办理。

【区十五届人大常务委员会第七次会议】 1月7日举行。会议听取和审议西山区人大常委会关于召开西山区第十五届人民代表大会第二次会议的决定（草案）；审议通过《西山区人民代表大会常务委员会工作报告（草案）》，并决定报告人；听取和审议西山区第十五届人民代表大会第二次会议主席团和秘书长建议名单（草案），主席团常务主席建议名单（草案），副秘书长建议名单（草案），代表团团长、副团长建议名单（草案），列席人员建议名单（草案），以及代表资格审查委员会关于代表变动情况和补选代表的代表资格审查报告。

【区十五届人大常务委员会第八次会议】 3月27日举行。会议审议通过《昆明市西山区第十五届人大常委会2014年度工作计划要点（草案）》；审议并批准“一府两院”关于2014年各项重点目标任务、重点工作、重点项目分解落实情况的报告；审议并通过昆明市西山区人民政府关于西山区2014年融资计划的议案；会议审议并表决通过人事任免事项，免去领导职务4人，任命领导职务5人。

【区十五届人大常务委员会第九次会议】 5月29日举行。会议听取西山区人民检察院《关于查处渎职侵权犯罪工作情况的报告》、西山区人大常委会内务司法工委《关于对西山区人民检察院反渎职侵权工作情况的调查报告》。会议经认真审议，认为区人民检察院坚持以为全区经济社会发展营造廉洁高效的政务环境提供有力的司法保障为目标，始终保持查办渎职侵权职务犯罪的严肃打击态势，突出打击重点，不断加大办案力度，2010～2014年，共立办国家工作人员滥用职权、玩忽职守等犯罪案件20件29人，为国家和集体挽回经济损失1400万余元，为全区经济建设、社会事业发展和构建和谐西山、维护社会稳定做出积极贡献。

【区十五届人大常务委员会第十次会议】 7月29日举行。会议听取西山区人大常委会办公室作的《西山区人大常委会关于对有关议事规则及相关工作制度修订及完善的说明》，对2007年10月编订的《昆明市西山区人民代表大会常务委员会工作制度汇编》修订情况进行说明。其中保留制度10项，修订完善制度6项，新收录制度19项，新制定制度12项，不再保留制度9项。会议审议表决通过工作制度6项。会议听取西山区人民政府作的《关于2014年上半年国民经济和社会发展计划执行情况的报告》，区人大常委会财经工委作的《关于西山区人民政府2014年上半年国民经济和社会发展计划执行情况的调查报告》。会议经审议，对区人民政府2014年上半年国民经济和社会发展计划执行情况表示满意。同时，针对存在问题，提出意见和建议，会后将作出审议意见交区政府及有关职能部门研究办理。会议听取西山区人民政府作的《关于西山区2014年上半年地方财政预算执行情况的报告》，区人大常委会财经工委作的《关于对西山区人民政府2014年上半年财政预算执行情况的调查报告》。会议经审议，对区人民政府2014上半年财政预算执行情况表示满意。同时，针对存在的困难和问题，提出意见和建议，会后将作出审议意见交区政府及有关职能部门研究办理。会议听取西山区人民政府作的《关于2013年度区级预算执行和其他财政收支审计工作报告》，区人大常委会内务司法工委作的《关于对西山区人民政府2013年度区级预算执行和其他财政收支审计工作情况的调查报告》。会议经审议，对区人民政府2013年度区级预算执行和其他财政收支审计工作表示满意。同时，针对存在的困难和问题，提出意见和建议，会后将作出审议意见交区政府及有关职能部门研究办理。会议听取和审议西山区人民政府、西山区人民法院提请的人事任免职议案，听取区人民法院、区委组织部有关人事任免职情况说明，依次表决通过人事任免职事项。会议决定免去领导职务3人，任命领导职务1人，任命西山区人民陪审员50人。

【区十五届人大常务委员会第十一次会议】 9月29日举行。会议听取西山区人民政府《关于西山区2013年度地方财政决算情况和2013年度区本级财政净结余资金安排意见（草案）的报告》。会议经审查，表决通过《昆明市西山区人大常委会关于批准西山区2013年度地方财政决算情况和2013年度区本级财政净结余资金安排意见的决议》。会议听取西山区人民政府《关于西山区第十五届人民代表大会第二次会议代表议案、建议办理情况的报告》、区人大常委会人事代表工委《关于对区十五届人大二次会议代表议案和建议办理情况的检查报告》。会议经审议，针对代表议案、建议办理工作中个别单位对办理工作认识不高、重视不够、抓得不紧、推进不力，办理工作启动晚、受资金影响进展不理想等问题，会后将作出审议意见，交区人民政府研究处理。会议听取西山区人大常委会执法检查组《关于对区人民政府贯彻执行〈中华人民共和国义务教育法〉和云南省实施中华人民共和国义务教育法办法情况进行执法检查的报告》。会议经审议，对区人民政府贯彻执行义务教育法情况表示满意。同时针对存在的问题，提出下步工作的意见和建议，会后将作出审议意见，交区人民政府研究处理。会议听取西山区人民法院《关于未成年案件审判工作情况的报告》、区人大常委会内司工委《关于对西山区人民法院未成年案件审判工作情况的调查报告》。会议经审议，针对工作中存在的法定代理人出庭率不高、社会保障和联动机制不健全、法制宣传教育不够深入等问题，会后将作出审议意见，交区人民法院研究处理。会议审议并表决通过人事任职事项。会议决定任命公民50人为西山区人民陪审员。

【区十五届人大常务委员会第十二次会议】 11月28日举行。会议听取西山区财政局局长李天才代表区政府所作的《西山区人民政府关于西山区2014年度区本级财政预算收支和调整情况（草案）报告》，区人大常委会财经工委主任谭丽娟所作的《关于对西山区2014年度区本级财政预算收支和调整情况的审查报告》。会议经审查，表决通过《西山区人大常委会关于批准〈西山区2014年度区本级财政预算收支和调整情况（草案）报告〉的决议》。会议听取区人民政府办公室主任陈绍波受区政府委托所作的《西山区人民政府关于2014年“8件实事”办理情况的报告》，区人大常委会人事代表工委主任欧阳锐所作的《关于对西山区人民政府2014年“8件实事”办理工作情况的检查报告》。会议对区政府此项工作表示满意，针对未完成的3件实事以及存在的困难和问题将作出审议意见交区政府研究处理。会议听取区人民政府提请的人事任职议案，以及区委组织部关于人事任职事项的相关说明。会议经表决，决定任命领导职务1人。会议分别听取西山区人力资源和社会保障局等5个单位关于接受区人大常委会工作评议的自检自查报告和工作评议的调查报告，参会区人大常委会组成人员对以上5家单位进行工作评议集中测评。会议听取区人大常委会办公室对2014年“一府两院”参加区人大常委会法制讲座、专题询问考勤情况进行通报。

【常务委员会主任会议】 全年召开主任会议16次，形成会议纪要16个。内容涉及专题听取“一府两院”专项工作情况汇报，研究决定提请区人大常委会审议决定事项、常委会日常工作事务等。

第27次主任（扩大）会议 5月26日对内司工委《关于对西山区人民检察院反渎职侵权工作的调查报告（主任会议讨论稿）》进行认真讨论，充分肯定区检察院在反渎职侵权工作中取得的成绩，对工作中存在的宣传教育不到位、力度还不够，公职人员对反渎职侵权工作认识不够、不能正确界定等问题，建议区检察院在适当的时候组织培训，通过以身边的案例“以案学法”加大宣传，提高行政机关工作人员和执法人员的法律意识。

第28次主任（扩大）会议 5月28日研究《昆明市西山区人民政府关于融资归还国家开发银行云南省分行贷款有关事宜的报告》，同意西山区人民政府在2014年区人大常委会审批的区人民政府2014年融资额度20亿元资金计划范围内，向云南子元投资有限公司借款8000万元用于归还国家开发银行云南省分行贷款（西山区经济适用房建设项目）本金。会议要求，该笔款项要由区级财政在年度财政预算中安排资金归还本金、利息及融资费用；该项借款须严格按既定用途使用。

第31次主任（扩大）会议 7月25日听取、讨论并同意区政府、区法院、区委组织部相关人事任免职议案提交区第十五届人大常委会第十次会议审议。会议还听取、讨论，并同意区政府实施118号路等14条市政规划道路建设。同时，会议要求区政府必须严格按国家基本建设程序进行管理。

第34次主任（扩大）会议 9月26日听取、讨论，并同意区法院相关人事任职议案提交区第十五届人大常委会第十一次会议审议。会议研究区人大常委会各委室工作和区第十五届人大常委会第十一次会议有关事项。会议通报《昆明市西山区人民政府关于西山区综合福利院及民政配套设施项目建设资金来源情况的报告》等3项重大事项，并报主任会议进行备案。

第35次主任（扩大）会议 11月3日传达学习十八届四中全会精神；通报《昆明市西山区人民政府关于西山区明朗中心学校搬迁重建项目规划调整的报告》《昆明市西山区人民政府关于拨付福海街道办事处“城乡清洁工程”等工作经费的报告》等10项重大事项，并报主任会议进行备案。

第36次主任（扩大）会议 11月26日听取、讨论，并同意将张伟新任职议案提交区第十五届人大常委会第十二次会议审议决定。会议听取区财政局副局长杨保平代表区财政局所作的关于《昆明市西山区人民政府关于西山区2014年度财政预算收支和调整情况（草案）报告》的说明，会议经过讨论，要求区财政局对报告中2014年度地方公共财政预算收入调整情况原因、财政支出预算及减免项目等做出详细说明，进一步修改完善报区政府审定后，将此报告提交区第十五届人大常委会第十二次会议审议决定。会议对提请11月常委会会议审议的议题进行研究；会议研究区第十五届人大常委会第十二次会议的有关事项；会议对组织相关人员赴北京全国人大培训中心学习的具体事宜进行安排。

第37次主任（扩大）会议 12月24日听取、讨论，并同意将李泽勇、王益、严芳等6人任免职议案提交区第十五届人大常委会第十三次会议审议决定。会议听取区发改局局长万方所作的《西山区2015年财政性投资项目编制说明》汇报，区委常委、区政府常务副区长李汝林作相关补充说明。会议经过讨论，要求区政府办、区发改局牵头组织项目责任单位对项目必要性、可行性作进一步核准、甄别，确保2015年财政性投资项目编制计划的科学性、可行性、针对性，为2015年初区人代会审查计划报告奠定基础。会议听取区财政局副局长彭冬生受区政府委托所作的《昆明市西山区人民政府关于采取融资租赁方式向远东国际租赁有限公司融资1.95亿元的报告》，区财政局局长李天才对相关情况进行补充说明。会议经讨论，原则同意西山区人民政府在2014年区人大常委会审批的区人民政府2014年融资额度资金计划范围内，采取融资租赁方式向远东国际租赁有限公司融资1.95亿元。会议通报《昆明市西山区人民政府关于拨付2014年农村公路基础设施建设项目资金的报告》《昆明市西山区人民政府关于拨付西山区碧鸡旅游环线公路改扩建工程项目资金的报告》等8项重大事项，并报主任会议进行备案。会议认真听取区人大办公室关于对区第十五届人民代表大会第三次会议工作日程安排建议、工作机构设置及各工作组职责等各项筹备工作的情况汇报。会议研究讨论区人大常委会工作报告（征求意见稿），要求区人大办公室根据征求到的意见作进一步补充完善后，按程序将报告提交区委常委会审定。

第38次主任（扩大）会议 12月31日听取区财政局副局长彭冬生受区政府委托所作的《昆明市西山区人民政府关于区城改置地公司以信托方式融资有关事宜的报告》，根据《中共西山区委对区人民政府〈关于2014年融资计划的请示〉的批复》和《西山区人大常委会关于批准西山区人民政府2014年融资额度的决定》，会议经讨论，原则同意西山区人民政府在2014年区人大常委会审批的区人民政府2014年融资额度资金计划范围内，采取融资租赁方式向云南国际信托有限公司采取信托方式融资3亿元。

【组织检查、视察、调研工作】 3月28日，区人大常委会组成检查组实地检查西山区森林防火、春耕备耕及抗旱保供水工作情况，并听取区人民政府工作情况汇报。针对检查情况提出加强现有水利设施日程管养，加强水利工程质量监管，并建立长效管理机制，加快明朗水库等小型水库提升改造进度等意见和建议。

5月15日，区人大常委会民族宗教工作委员会组织兼职委员实地查看辖区内防火通道建设及造林绿化工作情况，并听取有关工作情况汇报。针对检查情况提出加快推进石漠化及“五采区”植被恢复综合治理及监督管理力度，尽快兑现退耕还林配套政策等5点意见和建议。

5月20日，区人大常委会组织李增、孔卫、杨春明、丛静等16名市人大代表对西山区滇池流域水环境综合治理工作情况进行视察。视察组提出加快完成滇池西岸截污整治工程，强化巡查监管及查处打击执法力度，妥善做好治理工作涉及的安置、补偿工作，发挥好已建成湿地项目的生态和社会效益作用等6点意见和建议。

6月18日，区人大常委会组织部分区人大代表对西山区基层医疗卫生服务工作情况进行检查。检查组一行实地查看马街、团结社区卫生服务中心开展的诊疗及公共卫生服务情况并查阅工作台账，听取区人民政府关于西山区基层医疗卫生服务工作情况的汇报。检查组在充分肯定成绩的同时，就下步工作提出增加公共卫生经费投入，整合优化辖区医疗资源，健全覆盖城乡公共卫生服务网络，加强基层卫生人才队伍建设，妥善解决乡村医生待遇，建立健全科学合理的绩效考核机制，加大政策宣传力度，进一步加强疾病预防与控制、妇幼保健、卫生监督三级网络建设，提高公共卫生服务能力和一般常见病诊疗水平5个方面的意见和建议。

6月19日，区人大常委会组织部分区人大代表组成视察组，对西山区片区建设项目中由开发商代建后移交区政府相关部门管理的道路建设情况进行视察。针对存在问题提出进一步完善管理机制，加强监督指导和施工管理等意见和建议。

6月24日，区人大常委会组织部分区人大代表对《西山区社会治安防控体系建设三年行动计划（2013～2015年）》实施情况进行视察，针对工作中存在的问题和困难，视察组提出区级各部门要加强沟通协调形成合力，加大社会治安防控体系建设经费投入，加强监控设施日常维护和管理，强化社会治安防控队伍建设等6个方面的意见和建议。

6月24日，区人大代表视察治安防控体系工作

7月8日，区人大常委会城乡建设环境保护工作委员会组成调研组对西山区城市建设投资开发公司、城改置地发展有限公司、兴禹水资源开发有限公司进行调研，听取3家公司相关工作情况汇报，并提出明确公司发展定位，保障公司工作正常开展，加快明确行业主管部门及职责，尽快组建公司新班子及新投融资集团公司等意见和建议。

7月17日，区人大常委会城乡建设环境保护工作委员会组织相关人员对西山区国土资源分局土地执法工作情况进行调研，听取区国土资源分局关于西山区土地和矿产资源行政执法情况专题汇报，并分别对土地、矿产资源行政执法情况提出构建联合执法共同责任新格局，加强国土资源执法工作等意见建议。

7月25、28日，区人大常委会组成视察组对西山区都市农庄建设、农业特色园区提升、农业龙头企业培育、新农村建设工作情况进行视察。视察组实地查看海口、碧鸡、团结昆明大康蕈菌科技有限公司食用菌种植项目、鼎顺科技园苹果矮化密植优质高效栽培技术示范项目、团结苹果庄园、律则核桃箐新农村建设和好宝有机农庄建设情况，听取区人民政府有关工作情况汇报。针对此项工作提出5个方面的意见和建议。

8月21日，区人大常委会民族宗教工作委员会组织兼职委员，对西山区“五小”水利工程——杨梅山水库建设项目和明朗水库除险加固扩容工程建设情况进行调研。调研组一行实地查看并听取2个工程建设项目指挥部情况汇报，提出9点工作建议。

8月28日，区人大常委会城乡建

设环境保护工作委员会组织相关人员组成调研组，对西山国家级风景名胜区（以下简称西山风景区）规划建设管理情况进行调研，听取西山风景区管委会关于景区规划建设管理情况汇报。调研组针对下步工作提出做好风景区规划建设，进一步扩大融资渠道，加快基础设施建设和完善景区外部交通设施，提升旅游服务质量等意见和建议。

9月22日，区人大常委会组织部分区人大代表，对全区城中村改造、草海北片区、“四退三还一护”、长坡物流园区安置房和保障性安居工程建设情况进行视察。针对存在的问题，提出深入调查研究，准确掌握安置房和保障性住房建设情况，科学规划设计，完善配套设施，拓宽资金来源渠道，加强资金监管，加快完善保障性住房建设管理政策体系，调整工作思路等意见和建议。

10月21日，区人大常委会组织李增、孔卫、合波、秦昆等14名市人大代表对西山区统筹城乡建设工作情况进行视察。视察组一行先后到团结街道办事处龙潭中心商业街项目、龙潭社区大乐居古村改造项目、民族文化博览园项目、律则社区核桃箐村2014年市级“美丽乡村”项目建设进行实地查看，随后听取副区长王欣及相关职能部门负责人对西山区统筹城乡建设工作情况的汇报，代表们对进一步做好该项工作提出意见建议。

10月22日，区人大常委会组织部分区人大代表对全区行政村道路硬化工程推进情况进行检查。针对发现的问题提出完善行政村公路建设发展规划，明确任务、夯实责任，落实管养措施，杜绝重建轻管，积极争取上级项目、资金扶持，加大群众宣传力度等意见和建议。

【人事任免】 认真执行拟任人员任前法律考试、与组成人员见面、任职发言、任后颁发任命书等制度，先后完成对提请区人大常委会任命的国家机关工作人员18人的任前法律知识考试，依法任免区级国家机关工作人员29人次，其中任职20人、免职9人；任命人民陪审员100人。

各委室工作

【常委会办公室工作】 围绕常委会2014年工作计划要点，突出服务和协调职能，做好人代会、常委会、主任（扩大）会和党组会及其他综合性会议的筹办和服务工作。全年组织召开区人代会1次、区人大常委会7次、主任会议16次，依法审议“一府两院”专项工作报告，作出决议、决定15项。为常委会组织开展的执法检查、视察、工作检查、调查做好服务。及时印发交办常委会审议专项工作报告和执法检查报告所作出的决议决定和审议意见。全年编印人代会文件汇编1本、常委会公报4期、工作简报47期，上报工作信息33条，被《昆明人大》和《昆明人大信息》采用15条。专题询问、工作评议等创新工作被省、市媒体宣传报道。全年受理群众来信38件，接待群众来访100余人次，严格按程序做好拆阅、分类、登记、录入、转办、跟踪，来信来访处理（转办）率达100%，切实维护信访群众合法权益和社会稳定。根据区委要求，抽调干部完成昆明“3·01”暴恐案件善后处置工作任务，抽调干部参加市、区党的群众路线教育实践活动督导工作。按要求组织机关全体干部职工开展学习十八大，十八届三中、四中全会和习近平系列重要讲话精神，扎实抓好宪法、法律和人大业务知识的学习培训，深入开展党的群众路线教育实践活动，努力转变作风、提高效率。

【人事代表工作委员会工作】 全年会同内司工委为常委会依法任免国家机关工作人员29人次（任职20人、免职9人），任命西山区人民陪审员100人次做好服务。做好人大代表建议、批评和意见交办督办工作，组织开展对区人民政府办理区十五届人大二次会议议案和代表建议情况、区人民政府2014年“8件实事”办理情况的检查。年内组织召开西山区“一府两院”重大事项情况通报会1次，指导街道人大工委开展好区人大代表小组活动和联席会1次，组织21名区人大代表列席7次区人大常委会议。先后组织驻区市人大代表视察西山区滇池治理情况、城乡统筹建设情况。组织区人大代表对区人力资源和社会保障局进行工作评议1次。积极协助办公室做好市、区人代会，区人大常委会会议、主任会议服务工作。

【教科文卫工作委员会工作】 先后组织区人大代表对昆明市第一中学度假区分校（金岸中学）建设及学校管理情况进行调研，对西山区食品药品监督管理职能职责划转及相关部门人财物划转落实、西山区基层医疗卫生服务工作、西山区流动人口计划生育信息化服务管理工作、西山区大渔中心学校建设、棕树营小学排危改造和学校回迁工作、西山区人民政府贯彻执行《中华人民共和国义务教育法》的情况进行执法督促检查，组织西山区综合福利院及民政配套设施项目建设等工作进行专题询问，组织西山区部分人大代表对西山区文化旅游体育局进行工作评议。积极配合有关部门做好涉及教科文卫方面的群众来信来访工作，抓好区十五届人大二次会议建议、批评和意见的督办工作。

【财经工作委员会工作】 先后组织开展对2014年上半年国民经济和社会发展计划执行情况、2014年上半年地方财政预算执行情况和区人民政府2013年度财政决算报告情况、区本级财政预算收支和调整情况进行调查，听取区发改局关于次年区本级财政性基本建设项目安排的汇报，为常委会听取和审议专项工作报告做好基础工作。为主任会议专题听取区人民政府关于财政税收收入完成情况的汇报做

10月28日，西山区人大对西山区综合福利院及民政配套设施项目建设工作情况进行专题询问

好前期准备和服务工作。组织部分代表对西山区“十二五”期间新建6万吨储备粮仓库工作进行专题询问。配合其他委室组织开展好视察、检查工作，积极做好涉及财经工委的群众来信来访处理工作。

【城乡建设环境保护工作委员会工作】 先后组织区人大代表对西山区环境监测站建设项目推进情况进行专题询问，对片区建设项目中由开发商代建后移交给区政府相关部门管理的道路建设情况进行视察，对区园林绿化局、区城管综合行政执法局进行工作评议，对安置房建设推进情况进行视察，对区交通运输管理局负责的行政村路面硬化工程推进情况进行检查。针对检查（视察）情况及存在问题，提出意见和建议并形成专题报告，督促区政府及其职能部门认真研究解决。

【民族宗教工作委员会工作】 先后组织区人大代表对冬春绿化造林、宗教旅游文化、扶贫、明朗水库扩容建设工作情况进行调研，对区人民政府护林防火、春耕备耕、抗旱保供水工作情况进行检查，对区政府都市农庄建设、农业特色园区提升、农业龙头企业培育、新农村（包括省、市、区级）建设工作进行视察，对区农林局进行工作评议。配合做好常委会审议议题的准备工作，做好区人大代表建议、批评和意见的督办工作，加强与政府对口部门的联系，深入基层调研，帮助解决在经济社会发展中遇到的困难和问题。协调配合好各委室组织的调查、视察、检查、评议和询问工作。

【内务司法工作委员会工作】 先后组织区人大代表对《西山区社会治安防控体系建设三年行动计划（2013～2015年）》实施情况进行视察，对区司法局进行工作评议，对区人民政府关于2013年度地方财政预算执行和其他财政收支情况审计工作、区人民检察院关于反渎职侵权犯罪工作、区人民法院关于未成年人案件审判工作进行调查，并形成专题报告为常委会审议有关工作议题提供服务。组织部分区人大代表旁听法检两院的公诉或案件庭审。与办公室配合组织举办区第十五届人大常委会第二期领导干部专题法制讲座，切实增强区级国家机关工作人员法律意识。组织对提请区人大常委会任命的18名国家机关工作人员进行任前法律知识考试。全年共接待群众涉法涉诉来访100余人次，处理上级转办及群众来信来访38件。

（杨丽丽）

* * * * * * *

西山区人民政府

主要工作

【8件实事】 **棕树营小学排危改造和学校回迁** 投入资金1548.9万元，拆除D级危房2903平方米，新建教学楼4500平方米，办学规模由27个班扩至36个班，有效缓解周边学龄儿童入学难问题。

创建10个消费维权基地 投入资金20万元，创建消费维权基地10个。依托基地积极开展消费维权宣传和重点领域维权，引入“全国消协投诉与咨询系统”，解答消费咨询1533件，办结消费投诉173件，有效维护消费者合法权益。

10个社区文化室提升改造工程 投入资金35万元，改（扩）建盛高大城等10个文化室1130平方米，将山冲文化室扩建为区公共图书馆分馆，确保周边群众享受常设的免费基本公共文化服务。

“四个一”安防工程500件 投入资金150万元，为90个老旧小区免费安装单元防盗门639道、修缮204道，入室盗窃警情同比下降9.8%。

气象综合信息服务系统100套 投入资金67万元，在涉农街道自然村安装气象综合信息服务系统100套，为居民提供24小时气象预报预警、农业科技知识等信息。

11月18日，西山区人大组织人大代表检查“八件实事”落实情况

农村劳动力“阳光工程”培训 投入资金208.3万元，开展实用技术培训、“绿色证书”培训、技能培训、新型职业农民培训等农村劳动力培训1.3万人次，进一步提高农村居民综合素质，同时为促进转移就业提供有力支持。

大妥吉、小妥吉进村道路硬化工程 投入资金421万元，硬化道路3.2千米（路基宽4.5米，行车道宽3.5米），解决沿线村民出行困难问题。

西山245号规划路建设 投入资金856万元，建成西二环至西苑浦路528米城市道路，优化片区路网及交通环境，有效改善周边居民出行条件。

（杜建国）

【区政府常务会议】 2014年，区政府共召开常务会议34次，研究确定2014年农村公路基础设施建设项目，2014年地方储备粮计划，西山区矿产资源行政审批工作实施方案，2013年度西山区见义勇为先进个人有关事项，2014年部门预算安排、融资计划，考试录用公务员计划，选拔推荐云南省有突出贡献优秀专业技术人才和享受省政府特殊津贴专业技术人员，西山区入湖河道水质达标泵站河闸长效维护管理实施方案及相关资金，区政府综合办公大楼报警监控系统升级改造，增补社会专业机构参与政府投资建设项目审计，政府系统限时分级研办制度，2014年事业单位定向招聘到农村基层服务项目服务期满高校毕业生计划，2014年偿还政府融资资金，西山区区属国有独资（控股、参股）公司法人治理结构的意见，2014年扶贫项目情况，选拔推荐“第七届云南省科技兴乡贡献奖”候选人，关于加快产业转型升级促进经济平稳较快发展意见，深化法治西山、平安西山建设，西山区全面改善农村人居环境建设“美丽乡村”的实施意见，2014年“美丽乡村”示范村建设工作方案，2014年上半年西山区政府重点目标、重点工作及经济社会发展工作完成情况，社会中介机构参与西山区政府投资建设项目审计及土地成本审核费用支付办法指导意见（试行），审定《对〈昆明市西山区人大常委会关于对西山区人民政府2014年上半年国民经济和社会发展计划执行情况的审议意见〉研究处理情况的报告》《对〈昆明市西山区人大常委会关于对西山区人民政府2014年度上半年财政预算执行情况报告的审议意见〉的研究处理情况》《西山区党政机关国内公务接待管理实施细则》和《西山区贯彻〈党政机关厉行节约反对浪费条例〉实施细则》情况，聘用2014届免费师范毕业生，2014年事业单位定向招聘到农村基层服务项目期满高校毕业生拟聘用工作人员，西山区经济和社会发展“十三五”规划编制工作方案，西山区建设工程质量监督管理实施方案、西山区第三方建设工程质量监督管理办法，关于加强司法行政促进依法治区的意见，2013年度地方财政预算执行和其他财政收支审计工作的审议意见，西山区财政专项资金管理办法，拨付2014年农村公路基础设施建设项目资金，2014年议案、建议办理，重点工作推进及落实区人大决议、决定、意见建议情况，审定《昆明市西山区人民政府对〈昆明市西山区人大常委会关于对区十五届人大二次会议代表议案和建议办理情况的审议意见〉的研究处理情况报告》，审议《西山区人民政府职能转变和机构改革方案》，对昆明市西山区人民政府行政权力清单目录及运行流程图进行审核并对外公告，审定《昆明市西山区2014年地方财政预算执行情况和2015年地方财政预算草案的报告》《昆明市西山区2014年国民经济和社会发展计划执行情况与2015年国民经济和社会发展计划草案的报告》《2015年经济社会发展主要指标建议方案》等事宜，会议作出决定，以区政府文件下发执行或报市政府、区委等部门审批。

（张丽霞）

【重要会议】 1月7日，召开西山区第三次全国经济普查工作会议，提出下步工作建议和措施，确保工作有序推进。

1月10日，召开西山区2014年烟花爆竹安全工作会议，安排部署西山区2014年春节期间烟花爆竹销售工作，进一步加强对全区烟花爆竹的安全监管。

2月13日，召开西山区第十五届人民政府第二次全体（扩大）会议暨廉政工作会议，贯彻落实市委、区委十届四次全体（扩大）会议，市、区“两会”，以及国务院、省政府、市政府廉政工作会议精神，对会议确定的重要目标任务进行安排部署。

2月20日，召开西山区食品药品监督管理局组建工作领导小组会议，加快推进西山区食品药品监督管理局组建工作。

2月25日，召开区政府党组班子党的群众路线教育实践活动动员会议，通报区政府党组班子党的群众路线教育实践活动实施方案。

3月11日，召开西山区清理办公用房工作领导小组会议，进一步推进全区办公用房清理整顿工作。

3月12日，召开2014年一季度经济运行分析会议，加快推进西山区2014年各项经济指标完成进度，确保实现各项主要经济指标首季“开门红”。

3月25日，召开西山区2014年科技工作会商会议，昆明市科技局与西山区政府及有关部门会商2014年科技工作，进一步加强市、区两级沟通交流，共同推进科技工作和县域经济发展。

4月16日，召开2014年省、市人大代表建议及区人大代表议案办理工作推进会议，解决办理工作中存在的困难和问题。

4月18日，召开“昆明市开展‘城乡清洁工程’全面整治环境卫生和交通秩序的通告征求意见、听取民意西山区恳谈会”，通报昆明市开展“城乡清洁工程”全面整治环境卫生和交通秩序的通告的主要内容，听取参会广大市民代表的意见建议，并做好沟通解释工作，达成共识。

4月22日，召开西山区2014年第一次安委会扩大会暨第二季度安全生产工作会议，总结一季度全区安全生产工作，安排部署下步全区安全生产工作。

4月29日，召开2014年二季度经济运行分析会暨目标任务交办会议，加快推进西山区2014年各项经济指标完成进度，确保实现各项主要经济指标上半年“双过半”。

5月16日，召开西山区2014年地质灾害防治工作会议，总结2013年地质灾害防治工作，安排布置2014工作。

7月8日，召开区政府2014年上半年工作情况通报会议，向区人大、区政协通报区政府2014年上半年工作情况，区人大、区政协领导对区政府工作提出意见或建议。

7月31日，召开区政府党组班子专题民主生活会议，以“反对‘四风’、服务群众”为重点严格开展批评和自我批评。

8月4日，召开中共昆明市西山区人民政府党组党的群众路线教育实践活动专题民主生活会情况通报会，区长郭希林通报区政府党组班子专题民主生活会会前准备、开展批评和自我批评、制定整改措施等情况。

8月28日，举办西山区2014年第二期领导干部依法行政法律知识讲座。

11月7日，召开西山区2014年金属非金属矿山整顿关闭工作会议，研究西山区2014年金属非金属矿山整顿关闭工作。

12月2日，召开2014年西山区政府人大代表建议政协提案办理工作回访会议，区政府办公室汇报省、市、区人大代表建议和政协提案办理情况，并听取人大代表、政协委员意见。

12月11日，召开2015年度森林防火工作会议，总结2014年度森林防火工作，安排部署2015年度工作。

12月16日，召开全区森林资源二类调查工作会议，研究西山区森林资源二类调查相关工作。

12月18日，召开区政府2015年为民办实事项目征集工作会议，对12项区政府2015为民办实事备选项目进行研究。

（何丽娜）

4月11日，举办党政系统办公室办文业务专题培训会

【法制工作】 **开展法律顾问工作** 区政府法律顾问室共审查区政府及有关各部门的涉法文件280件（区政府法律顾问审查217件、法制办工作人员审查63件），充分发挥区政府决策的法律参谋助手作用。

严格执法 加强监督 开展行政权力清理和公开工作，区政府及各部门、各街道办事处依据现行法律法规全面清理行政执法职权，编制和完善行政执法权力清单及权力运行流程图并进行公示，清理公开行政权力清单2681项；在全区开展依法行政示范单位创建工作，区司法局、西苑街道办事处获评市级依法行政示范单位；抽调全区行政执法部门的5件案卷参加全省行政执法案卷集中评查，抽调全区行政执法部门的62件案卷参加市、县联合评查，均无不合格案卷，并对评查结果进行通报，全区评查行政执法案卷3336件；指导全区各部门开展重大决策听证共13件。

行政复议和应诉工作 2014年西山区接到行政复议申请1件，经审查，该案件管辖权不属于西山区，依法转送云南省昆瑞高速公路路政管理支队。同时，西山区新增行政诉讼案件6件：撤回起诉结案1件、正在审理5件。继续跟进办理上年度结转的各类诉讼案件10件，其中已审结行政诉讼案件1件，其余9件仍未审结。

规范性文件制定、清理及业务培训 对截至2014年3月期间区政府制定或以区政府名义转发的规范性文件和其他类文件进行认真清理，并于2014年6月12日以区政府1号公告对外公布清理结果：保留规范性文件6件，废止规范性文件1件，无修改的规范性文件。

此外，全年开展领导干部依法行政知识讲座2期，培训领导干部326人；组织全区执法人员综合法律知识培训班1期，培训380余人。

（王学文）

【决定】 2月14日，区政府作出《关于表彰奖励2013年度见义勇为先进个人的决定》，对苏伟强等3名见义勇为先进个人予以表彰奖励。

5月16日，区政府作出《关于授予“西山区2013年科技创新认定（评定）奖”的决定》，对云南新铜人实业有限公司等10家企业和昆明电缆集团股份有限公司的高品质橡套软电缆等19个项目授予“西山区2013年科技创新认定（评定）奖”。

同日，区政府作出《关于认定西山区第三批创新型企业（单位）的决定》，认定获得“西山区2013年科技创新认定（评定）奖”的昆明金泽实业有限公司等9家企业（单位）为西山区第三批创新型企业（单位）。

12月11日，区政府作出《关于表彰荣获2013年度“云南名牌产品”和“昆明名牌产品”称号企业的决定》，对西山区获2013年度“云南名牌产品”称号的云南植物药业有限公司等11家企业和获“昆明名牌产品”称号的昆明云盘山磷化工有限公司等12家企业给予表彰奖励。

12月25日，区政府作出《关于命名2014年西山区文明单位的决定》，决定命名中共云南省委统战部等12家单位为2014年西山区文明单位。

【批转报告】 1月9日，为落实政府相关职能部门的安全监管责任，强化对烟花爆竹运输、储存、销售、燃放等环节的安全管理，加大对烟花爆竹违法违规行为的查处力度，区政府印发《西山区2014年烟花爆竹安全监管工作实施方案》。

1月10日，区政府印发《西山区关于云南省“两会”服务保障工作的实施方案》。

1月21日，为切实做好春节期间城市环境卫生及交通秩序集中整治工作，使广大市民度过一个欢乐祥和的新春佳节，为“美丽春城·清洁昆明”活动奠定坚实基础，区政府印发《西山区春节期间城市环境卫生及交通秩序集中整治工作方案》。

1月26日，为进一步规范西山区矿产资源开发秩序，构建矿产资源合理开发利用长效机制，促进资源节约集约利用，区政府印发《西山区矿产资源行政审批工作实施方案》。

2月12日，为切实做好西山区各项经济工作，确保完成全年各项目标任务，区政府印发《2014年全年和一季度主要经济指标和支撑性指标分解方案》。

2月17日，以转变政府职能为核心，以整合监管职能和机构为重点，区政府印发《西山区食品药品监督管理局组建方案》。

2月19日，为确保西山区2014年冬春林业生态建设各项工作完成，抓好林业生态建设各项工作，再掀城乡园林绿化及生态建设新高潮，区政府印发《西山区2014年冬春林业生态建设实施方案》。

4月1日，为配合市“打非”工作领导小组开展好打击非法营运专项整治行动工作，区政府印发《西山区打击非法营运专项整治行动计划》。

4月22日，为进一步规范西山区医疗服务市场，严厉打击非法行医、非法采供血和非法胎儿性别鉴定等违法行为，切实保障人民群众身体健康和生命安全，区政府印发《西山区2014年打击非法行医专项整治行动实施方案》。

4月28日，为确保不发生区域性重大动物疫情，切实保障畜产品质量安全，保证畜牧业健康稳步发展，区政府印发《西山区重大动物疫病防控工作实施方案》。

5月5日，为落实省委、省政府、省军区“把县（市、区）人武部全面建设达标活动成果向基层延伸”的决策部署，切实提升基层人民武装部规范化建设质量水平，推动全区基层武装工作科学发展，区政府印发《昆明市西山区基层人民武装部规范化建设达标活动实施方案》。

5月12日，为进一步规范行政执法部门行政权力运行，“将权力关进制度的笼子”，区政府印发《西山区开展清理行政权力 公开行政权力清单工作实施方案》。

5月13日，为保证西山区防汛安全，做好各类洪水灾害突发事件防范与处置工作，提高对暴雨洪水导致的突发事件快速反应和处理能力，保证抗洪抢险救灾工作高效有序进行，减轻灾害损失，维护人民群众生命财产安全，保障西山区现代化建设和社会经济可持续发展，区政府印发《西山区2014年防汛抗灾应急抢险方案》。

5月15日，为深入践行群众路线教育实践活动，切实转变政府职能、改进工作作风、提高行政效率，加快推动西山经济社会科学、和谐发展，区政府印发《西山区政府系统限时分级研办制度（试行）》。

5月16日，为切实抓好西山区“城乡清洁工程·清洁城市行动”，强力推动市容市貌环境卫生综合整治工作深入开展，进一步提升城市形象、规范城市秩序，区政府印发《西山区“城乡清洁工程·清洁城市行动”考评办法（试行）》。

同日，为切实做好西山区2014年地质灾害防治工作，确保人民群众生命财产安全，区政府批转《2014年度昆明市西山区地质灾害防治方案》及《昆明市西山区突发性地质灾害应急预案》。

5月19日，为深化林业行政管理体制改革，进一步理顺林业行政执法机制，加大林业行政违法案件查处力度，切实解决林业行政执法中存在的执法力量分散、执法效率不高等问题，区政府印发《西山区开展相对集中林业行政处罚权工作方案》。

5月20日，为进一步巩固森林城市创建成果，全力推进世界知名旅游城市建设，切实改善城乡生态环境，有效提升生态文明建设水平，区政府印发《西山区2014年林业工作安排意见》。

5月22日，为确保第十六届中国科协年会期间以优美整洁的环境迎接海内外来宾，完成年会期间各项工作任务，区政府印发《第十六届中国科协年会西山区服务保障工作方案》。

5月28日，为进一步加强西山区编外用工管理，切实理顺和规范编外用工行为，降低行政成本，提高行政效能，形成全区机关事业单位编外用工管理工作长效机制，区政府印发《西山区规范区属机关事业单位编外用工方案》。

6月5日，为深入贯彻落实《昆明市2014年依法行政目标考核实施方案》各项要求，确保西山区各项目标任务全面完成，区政府印发《昆明市西山区2014年区级政府职能部门依法行政考核目标及评分标准》。

6月6日，为进一步加快推进西山区“美丽乡村”建设步伐，在总结以往新农村、“幸福乡村”建设工作基础上，区政府批转《西山区2014年市级“美丽乡村”示范村、区级“美丽乡村”试点村实施方案》。

6月13日，为准确掌握西山区林地、林木资源现状，摸清森林覆盖率、林木绿化率及活立木蓄积量等各项指标数据，区政府批转《西山区开展森林资源二类调查工作实施方案》。

6月20日，为进一步巩固勘界成果，加强西山区街道行政区域管辖线管理，决定从2014年7月起，通过3年时间，对全区街道行政区域管辖线开展联合检查，区政府批转《西山区街道行政区域管辖线首轮联合检查工作实施方案》。

6月26日，为全面开展城市绿地、公园绿地、河道绿化、生态湿地、林荫路、屋顶绿化等建设工作，推动园林绿化从重数量向量质并举转变，从单一功能向复合功能转变，从重建设向建管并重、管养并重转变，逐步建立和完善布局合理、功能高效、种群协调、景观优美的城市绿地系统，区政府印发《2014年西山区城乡园林绿化及生态建设工作实施方案》。

6月27日，为进一步规范西山区森林资源林政管理秩序，严厉打击随意侵占林地、盗伐滥伐森林等违法活动，区政府批转《西山区2014年森林资源林政管理整治工作方案》。

7月8日，为切实做好红火蚁防控工作，维护西山区经济、生态和人畜安全，区政府批转《西山区红火蚁防控工作方案》。

同日，为有效消除重大火灾隐患，预防重特大火灾尤其是群死群伤恶性火灾事故的发生，全力维护全区消防安全形势稳定，区政府印发《西山区重大火灾隐患集中整治专项行动实施方案》。

同日，加快推进西山区省级新农村重点建设村建设工作，在总结2013年度省级重点村组织实施经验的基础上，区政府批转《西山区2014年社会主义新农村省级重点建设村实施方案》。

7月17日，为认真贯彻落实国务院、省、市关于开展安全生产领域“打非治违”专项行动的一系列工作部署，进一步强化对矿产资源领域的监督管理，严厉打击矿产资源开发领域私挖盗采、群采群盗等非法行为，维护矿产资源安全开发秩序，有效防范和遏制重特大事故发生，促进西山区矿业经济持续健康发展，区政府批转《西山区2014年度下半年矿产资源领域“打非治违”工作实施方案》。

7月21日，为巩固2008年以来西山区地下水清理整顿工作成果，合理开发利用和切实保护地下水资源，严厉打击非法取用地下水行为，规范取用水秩序，区政府印发《西山区2014年地下水清理整顿工作方案》。

7月25日，为进一步加强西山区水资源开发利用和节约保护工作，建立和落实最严格水资源管理制度，突出抓好水资源开发利用控制、用水效率控制、水功能区限制纳污红线管理，区政府印发《西山区落实最严格水资源管理制度实施方案》。

7月29日，为认真贯彻落实和宣传《全民健身条例》，深入开展全民健身运动，倡导全民健身、全民共享，进一步促进全区全民健身活动的开展，区政府印发《西山区2014年“全民健身日”系列活动实施方案》。

8月5日，为积极实施“园处合一”联动发展战略，有效整合发展资源和潜能，加快园区建设发展步伐，区政府印发昆明长坡国际物流园区管理委员会管理体制调整方案》。

8月8日，为确保西山区规费征缴纳入财税库银横向联网工作开展，完成省、市交办任务，区政府印发《西山区开展规费征缴纳入财税库银横向联网工作实施方案》。

8月11日，为切实做好西山区2014年土地矿产卫片执法检查工作，持续加强对土地矿产开发利用情况的全面监管，进一步规范土地、矿产开发利用秩序，区政府批转《西山区2014年土地矿产卫片执法检查工作方案》。

8月27日，进一步加快西山区产业优化转型升级，促进西山区经济平稳较快发展，区政府印发《西山区加快产业转型升级促进经济平稳较快发展实施意见》。

8月28日，为推进南连接线高速公路两侧绿化美化整治提升工作，展示昆明旅游城市和现代新昆明形象，区政府批转《西山区南连接线高速公路综合整治提升工作方案》。

9月4日，为做好违法违规用地清理专项整治工作，区政府批转《西山区违法违规用地专项整治行动实施方案》。

10月15日，为完成第十届昆明泛亚国际农业博览会期间市委、市政府安排的有关工作任务，宣传西山区农业产业化、都市农庄建设和新农村建设成果，进一步提高西山区农产品知名度，确保完成参展工作，区政府批转《西山区参加2014第十届昆明泛亚国际农业博览会实施方案》。

11月6日，为切实做好2015年冬季农业生产工作，不断促进西山区都市型高原特色现代农业发展，区政府批转《西山区2015年冬季农业生产指导意见》。

11月7日，为确保国家知识产权强县工程试点各项工作落实到位，全面提升西山区综合竞争力，区政府印发《西山区实施国家知识产权强县工程试点工作方案》。

11月21日，为全面掌握西山区R&D（科学研究与试验性发展）活动情况，适应新形势下宏观管理的需求，区政府印发《西山区2014年R&D资源统计工作方案》。

11月25日，为推进明朗中心学校搬迁重建项目，区政府批转《明朗中心学校搬迁重建项目征地拆迁补偿安置工作指导意见》。

12月12日，为切实做好西山区农村土地承包经营纠纷调解仲裁委员会筹备工作，区政府批转《西山区农村土地承包经营纠纷调解仲裁委员会筹备工作实施方案》。

12月19日，为认真组织实施好新型职业农民培育试点工作，区政府批转《西山区2014年新型职业农民培训工程项目实施方案》。

（马淑颖）

【通知　公告】 1月9日，区政府印发《西山区2014年烟花爆竹安全监管工作实施方案》的通知。

1月13日，区政府印发《西山区尾矿库综合治理行动工作实施方案》的通知。

1月21日，区政府印发《西山区春节期间城市环境卫生及交通秩序集中整治工作方案》的通知。

1月26日，区政府印发《西山区矿产资源行政审批工作实施方案》的通知。

2月19日，区政府印发《西山区2014年冬春林业生态建设实施方案》的通知。

3月17日，区政府印发《西山区巩固创建国家节水型城市实施方案》的通知。

3月21日，区政府印发《西山区2014年入湖河道补水和水质提升工作方案》的通知。

3月28日，区政府印发《西山区“城乡清洁工程·清洁城市行动”周五爱国卫生大扫除工作机制》的通知。

4月1日，区政府印发《西山区打击非法营运专项整治行动计划》的通知。

4月10日，区政府印发《西山区实施国家教育体制改革试点项目分解方案（修订稿）》的通知。

同日，区政府印发《西山区2014年度推进依法行政工作计划》的通知。

4月22日，区政府印发《西山区2014年打击非法行医专项整治行动实施方案》的通知。

4月28日，区政府印发《西山区重大动物疫病防控工作实施方案》的通知。

5月4日，区政府印发《西山区2014年高原特色农业生产指导意见》的通知。

5月12日，区政府印发《西山区开展清理行政权力公开行政权力清单工作实施方案》的通知。

5月19日，区政府印发《西山区开展相对集中林业行政处罚权工作方案》的通知。

5月28日，区政府印发《西山区规范区属机关事业单位编外用工方案》的通知。

6月12日，区政府印发《昆明市西山区人民政府关于公布2014年度规范性文件清理结果的公告》。

6月26日，区政府印发《2014年西山区城乡园林绿化及生态建设工作实施方案》的通知。

7月21日，区政府印发《西山区2014年地下水清理整顿工作方案》的通知。

7月29日，区政府印发《西山区2014年“全民健身日”系列活动实施方案》的通知。

8月8日，区政府印发《西山区开展规费征缴纳入财税库银横向联网工作实施方案》的通知。

9月15日，区政府印发《西山区2014年度易淹水点整治工作方案》的通知。

10月11日，区政府印发《西山区小型污水收集处理设施管护运行制度（暂行）》的通知。

10月22日，区政府印发《西山区2014年滇池保护治理宣传月活动方案》的通知。

11月7日，区政府印发《西山区实施国家知识产权强县工程试点工作方案》的通知。

11月24日，区政府印发《西山区建设工程质量、安全监督管理制度实施方案》和《西山区第三方建设工程质量、安全监督管理办法（暂行）》的通知。

12月8日，区政府印发《西山区2014年度产业发展专项扶持项目工作方案》的通知。

12月9日，区政府印发《关于公布2014年清理调整区级行政许可审批项目和管理服务项目的公告》。

12月12日，区政府印发《西山区2014年冬至期间群众文明祭祀宣传暨安全保障工作方案》的通知。

12月29日，区政府印发《西山区行政审批网上服务大厅建设工作实施方案》的通知。

同日，区政府印发《西山区工程质量治理两年行动实施方案》的通知。

12月31日，区政府印发《关于公布昆明市西山区人民政府行政权力清单及运行流程图的公告》。

【受表彰情况】 1月，西山区人民政府被市政府表彰为“2013年促进农民就业工作先进单位”。2月，西山区政府被市政府表彰为“2013年外贸工作任务完成先进单位”，西山区政府被市政府表彰为“昆明市创建国家森林城市先进单位一等奖”。3月，西山区政府被市政府办公厅表彰为“2013年粮食安全行政首长责任制先进单位”。4月，西山区政府被市政府办公厅表彰为“2013年度昆明市政务信息工作特等先进集体”。6月，西山区政府被市政府评为“昆明市2012～2013年度无偿献血工作先进单位”，西山区政府被市政府表彰为“‘3·01’暴恐事件善后工作先进集体”，西山区政府被市委办公厅表彰为“2013年度县域科学发展先进县”。12月，西山区政府被市政府办公厅评为“2013年度实施品牌战略任务完成优秀单位”。

（何丽娜）

政府办公室工作

【文件分类】 2014年，区政府办公室共印发文件1826份，其中西政发文号19份，西政党文号5份，西政任文号41份，西政复文号329份，西政请文号255份，西政函文号204份，西政报文号99份，西政办发文号4份，西政办通文号143份，西政办请文号36份，西政办函文号15份，政府会议纪要212期，政府办公室会议纪要56期，政府常务会纪要34期，党组会纪要14期，会议通知61期，便签217期，公告3期，《工作通报》11期，《情况简报》1期，《西山政情》36期，《公文点评》2期，《信息专报》29期。

【政务信息】 2014年，向省政府办公厅报送各类政务信息926条，被采用27条；向市政府办公厅报送各类政务信息1086条，被采用133条。编制印发区政府政务信息刊物《西山政情》36期、《工作通报》11期。通过西山区政府信息公开网和西山区政府门户网主动公开政府信息529条，完成年度目标任务的176%。

【人大代表建议和政协提案办理工作】 2014年，西山区政府共承办省、市、区人大代表建议和政协提案455件，其中省人大代表建议1件，省政协提案2件，市人大代表建议4件（主办3件、协办1件），市政协提案5件（主办3件、协办2件），区人大代表议案3件、建议208件，区政协提案（立案）215件（含重点提案5件）、意见建议17件。年初，区政府办公室按照“分级负责、归口办理”的原则分别交由50家单位具体办理落实，涉及省、市人大代表建议和政协提案由区政府办公室统一组织面商、答复、回访等工作。2014年，区政府办公室积极创新办理工作机制，建立区长负总责、联系副区长牵头汇办、分管副区长具体督办、区政府办公室综合协调、职能部门具体落实的组织领导模式，高位推进办理工作；印发相关通知，不断规范程序，强化保障措施，切实提高办理质量。

12件省、市人大代表建议和政协提案中，8件已得到解决或基本解决（A类件）、1件列入计划逐步解决（B类件）、3件已按要求和时限反馈主办单位协办意见；续办的4件市人大代表建议中，1件已办结、1件已反馈主办单位协办意见、2件受政策及客观条件等方面的限制暂时不能完全解决。为确保省、市人大代表建议和政协提案顺利办理，2月，区政府办公室下发相关通知，对办理工作进行具体安排和部署；4月，区政府分管领导分别召开工作推进会，重点就省、市人大代表建议和政协提案办理工作进行细致深入部署；6月26日，区政府召开办理工作面商会，对办理情况进行答复并充分征求代表、委员意见建议；12月2日，区政府召开办理工作回访会会，汇报办理推进情况和代表、委员意见建议落实情况，进一步听取办理工作意见建议。

对收到区十五届人大二次会议代表议案3件、建议208件，区政协八届二次会议提案（立案）215件、意见建议17件，3月，区政府办公室制定下发相关通知，对办理工作进行具体安排，组织指导各承办单位严格按照相关程序开展办理工作。截至2014年12月30日，所有建议及提案的面商、答复、回访等工作均已完成，办复率100%。211件区人大代表建议（议案）中，当年解决或基本解决（A类件）172件，占81.52%，列入计划逐步解决（B类件）26件，占12.32%，因条件限制暂时无法解决（C类件）13件，占6.16%；215件区政协提案中，当年解决或基本解决（A类件）191件，占88.84%，列入计划逐步解决（B类件）21件，占9.76%，因条件限制暂时无法解决（C类件）3件，占1.4%；17件意见、建议按程序全部回复。

（杜建国）

区长热线

【热线受理情况】 区长热线办实行每天24小时全年无节假日值班制度，坚持在第一时间为来电群众答疑解惑、化解矛盾，全区各热线网络联动单位积极配合，共同努力，一大批热点、难点问题得到有效解决。2014年，区长热线办共受理市长热线交办件5584件，接听群众来电3889个，电话交办1297件，立案办理230件，办结率100%。为提高热线办理质量，区长热线办牵头，联合相关职能部门、办事处多次到投诉现场，针对群众投诉较为集中、突出的重点、难点问题进行现场督办，受到来电群众好评，全年接到群众表扬件26件。

【“96128”专线工作】 2014年，西山区共48个部门设立“96128”政务信息查询专线，各部门和单位认真开展此项工作，共受理政务信息查询电话1604次，转接成功率及群众满意率均为100%，公众通过云南省政务信息网络提交的问题88件，已全部由相关部门或单位在线解答。

【“区级领导接访日”工作】 延续上年工作，每月18日、28日，区级领导在西山区信访接待点（海源路中段梁源社区居委会内）轮流定期接访，直接与来访群众面对面交流、听取群众反映的问题。全年区级领导33人开展接访活动23次，接待来访群众1152人次，涉及问题293件，其中现场答复226件、立案办理67件，并全部交由相关部门办理。一批疑难和热点问题得到及时调处和有效解决，维护了社会稳定。

【“区长热线”官方微博、区政府门户网提交件办理情况】 在西山门户网设立政民互动栏目的基础上，区长热线办开通“昆明西山68212345区长热线”官方微博，及时、准确发布与人民群众息息相关的信息，倾听民众呼声，认真收集梳理网民意见、建议，直接受理、答复网民反映的问题。2014年，区长热线官方微博发布信息430条，拥有粉丝1598人，督促二级网络部门办理落实网民反映的问题35件；政民互动栏目受理群众咨询、投诉138件，内容涉及教育、社保、交通、环保、规划、城管、拆迁补偿等方面，区长热线办对每条留言均认真回复，为群众办事提供快捷服务。

【媒体舆论督办情况】 2014年，媒体对全市经济社会发展较为关注，报道也逐渐增多，区长热线办继续加大媒体舆论督办力度，坚持每天收集地方主流报刊及地方电视节目《都市条形码》《昆明新闻》《街头巷尾》等涉及全区经济社会方面的信息，对负面报道及时督促区级有关部门查处整改，共收集报刊信息、视频新闻266条，督办二级网络部门办理落实112件。

（王　燕）

政务服务

【政务服务中心建设及接件办理情况】 年内，按照“应进必进”要求，强化执行情况督促检查，确保“四进”：人员配备进中心，狠抓授权力度；公章进中心，确保窗口既能接件又能办理；值班领导进中心，及时解决窗口各类问题；所有手续进中心，进一步提高窗口直接办事能力。同时，为巩固行政审批改革成果，提高服务效率，区政务服务管理局在中心进一步开展窗口办理事项清理落实，签订承诺书，提高办事效率。一是按“两集中、两到位”要求，对涉及审批事项的区级部门对本部门审批事项进行整合，做到“不经区政府批准不进的项目，均放到窗口集中办理”，进一步督促窗口单位落实授权工作。二是再造行政审批工作流程。按照“精简、高效、便民”原则，对中心各窗口审批流程进行再次调查清理，尽量减少环节，压缩审批时限，对每个环节明确办理时间和责任人，强化对外公布，切实提高行政审批事项服务事项现场办结率，确保按时办结率100%。

至年底，进驻政务中心窗口部门25个，有干部职工109人。进入区政务服务中心办理的各类项目109项：区级行政审批33项，管理服务50项，其他11项，省、市垂直管理部门办理项目15项。全年区政务服务中心共接件20.13万件，其中即办件9.98万件、承诺件1.4万件、咨询8.75万次，办结率100%。加强街道、社区为民服务中心（站）建设工作，10个街道办事处为民服务中心办公面积累计达2599平方米，全区98个为民服务站有办公场所70个，总占地面积4680平方米。全年10个为民服务中心共接件13.98万件，其中即办件5.74万、承诺件1.98万件、咨询件6.26万件，办结率100%。

【投资项目集中、并联审批】 年内，全区涉及投资项目集中审批的区住建局、区文体局、区发改局、区交通局等18个单位在区政务中心安排设立专门窗口，确定专人负责，提供服务。全年共受理并进入全省投资项目集中审批网络系统的投资项目249项，概算累计307.88亿元。其中审批类项目228个，投资概算179.58亿元；核准类项目16个，概算投资127.81亿元；备案类项目5个，概算投资0.49亿元；并联项目17个，联动项目6个，代办项目12个，按时办结率100%。

【规范化及亲民化服务】 在开展党的群众路线教育实践活动中，建立和完善“12345”服务模式，着力解决“门难进、脸难看、事难办”问题。建立中心、窗口和部门“三位一体”联系互动机制，中心通过定期不定期召开会议，开展各种活动，促进单位与窗口、窗口与窗口、窗口与办事群众的联系和沟通，增进彼此感情，达到相互理解。为树立窗口工作人员良好形象，9月，为政务中心窗口工作人员统一制作服装。区政务服务管理局主动联系昆明市委党校及区法律顾问，有针对性举办政务服务礼仪和法律常识培训，进一步增强区政务中心窗口和街道办事处为民服务中心工作人员服务意识和法律常识，了解服务对象所需所求，提升服务水平。规范窗口工作人员服务用语、提升工作人员自我保护意识及处理突发事件时依法行政、依法维权的能力。建立微笑服务制，要求工作人员进行角色定位，清楚认知人民公仆角色及为人民群众服务职责。以“热心、公心、耐心、用心、细心、贴心”的“六心”服务为标准，坚持做到“十点”：微笑多一点、嘴巴甜一点、动作轻一点、说话柔一点、行动快一点、办事稳一点、脑筋活一点、效率高一点、度量大一点、凡事忍一点。

贴心利民，实施亲民化服务，从细节处服务群众。在政务服务大厅设置水机、水杯、针线包、小药箱、雨伞、纸笔、小卡片、老花镜“八小服务”小物件、小举措，同时设立服务代书席、自助查询电脑、电子查询屏等便民设施，方便群众使用，做到贴心服务。以“预约服务、延时服务、上门服务”等活动，主动上门为企业和人民群众服务。在大厅各窗口推广政府补助的“免费婚检”，提供婚姻登记、婚前医学检查、优生健康检查一站式服务，明确婚检医师职责，加大婚检知识宣传力度，在“婚姻登记处”窗口设立“婚检咨询点”等细致服务措施。

【窗口单位及人员管理】 规范管理标准，按照中心窗口及窗口工作人员考核办法，中心与各窗口负责人签订工作目标管理责任书，严格实行考核管理，把中心窗口的服务项目进驻率、授权率、限时办结率、群众满意率、考勤情况等内容作为考核指标，对窗口进行考核。中心严格实行考勤管理和督查抽查，坚持每天2次指纹考勤打卡，并不定时组织每周2次对窗口工作人员的督查抽查，从严管理，促进窗口工作按“规范化、标准化”运行。

认真落实区政务局领导干部值班制度和窗口单位“局长接待日”制度。坚持每周1名值班领导带岗制度，安排登记进驻中心各窗口单位“局长接待日”相关工作。全年“局长接待日”接待群众200余人次，现场咨询解答群众800余人次，社会反响良好，受到广泛欢迎。

（罗成云）

机关事务管理

【机关综合服务】 年内，做好区人民政府综合办公大楼管理服务工作，对水网设施、电网设施勤检修、勤维护。全年修理各种水电器件296件次，更换节能灯643只，修理门窗拉手门锁80余件次，电话设施维修及调线159部次，拉分机271部次，加固大楼外墙花岗岩1000余块。

按照“服务市场化”要求，将6个机关住宅院门卫工作推向市场，委托保安公司管理，进一步提高机关住宅院服务水平。坚持月例会制度和水电费公示制度，对住宅小区绿化进行美化整治和杀虫灭害处理，全年对住宅院进行维修维护工作80余次，修理住户电路12户次，清掏化粪池4个，对小区漏水屋顶进行防水维修处理，保障住宅小区安全、卫生、整洁。

严格按照中央“八项规定”“厉行节约、反对浪费”的相关要求和省、市关于公务接待的相关规定，完成区委、区政府安排的各项接待工作。建立会议全程跟踪服务制度，完善会前、会中、会后服务等各个环节，把握音响、灯光、花木、茶水等细节，加强会议服务人员业务培训，做好区人代会、政协会等各大型会议服务及后勤保障工作。全年为各部、委、办、局提供会议服务329次，参会人数7.9万人次。

【安全保卫工作】 年内，层层签订安全生产责任书，落实责任，严格门卫制度，对出入大楼人员实行询问登记5.8万人次。加大安全检查力度，开展安全检查6次，保安员夜间巡查150余次，做好电梯、消防设施系统的检修、维护、保养，投资150万元对大楼报警监控系统进行升级改造，提升大楼技防安保水平。认真履行“义务消防队”责任，定期组织消防常识学习演练，加强保安人员理想信念、职业道德和法律法规教育，确保区政府综合办公大楼的安全。针对大楼停车难问题，安装“门禁系统”，对进出大楼车辆，采取“卡证结合”方式，实行停车管理系统读卡识别和工作人员查证识别“双识别”管理机制，在一定程度上缓解大楼停车难问题，并统一换发2014年车辆通行证1833张。

【卫生保洁、绿化和食堂工作】 强化日常管理，坚持全日制保洁，垃圾做到日产日清。坚持每周1次公共部分卫生检查制度，发现问题及时进行整改。贯彻落实“爱卫”“创卫”工作有关规定，切实加强对大楼各单位每季度1次的“爱卫”工作督促、检查，及时将检查情况进行通报，及时整改，干部职工卫生意识明显增强。督促、检查绿化承包方，做好区政府综合办公大楼绿化管养工作。认真贯彻落实《食品安全法》，对机关食堂大米、油、肉、蛋等加强监督检查，确保食品卫生安全。强化食堂考核机制，对食堂进货渠道、餐品质量、食品安全、服务质量等情况依照考核办法每月按百分制考核进行管理，及时处理存在的就餐问题，丰富菜品种类，提升菜品口味。

【政府采购】 坚持公开、公平、公正的原则，采取公开招标、邀请招标、竞争性谈判、单一来源谈判、网上公开询价等采购方式，组织实施区属各单位开展政府采购工作，进一步规范政府采购公开招标项目进入昆明市公共资源交易中心的相关程序，全年开展政府采购人员专业培训3次，完成政府采购项目100余项，涉及采购资金6100万元。

【公共机构节能工作】 充分发挥公共机构在建设节约型机关的带头、表率作用，进一步健全管理体系，规范节能制度，加强节能宣传，引入节能降耗考核机制，完成申报全国第二批节约型公共机构示范单位的基础性工作，超额完成2014年度财政补贴高效照明产品推广任务，共推广节能灯9740支。安排专人负责再生水处理站日常运行、管理、维护，所产再生水全部用于绿化，节约绿化用水5743吨。推行低碳生活，进一步完善能耗统计，着力建设节约型机关。

【公务用车配备使用管理】 按照“依法依规，程序完善，高效快捷，实现国有资产保值、增值”的原则，处置收缴车辆19辆，其中公开拍卖9辆、报废8辆、调剂2辆，进一步控制公务用车成本，巩固公务用车专项治理成果。做好全区党政机关一般公务用车编制计划的拟定、调整、变更等审核报批工作以及公务用车的购置、调配、处置等公务用车管理工作。加强机关应急服务车队车辆管理，严格执行“定点保险、定点维修、定点加油”规定，严禁公车私用。

【党政机关办公用房清理整改】 年内，按照区办公用房清理领导小组要求，完成区政府综合办公大楼办公用房情况核实、清理和整改工作，共清退面积3690平方米，把在外租房办公的7家机关单位迁入区政府综合大楼内办公，每年节约租金、水电费200余万元。

规范大楼管理，对在办公用房清理工作中从各单位收回的19间小型会议室进行集中统一规范管理，制定《小型会议室使用管理规定》，切实提高会议室使用效率。针对办公家具、设备等物品溢余、无处堆放问题，进行统一收交处置，共收交处置物资1008件，其中调剂留用526件、捐赠社区418件、报废64件。重新对区政府综合办公大楼办公室门牌号进行编制，统一更换新门牌号370余块，制作安装各单位内设机构（科室）名称标识牌290块。

（张丽红）

信访工作

【来信来访情况】 2014年，区信访局共办理群众来信615件（普通来信361件，全国信访信息系统直转件144件，云南省信访信息系统交办件63件，重要信访件47件），比上年同期上升29%；接待群众到区来访175批2199人次（其中集体访91批2168人次），比上年同期批次下降16%、人次上升40%。

2014年，西山区群众到省、市党政机关接待处理群众集体上访72批1398人次，与上年同期相比，批次和人次分别下降9%和30%；50人以上大规模到省、市党政机关集体上访4批248人次，与上年同期相比，批次和人次分别下降56%和68%。

2014年，西山区群众进京非正常上访24批33人次，与上年同期相比，批次和人次分别下降43%和37%。

【领导接访下访】 做好每月18日、28日“区级领导接访日”排号、登记、引导、跟踪督办、情况统计报送等工作。全年共开展“区级领导接访日”23次，接待来访群众284批1071人次（其中集体访91批630人次、个体访193批356人次），与上年同期相比，批次上升13%、人次下降35%。

认真督促指导责任单位做好中央巡视组交办的13件重要信访案件办理工作，以及省长李纪恒接访涉及西山区的租地补偿纠纷、土地征用及村务账务、拆迁安置问题3起信访案件办理工作，并及时上报办理情况。11月11日上午，市长李文荣到马街街道办事处接访群众。区信访局做好6件接访案件的筛选、材料组织及与各方对接联系工作，并根据市领导接访时的答复意见和要求，督促责任单位限时解决群众反映的诉求，及时收集整理工作情况并上报。

【矛盾纠纷排查化解】 年内，制定《西山区信访局开展矛盾纠纷排查工作制度》，每月定期召开矛盾纠纷排查工作例会，分析信访工作形势并作出安排部署。2014年全区各级、各部门共排查出矛盾隐患1677件，至年底，已化解1459件，正在化解和稳控中218件。在各级“两会”、南博会、十八届四中全会、APEC会议等特殊敏感时期，制定工作预案，启动每日情况“零报告”制度，加强对重点时段、重点领域、重点地区和重点群体动态信息的收集和研判，做到各种苗头隐患底数清、情况明、发现早、主动抓。严格落实区、街道、社区三级联动排查责任，坚持适时排查，逐月分析，季度汇总，切实做到信访问题未发先知、重点人员未动先知、信访案件有人报知，牢牢掌握化解矛盾纠纷的主动权。

【信访积案攻坚化解】 年初，对全区信访突出问题进行全面梳理，经分析研究后，将梳理出的“骨头案”“钉子案”及信访突出问题逐一明确各级包案化解责任领导、责任单位及责任人，并以区联办红头文件形式下发各责任单位落实包案化解和稳控责任。至年底，西山区10件“骨头案”“钉子案”已结案6件；有1件复杂疑难信访问题正在开展复查复核终结程序，待手续完善后即可结案；另有3件历史遗留涉法涉诉信访案件正在开展化解工作。

年内，区信访局结合党的群众路线教育实践活动的开展，多次深入上访户严某家中开展群众工作，动员区人社局、区团委、区民政局等部门，为其解决档案托管、子女助学帮扶、家庭生活困难救助等问题，成功将严某信访积案进行化解。因工作细致周到、及时妥善、实事求是，市委副书记应永生批示在全市学习借鉴，区委书记赵学农批示区委活动办将其作为“最后一公里服务”典型案例。

针对市纪委、市联办、市委目督办、市政府目督办联合督办的信访件，及时落实区级领导、区级部门负责人、街道负责人三级包案领导，积极采取措施开展化解工作，并及时向市纪委、市联办、市委目督办、市政府目督办报送工作进展情况。全年区信访局共办理联合督办件14件，联合交办件12件。

【信访救助】 针对生活困难群众反映“于法无据，于情有理”的信访问题，通过实施信访救助，为其提供生活、医疗、住房等方面的帮扶救助措施，使其在接受关爱、感受温暖中息诉息访。年初，组织对碧鸡街道困难老上访户1人进行特殊疑难信访救助10万元，已息诉罢访。上年梳理并向上级申报的7件信访突出问题救助金共53万元，于11月底全部到位，并完成兑付工作。针对生活困难的老上访户，从工作经费中拨出7400元，采取生活困难临时救助、节日走访慰问等方式进行救助。同时，积极协调区民政等部门对重病人员医疗费进行补助，有效缓和党群干群矛盾，减少非正常上访行为。

【推进依法治访工作】 一是加强政策法规学习及业务培训。4月，《国家信访局关于进一步规范信访事项受理办理程序引导来访人依法逐级走访的办法》出台后，及时组织全局干部职工认真学习，并多次组织局业务骨干参加市信访局和其他区县组织的事项复查复核业务培训班，提高业务技能。7月18日，邀请市信访局复查复核处处长宋雪松、网信办主任柳江，对全区10个街道办事处分管领导和信访专干、40家区级部门信访干部共70余人，开展“信访事项复查复核”和“网上信访件办理”专题业务培训，进一步规范西山区相关业务工作。7月31日，组织全区45家区级部门、10个街道办事处分管领导及信访专干参加全国依法逐级走访工作视频培训会议，认真领会中央精神，及时掌握政策法规知识，提高业务工作技能。二是扎实有序推进信访事项复查复核三级终结工作。针对碧鸡街道里仁村村民反映的村务账务问题、福海街道办事处河北社区居民反映的拆迁补偿问题，因反复协调答复不满意，引导其依法逐级申请进行复查复核，用法治程序实现“事要解决、人要息访”的目的，切实维护社会大局和谐稳定。

（赵德苍）

档　案

【档案收藏、查阅接待及利用情况】 截至年底，西山区档案局共收藏文书档案113个，全宗5.84万卷2.4万件。其中明清时期档案2卷、民国档案19卷、新中国成立后档案5.84万卷2.4万件。全年区档案局共接待查阅档案2065人，利用档案2550卷，其中90%以上均利用数字化档案资源，高效快速为群众办理档案查询业务。

【依法行政、依法治档】 加大《档案法》《云南省档案条例》及其配套法律法规宣传教育和执法检查工作力度。继续按照区“法律六进”工作统一部署，突出重点，通过多形式，多渠道的宣传活动，不断增强档案人的社会意识和社会人的档案意识，为全面推进依法治档提供强有力思想保障。先后下发关于文件材料整理归档和档案工作执法检查的相关通知，对上年度各类文件材料整理归档工作进行安排布置，明确标准和规范要求，提出具体完成时限。并于8月25日至9月16日，对全区71个单位的档案工作进行执法检查，并将检查结果向全区通报。

【档案管理示范化单位认定工作】 在不断总结档案规范化管理工作经验的同时，区档案局继续开展档案管理示范化单位认定工作。按照相关通知，完成对西山区委办公室、西山区国税局、西山区统计局、西山区旅游文化体育局、昆明市质量技术监督局西山区分局、昆明市国土资源局西山分局、西山区交通运输局、团结街道办事处、碧鸡街道办事处、西山区城投公司10个单位档案工作规范化管理示范单位认定工作。

【业务培训和指导】 7月24日，举办西山区档案局电子档案业务培训班，邀请市档案局专家对区属各单位档案管理人员讲解电子档案的整理规范和要点。

先后深入海口工业园区、永昌街道办事处、观音山公墓进行业务培训，对专兼职档案人员进行面对面交流，进一步提高档案基层专兼职人员

7月24日，西山区档案局举办电子档案业务培训班

8月27日，西山区档案局开展档案执法检查 （区档案局 供稿）

的理论、业务素质、政策水平。特别加大对涉及新农村建设、民生民情等单位档案工作跟踪指导。先后到区民政局、区交通局等多个单位进行有针对性的指导。重新调整档案协作组对口联系业务人员，保证针对各单位的业务指导更好展开。

【档案接收、验收工作】 按照区档案局修改完善的档案接收、收集细则，完成对原区委党校所有档案移交归档整理工作，即文书档案38卷、会计档案578卷、照片档案17卷、声像磁带36盘、实物81件、基础建设档案9卷、电子光盘34张、人事档案3卷。

年内，先后验收滇池入湖河道大观河截污及水环境治理、西山区碧鸡旅游环线公路改扩建、昆明大观河截污及水环境治理、盘龙江跨江桥梁建设等工程档案验收工作。

【档案安全管理及数字化加工建设】 做好馆（室）藏档案科学管理及安全保卫工作，落实安全责任。按照档案管理“十防”（防火、防盗、防潮、防光、防高温、防尘、防虫、防鼠、防霉、防有害气体）要求，进一步完善档案管理各项规章制度和档案安全应急防范机制，建立和健全档案安全检查长效机制，并在工作中认真加以落实，确保馆（室）藏档案科学管理。切实加强安全工作，认真落实安全管理和保密工作责任制，坚持定期、不定期安全检查，发现隐患及时整改，在档案的利用环节上不仅保证档案实体的安全，而且保证档案信息的安全。

至年底，档案数字化转化200余万页，完成数字化加工一期任务，并开展档案数字化转化二期工作。同时，做好信息资源数据库维护管理工作，确保系统正常运行，加快推进数字档案馆建设，进一步完善馆藏重要档案电子数据备份工作。

【保密工作】 制定西山区档案局《档案保密制度》，与数字化加工外包单位签订保密协议，在档案加工场所安装监控探头3个，确保全方位、全程监督。同时，加强档案信息网络系统的保密管理。按照“上网不涉密、涉密不上网”原则，做到档案管理网络不连互联网，涉密计算机与办公计算机分开，杜绝在连接互联网的非涉密计算机上储存、处理涉密信息；禁止移动储存介质在涉密计算机和非涉密计算机之间交叉使用，在档案管理的服务器及涉密计算机终端只能使用专用移动储存介质，确保操作安全、数据安全。

【特色照片档案资料征集】 区档案局联合区人口和计划生育局开展计划生育特色照片收集整理工作。6月3～12日，先后深入全区10个街道办事处和多个社区居委会村间巷道，收集计划生育特色照片1000余张、实物30余件，经过精选，归档整理出档案珍藏照片7卷330张。

（程 鑫）

地方志

【2014年《西山年鉴》编纂出版】 2月，2014版《西山年鉴》编纂工作经区政府办下文正式启动。区地志办按照岗位责任分工，及时督促落实各对口责任单位撰稿、供稿工作，以提高年鉴出版工作时效性。年内共有103家单位承撰年鉴稿，同时提供照片数百张，确保年鉴资料信息覆盖广度。

在文稿编辑及书版编排中，全体编辑人员统一思想，提高认识，结合事物发展变化情况，调整、完善年鉴框架结构；提高条目设立标准，认真核实史实，查缺补漏，弃粗取精，不断提升条目资料信息质量及深度。至12月，2014版《西山年鉴》由民族出版社出版发行。全书设24个部类共70万字，继续采用正文双色套印，随文插图，图文并茂。不断提高照片选编质量，精选照片205张，其中彩页120张。重点突出“城乡一体化建设”“文明迎南博”等专题工作。

【《西山年鉴》获云南省第十届年鉴评比综合一等奖】 西山区地方志办公室在区政府的领导和全区各部门支持配合下，不断寻求年鉴编辑质量的创新与发展。2014年3月，在云南省地方志编纂委员会办公室、云南省年鉴研究会联合开展的云南省第十届年鉴系列评奖活动中，由西山区政府主办、西山区地方志办公室编纂的《西山年鉴》（2011、2012年版），经云南省年鉴研究会组织相关专家审读、评委会评定，均获得综合一等奖。《西山年鉴》2011、2012年版共提供文字信息资料165万字，照片446幅，为社会各界了解、建设西山发挥积极作用。

【《西山区志》续修编纂工作】 2014年，继续推进全区第二轮《西山区志（1978～2008）》续修工作，在全区88家承撰单位上报承撰志稿的基础上，区地志办全体编修人员按照岗位分工，认真审查核实史实，按照修志体例、规范对志稿进行精心编写。至年末，完成85家单位报送志稿的分纂工作，占总任务的97%，在此基础上初步形成《西山区志（1978～2008）》初稿，约150万字。

【基层部门志编纂指导工作】 在第二轮《西山区志》续修工作中，全区88家区志承撰单位中有21家单位和部门开展部门志编修工作。区地志办除积极上门作编纂业务指导外，对各部门报送的初稿一一进行认真审阅，对史实资料进行查缺补漏，严格把关，规范志书体例，并逐一进行通篇文字修改。年内对基层报送的《马街社区志》（初稿）约10万字进行通篇修改；对《团结街道办事处志》《谷律彝族白族乡志》进行逐一审阅修改，约66万字，并通过会审验收，即将送厂印制；对会审后再次修订报送的《西苑街道办事处志》《西山区总工会志》进行审阅，并进行细致修改，合计24万字。3月和11月，两部志书先后印刷出书。

至年末，有《西山区政协志》《西山区人大志》《西山区政法志》《西山区水利志》《棕树营街道办事处志》《中共西山区政研室志》《西山区农业志（1978～2010年）》《西苑街道办事处志》《西山区总工会志》等15本（含农业局2部）部门志编纂印刷出书，其余《西山林业志》《金碧街道办事处志》《团结街道办事处志》《谷律彝族白族乡志》《西山区教育志》《西山区供销社志》《马街社区志》7部志书已分别召开1～3次审稿会，修订后即将印刷出书。

【《西苑街道办事处志》编印出书】 3月，经过近3年的编写，由西苑街道办事处组织编修的《西苑街道办事处志》编印出书。全志采用章、节、条目结构，由述、记、志、图、表、录6种体裁组成，成书未设人物部分。上限起于1993年西苑建置，下限止于2010年。全书设9章27节，约12万字，收录照片95幅，其中随文插图25幅。

该志记述西苑街道办事从开发区管委会到街道办事处的发展历程，是全区推进城市化进程的一个缩影，在短短18年的历史中，共引进开发项目27个，开发城市1.57万套、181平方米，累计投资约20亿元。西苑作为地处西山区政治文化中心的街道办事处，为西山区探索管理城市新路子，为西山区行政中心东移做出积极贡献。

【《西山区总工会志》编印出书】 历经4年多的编写，11月，由西山区总工会组织编修的《西山区总工会志》编印出书。此部志书为区总工会1993年3月编纂的首部《西山区工会志》的续志。上限为1978年，下限为2009年。该志采用全志采用章、节、条目结构，由述、记、志、传、图、表、录7种体裁组成。全书设5章12节，约15万字，收录照片54幅。

《西山区工会志》（1978～2009）全面记述1978年党的十一届三中全会以来，西山区工会工作32年的发展进程，尤其是随着社会主义市场经济体制的建立和发展，工会领域无论是工作内容、活动方式、组织制度等都发生了巨大变化，西山区总工会按照《中国工会法》，努力开展组织建设，职工思想教育、文化体育活动、民主管理、安全生产生活等工作，并通过参政议政维护职工合法权益，为职工排忧解难，全心全意为广大职工服务，较好地发挥了党联系职工群众的桥梁和纽带作用。

【省、市年鉴稿承撰任务】 年内，及时安排落实2014年版《云南年鉴》《云南经济年鉴》《云南小康年鉴》《昆明年鉴》组稿工作，分别为省、市上级业务部门撰写、提供反映2013年西山区经济建设、社会发展及小康建设、生态文明建设等概况稿2万余字。

【用志用鉴工作】 年初，及时向全区各级领导、区属及驻区各部门发放2014年版《西山年鉴》900余册，发行和交换《西山区志》4册。继续帮助区机关及外来人员查找利用区情资料工作，发挥为社会各界了解区情、认识西山服务的窗口作用。

（罗桂莲）

* * * * * * * *

人民政协西山区委员会

【八届二次全体会议】 于1月16～18日召开。会议听取和审议《中国人民政治协商会议昆明市西山区第八届委员会常务委员会工作报告》和《中国人民政治协商会议昆明市西山区第八届委员会常务委员会关于八届一次会议以来提案工作情况的报告》。听取和协商《政府工作报告》《昆明市西山区2013年国民经济和社会发展计划执行情况与2014年国民经济和社会发展计划草案的报告》《昆明市西山区2013年地方财政预算执行情况和2014年地方财政预算草案的报告》《昆明市西山区人民法院工作报告》和《昆明市西山区人民检察院工作报告》。

会议同意区政协主席章震代表常务委员会所作的《政协工作报告》和区政协副主席李正良代表常务委员会所作的《提案工作情况报告》。会议赞同《西山区人民政府工作报告》《西山区人民法院工作报告》《西山区人民检察院工作报告》及其他报告。

【八届五次常委会议】 于3月31日召开。听取并审议通过《区政协2014年工作要点》《区政协2014年协商工作计划》《区政协八届二次会议提案审查情况报告》《区政协各专委会2014年工作计划》《区政协关于创建“四位一体”工作机制的实施意见》《区政协关于开展专项课题调研的工作方案》，进行人事任免，并开展区政协党的群众路线教育实践活动专题党课。

【八届六次常委会议】 于8月5日召开。听取并协商西山区政府关于2014年上半年国民经济和社会发展计划执行情况的通报、上半年地方财政预算执行情况的通报、区纪委工作情况的通报、区人民法院2014年上半年重点工作情况的通报、区人民检察院2014年上半年工作的通报，书面通报政协西山区委员会2014年上半年工作。

【八届七次常委会议】 于11月6日召开。学习传达党的十八届四中全会、全省领导干部大会、市委常委（扩大）会议和区委常委（扩大）会议精神，以及习近平总书记在庆祝中国人民政治协商会议成立65周年大会上的讲话精神，通报区政协机关开展党的群众路线教育实践活动工作情况、政协昆明市西山区第八届委员会第二次会议以来提案办理工作情况，协商通过区政协《西山大旅游区文化建设对策研究课题报告》《西山区道路、桥梁、河道、城市公园地名研究》《西山区城中村改造中企业流失课题研究》3个重点调研课题报告。

【制度建设】 在开展党的群众路线教育实践活动中，共征集意见建议362条，查找自身问题248个。抓住正风肃纪主题，以务实管用为出发点，结合工作实际，梳理出需要“废、改、立”的制度规定共31项。其中予以废止的1项、修订完善的10项、需要新建的20项。新建制度中反对形式主义方面6项，如《政协昆明市西山区委员会随机调研制度》《关于加强区政协对区政府部门实行民主监督推动工作落实的意见》等；反对官僚主义方面7项，如《政协昆明市西山区委员会干部直接联系和服务群众制度》《政协昆明市西山区委员会关于主席约谈委员制度》《政协昆明市西山区委员会关于开展“四风”突出问题专项整治切实改进作风的实施办法》等；反对享乐主义方面3项，如《政协昆明市西山区委员会贯彻〈党政机关厉行节约反对浪费条例〉实施细则》《政协昆明市西山区委员会关于在教育实践活动中贯彻落实“三严三实”要求进一步改进工作作风密切联系群众的十条规定》等；反对奢靡之风方面3项，如《政协昆明西山区委员会公务接待管理规定》《政协昆明市西山区委员会关于落实严格规范领导干部办理婚丧喜庆事宜暂行办法的通知》《政协昆明市西山区委员会关于贯彻执行严禁公职人员收送礼品、借机敛财、插手工程建设的规定》。

【协商工作】 全面协商方面：充分运用政协全会、常委会议、主席会议等方式，开展协商活动。在区委全会和区“两会”召开前，对区委、政府、法检两院报告进行认真协商。八届二次全体会议期间，对政府工作报告和计划、财政报告及“两院”工作报告进行协商，着重就经济结构调整和产业发展、城市规划建设管理、生态文明建设、民生改善、法治西山等方面的重大问题展开协商讨论，形成意见建议105条报区委、区政府。在八届六次常委（扩大）会议上，全体政协委员听取上半年计划、财政执行情况，法检两院工作情况及区纪委关于党风廉政建设情况通报，展开协商讨论。全年多次召开主席会议，就美丽乡村建设及基层社区道路修复、饮水管网改造等民生改善问题进行协商。

专题协商方面：对区检察院民事行政检察和侦查监督工作、文化市场发展、总部经济、区法院执行指挥中心和远程审批系统软硬件建设、和谐社区建设等进行调研、视察，组织委员多方协商，找准问题，提出意见建议62条。特别是在对西山区开展创新型县（市）区试点工作的专题协商座谈中，提出完善产、学、研体系建设，实现资源共享，加快园区建设和产业结构调整步伐，发挥产业集聚效应等7方面的意见建议，得到政府采纳。

界别协商方面：发挥界别优势和作用，对环滇池生态湿地公园建设、重点道路交通设施建设、百集龙商业广场、区检察院检务公开等工作进行协商，促进相关问题解决。对新运粮河水环境综合整治协商，提出尽快推进马街片区截污系统建设、抓好非法排污相关处置工作、抓紧推进河道综合整治等建议。对润城项目云南师范大学附属润城学校建设协商，提出加强校园安全管理、尽快通煤气等建议。对环境卫生综合整治协商，提出认真落实市容环境卫生管理责任，加大“门前三包”宣传，加强交通微循环整治，探索引摊入市等建议，促进政府部门改进工作。

【委员之家建设】 年内，新创建永昌、前卫、碧鸡街道办事处，海口工业园区（海口街道）和经济界5个政协委员之家，成立海埂街道管理处政协委员联络组。委员之家已由建在机关拓展到建在基层、建在社区、建在企业。马街街道委员之家设立政协委员社区工作站，为群众提供法律咨询服务和法律援助；福海街道委员之家组织委员参与城中村改造等重点项目实施所引发的社会矛盾排查、调处工作；统一战线委员之家采取集中与分散相结合，帮助企业协调解决生产经营中的困难和问题；医药卫生界别委员之家开展对口支援服务、专家进社区义诊活动；海口工业园区委员之家开展“我为园区招商引资、做强工业、实现跨越做贡献”“我为企业出点子”活动等。

【“4方面”履职活动】 各专委会、联络组、界别组、政协委员之家4方面充分发挥“横向代表性强、纵向专业性强、内部联系性强”的优势，按照“专项、专题、专人”要求，有主题有针对性地开展联络交叉、界别交叉的“委员接访日”“委员进社区”以及调研、视察活动，组织委员参加对部门党的群众路线教育实践活动开展民主评议和民主测评，全年4方面共开展专题活动368次，参与活动政协委员3000余人次。

【提案工作】 区政协八届二次会议以来，共提交提案材料270件，经提案委员会审查，立案226件（个人提案201件、集体提案25件）。其中涉及经济建设方面30件（立案29件），涉及科教文卫体旅方面62件（立案55件），涉及城市规划建设管理交通方面95件（立案64件），涉及农林水环保方面25件（立案24件），涉及政法民政社会保障方面41件（立案40件），其他方面17件（立案14件）。已立案的提案分别交送区政府及相关部门办理，交办率100%。未立案的44件提案材料中，有18件作为意见建议办理。有26件超出西山区权限，作为委员来信转上级有关部门办理。在226件提案中，经区政协常委会研究，确定重点提案5件，由区政协主席、副主席进行督办。截至2014年12月31日，226件提案全部办复，办复率100%。在已办复的226件提案中，所提问题已得到解决和基本解决的202件，占89.38%；所提问题列入计划逐步解决的21件，占9.29%；尚不具备解决条件解决的3件，占1.33%；提案人对提案办理工作非常满意和基本满意率为99.55%。在提案办理过程中，区政府高度重视，形成“政府主要领导亲自抓，分管领导直接抓，相关部门具体抓”的工作格局，并将提案办理纳入年度目标管理，进行量化考核，提案办理工作取得良好成效。

【视察、调研工作】 4月23日，区政协组织部分政协委员对区法院执行指挥中心和远程审批系统软件建设工作情况进行视察。委员们提出进一步强化措施，落实责任，确保资金投入，打造精品工程，加强管理工作等建议。

5月20日，区政协组织部分政协委员对区检察院侦查监督和民事行政检察工作进行调研。委员们提出整合资源，构建“两法衔接”一体化工作机制，扩大衔接范围，加强工作宣传力度，强化干警业务素质培训，以及区政府为外省、外地在昆明无固定住处干警提供廉价出租房等建议和意见。

5月28日，区政协委员对西山区文化市场发展情况进行调研。委员们提出抓住“第一要务”，大力发展文化产业；建立长效机制，加强文化市场管理；加强对民众文化消费观念的引导的建议。

6月24日，区政协组织部分区政协委员对长坡泛亚物流园区建设发展情况进行调查。委员对于加快园区建设提出加强工作统筹协调，推进园区产业项目征地拆迁工作，强化园区配套建设、创新方法，加快建设步伐，继续推进安置房建设，确保被拆迁居民利益的意见和建议。

7月29日，区政协委员对西山区开展昆明市创新型县（区）试点工作情况进行视察。委员们提出进一步优化有利于科技创新的环境，激励和调动全民创新创业积极性；完善产、学、研体系建设，实现资源共享；吸引多渠道科技资金投入；加快园区建设步伐，加大招商引资力度，建立并完善工作调度协调机制和绩效考评机制等建议和意见。

8月15日，区政协委员对西山区“城乡清洁工程”进行视察。委员们提出加大宣传力度，加大资金投入、多渠道筹措资金，强化责任落实，深化完善长效机制，坚持建管并重的建议和意见。

8月20日，区政协组织部分政协委员对全国重点文物保护单位—惠光寺塔和常乐寺塔、石龙坝水电站进行视察。委员们对文物修缮工作提出依法遵规履程安全施工，坚持修旧如旧

11月4日，西山区政协委员对区政协八届二次会议以来5件重点提案办理工作进行视察

10月1日，举办西山区政协成立30周年书画摄影展

原则，具备专业知识甲方代表进入现场，向省、内外学习全国重点文物修缮的程序及相关工作，以及纪检监察、审计等相关部门必须提前介入的建议。

8月28日，区政协组织部分政协委员对西山区总部经济发展情况进行视察。委员们提出继续加大政策宣传力度，建立一套完善的企业总部管理机制，扶持一批现有企业总部，引进一批国内外大型企业总部，培育一批本地优势产业企业总部，建立总部企业绿色通道服务制度和建立服务总部企业信息交互平台的建议。

【资料编印及展览】 结合建国65周年和西山区政协成立30周年，国庆期间，举办政协委员书画摄影作品展，并编印《西山区政协委员书画摄影作品展集选》。年底，编印《同舟共济 建设西山》（1984～2014年）画册，展现区政协30年来的工作成就和履职情况。

各委室工作

【办公室工作】 2014年，区政协办公室配合区政协党组、区政协党总支带头研究制定区政协党组、区政协机关开展党的群众路线教育实践活动的实施方案和班子联系工作方案，对各环节工作进行安排部署，明确班子成员联系常委，部分委员、联系各联络组、界别组、委员之家和“四群”教育联系点共36个，研究制定《政协西山区委员会关于开展“四风”突出问题专项整治的实施方案》共制定16个方面32条整治目标，明确整治措施、责任领导、责任单位、整治时限。在整治文山会海方面，区政协会议同比减少26%，文件同比减少31%；清理腾退超标办公用房129.74平方米。

全年完成全委会1次、常委会4次（八届六次常委会扩大到全体委员参加）、党组会12次、主席会12次、全体机关干部大会12次、各种专题工作会议12次，与各单位联合调研3次，各专委会视察活动6次、专题协商2次，联络组、界别组、委员之家专题工作会议20余次的服务工作。配合各专委会组织开展各类调研、视察活动8次。全年共编发党组文件3份，委员会文件33份，办公室文件70份，在区政府门户网站上发布信息53条、电子政务网上发布信息54条，完成全委会工作报告、政协工作总结以及政协全会、党组会、主席会、常委会议等材料的拟写，以及各种通知、总结、领导讲话、汇报材料等的起草任务。

完成政府信息公开、公共机构节能、保密、消防、工会、妇女、共青团考核等工作；加强公务用车管理，严格按规定控制和节约车辆运行费用，强化驾驶员教育，全年无安全责任事故发生。

【经济工作委员会工作】 组织部分区政协委员对西山区总部经济发展情况进行视察，对长坡泛亚物流园区建设发展情况进行调查，并完成视察报告和调查报告。围绕重点调研课题——《西山区城中村改造企业流失课题研究》，先后组织相关职能部门、区属10个街道办事处、部分企业负责人和部分政协委员参加的专题协商会。该课题通过专家评审，得到市政协领导充分肯定。

【提案工作委员会工作】 政协昆明市西山区第八届委员会第二次会议期间及闭会以来共收到提案材料270件。经提案委员会审查，立案226件，确定重点提案5件，未予立案18件，超出西山区权限范围的26件提案已转省、市有关部门办理。4月，召开提案交办会，8月28日，提案委组织部分政协委员对西山区2014年政协提案办理工作进行现场视察并听取汇报。11月4日，提案委组织部分政协委员、政协提案审查委员会全体成员对西山区政协重点提案办理工作进行现场视察和听取汇报。截至2014年12月31日，226件提案全部办复，办复率100%。

【社会法制工作委员会工作】 4月23日，组织部分政协委员对区法院执行指挥中心和远程审批系统软件建设工作情况进行视察，提出意见和建议，并完成视察报告。5月20日，组织部分政协委员，对区检察院的侦查监督和民事行政检察工作进行调研，提出7个方面意见建议，并完成调研报告。参加区法制办组织的西山区执法案件监督评估工作。参加区民政局《关于西山区优抚对象困难家庭临时救济办法》听证会议，提出修改建议。

【科教文卫体工作委员会工作】 组织部分区政协委员，对西山区文化市场发展情况进行调研和对西山区开展昆明市创新型县（区）试点工作情况进行视察活动，完成调研和视察报告报送区委、区政府及相关职能部门。8月21日，组织区政协委员和党派成员身份的市、区医院的主任医师、副主任医师8人，深入团结街道办事处蔡家社区为当地人民群众开展义诊活动，接诊300余人次，免费发放价值4000余元52种药品。参加教育部门开展的各类教育考试现场巡查监督，参加全区中小学生运动会、区第27届西山音乐节、科技活动周等活动，参加科技项目及资金管理办法的听证工作。区政协八届二次会议收到关于科教文卫体工作类别提案共61件，参加相关部门所有提案面商和回访会，促进提案办理时效和质量。

【城乡建设环境保护工作委员会工作】 8月15日，组织部分区政协委员对西山区实施城乡清洁工程工作情况进行视察，完成视察报告报送区委、区政府及相关职能部门。参加城环委所联系政府职能部门和单位听证会5次，检查工作18次，建设项目验收监督会2次，政协提案面商回复会议18次，每季度定期参加绿化局考核绿化建设，计4次14天，有效发挥了民主监督协商职能。重点调研课题——《西山区道路、桥梁、河道、城市公园地名研究》，多次召集相关职能部门、街道办事处负责人，课题组专家、部分政协委员参加的专题协商会，并通过专家评审。

【文史资料工作委员会工作】 8月20日，组织部分政协委员及相关部门的人员对全国重点文物保护单位——惠光寺塔和常乐寺塔、石龙坝水电站进行视察，完成视察报告报送区委、区政府及相关职能部门。编印详尽介绍西山风景区的《西山区文史资料》第十二辑——《湖畔西山》，获市政协优秀文史图书评比一等奖。重点调研课题——《西山大旅游区文化建设对策研究课题报告》，先后组织相关职能部门、街道办事处负责人，课题组专家、部分政协委员3次深入观音山、碧鸡寺遗址、升庵祠、紫园等进行调研，并通过专家评审。

（罗卫红）

群众团体

编辑 马 俊

职 工

【思想教育】 以开展党的群众路线教育实践活动为契机，通过举办全区工会干部培训班、组织参加“昆明市工会干部在线”学习活动、开展“中国梦·劳动美”等主题教育活动等多种形式，组织全区工会干部和广大职工认真学习宣传和贯彻落实党的十八届三中、四中全会精神，习近平总书记系列重要讲话，促进中央精神进基层一线、进企业班组、进职工群众，引领广大工会干部和职工群众把思想和行动统一到中央决策部署上来。

【志愿者活动】 围绕“中国梦、劳动美、城乡清洁工程”主题实践活动，与区文明办等5家单位共同制作、发放《文明西山·清洁昆明宣传手册》4万册，引导市民参与、支持和配合“城乡清洁工程”。组织全区500余名劳模、职工、农民工志愿者，开展环境卫生综合整治、滇池保护治理、法律法规等宣传活动。组织劳模、职工志愿者开展“我为滇池发声 我为滇池出力”滇池保护治理宣传活动，发放宣传资料2500余份。

【维权工作】 年内，扎实推进“两书”工作，下达“工会维权意见书”79份，选树典型案例8个，涉及工资增长、劳动保护、平等协商等多个方面。依法推进工资集体协商工作，签订区域性工资集体合同10份，行业性工资集体合同2份，企业工资集体合同205份，覆盖企业4350家，职工5.11万人。扎实开展工资集体协商“三个一”示范点培育工作，培育选树示范点3家。认真做好维稳和信访工作，主动配合区委、区政府做好“3·01”事件和西苑兴杰花园小区“7·26”管道液化气爆炸事故善后处置等工作。及时办理职工来电、来信、来访工作，全年接待来访职工179件次，办结率100%，无群体性职工上访事件发生。

2月28日，召开西山区总工会六届十四次全委（扩大）会议

【帮扶工作】 扎实开展“送温暖”活动，利用各大节日，走访慰问困难职工、农民工1037人，发放慰问金38.18万元；发放困难职工、农民工大病救助和临时性生活救助32人10.8万元；发放困难职工、农民工子女帮困助学金97人3.2万元，让其真正体会到党和政府的温暖。做好关心关爱女职工工作，走访慰问患“两癌”及单亲困难女职工38人；组织困难、单亲女职工参加“免费体检”活动250人；举办“提升女性素质”专题讲座11场。开展职工医疗互助工作，办理发放职工住院补助金4781人次261.4万元。全区参加第十一期职工医疗互助活动共404家单位4.4万人。积极鼓励创业就业，完成10个创业贷免扶补、81名小额担保贷款工作，共发放贷款659万元。

建立健全劳模管理、帮扶机制。健全完善《西山区劳动模范评选和管理制度》，加强和规范西山区各级劳动模范评选和管理工作。走访慰问省、市、区级困难劳模24人，发放慰问金7600元。

【组织建设】 6月24日，召开西山区工会第七次代表大会，回顾总结过去5

年全区工会工作的实践和经验，确定今后5年工会工作奋斗目标和主要任务，选举产生新一届区总工会委员会、经审委员会和女职工委员会领导班子。

继续巩固和拓展建会工作，按照“存量全覆盖，增量进入常态”要求，积极推进企业建会工作，全区共有工会组织5538家，工会会员11.18万人，建会率和入会率均达到98%。继续深入开展“组织建设质量提升年”活动，10个街道总工会被市总命名为“工会规范化建设合格街道”。选树福海街道总工会为云南省“六好”乡镇（街道）工会，碧鸡街道总工会为市级规范化（六好乡镇）示范典型。加强基层工会制度化、规范化建设。加强职工之（小）家建设，命名区级先进职工之家54个、区级先进职工小家17个。大力开展“会员评家”活动，培育选树基层工会发挥作用好的典型10个，不断赋予建家、评家活动新的内容和活力。

【劳动竞赛活动】 年内，与区人社局组织开展西山区2014年“比技能、强素质、促发展”职工职业技能大赛。共设16个工种，参加竞赛职工588人。通过竞赛，评选出区级“金牌工人”17人，区级“技能标兵”32人，并为20名在大赛中获奖且符合职业资格晋升条件的选手破格晋升高级工、中级工。组织155名职工参加“党政机关公文知识竞赛西山区初赛”及“市级决赛”活动，有5名职工在“市级决赛”中分别取得一、二、三等奖。完成100名农民工的职业技能培训。

围绕“强化红线意识　促进安全发展”主题，组织企业管理人员、安全员、工会干部参加安全生产管理专题系列讲座。组织2338名职工参加全国职业病防治知识竞赛。组织111个企事业单位，709个班组，1.07万名职工开展“安康杯”竞赛活动。

【自身建设】 积极组队参加市总组织的“中国梦·劳动美·我与改革创新”主题演讲比赛。做好“职工书屋”建设和管理工作，福海街道办事处被评为“云南省‘职工书屋’示范点”，区检察院被评为“昆明市十佳职工书屋”。加大对外宣传工作力度。全年在市级以上媒体对外宣传30条，西山政务网上发布信息60条。积极推动经审工作规范化建设。认真开展本级工会经费预决算执行情况审计，聘任经审工作特约审计员10人，经审工作年度市总考核为A级。

年内，区总工会各项工作取得积极进展。先后获云南省“一工程一活动”先进单位、云南省职工医疗互助活动十周年先进集体、云南省“安康杯”竞赛优秀组织单位、昆明市总工会工作目标考核特优单位、昆明市总工会落实建会三年规划特别优秀单位、昆明市工会经审工作考核A级。

（栗　雁）

9月27日，西山区“比技能、强素质、促发展”职工职业技能大赛理论考试现场

（区总工会　供稿）

青少年

【自身建设】 年初，召开共青团西山区委十届二次全会，安排全年共青团工作，并结合党的群众路线教育实践活动，在共青团系统中创新性开展“团干下基层、办实事、办好事”活动。要求团干部按照“走访一批青年群体、办好一些好事实事、做好一次沟通交流、结交一批青年朋友、畅通一系列交流渠道”的“五个一”标准参与活动，切实“走进基层、倾听青声、解青困难”，使团干部在服务基层、服务青年中改进作风。

【团建工作】 **“两新”团建** 年内，新建“两新”组织8家，覆盖餐饮、医药、销售等行业。依托“两新”组织集聚的楼宇、街道、园区，结合行业特征、青年特点和实际情况，探索开展整体建团模式，建立团结生物医药园区、青年创业就业园区2个园区团工委（总支），包含团支部20余家，覆盖青年近千人，进一步增强各“两新”团组织间横向沟通联系，在促进企业和新社会组织健康发展、服务青年成长成才方面起到引领作用。

街道区域化团建 团省、市委启动第一批城市街道区域化团建工作，团区委迅速行动，研究制定区级方案，全面推动区域化团建工作有力有序进行，精心打造以金碧街道区域化团建“青乐汇”工作阵地为品牌的示范点，全面探索团建便民服务大厅、定制化志愿服务、青年讲堂、社会组织承接购买服务的新思路、新办法。西山区区域化团建工作在全省区域化团建工作会议上作经验交流，作为典型案例上报团中央，宣传视频入选团中央“区域化团建大讲堂”，在全国进行交流。

【青年社会组织】 11月，主导成立“西山区向阳花青少年事务服务中心”，是由团组织培育孵化的专业开展青少年社会事务工作的民办非企业单位，以政府购买服务方式开展青少年关爱帮扶、权益维护等事务性活动，探索社会管理创新的新思路。各团组织共与连心青年国际旅社、昆明创业就业联合会等15家青年社会组织建立经常性联系，形成完善的联系协作工作平台。团区委与各社会组织合作开展多项活动：分别与“左友”志愿服务团队开展“开学第一课爱心宣教”活动，与昆明创业就业联合会举办“资源共享会”，与“青年国际旅社”合作建立社工交流机制，与昆明市心理咨询师协会开展“爱心助残”活动。

【青年创业就业】 团区委不断优化服务，帮助复转军人、失业人员、大学毕业生等创业青年开展“贷免扶补”，全年发放贷款15人次87万元。开展“两个10万元”微型企业培育工程政策宣传、咨询办理等工作，完成30户“3万元财政资金补助”审核办理。在西山区大学生创业园基础上，通过长期帮扶、资源整合、资金支持，3月，经市民政局注册成立社会组织“昆明创业就业联合会”，并成立昆明创业就业联合会团工委，组织各类资源分享会15次，切实帮助、带动辖区内青年创业就业。

【志愿服务活动】 以“做好事 做善事 做志愿者”为活动主题，在学雷锋日、青年节、儿童节、国际禁毒日、敬老节、国际志愿者日等重要节点，发动全区各级团组织，动员团员青年、志愿者积极投身城市建设、社会管理、美丽乡村、环境保护、敬老扶幼、法律援助、文明宣传等领域，共开展各项志愿服务活动200余次。不断壮大青年志愿者队伍，积极发动各团组织招募志愿者，截至年底，在云南青年志愿者网站注册青年志愿者7757人，共发布活动项目20余个，服务总时长800余小时。

按照“美丽春城·清洁昆明”活动要求，制定“千名青年志愿者广泛参与、百项志愿活动全面开花”的目标，在全区范围内重点选取金碧广场、碧鸡广场、南亚风情园等10个站点，发动青年团体、学校、社会组织等不同层级单位多方联动，组织上千志愿者于5月、6月的每周三和周五开展“城乡清洁·青年志愿者在行动”活动，共开展60余次，近千人次志愿者参与。在玉带河沿线、西寺塔广场、复兴等社区开展“河道整治、文明交通、志愿站点、卫生运动、思想宣传”等工作，创建“共青团门前三包示范门店”200余家，“柿花巷”挂牌为共青团示范路，沿玉带河设置20米长“文化长廊”，打造玉带河共青团品牌示范站点。

【青年文明号】 全面深化“青年文明号”工作，动员广大青年立足岗位、创先争优、成长成才，涌现出一大批优秀青年集体。区工商局企业注册监督管理科、区法院民事审判第二庭2个单位被认定为昆明市“四星级青年文明号”集体，福海街道办事处为民服务中心、团结街道大河村小组多功能活动中心、区住建局房产交易中心3个单位被认定为“三星级青年文明号”集体。组织5家“青年文明号”集体的负责人参加省级培训班。

【关爱特殊青少年群体】 积极与辖区爱心企业沟通联系，发动开展帮困助学活动，募集助学资金，构建希望工程体系，全年发放“爱心助你上大学”助学金3万余元，救助中小学学生300余人。大力推动“1+X希望水窖”工程，与云南林山实业有限公司合作，开展“一桶水献爱心”活动，筹集爱心款2万余元。开展“阳光助残”行动，在六一儿童节期间，组织西山区洛克米儿童康复中心学生观看木偶剧。为残障儿童开设心理辅导、特殊亲子教育等课程，关心、关爱青少年成长。

【青少年权益维护】 年内，开展送法进校园活动，通过QQ、微博、微信等新媒体宣传平安建设、法治建设，弘扬法治精神。实施未成年人司法保护项目，开展合适成年人参与触法未成年人刑事诉讼活动，派遣合适成年人100余人次，有效维护青少年合法权益。开展“12355进社区”“陪孩子一起成长——未成年人心理健康教育公益大讲堂”等活动，加强青少年自我保护意识教育。创新工作载体，联合区关工委、区妇联、区教育局等部门，以青少年喜闻乐见的形式共同制作《青少年自护教育漫画手册》。

【服务青年】 年内，不断活跃青年活动、切实服务各类群体、持续增进

7月10日，开展“做好事做善事做志愿者”——青联委员进社区志愿活动

青年友谊。联合云南省越南留学生会、云南省老挝留学生会及云南大学公共管理学院举办“西山青年与老挝、越南青年友谊足球赛”。开展青联委员走进“倘甸、轿子雪山”结对共建活动，增进青年交流合作。组织学校、公安、企业等单位单身青年开展“青春有约，缘在西山”交友拓展活动，为青年搭建交流平台。举办创业青年素质拓展、心理健康讲座等各类活动，尽最大努力满足不同类型青年需求。

【青年教育培训】 重点开展十八届三中和四中全会精神、中国梦、青年创业就业、关工委工作等6个专题培训，抓实团干部日常教育培训工作。集中开办面向社区、学校团组织的培训班1期，参训150余人。选取团干部愿景规划、心理知识、志愿活动策划等课程，让团干部脱离“理论式”培训，注重“实践性”操作。在金碧街道书林社区建立“青年讲堂”，通过青年演讲讨论、设立每月话题、轮流相互授课、讲述自身故事等形式，让青年自己主导教育培训全过程，既增进知识才干，又得到锻炼提高。全年共培训基层团干部420余人次，培训青年650余人次。

【宣传报道】 加大对西山共青团工作典型、特色亮点的宣传报道力度。全年向团省、市委报送各类信息294条，其中《团干部下基层办实事办好事》《西山共青团把办公桌“搬”到基层》等活动被《中国青年报》刊登3次、《云南日报》刊登1次、《昆明日报》刊登8次，被“中国青年网”“中华视窗”“云南网”“网易”“昆明信息港”等媒体报道19次。不断强化网络宣传工作，进一步整合QQ、微博、微信、手机平台等新媒体交流手段，畅通共青团联系青年的网络渠道。团区委新浪微博粉丝突破1.3万人，微信公众号粉丝突破千人，每周推送不少于1期信息，全年共推送62期。

（吴阳青）

妇　女

【妇联组织及队伍建设】 扎实开展以为民务实清廉为主要内容的党的群众路线教育实践活动，强化党的宗旨意识，加强整改落实，密切与妇女群众的联系，为妇女群众办实事、办好事。8月，组织各街道、社区妇联主席、局行妇委会主任、妇女小组长、部分非公企业妇委会主任共200余人开展基层妇联干部培训，学习习近平系列讲话精神，开展《家庭环境与家庭和谐》知识讲座。向全区103个社区拨付2014年社区妇联工作经费15.43万元，其中10.3万元平均分配到103个社区，5.13万元用于奖励当年考核为优秀的社区和承担省、市、区妇联重点工作和工作中有特色、亮点的社区。经逐月工作考核，向全区103个社区妇联主席发放社区妇联主席岗位补贴16.37万元。

4月16日，召开西山区妇联第七届六次执委（扩大）会，表彰2013年度妇女儿童工作先进集体55个和先进个人90人。2014年区妇联被评为“昆明市妇女儿童工作先进集体”“昆明市三八红旗集体”。

【促进妇女创业就业】 年内，通过政策宣传、贷款人登记、资料收集、多部门审核和贷款人推荐等工作，区妇联向失业失地人员发放小额担保贷款150人1050万元，其中妇女106人；向失业失地人员发放“贷免扶补”50人350万元，其中妇女38人。

做好“两个10万”微型企业培育工程，自10月起，经宣传动员、入户调查、多部门会审，西山区微型企业创业扶持会审委员会会审通过，区妇联推荐符合条件的微小企业30户均获得3万元扶持补助金。

积极开展种植、养殖、刺绣、计算机等实用技术培训，举办失业、失地妇女培训共23期1107人次，农函大培训18期1064人次。实施“巾帼巧手坊”项目，开展手工编织技术培训4期共参训240余人，进一步提高其手工技艺，拓宽妇女就业渠道，并通过妇女创业就业示范点，为广大妇女的手工艺品提供一个销售渠道。

配合组织部门培养妇女干部，推荐正科级女领导干部2人参加市委组织部和市妇联联合举办的第十七期清华大学妇女干部培训。推荐优秀创业女性4人参加市妇联“清华大学现代女性企业家经济管理高级研修班”培训，为优秀女企业家再学习提供平台。

【维护妇女儿童合法权益】 耐心细致接待来访群众，全年接到来信来访64件，处理率100%，有效维护妇女儿童合法权益。不断完善维权机构，联合区司法局在区妇调委基础上，在街道成立“妇调委工作站”，在社区成立“妇调委工作室”，积极构建三级立体调解网络体系。与区法院合作，在海口法庭建立“西山区维护妇女儿童权益工作站”，并开展模拟法庭进基层活动，受到广大群众欢迎，此项工作在《中国妇女报》《云南法制报》和多个网站上进行报道。开展“法律知识讲座进社区”活动，区妇联领导到永顺里社区开展妇女、儿童权益保障知识讲座，进一步提高社区居民法律意识。在西苑街道丽苑社区创建西山区第7个“零家庭暴力示范社区”，通过宣传、培训、教育、社区社会工作者介入、重点家庭的排查和关注等多种形式，在广大家庭中形成反对和制止家庭暴力的观念，营造尊重妇女、男女平等、和谐关爱、没有暴力、共同发展的良好社会环境。开展西山区平安家庭创建活动，通过基层妇联推荐，街道妇联、局行党组织初审、公示、申报，区妇联审核后，命名表彰“平安家庭”示范户1005户。

【家庭文化建设】 实施“争做合格家长，培养合格人才”活动。7月，邀请“西山区家庭教育讲师团”成员为西山区6500余名学前儿童家长讲授小幼衔接家庭教育知识，受到广大家长欢迎。通过动员全区广大妇女、家庭参与，在妇女之家开展“找一找、比一比、评一评”活动，在全区开展“寻找最美家庭”活动，推荐团结街道下冲社区代琼兰家庭参加“最美家庭”评选，经网上评选、专家评审，代琼兰家庭被评为昆明市、云南省、全国“最美家庭”，并作为云南省代表到北京领奖。

【扶贫帮困】 4～5月，区妇联联合西山区妇幼保健中心继续开展“关爱女性健康行动”，为全区10个街道和4个非公企业妇委会35～64岁已婚妇女2700人提供免费妇科普查和宫颈癌、乳腺癌筛查，进一步提高妇科病，特别是“两癌”早期诊断、早期治疗率，提升广大妇女自我保健意识和健康水平。积极争取省妇联项目支持，西山区3名患乳腺癌农村妇女获得“云南省农村妇女两癌检查项目”提供的每人1万元的救助。

春节前走访慰问贫困母亲20人、团结“喜福乐”老年公寓孤残老人18人和孤儿2人，以及“西山区阳光家园家庭联谊会”成员（HIV感染者）50人，六一节前慰问14岁以下残疾儿童170人，为弱势人群送去党和政府的关怀。积极动员英才幼儿园等爱心企业关爱喜福乐老年公寓老人，开展慰问活动。争取省扶贫基金会支持，向西山区在校孤儿发放资助金26人3.12万元。争取到省防艾办政府购买社会组织服务项目，开展“为西山区感染者提供关怀和心理支持”活动，帮助200名感染者树立生活信心。

【实施“春蕾计划”】 继续自办西山区“春蕾普通高中班”。全年招收西山区第六届“春蕾普通高中班”学生50人，区财政给予每人每年补助1100元。2009年以来，西山区累计招收“春蕾普通高中班”女童6届302人，已毕业3届152人，在校150人。2014年西山区第三届“春蕾普通高中班”50名“春蕾生”除1人因个人原因未参加高考外，其余49人中考取本科35人，占71.43%，其中二本以上占53.02%，较上年增长9.02%。

推荐西山区贫困女童6人报考女子中学“春蕾班”，被录取5人，超任务数3人。推荐西山区贫困女童20人接受市春蕾少年儿童基金会资助，至年底，累计获资助98人，全年发放市儿基会资助金9.45万元。另外，经争取，由昆明市春蕾少年儿童基金会出资，在西山区实验中学高一年级新办1个50人的“春蕾班”，并新资助高二女童15人，向该校春蕾女童发放资助金65人8.75万元。

3月，区妇联向全区社会各界发出“我为春蕾捐十元”的倡议，共募集“春蕾捐款”11.54万元，全额交到市儿基会统筹使用。

【妇女儿童发展状况】 4月17日，召开西山区2014年妇女儿童工作会，区委常委、区政府副区长、区妇儿工委主任吴韵梅与承担妇女儿童发展规划指标任务的单位签订目标责任书。同时，将妇女儿童工作纳入区委动态目标考核，按季度对成员单位进行考评，考评结果报区目督办，有效推动妇女儿童事业发展。

完成2013年西山区妇女儿童发展状况监测评估。组织召开西山区2013年实施妇女儿童发展规划工作评审会。专家评审组通过听汇报、提问题方式对全区妇女儿童“两个规划”各项指标完成情况进行评审，并通过评审。

船房社区“儿童之家”建设成效明显，11月，被国务院妇儿工委办、云南省妇儿工委办确定为国家“两纲”、云南省“两规”示范县区儿童之家，省妇儿工委成员单位和多个州市县区到现场进行观摩学习。至年底，西山区已建“儿童之家”9个。

【“三关爱”活动和“巾帼示范社区”创建工作】 开展“共筑中国梦·巾帼建新功”—中国妇女第十一次代表大会精神文艺演出进社区暨巾帼志愿者“三关爱”活动。在永昌小广场、永兴路社区开展文艺演出宣传活动3场。同时，邀请昆明圣爱中医馆中医专家4人为社区群众进行免费义诊，开展男女平等基本国策、防艾知识、妇女权益保障等宣传，发放宣传资料1500余份、安全套2000只。

年内，以建设“坚强阵地”和“温暖之家”为目标，以建设学习型、创新型、服务型妇联组织为重点，以“五好”“五有”为标准，通过举办培训班、开展主题实践活动等方式，积极开展“巾帼示范社区”创建。全年在10个街道办事处创建区级“巾帼示范社区”10个，市级“巾帼示范社区”2个。

（庞玉红）

9月3日，在西山实验中学举行“锦芬春蕾班”开班仪式

法 制

编辑 马 俊

检 察

【审查批捕、起诉刑事犯罪案件】全年共受理提请批准逮捕案件1041件1596人，经审查批准逮捕847件1217人；受理移送审查起诉案件1137件1583人，经审查提起公诉1086件1511人。突出打击重点：一是积极处置突发应急事件，“3·01”暴恐案件发生后，按照统一部署，区检察院第一时间派技术骨干赶赴现场指导固定证据，调集精干力量组成工作组，做好善后安抚及庭前稳控工作，取得积极效果。二是积极开展缉枪治爆、扫黄禁赌、涉恐涉暴涉毒3个治安治理专项行动，全年共办理涉恐涉枪涉爆犯罪13人，涉黄涉赌犯罪53人，毒品犯罪255人，有效维护了社会秩序。三是严厉打击严重侵害公民人身权利犯罪及多发性侵财犯罪，共办理故意杀人、强奸等暴力犯罪34人，办理“两抢一盗”、诈骗等犯罪684人，切实增强人民群众安全感。

【查办和预防职务犯罪】 全年立案查办贪污贿赂职务犯罪案件19件29人，立案查办国家工作人员滥用职权、玩忽职守等渎职犯罪案件6件7人。其中大案21件32人，县处级以上要案4人，大要案率94%，较上年上升五个百分点。通过查办案件为国家挽回经济损失470万余元。集中开展3个专项行动：一是严肃查办贪污、挪用公款、私分国有资产案件4件12人；二是配合城市建设和环境综合整治工作，查办私搭乱建、违章无序建房背后的贿赂犯罪11人；三是密切关注发生在群众身边、损害群众利益的职务犯罪，重点查办骗取国家上千万惠农资金的犯罪案件，挖掘出一批贪污渎职要案线索。

结合办案开展案件预防，帮助发案单位分析原因、总结教训、堵漏建制，完成案件剖析13篇，发出检察建议10份。分析职务犯罪发生特征和趋势，及时向有关单位发出职务犯罪预警建议3份，预防同类犯罪发生。以社会普遍关切的医疗卫生、行政执法、涉农惠农等领域为重点，结合行业特点，开展专项预防，提出防治对策，形成预防调查报告13篇。6月6日，与云南省第三女子监狱共建预防职务犯罪警示教育基地，开展警示教育活动95次，受教育人数达5000余人，实现预防规模、质量与效果有机统一。

【诉讼监督】 加强立案监督和侦查活动监督，保证案件质量。对应当立案而不立案的，监督立案18件，对不应当立案而立案的，监督撤案8件；对发现的25件违法行为坚决予以纠正，对漏捕、漏诉的36名犯罪嫌疑人予以追捕、追诉。作为全省试点单位，推行命案现场介入侦查、引导取证工作，实现侦查环节全程全面监督，从源头防范冤假错案发生。

加强审判活动监督，促进公平公正，加强与人民法院的配合和制约。注重对判决结果的全面审查，依法提出一审刑事抗诉11件，法院已改判5件；对生效刑事判决建议市检察院提出抗诉2件，市院已提出抗诉；提出再审检察建议2份，法院已改判。加强民事诉讼活动监督，受理当事人不服人民法院生效判决、裁定9件，发出再审检察建议3份；对民事执行活动进行监督，发出检察建议5份；对民事审判活动提出检察建议7份；对裁判正确的，认真负责做好当事人息诉罢访工作，维护人民法院审判权威。

强化对刑罚执行的监督，保障刑罚依法正确执行。积极开展减刑、假释、暂予监外执行专项检察活动，赴外地调查核实暂予监外执行人员执行情况，共审查案件2428件；加强对西山看守所、省第三女子监狱监管活动的监督，对发现的26件违法行为进行纠正；加强社区矫正监督，对全区320名矫正对象全部予以建档管理，预防和纠正脱管漏管、违法解除矫正等问题，建议收监执行13人。

【推进“两法”衔接】 大力推进行政执法与刑事司法、检察监督相衔接。建成可与全区29个行政机关实现信息共享的网络平台，并逐步探索建立案件线索移送、信息交流、工作协助、联系会议等制度。加强对行政执法行为的监督，对行政执法中的违法行为，发出检察建议16份，建议行政机关向公安机关移送涉嫌犯罪的刑事案件6件11人。联合区财政、国土部门采取有力措施，成功追缴被长期拖欠的土地出让金13亿元，追回金额占全市的72%。

【践行司法为民】 注重保障民生权利，加强检务服务中心建设，继续构建“大控申”工作格局，建成集案件移送、案件查询、律师阅卷、控告申诉、法律咨询于一体的接待大厅，方便群众来访，及时解决群众诉求。全年开展“检察长接待日”24天，配合开展“区级领导接访日”23天，受理群众来信来访173件，其中举报线索78件，全部限时办结，确保无“涉检”进京访，重要节日、重要时段无影响社会秩序的“涉检”信访。推进检力下沉，延伸法律服务，以派驻检察室为依托，紧密联系街道、社区，构建面向基层的“执法办案室、法制宣传室、群众工作室”。落实综治维稳措施，到街道办事处巡回检察22次，参与矛盾纠纷调处39起，举办法制宣传讲座17次，发放宣传材料1400余份。

注重打击与保护并重，完善检察环节贯彻宽严相济刑事政策工作机制。无逮捕必要不批捕90人，建议适用简易程序开庭审理452人，提出从轻处罚量刑建议108份，为96名犯罪嫌疑人指定辩护律师。开展刑事附带民事案件的和解工作，达成和解19件，努力化解矛盾，减少社会对抗。

注重对困难群众和特殊群体的关心保护。为12名遭受犯罪侵害，急需医疗、救助的刑事特困被害人提供救助金7.3万元。不断完善未成年人检察工作，对138名未成年犯罪嫌疑人实行分案办理、诉前引导、案后跟踪回访、犯罪记录封存的特别保护制度，将司法教育、心理矫治、道德感染融于一体。通过与社会组织合作开展“未成年人司法项目”“未成年人犯罪问题法律诊所”，为未成年人检察工作提供专业化、规范化、社会化帮教服务。结合发案情况，到重点院校及周边社区开展法制课堂、法制宣传等检校共建活动，努力提升青少年自我保护和预防犯罪的能力。

【检察改革】 转变办案模式，以信息化建设提升执法规范化水平。全面实行案件集中管理，规范案件流程，构建“统一受案、流程监控、动态监督、案后评查”的执法办案管理体系。2月26日起，所有案件均通过统一业务应用系统进行运转，实现“执法信息网上录入、执法程序网上流转、执法活动网上监督、执法质量网上考核”，通过现代信息技术，把规范执法和监督制约的触角深入到每一起案件、每一个环节。

3月19日，西山区检察院到三环中化有限公司开展送法进企业活动

（区检察院　供稿）

深化检务公开，推进阳光检察，推行集案件查询、预约登记、诉讼进程告知于一体的一站式便捷服务。3月3日，制定《律师、诉讼代理人案件查询、阅卷等工作的规定》，保障律师执业权利。9月30日，通过人民检察院案件信息公开网，实现法律文书公开、案件程序性信息查询、重要案件信息发布，以案件信息公开系统为依托，构建实体、移动终端、网络三位一体的数字化检务服务平台，以公开促进公正。

【接受监督】 牢固树立“监督者更要接受监督”的意识，自觉接受人大、政协和社会各界的监督。向区人大常委会专题报告工作3次，向区政协常委会专题通报工作1次，接受区人大代表视察工作2次、区政协委员视察工作5次，向区人大、区政协书面通报工作情况4次。组织人大代表、政协委员、统战人士、人民监督员、特约检察员和社会各界群众参加旁听庭审评议、案件评查、检察开放日等检务活动12次。通过走访座谈、信息平台、网络微博等多种方式，加强与代表委员联络渠道，全年共办理代表建议11条。

【队伍建设】 以教育实践活动推动作风建设常态化。深入开展党的群众路线教育实践活动，聚焦“四风”和执法司法突出问题。在2013年制定《关于厉行勤俭节约反对铺张浪费的实施意见》的基础上，2014年9月4日制定《加强纪律作风建设督察工作办法》，下大力气整饬作风。年内，会议次数同比减少50%，会议费用下降46%，文件简报精益求精，报送信息质量受到省、市检察院高度肯定，会风文风得到进一步改进。公务接待和公车管理更加严格规范。清理调整办公用房，节约开支，行政运行费用同比下降42%，机关勤俭节约、务实高效的工作作风基本形成。

狠抓队伍党风廉政建设。建立

“年初有目标、过程有控制、年末有总结”的“一把手”主体责任工作链条，强化痕迹管理和监督责任。检察长和部门负责人抓住四个关键：一是抓重点。做到党风廉政建设重要工作检察长亲自部署、重大问题亲自过问、重点环节亲自协调、重要案件亲自督办。二是抓管理。3月19日，制定《部门负责人落实党风廉政建设主体责任实施细则》，要求在日常管理中了解干警思想状况及工作表现，对发现的苗头性问题，及时谈话提醒、促其改正。三是抓机制。注意从其他地区发生的涉检信访舆情、违法违纪案件中，总结教训、自检自查、堵漏建制。四是抓查究。始终保持对自身腐败问题的“零容忍”，纪检部门依法依纪履行职责，及时查究队伍中的一些纪律作风方面的苗头性问题。通过严明纪律，抓早、抓细、抓实，确保干部清正、检风清廉。

继续推进执法能力建设。紧紧围绕提升法律监督能力推进专业化建设，7月4日，与昆明理工大学共建教学科研实践基地；7月30日，与西南政法大学共建教学科研实践基地，深入实施检察人才素质提升和育才工程。借助青年检察官协会，通过举办西检讲坛、法学沙龙、业务竞赛、列席检委会等方式，为青年干警成长成才拓宽渠道、提供平台。坚持“以人为本、和谐发展、管理民主、制度完备、富有效率、充满活力、各尽所能、各得其所”的发展理念，尊重干警意愿、关心干警发展、解决干警需求，以真挚的人文关怀，不断增强干警对检察职业的归属感。

【表彰奖励】 8月，区检察院被最高人民检察院表彰为“全国检察机关文明接待室”“全国检察宣传先进单位”。11月，区检察院民事行政检察科李潇潇在全国民事行政检察工作竞赛中被评为“全国民事行政检察优秀办案人”。12月，区检察院宗继明被昆明市普法与依法治市领导小组表彰为“先进个人”。

（马祥芬）

8月21日，昆明市法院院长会在西山区法院召开　（区法院　供稿）

审　判

【案件受理】 全年共受理各类案件1.09万件，同比下降16.07%，审结1万件，综合结案率达91.74%。

【刑事审判】 全年共受理各类刑事案件1127件，比上年增加179件，同比上升18.89%，审结1102件，综合结案率达97.8%。共判处5年以上有期徒刑111人，判处5年以下有期徒刑651人，拘役69人，免予刑事处罚12人，宣告适用缓刑233人，单处罚金17人。

工作中将惩罚犯罪与保障人权并重，起到法律惩罚和指引功能，增强人民群众安全感。适用刑法宽严相济，体现刑法一般性和特殊性原则。依法惩处严重刑事犯罪和职务犯罪，审结故意杀人、抢劫、绑架、强奸、毒品等犯罪案件213件，审结贪污、贿赂、渎职等职务犯罪案件20件29人，其中处级干部2人、科级干部6人。对罪行较轻、确有悔罪表现的初犯、偶犯、未成年犯依法从轻处罚。在审理、宣判职务犯罪案件时，与区纪委共同组织干部320余人次旁听庭审，用身边的典型案例警示教育身边广大干部；审结集资诈骗、合同诈骗、非法吸收公众存款、盗窃、抢夺、诈骗等多发性财产犯罪案件405件。依法审理醉酒驾驶机动车犯罪案件，全市驾驶员培训学校的教练、学员400余人到区法院旁听醉驾案件庭审，遏制醉酒驾车多发态势，保障公共安全。确保审判质量，加强非法证据排除工作，昆明市公安局组织警察260余人在区法院旁听15件警察出庭作证案件的庭审过程。

注重保护刑事被害人合法权益，为符合法律援助条件被告人指定辩护律师163人。加大对刑事自诉案件、刑事附带民事诉讼案件调解力度，为刑事被害人挽回经济损失406万元。

【民事审判】 保障公正司法，通过民商事审判工作，营造诚信守法的法治环境。不断加大对民商事案件调解工作力度，努力实现案结事了，民商事案件调解、撤诉结案率达69.2%。全年受理各类民商事案件6690件，结案6538件，结案率97.7%。其中受理商事纠纷案件4214件，解决争议金额4.84亿元，为企业、经营者挽回经济损失4.03亿元；审理劳动争议、医患纠纷、交通事故赔偿、物业管理纠纷等案件489件；依法审理婚姻家庭、赡养、继承、邻里纠纷、人身损害赔偿、农民工追索劳动报酬等案件1027件，为老人、妇女、儿童、劳动者追索赡养费、抚养费、劳动报酬886万元。

【行政审判】 全年共受理行政案件61件，结案55件，结案率90.2%。审查非诉行政执行案件273件。

坚持保护合法权益、化解行政争议、促进依法行政的原则，推行行政首长出庭应诉工作，积极探索建立行政诉讼和解机制，试点开展行政诉讼简易审理机制。在妥善审理行政案件的同时，加强对行政执法人员的法律培训，行政庭法官为西山区综合行政执法局140余名具有行政执法资格的人员讲授行政诉讼理论与实务课程，提高行政执法人员依法行政能力。作为云南省委党校、云南省行政学院的法学教育实践基地，为县处级领导干部46人开展依法行政法制培训。

【执行工作】 全年共受理执行案件3032件，结案2314件，结案率76.3%，执结金额1.94亿元。

以树立司法权威、缓解执行难为目标，突出执行工作强制性、规范化、信息化。4月，建成执行指挥中心，充分发挥指挥中心为审判服务、为执行服务的双重功能。继续在人员上、装备上向执行工作倾斜，在抓好常规执行工作的同时，集中开展打击拒不执行判决、裁定专项活动，积极采取搜查、扣押、拘留等法律赋予的强制手段，着力提高执行兑现率，拘留27人、执行布控76人、公布失信被执行人名单300余人、实施限制离境1人。集中开展追索劳动报酬、赡养费、抚养费、抚恤金、医疗、工伤、交通事故损害赔偿等10类涉民生案件的执行，取得良好社会效果。进一步加大对特困人员的执行救助，全年发放执行救助金33人14.85万元。

【改革创新】 年内，区法院诉调中心按照“简单案件快速审理”要求，45%的民商事案件由诉调中心进行快速审理。结合小额速裁试点工作取得的经验，以提高审判效率为目的，大力推行简易程序和小额诉讼程序，诉调中心受理案件2991件，审结2969件，结案率99.3%（70%的案件在30天内结案）。诉调对接试点工作在最高人民法院终期评估验收中，综合考评得分在全国42家试点法院中位居全国第二，基层法院第一。

2月，成立未成年案件审判庭，收案123件，结案122件，结案率99.2%。承担昆明市重点课题《未成年人审判实务研究》，引入心理干预和心理辅导机制，委托心理咨询师对所有未成年当事人进行心理疏导，从保护未成年人身心健康出发，在未成年案件审判中创新性的采用社会调查、圆桌审判、绿色通道等制度，贯彻教育、感化、挽救、保护的方针，坚持教育为主、惩罚为辅，切实保护未成年人合法权益。在认真完成审判任务的同时，延伸审判职能，积极参与青少年犯罪预防与救治工作，深化法庭帮教，建立回访制度，做好社区矫正工作，为未成年人健康成长做出努力。

继续全面加强信息化建设工作，4月，远程提讯室投入使用，开通远程视频接访室，建立网络举报投诉监督平台。

【司法民主和监督】 区法院把自觉接受监督作为促进工作的动力。坚持及时向区人大、区政协汇报或通报法院工作情况，邀请人大代表、政协委员到法院旁听案件审理，接受代表、委员视察5次，通过手机短信平台向代表、委员通报法院重要工作、重大审判活动。在“两会”期间，继续派出中层干部列席旁听，努力改进法院工作。

10月8日，建立司法公开查询中心，便捷当事人快速查询案件情况及案件进展。大力推进审判公开、裁判文书公开、执行信息公开工作，以公开促公正，努力让群众在每一个案件中都能感受到公平正义。将各类裁判文书上网公布，定期举行“公众开放日”活动，更好实现人民群众对司法工作的知情权、参与权与监督权。

【队伍建设】 年内，组织全院法官参加业务培训161人次，着力提高法官综合业务素质，提升法官驾驭庭审、制作裁判文书和化解矛盾纠纷的能力，8名法官撰写的案例入选《中国法院2014年度案例》，占昆明市入选案例的四分之一。派出法官16人坚持每周到两所大学开设法学实践课。以召开标准示范庭的方式，为全省500余名初任法官开展岗前培训工作，加强书记员庭审记录、司法警察技能培训，书记员在技能竞赛中获全省团体三等奖。区法院连续4年承担云南省重点调研课题，多名法官在裁判文书评比中

11月7日，省委党校40余名处级干部到西山区法院参加法庭开放日活动
（区法院　供稿）

获奖，一批理论联系实践调研文章公开发表。

年内，在办案任务越来越重、执法要求越来越高、工作压力越来越大的情况下，一线法官人均办案145件。全年区法院受到中央及省、市级表彰18次，干警受到上级表彰21人次。民三庭法官吴娴分别被最高人民法院授予“全国办案标兵”称号，被云南省高级人民法院授予云南省法院“优秀法官”称号。法官褚嬴被授予云南省法院“办案标兵”称号。区法院被最高人民法院确定为多元纠纷解决机制试点法院，区法院诉调中心被授予云南省法院“优秀集体”称号，海口法庭被评为云南省“优秀人民法庭”。

（成　兰）

公　安

【维护社会稳定】　年内，面对全市高度严峻的反恐维稳形势，西山分局一手抓反恐防恐、一手抓传统维稳，竭尽全力确保全区社会稳定。一方面在区委、区政府的重视和支持下，拟定西山区《关于进一步加强和改进反恐怖工作的意见》，及时召开全区反恐怖工作会议，落实一系列反恐重大保障措施；建立反恐情报信息奖励机制，采取“以奖代补”方法，广泛动员社会群众参与反恐人民战争。按照“四见、四知、五必须、十查”要求，严格落实特殊重点人群核查管控措施；创新推行反恐防控“交叉巡防法”“实名上岗法”“一报直报法”“错峰就餐法”“无缝交班法”“扁平布警法”6个办法，有效提高街面防控力量“见警率”与“管事率”，得到市反恐办高度肯定并向全市编发推介；广泛开展“识恐反恐、共保平安”反恐主题宣传，同时精心组织开展查缉控制、实弹射击等警务实战技能训练暨反恐实战模拟处置演练。另一方面认真履职提高维稳能力水平。积极化解社会矛盾纠纷164起，依法妥善处置群体性事件51起。切实加强情报信息搜集研判，全年收集各类情报信息1540期，严厉打击“法轮功”等非法邪教活动21起。

【治安防控体系建设】　按照《西山区社会治安防控体系建设三年行动计划（2013～2015年）》总体部署要求，以“365”工程为主线，结合当前反恐维稳严峻形势，狠抓社会面治安防控工作，切实确保治安平稳。坚持“网格化”布警思路，构建起层次清晰、全面覆盖、动静有致的“九网一体系”立体防控格局，全面强化社会面维稳防控能力。创新实施街面警力指纹打卡“电子巡更”机制，在重点部门、复杂区域、高发案路段建成“巡更点”122个，要求街面各类防控警力按照规定的时间、路线及密度开展指纹签到。大力牵头推动实施“四个一”安防惠民工程，为辖区老旧居民小区新装防盗门500道、更换防盗门锁500套。采用“运营商建设、政府租用”模式，继续推进“平安城市”视频监控报警系统建设，至年底，建成第一期500路高清视频监控探头系统，第二期500路高清视频监控探头前期工作初步完成，正加紧推进中。积极推进治安星级管理，在全辖区内评定五星级社会单位（居民区）16个、四星级94个、三星级48个、二星级64个、一星级27个。

【打击违法犯罪】　不断健全完善“侦审分离”和“三支队伍捆绑”合成作战机制，有效增强一线部门侦查破案能力。大力健全“三级研判”导侦机制，由分局情报中心、警种业务大队、派出所勤务指挥室根据各自优势开展案件研判，进一步突出“信息导侦、信息导防”实战效能。始终保持对突出违法犯罪问题的严打高压态势，将打击矛头指向“两抢一盗”等突出治安问题，全力打击突出犯罪。全年共立各类刑事案件1.25万起，破6614起，综合破案率53.1%；刑拘犯罪嫌疑人1541人，逮捕1179人，打掉犯罪团伙162个，抓获逃犯105人。持续深化禁毒人民战争，全年共破获毒品案件275起，抓获涉毒犯罪嫌疑人305人，其中破获“万克大案”7起，武装贩毒案1起。全面打击经济犯罪案件，抓获犯罪嫌疑人84人，刑拘82人，逮捕56人，挽回经济损失3500万余元。

【执法规范化】　认真对照党中央关于全面推进依法治国的核心精神，大力建立完善集执法领导、执法制度、执法能力认证、执法辅助、执法监督、执法考评及执法主体为一体的执法体系建设，大力建设法治公安，切实提升执法规范化水平和执法公信力。健全完善三级领导体系，9月，成立西山分局执法管理委员会，下设办公室在法制大队，定期讨论并协调复杂疑难案件的定性、立案、变更强制措施、不批捕、不起诉等问题，更加到位、更加有力地服务基层执法办案，有效监督、指导分局侦查委员会开展相关工作。在刑侦大队、法制大队和派出所“三支侦查队伍捆绑”机制框架下，继续坚持落实法制大队、部门主要领导、案审民警和兼职法制员“多级把关”，坚持做到案件事实清楚、证据确实充分、定性准确、程序合法、量处适当，充分确保执法规范和执法效果。积极研究解决一线执法工作中存在的突出难点问题，积极协调云南省第二强制隔离戒毒所作为分局办理吸毒违法人员行政拘留的代为执行场所，既规范了执法程序，又提高了办案效率。为切实保障被指定居所监视居住的犯罪嫌疑人、被告人合法权益，依法打击特殊人群犯罪人员，积极调研监视居住试点工作。在区人民法院开展民警旁听庭审试点，定期组织民警旁听，不断强化证据意识、程序意识和案件质量意识，提高办案水平和执法规范化素质。

【社会管理创新】　对照党中央关于全面深化改革的战略部署，坚持以新思维、新高度、新作为不断提升平安建设水平，以改革创新为重要生产力，带动公安工作不断转型提升。

实有人口差别化服务管理。结合辖区实际，根据不同类别社区形态，本着差别化、科学化实施服务管理的思路，继续探索实有人口服务管理"三种模式"。对以春苑小区为代表的老旧小区，尝试推行由社区居委会代行业委会职能的代管模式。对以"盛高大城"小区为代表的新建居民区，探索深化"五位一体"综合服务管理模式。对以船房社区为代表的"城中村"，尝试建立"1+1""围院式"管理体系。其中"盛高大城"五位一体模式被省委、省政府确定为全省平安建设现场观摩点；船房社区"围院式"管理被市委政法委确定为全市网格化服务管理工作现场观摩点。10月24日，公安部办公厅领导一行到船房社区调研指导工作，给予充分认可和高度评价。

实施"四个一"安防惠民工程。针对全区200余个老旧小区技防、人防措施和物业管理缺位，导致入室盗窃等侵财案件多发的实际问题，分局大力牵头推动实施"四个一"安防惠民工程，即"一把温馨钥匙，一把放心门锁，一扇平安的门，一片真心实意"。经分局争取，区委、区政府将"四个一"工程列为西山区本年度"为民办实事"重点项目，拨付资金150万元，为辖区老旧居民小区新装防盗门、更换防盗门锁，有效提高上述社区治安防范水平，降低居民群众受侵害风险。

开展"零发案"网格创建。深入贯彻中央、省、市关于社区网格化服务管理工作要求，进一步加强社区网格人防、物防和技防网建设，积极探索社会治安管理新机制，在全区范围组织开展"零发案"网格创建竞赛活动。以各派出所辖区每月实现重点警情"零发案"累计天数为主要评价指标，对派出所辖区"大网格"进行考核奖惩，相关奖励直接兑现到具体工作直接责任人，有效调动网格工作人员参与治安防范积极性。派出所认真落实工作主体、"三防"建设以及日常治安防范等工作，以每个"小网格"的"小平安"汇聚成社会面的"大平安"。

鼓励首创激发基层活力。以"零发案"网格创建等重点创新为主线，鼓励基层部门踊跃发挥集体智慧，积极开展自主创意、创新、创造。典型事例如：滇池路派出所发动居民小区物管共同建立"创安基金"，有效调动物管力量参与平安建设积极性；大观楼派出所建立"微信防控圈"，运用现代主流社交软件"微信"的便捷功能进行打防互动，实现2013～2014年接报的21起"两抢"案件全破；金家河派出所在辖区各类行业、区域、部位物建一批"平安建设信息员"，以发放"话费补贴"的形式鼓励其主动提供有用治安信息。

【队伍管理】 以深入开展党的群众路线教育实践活动为契机，增强凝聚力、战斗力和向心力，进一步促进队伍正规化。持续加强基层领导班子建设，按程序推荐选拔正科级领导干部10人，在全局范围内交流任职副科级领导干部10人，完成试用期届满的39名正科级干部考察任职工作，配齐配强基层部门领导班子。以党的群众路线教育实践活动为抓手扎实深化思想建设，全局各部门共组织集中学习970余次，征集到各类意见建议478条，查找出具体问题50余项，均100%落实整改措施。强化作风建设结果运用，体现科学公正选人、用人、管人，制定出台《西山分局民警外勤执法活动警务工作过失问责处理意见》，对履职不到位、作风不踏实、工作不落实等问题严肃问责问效，共下发"工作过失单"38份，并记入责任人个人档案，与评先选优、职级晋升、提拔任用等全面挂钩。根据当前持续严峻反恐维稳形势要求，分局自行制作并向各部门下发《警务实战技能教学片》，组织各部门开展自学、自练，并开展"送教下基层"活动40余次，有计划、分步骤组织开展反恐实战模拟演练，在全区重点区域、部位举行规模不等的反恐演练31次。关爱民警，制定《西山分局关爱民警20项措施》，从工作、生活各方面全方位关心关爱民警。

（李利娜）

司法行政

【普法宣传】 年内，加大普法教育力度，制定下发《关于深入推进"谁

12月4日，云南省2014年普法志愿者服务活动周启动仪式在西山区碧鸡公园举行

12月5日，西山区司法局开展普法宣传活动

主管谁普法、谁执法谁普法”工作的实施意见》，督促指导全区各单位积极切实承担起应尽的普法工作社会责任。全年征订普法教材2500余本，制作包括餐巾纸、环保袋、宣传手册等20余个品种的系列法治文化产品5万余件，重点宣传法治精神、宪法、维稳和反恐等内容。10月，组织全区4090名公务员进行普法考试，参考率99%、成绩合格率100%。

拓展普法宣传阵地，建立“法治文化主题公园”“法治文化长廊”“西部客运站防暴恐维稳宣传基地”，由各普法成员单位定期更换宣传展板等内容。在“法律六进”基础上，将普法宣传拓展到军营、餐饮、宗教、家庭、监狱等领域，达到“法律十一进”。

【法治西山建设】 年内，制定印发《深化法治西山平安西山建设实施意见》和《深化法治西山 平安西山建设主要任务分工方案》，确保深化法治西山、平安西山建设的各项任务落实到实处。指导督促各社区根据“4+3”新标准，进一步深化和落实“民主法治社区”创建工作，全年共创建成功市级“民主法治社区”13个，区级“民主法治社区”9个。完成昆明市对法治西山第一个“五年规划”考核验收工作。

【人民调解】 加大重要会议、节假日期间矛盾纠纷排查力度，全年排查、受理各类矛盾纠纷1.34万件，调解成功1.33万件，调解率为100%，调解成功率为99.35%。其中疑难复杂案件106件，协议涉及金额2680.46万元，防止民间纠纷转化为刑事案件21件225人，防止群体性上访19件667人。各人民调解组织上报人民调解案卷1.07万件，检查合格1.06万件，检查合格率98.9%，共兑现人民调解“以奖代补”奖励金额66.9万元。

完善“大调解”工作体系。7月，挂牌成立全区第12家专业性、行业性

11月13日，召开西山区2009～2014年度法制西山建设工作汇报会

人民调解委员会——西山区残疾人权益纠纷人民调解委员会。10月，建立以区妇女调解委员会为主导，以街道工作站为基础，以社区工作室覆盖到面的“点线面”结合三级立体调解平台——西山区妇女儿童权益纠纷调解网络体系。重新对人民调解组织、调解员“以奖代补”案件专职审核员进行登记备案，对全区人民调解员信息动态管理，实现全区1290名人民调解员持证上岗。

【安置帮教和社区矫正】 为最大限度减少部门或个人在执法活动中滥用权力的行为，制定出台“1+1”模式的《西山区社区矫正案件讨论制度》，并成立相应的案件讨论委员会。完成对全区减刑、假释、暂予监外执行矫正人员的专项清理工作。全年西山区在册的社区矫正人员共340人，无重新犯罪情况发生。在册刑释解教人员201人，帮教率100%，安置率达98.51%。累计完成对519名在押服刑人员的核实工作（其中核实成功317人、核实失败202人），核实率100%。

【律师工作】 5月，组建西山区“律师宣讲团”，到西山区属各单位和街道办事处开展法律知识讲座，以“你听什么，我讲什么”为特点，在全区各单位开展义务法律宣讲16场次。开展律师进城市社区活动，以“百万群众普法行，维护权益惠民生”为主题，在西山区7个城市社区建立城市社区律师服务站（点）工作，实施“一社区一律师服务站一服务公示牌一挂钩律师事务所一名律师每周一天”咨询服务机制。全年律师事务所办理民事案件1921件、刑事案件1082件、行政案件216件、非诉案件422件，为单位担任法律顾问1109家。

【公证工作】 3月，开通公证绿色“直通车”服务，为申请房产过户当事人提供“一站式”便捷服务，积极主动走出公证处，走进校园、军营、公墓，开展多方位、立体化的公证法律服务。完善《公证审批归档制度》，严把公证质量关，建立《公证案件回访制度》。持续发挥公证法律服务中的法律保障作用，设立“社区便民站”。全年明诚公证处共办理各类公证事项2.32万件，其中民事公证事项1.52万件，经济公证事项6695件，涉外公证事项1272件，公益公证事项10件，公证法律援助事项2件。

【法律援助】 年内，根据全区执业律师基本信息和业务特长，整合援助资源，实行“点援制”。针对“失独家庭”积极探索，开辟法律援助“绿色通道。4月，成立西山区司法鉴定法律援助工作站，为符合法律援助条件的当事人提供免费、方便的司法鉴定服务。降低法律援助受理门槛，扩大法律援助受援范围和对象，出台《关

11月5日，西山区成立法律援助中心驻看守所工作站“零距离”服务群众
（区司法局　供稿）

于调整法律援助案件收案条件的通知》，通过“一提升一扩大”（将原定的困难标准，即：昆明市城乡居民上一年度最低生活保障标准的1.5倍提升到2.5倍执行；将原定的“无固定生活来源且有一至五级伤残等级的残疾人”的收案标准，放宽为无固定生活来源且有伤残等级的残疾人）。加强法律援助监督管理，参与刑事援助案件侦查阶段的陪同会见。全年热线接听、网上咨询、现场答疑等共办理979件，接待来电来访及网上群众2108人次，办结率100%，办理数较上年上升近144%；办理各类援助案件415件，对提出申请符合条件给予法律援助率达100%，受援人228人，较上年增长20%。

【干部队伍和机关作风建设】　年内，深入开展政法干警核心价值观教育活动，强化干警职工“忠诚、为民、公正、廉洁”意识。加强廉政警示教育，组织观看《八项规定一年来》等专题片，增强队伍拒腐防变能力。进一步提升队伍的业务知识水平和能力，举办业务工作培训班9期，其中普法宣传业务培训3期、社区矫正业务培训2期、人民调解业务培训2期、法律援助业务培训2期。区司法局在市级司法行政系统开展的“践行群众路线，学习先进典型”主题演讲比赛中综合排名全市第二名。

开展“先进科室流动红旗”评比活动，形成内部创先争优、比学赶帮的良好氛围。开展“学习型、服务型、创新型”党组织创建活动，局机关4个党支部均被区级机关党工委评定为规范化建设达标党支部，局机关被评为“服务型机关”创建示范单位。进一步规范制度建设，相继制定《三公经费管理制度》《公务接待制度》等8项制度。结合党的群众路线教育实践活动，组织开展在职党员到社区报到服务活动，全局在职党员17名深入永联、龙门社区为群众提供法律服务；开展政法干警下基层服务活动，4名科级领导干部包案联所、7个内设科室建“五个一”联系点，走访群众130户。

（李燕朵）

西山区公安消防大队

【火灾概况】　2014年，全区共发生火灾186起，死亡1人，受伤0人，直接财产损失1145.85万元，过火面积7200.7平方米，受灾290户290人。与上年同期相比，四项指标一升三降，火灾原因主要以生活用火不慎、电线火灾为主，多发生在城中村及农村，消防安全意识淡薄及生活用火不慎引起。

【抢险救援】　全年共接出警478起，出动车辆719辆，出动警力4363人，抢救被困人员225人，疏散被困人员572人，抢救财产价值414.7万元。无参战人员死亡、受伤情况发生。

【执法规范化建设】　年内，大队先后开展今冬明春火灾防控、“迎南博　保平安”专项保卫、商场及市场整治、重大火灾隐患集中整治、“打非治违”专项行动和平安校园专项整治工作。全区共排查单位3250余家次，发现、督促整改火灾隐患3904条，下发“责令改正通知书”3877份，责令“三停”31家，临时查封17家，强制执行1家，罚款163.15万元。报政府挂牌督办的重大火灾隐患单位6家，整改完毕4家、正在整改2家，火灾隐患整治成效显著。

【火灾防控体系建设】　认真落实消防工作原则，深入推进社会消防安全管理创新工作，前移火灾预防关口，进一步提升社会火灾防控能力，确保全区火灾形势稳定。逐级签订“消防安全责任状”337份，形成“横向到边、纵向到底”的消防安全责任体系，其中重点单位308份、街道办事处10份、职能部门19份。继续巩固10支街道办事处专职消防队建设。

【消防宣传教育】　围绕安全生产月、《消防法》、“119消防日”等宣传重点工作，借助电子屏幕播放消防知识短片，深入开展消防宣传“五进”活动。继续扎实推进单位相关负责人消防专门培训。全年共开展消防宣传教育活动20次，对外开放24次，发放宣传资料2万份，受教育群众1万余人次，举办消防安全培训班12期，培训2400余人。

【后勤保障体系建设】　坚持以经费保障、资产管理、基层基础设施建设、从优待警为重点，大力提升部队后勤保障能力，区委、区政府常务会议召开专题研究消防工作，确保对消防工作的重视和经费投入，共争取地方事业经费1026万元，较上年增长19.85%。

（周伟杰）

军 事

编辑 马 俊

驻区部队

成都军区昆明总医院

【思想政治建设】 年内，围绕学习习近平系列重要讲话、十八届四中全会和全军政治工作会议精神，开设党委机关和基层总支专题夜校，参加上级理论集训，组织基层理论骨干轮训，统一思想认识、凝聚强军共识、增强兴军动力。扎实开展党的群众路线教育实践活动，组织“讲党性、立规矩、治歪风、树正气”专项教育和医德医风专项整顿，学习弘扬焦裕禄和白求恩精神，开展“我是谁、为了谁、依靠谁”大讨论，作风建设从严从紧从实理念逐步树立。坚持问题导向、聚焦反“四风”正风肃纪，开展“六个专项治理”和“清人、清房、清车”专项整治活动，对超占干部进行纠治、对违规住房进行清退、对违纪人员进行处理，对反映问题进行专题研究。深入开展“贯彻全会精神、拥护支持改革”专题教育、“每月一课”法纪警示教育和重要岗位人员政治考核；严肃认真开展“三清理、三整治”活动，官兵政治坚定、思想稳定、纯洁巩固。认真抓好形势战备和职能使命教育，跟进做好应急拉动、野外驻训、抗震救灾和完成重大任务中的政治工作，“生命线”作用进一步发挥。认真组织“牢记强军目标、献身强军实践”主题教育活动，深入开展战斗力标准大讨论、“强军风采”文艺会演和“我的强军梦，青春献打赢”主题演讲比赛，相声《左右手》获军区野战文艺创作和表演一等奖，获全军个人表演二等奖1人、联勤部主题演讲比赛二等奖，强军战歌歌咏通讯赛光碟获全军优胜奖。宣传、双拥和老干部工作成效显著，骨科获国务院第六次全国“民族团结进步模范集体”荣誉称号，被联勤部评为“十大感动联勤人物”1人，全年在军地各类媒体刊播稿件482篇（条）。

【卫勤保障】 贯彻《战备条例》，正规战备秩序，确保“一线随时有人、二线随叫随到、三线随联随通”。开展“岗位大练兵、技能大比武、素质大排名”活动，“3·01”暴恐事件及鲁甸抗震救灾、抗击埃博拉病毒等重大卫勤保障任务完成出色，受到军地称赞。患者满意度保持在90%以上。

【医教研护】 依托临床技能培训中心，全年组织5万余人次进行临床“三基”，通过控制床位规模、优化资源配置、规范医疗行为、狠抓成本管控、实施绩效奖惩，进行病历展评、处方点评、用药讲评，内涵质量和可持续发展力显著增强。全年获军地各类奖项20项，其中云南省科技进步二等奖3项，军队科技进步及医疗成果三等奖12项，科研课题立项28项，资助金额合计1406万元。医院被国家卫计委、健康报牵头的国家主流媒体评为“中国医疗机构公信力示范单位”。

【院务综合保障】 围绕“保战备、保打赢、保生活”要求，坚持经费向核心卫勤保障能力建设聚焦，严格控制差旅费、会议费、特支费及维持性经费开支，年行政消耗性开支下降62.5%，接待费下降78%，战备训练经费上升40%。建成使用集中文印室、成立应急防暴分队、安装“一键式”报警系统，开展作风纪律教育整顿、“保密警示教育周”“条令法规学习月”和驾驶员停驾整顿活动，官兵条令意识、法纪意识和安全意识明显增强，安全稳定基础更加牢固。家属区、训练场、污水站、员工食堂和营区环境进一步优化美化，学习、工作、生活环境持续改善。

【基层建设】 严格落实党支部专题组织生活会和民主评议党员工作，政治工作“八大员”骨干队伍作用发挥明显，党支部战斗堡垒作用显著增强。积极做好干部“双向代职”，到两片区进行业务指导和技术帮带30余人次，基层全面建设势头良好。门诊部被联勤部表彰为践行强军目标标兵基层单位，门诊部团支部被联勤部表彰为优秀团支部，药剂科荣立联勤部集体三等功。被四总部表彰为全军“爱军精武标兵”且荣立三等功1人，被联勤部表彰为践行强军目标优秀基层主官1人。深入开展“学法规、用法规、守法规”活动，持续整治收“红包”“拿回扣”、饮酒赌博、违规开车、请吃吃请等重点问题，“四个秩序”保持正规，风气建设向好发展。

【干部队伍建设】 突出“想干事、能干事、干实事”用人导向，坚持按照战斗力标准公平公正公开选人用人、晋职调级和评功评奖，干部队伍凝聚力、创造力、战斗力显著增强。制定《科室领导末位淘汰实施办法》，加强干部和文职人员在位履职情况检查，基层“比、学、赶、超”氛围进一步深厚，干部忧患意识、进取意识和竞争意识明显增强。骨科被军区表彰为“人才培养先进单位”，被联勤部表彰为“学习成才先进个人”“优秀共青团干部”和“优秀参谋”各1人。

（李　媚）

中国人民武装警察部队云南省人民总队医院

【思想政治建设】 以基本人生观教育统领年度思想政治教育，突出学习贯彻十八大和十八届三中、四中全会精神和习近平系列重要讲话精神，结合医院任务实际抓实“四小”（小实践、小课堂、小教员、小辨析）教育，抓好配合活动，促进教育落实。1～9月，在全院开展第二批党的群众路线教育实践活动，并取得阶段性成果。4月，总队医院采取领导辅导、观看教学片、知识竞赛、组织讨论、撰写心得、考核评估等办法，开展为期一个月的《条令条例》学习活动。重要时期，针对官兵思想动态，及时开展政治纪律和形势任务教育，解决思想问题与解决实际问题相结合，过细做好一人一事的思想工作。党委领导班子认真贯彻民主集中制，严格执行规章制度，明确各部门职责。党委班子成员带头签订“廉政承诺书”，自觉严格要求，执行廉政规定。干部选拔、考生推荐、士官选取、立功受奖、工程建设和医疗设备、药品耗材采购等热点敏感问题处理公平公正，无不良反应。紧跟任务做好政治工作，完善更新政治文化氛围，举办“兴院杯”篮球比赛、创办特色《武警云南总队医院院报》等系列文化活动，丰富官兵文化生活。投入10万余元用于节日困难党员干部和住院伤病员慰问。充分利用义诊巡诊、抗震救灾等时机抓实宣传，全年在各级报媒网络上稿500余篇，医院被总队表彰为年度新闻宣传先进单位，1人获总队“四会”优秀政治教员比武优秀课件奖。总队表彰基层先进单位4个，荣立二等功1人、荣立三等功2人，总队表彰立功人员5人，医院表彰立功人员4人。

【中心任务完成情况】 全年完成军内门诊量3.06万人次，体检7670人次，收治住院伤病员3892人，请专家会诊46人，协调转送总部医院治疗21人，派出医护人员为总部首长、总队集（培）训、老干部疗养提供卫勤保障28批次96人。完成各类心理测查分析4359人次，心理咨询、治疗400人次，“健康教育”授课10次。抓实总队第26期191名卫生员培训教学。历时10天做好藏区巡诊，巡诊官兵1250人次，巡诊藏族同胞5324人次，B超检查606人次，心电图检查583人次，发放价值10万元药品，发放《高原常见病预防治疗手册》等资料2078份。派出3人历时18天参与总队新兵心理服务下基层活动，实现新训单位全覆盖。按照卫生工作会议精神，及时搞好第一批5名医务人员“以院带队”进行结对帮扶工作。结合“一组五队”建设要求，建强50人卫勤应急保障分队，在抓好重大节庆时战备工作和日常医疗队出动准备的同时，在“8・03”鲁甸、“10・07”普洱地震救灾行动中，医疗队救治和出动表现受到各级领导和群众赞扬。邀请省内知名专家2人每周来院3～4天开展妇科及产科系统B超、腹部及小器官B超。合作投入600余万元建成血液透析科，取得技术准入资格，纳入云南省尿毒症救助惠民政策体系。抓好对碧鸡镇卫生院帮扶工作的同时，组织医疗队深入周边区县进行巡诊9批次，组织人员深入禄丰县就医保人员送诊进行协商，加大与驻地友邻单位协调力度，积极争取医保病人和地方体检份额。

【基层建设】 以总队《军队基层建设纲要》培训为契机，结合医院工作特点和支部建设实际进行套训，支部“三个能力”有新提升。突出正规抓建秩序，坚持统一筹划、统一安排、统一实施，下大力解决会议较多、机关忙乱、基层乱忙的问题，进一步规范工作秩序。搞好放射科、门诊大厅、住院部大厅和车库、食堂的装修改造。选送53人攻读学位或进行院校培训，组织辅导2071人次。获武警部队医疗成果三等奖2项，取得西山区科研立项2项。

【正规化建设】 结合季节转化和形势任务变化，搞好安全教育。并在科室开展医疗法规学习，狠抓医疗法规落实，提高医护人员依法、文明、安全行医思想意识并避免医患纠纷。严格纪律整治，规定值副班院领导每周对北较场分院进行实地检查，对医生值班情况和战士管理情况在交班会上进行讲评。选定1名护理士官代理排长，协助干部抓实管理工作。建立集中文印室，加强涉密载体及文件管理，定期开展安全大检查，集中护士长、士官护士、驾驶员召开安全形势分析会，围绕“人车医药酒、水火电毒密”等重点问题，紧盯勤务中队、护理士官排、住院伤病员和公车、私家车等管理难点，对安全隐患做到及时发现和整治，确保医院安全稳定。

【后勤保障】 全年2次投入3.8万元抓好预有50人的应急处突医疗队随时出动食品保障准备。严格执行经费报批、联审联批等制度，全面推行公务卡结算，对易超难管的福利费、接待费、行政消耗性经费进行压缩。投入56万元对老旧房屋设施改造、线路维护；投入5.1万元更新住院被服；公开招标，调整更换洗衣房和食堂物业公司。

【培训及考评】 5～9月，第26期191名卫生员培训队开训，并完成卫生技术专业兵职业鉴定工作。5月21日下午，组织召开专业技术职务干部任期考评大会。干部参加述职测评68人，高职专业技术干部参加考评11人。

【重要活动】 1月23日，总队医院召开党委二届六次全体（扩大）会议，会议传达学习总部、总队党委扩大会议精神，政治委员、党委书记马永胜代表医院党委作题为《着眼强军目标、加快创新发展，扎实推进现代化武警医院建设》的工作报告，院长、党委副书记马军波作《攻坚克难、真抓实干，加快推动医院建设跨越式发展》的讲话，医务处、政治处、院务处、护理部分别作工作部署，8名党委成员和44名代表参加会议，27名机关干部列席。

1月29日，按照总队后勤应急保障队实兵实装拉动演练总体部署，总队医院严密组织本级卫勤救援分队随后勤应急保障队进行卫勤保障拉动演练。部长杨波率副部长普红文、姜涛以及战勤、卫生相关职能处室领导，深入一线检查指导和全程跟踪督导。

5月10日，总队医院召开庆祝“5·12”国际护士节表彰大会，表彰在临床护理一线做出突出成绩的“优秀护士”15人和“优秀护士长”3人。

8月26日下午，召开医院党委二届七次全体（扩大）会议，传达总队党委全会精神，总结上半年工作，部署下半年工作。

11月21日，武警部队后勤部副部长傅凌率卫生部部长梁立武、医疗药材处处长刘建涛会同国家卫计委医政医管局副局长管仲军、基层卫生司副司长聂春雷、医疗资源处干事李扬等领导，到医院就贯彻落实武警部队卫生工作会议精神情况进行检查调研。总队副司令员莫裕宽和后勤部部长杨波、副部长姜涛、卫生处处长夏正云，云南省卫计委副主任张宽寿、医管处处长姜旭，医院院长马军波、政委马永胜陪同，其他党委成员参加。

（高联勇）

中国人民武装警察部队黄金第十支队

【思想政治建设】 年内，深入学习贯彻党的十八届三中、四中全会及习近平系列重要讲话精神。开展党的群众路线教育实践活动，年初，下派4个常委带队的调研组进行专题调研，听取广大官兵对教育实践活动的意见建议；开展专题学习，组织学习体会交流大会，分享学习体会；汇编“教育实践活动应知应会”材料，配发学习书籍1000余册；认真对照检查、整改落实，新立、修订制度规定23项，清理超编士兵23人、涂装超标车辆2台，清理不合理住房2套，调整超面积办公室14间，并清查部队内部接待活动，强化教育实践活动成果。支队开展教育实践活动做法被总队简报刊发，并在总队总结电视会议上进行交流，成果受到总部督导组充分肯定。

党委班子建设明显加强，持续推进学习型党委机关建设，以党委中心组带机关理论学习为龙头，班子成员政治理论素养和理性思维层次不断提升。加强民主集中制建设，确保党委依法民主科学决策。党委机关带头践行要求，带头搞教育、带头查问题、带头抓整改，党委班子民主测评满意率达到95%以上。

大力推进主题教育、战斗力标准大讨论和地勘准备期“思想政治教育大课堂”等活动。全面落实“多读书读好书、兴趣培养、人生辨析”3项活动要求，因地制宜开展强军战歌歌咏比赛、警民联欢和送老兵文艺晚会、第十三届综合运动会等强军风采系列活动，多元素多渠道组织“一团五队”特色队伍联训联演。在中央、省、市和军队媒体刊稿百余篇，支队被指挥部、总队表彰为新闻报道先进单位；配合遂行任务，广泛组织立功创模、火线入党等活动，官兵荣立三等功6人，火线入党4人。

【中心工作】 年内，“两调一查一救援”工作成绩显著：“两调”方面，乌蒙山会泽项目圈定综合异常46处、成矿远景区6处，工作质量被指挥部质量检查组评为优秀，项目设计审查总评排名指挥部第一；马龙—路南项目新发现矿化（点）7处，圈定找矿靶区6处；化验室能力提升明显，完成扩项认证、“三废”排放监测和指挥部抽查评比，被总队评为先进化验室。“一查”方面，新增金资源量4565千克，多金属资源量1.41万吨，超额完成年度任务。“一救援”方面，完成“8·03”鲁甸、“10·7”景谷抗震救灾应急排查任务，应急救援能力有新提高，受到中央军委及总部首长充分肯定。

【部队管理】 强化依法从严治警，紧盯“四个秩序”，大力抓软件、用力抓精细、全力抓安全，部队正规化建设不断加强。制定完善《支队目标管理考评实施办法》等3类8个管理规定，从严治警集训精神末端落实到位，“条令法规学习月”活动稳扎稳打，“四学三练两抓一考一汇报”配套活动扎实有效，官兵法规意识、号令意识进一步增强。深入开展安全大检查、“百日创安”和作风纪律教育整顿；针对暴恐袭击严峻形势，投入10万余元增配应急防护器材，突出实战练兵，安全管理基础得到加强，部队连续16年实现“三无”。集中文印室、通信要素整合如期完成，并通过指挥部检查评估。

【综合保障】 坚持“三保”原则，为基层配齐便携式营具、保温桶、热水器、洗衣机和常用药品，修缮野外营区，搭建活动板房，极大改善了基层条件。狠抓经费管理，严管地勘成本，实行月经费计划申请制度，“一改三变”材料物资保障做法被指挥部转发，钻孔平均成本较上年同期下降6.86元/米；大力压缩特支费、差旅费等非生产性开支，与上年相比，行政消耗、非生产性经费下降24.06%，公务接待下降60%，新增家底资金430余万元。严格过程监督，强力推行集中支付和公务卡结算，支队探索总结“基层编报—机关审核，基层核对—党委审批”下达经费预算的做法，得到总部财务部调研组充分肯定。

【基层建设】 贯彻指挥部党委相关文件和制度要求统揽抓建基层，“季分析、月部署、周调控、日督促”工作机制更加顺畅。双争评比“首升末降”执行坚决，基层争先创优意识明显增强。全年常委到基层蹲点帮建16人次，机关干部当兵蹲连18人，为基层解决困难69个。深化总队指导员队伍建设试点成果，采取“三个回合”抓好三大组织成员研讨式培训，基层按纲建队意识和能力得到提升。坚持还权基层，明确基层工作安排、经费管理、人员使用和重大问题建议等权责，激发基层自主抓建内在动力。五中队被指挥部树为标兵中队，一、七、九中队被总队评为基层建设先进单位，2人被表彰为标兵中队长和指导员。支队被指挥部表彰为基层建设先进单位。

【军民共建】 2月18日凌晨，帮助途经十支队老营区遇险群众车辆救助，事后为表示感谢，车主向驻守在老营区的官兵赠送一幅绣有“情系群众 为民排忧”的锦旗，并再次对武警黄金部队官兵表达感谢之情。

为迎接南博会的召开，6月5日，支队应西山区双拥工作领导小组要求，派出官兵40人参与“环境整治日”活动。主要承担金马碧鸡坊环境整治工作，官兵们克服炎热天气等不利因素，完成工作任务，在人民群众和来往游客面前展现黄金官兵良好风貌，为驻地建设贡献力量，共迎南博会召开，受到地方主办单位好评。

8月13日，经西山区民政局统一协调，驻地各部队部分官兵参加西山区在团结街道办事处组织的“军民共建双拥林”植树活动，支部共派出官兵20余人参加。经过2个小时评比竞赛，完成300余棵树苗栽培任务。

8月13日，武警黄金第十支队参加西山区“军民共建双拥林”植树造林活动
（武警黄金第十支队　供稿）

10月16日，支队组织机关片区280名官兵进行募捐活动，共捐得善款7474元。经过多方联系，最终确定向共建单位——马街小学品学兼优但家庭特别困难的学生2人资助每人2000元。17日，支队副政委樊海波与学校领导一行将资助金送到最困难的一名学生家中。

10月28日，西山区政府法律宣讲团一行4人到十支队开展“法律宣讲到警营”活动，支队全体官兵参加。

【重要活动】 1月20～21日，武警黄金第十支队召开党委四届四次全体（扩大）会议。会议传达学习中央政法工作会议、指挥部党委三届四次全体（扩大）会议、指挥部中心工作会议和总队党委五届四次全体（扩大）会议暨基层建设表彰会主要精神；实事求是分析2013年部队建设形势，重点部署2014年度工作任务，明确工作指导上的具体要求，表彰先进。

7月23～24日，武警黄金第十支队召开党委四届五次全体（扩大）会议。会议传达学习指挥部“一会一班”和总队党委五届五次全体（扩大）会议和总队半年中心工作讲评精神；分析总结支队上半年部队建设基本形势，查找剖析存在的突出问题，部署下半年主要工作。

1月28日，西山区区长郭希林率“四大班子”主要领导看望慰问支队官兵，感谢武警黄金十支队为驻地经济建设和社会稳定做出的贡献，并向官兵致以春节祝福。

5月18日，指挥部副司令员张金良率工作组一行4人莅临十支队，对党委班子建设、年度工作展开和第二批党的群众路线教育实践活动开展情况进行检查督导。

8月1日，云南省森林公安局常务副局长、党委副书记车伟，纪委书记杨红跃，政治部主任赵宏率领机关一行15人与支队官兵举行庆“八一”军警联谊活动。森林公安局一行在支队

10月13日，云南省国土资源厅副厅长李连举看望武警黄金第十支队抗震救灾官兵
（武警黄金第十支队　供稿）

长易宏文陪同下，参观支队警史馆、文化环境和营区建设。随后，组织森林公安局干警和支队机关开展足球友谊赛和茶话会。

10月13日，云南省国土资源厅副厅长李连举和普洱市国土资源局局长徐贤一行4人到十支队前进指挥所看望参加抗震救灾的官兵，并召开座谈会。对支队参与抗震救灾工作给予高度肯定，对下一步隐患排查工作提出意见建议，对警地发展远景进行规划。

10月20日，十支队在礼堂举办"云岭黄金兵就为打胜仗"强军战歌歌咏比赛，支队全体官兵参加活动，各大队、直属队共6支代表队参加比赛，整台演出突显强军风采。

11月4日，十支队第十三届冬季综合运动会开幕，开始各项赛事决赛。

11月12～14日，三总队总队长邓道军、副总工程师郭俊华、作训参谋刘辉一行3人莅临十支队检查指导，并与云南省国土资源厅领导进行会谈。工作组检查期间参观支队新、老营区，与支队党委常委进行个别谈话。

11月17日，总队副总队长张华明率总队司令部区矿调科科长张忠勇、后勤部军需营房科科长杜军、政治部组织科干事刘偲一行4人莅临支队考察帮建。

（张　辉　王全华）

人民武装

【思想政治建设】　年内，开展经常性思想政治教育，根据人武工作特点性质和意识形态领域斗争复杂形势，有针对性开展时事政治教育，化解干部职工现实思想问题。同时，以党的群众路线教育实践活动为抓手，思想政治建设得到全面加强。一是深入学习领会党的十八大和十八届二中、三中、四中全会精神，全军政治工作会议精神及习近平系列重要讲话精神。通过学习，干部职工把思想和行动统一到上级的指示要求上来，自觉融入到各项工作中。二是扎实开展"学习践行强军目标、做新一代革命军人"主题教育及"重制度、严纪律、强责任、正作风""讲党性、立规矩、治歪风、树正气"等专题教育，使广大干部职工和民兵人员更加坚定中国特色社会主义信念，锤炼听党话、跟党走的忠诚品格，强化军魂意识。三是持续开展"三严三实"教育，延续党的群众路线教育实践活动成果转化，按照"照镜子、正衣冠、洗洗澡、治治病"的总要求，紧扣强军目标，突出作风建设，贯彻整风精神，以"三严三实"的标准纠治形式"四风"，深刻分析18项68个问题产生的原因和危害，切实用制度管人管事管思想管作风，推动人武部全面建设发展。大力加强宣传报道及文化建设。大力加强新闻宣传报道工作，积极宣传西山区国防后备建设，全年在中央及省、市以上媒体上稿75篇。采取多种形式加强军营文化建设，营造浓厚的政治氛围，丰富干部职工文化生活。

【党委班子建设】　按照"绝对忠诚、绝对纯洁、绝对可靠"的标准，扎实抓好党委班子核心能力建设。一是注重抓班子团结。坚持以正、副书记的团结带动班子的团结，坚持做到大事讲原则、小事讲风格，加强沟通交流，较好维护了班子团结。二是注重抓风气建设。以反"四风"为目标，以作风建设为抓手，不断增强党委班子创造力、凝聚力、战斗力，努力倡导和培育良好的内部风气，保持团结和谐、风清气正的氛围。三是注重抓民主集中制建设。认真贯彻落实民主集中制十六字原则，畅通民主渠道，发挥干部职工主体地位，较好发挥党委班子整体功效。四是加强干部队伍建设。始终把加强干部队伍作为人武部全面建设上台阶的关键，针对人武部机关人少事多的现实情况，注重培养干部全面素质，采取岗位锤炼、结对帮学、奖惩激励等方法，有效提高干部队伍工作能力。

【军事斗争准备】　坚决贯彻习近平系列重要指示和军委决策部署，认真落实两级军区和昆明警备区党委（扩大）会议精神，紧紧围绕实现强军目标，坚持以新形势下军事战略方针为统揽，紧跟国防和军队改革步伐，按照警备区党委提出的"严作风、打基础、抓规范，强能力、保稳定"的工作思路，拓展深化人武部本级和民兵队伍军事斗争准备，持续抓好实战化训练，深入推进街道、企业武装部规范化建设达标，坚持依法治军、从严治军，不断提高核心军事能力、遂行多样化军事任务能力，有效维护省会城市社会稳定，始终保持部队安全稳定。一是树牢战斗力标准。深入开展战斗力标准大讨论活动，充分认清筑牢战斗力是实现强军目标的唯一标准，进一步增强全体人员真打实备的战斗精神。春节和“2·17”期间，针对部分参战人员35周年聚集纪念活动，抽派民兵200人协助维护社会稳定备勤工作。二是严格战备建设。狠抓战备工作，重新修订和完善人武部各类方案预案；加强作战值班室建设，更新相应设施设备。三是加强实战化训练。强化机关训练，聘请军事教员，对参谋业务进行加班加点学习和训练，干部做到人人会识图用图、堆制沙盘，战备训练的中心位置得到进一步确立。以参加警备区“考比拉”活动为契机，狠抓机关训练、民兵应急分队方案预案演练及战勤编组作业，扎实抓好女子民兵医疗救护分队和气象水文民兵分队展演示科目训练，进一步提高应急救援保障能力，并完成“考比拉”演练任务，取得炊事比武第二名。针对上年火灾严峻的实际，组织300名民兵应急分队进行为期20天的森林防火备勤训练，切实提升民兵队伍“双应”能力。鲁甸地震后，区人武部迅速集结民兵和专业医疗队230人，车辆12台，仅用2小时组建起一支抗震救援应急队伍，24小时待命整装待发，并备勤3日，进一步检验快速反应能力。11月，接受警备区对区人武部“昆池—2014”党政军联合指挥所演习考核，取得较好成绩。四是扎实做好后备力量建设。4月，集中进行民兵整组和国防潜力调查工作，重点抓好应急、支援、储备3支队伍建设和专业训练，克服混编、重编、漏编和有编无兵现象。

【国防动员工作】 一是加强国防能力建设。调整充实国动委及办公室成员，明确职责任务，规范机构设置、人员编配和运行机制。二是狠抓基层武装部规范化建设。根据“玉溪会议”精神，区人武部筹集50万余元为10个街道武装部和5个企业武装部配发资料柜、各种标识牌等，进一步规范基层武装部软硬件建设，实现全区基层武装部全面建设达到A类标准。三是狠抓注重专武干部能力素质培养。3月，集中对专武干部开展民兵组织整顿业务知识专题培训；4月，组织全区10个街道武装部部长、专武干事、5个企业武装部负责人进行业务和能力素质培训，不断提升专武干部组织指挥能力。

【兵役工作】 认真贯彻《征兵工作条例》，严格落实《成都军区征兵工作流程规范》，科学计划，严密组织，扎实开展征兵各项工作。针对“当兵冷、征兵难”的现实困局，按照实现“一个目标”（无退兵、无事故、无违纪，确保新兵质量），突出“二个重点”（依法征兵、廉洁征兵），严把“三个关口”（体检、文化、政审）的工作思路，狠抓各项工作落实。一是做实兵役登记工作。5月，对辖区2080名适龄青年进行兵役登记，为夏秋季征兵工作奠定基础；6月，在区内高等院校展开预征工作，对90%的在校学生进行兵役登记。二是广泛开展宣传发动。采取宣传车巡回宣传、设置宣传点，以展板、讲解、发送宣传单、张贴公告等形式进行深入持久的宣传动员，努力做到家喻户晓。6月上旬，在碧鸡公园、金碧广场、云南体育学院、海口等地，连续开展征兵宣传报名活动，发送宣传单1万余份、接收咨询400余人次，全区张贴宣传画200张、张贴公告150余份、挂横标100余幅，有效提升适龄青年报名应征率。三是始终把体检政审作为高标准完成征集任务的关键环节。在开展体检政审前，对体检、政审人员分别进行培训，吃透新政策、新标准，提高医务人员业务能力，强化责任心；在体检过程中，开设封闭式体检站，规范体检流程；在政审过程中，通过入户走访、网上查询等方式，对所有应征青年的学历、亲属及本人的现实表现等进行全面审查，严把政审关。四是注重把廉洁征兵放在首位。印发廉洁征兵宣传册宣传廉洁征兵政策法规；通过公告等形式公布军区、省、市、区举报监督电话；公示征集条件、时间、数量等提高工作的透明度，实现廉洁征兵目标，完成年度兵役征集任务。全年为部队输送专业士官9名、新兵147名（含女兵7名），高质量、超额完成了上级下达的兵员征集任务。

【双拥共建工作】 积极参与区双拥共建工作，充分发挥桥梁纽带作用，为西山区经济社会建设做出应有贡献。一是积极参加区双拥工作。春节、建军节，部长、政委与区委、政府领导一道走访慰问驻区部队。制定《西山区人武部贯彻落实昆明市全面推进“双六”互动计划实施方案计划》，并按计划开展工作。认真履行维护军人军属权益职责，协调有关部门妥善处理涉军维权事件2起。积极开展结对帮扶活动，人武部全体干部职工捐款资助团结街道办事处谷律社区贫困学生1人，直到其大学毕业。二是指导基层武装部组织民兵参建参治。指导山区街道武装部组织民兵做好森林防火、抗震救灾、应对地质灾害等工作，全年共出动民兵800余人，完成参加森林扑火任务3次；城区街道武装部组织民兵协助公安武警做好南博会维稳、城乡绿化、创建全国卫生城市和城中村改造等工作。区人武部集中组织民兵扩种“民兵林”6.7公顷。6月4～11日，南博会期间，组织民兵1100余人次参加维护社会稳定工作，并协调驻区所有部队开展清理整治营院周边环境卫生活动。“七一”建党节组织民兵开展“爱我昆明·美在西山”活动。三是切实做好军转人员稳定工作。坚持解决思想问题与解决实际困难相结合，认真细致做好企业军转干部、自主择业干部稳定工作，同民政、人事部门稳定企业军转干部5人次。

（张恒伟）

经济监督管理

编辑　刀培凤

宏观经济管理

【计划执行情况】　2014年，实现地区生产总值451.91亿元，增长8.1%；完成地方公共财政预算收入34.6亿元，增长6.4%；区属规模以上固定资产投资完成388.33亿元，增长14.79%；社会消费品零售总额完成412.2亿元，增长11.67%；万元地区生产总值能耗下降4%。坚持把产业结构优化转型升级作为产业发展的重点，产业结构进一步优化，三次产业比由上年末的0.8：26.9：72.3调整为0.8：26.5：72.7。第三产业发展提质增效，实现增加值328.35亿元，增长7.6%；第二产业实现增加值119.96亿元，增长9.5%；第一产业实现增加值3.6亿元，增长4%。

海口工业园区建设速度不断加快，完成基础设施投资4.82亿元。长坡国际物流园区完成土地征收142.33公顷，成功签约5个项目。西山风景区5A级景区创建通过省、市旅游局评审。金融产业园区完成土地及房屋征收约16万平方米，成功引进蓝光昆仑中心等重点项目落户园区。

【重点项目建设】　2014年计划实施的新（续）建财政性投资建设项目共82项，计划总投资128.2亿元。2014年计划投资35.95亿元，到位资金25.3亿元，占年度计划投资的70%；2014年完成投资24.19亿元，占年度计划投资的67%。7大类建设项目完成投资占年度计划投资百分比排序为："美丽乡村"建设项目完成100%、园区基础设施建设项目完成99.9%、社会公共事业及民生项目完成98%、农林水建设项目完成76.6%、生态环境建设项目完成58.2%、道路建设项目完成43.6%。

【宏观经济运行监测分析】　针对国家宏观经济政策走势及国内外经济发展形势变化，定期对西山区国民经济和社会发展运行情况进行追踪、分析，撰写经济运行情况分析，对全区经济运行基本特点和面临的新情况、新问题及时提出相应的对策建议，完成经济运行分析材料11篇。半年和年终向区人大报告国民经济和社会发展计划执行情况。

【积极争取上级资金】　动员和督促全区各部门积极与上级对口部门联系，加强与省、市相关部门沟通与协调，尽最大可能争取上级对西山区各方面建设的支持。2014年全区共争取到国家和省项目资金7.776亿元，其中国家4.643亿元，省级3.133亿元。

【加大产业扶持力度】　牵头区级相关职能部门拟定《西山区人民政府关于加快产业转型升级促进经济平稳较快发展的意见》，上报区政府常务会审定后印发。做好西部大开发税收优惠初审工作，对主营业务符合国家鼓励类产业项目，且主营业务收入超过企业总收入70%的15家企业给予初审通过。

4月29日，省工业经济督导组到海口调研

【项目管理】 **项目收集、筛选、储备** 完成2014年财政性投资、社会投资，中央、省、市投资的新建、续建、拟新开工的183个项目的收集、筛选、储备工作。其中农林水建设项目12项、道路建设项目28项、社会公共事业及民生建设项目25项、“幸福乡村”建设项目3项、生态环境建设项目8项、园区基础设施建设项目7项、社会投资项目100项。183个项目计划总投资2772.27亿元，2014年计划投资333.751亿元，到位资金239.497亿元，项目开工以来累计完成投资604.698亿元，2014年完成投资235.12亿元，占年度计划投资的70.4%。

重大项目管理、跟踪、督查 2014年区委、区政府在183个项目中确定重点项目30项，计划总投资1017.172亿元，2014年计划投资141.637亿元。项目开工以来累计完成投资201.169亿元，到位资金112.347亿元，完成投资107.43亿元，占年度计划投资的75.8%。每月对区委、区政府确定的西山区2014年30项重点项目进行跟踪、督查和管理，整理形成推进报表和专题汇报材料，按时向区级主要领导和部门报送月报12期。加强对区级重大建设项目的监督，开展重点项目稽查，保证工程质量和资金安全，提高投资效益，有效推进项目实施进度。

项目审批 2014年完成财政性投资项目审批46项，计划总投资131.608亿元。企业投资（内资）项目核准17项，计划总投资204.396亿元；企业投资（外资）项目核准3项，计划总投资5219万美元；企业投资项目备案9项，计划总投资1.356亿元。切实加强固定资产项目节能评估和审查工作，同步完成15个固定资产投资项目节能评估报告书的审查、核准和批复工作，15个项目竣工后年预计能耗为3.65万吨标煤；完成60个固定资产投资项目节能登记表的审查、核准和批复工作，60个项目竣工后年预计能耗为2381吨标煤。

项目前期管理 2014年，指导、协助及配合各项目建设单位完成39个项目（包括财政性投资项目及企业项目）的前期工作，其中22个项目已通过审批（核准或备案）；出具“同意开展前期工作的函”29项，帮助项目建设单位尽快完善前期手续。同时，完成西山一中改扩建，集镇污水处理站及污水收集系统建设工程（团结片区），清水河、杨家河、太家河截污及水环境治理项目，西边小河、卖菜沟、小沙沟、大沙沟、郑河路沟、扁担沟水环境综合整治工程，惠光寺塔和常乐寺塔保护设施建设项目，盘龙阁修缮改造项目，盘龙17号院修缮工程改造，云南西仪工业股份有限公司2014年国有工矿棚户区改造项目等项目的上报工作，配合、帮助业主单位积极争取上级资金补助和政策支持。

物价工作

【价格监测】 加强对民生商品的市场价格监测，做好区居民主要生活必需品价格、主要服务收费、主要生产资料价格的监测工作，为政府实施宏观调控提供依据。2014年共上报价格监测报表695份，监测内容涉及服务收费、粮食类、工业生产资料等，并及时在西山网和西山区政府公开门户网上发布监测信息，引导商家、菜市场进行公平竞争，百姓明明白白消费。

【成本监审】 2014年完成辖区内的云南师范大学附属润城学校、昆明市西山中元育英实验学校及昆明大成学校3家民办学校的教育成本调查工作。

【涉案财物价格鉴证】 受西山区辖区内司法机关、行政机关、仲裁机构等单位委托，依法对刑事、民事、行政、经济案件中涉及的各类标的物价值进行价格鉴定。2014年，共出具“涉案财物价格鉴定结论书”525份，鉴定金额475.3万元。

【价格收费管理】 2014年行政事业性收费许可证年度审验工作，共审验执收单位68个，年审率达100%。完成民办学历收费审批件3件，非学历备案件32件；完成云南保利物业服务管理有限公司等12家物业服务企业管理的居民住宅小区物业服务收费备案12件；完成机动车停放服务收费审批8件。做好春节、“五一”、国庆节假日期间的法定假日及连休日，实行政府定价和政府指导价管理的游览参观景点门票价格统一降低20%的门票价格优惠政策，做好相关数据采集、报表报送及情况反映工作，将省物价局的惠民政策落到实处。在全区范围内开展涉企收费清理及经营服务性收费项目清理工作。通过清理，西山区涉企收费项目共18个大项，编制西山区涉企收费项目和标准目录，报市发改委审定。

【价格监督检查】 2014年共受理价格投诉、咨询件263件，涉及医疗费、物业费、机动车停车费、教育收费等与群众生产生活密切相关的方面，投诉办结率为100%。加强市场价格行为监管，整顿规范市场价格秩序。加强对粮食、成品油、植物油、肉类等生活必需品价格的监管，对108家粮食购销店粮油价格进行检查；会同市价监局对11家驾驶培训学校收费进行检查。

（李　燕）

统　计

【县域经济】 2014年完成全区2013年县卡、乡卡和村卡的统计工作，按时上报全区2013年县域经济考核相关支撑指标完成情况统计表。西山区2013年在全省县域经济考核中名列第五位，连续9年名列全省10强县之列。

【常规统计报表】 西山区统计局完成国民经济综合核算、劳动工资统计、社会科技统计、贸易业统计、工业统计、农业综合统计、固定资产投资统计、建筑业统计、房地产统计、城乡住户调查10项统计专业2013年年报表以及2014年定期报表的收集、汇总、上报工作。2014年各项统计工作获得市统计局21项表彰。

【专项和抽样调查】 年内，西山区统计局紧紧围绕各级党委、政府关注的社会热点问题、国民经济和社会发展的难点问题，组织完成抽样和专项调查任务15项，具体是：公众对环境保护满意率调查，季度服务业调查，规模以下工业调查，资质以外建筑业调查，2014年城乡一体化住户调查，昆明市2013年1%人口变动抽样调查，昆明市基本单位名录库核查，西山区旅游业抽样调查，全国大城市月度劳动力调查，季度新型服务业调查，配合昆明市统计局完成ICP中幼儿教师问卷调查，2014年昆明市投入产出调查，昆明市国际劳动力技能状况和技能需求调查，2014年文化产业调查，昆明市统计局统计代理机构基本情况调查，参加西山区委、区政府民主评议机关行业作风工作测评。

【全国第三次经济普查】 根据国务院2013年在全国开展第三次全国经济普查的规定，西山区自2013年4月开始开展第三次全国经济普查。2014年1月1日起全区经济普查工作正式入户调查登记，全区500余名普查员经过7个多月的努力工作，按照规定的时间，进行入户调查登记、调查登记数据上报、数据审核、改错、检查和验收、数据汇总等工作，顺利完成西山区普查工作。全区共调查登记单位1.23万家（法人单位9932家，产业活动单位2409家）、个体户2.78万户。

【公众对城市环境保护满意率调查】 为了更准确地获知公众对西山区环境状况的感受，了解公众对西山区生态环境的满意程度以及对未来生态建设方案与环保措施的意见和建议，10月西山区统计局随机在全区10个街道办事处所属社区的800名居民中，进行公众对城市和街道辖区环境保护满意率情况调查。调查涉及：空气污染方面、水污染方面、噪声污染方面、垃圾方面、环保宣传教育方面、其他方面6个项目。通过调查汇总，西山区公众对环境保护的满意率为95.78%。

【群众安全感调查】 2014年西山区统计局制定《西山区群众安全感抽样调查方案》，从调查遵循的基本原则、调查对象、调查内容、调查时间、调查方法、抽样方法、填写方法、编码填写8个方面对群众安全感抽样调查工作进行规范。11月1～10日，西山区按照省、市统一部署，进行2014年度群众安全感调查。此次调查采用抽样调查方式，西山区共抽中8个调查小区，调查人数146人。经调查汇总2014年西山区群众对整个社会的治安状况具有安全感的比率为97.9%；对西山区辖区内社会治安状况的满意程度即安全感的比率为99.3%。

【统计分析】 2014年，西山区统计局针对建设幸福乡村、工业强区、节能降耗、县域经济发展、经济增长方式转变、结构调整、居民生活、构建和谐社会等问题加强调查和分析研究，在调查研究和认真分析的基础上，编写出有数据、有情况、有建议、有一定参考价值的《西山区统计分析资料》32期，编制《西山区统计信息》103期。

【统计窗口工作】 通过政务信息查询热线“96128”不断拓展和延伸政务信息公开内容，按要求及时更新公开管理服务项目内容及服务查询电话，保持政务信息查询的转接、受理回复畅通，反馈及时。2014年办理“96128”转接的群众来访件1件，群众满意率100%。上半年办理“统计证”注册52家，变更32家，注销8家，年审1532家，电话咨询服务1536人次。下半年根据省、市统计局关于取消统计注册登记行政审批项目的通知规定，不再对“统计证”进行注册、变更、注销和年审工作，接受电话咨询服务2032人次。

【《统计年鉴》编印】 《西山区统计年鉴（2013年）》于2014年7月印制。年鉴分为：行政区划、综合、人口和计划生育、财政和金融、农业和农村基本情况、固定资产投资、工业、能源及水消费、建筑业、国内贸易、从业人员和职工工资、物价和人民生活、林业和水利、交通、旅游和邮政、城市管理和环境保护、科技、教育、文化及卫生、四创两争、统计法律法规和主要统计指标解释、常用计量单位表共20个部分282页。

（马忠义）

工商行政管理

【市场监督管理】 加大日常巡查和执法行政指导力度，巡查中一旦发现市场主体在生产经营活动中存在与法律规范不相符合的问题，及时指导其纠正，帮助其规范生产经营行为。对群众反映强烈、严重危害经济秩序和公共安全的制假售假、商业欺诈等行为，进一步加大行政执法力度，为市场主体公平竞争、健康发展营造良好环境。

开展“红盾护农”工作，检查肥料种子经营户55户。开展“清洁春城”联合整治，检查农贸市场25个、超市7个，检查各类经营户3380户，对农贸市场下发“责令整改通知书”33份。整治短斤少两欺诈消费者的违法行为，共收缴不合格衡器340台。开展旅游市场专项整治行动，检查旅行社等企业49户。规范和整治汽车品牌销售行为，对辖区25户汽车销售企业进行检查，查处利用合同欺诈消费者权益1户，查处无理拒绝或拖延消费者维权1户，查处其他违法经营16户，受理消费者申诉举报6件，对品牌汽车销售行为行政指导25户，宣传教育48户。在整治“霸王条款”工作中，针对群众反映强烈、与群众密切相关的开瓶费、包房最低消费、强制消费果盘费和电影院限制外带食品等行为，对辖区内餐饮行业进行摸底调查，向餐馆、饭店广泛宣传、讲解相关法律法规，营造舆论氛围，检查餐饮企业411家、个体户138家。

全年共查办各类行政处罚案件639件，有力维护了西山区市场经济秩序。

6月25日，区工商行政管理局开展便民流动服务车上门服务
（区工商行政管理局　供稿）

【企业登记注册管理】 加大登记人员的业务能力训练，树立“法无禁止即准入”工作理念。2014年，西山区新增各类企业4437户，同比增长56.56%；新增注册资本188.6亿元，同比增长157.92%；新增个体工商户5071户，新增注册资金2.92亿元，同比增长13.95%。到2014年底，在西山区工商局登记注册的个体工商户5.35万户，资金22.984亿元；私营企业1.84万户，注册资本400.386亿元；国有集体企业实有739户，注册资本38.081亿元。

利用报纸、电视等传统媒体，借助微信微博等新媒体，通过上门宣传、大堂宣传、发放宣传材料等形式，从多方面多角度宣传“宽进严管”的内涵、企业年检改年报的基本情况，督促辖区内企业认真履行年报和及时公示信息。加强指导，将涉及各类市场主体年报公示的法律法规汇编成册，印制3万份发放给经营户和会员，引导企业熟悉和掌握年报内容、报送程序、方式方法，并借助个私协会开展全覆盖培训。在注册大厅、分局窗口设置专职人员负责帮助不会操作的办事群众完成年报。全局11辆便民流动服务车全部出动上门服务。2014年完成申报市场主体6000余户，年报率51.19%。

积极扶持小微企业发展，动员和说服符合条件的70户小微企业参加“双十工程”（在每个街道办事处遴选出10名致富能人和10名特困户进行重点扶持）。

【商标监督管理】 组织开展新商标法学习培训，开展“商标战略服务能手选拔竞赛活动”，推进商标品牌指导站建设，查处侵权和假冒商标案件9件，对10户商标代理机构进行日常监管。积极指导企业开展商标品牌培育，大力提升商标促进产业发展的能力水平，共走访“三级名标”（中国驰名商标、云南省著名商标和昆明市知名商标）企业26家。6月30日，西山区召开了2013年“三级名标”企业表彰大会，对9家省著名商标企业、17家市知名商标企业和10家市知名商标续展企业进行表彰。2014年西山区申报中国驰名商标2个，申报云南省著名商标23个，申报昆明市知名商标20个。年底全区共有中国驰名商标4个、云南省著名商标85个、昆明市知名商标82个、普通商标2899个。

【广告监督管理】 严格审查户外广告的发布内容，杜绝不良广告和虚假广告的发布；规范登记行为，健全户外广告登记台账，完善档案管理；通过微信公众平台，及时发布广告办事指南及户外广告登记等信息，并积极答复各类广告咨询；将辖区内商场、超市、楼宇、药店、培训机构、旅行社、医院店堂的印刷品广告的监管责任落实到人，切实做到底子清、情况明、处置快。

加大对报纸、印刷品、网络等媒体的广告监管力度；加大对药品、保健食品、医疗、化妆品、房地产、旅游服务、美容服务等重点商品、服务类广告的监测监管力度；加大对元旦、春节、五一、中秋、国庆等节日期间和重大活动期间、重点区域的市场广告巡查力度。一年来共监测媒体广告3011条、户外广告388条、互联网广告294条。

【反不正当竞争执法】 加大对不正当竞争行为执法力度，促进各类市场主体平等进入市场，公平参与竞争。共查办不正当竞争案件29件，其中仿冒知名商品特有的名称、包装、装潢12件，商业贿赂11件，虚假宣传行为2件，其他4件。

开展缉枪治爆和扫黄禁毒专项

行动，对辖区所有的小五金等经营企业、店铺、摊点以及宾馆、饭店、旅馆、洗浴、足疗按摩、会所、歌舞厅、棋牌室、电玩城、电子游戏室等易滋生安全及黄赌问题场所进行重点监管和拉网式检查，未发现违规违法行为。

积极构建辖区打击传销的长效工作机制，对辖区城郊结合部、城中村出租房、宾馆、旅店等易聚会场所的重点区域进行严密防范和管控，采取定期、不定期方式集中组织开展专项整治行动，将举报反映较多和日常监管中掌握、发现的传销违法犯罪活动区域列为重点地区，密切关注，发现传销违法犯罪人员动向，及时进行有效联合打击，确保取得实效。发放宣传材料1.1万份，分发张贴各类宣传画2600张，线索摸排500余户。

稳步推进烟草市场整治专项工作，联合区烟草专卖局、综合执法局、公安等部门，对辖区卷烟市场进行专项整治48次。开展常态化烟草经营监管工作，分局巡查卷烟经营户2040户，巡查1330次，联合查处72起，自主查处6起，自主查处取缔17起。

【消费者权益保护】 组织开展以“新消法、新权益、新责任”为主题的纪念“3·15”国际消费者权益日系列活动，全区开展宣传活动19场次，受众人数7.7万人次。逐步完善“全国消协投诉与咨询系统”信息录入工作，全年共录入消费投诉办结件233件。2014年全区共建127家“一会两站”（“一会”是消费者协会分会，“两站”是消费者投诉站和“12315”联络站），共完成消费警示提示7期、消费典型案例6期。针对社会反映的热点、难点问题，发放问卷调查370份。积极建立完善工商、消协、法院的诉调对接机制，与西山区人民法院联合完成诉调对接案件2件。培育创建10个消费维权基地，办结服务、质量、三包等类别投诉173件，为消费者挽回经济损失37.75万元。集中销毁货物标价约92万元的假冒伪劣产品。

【个私协会工作】 重点针对有创业意向的城镇失业人员、农民工、大学毕业生和复转军人开展宣传动员，大力营造鼓励创业、支持创业的良好氛围，并按照“1+3”跟踪服务机制（即：1名享受鼓励创业贷免扶补政策的创业人员，配备1个承办单位负责服务，1名联络员负责联系协调，1名创业导师负责帮扶指导），及时帮助创业者解决难题。共推荐51人参加个人征信，最后为40名符合条件、有创业愿望的群众申请无息贷款236万元，带动120人就业。

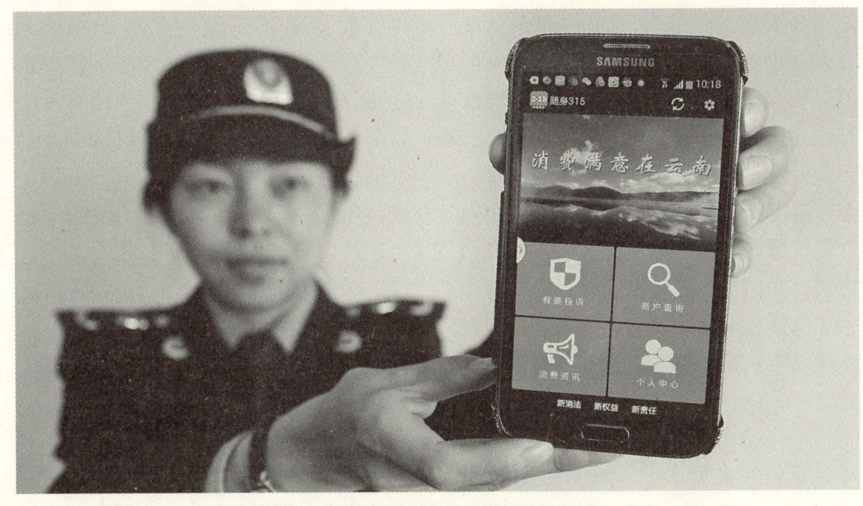

3月15日，区工商局推出手机投诉软件“随身315”

（区工商行政管理局　供稿）

【创新工作开展】 西山区工商局、西山区消费者协会研发“随身315”手机软件，于2014年3月15日正式上线。“随身315”主要有消费投诉、商户查询、资讯提供3大功能，全年受理投诉116件，发布消费资讯185条，用户评价59条。

在开通新浪微博的基础上，西山区工商局又开通腾讯官方微博，在第一时间发布西山区工商局工作动态以及对消费者有用的信息，同时受理咨询投诉。

2014年4月，西山区工商局开通官方微信，利用微信方便快捷、传播迅速的特点和优势，及时发布工商行政管理最新政策法规及办事指南、工作动态、消费警示、商标广告等信息，积极受理投诉举报和各类咨询，共为939人次解答问题3004个次。

以金碧分局辖区为试点，工商地理信息平台初期开发成功。本系统涵盖数据分析、干部巡查、户口认领、315投诉处理等功能，定位准确。通过此系统可从三维地图找到商户地点及经营状况，对西山区发展经济及楼宇经济提供数据保障。

（姜　江）

质量技术监督管理

【质量监督管理】 2014年，制定《昆明市质量技术监督局西山区分局2014年度工作实施方案》《昆明市质量技术监督局西山区分局关于深入开展“改革创新服务年”主题活动的实施方案》《昆明市质量技术监督局关于印发质量技术监督“六打六治”打非治违专项行动实施方案的通知》和《昆明市质量技术监督局西山区分局集中开展特种设备安全大检查行动方案》等工作方案。加强对工业产品、农产品、建筑材料、汽车配件及儿童玩具等企业的监管力度。

年内，加强生产许可证获证后的

监管工作，巡查工业产品生产企业136家次，抽检样品153个批次。同时，重点对农资、建材、机电、标准、计量和特种设备等涉及人身安全以及同群众生活密切相关的产品及设备进行检查，严厉打击制售假冒伪劣产品的违法行为。

【计量、标准、机构代码工作】 推动中小企业开展计量检测保证体系合格确认，开展计量摸底普查，摸底单位235家，涉及7784台设备。开展农贸市场计量器具专项检定，检查农贸市场20家，检定计量器具2884台，查处没收143台。同时，加强定量包装产品净含量的监督检查，帮助重点企业改进和提升产品净含量合格率，年内定量包装产品净含量抽查合格率达98%。振华制药厂通过中小企业计量检测保证体系合格确认，云南铜业胜威化工有限公司通过昆明市能源计量审查，四季鲜集贸市场、西山区卫生院、强林石化加油站、西山区飞视眼镜店等6家单位通过诚信计量自我承诺示范单位评定。

大力实施标准化战略，指导昆明中药厂通过“标准化良好行为企业”4A级试点创建评审验收；推荐云南好宝有机农业有限公司申报标准化良好行为企业试点创建；推荐昆明中药厂申报地理标志保护产品。完成企业标准备案3家4个产品，及时清理到期标准，建立起标准动态管理制度。

全年共办理组织机构代码证书8390套，其中新办5504套、换证1550套、变更1336套。年检代码证书7929套，扫描并上报电子文档1.71万份，代码数据合格率100%。

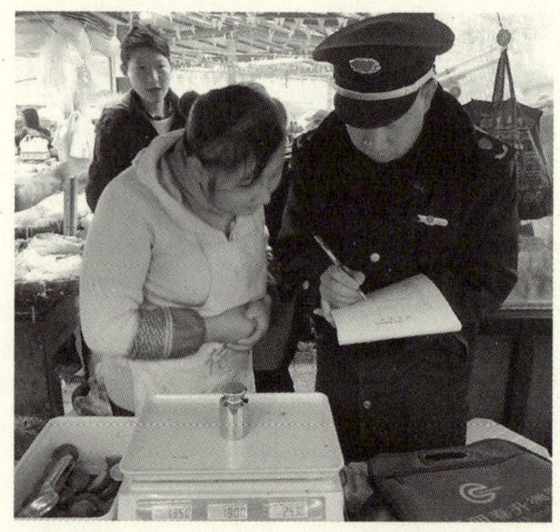

1月22日，工作人员进行衡器检查
（区工商行政管理局　供稿）

【食品安全监督管理】 在对获证企业监管的同时，加大对小作坊的管理，严厉打击无证生产、销售使用非食品原料生产加工食品和滥用食品添加剂等行为。开展“两节两会”大检查、“鲜粮制品”等专项食品执法检查。巡查企业25家次，抽检食品6个批次，立案查处食品案件6起，全区未发生食品安全事故。

【特种设备安全检查】 切实加强对特种设备的安全监管，积极督促企业落实主体责任。开展电梯、锅炉、气瓶充装等专项检查。2014年，共巡查特种设备使用单位432家次，检查特种设备1.32万台（套），下达特种设备安全监察指令书112份，特种设备立案查处案件61起，全区未发生重特大特种设备事故。

对办理特种设备注册登记、开工告知和锅炉安装竣工验收的单位做到一次性告知，资料齐全的一次性办理相关手续。2014年，办理特种设备注册登记879台，开工告知1023台，锅炉安装竣工验收10台。建立健全特种设备分类管理制度，完成828户特种设备企业“一户一档”建档工作。

开展特种设备使用单位安全状况普查，建立“领导分片负责、业务部门抓好落实”的网格监管模式。召开3次行政办公会研究网格化监管体系建设，开展3次季度调研全面分析网格监管工作。制定安全监管检查内容标准，明确责任区域、责任行业领域、工作职责和内容。2014年，通过摸底调查，确定40家单位作为重点监管对象，重点监管对象建立“一企一档”，非重点监管对象建立“一企一表”。

【认证认可监管】 开展对强制性产品认证生产企业、实验室、通过质量管理体系认证的生产企业和机动车安全技术检验机构的监督检查。开展实验室资质认定专项监督检查25家，对发现的违法行为进行依法处理。

【质量兴（强）区标准化战略】 稳步推进“质量走廊”创建工作，新增云南汇好物业有限公司（大商汇）和云南逸神生态茶业有限公司2家单位为“质量兴（强）区示范单位”，并进行挂牌；推荐昆明中药厂、云南白药天颐茶品有限公司2家企业为“质量兴市示范单位”先进典型，示范、先进的确立为各行业、各企业树立了质量管理和质量提升的标杆和示范；组织28家名牌企业实施首席质量官制度；引导企业有效实施卓越绩效模式，组织云南植物药业有限公司、昆明中药厂、云南西仪工业股份有限公司、昆明云盘山磷化工有限公司等企业申报第四届市长质量奖；协调昆明中药厂完成一块“质量走廊”大型宣传牌的制作，打造质量强市的浓厚氛围；组织22家企业到大观公园观摩学习培训特种设备安全监管，开展质量诊断，推广先进经验。

【名牌推进战略工作】 召开2014年名牌工作推进会，开展名牌申报摸底调查，对有效期内的33家“云南名牌产品”和“昆明名牌产品”生产企业开展跟踪检查管理。开展以“培育名牌、发展名牌、宣传名牌、保护名牌”为重要内容的名牌经济工作。通过充分调动企业的积极性，培育和引导企业争创三级名牌，组织19个产品申报省名牌、17个产品申报市名牌。截至年底，全区共有省、市名牌115个，其中省名牌56个、市名牌59个，省、市名牌数位列全市17个县市区（开发区）第一。

（陈家辉）

审　计

【简况】 全年共完成审计项目106项，其中预算执行审计5项；专项资金审计2项，审计资金总额1.67亿元，查出管理不规范金额17万元；财务收支审计2项，查出违规金额678万元；资产负债审计1项；领导干部任期经济责任审计26项，查出违规金额1340万元，管理不规范金额1.25亿元；固定资产投资审计70项，审计总金额10.63亿元，审减金额6724万元，审减率约为6%。出具审计报告106篇，提出审计建议252条，被采纳审计建议252条。完成固定资产投资审核项目8项，审定金额29.07亿元。

【预算执行审计】 完成2013年西山区区级财政预算执行和其他财政收支审计、西山区2013年度税收征收管理及税收政策执行情况联网审计、西山区园林绿化局2013年度预算执行及其他财政财务收支审计、西山区档案局2013年度预算执行及其他财政财务收支审计、西山区残疾人联合会2013年度预算执行及其他财政财务收支审计。

【专项资金、资产负债、财务收支审计】 完成西山区农林局2010～2011年使用中央资金的农村能源环境建设项目专项资金审计、西山区2013年城镇保障性安居工程专项资金审计。完成西山区劳动力市场经营和资产负债审计。完成北京师范大学昆明附属中学2010～2013年度财务收支审计、西山区委党校2009年1月至2013年9月财务收支审计。

【领导干部任期经济责任审计】 完成领导干部离任审计26项。具体是：西山区永昌街道办事处主任吴毅刚任期经济责任审计；西山区永昌街道党工委书记张洪文任期经济责任审计；西山区城市管理综合行政执法局局长秦祝华任期经济责任审计；西山区团结街道办事处主任杨正山任期经济责任审计；西山区城投公司董事长明志新任期经济责任审计；西山区马街街道办事处主任殷磊民任期经济责任审计；西山区住房和城乡建设局局长张云生任期经济责任审计；西山区信访局局长杨东任期经济责任审计；西山区建设拆迁安置办公室主任舒静涛任期经济责任审计；西山区劳动就业服务局局长伍虹波任期经济责任审计；西山区福海街道办事处主任戚自良任期经济责任审计；西山区供销社主任杨跃林任期经济责任审计；西山区文化旅游体育局局长贾海虹任期经济责任审计；西山区前卫街道办事处主任李志任期经济责任审计；西山区民政局局长李正良任期经济责任审计；西山区科学技术和信息化局局长赵钰梅任期经济责任审计；西山区金碧街道办事处主任石惠玲任期经济责任审计；西山区新型农村合作医疗管理中心主任王艳君任期经济责任审计；西山区机关事务管理局局长卢永俊任期经济责任审计；西山区交通运输局局长陈绍波任期经济责任审计；西山区城市建设投资开发有限公司总经理张启任期经济责任审计；西山区城市建设投资开发有限公司董事长杜建祖任期经济责任审计；西山区兴禹水资源开发有限公司总经理王艳明任期经济责任审计；西山区兴禹水资源开发有限公司董事长王敬红任期经济责任审计；西山区团区委书记李泓俊任期经济责任审计；西山区人民政府政务服务管理局局长熊佳艳任期经济责任审计。

通过审计发现违规金额1340万元，管理不规范金额1.25亿元，提出下步整改建议89条。审计成果为组织部门人事决策提供参考依据，同时对领导干部起到警示、教育和激励作用。

【固定资产投资审计】

固定资产投资工程结（决）算审计 完成固定资产投资工程结（决）算审计项目70项，审计总金额10.63亿元，审减金额6724万元。其中道路建设审计项目25项，审计总金额5.07亿元，审减金额1356万元；绿化建设审计项目14项，审计总金额1.36亿元，审减金额1011万元；其他审计项目31项，审计总金额4.2亿元，审减金额4357万元。

临时交办项目审核 完成政府临时交办项目8项，审定金额29.06亿元，其中城中村土地成本审核4项，审定金额28.99亿元；其他土地成本审核4项，审定金额739万元。

跟踪审计 继续对涉及河道整治、道路建设工程等方面的39个市、区重点工程建设项目进行全程跟踪审计工作。跟踪审计工作覆盖重点工程建设项目的立项、环评等工程建设程序，招标、合同签订、工程监理等关键节点以及建设资金拨付、到位和使用情况等项目建设的全部重点环节。跟踪审计中对发现问题、整改结果进行登记，实现痕迹管理，现场审计人员签名，确保责任到人，有效地实现工程建设的成本控制以及资金的规范使用，确保重点工程建设项目绩效管理，从而有效为政府节约财政资金，提高资金使用效益。

（杨　莉）

银行业监督管理

【非现场监管】 完成全年的“1104”报表和平台公司贷款报表审核工作，完成对西山区银行业金融机构非现场监管统计报表，报送区政府和银行业金融机构。对各机构的不良贷款及风险情况进行监测、警示。3月，完成对昆明市西山区农村信用合作联社年度监管指标定量和定性综合评定评级。首次开展农村信用社非现场监管关键指标数据质量承诺制度，制定对监管对象的年度控制目标。协助完成对西山区金融机构7位高级管理人员任职事项、对西山区农信联社定向募股方案事项、对西山区农信联社金福分社开业事项审批。

【现场检查】 7月，按《中国银监会关于开展银行业收费专项检查的通知》，参加省局昆明监管处对西山区农信社的收费合规现场检查，规范金融机构收费行为。8月，按省局检查安排，对建设银行、平安银行、招商银行所管辖昆明地区的自助设备和自助银行开展安全检查；参加对五华区农信联社的内控及资产质量检查。9月，参加对邮储银行昆明分行的信贷和同业业务检查。11月，参加对农信五华联社平台贷款检查；参加对云南省农信联社同业业务检查。

【督促政策执行】 3月，召开2014年度金融联席会议，印发《2014年监管重点和要求》，传导上级监管政策，分析经济金融运行情况，指出当前需关注的主要风险和问题，明确2014年重点工作要求。在11月，与西山联社召开非现场监管工作座谈会，提出非现场监管工作中存在的问题及建议措施，通报《中国银监会办公厅关于建立健全"双线"风险防控责任制的通知》，要求加强防控履责。

中共昆明市西山区纪委办公室《关于反馈2013年民主评议机关行业作风意见建议的通知》，对银监西山办事处意见建议为："提高银行工作人员的服务质量"。银监办于2月18日至3月4日对辖区内的多家银行窗口服务情况进行调研与督促，要求尽快改进服务质量，并向区委上报专题《关于落实提高银行工作人员服务质量意见的报告》。

根据《中国银监会办公厅关于推进基础金融服务"村村通"的指导意见》，针对西山区实际情况，拟定"摸清底数、分类分析、定出计划、逐步完成"的工作方案，力争用1～3年的时间，实现行政村基础金融服务"村村通"，并持续提升基础金融服务的多样性、满足度。年内完成对海口、碧鸡、团结3个街道办事处的调研工作。

3月1日接到银行发生客户被抢劫事件后到该网点进行察看，向省局上报《关于发生抢劫客户事件的报告》，同时要求该银行积极处置，加强营业网点安保工作，并及时按程序报告。"3·01"暴恐事件发生后，密切关注对金融机构和人员的影响。10月接到银行客户借记卡账户资金被盗取事件情况报告，及时向省局报告，要求银行做好安保和处置工作。

4月，参加全国农村金融服务经验交流电视电话会议。之后各银行机构就改革农村产权制度、完善农村金融体系的工作开展，进行汇报和经验交流，推动"三农"金融服务全面开展。参加西山区加快工业产业转型升级和园区建设发展工作会议，加快落实地区产业政策。5月，参与西山农信联社防暴恐、防抢劫演练，提高银行安全防范能力和意识，切实保证客户和银行安全。7月，配合银监会收费督查组到西山农信联社进行督查，督促银行业对违规收费进行检查整改。

【调研和调查】 7月，按银监会要求开展普惠金融发展情况调查，对西山区小微企业、"三农"经济基本情况和融资情况进行调查，通过政策引导，对适合小微企业"三农"经济需求的金融产品和信贷模式进行创新。11月，与重庆农商行商谈在西山区成立村镇银行事项，增加支持地方经济发展的金融机构，同时向区政府进行汇报。10月、11月对海口街道办事处双哨居委会，碧鸡街道办事处富善、西华居委会，团结街道办事处律则、蔡家居委会的金融服务需求情况进行调研。

【银行存贷款运行情况】 年内，各银行着力强化金融消费者利益保护，维护市场信心，规范经营行为，促进金融业平稳发展。在经济新常态下，全面深化银行业改革，前瞻性地防范化解风险，提质增效服务实体经济，随着经济增速逐渐回落，市场需求下降，投融资压力增大。企业存款减少。统计的9家机构，存款余额负增长，贷款余额增长，不良贷款率升高。12月末存款余额比年初下降2.69%，其中储蓄存款余额增长5.59%，对公存款余额下降13.88%。贷款余额增长9.47%，其中长期贷款余额增长8.09%，短期贷款余额增长12.87%，住房贷款余额增长13.81%。年末不良贷款率为1.67%，较年初上升0.19个百分点。

（罗宝荣）

安全生产监督管理

【简况】 2014年，西山区的工矿商贸生产安全事故死亡2人，火灾事故死亡1人，交通安全事故死亡31人。全年GDP完成452亿元，亿元GDP事故死亡率（死亡人数/亿元GDP）为0.074，控制在市政府下达的亿元GDP事故死亡率指标0.128以内。实现"杜绝重特大事故发生，减少一般性事故发生"的目标。

【隐患排查治理】 西山区委、区政府将安全隐患问题纳入影响全区改革发展稳定和群众反映突出问题进行一并督办解决。如西山消防大队在检查中发现昆明金水湖畔康体休闲有限公司和新时代燃气具酒店用品市场存在自动消防设施不能正常联动、自动喷水灭火不能正常使用、未设置封闭楼梯间、疏散通道堵塞、疏散指示标志灯损坏、室内消火栓无水等隐患，处罚26.55万元，并进行挂牌督办。针对德缘小区高压输电线安全隐患10多年都未得到解决的问题，在区政府的重视下，由区安委办牵头，召集有关部门进行整治，协调资金49万元，顺利完成整治工作。

一方面对发生事故和存在安全隐患的企业及行业有关人员，由区安委会领导进行约谈警示。同时，各街道办事处（园区管委会）、行业主管部门，根据本地区、本部门安全生产工作状况和实际，认真实施预防性、打招呼约谈的提醒工作。另一方面，区安委办根据气候特点和行业事故发生的情况，及时下发工作提示。进一步建立健全重大安全隐患信息报送制度，强化源头管理，深入现场进行监管检查，消除工作的盲区、死角，实现检查监管全覆盖。

【专项整治】 把专项整治和隐患排查治理工作紧密结合起来，对行业领域在检查中发现的问题和隐患做到“零容忍”，对发现的安全隐患能立即整改的责令企业立即整改，不能立即整改的，提出防范措施，明确整改期限和责任人，并制订相应的应急预案。对非法违法生产经营建设行为一律打击取缔，对降低安全生产条件、因隐患严重不具备安全生产条件的企业，一律停产整顿。

非煤矿山整治方面，一年来共检查矿山企业123家次，查出隐患18条，其中较大安全隐患1条，分别下达立即整改和限期整改指令书；打击矿山企业无证开采、超越批准矿区范围采矿行为，整治图纸造假、图实不符问题1起；12月12日，区政府发布公告，对5个非煤矿山实行关闭，顺利完成市政府下达的任务。危险化学品整治方面，对危险化学品生产经营企业139家企业进行全面检查，开展危险化学品专项整治12次，检查烟花爆竹零售经营户168家次。打击破坏损害油气管道行为，整治管道周边乱建乱挖乱钻问题14起。打击危化品非法运输行为，整治无证经营、充装、运输，非法改装、认证，违法挂靠、外包，违规装载等问题72起。打击“三合一”“多合一”场所违法生产经营行为，整治违规住人、消防设施缺失损坏、安全出口疏散通道堵塞封闭等问题152起。

【安全生产教育及培训】 紧紧围绕“强化红线意识、促进安全发展”的活动主题，6月，在全区范围内开展多层次、多形式、多渠道的安全生产宣传活动。全区共悬挂横幅宣传标语122幅，利用广播、黑板报、宣传栏等宣传62次，刷写、张贴各类宣传标语、图片1700余份，散发各类宣传品1.5万份，利用信息平台发送安全宣传标语800条，发放印有“安全月”宣传主题的安全环保袋5000个。

开展安全生产进学校、进企业、进工地、进社区、进家庭、进农村的“六进”活动。在“安全月”到来之际，区安监、建设、质监等各部门利用到建筑工地、非煤矿山、危化品企业检查安全时机，向从业人员有针对性地发放宣传材料近8000份。区安全监管等部门还利用海口、团结赶集时间，深入开展对广大居民安全生产知识宣传。各街道办事处利用黑板报、橱窗进行宣传44期、送安全文化产品进企业71家。

积极开展培训工作，请市安全生产协会的老师到1家企业开展培训，企业的负责人、中层干部、班组负责人参加培训。组织全区各部门、各街道办事处、社区居委会、企业负责人250余人进行骨干培训。组织企业开展安全文化建设并申报市级安全文化示范企业3家，开展“平安矿山”创建工作，有5家非煤矿山企业被市级评定为“平安矿山”。举办企业法人、安全员、特种作业人员、涉爆人员以及街道办事处及社区安全专干培训班11期，培训人员1465人。全年共培训企业班组3160个，培训班组长2734人，培训员工2.54万人，培训率100%。培训农民工等员工1.79万人，培训率100%。

【安全生产网格化监管体系建设】 为进一步强化安全生产网格化监管工作，区委、区政府在将安全生产工作列入对街道办事处考核的基础上，分别将安全生产及网格化工作列入对区属部门年度经济、社会、党建的考核内容。全区10个街道办事处、1个管委会和29个区级、市直管部门均按照要求建立网格化监管体系，103个社区已建立网络，行业部门和辖区街道办事处督促指导企业按要求开展建立网格化监管工作。

【打非治违专项行动】 围绕“全覆盖、零容忍、严执法、重实效”的总体要求，严格落实停产整顿、关闭取缔、上限处罚和严厉追责的执法措施，集中打击、整治一批突出的非法违法、违规违章行为。全区共组织执法检查组30次，对重点地区和单位开展督查29次，共督查41个部门，抽查2981户企业。查处一般隐患4158个（限期整改3个，已整改；当场整改4155个），整改率100%。实施经济处罚146.6万元。

【安全生产大检查】 持续开展安全生产大检查，进一步摸清全区各行业领域企业数量、安全状况、存在问题和安全隐患等情况，明确责任，扎实整改存在的问题和隐患，确保实现企

1月20日，西山区召开2014年度安全生产工作会

业100%全覆盖检查、隐患100%挂牌整改、检查结果100%真实、安全检查档案100%建立的“四个百分之百”总目标。全区共组织48个检查组2246人次，开展督查、检查300余次。共检查各类生产建设经营企业5376户，查找出安全隐患1639项，已整改1636项，整改率99.8%，挂牌整改3项，坚决杜绝重大以上安全生产事故发生。

（李俊峰）

食品药品监督管理

【机构编制】 2014年2月17日，西山区政府下发《关于印发西山区食品药品监督管理局组建方案的通知》，区机构编制委员会下发《关于组建昆明市西山区食品药品监督管理局的通知》，整合原区食品安全委员会办公室、原区食品药品监督管理局的职责，调整区质监分局的生产环节、区工商局的流通环节食品安全监管职责，组建区食品药品监督管理局，加挂区食品安全委员会办公室牌子。

4月1日，市质监局西山分局（行政编制2名）与区工商局（行政编制36名）共38名人员划转到新组建的区食品药品监督管理局；10个街道办事处食品药品监管所正式挂牌（分别加挂食品药品检验站牌子），并按每所3名行政编制安排到位。5月5日，区人民政府食品安全委员会办公室职能职责由区卫生局移交新组建的区食品药品监督管理局承担。

重组后的西山区食品药品监督管理局有人员编制79名（行政编制53名，工勤控制数1名，事业编制25名）。

【简况】 2014年有登记在册监管对象1.15万家，其中食品生产环节69家、流通环节7340家、餐饮服务环节2602家，药品、医疗器械经营单位407家，各类医疗机构585家，保健食品经营单位231家，化妆品经营单位239家。西山区食品药品监督管理局按照新的职能职责要求，对辖区内生产、流通、消费环节的食品、药品、医疗器械、保健食品、化妆品的安全性、有效性实施严格监督管理。2014年全区无重大食品药品安全事故发生。

【行政许可】 在以往许可服务工作的基础上，2014年新增食品生产许可和流通许可的受理及现场初查。截至12月31日，共受理食品生产许可21件、食品流通许可1741件、餐饮服务许可1163件、药品经营许可17件，受理市局授权医疗器械许可31件，受理13家II类医疗器械经营企业和46家保健食品经营企业的备案，办结率均为100%，实现服务零投诉。

【食品安全监管】 通过与69家食品生产企业、7340家食品经营单位、2602家餐饮服务单位签订食品安全责任书，进一步强化企业主体责任意识。完成科协年会、高考、第二届南博会等9次重大会议及活动期间的食品安全保障工作。日常监管与专项整治并重，开展不间断的日常监督检查和米线质量安全、肉及肉制品、学校食堂等食品安全专项整治，共检查各类监管单位1.34万家次，下达“监督意见书”326份、“责令改正通知书”507份；依法立案查处食品、药品、医疗器械违法案件413件，罚没上缴区财政101.99万元。没收监督销毁非法生产经营的食品6000余千克，取缔非法制售牛肉干、油条、米线、豆腐、味精等黑窝点9个。对2446家大、中、小型餐饮服务单位及151家学校食堂开展量化分级评定工作，餐饮服务单位量化分级管理率99.79%，学校食堂量化分级管理率100%，且经过对C级单位进行指导规范提升后，A级晋位提升22家，提升率达50%。7月25日，区食品药品监督管理局与区卫生局联合开展餐饮服务环节食物中毒事件（故）处置应急演练，进一步提高食品监管队伍和应急处置队伍对突发餐饮服务环节食物中毒事件（故）应急处置的能力。

【保健食品和化妆品监管】 全年受理保健食品经营企业备案46件，办结率100%。组织开展保健食品专项整治7次，检查保健食品、化妆品经营企业400余家次，查处保健食品案件2起。开展保健食品违法广告监测工作，上报违法广告监测报表6份。对已登记备案的保健食品和化妆品经营企业的监督检查覆盖率达100%。

【药械市场监管】 加强药品经营企业管理和医疗器械监管，严厉打击制售假劣药械和无证经营等违法行

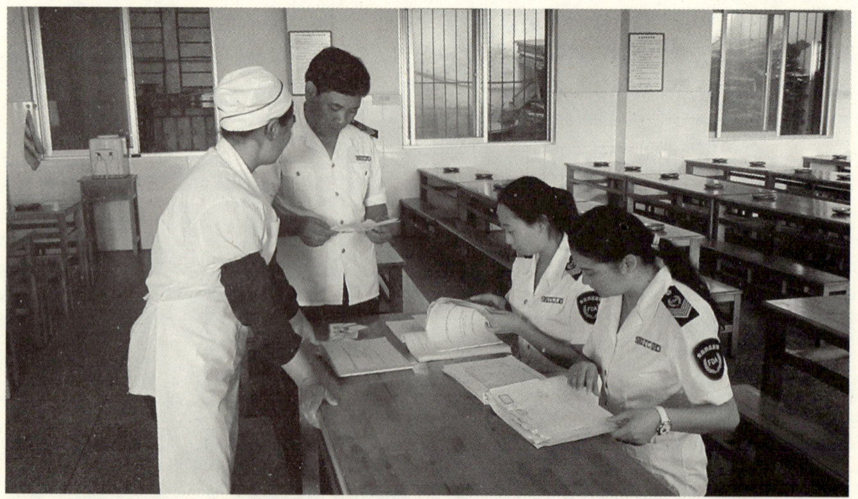

9月11日，西山区食品药品监督管理局对学校食堂进行专项检查

（区食品药品监督管理局　供稿）

为，进一步整顿和规范全区药品市场秩序。2014年，继续开展蛋白同化制剂、肽类激素及美沙酮维持治疗点等特殊药品的监督管理，先后8次对马街（西）社区卫生服务中心、海口医院美沙酮维持治疗门诊2家特殊药品使用单位进行现场检查，保证美沙酮口服溶液使用安全、规范，防止特殊药品流入非法渠道及滥用。同时结合“新农合”“万村千乡”市场工程，开展农村药品网点检查。

【药品不良反应及广告监测】 完善药品不良反应与药物滥用监测。2014年完成药品不良反应监测425例，超额完成百万人口上报数41.67%；完成医疗器械不良事件监测127例，超额完成百万人口上报数127%。

【宣传培训】 通过联播昆明、《昆明日报》《春城晚报》等媒体播报西山区食品安全工作33期次，通过网络发布食品安全工作信息简报146期、食品安全预警公告4期，从而使广大群众能及时了解西山区的食品安全监管情况。先后开展食品安全知识宣传周和食品安全知识进社区、进企业等集中宣传活动6次，发放食品安全知识及相关法律法规等宣传材料6300余份，现场接受群众咨询1000余人次。举办集中培训班40余期，培训从业人员1.1万人次，发放资料、书籍1.2万份。通过开展宣传教育活动，不但提升了从业人员的综合素质，也提高了广大群众对食品安全的参与度，营造出“人人关注、人人参与食品安全”的良好社会氛围。

【技术监督】 为及时了解和掌握西山区餐饮服务环节食品、药品、保健食品、化妆品及医疗器械，特别是食品和药品的安全现状，研究分析评估安全形势，指导经营者进一步提高质量安全水平，同时为监管工作提供有力的技术支撑，有效预防食品药品安全事故发生，2014年共开展15批次生产环节食品、25批次流通环节食品、572批次餐饮服务环节食品及餐饮具和75批次药品的监督抽样工作。

生产环节共抽检米线、饵块、卷粉、白酒等食品15批次；流通环节共抽检肉制品、乳制品、调味品、饮料、速冻米面食品、茶叶、婴幼儿配方食品等食品25批次；餐饮服务环节食品及餐饮具5大类、26个品种、572批次样品。具体为第一类：高风险食品包括凉拌菜、沙拉、熟肉制品、水产制品、生食水产品、自制饮料、鲜榨果汁、腌腊肉制品（含干制鱼类）、非发酵豆制品、糕点、乳及乳制品、米线12个品种246件；第二类：食品原、辅料包括大米、面制品、食用油、煎炸用食用油、食用醋、食用酱油、蔬菜（含根茎类）、水果、火锅底料、生猪肉10个品种219件；第三类生活饮用水共7件；第四类：餐饮具包括纸质餐具、一次性塑料餐盒、自主（集中）消毒餐具（含碗、餐盘、勺）3个品种100件。

结合日常监管信息，在上年度主要抽取妇科用药的基础上有针对性地加大对止咳平喘类药品的抽验力度。全年共对19家药品经营企业和17家药品使用单位共75批次的药品进行监督抽样。其中经营单位抽验药品39批、使用单位抽验36批；涉及中成药30批、化学药品19批、抗生素药品11批、中药饮片15批。通过上述抽检，促进全区食品、药品质量整体水平的提高。

【食品药品纠纷调解工作】 完善食品药品安全投诉举报机制，严格落实24小时值班制。设立并公布投诉举报电话，畅通投诉举报渠道，对违法违规经营给消费者造成的民事经济损害进行及时、有效地调解，化解群众矛盾，切实维护群众利益。全年共处理投诉举报231起，办理“12345”交办件66件（办理件数较上年同期增长630%），回复率100%。调解食品药品矛盾纠纷65起，群众满意率100%。

（符明榕）

农林水·新农村建设

编辑　刀培凤

农　业

【第一产业经济指标完成情况】 2014年西山区农林牧渔业总产值5.86亿元，同比增长3.8%，其中农业产值3.06亿元、林业产值3634万元、畜牧业产值1.91亿元、渔业产值2503万元、农林牧渔服务业2788万元。第一产业增加值3.6亿元，同比增长4%；农村常住居民人均可支配收入1.39万元。

【农作物生产】 围绕“抗灾、抢节令、促扩种、兴科技、稳粮食、保增收”的要求，大力推广农业综合科技措施。完成玉米高产创建671.33公顷，水改旱484.73公顷，晚秋作物和间套种1354公顷，地膜覆盖2085.73公顷。通过各项农业措施的落实，2014年全区农作物播种面积5882.44公顷，其中粮食作物播种面积3052.1公顷（谷物2429.8公顷、豆类443公顷、薯类179.3公顷），经济作物播种面积2830.34公顷（蔬菜1848.95公顷、花卉园艺981.39公顷）。实现粮食总产量1852.2万千克（小春总产403.64万千克、大春总产1448.56万千克），粮食单产6190千克／公顷；蔬菜种植面积2501.5公顷，总产6286.74万千克，单产2.51万千克／公顷。

【农业产业结构调整】 围绕打造高原特色现代农业目标，以万亩加工型花卉和万亩绿色蔬菜园区建设为重点，积极调整农业产业结构。2014年完成花卉、园艺种植面积980公顷，其中观赏及加工型花卉种植面积489.11公顷（万寿菊133.47公顷、玫瑰142.27公顷、鲜切花213.37公顷）。完成蔬菜种植面积1848.93公顷，实现产量7930万千克、产值1.35亿元。其中绿色蔬菜1696.07公顷，绿色蔬菜标准化示范383.8公顷。在团结和平、龙潭、花红园、律则、妥吉等居委会完成食用菌栽培示范推广14.66公顷，种植食用菌357.9万棒，生产食用菌鲜菇196.84万千克，实现总产值1238万元。通过加大农业产业结构调整力度，创建亩产值超万元的山药、韭菜、草莓、康乃馨、食用菌等高效作物种植面积233.33公顷。

【现代农业园区建设】 万亩绿色蔬菜园区、四季特色瓜果园区和小村生态休闲观光农业园区3个园区的建设项目正常推进，并配套相应的农艺措施。西山区农业园区建设正向多元化、规范化发展。

以永靖为重点的万亩绿色蔬菜园区完成绿色蔬菜种植1696.07公顷，建成绿色标准化示范基地383.4公顷，落实各项综合配套措施，共推广生物农药333.33公顷次、黄板7万片、生物肥料408.33公顷次，维修杀虫灯250盏，覆盖面积333.33公顷，完成田间档案记录150户。

四季特色瓜果园区建设初见成效，基本实现园区鲜果周年供应的目标。建成草莓良种育苗基地3.33公顷、草莓品种展示园6.67公顷，推广草莓优质高效栽培技术示范22.13公顷；开展优质西瓜种植示范21.73公顷；推广苹果矮化密植栽培技术示范16.04公顷。推广果园标准化管理技术示范191.86公顷。

完成小村生态休闲观光园区的巩固提升工作，现代农业观光示范区、生态花果观光示范区、鼎顺农业观光园区和民族书画创作示范区4个片区的项目建设全面完成，投入资金500万余元。通过小村生态休闲观光农业园区的巩固提升，带动好宝箐有机蔬菜园区、云南宝地牧业农业循环园区及云南大康蕈菌食用菌示范园区的建设。

【都市农庄建设】 全区在建、拟建的都市农庄项目共有12个，其中香草芳林都市农庄已基本建成，年底正开展提档升级工作，并获得昆明市重点都市农庄铭牌；好宝有机都市农庄获得都市农庄权益证书，一期工程全面完工，二期正在建设；大龙潭生态园已获批复，由于业主变更及土地调整等原因，年底正对方案进行调整；彝诺生态农庄、团结苹果庄园、甘霖谷都市农庄、小黑箐生态农庄、森林湖复垦农庄已获得市农庄领导小组的审查批复，年底正按照批复要求办理完善相关手续及项目的前期准备工作；自耕农庄、果园山水农庄、云龙生态农业观光园申报材料已上报市农庄办等待审查批复；新雅都市农庄正在对

团结街道办事处好宝箐种植的好宝有机蔬菜

规划方案进行调整。截至2014年底，全区都市农庄建设项目资金投入累计3亿余元，其中2014年累计完成投资1.07亿元。

【畜牧业生产】 积极探索生态循环养殖模式，完成明君生猪标准化养殖场的建设，建设内容主要是粪污处理设施、猪舍标准化建设，以及水、电、路和防疫等配套设施建设。通过狠抓动物疫病防控、生态循环养殖、品种改良等科技措施及认真落实能繁母猪补贴和畜牧业保险等惠民政策，确保全区畜牧业健康稳定发展。2014年出栏肉猪9.6万头、肉牛1811头、肉羊1.32万只、肉禽49.28万羽，肉类总产1100.38万千克，蛋类总产86.29万千克，畜牧业产值1.91亿元。

【动物疫病防疫】 加强动物疫病防控工作，确保不发生区域性重大动物疫情。通过开展春秋两季"集中免疫"和时时补针，全区共实施高致病性禽流感免疫101.04万羽、牲畜口蹄疫免疫24.38万头（只），其中猪口蹄疫免疫16.65万头、牛免疫7581头、羊免疫6.97万只、猪瘟免疫16.64万头、高致病性猪蓝耳病免疫16.64万头。应免畜禽免疫密度达100%，4种重大动物疫病春防免疫抗体效价均达70%以上。在做好防疫工作的同时，针对2014年发生的小反刍兽疫及羊狂犬病疫情，从疫情排查、疫情监测、应急值守、疑似疫情处置等方面做好防控工作。对团结卧云山2户养殖户饲养的272只疑似小反刍兽疫阳性山羊进行扑杀及无害化处置，同时对养殖户进行排查。全区共排查养羊户670户，存栏羊3.67万只，紧急免疫羊3.5万只，免疫密度95.53%；对猫猫箐社区的猫、犬进行动物狂犬病疫苗紧急免疫，共免疫1222只，免疫密度96.6%。同时做好消灭马传染

【滇池流域面源污染治理】 围绕"四退三还一护"工作，加强滇池流域面源污染治理，巩固"禁养"成果，积极探索畜禽—沼气—果树的果园养畜模式。在团结、碧鸡、海口3个街道办事处及西山风景区管委会推广安装太阳能热水器612套，推广示范农村新型节柴灶1641眼，新建农村户用沼气池100口。分别在团结现代农业观光园及碧鸡昆明睿野园林绿化有限公司基地建设规模为100立方的畜禽养殖小区沼气工程各1个；在团结妥吉居委会完成沼气服务网点建设1个。实施测土配方施肥技术推广2160公顷，完成田间肥效试验6个。抓好农作物病虫害综合防治，开办IPM培训班12期，参训人员540人次。在海口里仁社区开办农民田间学校1所，建立农药田间使用动态监测点、病虫害监测点各1个，农作物病、虫、草、鼠害综合防治1.48万公顷次。

【农产品质量安全】 2014年完成猪、牛、羊胴体检疫44万头，禽类检疫110万只，活畜检疫17万头，腌腊制品检疫25.7万千克，动物油脂检疫22.7万千克。生猪屠宰检疫率100%，检出的不合格动物及动物产品无害化处理率100%，实现产地检疫行政村开展面100%。"瘦肉精"检测2280份，检测结果全部为阴性。全区检测蔬菜样品2023个，其中农贸市场322个、蔬菜生产基地1701个，共有8个样品超标，合格率为99.6%。

【农业产业化经营】 按照"扶优扶强"的原则，积极引进和扶持一批有基础、有优势、有前景、有带动力的农业龙头企业。截至2014年底西山区有农业龙头企业47户，其中省级龙头企业7户、市级龙头企业9户、区级龙头企业31户，固定资产4.77亿元，年产值64.98亿元，带动农户11.65万户（含区内外）。2014年组织申报省级生物产业项目3个、市级生物产业项目3个；推荐省级农业龙头企业3家、省级林业龙头企业1家；评选区级农业龙头企业11家。

【第十届昆明泛亚国际农业博览会参展】 为有效提高西山区农业产品、技术和企业的知名度，为企业走向市场创造合作契机，积极组织企业参加第十届昆明泛亚国际农业博览会。第十届农博会于2014年11月15～19日在昆明国际会展中心举办，西山区共组织28家企业40个展位参展，以宣传农业品牌、搭建产销平台为手段，集展示、洽谈、销售为一体，重点展示西山区特色农业发展新成就及农业龙头企业新形象。

【"三品一标"认证】 "三品一标"为无公害、绿色、有机食品和农

产品地理标志。为提升产品的市场占有率，加大无公害、绿色、有机农产品认证力度，2014年共组织云南逸神茶叶有限公司和昆明美玉蔬菜种植有限公司申报无公害农产品认证2项，组织云南好宝有机农业有限公司和昆明五谷王食品有限公司申报有机产品认证2项，实施农产品品牌战略，推行农业标准化生产。为规范“三品”档案管理，加强“三品”质量安全监管，提升认证单位及产品的知名度，对区内8家“三品”认证企业的相关信息进行收集，并与之签订《云南省“三品一标”质量管理及标志使用承诺书》。

【农村劳动力“阳光工程”培训】 围绕都市型高原特色现代农业发展和农民增收目标，大力开展“绿色证书”培训、实用技术培训和职业技能培训，开展探索新型职业农民培育的试点工作，培育具有较高素质的生产经营型、专业技能型和社会服务型新型职业农民。2014年完成农村劳动力“阳光工程”培训1.36万人次，其中农村实用技术培训1.11万人次、农村劳动力职业技能培训613人、新型职业农民培训400人、“绿色证书”培训1523人，举办招聘会3场。围绕塑料薄膜定位山药浅生长示范种植和西兰花高产栽培培技术示范，在半天白继续开展市级“绿色证书”示范村建设工作。继续实施中央基层农技推广体系改革与建设补助项目，围绕绿色蔬菜产业进村入户开展技术指导和服务；开展农业科技特派员进村入户示范，筛选玫瑰、韭菜、山药、草莓、黄梨、蔬菜、食用菌、矮化苹果、生猪养殖9个项目，选派22名科技特派员进村入户开展技术指导和技物配套，举办技术培训班10期，培训人员1160人。

【农业机械化管理】 认真落实云南省农业厅、云南省财政厅关于2014年云南省农业机械购置补贴实施方案的通知精神，完成使用国家农机购置补贴资金21.07万元。继续加大农机具的使用和推广，完成机耕、机耙、机收面积2920公顷。完成农机技能培训854人。继续做好一年一度的拖拉机检验工作，共办理拖拉机年度检验590台，变更、转籍过户32台，补换牌证65台，注册登记14台，拖拉机驾驶员驾驶证期满换证179人，参检拖拉机交强险投保率100%，拖拉机检验率90%以上，拖拉机挂牌率、驾驶人持证率达95%以上。

【农村集体资产管理】 对各街道办事处农村“三资”管理及工作情况进行现场监督及指导，加强农村财务审计和监督。西山区56个居委会、395个居民小组全部按期（按月或按季）进行财务公开，公开率100%。做好群众上访问题的调查核实工作，2013年底至2014年5月，联合棕树营及金碧街道办事处，做好卢家营居民小组部分群众上访问题的调查核实工作，及时撰写调查核实材料反馈给相关部门，形成情况专报报区委、区政府。全面贯彻落实减轻农民负担政策，对全区农民负担进行专项调研；开展向村级组织收费的专项清理整顿活动。

【农村土地承包经营权流转】 2014年6月，西山区农村土地承包经营纠纷调解仲裁委员会成立，共调解农村土地承包经营纠纷11件。完成农村土地承包经营权确权登记试点选点的前期工作。截至年底，全区农村土地承包经营权流转面积达2386.67公顷，其中2014年新增土地流转面积140公顷，新增流转金额1142.59万元。

【农业行政执法】 针对农业投人品开展专项行动56次，检查种子经营户26家次、种子品种377个；检查农药批发、经营门市35家次，抽检农药登记证号和标签101个，合格96个、不合格5个；检查化肥品种8个，标签、标识符合标准。分别与14家种子经营户签订“种子质量安全承诺”，与24家农药批发和经营企业签订“农药质量安全责任书”。

林　业

【城乡绿化造林】 大力开展造林绿化和林业生态建设，进一步提高森林覆盖率，增加森林蓄积量，不断提高生态承载力。2014年完成杨树种植200.73公顷22.28万株，完成区级“五采区”生态修复34.67公顷，低效林改造66.67公顷，义务植树79.3万株，组织完成省、市党政军义务植树活动，完成森林火灾保险造林项目14.33公顷，完成重点区域工程造林示范样板林20公顷。

2014年完成绿化苗木基地建设133.33公顷。

【退耕还林工程建设】 坚持“因地制宜、适地适树和注重生态、培植产业的方针”，以促进山区农村经济发展为目标，坚持退耕还林和农村产业结构调整并举，在辖区内优先安排25度以上坡耕地、水源保护区、城镇面山、交通沿线、村社周围等生态脆弱重点区域实施退耕还林工程。全区共完成市级退耕还林工程（核桃种植）67.27公顷。

【石漠化综合治理工程】 西山区以减少贫困人口、控制水土流失、遏制石漠化发展、改善生态环境为目标，以农田改建、生态治理、小型水利建设、草山草场建设为主要手段，因地制宜、分类指导，突出重点、分步实施，着力改善石漠化地区生态环境。完成2013年石漠化综合治理工程封山育林2145.53公顷、人工造林289.6公顷；完成封山育林配套设施（林管护房、封山育林标志碑、机械围栏）的建设和封山育林区巡护人员、病虫害防治人员的聘用工作；完成2012年变更设计中的人工造林169.47公顷，完成率100%；加强对2012年西山区石漠化综合治理工程已完成的封山育林、人工造林和水利工程建设项目的后期管理。

【“创森”巩固提升】 2014年西山区巩固提升“创森”成果，巩固绿化面积60公顷，完成率100%；新增造林面积616.65公顷，完成率123%。同时加大巩固“创森”的宣传力度，鼓励市民积极支持、参与世界知名旅游城市建设工作。

【森林防火】 2014年西山区共投入森林防火资金3171.54万元，其中区级财政投入2033.04万元、各涉林单位投入1138.5万元，有效保障了森林防火工作顺利开展。自2013年12月1日进入森林防火期以来，全区共发生较大森林火灾1起（林区群众偷电线线路碰火引起）；荒火2起（团结妥排社区阿苦力林区群众乱扔烟头引起1起、团结乐亩社区老张箐输电线路碰火引起1起）；违规野外用火2起（海口白鱼社区彩云湾工矿用地管理不善引起1起、海口里仁社区公山违规烧垃圾引起1起）。火案查处率、相关人员问责率100%。

【森林防火基础设施建设】 截至2014年全区已建成并投入使用的防火通道达700余千米、防火水窖700余个、防火水罐36个。进入防火期前，全区已完成对235千米森林防火通道的维修养护。在雨季期间，各涉林单位均组织人员对防火水窖、水罐进行蓄水，全区蓄水率达95%。加大防火基础设施建设力度，不断完善森林防火通道网络化建设。多方筹措资金40万余元，新建10平方米森林防火监测房32个，新建4条防火通道38.94千米，完成33个森林防火专用水窖建设。

【林政资源管理】 办理林地征占用19件（建设项目9件，防火通道10件），涉及林地面积70.82公顷，其中征用林地面积27.44公顷，临时占用林地面积43.38公顷；收取植被恢复费319.28万元。办理采伐证76份，采伐活立木蓄积2003.51立方米，其中“四旁”树采伐803.91立方米、商品材150.6立方米、非商品材1049立方米。加大各类案件的查处力度，共破获刑事案件3起，查处林业行政案件73起，查处率达100%。积极组织开展一年一度的林地清理整治及集中打击盗伐、滥伐林木违法犯罪专项整治行动，对辖区内涉林项目进行清理整顿，并认真进行登记建档。通过加强资源林政管理，有效防止超范围占用林地和超限额、超范围违法采伐行为发生。

1月10日，西山区召开森林防火工作推进会 （区农林局 供稿）

【天然林资源保护】 加强对103名天保管护人员的规范管理，天然林资源保护工程二期森林管护5.13万公顷。积极开展国家级、省级、市级公益林1.89万公顷生态效益补偿工作，2013年、2014年国家级、省级、市级公益林生态效益补偿资金已全部兑现，完成率100%。完成15项规划调查任务，国家森林抚育补贴项目已完成施工，并通过省级验收。启动“十三五”采伐限额编制及野生植物资源调查工作。按照市级安排，完成第四次森林资源二类调查前期的组织机构建立、资料收集、经费筹措等工作，并积极筹备相关会议及外业调查工作。

【集体林权配套改革】 深入各涉林街道办事处、社区进行林权流转相关法律法规、林权登记、集体林地林木流转办理流程培训和林权抵押贷款宣传。完成林权流转275.57公顷，流转金额3177.99万元。在开展林权抵押贷款工作中多次与信用社、企业联系，经过多方宣传和努力，云南腾龙园艺绿化工程有限公司在信用社办理抵押贷款190万元，为西山区林权抵押贷之首次。成功调解林地纠纷7起。

【森林病虫害防治检疫】 完成林业有害生物病虫害监测1.34万公顷，实现西山区森林主要病虫害监测率100%；加强对红火蚁、松材线虫、薇甘菊等外来有害生物的监测防控，主要对苗圃地、西南木材市场、重点林区等开展监控，未发现疫情。

【野生动物保护管理】 在团结、碧鸡、马街、海口4个街道办事处及西山风景区的涉林居委会、居民小组张贴《昆明市人民政府关于禁止猎捕陆生野生动物的通告》200余份。依法办理“野生动物及其产品经营许可证”（非保护野生动物）4份，审查上报《陆生野生动物及其产品来源情况审查表》2份及“国家重点保护陆生野生动物及其产品经营许可证”1份。共投喂鸥粮4900千克，支付鸥粮款及监督员工资3.46万元，对群众反映、举报的红嘴鸥受伤、死亡等异常情况，及时派人进行处置，并将处置情况及时反馈给反映（举报）人。对区属5个疫源疫病监测监控点实施全天24小时监控，严格执行每天零报告制度，辖区内全年未发生野生动物疫情。

【木材加工经营监管及检疫】 2014年办理木材经营、加工年检35份，完成全区木材加工企业清理工作，全区共排查出42家企业办理了木材加工经营许可证，20家企业无木材加工许可证，有3家未进行年检，有1家企业许可证地址与现地址不相符。检疫省内外调运木材14.94万立方米，其中调运检疫11.44万立方米，复检3.5万立方米，出具检疫证5342份；开展苗木产地检疫43.04公顷78万株，辖区内苗木、木材报检检疫率100%。

（杨 薇）

统筹城乡发展

【团结民族风情小镇建设】 团结民族风情小镇项目是云南省低丘缓坡综合开发利用试点项目之一，也是市政府“3015行动计划”之一。该项目（一期）土地一级开发项目建设时限计划3年（2013～2015年），共包含5个地块和片区配套道路建设。

地块一范围内的团结民族风情小镇商业街项目建设在取得9.72公顷用地指标、完成3.62公顷土地收储的基础上，由云南盘玥房地产开发有限公司通过招拍挂方式获得项目用地1.9公顷，并取得“国有土地使用证”“建设工程规划许可证”“建设用地许可证”“施工许可证”，年初正式启动项目建设。

地块三范围内的低丘缓坡项目，年内完成约66.67公顷土地的地表清理及土地翻耕，建成地块边界约7公里围墙及围墙喷绘涂漆工作，基本完成苗木补偿工作。编制完成《昆明市西山区团结项目区块低丘缓坡土地综合开发利用试点项目开发经费预算报告》，并取得昆明市国土局西山分局及昆明市国土资源局的审查意见，已上报省国土厅等待审批。

地块五范围内的加油站建设项目，年内完成征地拆迁和地块围墙建设工作，并取得市规划局西山分局出具的规划意见和道路红线。片区配套道路建设包括团结民族大道、山岭路和山水路，年内完成各条道路建设有关设计、环评、林木采伐、土地复垦等报批手续以及道路建设的招标、施工合同签订、施工图设计、林勘可研报告编制，并完成团结民族大道30%的工程量。

【新农村建设】 年内建成2个省级新农村重点建设村（团结街道办事处乐亩社区寨子村和蔡家社区蔡家村）、1个市级美丽乡村示范村（团结街道办事处律则社区核桃箐居民小组）、6个区级美丽乡村试点村（团结街道办事处白眉社区章白村、谷律社区盛家塘，碧鸡街道办事处富善社区西化村、晖湾村，海口街道办事处青鱼社区青鱼塘村、云龙社区小场村），共统筹实施建设项目49件，总投资2801.4万元，其中省级补助120万元、市级补助280万元、区级配套2043.9万元、部门整合及自筹357.5万元。共完成道路硬化10条4728平方米，房屋外立面美化4.66万平方米，多功能文化活动室建设3710平方米，建成小游园、活动场地4868平方米，新建卫生公厕11座、垃圾房12座，铺设生产生活引水管网5719米、污水排放收集处置管网渠道1838米，村内环境绿化2367平方米，种植香樟树270棵、樱花树265棵，安装路灯60盏，硬化场地400平方米，安装健身器材2套，修建休闲凉亭2个，建设农家书屋间100平方米、文化长廊130平方米、集贸市场1787平方米、村庄污水处理池2个，修建“三面光”沟800米。共有9个村、1338户3260余名群众受益。

【新农村建设指导员工作】 年内共下派新农村建设指导员36名，分组形成3支工作队，分别下派到碧鸡、海口和团结街道办事处、西山风景区管委会35个村委会驻村工作，做到一处1支工作队、一村1名指导员。各工作队驻村后，主要开展四方面工作，一是强化学习教育，共开展各类培训10期，着力提高指导员业务素质，帮助指导员熟悉农村基层工作情况；二是强化组织纪律，重新修订印发《西山区新农村建设工作指导员管理办法》，研究制定下发《西山区新农村建设工作指导员（常务书记）督查制度补充规定》，严格工作纪律，促进队伍建设；三是强化经费保障，建立派出单位承诺制度，共落实到位工作经费130.43万元，其中省级补助40万元、市级22万元、区级30万元、各派出单位共补助38.43万元，切实保障区新农村建设工作队及指导员顺利开展工作；四是协助抓好农村基层党组织建设、新农村建设、护林防火、抗旱救灾、矛盾纠纷调解等多方面工作，全体指导员共办实事好事97件，有效调解矛盾纠纷62起，帮助社区争取到位项目13件，到位经费974万元，各类物资折合64万元，推进了新农村建设工作。

（罗华萍）

水 务

【农田水利建设】

明朗水库加固扩建工程 累计完成投资1.251亿元，其中2014年完成投资1805万元。完成水库枢纽建设区7.15公顷土地的征地、18户农户房屋拆迁及苗木补偿工作，并完成单位房屋拆迁工作，共拆迁建构筑物面积9000平方米，永久道路铺筑752米，输水隧洞开挖及混凝土浇筑190米。明朗水库加固扩建工程从开工以来，累计完成土方开挖3.73万立方米，石方开挖1.16万立方米，土石方回填2.45万立方米。

新建杨梅山水库工程 截至年

底，完成投资3274万元，其中2014年完成1600万元，主体工程量完成40%。完成水库枢纽区、淹没区及工程保护区13.59公顷征地及3.47公顷租地工作，并完成17份房屋及附属物拆迁协议、32份苗木拆迁协议的签订工作。完成水库涉及电力工程1.1千米、通信线路0.92千米迁改工作。完成大坝左右坝肩土石方开挖，输水隧洞开挖全线贯通并浇筑85米。完成改线公路主线1.12千米路基开挖及高填方填筑。共完成土石方开挖18.05万立方米，填筑土石方1.53万立方米。

小（二）型水库及干支渠工程建设 东母沟水库除险加固工程完成下游坝坡培厚、水棱体建设、水库防渗灌浆建设。马水河水库除险加固工程基本完工，年底正在准备资料上报验收。茨沟花山坡水库除险加固工程完成坝体防渗灌浆、管理房建设，以及部分大坝填筑。大墨雨水库除险加固工程完成初步设计、前期批复、施工单位招投标，年内开工建设。里母高水库除险加固工程完成前期工作，年底正进行施工单位招投标工作。

干支渠工程建设 组织完成东母沟水库入库干支渠防渗工程、小黑箐水库干支渠防渗工程及双哨上哨水库干支渠防渗工程的竣工验收相关工作。

“五小”水利及“爱心水窖”工程建设 完成“五小”水利工程18个共591件，完成投资556.1万元。“爱心水窖”工程完成447口水窖建设，完成投资271.57万元，并委托第三方质检单位开展蓄水查验工作。

【抗旱蓄水】 结合旱情实际，实施章白居民小组饮水应急工程抗旱保供水项目，出动机动运水车5辆、机动抗旱设备5台（套），对出现临时性饮水困难的碧鸡、团结2个街道办事处的2376人、9318头大牲畜采取应急措施，解决饮水困难，下拨抗旱补助资金26.5万元。全区水库、坝塘、水池、水窖蓄水总量679.44万立方米，较上年增9%，其中小（一）型水库蓄水总量124.5万立方米；小（二）型水库蓄水总量445.12万立方米；小坝塘、小水池、小水窖蓄水109.82万立方米。

【防汛工作】 2014年5月进入汛期后，强降雨天气频繁，全区共出现强降雨天气7次，造成辖区内大部分地区出现严重淹积水情况，全区共出现城市淹水点（片）49个，宝花路部分路段出现塌方2次，永胜河、棋台河部分河堤塌方，接到汛情、灾情后各级各部门迅速组织抢险力量，到淹水点、塌方点紧急处置，辖区内未出现因强降雨天气造成人员伤亡情况。

组织开展汛前及汛期安全检查。区防汛办组织各责任单位针对辖区水库、坝塘、河道、湖泊、尾矿库、水电站、重要交通干线、校舍、老旧小区等防汛目标，开展全面排查，落实整改措施，有效消除防汛隐患。年初，区防汛指挥部与马街、西苑、棕树营、永昌、前卫、福海、金碧街道办事处和区城管局、区兴禹水资源公司签订年度防汛排涝责任书，落实防洪排涝责任人，并建立城市防汛内涝淹积水报汛员制度。全区设有降雨测量站点24个，实现辖区降雨量有效测量全覆盖，全年山洪灾害预警平台共发布预警46次，山洪灾害预警平台的建设有效提高了灾害预警能力。完成汛前支流沟渠清淤5.5千米，清除淤泥2053立方米；完成主要入湖河道老运粮河清淤约2.8万立方米、正大河清淤3000立方米。完成易淹水点整治工程22件，完成投资107.3万元。开展防汛应急工程25项，完成投资136万元，在中、高考等重要活动期间落实应急抢险预案要求，确保淹积水时迅速到位处置。

加强物资人员储备，区级仓库常规储备防洪袋3万～4万条、水泵30台（套）、发电机组3台、电缆200米、橡皮舟1只、冲锋舟1艘、救生衣20件等，与厂商协议代储防洪桩500根。2014年下拨区级防汛物资约45万元，具体为配发各街道办事处防洪袋6.3万条、抽水机68台套、移动泵车10辆等，充实了防汛物资储备。西山区水务局还成立由干部职工100人组成的西山区城市防洪抢险应急队，聘请11名专家组成防汛抢险救灾专家组，充实区防汛抢险工作技术及人员力量。

【山洪灾害防治非工程措施建设】 按照《西山区山洪灾害防治非工程措施建设实施方案》，建成县级监测预警系统和预警平台1个、简易监测预警

4月28日，西山区水务局开展抗旱工作，为十里箐村民送水

（区水务局 供稿）

雨量站160个、简易监测预警水位站4个、自动雨量站11个（已实现数据传输）、无线预警广播44个，完成区级预案编制1个、街道办事处预案编制4个、村级预案编制40个，下发山洪灾害宣传册、明白卡等宣传资料约10万余份，在各隐患点安装警示牌64块、壁挂式宣传栏10块。

【河道治理】

海口河水环境综合整治工程 一期工程完成川字闸至老街大桥约1.7千米的综合整治，完成投资9247万元。二期工程（约10.8千米）采用BT模式融资建设，分为5个标段，其中第1、第2标段于2014年6月5日进行初步验收，完成河道整治2.45千米，完成工程直接投资5400万元（初审）；第3、4、5标段于2014年3月28日全线进场，累计完成河道整治12.13千米，完成工程总投资约4.8亿元。

清水河、杨家河、太家河截污及水环境治理项目 该项目含清水河3.5千米、杨家河2.4千米，共5.9千米。累计完成河道整治3.18千米。（因资金问题太家河未治理）

金家河水系截污及水环境综合整治工程 金家河水系截污及水环境综合整治含金家河3.62千米、太家河1.39千米、正大河2.13千米，需整治河道总长7.14千米，年底累计完成河道整治5.36千米。

新运粮河支流河道整治工程 新运粮河水系工程共需整治河长11.14千米。年底小沙沟完成北师大附中至成昆铁路段259米，完成投资约714万元；郑河路沟实施昆安公路段至新运粮河724米，完成投资约310万；大沙沟完成西三环至新运粮河1350米；卖菜沟右支（渔村沟）由道恒公司结合片区改造一并实施，已完成河道主体工程200米。共实施新运粮河支流河道整治工程2.55千米。

【水质提升】 建立水质达标专项巡查及河道日常保洁巡查机制。全年巡查河道816次，完成采莲河、西坝河水质达标工程性措施，实施正大河清淤工作，全年共封堵排污口33个，新建拦水坝6个，修复截污闸1个，加高、加固截污坝1个。积极开展青苔河污水来源情况调查工作，协调配合市滇投公司完成西坝河清水通道建设工作。采莲河水质达标7个月、乌龙河达标8个月、大观河达标8个月、船房河达标9个月、老运粮河达标9个月、新运粮河达标4个月、正大河和金家河不达标、西坝河和太家河断流。

2014年河道景观新增绿化面积3.18万公顷，补栽恢复苗木面积837平方米，种植绿篱火把果700株、柳树184株、小叶榕16株、连翘200丛、八角金盘4500株、常春藤5000株，清理死树12棵，在河道管理范围内设置隔离护栏400米，维护隔离护栏260米，修复受损木桩21根，更换河道护栏麻绳152米。对新、老运粮河和乌龙河河道沿岸所有绿化苗木进行修剪、去头、农药喷施、杂草清除、危险树枝清除，所有垃圾清理清运。

【四退三还一护工作】

土地一次性补偿 累计完成补偿51.4公顷，其中山邑生态园5.05公顷、王家堆片区20公顷、富善大咀子一期13.33公顷、云南新华印刷五厂退场1.79公顷、昆明久通和食品饮料厂退场1.05公顷、云南新华印刷五厂新址征地3.86公顷、武警黄金十支队新址征地6.31公顷。

租地工作 区“四退三还一护”工程共征租用碧鸡、海口街道办事处土地298.78公顷，除“房地合一”征地的7.36公顷外，共租用两街道办事处土地291.43公顷，其中碧鸡街道办事处租用土地131.15公顷，海口街道办事处租用土地160.28公顷。

生态建设及湿地管护工作 2014年由各相关属地街道办事处面向社会招聘生态带管护人员137名，负责对区湖滨生态带进行日常保洁，从而建立起西山区滇池湖滨生态带长效管理机制，有效保护了生态带建设成果。

【水源保护工作】 按照《西山区水库（坝塘）库（塘）长巡查制度》，督促街道办事处各相关人员严格按照制度对辖区水库（坝塘）进行每月不少于1次的巡查，并填写巡查记录表。共出动人员220余人次，对整个水源区水源保护工作进行巡查，共督查卫生死角整改20余处。2014年委托西山区疾控中心对纳入区级水源规划的4个水库水源地（除险加固水库除外）进行枯水及丰水期水质监测工作，有效做好辖区饮用水源风险源监控工作。编制《西山区饮用水源突发应急预案》，拟定《2014年度水源保护区突发水污染应急演练方案》，在三家村水库组织实施应急演练1次。

【水资源管理】 依法征收地下冷水资源费339.34万元。办理节约用水措施方案审查意见18件，切实加强辖区内有关已完工的新、改、扩建设项目中水利用设施监督、检查工作。参与市级对尚领明珠、广福郡、人和新居北区、城市景苑4家单位节水设施的验收。云南省工商行政管理局、昆明市儿童医院等8家单位已开展水平衡测试；云南云天化国际化工有限公司三环分公司、昆明地税局、成都军区昆明总医院3家单位正在开展节水型企业（单位）创建；云投景苑、尚领明珠等5个小区正在开展节水型小区创建。

完成西山区2014年地下水普查工作，共收到各街道办事处上报的地下水井清理整顿普查表161份，其中在用的有141口，已封停的有20口。在用的141口地下冷水井中，属于企事业单位、厂矿有62口，军警或部队的有5口，属于解决农村生产、生活的74口。对普查的161口地下水井提出下一步的处理措施和意见建议。

年内到社区、广场、建筑工地开场宣传活动24场，开展日常检查活动20余次，共悬挂宣传口号标语50条，发放主题宣传画及倡议书500份，发放《中华人民共和国水法》《云南省节约用水条例》等法律法规的单行本共5000余本，参与群众3000余人次，并向24家单位推广安装节水水嘴6644只，验收使用5630只。处理辖区范围内浪费用水、漏水举报件15起。

【行政执法工作】 对全局的行政执法案卷进行评查，共评查2013年全年区水务局办结行政执法案卷99卷，2014年行政案件97件。进一步规范执法文书，提高办案质量，修订和补充完善水政、滇管、行政许可执法文书28份。

做好行政处罚集体决策，成立由局长任组长，相关副科级领导担任副组长，局属涉及行政许可的科室组成的行政许可内部会审委员会，聘请专门的法律顾问，开展重大行政处罚案件集中讨论会4次，共讨论案件5件。

开展入滇河道集中专项执法活动15次、河道违规垂钓整治专项活动10次、夜间洗车整治专项活动5次、禁磷限磷执法检查10次、巡查滇池水体保护界桩9次，共出动执法人员2955人次。检查出违反“河道三包”相关规定13件，责令整改5件，依法铲除违法在河道管理保护范围内种植的菜地1800平方米。滇管渔政执法工作共组织开展渔政执法行动142次，出动检查执法船艇92次、执法车辆140辆次、执法人员387人次，收缴违章捕捞渔具泡沫筏子40架、轮胎64个、网具647张，当场给予行政处罚104人，罚没收入共2.18万元。

【河道保洁工作】 印制5000份河道“门前三包”责任书分发到各街道办事处，涉及管辖内共签订河道“门前三包”责任书769份，同时在河道管理范围内新安装制作河道宣传栏24块、警示牌36块。2014年全区共出动河道保洁人员6.14万人次，打捞清除漂浮物、杂草及垃圾6007吨，出动打捞船只5340余次、清运车辆1700余次，查处涉河违法案件20件，封堵污水口33个，整治河道洗车178次，劝阻垂钓人员544人，取缔违禁渔具70余个，开展河道专项执法整治57次，安装河道护栏170米。

（陆海娟）

经济贸易·投资促进

编辑　刀培凤

经济贸易

【工业经济】　2014年，西山区规模以上工业增加值完成41.6亿元，同比增长12.2%；规模以上工业主营业务收入146.88亿元，同比增长4.6%；完成规模以上工业利税总额8.89亿元，同比增长103.31%，其中利润3.25亿元，同比增长324.76%；工业固定资产投资30.94亿元。

2014年，全区规模以上工业企业户数新增10户，共有60户。

【商贸经济】　通过进一步加大对企业的协调服务工作和政策引导，加之劳动力成本的普遍提升以及政府加大社会保障的支出，对第三产业的发展和社会消费的增长起到一定作用。2014年，西山区社会消费品零售总额完成414.2亿元，同比增长11.67%。全区完成商贸投资20.06亿元。

【菜市场建设】　西山区新建菜市场1个（振峰生鲜未名城菜市场）和社区菜店4个（盛高大城店、东寺街宸悦店、春苑店、白马店），已逐步形成标准化菜市场、过渡性菜市场、生鲜超市互为补充，主城区与城郊区相统筹的菜市场建设新格局，基本满足群众需要。

【都市经济】　2014年新增总部企业4户，分别是：中国移动通信集团云南有限公司（省级区域总部）、中国石油天然气股份有限公司昆明销售公司（市级区域总部）、云南英茂商务有限公司（省级区域总部）、昆明城建房地产开发股份有限公司（市级区域总部）。新增楼宇经济面积42.1万平方米。

2014年，西山区总部企业入库存税金增长52.67%。

【外贸工作】　2014年，对外贸易经营者登记备案新增43户、变更15户，完成外贸进出口总额7.32亿美元。

【清洁生产】　2014年，西山区内昆明华信金属材料制造有限公司、奥立特电力设备有限公司、昆明三德木门制造有限公司3户企业通过清洁生产审核验收。

【节能减排】　西山区规模以上工业万元增加值能耗下降31.78%；昆明云盘山磷化工有限公司、昆明盛典矿业有限公司已开展能源审计工作，通过市级验收；“千家行动企业”全面建立能源管理体系达70%。

【非公经济】　西山区民营经济、乡镇企业受经济转型、城市更新改造、金融调整以及中小企业产业政策的影响，总体运行稳中有升，但发展不平衡。民营经济增加值完成247.91亿元，同比增长14.87%；民营经济从业人员29.56万人，同比增长10.03%。

【乡镇企业】　全区有乡镇企业2.62万个，同比增长1.09%；从业人员26.38万人，同比增长5.33%；完成总产值546.621亿元，同比增长8.18%；实交税金25.187亿元，同比增长7.34%；完成营业收入685亿元，同比增长7.47%；完成农产品加工业总产值58.227亿元，同比增长15.18%。

【应急管理工作】　在“两节”“两会”等重要节日、重点时段期间，均组织对加油站、大型市场、商场的节日保供和安全检查，通过检查及时发现突发事件隐患并督促整改落实，有效预防突发事件发生。做好应急物资供应工作，4月16～19日团结森林火灾期间使用了约4.8万元的储备用油，并向区森林防火指挥部办公室申请补齐。

【畜禽屠宰管理】　为确保海口屠宰厂病死猪不流入市场，保证群众的食品安全，1～2月，对57头病害猪以焚烧方式进行无害化处理。根据区政府关于食品药品监督管理局组建方案的要求，3月起，将生猪定点屠宰监管职能移交区农林局。

【成品油零售经营企业监管】　2014年，全区共有“成品油零售经营批准证书”49本，报送材料参加年检的46本，另有3本证未参加年检。在做好成品油零售经营企业年审工作以及新建、改扩建、搬迁、原址原规模改造加油站（点）的初审工作同时，依法组织对辖区内成品油零售经营企业（加油站、点）进行定期或不定期安全生产检查19次，检查人员148人次。

【“昆明老字号”创建工作】 2014年，全区3家企业品牌获得昆明市商务局认定的第一批“昆明老字号”，分别是昆明电缆集团股份有限公司的“昆电工”，昆明拓东调味食品有限公司的“永香斋”玫瑰大头菜，云南金花针织有限公司的“金花”。

【服务企业】 2014年，及时协调解决项目运作和企业发展中遇到的问题。继续做好重点出口企业、重点商贸企业、重点外资企业的跟踪服务，全年责任领导带队走访企业近百次。进一步加快优化出口商品结构，重点扶持光学仪器、纺织服装、磷精加工、数控机床的产品出口。

2014年，推荐、协助昆明金泽实业有限公司技术中心申报市级企业技术中心项目，协助企业积极争取省、市补助资金共8148.77万元，极大地促进了西山区企业更好更快发展。

【其他工作】 2014年，完成46家加油站年检，年检率100%。完成酒类流通备案17户。打造前卫街道办事处广福社区和福海街道办事处杨家社区2个商业服务示范社区。建成特色文化旅游商业街区——金碧特色商业街区。亿元以上工业项目开工4个；亿元以上工业项目竣工3个。截至2014年底，完成昆明乐海车市、昆明毅仁钢材购物中心2个市场的实质关闭。西山区中小企业网已正式运行，并与云南星飏力科技有限公司做好网站日常维护和管理。

（吴丽辉）

投资促进

【招商引资工作】 2014年，进一步强化组织领导和目标考核，对全区招商引资项目进行全面盘点，对能够形成到位资金的重点项目建设情况开展详细分析，尽量摸清家底。在充分考虑各街道办事处的资源禀赋、土地供给、项目支撑、产业定位等招商要素的前提下，按照任务围着项目走的原则客观分解招商引资任务，并通过层层签订招商引资目标责任书的形式，及时分解招商引资任务。

着力实施“大企业投入、大项目带动”发展战略，注重强调项目质量，积极帮助企业协调解决项目推进过程中遇到的困难和问题，发展优势明显的龙头项目，重大项目带动作用得到充分凸显。2014年度西山区单体项目平均投资额为1.38亿元/个，上报的75个招商引资项目中，有58个为亿元项目，考核认定资金达93.44亿元，占全区考核认定资金的90.08%。

2014年，全年引进市外到位资金103.7亿元，完成市下达100亿元目标的103.7%，超计划进度3.7个百分点；实际利用外资8899.75万美元，完成市下达8700万美元目标的102.3%，超计划进度2.3个百分点。

【南博会签约项目】 第二届“中国—南亚博览会”暨第22届中国昆明进出口商品交易会于2014年6月6～10日在昆明国际会展中心举行。在6月7日分别举行的省、市专场签约活动上，西山区与云南华润万家生活超市有限公司、云南港鑫实业有限公司、云南家居家具有限公司、云南中烟再造烟叶有限公司、昆明三鼎置业有限公司、云南正邦科技有限公司签订投资协议，协议总投资120.29亿元。签约项目涵盖工业、商贸物流、制造业、商业零售、现代金融等领域。

【昆明西山万达广场开业】 2014年10月30日，万达集团举行昆明西山万达广场开业暨百座万达广场庆典活动。西山万达广场项目位于昆明泛亚金融产业园区，由万达集团投资建设，占地7公顷，计划总投资100亿元，总建筑面积为71.38万平方米，项目涵盖超五星级酒店、高端写字楼、城市商业街及配套设施，为集购物、餐饮、文化、娱乐等多种业态为一体的城市综合体。拟建综合性大商场、3幢星级写字楼、2幢300米超高层顶级写字楼、1幢超五星级酒店。项目于2012年6月初开工建设，计划于2016年全面完成，其中的万达百货商场和超五星级酒店（文华酒店）于该日开业。昆明西山万达广场开业，成为昆明新的商业、金融、娱乐、休闲和商务中心，并形成以昆明西山万达广场为核心的新型城市级商圈——万达商圈。

【“昆迪合作”帮扶项目】 2014年，按照区委、区政府要求，结合西山区和迪庆州维西县昆迪合作“十二五”后3年相关工作要求，做好2014年“昆迪合作”帮扶项目的对接及落实工作，及时上报区委、区政府批准落实对口帮扶项目4个，共安排帮扶资金150万元。

【“二次招商”课题调研】 2014年，紧紧围绕区委、区政府的重大战略部署，紧扣全区经济发展工作重点，围绕招商引资工作职能，组织开展《西山区产业发展“二次招商”工作机制探索》课题调研。通过理论与实践、现状与未来结合的方法，在部门座谈、专家咨询及实地调研的基础上，进一步深化对西山区新情况、新形势的认识，集思广益，共同探讨“二次招商”理论、问题及出路，提出符合西山实际的“二次招商”对策建议，供区级领导及部门决策参考。

（吕雪梅）

海口工业园区开发建设

【经济指标】 2014年海口工业园区主营业务收入完成140.07亿元，规模以上工业增加值完成26.6亿元，规模以上工业主营业务收入完成105.03亿元，规模以上工业利税总额完成-3.53亿元，工业固定资产投资完成30.2亿元，基础设施投资完成5.02亿元。海口工业园区土地预收储面积完成124.78公顷。规模以上工业万元增加值能耗下降6.9%。

【基础建设】 海口工业园区共获批云南省新型工业化发展专项资金760万元，其中海口工业园区管委会7号路建设项目获批400万元，昆明三德木门制造有限公司实木制品生产基地标准化厂房项目（二期）获批250万元，昆明华信金属材料制造有限公司热镀铝锌硅钢板、彩涂板标准化厂房建设项目获批110万元。获批资金较2013年云南阳光利生玻璃科技有限公司标准化厂房建设项目的150万元增加4倍。同时，海口工业园区获批昆明市第一批工业园区发展专项资金250万元，其中园区7号道路北延线工程建设项目150万元、园区9号路建设项目100万元。

园区7号路北延线项目总投资3000万余元，于2013年4月开工建设。2014年底已完成部分路段路基施工，正在进行其余部分路段路基填挖和地下管道铺设。

园区9号路项目全长220.26米，概算总投资1173.54万元，于2014年4月开工建设。2014年年底已完成路基土石方开挖，因项目用地内电力线尚未迁改致使工程暂停施工。

光学片区道路建设1-07至1-09号地块（约14.67公顷）场地平整及3、5号部分道路项目总投资7388.7万元，于2014年4月开工建设。年底已完成地块场地平整、挖方30万立方、填方7.12万立方、余方弃置15万立方及挡土墙1.43万立方；3号道路完成路基挡土墙300立方；5号道路完成路基挡土墙9520立方。

【亿元以上新开工及竣工项目】 2014年海口工业园区亿元以上项目新开工4个，即昆明三昌汽车配件制造有限公司汽车紧固件生产加工制造项目、云南正邦科技有限公司年产12万吨环保型胶粘剂建设项目、昆明海口工业园区基础配套设施建设项目、云南龙宫光伏能源开发有限公司120MW铜铟镓硒（CIGS）光电电池组件项目；竣工3个，即云南云建塑料建材有限公司高密度聚乙烯（HDPE）产品基地项目、昆明三昌汽车配件制造有限公司汽车紧固件生产加工制造项目、昆明海口工业园区基础配套设施建设项目。

【招商引资】 2014年，引进内资13亿元、外资1322万美元。招商引资项目20个，实际到位资金13亿元，实际利用外资1322万美元。

2014年海口工业园区新增入园规模以上企业5户，分别是昆明三德木门制造有限公司、昆明华信金属材料制造有限公司、云南白象彩印包装有限公司、梅塞尔格里斯海姆（昆明）气体产品有限公司、云南大团结农牧科技有限公司。

新签入园项目5个，协议总投资25.95亿元，产值约33.79亿元，税收约3.56亿元，用地总面积约72.82公顷。分别为：云南滇凯节能科技有限公司昆玻异地搬迁技改项目，总投资约11.9亿元，产值约15亿元，税收约2.15亿元，项目用地面积约26.3公顷。云南中烟再造烟叶有限公司异地技改项目，总投资约7.4亿元，产值约7.6亿元，税收约7000万元，项目用地面积约26.67公顷。昆明客车制造有限公司改装客车搬迁暨技术升级改造建设项目，总投资约4.9亿元，产值约10亿元，税收约6000万元，项目用地面积约15.39公顷。云南云天意达环保节能科技有限公司20万吨/年磷石膏综合利用建设项目，总投资约1亿元，产值约7900万元，税收约700万元，项目用地面积约2.47公顷。昆明捷奥斯晶华光电科技有限公司天文望远镜生产线及研发、销售中心项目，总投资约7500万元，产值约4000万元，税收约370万元，项目用地面积约2公顷。

【在建重点项目】

园区投资公司公租房建设项目 项目占地面积约3.62公顷，建设公租房1758套，总建筑面积14.1万平方米，实际总投资3.23亿元。年底部分楼层的门窗梁板、柱墙、构造柱混凝土浇筑已完成，在进行部分楼层的砖砌体施工和水电线管开槽、预埋工作。

园区2号路北延线一标段项目 项目位于园区产业片区内，全长3210.96米，总投资4762万元。于2014年2月21日开工建设，年底已完成土方挖运约12.97万方，正在进行部分路段截污干管垫层及管道安装、截污干管沟槽开挖等工作。

年产10万吨高性能混凝土外加剂建设项目 为昆明苏博特新型建材工业有限公司建设项目。项目总投资1.19亿元，总用地面积约3.33公顷，总建筑面积2.84万平方米，于2014年6月开工建设。年底已出具施工图审查报告，正在开展项目场地高压电线移除和场地平整工作。

再生铸铝合金锭及延伸加工项目 为云南紫辛盛铝业有限公司建设项目。项目总投资1.5亿元，占地面积约4.79公顷，项目分两期建设，一期工程主要是厂房规划建设，建成年产3万吨再生铸铝合金锭生产线；二期工程建成后主要为再生铸铝合金锭的延伸加工以及对铝产品的开发和研究。项目于2014年7月开工建设。年底已完成地灾评估备案、矿压备案、节能审查、水保批复、发改批复和总平面图规划意见。

海口工业园区光学仪器配件生产项目 为昆明勋凯瑞光学仪器有限公司建设项目。项目总投资3000万元，占地面积约1公顷，总建筑面积7893平方米，建设年产250万片光学零部件生产线。项目于2014年1月正式破土动工建设，年底正在进行办公楼及厂房的主体建设工程。

（张春兰）

商 业

编辑 刀培凤

粮 食

【经济指标完成情况】 2014年，完成商品销售额7810万元，完成利润200万元，完成动态成品粮储备102万千克，完成应急储备粮200万千克。

【地方粮食储备】 按区级地方储备粮年储1400万千克（贸易粮）的指标任务，折合原粮1820万千克，实际存储粮食1879万千克，储备油脂50万千克。所保管的区级地方储备粮、省级储备粮和中央代储粮食，经年初粮食清仓查库和省、市、区开展的定期或不定期检查，所储粮食均属于安全粮、宜存粮。

【粮食市场监管】 对全区36家涉粮企业开展社会粮油监管及统计工作。西山区粮食局的社会粮食流通监管工作被省粮食局评为示范单位。以“农博会”为契机，积极组织质量好、价格优的粮油货源参展。结合“安全生产月”活动，扎实开展安全生产宣传教育活动和安全生产网格化管理，大力提高全民的安全素质，对在马街、高峣、海口、海联等地开设“放心粮店”经营网点及10个保供粮油点进行适时监管，让辖区居民购上安全、放心的粮油。全年销售放心粮油25万千克。

【粮油保供】 为确保社会安全稳定，稳定粮油价格，满足市场需求，按照省、市要求，区粮食局和下属企业及时组织粮油415吨投放市场，避免粮价大的波动，促进社会的和谐稳定。切实做好粮油监督检查工作，经常深入到辖区范围粮油生产、加工、经营网点、市场开展宣传检查活动。同时，在重大节假日期间，会同发改、工商、质检、卫生等部门对粮油市场开展大检查，确保粮油质量安全。

【军粮供应】 工作中严格执行各级军粮供应政策，保障所储粮食达到“一符四无”标准。建立军粮财务专户，确保补助资金专款专用，封闭运行。8月3日、10月7日，昭通市鲁甸县、普洱市景谷县分别发生地震，人员生命财产受到极大损失。昆明陆军预备役通信团、云南武警总队二支队服务中心奉命赶赴地震灾区进行抗震救灾，急需大米、面条。军粮站接到通知后，立即组织召集相关人员和车辆，将部队急需的粮食顺利送达，按时完成应急供应任务。

【基础设施建设】 在眠山库区建设的西山区粮食储备中心库项目顺利推进，2014年计划完成投资4500万元，完成楼房仓、筒仓主体工程及库区道路改造和检化验综合楼建设，实际完成工程投资4185万元。同时投入49.7万元对现有粮仓进行维修和维护，大大改善了区仓储条件。2014年西山区科学储粮率达90%以上。

【应急预案演练】 2014年5月4日，西山区政府审议通过新修订的《昆明市西山区粮食应急预案》（以下称《预案》）。此次修订的《预案》立足西山区粮食应急工作实际，对有效监测和控制各类突发公

2月13日，昆明市政府副市长保建彬到西山区调研粮食安全工作

共事件或其他原因引起的西山区区域内粮食市场异常波动，保证粮食安全，维护正常的社会秩序和社会稳定具有重要意义。区粮食局积极组织全局干部职工学习《预案》，并在2014年9月20日上午，与金碧街道办事处联合开展粮食保供应急演练，取得较好效果。

（杨　惠）

烟　草

【卷烟销售】 全年完成卷烟销售3.86万箱，实现含税销售收入14.02亿元，实现综合毛利额3.75亿元。

客户服务 制定《西山区域市场部客户服务人员服务规范方案》，规范客户服务人员言行，提高客户服务人员素质。通过建立客户情感服务机制，有针对性地对客户进行订货指导、节日前的备货和投放的及时传达、物流送货时间调整传达、柜台陈列指导、品牌培育宣传等，倾听客户诉求，帮助客户解决困难。

卷烟品牌培育 开展云烟（印象烟庄）、玉溪（庄园）、黄金叶系列、玉溪清香系列、威斯系列、云烟印象系列、云烟（清甜香）等品牌培育工作；南京（佳品）、威斯（软珍享）、利群（蓝天）、黄金叶（黄金眼）上柜率均达到预期要求。

终端建设和市场维护 西山区烟草公司现代卷烟零售终端客户225户，其中综合终端87户、品牌终端57户、形象终端37户、信息终端37户、潜力终端7户。按照“焕彩昆明——2014年昆明市现代卷烟零售终端形象建设实施细则”开展现代终端的资源盘查、评选、确认、测评等工作，基本达到“七彩服务、情系你我”服务品牌的建设发展要求。

【专卖管理】 制订并出台《西山区平安烟草市场创建活动实施方案》，初步形成“打防并举、标本兼治、多方联动、专群结合、综合治理”的长效工作机制。

利用信息化监管平台，将内部监管日常化、经常化、制度化，不断增强两烟生产经营专卖内部监管力度，完成内管系统任务51个。完成专销信息核对、专销信息传递、1000户次的实地走访和电话询访，对卷烟销售部门和辖区持证户经营情况及物流配送环节做到有效监管。

以创建“专卖服务示范窗口”为契机，实现行政许可、法律咨询、举报投诉、卷烟真假鉴别4项服务“一个窗口对外”，兑现“一站式”办结、一次性告知、一条龙服务3项服务承诺。实现申请人提交申请到入网销售的时间由原来的45天左右压缩到12个工作日；统一印制并摆放4类业务工作手册和10类事项告知材料并实行一次性告知，让群众往返次数从4次压缩到2次；针对交通不便、行动不便的相对人，开展行政许可申请受理、许可证书送达、法律法规宣传等一条龙上门服务，送证上门6户，减轻群众负担，提升便民服务水平。

全年共受理新办烟草专卖零售许可证申请登记230户，接收材料230户；延续429户，注销219户，停业6户，变更13户，恢复营业3户，补办1户，发放许可证186户，整理零售户档案1835册。持证供货率为95.05%。

全年查办涉烟案件157起，其中行政案件120起，刑事案件37起。全年检查6712次，检查零售户2159户。查获5万元以上假冒商标卷烟案件37起，查扣卷烟2.83万条，抓获犯罪嫌疑人13人，查获符合国家烟草专卖局标准的重大网络案件1起，共查获假冒卷烟150万余支，查获涉案车辆3台，涉案物品金额约172万元。行动中抓获犯罪嫌疑人6名，刑事拘留6人，逮捕3人。

【内部管理工作】 开展“我与零售客户站柜台”活动334人次；开展客户情感服务活动88次；对零售客户的诉求、意见、建议等信息的回复情况进行检查督促和考评，“新商盟平台意见征集、限时反馈”工作收集意见68条，及时进行反馈68条，通过短信平台发送短信14.81万条，为客户提供更有效的帮助和服务。

全体职工积极投入“作风建设在路上”专题活动，实施工作限时办结制，提高工作效率。坚持开展由分管领导牵头，各科（室）、部人员参与的集体学习活动及业务分析会。以发放征求意见表、召开座谈会为主，以上门征求、电话征求、面对面谈话、设置意见箱和“新商盟”网络为辅，多渠道、多形式听取意见，发放征求意见表162份，汇总归纳征求到的意见和建议29条。

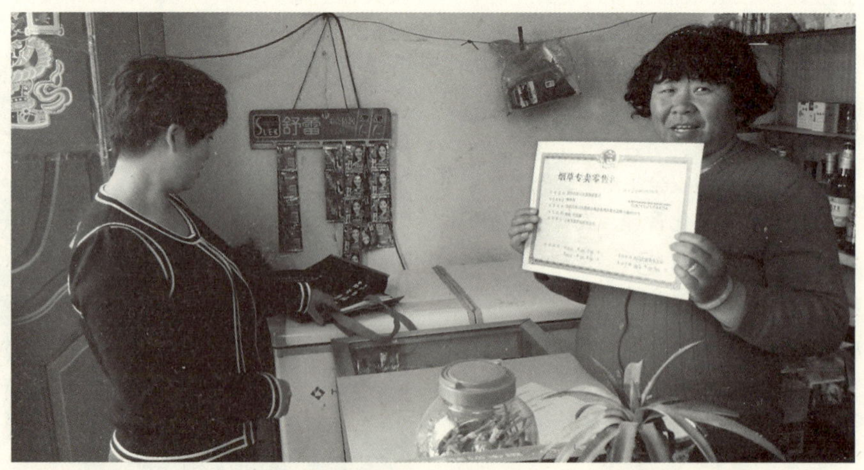

3月18日，西山区烟草公司到高峣村开展送证上门等一条龙服务

（区烟草公司　供稿）

坚持每季度组织集体学习研讨1次，并不断改进完善班子内部议事和决策机制。深入开展党风廉政建设和反腐败工作，加强对公务用车、办公用房的监督管理，并依托惩治与预防腐败体系动态监管平台，对所有经营活动进行监督。注重加强职工队伍建设，全体员工开展“华叶大成”网络教育学习，已100%完成学分。卷烟营销人员持证上岗率87.5%，专卖管理工作人员持证上岗率为100%。具有专业技术职称19人，占职工总数的34.55%；具有职业技能资格44人，占职工总数的80%。

全面监控范围外的预算审批和开支，提高预算管控、分析、考核水平，本年各项费用预算执行基本正常，未出现超预算或无预算项目支出的情况。全年开展计划内培训20次，643人次参加；参加计划外培训38次，208人次参加。

（诸颖超）

供销合作

【主要经济指标完成情况】　2014年西山区供销社完成经营总额6.076亿元，实际完成销售总额3.877亿元，完成利润总额635万元。完成化肥销售5098吨。完成社有企业持股10%以上企业资产3058万元，社有资产总额1436万元。

2014年西山区供销联社被云南省供销合作社联合社授予“年度经营业务先进单位”；被昆明市供销合作社联社评为2014年度综合业绩一等奖。

【“两社一会”建设】　2014年完成工商登记注册的新建专业合作社2个，分别为昆明宣林果树种植专业合作社和昆明顺利种植专业合作社。完成示范社1个，为昆明康大食用菌种植专业合作社。完成合作社提质1个，为西山区富善草莓公共管理合作社。截至年底共指导和领办创建各类农民专业合作社57个。同时，为实现供销社组织创新、体制创新，在省、市供销社指导下，发展城市消费合作社1个，发展农村公共管理型农民专业合作社3个；规范专业合作社22个，建立示范社8个，提质农村公共管理合作社1个。

10月14日，举办西山区供销社第九期农产品经纪人培训班　（区供销社　供稿）

【农民专业合作社建设】　2014年为进一步充分发挥农民专业合作社的示范带动作用，提高农户建合作社积极性，区供销社在前期调研的基础上，制定《西山区新建农民专业合作社扶持奖励开办费管理办法》。2014年兑现14家专业合作社扶持奖励开办费共14万元。

【烟花爆竹仓库建设】　西山区烟花爆竹仓库项目建设单位为西山区供销社日杂经营部，建设地址在西山区团结街道办事处妥吉社区果园小组的半山荒坡地，四周与居民和建筑物符合安全距离要求。建设规模为仓库项目占地约2公顷，规划建设标准化仓库5个，先期建设3个，每个标准化仓库建筑面积约950平方米，配套值班发货设施800平方米，总建筑面积约3800平方米。标准化仓库建设资金（含土地租金）约650万元，资金由公司自筹解决。该项目通过规划、备案审批后于2014年3月开始施工。截至12月底，标准仓库的建设基本完成，基础设施和安全、消防设施等通过验收。

【玫瑰花生产示范基地建设】　由区供销社牵头合资组建的云南恒芳生物科技有限公司，经过3年的艰苦创业，成为西山区玫瑰花初加工龙头企业，带动当地群众增收致富。2014年玫瑰花收花工作于4月上旬开始，5月底结束，共收购鲜花总量63吨，为农增收64万元，生产提炼玫瑰精油10.2千克、玫瑰纯露26吨。同时为加快玫瑰花产业化发展，推进全国第六批农业标准化种植示范区作用，公司依托现有的玫瑰花加工厂及种植技术，在团结街道办事处乐亩社区租地4公顷开展玫瑰花生产示范基地建设，用于农业科技园艺开发、推广、培训、服务及农业种植示范基地建设，其中玫瑰花育苗10万余株，套种万寿菊1.67公顷。

【第九期农产品经纪人中级培训】　为继续提高西山区农产品经纪人队伍的综合素质，较好地适应市场经济发展的需求，充分发挥农产品经纪人带头作用，于10月中旬举办西山区供销社第九期农产品经纪人（中级）培训班。此次培训邀请相关专业人士对来自海口、碧鸡、团结3个涉农街道办事处“两社一会”中具备初级农产品经纪人资格的学员122名进行培训。截至2014年12月，区供销社共举办农产品经纪人培训班9期（初级4期、中级5期），培训学员1269人次。

（马　茜）

交通运输·邮政

编辑　刀培凤

交通运输

【公路建设】　**眠团公路建设**　眠山至团结一级公路西山区项目建设指挥部成立于2013年3月19日，经过多次项目专题推进会，截至2014年底，已完成水保、环评、地灾、矿压、文物、地震安评等全部前期要件编制工作，并取得市发改委的立项批复。项目初步设计文件、施工图设计文件已通过云南交通咨询有限公司审查，并获得市发改委、市交运局审批，并经公开招标确定项目监理单位。年底，区交运局会同项目融资主体（市城投公司）积极开展社会投资人谈判工作。

农村公路建设　全年总投资1814.2万元，对团结街道办事处大、小妥吉，新民上、下村等7个自然村进村道路进行硬化及改扩建，工程合计14.86千米。三山箐、新民上村和下村、大妥吉、小妥吉进村道路硬化工程已完成交工验收质量检测工作；麦地坝、支里山进村道路、杨盛公路（白泥山至小谷律下排段）硬化工程路基施工已完成，正转入路面工程施工；核桃箐道路改扩建工程，由于征地拆迁、地质状况等因素，完成方案优化和挡墙工程施工。

【农村公路养护】　2014年区级从部门预算中安排农村公路日常养护资金156.92万元，其中县道56万元，海口街道办事处乡村道19.21万元，碧鸡街道办事处乡村道20.49万元，团结街道办事处乡村道61.22万元。农村公路主要干线小修资金95万元，水毁、应急抢险资金30万元，农村道路绿化管护资金10万元，农村公路养护评定资金15万元，农村桥梁评定资金10万元。省级补助小修保养资金92万元，绿化管护资金10万元。

全年总投资700万元，完成老昆富线（K1+950—K15+000）大（中）修工程和西山区和平小厂村路面大修工程及1个交通安保工程项目，争取到省级补助资金110万元。2014年西山区农村公路养护资金达1128.92万元。

【安全生产工作】　年内建立健全交通运输安全生产网格化监管体系，完善安全生产网格化管理工作一、二、三级网络监管，完善施工单位网格化管理工作，并制作网络图。全年召开安全生产例会18次，进行安全生产大检查7次，开展交通运输安全大检查5次，重点排查公路安全隐患3个街道办事处县、乡道路8条次，巡查公路里程近150千米，查出危险路段（点）28处，对11处危险路段（点）采取相应安全措施，并列入修复计划。对区域内的17处被污损、遮挡的公路标志、标牌进行清理、整治，确保标志、标牌清晰、完好。

2014年，紧紧围绕“强化红线意识、促进安全发展”主题，深入开展安全生产、爱路护路宣传活动，联合辖区运管、交警、城管等部门开展宣传活动，分别于3月24日、6月16日、10月24日，采取在集市设置宣传咨询点、摆放宣传展板、悬挂布标、散发宣传资料、开座谈会等形式进行法律、法规宣传，进一步增强了群众的交通安全意识和对安全生产重要性认识。

【路政管理】　3月，路政大队制定《西山区公路路政管理大队2014年应急演练方案》，规范辖区内道路交通突发事件的处置程序，围绕《西山区公路路政管理大队2014年“公路管理宣传服务月”活动方案》开展为期1个月的宣传活动。全年共悬挂宣传横幅5条、宣传标牌11块，书写宣传标语34幅，发放宣传资料3万余份。深入开展源头治理工作，全年共巡查一般货运源头企业42家，出动巡查人员388人次，检查车辆3408辆次。严格按照《昆明市西山区公路路政管理大队公路路政巡查规范》要求，全年共上路巡查232次，巡查时间达812小时，出动巡查车辆332辆次，日常巡查里程累计6000余千米。3月27日至4月13日配合市运管局、市出租汽车管理局开展为期18天的打击非法营运专项整治行动，共查扣处理非法营运车辆26辆。配合市级相关职能部门对周边老旧小区区域进行打击非法营运的重点整治，在持续60余天的打非整治工作中，出动车辆276辆次、人员958人次，共查处涉嫌非法营运车辆85辆。在2014年的春运工作中，平均每周检查客运车辆300余辆、危险化学品车辆10余辆，确保2014年春运期间无道路运输安全事故发生。

【应急管理】 3～5月配合民政部门完成昆明“3·01”暴恐事件安抚工作。3月12日、4月16日，楚雄州禄丰县和西山区团结街道办事处棋台社区先后突发森林火灾，按照区森林防火指挥部的要求及时启动应急预案，组织调动施工机械2次28台次、车辆10台次、相关人员60人次，完成上级下达的应急抢险任务。在汛期，养护部门组织对公路水毁进行清理，共处置公路水毁、塌方47处，清理塌方1.64万立方米，使用机械台班26台次，出动施工人员200人次、路政执法人员80人次。

（刘　枫）

邮　政

【主要指标完成情况】 截至12月31日，完成邮政业务全口径收入2429.03万元，完成年计划的80.82%，较上年同期下降9.69%。

【集邮专业】 以新春邮品销售为契机，做大项目并做好库存邮品盘活销售，抓“南博会”邮品销售，加大定制开发力度，成功开发个性化邮折、邮册。累计完成集邮业务收入769.27万元，完成年计划的150.84%，较上年同期增长5.34%。

【函件专业】 全力转型调结构，加快小包业务发展，紧抓DM平台建设。组建小包“营销突击队”，利用网点资源，自主招商，搭建“游遍昆明”DM平台，累计实现函件业务收入915.3万元，完成年计划的103.19%，较上年同期下降16.71%。

【电商专业】 依托“三票”带动，累计实现电商专业收入98.05万元，完成年计划的129.02%，较上年同期增长17.75%。

【速递包件专业】 多措并举，全力调整业务结构，加大窗口营销力度，并积极开发大宗商包业务。实现业务收入累计123.39万元，完成年计划的123.39%，较上年同期增长27.32%。

【汇兑业务】 顺利完成与金融同址网点的移交，业务稳步发展，实现业务收入28.36万元，完成年计划的81.03%，较上年同期下降19.91%。

【速递业务】 立足窗口，提高服务质量，维护存量；加大协议客户发展力度，促进增量。实现业务收入106.02万元，完成年计划的78.53%。

【人事管理】 紧跟企业改革的步伐，配合市公司人力资源部做好转型时期的工资推行工作，加强岗位履职考核，增强工资发放的透明度。积极参加上级部门组织的技能鉴定考试、网上远程学习及银行人员从业资格考试等。

【文化建设】 年内开展“新春集邮邮品”四进活动；年底推荐10名优秀职工参加云南省邮政公司总经理提名奖评选，其中8名职工获得“2014年省公司总经理提名奖”。

（何　英）

城市建设与管理

编辑　刀培凤

城市建设投资开发

【融资工作】　2014年，西山区城投公司代西山区经济适用房建设指挥部归还贷款8000万元；完成西山区人民医院在广发银行贷款2000万元流动资金担保工作；代区政府归还贷款本金8.451亿元，其中银政贷款本金2.651亿元、经适房贷款本金8000万元、理财产品本金5亿元；代区政府归还贷款利息8471万元，其中银政贷款利息2619万元、经适房贷款利息727万元、理财产品投资回报金5125万元。截至12月区政府贷款余额3.156亿元，其中银政贷款本金2.356亿元、经适房贷款本金8000万元。

【城投商务楼项目】　城投商务楼是区属重点建设项目，位于春雨路七公里处，投资估算1.46亿元（含土地整合），总建筑面积1.78万平方米，建筑层数20层，建筑高度75.6米。

年底已完成大楼室外工程设计、招投标、合同签订等工作，正进行商务楼绿化方案修改补充及规划验收的准备工作；已签订自来水、煤气施工合同；正审核工程造价预算；通过公开比选确定消防验收单位；报批煤气管道迁改工作及自来水接口变更及正式用水手续；积极推进零星土地整合及地上建构筑物拆迁协调对接工作。

【西山区公安分局代建项目】　区公安分局业务技术办公用房位于春雨路235号，项目总用地1.34万平方米，净用地面积1.26万平方米，工程建设主体投资估算8679万元（不含装修），建设资金来源财政资金，总建筑面积3.03万平方米，建筑高度41米，地上建筑11层（建筑面积2.03万平方米），地下部分2层（建筑面积1万平方米），地面车位201辆，地下车位186辆，地上警备车位24辆。

4月底基坑支护工程通过验收；10月6日附楼封顶断水；12月23日主体工程封顶断水。截至12月31日，指挥部拨付给代建单位建设资金4564万元，共支付建设资金3917.63万元。

年内完成项目用地性质的控规调整及“建设项目选址意见书”“用地规划许可证”“建设工程规划许可证”办理工作；设计方案经多轮优化通过市规委会审批，期间交叉办理完成人防、消防、滇管、排水、节能、地震安全性评价等前期行政审批手续，取得项目初设批复。年底正抓紧报审人防、消防的审图及“施工许可证”的办理工作。

【碧鸡公园提升改造及日常管护】　制订《碧鸡公园城乡清洁工作实施方案》，成立专项工作组，以包片负责方式，定岗定责定人，对公园3万平方米硬地、2万平方米绿化进行全方位、无死角管理，实施环境卫生网格化管理，同时积极配合区环保局进行噪音整治工作。

完成公园茶楼和地下停车场对外租赁工作；通过政府采购方式确定公园清扫保洁工作保洁单位，中标价为2年66万元，于10月1日进场履行职责。按照区人大代表议案，对碧鸡公园实

12月23日，西山公安分局代建项目主体工程封顶断水
（区城投公司　供稿）

施提升改造工程，已完成施工合同范围涉及的中水工程（埋设管网7500米）、绿化景观提升工程（改良绿化1.5万平方米）、照明系统亮化工程（修复安装照明灯600多盏）及喷泉工程（安装潜水泵62台、喷头1462个、电磁阀157个），于11月13日完成项目终验。按照区政府相关批示文件，完成碧鸡公园地下停车场坡道漏水改造工程，配合完成靠兴苑路段公厕升级改造工程。积极对接区文体局，收取公司代缴的水电费。

（刘召霞）

建设规划管理

【规划服务】 全年办理规划行政审批事项123项，其中“建设项目选址意见书”22项、“建设用地规划许可证”44项、“建设工程规划许可证”57项；办理非行政许可78项，其中“建设项目规划条件”39项，“费用减免”16项，“规划核实”管理服务23项。

全年办理公文630余件，受理群众来访和电话咨询200余起，处理区长热线28件。2014年区政府办交办分局的人大建议、政协提案共19件，办结率与满意率均为100%；在相关网站上公开信息166条。

【规划编制】

西山区主城区控制性详细规划梳理 根据市委、市政府关于对全市控制性详细规划管理工作的任务安排，及昆明市规划局关于开展昆明主城9区控制性详细规划梳理完善工作的通知要求，由分局牵头，组织力量对辖区范围内涉及主城区约48.5平方千米用地的控制性详细规划开展梳理完善工作。

2013年11月底，方案编制单位完成初步成果并征求辖区街道办事处及国土、水务及园林等多部门意见。根据各部门反馈意见，设计单位对《昆明市中心城区控规梳理（西山区）方案》进一步修编完善。2014年4月23日，将修编后的方案报西山区城乡规划建设领导小组审议，根据审议要求，方案还需进一步修改完善。6月25日，修改后方案经专家论证并通过。根据控规梳理完善暂行管理办法，方案于11月底经市规委会审查通过。

长坡片区控规修编 长坡片区控规修编方案是对2011年市规委审议通过的《西山区长坡泛亚国际物流园区控制性详细规划》进行调整优化和深化。2014年10月中旬报经市规委会审议通过。

团结分区花红园特色旅游小镇专项规划及城市设计 方案于2014年8月26日经市规委审议，要求方案扩大范围，并就片区风貌、安置房方案内容进一步深化。年底，编制主体正在按要求进一步补充完善相关规划内容。

团结民族风情小镇 团结民族风情旅游小镇项目属市级确定的“3015计划”之一。2014年10月中旬，该修编方案报经市规委会审议通过。

滇池西岸生态旅游区概念性总体规划 2013年2月，该规划经市规委会审议通过。2014年上半年配合滇池西岸管委会完成对湿地规划及景前区等片区专项规划的技术审查工作。

【城中村改造规划服务】 2号城中村：办理A3地块（9班幼儿园）“建设工程规划许可证”，核发A1、A2地块“建设项目规划条件”，换发A4地块“建设工程规划许可证”（正本）。3号城中村：核发片区“建设项目规划条件”。17号城中村：换发A地块“建设工程规划许可证”（正本）。18号城中村：办理A1-1、A1-3、A1-6、A1-7地块“建设工程规划许可证”。20号城中村二期：办理A2、A7、A8地块规划竣工核实手续；核发广福城·3期—广福水城（A4地块）“建设工程规划许可证”（副本）。45号城中村：核发A1-4地块条件；45号城中村改造片区A2-6地块（西山区云安会都二期）规划设计方案调整经2014年市规委第三次预审会审议通过。46号城中村：核发A1-4、A1-7、A2-5地块条件；调整后的46号城中村改造片区A4地块（西山区东昌中心）规划设计方案报经2014年市规委第一次预审会审议通过，并核发规划条件。48号城中村：核发A2-1地块“建设工程规划许可证”。51号城中村：A3地块调整方案经2014年市规委第一次会议审议通过，并办理“建设工程规划许可证”。53号城中村：核发A2-3地块“建设工程规划许可证”。

【重点片区、重点项目推进】

保障性住房及棚户区改造项目 2013年市级统建保障性住房海口螳螂川项目于2014年办理了“建设项目选址意见书”“建设项目规划条件”“建设用地规划许可证”“建设工程规划许可证”（副本）；西山区海口新区城市棚户区改造A6、A25地块办理了“建设项目规划条件”；2014年国有工矿棚户区改造项目办理了“建设用地规划许可证”（含规划条件）。

草海时尚文化区项目 办理草海四号地块——绿地海珀澜庭广场项目一期5、6号地块工程许可，办理草海五号地块规划条件，核发草海片区内主要道路滨湖路、环湖路“两证一书”。

立体停车库规划改造情况 2014年核发“昆明联盛贸易有限公司办公楼增设过渡性临时立体停车库”及“平桥村停车库”项目建设的规划意见。

其他重点项目 警务技能训练中心、福海广场、昆锐商务中心项目换发工程许可正本；核发百集龙商业广场项目规划条件及A2-1地块“建设工程规划许可证”；核发希望花园（昆明大商汇商贸中心A1-1地块）“建设工程规划许可证”；核发昆明医科大学人民西路校区综合改造项目A1-1地块二期“建设工程规划许可证”。

市政类项目 办理道路红线80幅；完成“山邑村至海埂船闸道路整治建设方案”的审查，并于2014年6月23日由市规委预审会审议通过。

办理95号东段、180号北段、181号东段、168号中段8条规划路及环湖南路古城段提升改造工程的“建设项目选址意见书”；办理海口工业园区13号规划道路“建设用地规划许可证”、168号规划路的“建设用地规划许可证”；办理西山区10、365、366、363、315、360、361号规划路“两证一书”。

办理集镇污水处理站及污水收集系统建设工程（团结片区）项目的“建设项目选址意见书”“建设用地规划许可证”（含规划条件）、“建设工程规划许可证”（副本）；办理西福路延长线排水雨水泵房的“建设项目选址意见书”；办理南连接线高速公路配套用房项目（河尾村收费站）的“建设用地规划许可证”及“建设项目规划条件”；办理污水处理厂尾水外排及资源化利用建设工程（二期）泵站建设的“建设工程规划许可证”（副本），污水处理厂尾水外排及资源化利用建设工程（二期）管线建设（西）的“建设工程规划许可证”。

办理110千伏采莲（永昌）输变电工程的“建设项目选址意见书”；对220千伏虹山输变电工程配套110千伏线路路径方案、110千伏马海Ⅱ回高压输电线路路由拟迁改方案出具规划意见。

（黄秀芬）

建设拆迁安置

【简况】 根据市委、市政府的工作安排，由昆明轨道交通集团有限公司作为草海北片区的一级开发和安置房建设主体，西山区负责草海北片区征地拆迁工作，项目于2009年12月28日启动。

草海北片区总面积约11.15平方千米（草海生态区8.73平方千米、3个安置地块2.42平方千米），涉及西山区马街、福海、棕树营、金碧、碧鸡5个街道办事处的11个社区居委会约50个居民小组。经过调查，在这一区域内需拆迁各类建（构）筑物约611万平方米，需征用土地972.32公顷，需安置村民9907户，需安置建筑面积198.14万平方米。

6月19日，西坝路改造41户直管公房拆迁安置房交房仪式

全年完成拆迁拆除111.62万平方米，累计完成拆迁拆除471万平方米；完成征地77.96公顷，累计完成征地670.23公顷。

累计向市轨道公司移交土地107.64公顷，其中草海片区移交18.51公顷，安置房地块移交75.67公顷（包含安置房、绿化、公建等建设用地），可供建设安置房1.04万套、153.8万平方米。移交昆安高速两侧19个地块13.46公顷，由市轨道公司实施绿化建设。

【安置地块征地拆迁】 37号安置地块农房全部签订协议并完成拆除，剩2户“8·31”企业（2012年8月31日国家发布的中国民营企业500强企业），完成征地22.49公顷，占总征地面积的85.93%。45号安置地块已签订拆迁协议1801份，面积约60.3万平方米，占总拆迁面积的74%；完成征地84.44公顷，占总征地面积的84.4%。46号安置地块已签订拆迁协议744份，面积约79万平方米，占总拆迁面积的82%；完成征地59.66公顷，占总征地面积的61.4%。

【安置房建设】 45号地块已开工建设A1-1、A1-3、A1-4共3个地块。46号地块已开工建设A1-3、A1-4共2个地块，进入主体施工的36栋房屋已全部封顶断水；46号A1-7地块内小学项目工程建设的4栋房屋主体工程已于2014年12月30日封顶断水，墙体砌筑已全部完成，正在开展室内外装修施工。37号安置房地块工程桩、基坑支护施工、止水桩施工已全部完成。

【土地交易】 草海时尚文化区45号A1-4地块4.16公顷、46号A1-4地块6.21公顷2宗地，于7月23日完成交易，土地竞得人为昆明道恒房地产开发有限公司。

草海时尚文化区46号A4地块1.96公顷，于10月16日完成交易，土地竞得人为云南东昌路桥工程集团有限公司。

【配合市轨道公司开展市政基础设施建设】 西山区拆迁安置办和区草海指挥部全力配合市轨道公司开展市政基础设施建设，西福路延长线已完工并于10月31日组织完成初验工作，实现通车。197号路施工2.6千米，195号路施工0.8千米，环湖路（原滨湖路）施工1.89千米。昆安路绿化提升项目按要求完成施工，并初步验收。

（张　敏）

城乡建设

【城乡规划工作】　配合规划、土地、统筹办、林业、街道办事处等相关部门开展团结总体规划和控制性详细规划的修编工作和保留村庄规划的编制及编制所需地形图的调绘工作；完成低丘缓坡土地综合利用开发试点项目的审查工作和都市农庄项目的审查工作。

牵头组织团结、海口、碧鸡3个街道办事处，完成上年度村镇统计年报工作；完成团结、碧鸡街道办事处乐居村、白石岩村等5个传统村落申报工作，团结乐居村列入云南省第二批中国传统村落名录，白石岩村列入云南省第三批中国传统村落名录；开展优秀农房范例评选和宜居小镇、宜居村庄示范申报工作和开展低丘缓坡土地综合利用开发试点建设项目等工作，并将相关调查统计、申报汇总资料和总结按时上报市级和区政府。

【道路建设】　2014年，按照市政府交通设施建设白皮书、道路交通综合整治计划明确的任务，结合城中村改造，严格按基本建设程序组织实施道路基础设施建设。

西山229号路、前卫西路Ⅱ标段、西山245号路、西山23号路东段、西山279号路、82号规划路（西园路至84号路）、西山50号路（二环西路至西山245号路段）、西山350号路、西山52号路（246米）、西山319号路（润城780米段）、西山360号（320米）、西山361号路（160米）、西山12号路（360米）、西山190号路（200米）、西山323号路（400米）、西三环与西苑铺路上匝道16条道路建成通车，通车里程6.25千米。

继续推进西坝路、西福路延长线南段道路续建工程。2014年，西坝路征地拆迁工作全部完成，工程建设完成总工程形象进度的80%；西福路延长线南段工程完成桥梁工程及度假区段道路的建设工作，年底在开展桩身质量检测及路基施工。

西山区2014年中心城区道路建设任务为9条，除建设主体发生变更的1条（西山307号路）、待市级明确是否实施道路建设工程的1条（湖滨路）、已建成通车1条（西山350号路）外，其余6条道路已全部完成前期工作，年底交由片区开发商进行委托建设。

配合城中村改造的道路建设工作，启动12条道路的前期建设工作，其中9条道路的前期工作已全部完成，其余3条道路完成可研立项、水保、环评等前期工作。

为配合昆明枢纽铁路建设指挥部及相关部门工作，西山区启动辖区内10个下穿成昆铁路道口建设。已完成益宁路、大渔路、西山1号规划路3个下穿成昆铁路工程的可行性研究报告的编制、评审工作。年底在开展初步设计等其他前期工作。

西山173号规划路（西山21号路至广福路段）是2014年配合西山区金家河改造启动的道路建设任务。道路位于西山21号城中村片区内，全长977.38米，规划红线宽30米。年底该规划路正在办理前期工作。

【道路交通综合整治】　按照市级2014年6月23日下达道路交通综合整治计划，西山区交通综合整治建设任务分别为4条道路整治项目、4个交通节点整治项目。前卫西路、采莲路、丹霞路、西苑浦路4条路综合整治任务已全部完成。福景路—船房河交叉口、阳光北路—船房河交叉口、日新西路—船房河交叉口、阳光南路—船房河交叉口，均位于阳光花园小区片区。4个交通节点整治项目工程前期工作及施工图由市住房城乡建设局负责完成，西山区负责组织实施，已全部完成。

【基本建设管理】

建筑企业资质管理　2014年，共完成29家企业申报资质的初审工作；办理40家建筑业企业资质证书变更；成功培育扶持1家建筑施工企业升级为建筑总承包一级企业。从9月上旬开始，按照责任片区，对辖区内房屋建筑和市政基础设施工程等企业开展自查和抽查。截至12月30日，全区150个在建项目均按要求开展了自检自查，未发现超越资质范围承揽工程的行为和违法分包、转包和挂靠的行为。

工程质量监督　2014年，共监督项目30个，建筑面积60.12万平方米；完成4个建筑工程竣工验收备案；新申报注册项目12个，建筑面积55.02万平方米。受监工程合格率达100%。配合区教育局等相关部门，开展环卫基础设施等项目和校舍排危工程，并对工程实体质量进行监督抽查。按照住建部、省市建设行政主管部门安排部署，开展“质量月”工程质量监督执法大检查工作。继续实施工程建设违规行为实行告诫约谈制度，对2个在建项目参建单位进行约谈。

结合区工程实际，拟定《西山区住房和城乡建设局关于对西山区建筑市场各方责任主体不良行为记录及公示的通知》《西山区住房和城乡建设局关于基坑工程中限制使用锚杆（索）实施细则》，这两项措施对加强工程质量监督，提高工程质量水平起到良好效果。2014年完成3个基坑工程设计方案使用锚杆（索）政策性审核。

安全生产监管工作　一是层层签订责任书。局长分别与各分管副局长、各分管副局长与责任部门负责人均签订《安全生产一岗双责责任书》。区住房城乡建设局分别与区属建筑企业、辖区内各在建工程项目部签订《西山区2014年度质量目标管理责任书》《西山区2014年度安全生产责任书》《建筑施工企业承诺书》《装修装饰企业承诺书》《预拌商品混凝土企业承诺书》。在责任书中明确安全生产责任，提出安全生产、文明施工的具体要求。二是全力抓好安全生产监管。出动检查人员共1680余人次，开展安全大检查和建筑工程机械专项检查等18次。检查（复查）在建工程项目部1000余个次，查出安全隐患4700余条，做出检查记录1000余份，下达隐患整改指令90余份和停工通知书19份。三是广泛开展联合检查行动。向区级各职能部门发送工作联系函80份。至12月底，已整改4600余条。同时，对区属270家建筑业企业的安全生产许可证书进行年检，初审合格240家，已通过省住建厅审验。258家参加省、市、区行政主管部门检审，合格230家，合格率为89.1%。

开展“数字化监管平台”和“委托第三方机构监督管理”工作　2014年11月24日经区政府研究，同意区住建局制定的《西山区建设工程质量、安全监督管理制度实施方案》和《西山区第三方建设工程质量、安全监督管理办法（暂行）》。数字化监管平台工作在全市率先和有资质及经验的软件企业实施合作，建设远程监控管理信息系统，对建筑工地实施安全质量网络信息化管理。截至年底，有8个在建工地开通远程监控系统，已在局监控机房进行实时监控。

区住建局引入第三方监督管理工作和推动建筑工地在线视频监控工作的开展，在云南省为第一家，为提高建设工程质量、安全生产水平，强化建设行政主管部门对市场监管和现场监管起到积极带动作用。

业务和安全生产培训　对证书有效期至7月1日的专职安全员（持C证人员）进行网络在线继续教育培训，共培训考核合格678人；组织区属230家建筑施工企业法定代表人、安全负责人和农民工参加安全培训15期共9460人。

清欠工作　妥善处理85起拖欠工程款及民工工资的突发投诉事件，涉及金额6.5亿元；配合劳动监察队开展农民工工资专项检查2次。

建筑企业产值统计数据上报工作　年初，及时安排布置并采取相应措施，把入库工作作为企业办理业务的前置条件，必须办理入库手续，方可通过年检和相关手续。未入库的115企业全部提交入库材料，等待区统计局入库。2014年，在库企业已由原来的118家上升为184家。

【招投标工作】　全年受理监督管理招投标的建设项目共83件，完成评标项目67个，涉及资金2.456亿元，中标价2.081亿元，节约资金3747.86万元，节约率15.26%；办理非国有资金投资项目招标备案44件；在承诺时间内办结审批施工许可证23件，办结率100%；认真做好非国有资金投资项目招标备案的服务工作，共对44个非国有资金投资项目进行招标备案。

【建设工程招标控制价审核备案工作】　按照昆明市建设工程招标控制价管理暂行规定要求，西山区开展承接昆明市建设工程定额站下放的招标控制价审核备案工作，自2014年4月1日至12月31日，共完成47个项目招标控制价的审核备案工作。

【防震减灾工作】　2014年，继续开展地震监测预报和地震基地前兆数据的上传和值守工作，并按要求及时上报鲁甸及周边地区水温、水位等地震前兆日报表和西山区地震宏观异常观测点观测周报表；分别制定《西山区2014年震情跟踪工作方案》《西山区防震减灾局2014年震情跟踪工作技术方案》。

2014年，指导金碧街道办事处地震应急救援队完成应急救援演练，对全区重要的应急避难场所进行检查，更换福海街道办事处青少年宫门口的应急避难场所标示牌，并对区住建局购买的应急发电机进行维护。组织开展农村居民地震安全工程和中小学校舍安全工程动员暨培训会议。利用“三下乡”、《防震减灾法》颁布实施纪念日及科技周等重要时段，开展集中宣传培训7次。申报完成福海杨家中心学校为昆明市级防震减灾科普示范学校；确定西山区盛高大城社区为昆明市级地震安全示范社区。

【人民防空工作】　2014年1月，联合辖区各街道办事处开展了防空警报、设备安全自检自查；3月开展全区防空警报维护检修工作，共对54套空警报设施进行线路隐患排查并做好人防机动指挥所日常维护管理工作；配合市人防办做好人防战备资产清理统计工作；按要求完成对“8·03”鲁甸6.5级地震遇难同胞哀悼全区防空警报同时鸣放和“9·18”警报试鸣工作。同时，广泛开展人防知识宣传教育，运用固定大荧幕和LED移动车在辖区各街道办事处、社区和中小学滚动播放《居安思危　备战人防》科教片。

【城中村改造】

开工、封顶断水目标任务　西山区城中村改造项目开工28.45万平方米，完成目标任务的142.25%；封顶断水66.64万平方米，完成目标任务的166.6%。

土地交易　全力推进13个片区城中村征地拆迁工作，为土地交易组件创造条件。截至12月19日，西山区6个地块总用地83.56公顷完成土地交易报件组件。其中21号一期和22号一期2个地块27.12公顷（净用地14.22公顷）土地完成交易，17号三期J2010-065号F1、G、H地块9.37公顷（净用地7.97公顷）土地交易组件材料已报至市国土资源局窗口进行初审，3个地块总用地47.07公顷（净用地27.34公顷）。2号二期红庙村5.41公顷、8号一期A2地块弥勒寺村0.76公顷、26号一期陆家营村和郐大村40.89公顷，年底正抓紧开展项目经济测算。

征地拆迁工作　2014年，全区32个片区52个村启动拆迁（11号片区未通过市规委审批启动拆迁），涉及总用地面积约800公顷、房屋建构筑物面积约1128万平方米、约3.2万户。2014年，已签订拆迁补偿协议2.3万户，其中货币化补偿4300户，回迁安置1.87万户。累计拆除建（构）筑物892.5万平方米，拆除率达77%。

回迁安置工作 全区已开展拆迁的34个片区共需回迁安置房272万平方米。13个片区8268套98.9万平方米回迁安置房已交付使用；3个片区3085套29.9万平方米已建成正在分房；6个片区3947套39.5万平方米封顶断水；2个片区2012套21.55万平方米已建至地面正负零以上；2个片区1590套18万平方米，正在实施基础工程；2个片区（螺蛳湾14、15号片区）3050套28万平方米已落实地块暂未启动建设；1个片区已购买商品房完成异地安置。剩余5个片区回迁安置房规划方案正在报批。

2014年，1号、4号、10号、17号片区回迁安置房3541套37.25万平方米已完成交付，19号、27号一期958套8.52万平方米完成安置房分房工作，7号、20号一期安置房正在分房交房。

城市棚户区建设 国家、省、市下达的2011～2014年城市棚户区改造目标任务，涉及西山区22个项目1.74万套196.26万平方米。2014年，2011～2013计划任务城市棚户区改造4762套约56.94万平方米已交付使用，6078套66.59万平方米已封顶断水，其余4431套50.04万平方米正在建设中。2014年计划任务城市棚户区改造750套6.6万平方米保障性住房已封顶断水，其余750套9.86万平方米正在建设中。2014年已基本建成城市棚户区2825套。争取中央、省、市补助资金1.775亿元，统筹用于城中村项目及周边城市基础设施建设。

住房管理

【房产交易管理】 配合市级做好房屋所有权登记工作。全年共办理房屋所有权登记4819件，登记面积47.66万平方米；办理房屋他项权利登记6042件，登记面积85.53万平方米；办理商品房合同备案1.02万套，备案面积83.24万平方米，合同成交金额68.82亿元；办理租赁合同备案36份，备案面积3114.90平方米，收取租赁手续费5370元。

截至年底，实现各项经济收入7680.17万元，其中协助市直征局征税6794.65万元，协助区地税局征税571.84万元，行政事业性收费161.07万元，房产交易中心经营服务性收入52.12万元。办理公告86件；办理产权查、解封765件。

【保障性住房建设】 海口工业园区公租房项目（续建项目）：新建公租房1758套，总建筑面积13.94万平方米，总投资4.37亿元。项目由海口工业园区管委会负责组织实施，至2014年8月30日，完成13栋保障房项目主体全面封顶工作；住宅部分17幢已全面封顶断水。该工程已全面展开内外装饰、装修工作。

西山区城改置地发展有限公司政企共建保障房项目（续建项目）：新建保障性住房930套，其中公共租赁住房660套，限价商品房270套，总建筑面积6.3万平方米，总投资约3.9亿元。年底，1号楼建至22层，2-3号楼建至18层，同步进行砖砌体施工工作。

根据《2014年昆明市住房保障工作目标责任书》要求，西山区2014年保障性住房建设任务新建项目为云南西仪工业股份有限公司210套国有工矿棚户区改造项目，该项目由企业负责组织实施，区住房城乡建设局积极指导其完成相关建设工作。至年底，该项目正在办理前期工作。

【保障性住房管理】 严格按照国家、省、市保障性住房分配管理的相关规定，完成653户新增公共租赁住房申请的复审工作；完成968户已入住公租房住户的年度资格复核工作；收缴租金约1100万元；受理重点优抚家庭租赁补贴1户，补贴金额1584元；积极配合云南冶金集团、海口磷矿政企共建保障房项目协调、完善分配方案，并完成1200户申请人资格审查工作；腾退廉租住房9户并重新分配入住。

2014年11月17日，昆明市2014年公租房申请正式受理，为配合市级完成2014年公共租赁住房分配工作，西山区召开了公共租赁住房分配工作部署会；区住房城乡建设局派出4个指导组深入街道办事处和西山风景区管委会进行工作指导，协助工作人员做好2014年公共租赁住房分配的政策宣传等相关工作，现场解答群众咨询，发

11月12日，西山区召开2014年公租房分配工作部署会

（区住建局　供稿）

放申请资料。

2014年共发放符合条件的低保住房困难家庭的租赁住房补贴1752人次1.35万元。

【直管公房管理】 区住房和城乡建设局管理的直管公房共有7356户27.41万平方米，2014年实收租金430.29万元。以直管公房雨季防汛抢险工作为重点，制定《直管公房应急防汛抢险救灾工作预案》，建立相应的应急队伍，筹备抢险物资，开展汛期安全专项检查和水淹点安全检查31次，对直管公房屋面防水、围墙、清理化粪池、小区设施等进行维修改造和疏通，共投入维修资金74.3万元。核减300户最低低收入家庭及优抚对象直管公房租金共8.09万元。

【房改住房补贴审核、发放】 2014年，完成全区111家机关事业单位退休职工及部分在职职工房改住房补贴的测算、审核、归档工作，其中无房职工1547人，住房不达标职工1059人，发放补贴金额8790.41万元。

【房屋安全鉴定工作】 全年受理各类报件共209件，实地查勘鉴定面积11.64平方米，发出鉴定报告约230件（幢）；积极配合教育局做好育红、昆湖等学校的校舍排危工程；做好白马东区10栋房屋受损情况、白马红塔组团1、3危房处置工作。

【拆迁管理】 抽调人员配合参与西山区城中村改造、铁路枢纽改扩建工程项目西山段的征地拆迁等具体工作。制定各项目安置指导意见，拟定统一的拆迁补偿协议。组织对昆明医科大学人民西路小区职工房改造项目、西坝路建设工程项目等项目补偿指导意见和城中村改造第3号片区、44号片区、47号（二期）等改造项目的征地拆迁实施意见进行指导，并提出修改回复意见。

【物业管理工作】 全年归集维修资金8600万元，严格维修资金使用管理，拨付维修资金累计622万元；新办三级资质24家；完成2013～2014年度三级资质证书监督检查工作，全区共有三级物业服务企业113家。积极对街道办事处、社区工作人员、物业公司负责人等650人开展物业管理法律法规宣传活动；倡导辖区物业企业参与2014年昆明市物业管理示范住宅小区考评、验收工作。

【天然气置换工作】 2014年，西山区成立天然气置换工作指挥部，指挥部下设办公室在区住房和城乡建设局，负责天然气置换日常管理工作。

按照市天然气置换指挥部工作要求，西山区于2014年8月16日在全市率先启动天然气置换工作。为安全有序推进工作，确保天然气用户的用气安全，草拟《西山区天然气置换工作指挥部的方案》报区政府审查通过，并及时组织召开西山区天然气置换工作安全培训讲座（以会代训）。在每个片区置换前，参与置换片区燃气放散点的踏勘选定工作；在置换期间，履行天然气指挥部办公室的工作职责，做好指挥部各成员单位及置换企业的协调工作和放散区域的清障工作，保障置换工作的顺利开展。2014年，西山区已平稳有序地完成96个庭院和小区共4.39万户居民的燃气供应置换，为下步全市天然气置换工作积累了经验。

（葛惠娟）

国土资源管理

【基本农田“占补平衡”工作】 西山区耕地后备资源匮乏，新增耕地指标紧张，对区内新增建设用地须占用耕地的，均按照“占一补一”的原则，采取缴纳耕地开垦费委托补充方式，在省域、市域内全面落实占补平衡，未出现未补先占、边补边占的情况，实现占补平衡。截至12月底，上报的西山区海口片区城市棚户区改造项目（第一期、第二期）用地涉及占用耕地91.82公顷，按照补充耕地“占优补优、占水田补水田”“数量相等、质量相当”的相关要求，已由建设单位按标准足额缴纳耕地开垦费保证金共2133.49万元，委托昆明市国土资源局补充耕地91.82公顷。

【用地审批】

建设用地报批 为加快推进滇池草海综合整治，已将草海西岸用地68.3公顷，列为“昆明市2010年度城市建设用地西山区第六批农用地转用及土地征收实施方案”逐级上报市、省审批。西山区第10号片区（二期）城中村改造用地面积0.04公顷，第16号片区（二期）城中村改造用地面积3.85公顷，第31号片区城中村改造用地面积1.41公顷，第31号片区城中村改造（二期）城中村改造用地面积0.26公顷，合计报批面积5.56公顷，分别经云南省国土资源厅批准，全部取得用地批准文件。西山区海口片区城市棚户区改造项目第一期用地面积34.98公顷、第二期用地面积6.88公顷，合计报批面积41.86公顷，经分局初审并报区政府审查同意后，于2014年9月逐级上报市、省审批，年底该两期用地已报至省国土厅会审。

低丘缓坡土地综合开发利用初审 2014年，完成西山区花红园区块低丘缓坡土地综合开发利用试点项目第一期第一批用地14.62公顷、第二批用地34.54公顷的初审，并报区政府审查同意后，于12月5日通过三级联网审批系统上报市局。完成西山区团结项目区低丘缓坡土地综合开发利用试点项目第一期用地32.75公顷的初审，于12月3日报区政府审查。

临时用地审批 年内审查临时用地项目1个，为西山区团结民族大道、山水路、山岭路建设工程项目临时用地，面积14.43公顷，已于2014年10月13日取得昆明市国土资源局临时用地复函。

建设项目用地初（预）审工作 完成污水处理厂尾水外排及资源化利用建设工程、环湖南路古城段提升改造工程建设项目、110千伏春苑输变电工程建设项目、220千伏云纺输变电工程建设项目、第一污水处理厂雨季合流污水高效处理工程建设项目昆明市西山区文笔山风电场、昆明西公路客运枢纽、昆明市西山区风摆山风电场、昆明西公路客运枢纽、昆明市西山区风摆山风电场8宗建设项目用地14.72公顷的初（预）审。

【重点项目征地工作】 全年完成草海片区82.47公顷及3个安置地块、地铁3号线工程1.43公顷、铁路枢纽工程1.22公顷、长坡泛亚物流园区工程9.85公顷、南连接线1.8公顷、西福路延长线1.25公顷、西坝路改扩建工程98.03公顷征地工作。

【城中村改造土地征收】 完成26号片区一期34.51公顷征地工作、17片区三期12.13公顷征地工作、18号片区二期11.2公顷征地工作、8号片区3.31公顷征地工作、31号片区2.78公顷征地工作、完成22号片区二期0.8公顷征地工作。完成螺蛳湾片区云纺商业区和昆明螺蛳湾投资发展股份有限公司交叉地块0.97公顷、螺蛳湾新村0.53公顷征地工作。积极配合城改办和片区指挥部做好交易组件工作。

【土地出让划拨及转让】 办理个人已购住房1342宗，面积1.8万平方米，收取土地出让金324.6万元。受理划拨4宗，分别为昆明市南市区消防站点建设项目、西山区经济适用住房（配建廉租房）2009年建设项目二号地块、西山区前卫社区卫生服务中心建设用地和西山区综合福利院及民政配套设施建设项目。受理划拨补办出让（司法裁定划拨补办出让）1宗，为云南和茂包装有限公司，宗地证载面积20.31公顷，收取土地出让金248.65万元，计提铁路高速公路建设专项资金14.92万元，共263.57万元。受理转让2宗，均为中国建设银行股份有限公司云南省分行土地使用权转让至自然人名下，证载面积分别为28.21平方米和16.31平方米，均为分摊面积，证载用途均为商务金融用地，该两宗地经昆明市土地和矿业权交易中心审核后向社会公示，转让土地价格为27.75万元，分局已对受让方下发转让批准通知书。

【土地收储及供应】 2014年西山区实物储备计划59.53公顷，截至12月31日，已完成59.86公顷，完成100.56%；土地供应计划48.67公顷，已完成51.96公顷，完成106.77%。

【矿产资源管理】 2014年1月，分局工作人员到各涉矿街道办事处对矿山企业现场收取2013年度矿产开发利用年检资料，按照省、市国土部门的要求做好审核及资源统计基础表和矿产开发利用年度报告书的网上报备系统录入工作。

2014年收取并上缴国库矿产资源补偿费1167.46万元，收取采矿权使用费1.2万元、矿山环境恢复治理保证金92.73万元，按时完成2014年矿产资源补偿费网络直报工作。出具拟建项目用地调查区国家探明矿产地、矿业权压覆情况查询结果表22件、建设项目压覆矿产资源初审意见6件，办理建设项目用地不压覆矿产资源备案4件。加强矿业权到期预警机制及上下沟通联动制度建设，发放“采矿许可证到期预警通知书”25份。完成矿产资源储量核实报告评审备案5件、矿产资源开发利用方案评审备案登记4件、矿山地质环境保护与恢复治理方案编制单位资质及项目备案6件。全年按照《西山矿产资源行政审批工作实施方案》的规定，经西山区矿产资源行政审批工作领导小组会审通过，办理采矿权延续登记17件、采矿权转让变更3件，待告知期满后将予以注销矿山采矿权11家。

【地质灾害防治工作】 全区确定的地质灾害隐患点39处，对每个地质灾害隐患点填发地质灾害防治“工作明白卡”共65份、“避险明白卡”389份、“隐患点通知书”43份，同时，对39个地质灾害隐患点落实监测人员及街道、区防灾责任人。在全面摸底调查排查基础上，编写《2014年度昆明市西山区地质灾害防治方案》和《昆明市西山区突发性地质灾害应急预案》，并报区政府批准实施。

5月15日，区政府组织召开西山区2014年地质灾害防治工作会议，会议对2014年全区地质灾害防治工作进

7月11日，海口街道双哨小麦地开展应急演练

12月31日，国土资源西山分局配合团结街道办事处拆除和平村委会小厂小组4户违法建筑（国土资源西山分局 供稿）

行安排部署，区政府与各街道办事处和各相关委、办、局签订防治地质灾害目标责任书25份。按照会议安排部署，各街道办事处与社区居委会层层签订目标责任书31份，明确地质灾害防治工作的责任主体。

分别于7月和8月在海口街道办事处小麦地居民小组（滑坡隐患点）和团结大平坦小组地灾隐患点开展突发性地质灾害应急演练，通过演练让受隐患威胁群众明确临灾信号撤离路线、应急避灾场所等，增加群众防灾减灾意识，同时提高各级、各部门应急救援水平。

【国土资源执法工作】 开展土地巡查397天次，出动人员1418人次；矿山巡查489次，出动人力2285人次；联合巡查139天次；下达停工通知39份、责令整改通知23份、用地检查通知书4份。土地矿产违法行为查处立案95宗，其中土地违法案件77宗，矿产资源违法案件18宗，已结案92宗，行政罚款212.06万元，没收违法所得16.89万元。

国土资源部下发的西山区2014年矿产卫片图斑11个。西山国土分局通过对11个矿山进行认真核查，查实违法开采的矿山图斑有7宗，均已立案查处并已结案，1宗为伪变化；合法矿山图斑3宗。于9月10日按时形成11个卷宗录入卫片执法检查信息系统上报。

国土资源部下发的西山区2014年土地卫片疑似违法图斑共158个（不含度假区），图斑监测总面积118.21公顷，其中占耕地面积为39.4公顷。结合对2014年的卫片核查相关规定，逐宗核查、判定，按照要求于2014年10月27日完成国土资源执法监察信息系统录入上报工作，最终形成114个卷宗。填报情况为：合法图斑26个，图斑总面积29.98公顷，占耕地面积21.43公顷；违法图斑132个，图斑总面积88.23公顷，占耕地面积17.98公顷。其中立案查处图斑49个，图斑总面积13.97公顷，占耕地面积5.97公顷；非立案处理图斑83个，图斑总面积74.27公顷，占耕地面积12.01公顷；非立案处理中，采矿用地图斑36个，图斑总面积53.95公顷，占耕地面积0.001公顷；历史批文图斑12个，图斑总面积8.84公顷，占耕地面积7.12公顷；其余图斑35个，图斑总面积11.48公顷，占耕地面积4.89公顷。

根据省、市清理违法用地工作通知精神，对辖区2013年12月31日前形成的所有违法用地进行全面清理，历时4个月，清理出辖区内2009年以来的违法项目用地318宗，宅基地违法5813宗。

【测绘地籍管理工作】 完成中央金座二期零星土地整合项目、20号片区二期、草海北片区45号安置地块、18号片区二期（第二批次）、20号片区二期（第二批次）、海埂路片区共345宗、面积32.08公顷的国有土地使用权收回上报请示工作。全年共受理各类登记3872件，其中个人已购住房登记3711件，国有土地使用权抵押登记66宗，涉及抵押面积为203.47万平方米，抵押金额为107.717亿元；国有土地使用权初始登记32宗，面积84.54万平方米；国有土地使用权变更登记63宗，登记面积为123.3万平方米。完成2013年土地变更与遥感监测工作。

【财务工作及档案管理工作】 缴市财政土地出让金410.96万元、土地登记费64.68万元、征地管理费153.52万元；缴区财政土地出让金250.91万元，代缴区国税局耕地占用税1608万元、缴印花税767万元。整理、数字化国有、集体土地登记及其他各类业务档案共2477宗，移交市局信息中心档案135宗。全年分局档案库房共保存各类业务档案资料1.11万宗（份）。对内（外）单位提供档案查询利用823宗，其中对内查询542宗，对外281宗。

（龙 波）

城市管理综合行政执法

【城市道路综合整治】 2014年，区城市管理综合行政执法局开展西坝路改扩建工作、前卫西路和西苑浦路道路整修工程、近华浦路（人民西路至大观河）和春苑小区内现有水泥灯杆路灯改造工作。

西坝路起西园路，止于西昌路，全长1.5千米，红线宽40~43米，整治内容为道路主体工程、西坝河箱涵工程、雨污排水工程、电力工程、照明工程、交通工程、绿化工程、弱电工程、煤气和自来水工程等。西坝路改扩建工作于3月22日开工，12月底仍在继续推进。

前卫西路南起广福路，北止于日新西路，全长1.43千米，红线宽40米，属城市次干道，主要整修内容为维护道路路面、疏通和修复排水管网设施，以及维护改造交通、绿化和照明工程。该工程于12月30日完工。

西苑浦路西起丹霞路，东止于白马庙路，全长306.99米，红线宽20米，建设内容为维护道路路面、新建绿化、照明、箱涵、交通工程。该工程于12月30日完工。

近华浦路（人民西路至大观河）、春苑小区内现有水泥灯杆路灯的改造，工程内容为拆除原有水泥路灯灯杆102套，新建单臂路灯156套、定向投光灯12组、2台100千伏安户外式景观型路灯专用美式箱变、6套GPRS路灯配电监控柜，新埋设电缆管及电缆约5340米等。该工程于10月完成项目立项工作；11月完成工程设计、造价和招标代理单位的选取工作；12月完成施工单位及监理单位招标工作。由于施工现场情况复杂，待协调处理事项繁多，给工程推进带来很大难度。年底，正在积极筹备施工建设前的准备工作。

加大对市政道路、桥梁及窨井盖的巡查力度。2014年共完成后新街市委机关幼儿园路面整修，春雨路车家壁环岛沥青路面修复，昌源南路道路破损修补，滇中路（铭门高第段）道路路面维修，西苑浦路道路路面维修，近华浦路沥青路面整修，海源南路、昌源南路沥青路面修补，西园路沥青路面整修，益宁路、大观路整修，金碧路道路路面维修等。截至12月11日，共维修人行道破损面积2894.5平方米、车行道破损面积1.11万平方米，更换窨井盖812块、雨水篦子535块、沟盖板301块。

【景观照明建设】 根据区委、区政府工作安排，由区城管综执局牵头对总长780米（其中拱桥部分长150米）的海口大桥实施景观亮化工程，建设内容包括灯具布设、管线敷设、供配电、照明控制及防雷、接地系统。该工程立项工作已完成，项目施工图已完成设计，并于9月12日通过施工图专项审查，10月30日通过公开招投标竞争性谈判方式确定监理单位，11月15日通过公开投标方式确定施工单位，并已完成合同签订、投招标备案、合同备案、安全备案、质监备案等相关工作，12月底正在办理施工许可证。

同时，为着力营造“净亮”的西山灯光夜景，区城管综执局在2013年景观照明建设管理工作的基础上，积极做好后续管理工作：一是加大监督管理和检查力度，加强夜间巡查工作，发现问题，及时督促解决，辖区内灯光亮化施工单位按要求检修、维护灯光设施，确保辖区内高层（重要）建筑的亮灯率；二是在南博会等重大活动期间及节假日期间，均以书面文件形式或电话通知形式，通知辖区街道办事处和施工单位按时亮灯，展现西山区良好城市形象；三是按照市级要求加强日常检查力度，实行交叉检查，相互督促，促进灯光亮化工作深入开展，有效保证亮灯率。

1月2日，西山区城市管理综合执法局举办2014年第一期法制培训班
（区城管综合执法局　供稿）

【市容环境综合整治】 为提高市容环境综合整治工作效率，及时应对各类城市管理问题，区城管综执局收集街道办事处、区住建局、区园林局等相关单位责任人员信息制作《清洁城市组工作通讯录》，同时利用智能手机的普及，建立西山区“城乡清洁工程”清洁城市组微信群。为引导临街商铺做好“门前三包”，区城管局制作西山区“门前三包”网格化公示牌。公示牌张贴于商铺显眼位置，主要包含“城乡清洁工程”宣传内容、“门前三包”责任、城市问题对应责任人和监督部门等相关信息。通过公示牌达到宣传教育、引导商铺遵守“门前三包”责任的效果，也方便广大市民群众在发现城市管理问题后第一时间联系到具体责任人进行处理，同时还可以利用公示牌上的二维码进行投诉、举报。2014年，共整治不履行“门前三包”商铺1.64万家。

加大道路巡查力度，规范停放秩序，严查非机动车辆乱停乱放行为。对城市道路、广场、酒店、公交站台等客流物流集散地周边区域进行整治，保证重点时段、重点区域交通畅通、市容环境整洁有序，切实改善拥堵状况。2014年，规范非机动车乱停乱放3342起。对辖区内不文明行为进行监督制止，做到发现1起、制止1起，在劝说阻止无效的情况下采取适当处罚。2014年，共发现并制止不文明行为4492起。

2014年，共取缔占道经营3.38万起、流动摊贩2.66万起、夜间烧烤摊2610起；查获违法散发、张贴、喷涂小广告共3459起，收缴违法小广告13.7万张，清除张贴、喷涂小广告4.08万条。

【建筑工地及渣土运输管理】 成立建筑施工工地监督小组，派监督员进驻建筑工地全天候督促规范文明施工；要求渣土运输公司严格密闭运输，同时对辖区内的渣土消纳场洒水降尘情况进行检查落实；合理排班加强夜间巡查力度，防止渣土泼洒行为发生；组织工作人员对施工单位市容保洁责任书、“三池一设备”设施等进行检查；探索在工地出入口设置监控探头，监督工地运输渣土和砂石料等建材行为；组织执法人员全天候开展渣土运输整治工作。

2014年，共处罚无证运输车辆781起、密闭不严车辆426起、未取得资质运输车辆108起、路面污染18起、乱倒建筑垃圾4起，查处临街商铺违规处置装修建筑垃圾30起。办理处置排放证3.5万份，为20家建筑施工单位办理“市容保洁责任书”，为11家建筑施工单位办理“市容保洁责任书”延期，对辖区内的10家渣土运输企业资质进行集中年审。

【市容广告管理】 采取日常监管与集中整治相结合的方式，加强对经审批设置的户外广告招牌的日常管理和规范工作，然后分普查核实、宣传动员、户外广告整治3个阶段对辖区违章设置的户外广告设施进行整治。2014年，共拆除违章户外广告设施1030块、违规店招店牌754块。通过集中整治，使区建筑物附属广告设施更加规范、协调美观。

开展“城乡清洁工程”公益广告宣传活动，通过LED电子屏滚动播放各项重点工作宣传内容，在全区范围内进行广泛深入宣传。要求辖区施工工地在施工围挡上进行公益广告宣传。2014年，“中国梦”“党的群众路线教育实践活动”“城乡清洁工程”3项重点工作利用LED电子屏滚动播放宣传内容共910个小时，施工围挡广告牌宣传共1.45万平方米；创文明城市、核心价值观宣传教育、“无车日”等工作利用LED电子屏滚动播放宣传内容共1300个小时。

【环境卫生管理】 结合“城乡清洁工程”，有针对性地进行环境卫生综合整治工作，进一步改善城市形象，对辖区内主要道路实行“一日三大扫，全天保洁”制度，主要道路机械清扫率达70%以上。要求保洁员巡回走动，做到勤走、勤看、勤扫，确保地面清洁。2014年，共收集、清运、处置生活垃圾18.85万吨，垃圾运至海口垃圾处理厂及五华垃圾处理厂处理，确保全区垃圾清运率、无害化处理率100%。

坚持“逢五、逢十”道路冲洗制度，加强道路洒水降尘、机扫及清洗频率，按要求每天洒水降尘次数不低于4次。根据辖区中心城市道路的实际情况每天适当增加洒水降尘、冲洗道路次数，对人流密集路段，每周冲洗不少于2次。制定交通隔离栏每月清洗工作计划，采用以隔离栏清洗车为主，人工作业方式为辅的工作方式完成隔离栏清洗工作。截至12月31日，共出动道路清扫车1.28万车次、洒水车2.83万车次、环卫应急车1600车次，清洗道路用水（中水）18.32万吨。

同时，积极开展环卫基础设施建设工作，集中力量对果皮箱和垃圾收集桶、收集车、运输车等外围进行清洗，确保设施及果皮箱周边地面干净、整洁。2014年，共新建垃圾中转站2座，新建公厕5座，提升改造公厕10座。

【数字化城市管理】 区数字城管综合指挥中心全天24小时通过数字城管服务热线、系统平台受理媒体曝光、公众举报、城管监督员上报城市管理问题，全面覆盖西山区64.8平方千米范围。2014年，共受理数字城管案件34.21万件，实际处置33.87万件，结案率99.93%，其中按期处置33.65万件，按期处置率98.36%，处置重大案件626件。受理派遣的有效案件涉及城市管理综合行政执法局、水务局、民政局、园林绿化局以及各街道办事处等28个责任单位。

【拆临拆违及农房整治】 坚持“杜绝增量、减少存量、综合整治、逐步推进、长效管理、永无违建”的总体要求，通过采取拆除违章建筑和巡查遏制违建相结合的工作方法开展拆违工作。西山区临违建筑存量为556宗，总面积302.71万平方米。2014年需拆除存量任务中50%即278宗。截至12月31日，累计拆除存量临违建筑176宗，拆除面积41.33万平方米。2014年新增临违建筑164宗，已拆除129宗并经市级认定，剩余35宗的拆除工作正在推进；任务外累计拆除农房违法建设50宗，面积1.06万平方米。

西山区涉及关闭搬迁和升级改造的商品交易市场共25个，占地面积91.1万平方米，其中需关闭搬迁的商品交易市场20个，占地面积74.58万平方米；自行升级改造的商品交易市场5个，占地面积16.52万平方米。16个市场内的建筑属于临违建筑。2014年，全区共拆除商品交易市场内的违法建筑10宗，关闭市场1个，自行升级改造5个。

【行政审批、依法行政工作】 开展执法人员教育培训，不断提高执法水平，全年共组织法制培训11期。完善执法人员持证上岗制度，组织14名新上岗执法人员参加昆明市人民政府法制办公室举办的岗前培训班，考试合格后由省政府颁发执法证，做到“持证上岗”，确保执法主体资格的合法性。

按照相关法律法规要求，严把

审批关。全年共审批占道78件、开挖31件，办理临街建筑门头（面）装饰、装修249件，办理渣土处置备案卡2.02万份，签订“市容保洁责任书”685份。截至12月12日，共审核一般程序行政处罚案件66件，制作行政处罚告知书132份、行政处罚决定书264份，发放各类执法文书446本，做到主体合法、程序合法，使用法律准确。

（安志丽）

“四创两争”工作

【“城乡清洁工程”工作】 从2月底起，全区相关职能部门、各街道办事处开展“城乡清洁工程”清洁城市、清洁乡村行动，对当前全区市容环境卫生管理存在的七大问题进行重点整治。通过“门前三包”流动评比、新建特色规范市场、示范道路辐射建设、联动整治各个击破、严管重罚倡导文明、整治效果排名通报、微信平台推广宣传等手段，全面治理城市环境卫生顽疾。通过10个月的整治，市容秩序进一步改观，达到预期效果。在市级20次周评中，7次评定为良好，11次评定为合格，2次评定为不合格。在市级4次月评中，1次评定为良好，3次评定为合格。

【创建国家园林城市】 对全区2011～2013年园林绿化档案台账资料进行全面收集整理，积极配合市级部门制作迎检台账，细化迎检方案，并对所有创园指标巩固情况进行摸底，查找问题，整改提升。8月25～27日，迎接省住建厅专家组的第一次复查。西山区涉及滇池路、龙江公园、南亚风情第壹城、弥勒寺公园4个点，林荫路、漫步步行系统、城中村及棚户区改造项目、公园绿地4项指标。后因检查点位临时调整，未对弥勒寺公园进行检查。在迎检过程中未出现任何突出问题，顺利完成复查任务。

【创建省级文明城区】 全面分析总结2011年创建省级文明城区测评情况，完善工作机制，成立11个专项整治组对各项测评指标进行重点整治。完成2012～2014年台账资料整理和汇总。狠抓现场整治，对100多个实地检查备检点反复排查，及时通报存在问题，督促责任单位细致整改。10月19～21日，省级文明城区测评组专家采取明察暗访形式，对西山区整体工作开展情况进行测评。期间，专家组还对秋苑、巡津、金碧、书林、复兴5个社区进行入户测评，完成测评迎检任务。

【创建国家卫生城市】 把创卫模式转化为日常管理标准，在抓好创卫十大项指标常态管理的同时，借助“城乡清洁工程”清洁城市、清洁乡村活动，进一步强化市容保洁、监管力度，升级“门前三包”管理机制，常态推进周五大扫除活动，长效抓好包片责任制，加强协调、督查，整治效果只升不降，市容市貌全面提质。

【创建国家森林城市】 2014年市级下达西山区巩固提升创森工作任务是：绿化巩固面积60公顷，新增造林面积500公顷。截至11月11日，巩固绿化面积60公顷，完成率100%；新增造林面积616.65公顷，完成率123%。

【创建国家节水型城市】 积极开展节水型企业（单位）、小区创建活动，根据市级制定的创建计划，加强对辖区内3家企业（单位）和5家小区日常指导、督促，积极帮助基层健全创建措施，解决实际问题，完善台账资料，提高达标水平。申报材料10月底已上报市节水办，正待市级检查验收。

【创建国家环境模范城市】 年底，西山区26项创模指标、3个基本条件、4个经济社会指标、6项环境管理指标已全部达标，5个环境质量考核指标中1项不达标，8个环境建设指标中1项不达标。

【创建国家生态城市】

市级生态社区 6月24～26日，区级复查组对西山区市级生态社区进行全面复查，17个社区全部通过复核。

省级生态区 西山区申报省级生态区工作于2013年12月27日通过省级考核验收，申报材料经整改完善后已按省厅时限要求，于5月30日上报省环保厅生态文明处。11月12日，省政府下发关于命名第一批省级生态文明县市区的通知，正式命名西山区为“云南省生态文明区”。

国家级生态乡镇 4月18日，碧鸡街道办事处完成申报材料编制工作并上报市环保局；4月23日，通过市级评审；5月12日报送至省环保厅；5月30日，通过省级评审；经修改完善后，年底材料已报送省环保厅生态文明处。

6月16日，海口街道办事处被国家环保部正式命名为“国家级生态乡镇”。

【争创人居奖】 对照评价指标体系，对2013～2014年人居奖整改、落实情况进行再排查、再提高，继续巩固提升国家园林城市、国家卫生城市、国家节水型城市、国家森林城市创建成果，加快推进创城、创模、创生、创建国家生态园林城市步伐，推动全区生态环境良性循环发展，进一步提升人居环境，为下一次申报创建做好准备。

【创建国家生态园林城市】 截至2014年11月30日，西山区完成绿地建设165.05公顷，完成任务数157公顷的105.1%，其中公园绿地28公顷、附属绿地23.44公顷、防护绿地46.61公顷、生产绿地9公顷、其他绿地58公顷；种植滇朴、香樟、银杏、广玉兰等乔木11.54万株，完成任务数10万株的115.4%，其中胸径25厘米以上大乔木有1324株。

（马　萍）

园林绿化建设

【城市绿地建设】 2014年，西山区新增城市绿地165.44公顷。

公园绿地建设 完成近华浦路与云山支路交叉口绿地、西福路中段景观绿地、南二环盛高大城前绿地等公园绿地、街头绿地建设工作，建设面积28.4公顷。

附属绿地建设 完成润城第一大道、未名城A7地块、昆明宏盛达·月星商业中心、融城优郡、广福城一期A1地块等单位（居住区）附属绿地建设工作，建设面积23.9公顷。

防护绿地建设 完成白沙地片区边坡绿地、车和路旁绿地等防护绿地建设工作，建设面积46.3公顷。

生产绿地建设 完成新邑苗木基地、明朗水库周边苗木基地建设工作，建设面积8.94公顷。

其他绿地建设 完成猫猫箐片区植被修复、老青山植被修复绿化建设工作，建设面积57.9公顷。

乔木种植 在润城第一大道、未名城、保利六合、蓝光可可蜜城、广福城一期A1地块、前卫西路二标段等区域种植滇朴、香樟、银杏、广玉兰等乔木11.54万株。

屋顶绿化建设 完成碧鸡博览公园展馆屋顶绿化建设工作，面积0.92公顷，种植大树杨梅108株，种植黄冠菊、薰衣草、紫柳等地被植物6991.83平方米。

【园博园建设】 碧鸡博览公园（西山区第二园博园）地处高峣立交区，公园定位为综合性开放式公园，以园林绿化展览展示和汽车文化为主题，采取市场化运作模式，引入社会资金进行建设。年底完成绿化建设13.73公顷，种植滇朴、枫香等乔木2万余株，园内3个展馆主体建设、屋顶绿化、主广场、景观水体、停车场建设均已完成，汽车展示品牌已确定，正在进行展馆装修。

为做好第三轮园博园规划建设工作，结合区实际情况，积极开展项目选址工作，经报请区委、区政府同意，将翠峰公园作为第三轮园博园进行建设，建设资金纳入白沙地片区土地一级开发成本统筹实施。翠峰公园位于西山区马街街道办事处普坪社区居民委员会，北临白沙地片区，南近普坪村，东南侧紧邻城市主干道春雨路，公园规划总用地面积为59.07公顷，定位为以生态恢复、康体健身、休闲游憩等为主的区域性山地型城市公园，规划设计方案于2014年12月9日通过市园林绿化局组织的专家评审。

【“城乡清洁工程”园林绿化工作】 结合工作实际，制定《西山区园林绿化局实施“城乡清洁工程”工作方案》，并根据实际情况结合督查通报分2个阶段实施，年底完成“城乡清洁工程”绿化整治工作。第一阶段对18条重要城市道路进行绿化整治，移植乔木608株、地被灌木3788.85平方米，种植乔木138株、球形植物1550株、地被灌木3.21万平方米，修剪乔木781株、绿篱4104平方米。第二阶段对辖区范围内的其他城市道路进行绿化整治，主要对受小蠹虫危害死亡的乔木、缺塘进行更换补种，补种天竺桂、香樟、小叶榕等乔木216株，更换死亡法桐180株。

【园林绿化行政审批】 按照市政府明确的市、区两级城市园林绿化行政主管部门的审批权限，做好“绿色图章”审批及绿地占用、树木移植、修剪、砍伐审批工作。全年共完成红星美凯龙A1地块、保利六合、序谷“未名城”、蓝光可可蜜城等共20件“绿色图章”审批工作；完成170余次“绿色图章”行政审批专项咨询工作；办理建成区范围内城市绿地占用及树木移植、修剪、砍伐审批件共36件，其中永久占用11件，临时占用8件，树木修剪9件，移植8件，完成100余次审批专项咨询工作。同时对回迁安置房、公租房等重点项目进行实地踏勘，主动上门服务，配合做好相关协调工作。

【绿化日常养护管理】 结合区工作实际，积极推进绿化养护市场化运行机制，马街片区、西苑片区、金碧片区、福海片区、前卫片区公共绿地管养由具有资质、实力的园林绿化企业负责绿化日常养护工作，更好地巩固绿化成果。

区园林绿化局负责管养的公共绿地总面积约89.34万平方米、行道树约5.56万株，在管养过程中实施分片区管理，严格要求管养单位定人、定岗、定范围对绿化进行管养，切实提高绿地养护质量和水平。

严格执行公共绿地管养检查考核制度，采取季度考核方式，根据园林绿化管理养护标准及考核标准，由区园林绿化局牵头，邀请园林绿化专家、区人大代表、区政协委员、基层人大代表、基层政协委员组成考核组，按季度定期对公共绿地管养情况进行实地检查考核打分，考核结果作为核拨管养经费的重要依据，对检查中发现的问题及时督促管养单位进行整改落实。结合实际制定抗旱保苗工作方案，旱季期间，动用所有人员和机械，采取人停车不停的方式，对管辖绿地进行浇灌，确保抗旱保苗工作无漏洞，不出现因缺水导致苗木死亡现象。在日常工作中根据植物长势情况，适时对行道树、绿篱进行修剪，同时加大巡查力度，对存在安全隐患及遮挡交通信号标识的树木及时请专家进行现场指导修剪。全年共完成辖区内道路绿地修剪55.85万平方米，修剪行道树4.39万株。加强树木病虫害防治工作，聘请市园林科研所植保专家定期对管养范围内的树木进行“诊断”，对发现的植物病害、虫害严格按照专家提出的防治意见，对症用药。

进一步完善公共绿地日常养护管理工作突发事件应急处理工作。全年共办理区长热线交办件36件、新闻媒体受理件2件、网络受理件10件、信箱受理4件、“96128”受理件4件、数字城管447件，在规定时限内办结并答复件，办结率、答复满意率100%。

【其他工作】

鲜花种植摆放 为营造良好的城市环境，进一步美化街景，扮美西山，结合工作实际情况，于5月、10月、12月分3次开展鲜花种植更换工作，在金碧路、金碧广场、环城西路、环城南路、滇池路、日新路、五华体育馆环岛等重要道路及景观节点种植摆放孔雀草、三色堇、玛格丽特、雏菊等鲜花446.65万盆。

中国梅花腊梅展布展 十四届中国梅花腊梅展于2013年12月25日至2014年2月28日在黑龙潭公园举办。按照昆明市布展总体方案，区园林绿化局在昆明市黑龙潭公园布置一组以“疏影·暗香”梅花为主题的园林艺术小品。小品以梅花为主景，配以造型景石，再辅以古典园林植物，展现中国传统诗画的意境。小品获中国第十四届梅花腊梅展览会金奖。小品建成后作为永久性园林艺术造景小品保留在黑龙潭公园内。

2014年昆明茶花节布展 按照昆明市园林绿化局布展工作方案要求，在西寺塔广场布置一组“一花一世界”茶花艺术小品，以茶花和精致的镜面立柱为主景，配以造型景墙，再辅以古典园林植物，充分展示茶花艺术魅力，小品于2014年1月20日至2月20日期间展出。

古树名木监管 根据昆明市园林绿化局关于开展古树名木和古树后续资源规范挂牌工作的通知要求，对辖区内的古树名木进行重新核实、编号，与责任单位签订《昆明市城镇古树名木和后续资源保护责任书》，于10月23日对区园林绿化局监管的3株古树名木进行更新挂牌，并不定期组织园林绿化专家对已挂牌的古树名木养护情况进行检查。

（段雪莲　杨丽琼）

生态及环境保护

编辑　刀培凤

环境保护

【环保宣传教育】　加大新《中华人民共和国环境保护法》（2015年1月1日实施）宣传，让企业知晓国家将要实施更加严格的环保监管，明白自身要履行的环保责任；对广大市民加大生态文明、低碳环保知识宣传，倡导绿色、低碳、节约的生活方式。借助市环保局举办的“环保行动进社区”以及区政府其他部门组织举办的科技活动周、城市“无车日”宣传活动，发放环保法律法规和节能减排、低碳生活等宣传资料共6000余册。利用“6·5”世界环境日等多渠道开展环境保护宣传教育活动，向各街道办事处和重点污染源单位提供各类环保宣传资料4800余册。充分利用LED电子显示屏做好宣教工作，发布“城乡清洁工程”公益广告、党的群众路线教育实践活动宣传标语口号和“6·5”世界环境日宣传标语；利用兴苑路“老滇缅320傣家”饭店外墙做好创建国家环保模范城市宣传。

【“绿色”创建工作】　2014年共组织创成市级“绿色学校”4所，分别为：77200部队机关幼儿园、书林第一小学、福海中学、福娃娃幼儿园；“绿色社区”2个，分别为：西丽园社区居委会、昆明市军队离退休干部白马庙干休所；“宁静小区”1个，为弥勒寺社区。

【污染防治与总量控制】　2014年西山区4项主要污染物总量减排任务完成率为100%。当年省、市级下达西山区重点减排项目为11项，其中工程减排项目7个，结构关停减排项目1个，管理减排项目3个，削减废水污染物化学需氧量3.48万吨、氨氮2924吨，削减废气污染物二氧化硫450吨。

工程减排　省环境保护厅已完成云南三环中化化肥有限公司2×80万吨/年硫酸装置尾气吸收技改项目技改验收，可完成削减二氧化硫450吨；督促昆明好宝箐生态农业有限公司等6家养殖场进行雨污分流、干清粪工程措施及废弃物综合利用后形成化学需氧量及氨氮，可削减废水主要污染物化学需氧量10.84吨、氨氮2.01吨。

结构关停减排　黏土矿养殖场关停减排项目内所有设施已拆除。

管理减排　加强对项目日常监督管理，确保昆明市第一水质净化厂全年化学需氧量削减量不低于1.47万吨，氨氮削减量不低于992吨；昆明市第三水质净化厂全年化学需氧量削减量不低于2.01万吨，氨氮削减量不低于1930吨；滇池南岸环湖截污海口污水处理厂（3万吨/日）正常运行。

【环境管理】　从源头上严控新增污染物总量，支持和服务于经济发展和发展方式转变，实现经济发展和环境保护双赢，实现化学需氧量、氨氮、二氧化硫、氮氧化物4种主要污染物排放控制在总量约束指标以内。2014年共办理环境保护建设竣工验收131件，环境保护设施竣工验收执行率100%。

6月12日，西山区环保局全体干部参加全国环保专项行动电视电话会
（区环保局　供稿）

工业固废处置 不断加大工业固废利用的指导服务，鼓励支持工业固废企业落地西山区，努力促进区磷化工循环经济模式的建立，相继扶持指导天福晶美、昆明筑能建材有限公司、云南竣建建材有限公司等企业落地西山区，利用磷石膏、磷炉渣等工业固废生产建材和保温材料，有效利用工业固废。经统计，2014年全区累计产生工业固废688.38万吨，工业固废综合利用量158.5万吨，工业固体废物处置量529.88万吨，处置利用率为100%。

城市污水集中处理 西山区城区内共有2家水质净化厂，分别为第一水质净化厂和第三水质净化厂，其污染源监测统一由昆明市环境监测中心监测，产生的污泥均由滇投公司统一处置。2014年昆明市第一水质净化厂处理水量4244.11万吨，产泥量2.51万吨；昆明市第三水质净化厂处理水量7960.61万吨，产泥量3.76万吨。2家水质净化厂共处理水量1.22亿吨，产泥量6.27万吨。根据西山区水务局统计2014年西山区城市生活排水量为1.22亿吨。西山区2014年城市污水集中处理率为100%。

【环境监察】 2014年共监理辖区内环统重点企业184家，进行日常、一般污染源、专项行动监察企业共562家，查处环境违规违法案件175件，下发限期整改通知书115份，行政处罚金额共44.7万元。

为切实保障环境安全，及时有效打击环境违法行为，有针对性地分行业、分片区、分重点持续开展空气质量联防联控工作专项环境监察，重点对38家易产生扬尘的工地、砂石厂进行监管。

开展医疗行业专项整治行动，共检查医院39家、社区卫生服务中心75家、门诊20家。

开展重点减排项目监管检查，共监察污染减排项目11个；开展饮用水源地专项整治行动，监察水源地周边5家单位，下达限改通知5份；开展中高考禁噪专项整治工作，对75个工地下发禁噪通知89份，处罚4家违法单位，罚款1.5万元；开展危险废物专项整治，对辖区48家涉危废单位进行监察；开展海口工业园专项整治行动，检查企业151家，对17家违法企业下达限改通知书，对3家违法企业实施行政处罚12.86万元。开展环境安全隐患大排查工作，对辖区范围内20家重点污染源企业、61家一般污染源企业、9家非煤矿山尾矿库、12条出入滇河流、3个备用水库（长坡水库、明朗水库、三家村水库）和分散式饮用水源点进行检查。

1月28日，西山区环保局开展大气污染专项整治 （区环保局 供稿）

通过环境质量监察行动，确保空气质量优良率大于85%。据昆明市环境监测中心统计，2014年西山区碧鸡公园大气质量监测点有效监测天数为358天（停电7天），其中优级天数71天，良272天，轻度污染15天，无中度及以上污染，污染源主要为PM2.5、PM10、O_3，空气质量优良率为95.81%。

【排污费征收信访投诉】 根据昆明市环境保护执法监督局下达的2014年度排污费征收任务，西山区排污费征收目标任务为160万元，征收实际入库金额464.1万元，超额304.1万元。2014年，西山区环保局共办理各类交办、来信、来访、来电等投诉案件3996件，其中市长（区长）热线交办件1178件、市长信箱交办件125件、书记信箱交办件15件、数字城管交办件24件、市环保热线“12369”交办件136件、网络信访投诉件28件、云南省政务信息“96128”交办件11件、区“4112369”环保投诉热线来电2462件、其他17件，做到件件有受理、件件有回复，信访投诉办结率、满意率、回复率100%。

【环境监测】 2014年，围绕“三个说清”（说清污染源状况、说清环境质量现状及其变化趋势、说清潜在的环境风险），加强监测管理。做好辖区内环境空气质量监测、地表水环境监测、城市烟尘控制区监测、噪声达标区监测。抓好生态质量考核断面监测、建设项目竣工验收监测、环境应急监测等专项监测和重点污染源以及医疗机构的监督性监测。水环境监测方面，完成6条入滇河流入湖断面、5条河流交界断面的按月监测任务；对螳螂川出滇池河流断面进行按月监测；完成降雨1个测点逢雨必测的监测任务；完成2个测点降尘、硫酸盐化速率每月1次的监测任务。完成区重点水库三家村水库、大坝水库、长坡水库上半年、下半年各1次的监测任务（大闸水库、小黑荞水库上半年无水）；完成21个昆明市区域环境噪声监测点位的监测工作。同时加强对新运粮河、老运粮河、城市第三污水处理厂等的水质监测工作，采集相关水样进行分析，初步掌握各河道水质与补水点水质之间的关系。

全年共监测污染物排放单位518家，其中建设项目“三同时”竣工验收监测31家、排污许可证年度监测480家、其余监测7家。按照年初计划完成重点源监督性监测工作和医疗机构监督性监测工作。2014年，获得有效监测数据1.3万个，监测费实际入库金额71.02万元

【“创生”工作】

创建国家生态街道工作 2014年6月16日，海口街道办事处被国家环保部命名为“国家级生态乡镇”。

创建生态社区工作 完成西山区17个生态社区的年度复核。6月24～26日，区环保局牵头对已创成的17个市级生态社区采取实地走访、听取汇报、现场评分反馈意见的方式进行复查，17个市级生态社区全部通过区级复核。

创建省级生态文明示范区工作 西山区申报省级生态文明区工作于2013年12月27日通过省级考核验收，后经省厅领导及专家审核，经整改完善后的申报材料按省厅时限要求，于2014年5月30日上报省环保厅生态文明处。11月12日西山区被省政府办公厅命名为“省级生态文明区”。

创建国家级生态乡镇工作 省环保厅于2014年5月30日组织相关专家对碧鸡街道办事处申报国家级生态街道进行省级评审，之后，碧鸡街道办事处严格按照专家意见对现场及材料进行整改完善。整改后的申报材料经省环保厅审核后于2014年6月26日上报国家环保部。

【推进依法行政工作】 2014年西山区环保局规范、公正、文明执法，共受理行政处罚案件46件，年底已结案32件，移交区人民法院强制执行7件，剩余7件正在办理中。组织召开重大处罚听证会1件，并经审议领导小组审议后通过。

【环境基础设施建设】 滇池环湖西岸中段8个村庄支次管网建设工程，根据上级部门安排，由西山区环保局牵头负责滇池环湖西岸中段富善村、西化村、古莲村、红联村、红映村、杨林港、观音山、白鱼村8个村庄的支次管网建设工程相关工作。截至年底共完成截污管道埋设3862米，建顶管工作井1座（顶管158米），新建及修缮截污沟渠1256米，建成截流井11座、检查井92座。累计工程直接投资1152万元，市级到位资金948万元。

2014年西山区投入滇池流域水环境整治、“四退三还”、西山区滇池草海保护治理和开发建设工程其他城市基础设施建设、污水处理厂运行技改费用等项目资金和社会环保投资共14.373亿元。

（杨明芳）

滇池流域水环境治理

【省、市、区属单位及驻昆部队搬迁】

云南新华印刷五厂 迁建地块选定于团结街道办事处龙潭社区居委会。截至2014年7月西山区配合昆明市滇投公司对新华印刷五厂老厂区围墙实施“拆围透绿”，完成老厂区约200米砖体外围墙的拆除，并改建为通透式铁栅栏围墙。

武警黄金十支队 迁建地块选定于碧鸡街道办事处碧鸡社区居委会车家壁居民小组。截至2014年底，武警黄金十支队生活区搬迁安置方案已经制定，提供B地块安置住房面积、户型、套数等情况，并正抓紧开展安置房建设相关工作。

昆明久通和食品饮料厂 位于西山区碧鸡街道办事处龙门社区居委会。与该项目相关的云南省工人疗养院、昆明市工人疗养院、云南省交通疗养院涉及提升改造。截至年底，昆明市工人疗养院提升改造方案已上报市政府，正等待回复。同时正督促另外两家疗养院对接滇池西岸管委会完善提升改造方案。

昆明蓝彩云温泉度假村有限公司 公司位于西山区碧鸡街道办事处龙门社区居委会。2014年公司已委托中航工业公司针对原址退场补偿工作进行商谈，由市规划局牵头对中航工业在昆明的投资项目新的选址工作进行配合，同时由西山区政府和市滇管局牵头积极推进原址的退场补偿工作。

鹤年华养生庄园 位于西山区海口街道办事处白鱼口社区居委会。根据市级相关工作安排，鹤年华养生庄园在滇池保护界桩外延100米范围内的建（构）筑1242.96平方米，须在2014年12月31日前拆除，拆除该范围内的建（构）筑物需要资金约110.96万元。年底，继续配合市政府滇池西岸度假休闲区项目，对其建筑物进行拆除。

云南国资水泥海口有限公司 位于西山区海口街道办事处海门社区居委会蒋凹居民小组。经积极与企业沟通，完成生产区设备及建构筑物的预评估工作，评估总价为4.9亿元。截至2014年底，市政府与拉法基瑞安公司已签订框架协议，相关工作正在推进中。

【安置房建设】

苏家村地块建设 已建成房屋261套，完成投资1.97亿元。完成“四退三还一护”项目农房被拆迁户118户141套安置（其中19户未安置完毕，需在A地块一期给予解决）；完成云南艺术职业文化学校等省、市重点改扩建工程20户29套的安置。该地块除预留龙门社区的71套房屋外，还剩余房源20套。

E地块建设 已建成房屋1032套，完成投资5.3亿元。该地块原计划安置区“四退三还一护”海口片区被拆迁户407户553套和海口水泥厂搬迁

职工664套，共需安置房1217套。但在安置过程中，出现海口片区浪泥湾小组居民和海口水泥厂大部分职工提出新的安置要求，不同意被安置于该地块情况。年底该地块已完成“四退三还一护”项目农房被拆迁户150户182套、海口林场棚户区改造134户134套房屋的安置，剩余房屋702套。

A地块建设　项目分两期建设，一期已基本完成主体建设，建成房屋256套，累计完成投资1.58亿元。二期占地7.62公顷，规划面积16.55万平方米，已完成集体土地征地工作，支付征地费1172万元，但地块内涉及的1家央企华电集团昆明发电厂、3家完善用地企业和4组高压线的拆迁、迁改问题，因资金无来源，征迁工作尚未完成。

A地块原计划安置海口水泥厂职工664套和车家壁居民小组居民270套。根据市政府工作部署，需尽快落实海口水泥厂职工安置问题，在A地块二期无动工条件的情况下，考虑将其纳入B地块中考虑。

B地块建设　项目分两期实施，一期二、三、四标段可建房屋1631套，计划解决“四退三还一护”农房拆迁168户267套，黄金十支队、海口水泥厂等公共单位职工833套；棚户区改造项目的76套和铁路枢纽改扩建工程、西山景前区改造等省、市重点基础工程拆迁户568套共1744套。年底一期具备开工条件的二、三标段大部分主体已建至第6层，可建房屋757套，累计完成投资4.5亿元。尚未全面启动的第四标段，西山区正积极与铁路枢纽改扩建工程指挥部对接。

二期按规划可建房屋912套约9.96万平方米，原计划安置一期剩余的113套、车家壁高峣小组的300套及市政府明确纳入“四退三还一护”项目安置的王家堆环境综合整治项目的644套，共1057套。因无资金来源，征地工作未能开展。

C地块建设　已完成前期设计、可研等和33.67公顷集体土地征地工作，投入资金7759万元，因与滇池西岸规划开发功能定位不一致，已停止建设。该地块原计划安置“四退三还一护”农房拆迁257户371套，后改计划纳入海口新城解决安置。

D地块建设　该地块属回民聚集地，地块内有建寺300年的区级文物保护单位里仁清真寺，拆迁协调难度大，2014年因无安置需求暂缓实施。前期工作已累计完成投资约807万元。

截至年底，6个地块安置房项目累计完成投资14.2亿元。

（杨雪兰）

财政·税务

编辑 郑 航

财 政

【财政收支情况】 地方公共财政预算收入完成34.595亿元，为预算34.46亿元的100.38%；比上年同期32.51亿元增收2.08亿元，增6.40%。地方公共财政预算支出完成35.53亿元，扣除专项转移支付支出4.54亿元，实际支出30.99亿元万元，为预算30.39亿元的101.97%；比上年同期29.74亿元增支1.25亿元，增4.20%。

政府性基金预算收入完成2.94亿元，为预算2.73亿元的107.69%；比上年同期50.55亿元减收47.61亿元，减94.18%。政府性基金预算支出4.29亿元，扣除政府性基金补助支出1.45亿元，上年结余结转拨付600万元，年内实际支出2.78亿元，为预算2.73亿元的101.83%；比上年同期50.34亿元减支47.56亿元，减94.48%。

【融资】 推进金融业发展和改革创新，金融市场规模扩大，金融合作交流深化，全年完成融资20.77亿元，为目标任务20亿元的103.85%。

【非税收入】 完善非税收入管理制度，推进管理工作规范化、法制化，实现非税收入缴库5.2亿元，同比增38.29%，增1.44亿元。强化财政和各执收部门协作配合工作机制，完善税收征管措施，执行房地产税费一体化征收、政府投资项目委托代征等有效措施，坚持管查并重的工作方式。加大调研督查力度，完善收入协调机制。加强非税收入的清理征管，扩大非税收入管理覆盖面，加强国有资产（资源）、罚没财物等收入的征缴力度，建立“以票管收”和“票款分离”的征管新机制。

【财政公共服务】 拨付校安工程、过渡板房搭建及重点工程建设项目资金7272万元，中小学校舍维修改造资金2493万元，“班班通”工程融资租赁设备租金1892万元，生均公用经费1351万元，中等职业教育免学费补助资金1292万元，农村义务教育学校公用经费1050万元，进城务工随迁子女义务教育学校新建和改扩建资金1000万元，城市义务教育阶段免学杂费补助资金643万元，中小学校图书购置项目经费588万元，中等职业教育学校中央及省级国家助学金489万元，校园保安经费483万元等。

深化平安西山建设，完善立体化治安防控体系。拨付维护社会治安管理经费5312万元，国内安全保卫经费200万元，网络侦控管理经费200万元，反恐经费178万元，“四个一”惠民安防工程经费150万元，平安建设宣传工作经费79万元等。

【社会保障资金】 拨付低保资金4147万元，低收入人群实现同城同待遇；拨付被征地农民养老保险金1612万元，城乡居民医保资金1086万元、养老保险资金201万元，确保城乡居民医疗待遇、养老待遇落到实处；拨付就业专项资金1358万元，促进农民就业资金352万元。拨付卫生院在职人员工资668万元，推进基层医疗卫生机构体制改革。

【公共基础设施建设】 基本建设支出11.388亿元，支持道路、城乡清洁工程、环境生态等重大基础设施建设。重点投入西坝路征地拆迁和城市道路建设资金2.867亿元，城乡清洁工程、出入滇河道截污及水环境治理工程等项目资金2.241亿元，“四退三环一护”安置房回购和保障房建设资金1.672亿元，区公安分局业务办公用房、粮食中心库改扩建等项目资金7000万元。

【惠农资金】 拨付美丽乡村建设资金902万元，高标准农田建设资金378万元，“一事一议”普惠制项目资金319万元，苹果矮化密植产业升级资金213万元，通过“一折通”及时发放农资综合补贴、良种补贴、农机具购置补贴399万元，落实各项强农惠农政策。

【扶持产业发展】 年内安排产业发展专项资金889.72万元，扶持区属产业发展项目53个，其中第一产业项目13个，第二产业项目19个，第三产业项目9个，能源审计项目4个，清洁生产审核项目5个，培育上规项目3个。

开展“助保贷”工作，为满足辖区内中小企业融资需求，支持企业全面、持续发展，实现政府、银行和企业三方共赢，安排“助保贷”业务政府风险补偿铺底资金500万元，搭建政银企合作平台。支持辖区内菜市场（生鲜超市）建设，根据市区菜市场（生鲜超市）建设要求，安排南华等9个菜市场（生鲜超市）建设项目补助资金200万元。

【财政改革监管】 一是加强财政管理信息系统建设，完善全区财政管理信息系统及部门预算编制系统软件，实现财政资金一体化管理，为预算资源分配和财政管理提供支持工具，巩固政府收支分类改革成果。二是推进预算信息公开工作，在相关网站上公开全区2013年财政总决算、部门决算和2014年部门预算、“三公”经费预算等信息。三是探索预算绩效管理，对24个100万元以上财政支出项目实施绩效评价，核减资金2694万元。四是推行票据管理信息化，做好摸底调查工作，宣传电子化票据管理，加强用票单位实际操作能力培训，共完成全区62家行政事业单位82个管理卡和开票点的财政票据电子化管理安装工作；根据医疗收费票据相关管理办法，共完成全区52家医疗单位的财政票据电子化管理安装工作。五是完成全区行政单位会计制度培训工作，确保行政单位新旧会计制度的顺利衔接。六是贯彻中央“八项规定”和省、市相关要求，厉行节约，压缩会议、接待、出国、购车等一般性支出，严控“三公”经费增长。

（李廉平）

国　税

【收入完成情况】 全年西山区国税局共组织税收收入19.455亿元（含区局免抵调286万元），同比上升4.59%，增收8532万元。其中“营改增”税收1.08亿元，剔除“营改增”完成税收18.374亿元，同比增长0.41%，增收751万元。

地方一般预算收入2.099亿元，同比上升25.61%，增收4279万元，完成区政府基本任务101.3%，超进度1.3个百分点，其中“营改增”地方收入为5402万元，剔除“营改增”地方收入完成1.558亿元，同比上升2.56%，增收388.5万元。

【依法治税】 年内定期向纳税人公布当月纳税定额核定及调整事项，公开处罚标准、处罚依据，税务行政许可公示410户、定额公示1.23万户次，累计公示12期。依托税收执法管理信息系统，规范税收执法，核查执法疑点408条，其中疑点成立数206条，应整改（已整改）206条，共查补税款31.01万元，加收滞纳金1.62万元。全年审理重大案件共4件，没有听证、复议及应诉案件发生。规范税务行政处罚档案管理、强化自由裁量权监控，共收集装订行政处罚档案1487户次。

【税收征管】 一是以深化税源与征管状况监控分析为重点，制定西山区国家税务局税收风险管理实施意见，成立税收风险管理工作领导小组，做好财务报表信息采集工作，各项绩效考核“风控指数”指标。规范发票使用管理，降低发票的管理风险，开展普通发票疑点数据核查工作，通过核查工作共补缴增值税69.34万元、加收滞纳金4.77万元，对39户发票违法违章户处以罚款2.32万元。加大对委托代征税款工作的管理力度，委托代征入库税款3650.01万元。二是加强税源监控，为评估对象选取工作提供数据支撑，选取评估483户纳税人，补缴入库税款及滞纳金1591.17万元。三是对个体定期定额户实行区域化管理，提高对个体工商户的纳税服务质量。共清理属A类区域的五条主要街道户籍2631户次，户均征税额从年初的681.31元调整到1131.78元。四是加强欠税管理，严格控制陈欠、新欠，整理上报死欠核销资料，全年陈欠入库50.6万元，核销死欠1377.11万元。

【“营改增”工作】 根据财政部、国家税务总局部署，1月1日起铁路运输和邮政业纳入营改增试点，6月1日，电信业也纳入试点，为确保铁路运输和邮政业、电信业营业税改征增值税试点顺利运行，西山区国税局通过网上征纳互动平台、手机短信、送政策上门等多种方式，多渠道宣传“营改增”最新政策，营造良好的社会氛围。加强对税务人员“营改增”的相关业务、政策培训，按照“三级联动，分户到人”原则，确定各级责任人，确保试点纳税人实现平稳过渡。

【企业所得税】 2013年度，应参加企业所得税汇算清缴户数7048户，实际参加汇算清缴户7036户，汇算面达99.83%，汇算清缴入库企业所得税8811万元。落实小型微利企业所得税税收优惠政策，完成各项企业所得税减免税优惠政策的备案工作，年内无区局权限审批的减免税。落实国家新一轮西部大开发企业所得税优惠政策。针对小型微利企业数量较多、涉及面广的特点，采取多层次、多方位的措施确保小型微利企业所得税优惠政策的落实，印发小型微利企业政策告知书5500份，通过汇算清缴1685户企业享受该项优惠政策，政策执行面达99.593%。

【纳税服务】 开展“便民办税春风行动”，创新纳税服务便民举措，推行税务登记“免填单”服务，共为4986户新办纳税人、1300户变更税务登记的纳税人提供涉税事务“免填单”服务。推行邮寄方式报送纳税申报资料，降低纳税人纳税成本。清理涉税文书报表管理工作，按照“三减轻”的要求，对18种自制现行涉税文书报表进行“大清理”切实减轻纳税人办税负担。推行纳税服务规范，从各个办税环节、办税程序、办结时限等进行整改。整合重组办税服务厅窗口、完善终端办税自助区，推进标准化、规范化办税服务厅建设。

【税法宣传】 多渠道开展便民温馨提示活动，全年印发办理涉税事项一次性告知书9.35万份、纳税人涉税系统简明操作手册1.45万册、全国县级税务机关纳税服务规范70本；印制发放纳税服务联系卡5600份。利用短信平台发送提示短信1.52万条，提示纳税人征期时限及相关税收优惠政策。利用税企征纳互动平台与纳税人开展征纳互动交流服务，尝试开展税务课堂，对纳税人开展培训。利用“微信”平台作为广大纳税人与国税机关沟通的服务桥梁。利用税收资料调查QQ群，做好纳税人咨询工作，该QQ群已有近200户纳税人加入。利用办税服务厅设置的咨询导税窗口，为纳税人提供便捷高效的政策咨询辅导服务；利用办税服务厅“局领导值班席位”，第一时间为纳税人解决所需问题。为配合全国第23个税收宣传月活动，本着税收宣传从娃娃抓起，西山区国税局携手西山区地税局在棕树营小学举办“税法进校园 小小税收宣传员”讲座，组织辖区内的春苑小学、棕树营小学、马街小学、猫猫箐小学、花红园小学380余名学生参与，普及税收知识，培养小小税收宣传员，通过媒体记者进行报道宣传。

（周晨路）

地　税

【税费收入】 全年共组织税费收入总计47.42亿元，同比增长2%，增收9725万元。其中组织地方税收收入35.11亿元，比上年同期增长0.1%，增收482万元，占市局最终调整计划35.1亿元的100.03%，超收118万元。组织社会保险费收入11.47亿元，比上年同期增长9.2%，增收9678万元。

【依法治税】 将房地产及相关行业调整到二分局作为重点税源进行集中管理的模式，通过将不动产销售、土增清算等事项归集整合；明确办税服务厅调整归集问题，在优化纳税服务方面先行先试，完善办理涉税事项税收业务规程和纳税人办税指南，扩大涉税事项前移以及流程优化范围，改善征纳关系；把税收风险管理作为税收征管改革的核心内容。

加强潜在税源分析调研，加强与房管、土地、建设和规划等部门的横向沟通联系，及时把握新增项目、重点引进企业的开办进度，对新开办企业开展动态跟踪管理。通过制定催缴制度，建立欠税档案，实行调查约谈等9类措施进行依法控管。全年共组织检查50万元以上的重点税源企业193户，共查补税款5013万元，入库税款1965万元。共清理出欠税户20户，清理欠税2926万元。

社保费征缴采用规费同查和清税清费制度，扩大催缴欠费的监督范围，对长期欠费企业进行筛选，与社保部门联合检查，掌握企业生产经营状况、资金情况，及时催缴欠费。全年共征收社会保险费11.47亿元，征收往年欠费6487万元。

【便民办税】 创新税收宣传形式，开展“税收宣传进校园”“心连心、促发展”税企座谈会，送税法进企业、进社区，纳税服务换位大体验活动等特色活动；通过内刊平台和外部媒体，全年区局在各类电视、报刊、网络媒体发表新闻稿件100余期；深入开展“1+1”科技便民活动，即国税加地税、科技加管理，在西山国税局的两个征收大厅增设地税服务窗口，推行财税库银横联POS机缴税，实行“一站式”服务，进一步堵塞税收漏洞和梳理简化办税流程，切实解决“最后一公里”问题。年底，2个征收点共征收税款272.27万元。

【信息化建设】 年内云南地税统一工作平台上线，创建地税内部统一的电子化信息交流平台；规费征缴纳入财税库银横向联网成功上线运行，纳税人和缴费人均可方便快捷地实现税费同步申报缴纳；委托代征系统、税企交流平台的推广，实现零散税收的精征细管和蹲企业务网络信息化；为强化房地产税收征管，西山区地税局试点应用房地产税收一体化税源管理平台，为房地产税收一体化税源管理平台的推广应用做好技术保障工作；

4月22日，西山区地税局携手西山区国税局围绕第23个税法宣传月，以“深入开展便民办税春风行动”为主题深入棕树营小学开展“税法进校园”活动

（区国税局　供稿）

10月27日电子税务局上线运行，实现信息化支撑下的由原来重结果管理模式向过程、结果并重的管理模式转变，办税环节和办税时间平均减少三成以上。年底，统一上线前移、下发业务工作指导细则168项，梳理电税系统外围业务到前台受理5项，经统计共办理涉税事项4903件。

8月6～8日，西山区地税局组织137户企业开展2014年度税收专项检查自查培训
（区地税局　供稿）

【税政管理】　年内区局小微企业所得税预缴网络明细申报系统申报率达100%。符合小型微利企业优惠政策的纳税户3238户，减免企业所得税127.83万元，其中365户享受减半征收优惠，减免企业所得税106.95万元。所得税管理方面加强政策宣传、突出申报重点、争取申报先机、注重申报质量，累计受理年所得12万元以上个税自行申报571人，已缴税款2079万元，补缴税款9.23万元。建立以“分类管理、信息化支撑、源头控管”为主要内容的个人所得税管理模式，实现申报管理无缝隙覆盖。全年1.18万户纳税实行个人所得税全额扣缴明细申报。

【依法治税】　坚持减免税集体审批制，加强减免税审批后续管理，避免“重审批、轻管理”。全年减免税款1.15亿元；查补入库税款2.29亿元；检查149户发票使用单位，查处违法企业25户，查处非法发票份数164份。集中开展税收执法监督检查，通过日常督察查找执法工作中存在的问题和隐患。运用数据比对系统做好督察内审工作，1～9月份共整改纠错指标923条，对4832条异常指标提出建议。

【内部建设】　2月，西山区地税局开展第二批党的群众路线教育实践活动，在活动中，全局干部职工上下同心，全面落实“八个一”活动。平均每人撰写心得体会3篇，笔记1.5万字。共组织或参加上级培训220人次，3人在市局的培训考试中取得优异成绩。实接待费、会议费管理规定，会议费开支同比下降64.5%、培训费下降74.5%，公务接待费下降69%，公务用车运行维护费下降2%。对税收管理员进行轮岗，在内部调整交流干部12名，以民主推荐方式选拔产生股级领导岗位2人。参加市局组织的各类活动及培训考试，均获得优异成绩，分别获得“三严三实”专题教育活动演讲比赛一等奖；税源专业化能力提升培训考试单位平均分第一名；房地产一体化管理暨土地增值税业务培训考试单位平均分第二名；纳税服务能力提升培训考试单位平均分第三名。

（梁晓丽）

金融·保险

编辑 郑 航

中国人民银行西山区支行工作

【货币政策执行情况】 年初制定西山区2014年货币信贷工作指导意见，3月召开金融联席会，对2014辖区金融工作进行安排部署，引导辖区金融机构调整信贷结构，继续加大对“三农”、中小企业、民生项目、工业园区等领域的支持力度。年末，西山区金融机构人民币各项存款余额725.337亿元，比年初增加33亿元，同比增长4.19%；各项贷款479.908亿元，比年初增加74亿元，同比增长18.36%。

开展银政企多边合作，加强与政府相关部门和辖内金融机构协调，先后召开西山区金融机构支持中小企业的具体措施及优惠政策展示会，搭建银政企交流合作平台，多家企业成功获得贷款。

【调查调研工作】 年内，收集8家物价调查表、9家企业景气调查表、2家外企承受情况调查表、1家银行问卷及17家龙头企业的调查工作，完成15家小贷公司统计调查及20家民间融资样本企业的调查。按季度对海口工业园区开展重点联系监测及调查工作，上报调查报告。对西山区16家、滇池度假区3家、高新区2家小额贷款公司进行现场检查。

支行党组成员每人均带头承担调研课题，分为多个课题小组，确定调研课题。支行把调研信息工作作为掌握反映实情、分析问题，促进工作手段，下达调研信息考核任务，激发员工全方位、多渠道反映经济、金融运行信息及工作动态的热情。支行党组结合西山区的特点，研究确定“西山区地方法人金融机构经营管理情况的调查和调研”，对西山区2家中型企业、4家小微企业开展融资负担及综合财务调查。向货信处上报调研报告，对西山区地方金融办履职情况、西山区农村信用联社房地产企业贷款情况进行调研并上报调研报告；开展小微企业融资和民间借贷规范化发展情况调查并上报调查报告；完成县域金融机构新增存款在当地使用情况调查等多个调研课题，全年昆明中支《金融信息》刊用3篇、《党建工作简讯》刊用8篇、《纪检监察信息》刊用2篇，自办《信息与调研》24期。

【金融服务】 全年完成辖区170家“金融机构代码证”发放工作。完成二代支付系统切换上线工作，支付系统保持安全稳定运行。

8月，对辖内11家银行业金融机构的22家网点人民币收付业务进行检查；9月，组织辖内金融机构开展人民币知识、支付结算、反洗钱等宣传活动，发放各类宣传传单3000余份，接受群众咨询600余人次。至12月末，共办理空头支票违规处罚290笔，罚款金额67.59万元。

【国库会计管理】 至12月末，支库共办理各类预算收入41.6万笔，金额139亿元，预算支出9300笔，金额87亿元，做到完整、准确地收纳、划分、报解各级收入，全年无违规办理拨款、退库的情况，无延压、占用国库资金的行为，无事故、案件发生。

【征信工作】 组织对2013年未按时参加年检的企业参加人行昆明中支举办的“征信知识和征信成果展示培训班”有372户企业通过培训考试取得“合格证”。12月末，新办企业贷款卡509张，年审企业贷款卡2184张，为463户企业变更基本信息资料，挂失434户，查询102户，迁入79户，迁出18户，为191位个人办理个人信用报告查询业务，接受征信业务电话咨询7000多个，年内4次对西山区无效贷款卡办理信贷业务的违规金融机构开展现场核查工作并上报核查报告。落实人行昆明中心支行统一开展的“全国征信知识宣传月”活动，支行专门结合“征信业管理条例”推出，先后开展半年的宣传培训系列活动。

【内部管理】 年内，开展建设学习型领导班子活动，在中心组理论学习中，注重学习实效，坚持理论学习与调查研究相结合，班子成员带头深入企业开展调研。安排职工专题学习，支行每个月组织2个专题学习，行领导和股（室）长各负责一次，组织观看10集大型纪录片《货币》。加强对党风廉政建设和反腐败工作的领导，规范和完善报告、谈话、审计等制度，落实好行务公开制度。

2月起开展党的群众路线教育实践活动，支行根据中支党委的统一部署，严格执行三个环节的工作，对支行领导班子在“四风”方面存在17个问题，针对性的制定“整改方案”“专项整改方案”，分解项目表，明确时间要求，并完成整改。

（王亚梅）

中国工商银行股份有限公司昆明西市区支行工作

【经营情况】　全年共实现拨备前利润1.9亿元，较上年同期增加783万元，增幅4.12%，实现净利润1.7亿元，较上年同期增加4152万元，增幅31.3%。年末，人民币各项存款余额97亿元，较上年增加5.3亿元。其中公司存款14.3亿元，机构存款14.8亿元，储蓄存款63.3亿元。年末，支行各项贷款余额40.7亿元，较上年末增加2000万元。

【中间业务】　通过公私联动拓展代发工资客户，为32家单位代发工资，先后为多所学校学生办理“中职学生卡”“福农芯片卡”5000张，发放芯片借记卡9.22万张。全年共实现中间业务收入4651万元，同比增加1655万元，增幅55.27%。

【营销工作】　年内，继续发展中高端个人客户作为个人金融业务支撑，开展中高端客户营销与维护工作，做好个人金融资产达500万元以上的私人银行客户签约工作，通过私人银行服务提升高端客户维护深度与精度。至12月末，这项新增账户余额2.81亿元，个人金融资产持续向好，新增个人金融资产6.845亿元。

【内部建设】　年内开展“风险整治年”专项活动，梳理排查本行、本专业风险点，有针对性地提出防范和规避风险的重点措施，明确各风险点的整改落实时间，夯实内控外防基础。落实应急演练，使员工认识内控案防工作重要性。建立灵活的安全检查形式，采取常规检查和突击检查，营业时间检查和业余时间检查，上级抽查和本级自查相结合方式对安全保卫工作进行检查监督。3月1日，辖区丽苑路支行成功防范一起犯罪嫌疑人尾随客户到营业大厅抢劫案件，用行动践行“建设最安全银行”主题活动，年底获全国金融系统安全管理星级支行称号。

（卢永丽）

中国农业银行西山区支行工作

【机构人员】　年末，内设部门为综合管理部、运营财会部、公司业务部、个人金融部和风险管理部。营业网点数为支行营业室1个，二级支行10个；在编人数167人，其中长期合同工137人，储蓄合同工14人，劳务派遣工16人。

【存款业务】　年内细化营销策略，创新客户服务手段，突出重点客户和重点业务的营销。对公业务针对有贷客户和无贷客户的不同需求实施精细化管理，对有贷客户实时了解客户经营情况，关注客户销售资金回流量、日常资金滞留量，加强产品交叉销售和公私业务综合营销。抓好储蓄存款营销，适时调整理财产品结构，合理摆布理财产品和储蓄存款的时点对接，既充分发挥“本利丰”“汇利丰”理财产品的优势，增加结构性存款的规模。年末，各项存款余额60.149亿元，其中储蓄存款37.037亿元，对公存款23.111亿元。

【贷款业务】　年末，各项贷款64.05亿元，其中个人贷款19.493亿元，比年初增加8250万元；对公贷款44.557亿元。全年清收唯一一笔对公不良贷款款本金500万元；针对个人不良贷款较上一年大幅度攀升的情况，个贷中心通过电话催收、上门催收、法律诉讼等多种方式进行催收，实现不良贷款全额清收3笔，金额151万元；诉讼催收10笔（尚未执行），金额499万元，年末个人不良贷款余额1516万元，占个贷总量的0.78%。

【其他业务】　年内以传统业务为主的基础上，拓展信用卡分期和其他代理业务。全年开立涉外即期信用证3笔，1050万美元；办理远期涉外信用证项下的进口贸易融资30笔4731.40万美元；为海外代付银行代扣代缴利息所得税11笔，9万元人民币；新增信用卡1072张；销售基金2890万元，实现手续费收入15万元；销售贵金属12千克；企业消息服务新增105户；个人消息服务1.7万户；新开个人网银1.26万户，企业网银228户，销售理财产品206亿元，实现手续费收入204万元；实现中间业务收入3967万元。利用全省票据转帖中心平台，发挥业务优势，全年转贴现贴入44笔4.326亿元；贴出32笔2.197亿元。

【网点基础管理】　以网点6S软转导入为切入点，通过全员强制学习，随时诊断和帮辅，定期检查和及时奖惩等措施，全面固化导入成果，向营销服务型网点转型。执行提升网点营销和服务25条意见，行长每月到网点担任1次大堂经理；每月到辖内网点做1次调研；每季到网点参加1次晨会，帮助网点查找薄弱环节，定期通报检查情况，督促网点及时整改。各网点不断优化劳动组合，合理安排柜组，增强网点低柜营销、分销和分流功能，提高网点客户分流率、业务办理速度、产品营销技能。

【风险管控】　树立安全发展理念，加大案件防控力度，通过制度约束和员工之间的相互监督，加强对重点风险部位和环节的专项治理，持续推进“平安农行”建设，强化“三化三达标”管理。开展定期或不定期察看监控录像、安全检查和员工行为排查等，发现问题隐患，督促问题整改，及时堵塞管理和操作中的漏洞，从源头上做好案件防控，全年无刑事案件、经济案件和重大责任事故发生。

【作风建设】 贯彻落实中央“八项规定”和总分行若干规定，加强领导干部作风建设，支行领导干部深入了解基层困难，解决实际问题，关心员工疾苦，倾听员工合理诉求。总行倡导的“五小”（“小食堂、小沐浴室、小书房、小休息室、小活动室”）建设落到实处，惠及广大员工。艰苦创业、勤俭节约的作风进一步加强，全年招待费、会议费、业务宣传费比上年相比均大幅下降。

（聂庆国）

中国建设银行股份有限公司昆明西山支行工作

【经营情况】 截至12月31日，一般性存款余额16.72亿元，比年初新增1.71亿元，其中对公存款8.82亿元，比年初新增8447万元；个人存款7.91亿元，比年初新增8643万元（理财产品对私余额1.1亿元）。一般性存款日均余额16.09亿元，比年初新增1.72亿元，其中对公存款8.45亿元，比年初新增11179万元；个人存款7.64亿元，比年初新增7408万元。2014年全行的时点存款及日均存款的新增呈稳定态势。截至12月31日贷款余额3.87亿元，较年初新增6463万；发放小企业贷款6笔，金额2159万元；发放中型企业贷款2000万元，已回收；个人贷款3.65亿元，比年初新增5054万元，个人贷款投放225笔，投放金额9479万元。实现中间业务收入520万元，其中对公中间业务收入87万元、个人中间业务收入433万元。

【业务发展】 年内完成西山区“助保贷”业务铺底资金的注入工作；成功营销区财政局3个社保资金账户、区水务局和区民政局账户在支行开立；西山区住房维修基金余额突破3亿元，全年新增维修基金7000万元。

【风险内控】 年内支行对在核算管理中存在问题进行分析和总结，加强员工业务知识和制度管理的培训学习，制定合理有效的奖惩办法，营造“比、学、赶、帮、超”的良好学习氛围，规范基础管理；在贷款业务中，建立完善的贷前、贷中、贷后调查监控制度，防范经营风险；定期开展案件防查例会和员工动态行为分析，及时掌握员工行为，对违规行为及时发现及时纠正，即时进行积分或处理；对问题员工除指定专人负责加强监督外，还适时开展谈心、提醒等多种形式的帮助和指导。

【“家园文化”建设】 年内支行仍坚持让全行员工主动参与全行的整个经营管理和客户维护过程，根据每月营销重点，制定行之有效的KPI绩效考核办法和日常管理办法，提高全员的营销积极性和主动性，增强员工主人翁意识，充分挖掘每位员工的闪光点，创造和谐融洽的工作环境和相互尊重、为共同目标奋斗的团队，确保业务的稳健发展和战斗力增强。加强对员工思想动态管理，采取“催眠管理”“欢唱”等多种形式，做好员工的心理关怀和辅导工作，关怀老员工，由老员工带动新员工融入团队，共创积极向上、温馨和谐的家园文化。

【昆明海口支行工作】 截至12月31日，海口行一般性存款余额6.099亿元，较年初新增5600万元，其中企业存款余额2.53亿元，较年初时点新增3600万元；储蓄存款余额3.66亿元，较年初时点新增2000万元。各类贷款余额9.19亿元，较年初新增1300万元。实现中间业务收入500万元，实现账面利润2900万元。

落实上级行的各项制度和决议，努力学习业务知识和技能，班子成员团结合作，围绕上级行各项工作要求和业务竞赛考核等开展工作，通过全行员工的共同努力，海口支行的存、贷款和中间业务收入等主营业务保持良好的发展势头，业务及产品结构得到较好调整和改善，小企业贷款实现零的突破。12月海口支行在昆明地区网点等级行管理综合排名较年初提升9位；业务竞赛考核位次提升65位。通过对公及个人理财产品和结算产品、代销基金、代销保险等产品的营销，产品结构和收入结构也得到调整。

（黄兴明　李智辉）

中国银行股份有限公司昆明市西山支行工作

【存贷业务】 年末，各项人民币存款余额85.413亿元，较上年末新增2.943亿元，其中人民币公司存款余额26.845亿元，较上年末新增2.226亿元；人民币个人储蓄存款余额58.568亿元，较上年末新增7165万元。各项外币存款余额为3822万美元，较上年末新增282万美元。各项贷款余额为42.343亿元，较上年末增加6.35亿元，其中公司贷款余额26.021亿元，较上年末增加4.11亿元；零售贷款余额为16.322亿元，较上年末增加2.24亿元。

全年累计实现净利润8560万元，人均创利34万元。全年实现中间业务净收入4345万元，同比增幅29%。

【营销拓展】 年内支行持续加大行政事业存款营销力度，紧盯重点行业，提升存款贡献度。截至12月末，共有行政事业单位客户144户，存款余额11.05亿元，存款占比全辖公司存款的42%。推进个人存款“特色服务”活动，通过“走进社区”“走进企业”、柜面服务、厅堂服务等一系列特色服务，吸纳个人存款，打造服务亮点，提升品牌形象。贷款方面，通过精选优质客户及项目进行投放、保障重点开发商和重点客户、持续开展交叉营销等方式，优化资源配置，提高客户综合贡献度，为贷款业务的发展奠定基础。

【内控合规建设】 做好案件防控工作，加大案件排查力度，坚守合规底线。定期组织员工学习“双十禁”，开展警示教育活动，组织支行领导班子、各部门主任及各经营性支行行长签订“2014年度中国银行股份有限公司昆明市西山支行党风廉政建设、内部控制与操作风险管理、安全保卫目标责任书”，要求各部门主任、各经营性支行行长与员工签订“中国银行西山支行辖内员工安全生产责任书”，为支行案件防控工作打下基础。

【队伍建设】 年末，支行补充20名优秀员工进入后备人才队伍，组织“西山支行2014年后备人才成长潜力测评”，加强队伍管理。制定西山支行“优秀柜员”评选方案，鼓励广大员工在一线建功立业，制定《中国银行昆明市西山支行中级经理职位聘任管理实施细则》及《公司客户经理、个人综合客户经理的管理办法》，明确客户经理的准入、退出机制，规范员工行为，强化责任意识，加强员工队伍的管理。

【党建工作】 加强基层党组织建设，建立健全组织机构，努力建设成为学习型、服务性党组织。4～10月，支行组织全辖18个基层党组织，共110名党员，13家辖属网点参加党的群众路线教育实践活动，开展批评与自我批评，强化政治意识与大局观念，加强宗旨意识和群众观点，坚持深入查找问题，严格落实整改，着力开展“精文简会”、整治“慵懒慢浮贪”和“四难”等专项整治工作，制定西山支行党委班子整改方案、“四风”突出问题整治方案及制度建设计划，健全体制机制。

（王　竣）

西山区农村信用合作联社工作

【经营效益】 年末，西山区联社各项存款余额135.495亿元，较年初增长11.416亿元，增幅9.20%；各项贷款100.686亿元，净增12.39亿元，增幅14.03%，规模使用率99.71%；存贷比74.31%。

【信贷管理】 做好贷前核查、审贷分离和贷后检查。强化技能培训考核，全年共组织信贷业务培训8次，参训800余人次；组织信贷考试3次，参考300余人次，提高信贷业务水平。

【风险管理】 开展网点柜面业务自查自纠，组织力量对全区营业网点柜面业务操作风险进行检查，对违规责任人进行通报批评，给予相应的经济处罚。开展风险排查，对发现的问题，采取下发现场整改通知书、风险提示书等形式，提出建议，督促整改。成立贷款风险排查领导小组和不良贷款责任认定小组，召开不良贷款经营分析会，分类排查贷款风险。通过提出清收指导意见、制定不良贷款清收方案、下发督办通知书等方式，明确人员，落实责任，限时完成督办事项。

【涉农贷款】 年内调整优化信贷结构，加大对“三农”和中小微企业的信贷支持力度。年末，涉农贷款余额17.394亿元，增速25.89%，较年初增加3.577亿元；小微企业贷款余额49.495亿元，增速14.82%，较年初增加6.39亿元。其中“贷免扶补”创业小额贷款余额3386万元，妇联担保贴息贷款1050万元，支持特色产业和农业产业化龙头企业贷款2.111亿元；小微企业贷款29.771亿元；“基层党员带领群众创业致富贷款”748万元。

【中间业务】 加大业务创新，提升新业务、新产品推广力度。开展全额保证金银行承兑汇票、保函等担保类中间业务，拓宽存款渠道。开办人民币个人理财产品代理销售业务、第三方存管业务和贵金属业务，实现区联社业务发展的多元化，提升市场竞争力和综合实力。

【股金分红】 完成2013年度利润分配、股金分红等工作，总分红比例为20%。其中现金分红12%（即每10股分红1.2元）；派送红股8%（即每10股送0.8股）。

【安全工作】 采取集中教育、案例分析等形式，组织员工学习安全知识，增强安全意识，掌握安全技能。按照公安机关对金融机构安防建设标准，完成滇池信用社周家分社及20多个自助银行、自助服务点、报警联网等的安防设施建设工作。组织全区网点员工、保安员，进行针对性强的防暴演练，提升参练人员处置突发事件的意识和能力。

【党建工作】 加强对党务工作者的教育培训，区联社领导亲自讲党课，邀请市委党校老师作专题讲座。完成基层组织的换届工作，配齐配强党组织班子。严格执行中央“八项规定”、省委“六点要求”、省纪委“九个严禁”及省、市联社的各项规定，使党员尤其是领导干部做到令行禁止。与西山区检察院联合印发关于共同开展惩治和预防职务犯罪工作的实施意见，举办“预防职务犯罪”专题讲座、到监狱进行现场教育、对新入社职工和大堂经理进行全覆盖警示教育等活动。执行省、市联社党风廉政建设要求，落实目标责任制，实行“一把手”负总责，责任到单位、到岗位、到人员。

在市联社第一督导组的指导下，西山区联社党委开展党的群众路线教育实践活动。按照反对“四风”要求，在精简文件、清理超标办公用房等方面，都取得成效。截至10月31日，区联社已全面完成超标办公用房的清理整改工作。

【队伍建设】 全年共召开社员大会2次、理事会6次，研究并审议通过涉及业务发展、股金分红、制度建设等25个事项，保障各项工作的健康发展。完善法人治理结构。按要求设立提名及薪酬委员会、审计委员会、风险管理委员会，议事决策机构更加健全。结合银监对农村中小金融机构监管方式的调整，理事会主动加强与监管部门沟通协调，强化对章程和理事会议事规则的学习贯彻，严格按照章程规定开展工作。根据经营管理层岗位变动实际，及时调整授权事项，规范管理人员任职资格报备等制度。

【网点建设】 年内完成30个网点门楣的设计、造价、招投标及改造工作；完成滇池信用社及周家分社异地搬迁达标工作；及时下达离行式自助点选址任务并制定相应考核办法，加快自助银行建设进度，共选址96个，建设完工70个，投入使用58个，是2013年末存量的2.3倍。

（杨其芬）

富滇银行股份有限公司昆明西山支行工作

【存款情况】 截至12月31日，支行全口径存款余额47.31亿元，其中公司类存款余额39.29亿元，完成年末经营计划指标的87.94%；个人存款余额8.019亿元，完成年末经营计划指标数的98.95%。年末各项存款日均数44.476亿元，完成年末经营计划指标的100.7%，其中公司类日均存款36.378亿元，完成年末经营计划指标的105.07%；个人类日均存款8.098亿元，完成年末经营计划指标的101.07%。

【贷款情况】 截至12月31日，支行各项贷款余额17.738亿元，较年初增加3.5亿元，增长24.58%，完成年末经营计划指标18.77亿元的94.50%。各项贷款日均余额17.149亿元，较年初增加3.756亿元，增长28.05%。其中公司类贷款日均8.144亿元，完成年末经营计划指标的100.81%；个人贷款日均5.04亿元，完成年末经营计划指标5.111亿元的98.60%；小企业贷款日均3.956亿元，完成年末经营计划指标4.416亿元的89.36%。

【风险防控】 为支行成立以主管领导为组长的领导小组，加强对重要环节和重要岗位的内控外防，组织全行员工开展合规主题教育活动。年中支行开展为期3个月的“加强依法合规经营与支持实体经济发展”专项活动，强化全行员工的合规行为、合规操作。日常工作中，建立健全有关风险防控的制度和措施，实现风险防控有据可依，成立检查小组，按季排查支行各线条风险。

【党建和企业文化建设】 年内在经营指标繁重，金融市场竞争日趋白热化的情况下，支行始终把党建、团建工作摆上重要议事日程，做到两手抓，两手都硬。围绕习近平总书记提出的新思想、新观点、新论断、新要求，推进支行各项工作。在党风廉政建设方面，制定廉政提醒谈话制度，对存在问题做到早提醒、早告诫、早纠正。建立健全人财物管理制度，加强对人、财、物等重点权力运行的监督。

【队伍建设】 年内支行工会始终以办职工所需事，解职工所困难为使命，为全行员工提供贴心、温暖的服务。落实各项职工福利待遇发放工作，组织活动，丰富职工文化生活。被总行评为2014年富滇银行职工跨越发展先锋活动先进集体，被省直机关工会评为“先进职工之家”。

（杨　雨）

广发银行昆明分行工作

【简述】 年内，根据《广发银行股份有限公司发展战略规划（2011～2015年）》“建设中国最高效中小企业银行，打造中国最佳零售银行，跻身股份制商业银行第一梯队”的总体战略愿景。年初制定工作计划，坚持以风险管理为核心，把风险管理寓于业务发展之中，努力保障全行信贷业务安全、稳健运行，信贷管理工作取得较大成绩：一是各项信贷类指标均控制在总行下达目标内；二是存量不良贷款处置工作取得重大进展；三是贷款出账效率显著提升；四是平台贷款规模得到进一步压缩。

截至12月末，分行各项贷款余额230.33亿元，比年初194.14亿元增加36.19亿元，增幅18.64%。期末人民币贷款含贴现余额为226.84亿元，比年初188.79亿元增加38.05亿元，增幅20.15%。

【中间业务】 年内，昆明分行信用卡业务各项任务指标完成良好，同比、环比均有较大增幅，并一直保持良好的上升趋势；任务完成率一直在总行系统内名列前茅，收入、利润再创历史新高，在发卡量实现翻番的情况下，综合激活率达81%，综合活跃率达72%，均超总行目标值。为分行三年业务发展战略规划奠定可持续发展的坚实基础。国际结算量及贸易融资业务取得重大突破，建行15年来国际结算量首次突破10亿美元大关。投行业务发展迅猛，成功代销全系统内单笔托管金额最大的业务。在深入挖掘现有存量客户的基础上，先后与多家境外银行开展业务合作，金融同业业务收入创历史新高。至12月末，昆明分行中间业务收入在云南省股份制商业银行中排名第1。

【业务拓展】 拓展贸易融资业务产品组合，发挥产品营销、渠道营销、信息营销优势，尽全力争取存款。通过有效的产品组合拉动存款，以资金业务为主要推手开展全额外币质押保融通业务、全额外币质押进口保理业务、全额外币质押出口人民币业务。加大与境外联行和代理行合作，通过与总分行各主管部门的有效联动，推动产品创新，加强渠道建设，寻找低成本资金，拓展资产经营服务大客户模式，转移境内资本消耗压力。

2014年人民币与美元汇率的不稳定，企业出口出现疲软状态。为避免汇率波动带来的损失，大部分企业选择以跨境人民币来结算，这为分行跨境人民币业务的发展带来有利的外部条件。此外，近年来中国外汇管理局逐渐放宽跨境人民币的政策审核，鼓励与东南亚及周边国家进行跨境人民币结算，加上云南省地理位置的特殊性和优越性，带动跨境人民币融资业务的发展。从内部策略上来说，依托贸易融资产品（出口人民币代付）业务的有效开展，以及客户群的转变，取得业务量的重大突破。年内，向欧洲金融杂志申报“云天化最佳财务公司陶朱奖”获得成功，使昆明分行成为广发系统内仅有的4家获“陶朱奖”的分行之一。

【个金专职团队建设】 团队组织架构、岗位设置、绩效考核和人员配备体系完全按照总行“个金改革”要求基本搭建成形，为更加有效发挥团队集中作业优势，3月，组建POS直营团队；5月和8月两次实现支行储客上收集中管理；10月，在两家支行设立低柜岗位，制定相应的考核KPI和薪酬制度，分行“个金改革”步伐又向前迈进。年内，分行共设储客团队、理财团队、个贷团队、大堂团队和POS团队5个专职营销团队。

随着“个金”专职团队的“成型”，分行先后3次组织个人部负责人、分管副总、分行团队主管前往郑州分行、南京分行和北京分行学习团队管理，保持团队的正向发展，特别是POS团队和个贷团队成长迅速。POS团队成立以来的10个月内，紧密围绕着“圈链会”和个贷生意红客户的深度挖掘，利用政策全力开拓POS业务规模，截至12月29日，净增商户2694户，带动储蓄年日均7041万元，常规储蓄4610万元。个贷团队人员到岗率98%，另补充增加劳务外包人员50个，个贷余额较上年增长8.44亿元，个贷团队平均得分超过B类分行和全辖平均分值。

【风险内控建设】 一是在信贷业务出账前认真做好信贷合同审核及出账要素的把关工作，从资料上确保完整、符合证据要求。对该项目的可操作性，借款人、担保人的主体资格，抵押、质押、保证行为的合法性、可操作性及该项目应注意的法律问题、需完善的材料及手续等细节性的问题进行把关，力求做到防范风险，提高贷款质量。并在审核项目中做到“随到随审，不推脱、不积压”，对有问题的项目积极与各支行（部）联系，认真解释及说明该项目中所存在的问题。二是根据项目情况的变化，以及发现的问题，配合支行进行贷后检查、核保及企业现状的了解，为下一步工作提供法律帮助。如与国贸支行到广西钦州对云南新合力有限公司贷款项目中的机器设备抵押情况进行核保。同时，与钦州钦北区人民政府联系了解担保公司的现状，资产重组情况及涉诉情况，为下一步处置工作提供依据及法律帮助。三是根据与企业签订的合同等书面材料，快速处置资产，收回贷款。如护国支行昆明潘氏生佳物资贸易有限公司贷款，与监管公司、市场方、买方签订法律文件，约定各方权利义务，确保处置资产行为的合法性，保证处置资金全额偿还贷款。五是做好全行法律事务、贷款业务合同填写等内容的培训、教育工作，提高业务人员的法律水平及控制风险的能力。

（范 超）

中国人民财产保险股份有限公司昆明市西山支公司工作

【业务发展】 全年完成保费收入7057万元，各项赔款支出4276万元。10月，公司完成机构改制，成为意外健康、责任信用保证保险的专营公司，在原有承保车辆保险、财产保险、工程保险、产品质量保证保险、意责保险、学幼安康保险、医疗责任保险等保险业务的同时，拓展校园方责任险、旅游责任险、食品安全责任险、环境污染责任险等新兴险种。

【保险服务】 9月，承保西山区教育局中小学、职业学校及幼儿园的学生保险，为西山区近百所学校及数万名学生提供保险服务，为此成立城区、团结片区及海口片区3个对口服务小组，提供全天候理赔服务。5～6月公司客户服务节期间，向广大客户和社会各界郑重承诺：理赔服务承诺，全面改变服务观念、提升服务品质。坚持服务从业务源头抓起，服务从出险现场抓起，严格承保，控制风险，规范理赔服务，提高面对面为客户服务的水平。通过全体员工的努力，9月，获中国人民财产保险股份总公司授予的云南地区“金牌服务窗口”称号。

【内部管理】 年初，公司与昆明市分公司签订年度社会综合治安治理目标管理责任书、党风廉政建设责任制目标责任书，完成集团公司内“两加强，两遏制”自查与外部检查，组织员工开展多层次的学习教育活动，建立健全党风廉政建设责任制工作，开好民主生活会。执行财务资金管理成本意识，强化成本预算管理为基础，对各项费用开支进行统筹规划，增强对经营成本的控制能力。制定单证领用制度，专人专管，责任落实到个人。结合公司实际，建立和完善党风廉政建设体制，形成领导班子主要负责人组织协调，党政齐抓共管。从行政、财务、监督、业务等方面加强管控，完善监督管理机制，确实做好防灾防损工作，全年无重大事故、经济案件发生。

【队伍建设】 年内，制定员工培训养成计划，对员工定期开展保险业务知识、职业道德、承保流程实务、理赔流程实务等培训，加强职工思想政治工作。开展迎进来走出去的多种多样的培训活动，送员工到集团内先进公司跟班学习先进经验，提升员工能力，开拓眼界，提高队伍整体素质。借力成为总公司“金牌服务窗口”称号的时机，开展岗位竞聘上岗制，调动全体员工工作积极性。年末，公司被上级公司评为2014年度经营管理先进单位。

（袁　欢）

科学技术和信息化·科协

编辑 郑 航

科学技术和信息化

【创新型县区试点工作】 年内，西山区政协专门对此项工作进行视察，市科技局召开创新大会对此项工作进行阶段性总结，听取8个试点县（区）进展汇报。通过整合辖区创新资源，加大创新投入，培育创新主体，建设创新平台和服务体系，推动传统产业结构优化升级，培育新兴战略产业，聚集各方力量实施科技创新行动。年底，试点区工作各项目标任务完成70%，科技创新体系不断完善，推进工业强区、商贸富区发展战略，园区建设步伐稳健，民族文化旅游创新，滇池治理全面提速，知识产权发展战略初见成效。

【科技资金项目】 2014年，实施区级科技项目146项，投入科技研发资金5373.8万元，其中，实施科技计划项目54项，投入科技研发经费859.5万元，带动项目承担单位投入经费1.074亿元，新增就业人员417人。组织推荐企事业单位申报国家、省、市、区科技项目，11月底，争取项目161项，资金支持到位4889.2万元。其中国家科技项目3项，国家扶持资金325万元；省科技厅各类科技项目127项，省级扶持资金3908万元；昆明市科技项目31项，市级扶持资金656.2万元。

培育推荐认定各级各类创新型企业共72家，其中国家高新技术企业15家，云南省创新型（试点）企业2家、昆明市创新型（试点）企业3家、西山区创新型（试点）企业9家，云南省科技示范园2家，云南省农产品深加工科技创新型企业1家，云南重点新产品5个，区级知识产权试点、示范、优势企业7家，国家、行业、地方、企业标准5个，云南省工程技术研究中心1个、昆明市工程技术研究中心4个，云南省企业技术中心1个、昆明市企业技术中心1个，昆明市重点实验室1个，昆明市青少年创新实验室3个，云南省科技创新团队1个、昆明市科技创新团队2个、西山区专家工作室3个，云南省创新型中小企业3个，云南省科技小巨人3个。

【科技孵化器培育工作】 年内，区科信局多次深入云光发展公司和云南光谷机电科技孵化器管理公司，专题研究如何培育提升科技孵化器，加大对云南省光谷光机电科技孵化器的培育。从孵化器公司办公、生产用房、信息平台建设项目到在孵企业的项目建设都给予支持。入孵企业从上一年的12家增加到26家；在科技计划项目中扶持在孵企业4家，扶持资金45万元；补助孵化器办公和孵化厂房57万元。年内申报云南省科技企业孵化器，力争从市级科技孵化器提升到省级孵化器。

【科技奖励】 组织2013年西山区科技进步奖和专利奖及创新认定（评定）表彰奖励，开展2014年西山区科技进步奖和专利奖的征集评审工作。表彰2013年西山区科学技术进步奖14项、专利奖4项及科技创新认定（评定）奖29项，兑现奖励资金达357万元。共征集到2014年进步奖11项、专利奖2项。评审出科技进步奖7项，专利奖2项。

【科技人才培养】 完成2013年度昆明市中青年学术和技术带头人及其后备人选的选拔及考核工作。第七批带头人1名、第九批后备人选1名、第十批后备人选1名，通过区中青年学术和技术带头人及后备人选考核领导小组考核。

年内培养云南省工程技术研究中心1个、昆明市工程技术研究中心4个，云南省企业技术中心1个、昆明市企业技术中心1个，昆明市重点实验室1个，昆明市青少年创新实验室3个，云南省科技创新团队1个、昆明市科技创新团队2个、西山区专家工作室3个。

【实施“绿色光亮工程”】 年内在22个社区83个村组安装太阳能路灯1444盏。从2008年至2014年底，在西山区碧鸡、海口、团结3个涉农办事处共安装太阳能路灯5420盏，建设总投资3425万元，基本实现涉农村组全覆盖。完成2010安装的太阳能路灯716盏的管养维护。

【科技宣传】 年内利用文化科技卫生“三下乡”活动、科技活动周、知识产权活动周和全国科普日宣传活动，深入农村、学校开展宣传活动，开展大型科技宣传活动3次，悬挂宣传布标27条，展出展板57块，举办社区科普讲座16场1649人次，技能培训10期680人次，播放科普电影3场，组织科技下乡281人次，共发放科技宣传材料3万余份，接受群众咨询答疑1000余人次，义诊义询900余人次，发放各类药品（具）500余份，出动车辆33辆次，直接参与活动的群众1万人。

4月13日，召开西山区科技计划项目专家论证会

【知识产权工作】 年内西山区申报国家知识产权强县试点县（区），确定为2014年国家知识产权强县工程试点县（区），试点时限自2014年8月至2016年7月，拟定西山区实施国家知识产权强县工程试点工作方案报请区政府审定印发并全面实施。

对列入西山区2012～2014年度知识产权试点的昆明中道科技有限公司等6家企业进行考核验收。6家企业在开展知识产权试点工作期间，新增专利共120项，新增软件著作权8项，新增注册商标2个，专利转化率平均达到97%，专利产品及软件著作权营业额1.724亿元，平均占企业总营业额的57.4%。完成合同规定的各项指标任务，6家企业通过验收。评选出2014～2016年知识产权试点企业2家，评选出2014～2016年知识产权示范企业5家。开展企业知识产权分行业专项培训6期，新增10家社区宣教基地，完善西山区知识产权公共信息服务平台。

年内专利申请和授权量达到1006件，办理区级授权专利资助104件，其中发明专利14件，实用新型专利78件，外观设计12件，兑现区级资助资金9.28万元。

【政府大楼信息化建设】 年内区科信局严格按照政府采购程序办理西山区政府大楼410M宽带租用、10个街道办事处连接区政府电子政务内网租用、西山区电子政务内网线路租用等项目。一是西山区政府网络整体安全建设项目，选用成熟软件在服务器、主机和网络设备上的部署，实现区政府电子政务网的整体安全管理。二是西山区政府核心机房服务器改造项目，依托现有的各类设备及业务系统，增加漏洞扫描、补丁更新、入侵检测、防病毒服务器、安全风险集中管理等安全控制软硬件，加强系统的安全性和稳定性。三是西山区政府核心机房建设项目。新建机房将设备种类进行具体划分、功能上进行归类、完善机房管理。四是完成西山区人民政府门户网和OA系统信息安全等级保护测评。做好季度安全审计、日常及中秋、国庆等重大节日信息安全监控和巡检、整改意见提出、网络与信息安全培训、技术支持等工作。

明确全区70余家责任单位的信息发布版块和信息发布量，完善政府信息公开长效管理体制和考核体系。邀请省政府信息公开专家为全区70多家信息责任单位、120余名信息员进行业务培训。年内，全区共在区政府门户网和区政府信息公开网两个网站上公开信息2.3万条。完成政府门户网站改版工作，该项目采用动易SmartGov系统对西山区政府门户网站版面设置“文章中心”“西山掠影”“公示公告”等25个主要功能模块，实现集安全、资源整合、在线服务、信息公开、民主参与为核心目的，重点突出公众参与、在线办事、政务公开等核心内容，该系统3月1日正式上线，通过专家验收工作。

【项目管理工作】 制定西山区科学技术和信息化局科技计划项目扶持资金计算方法。在安排科技计划项目资金时，根据申报企（事）业单位的上缴税收、创新性、产值、延续性、知识产权、专家评分、科技奖励、市场化产业化、应用前景、人才培育、高新技术、解决就业、生态效益13个方面进行综合打分，最终确定项目配套经费。通过量化打分的方法，为24项工业类、8项电子信息类、6项农业类、13项医药医学类、5项社科类共56个项目，测算出科技研发资金609.5万元。采用量化考核打分的方法计算科技研究与开发配套经费。

【全社会研究与发展（R&D）调查统计工作】 年内召开2013年全社会研究与发展（R&D）经费投入工作总结及2014年工作安排会议，对全区研究与开发投入的潜在企事业单位进行摸底调查，在区级科技研发经费中安排R&D调查统计专项工作经费，为组织开展调查工作提供经费保障。2014年西山区GDP为450亿，经调查统计，R&D经费投入共计12.58亿元，全社会研究与发展（R&D）经费投入占GDP比重达2.8%，完成市委、市政府下达2.4%的目标。

（张　颖）

科学技术协会

【农村科普工作】 年内区科协在涉农街道办事处，完成农村致富技术函授大学培训3275人，专业涉及蔬菜种植、核桃栽培、花卉种植、计算机培训、厨艺培训、果树种植、美容、手工编织、草莓种植、食用菌培育等。

年内，指导成立西山区西华古莲草莓种植协会，会员50人。以区级科普项目申报为依托，支持团结蔡家韭黄协会、团结有机食品种植经济技术协会等开展新品种、新技术的引进推广、技术培训、高原特色农业建设项目。11月15～19日，以“发展高原农业、壮大庄园经济”为主题的“2014第十届昆明泛亚国际农业博览会”在昆明国际会展中心举办。组织团结果蔬中草药种植协会、团结有机食品种植经济技术协会、团结果树技术经济协会、西华古莲草莓种植协会参展。推荐团结办事处蔡家社区居委会申报2014年度云南省“科普惠农兴村计划”项目，多次深入蔡家社区就申报工作进行现场指导与服务，帮助社区分析其在农村科普、技术推广、科普宣传等各种科普工作基础条件与工作开展情况，该项目通过省科协立项，获5万元科普经费补助。

【城市科普工作】 年内参加由区委宣传部牵头组织的西山区2014年文化、科技、卫生“三下乡”活动，知识产权宣传周启动仪式及科技活动周宣传咨询活动。9月20日牵头举办2014年西山区全国科普日活动，在永昌办事处永昌小广场举办“创新发展、全民行动——高原特色农业科技成果精品展示”活动。科普日期间，全区科协系统在各街道办事处、社区、学校、协会开展科普宣传、培训讲座、现场咨询、科普成果展览展示、科普知识竞赛、科普大篷车进校园等科普活动61项。围绕知识产权周、科技活动周、全国科普日的开展，在金碧、前卫、棕树营、团结、海口等街道办事处举办滇池水环境治理与生态文明建设、心理健康、食品烘焙、摄影等讲座70余期。

4月初，围绕区科协的主要业务范围和开展的具体工作，社区科普工作主要做些什么以及社区在开展省、市、区级“科普示范社区”创建，区级科普项目申报时应注意细节等方面与社区科普专干进行交流讨论。10月22日，组织全区10个街道办事处科协秘书长、社区科普专干以及区科协全体工作人员共100余人参加西山区科协系统科普宣传员培训。

【青少年科普活动】 组织全区25所学校参加第29届昆明市青少年科技创新大赛，报送参赛作品935份，占全市参赛作品总数25%，获得学生创新成果、科技实践活动、机器人、科幻绘画、科技辅导员创新和科技教师论文等类别奖项392个。

年内两批区级科普项目累计立项青少年科技创新项目21个，拨付9所学校科普经费14.45万元；向徐霞客中心学校、城市希望小学、前卫幼儿园等21家学校配发价值2万元机器人比赛专用器材130套。一是开展无线电定向运动试点工作。指导、督促观音山中心学校、滇池中学完成设备购置、教师培训工作。9月25日科普日期间，在观音山中心学校组织开展一次无线电定向运动竞赛。二是5月24～25日协调组织北师大昆明附中、西山区实验中学、粤秀中学500名师生参加第十六届中国科协年会院士专家报告会。三是分别于1月、4月在阳光小学，5月5～9日在前卫幼儿园举办校园科技节主题活动，7月底在永顺里社区“儿童之家”开展简易机器人普及推广科普活动，10月18日在滇池中学举办昆明市“校际联盟”高中研究性学习优秀项目大赛等活动。四是组织辖区学生于参加7月份的“全国青少年高校科学营”活动。

【人才工作】 开展第四届“昆明市优秀科技工作者”评选推荐工作，制定下发推荐评选工作方案，成立西山区推荐第四届“昆明市优秀科技工作者”评审领导小组。7月28日，区评审领导小组召开会议，对申报的来自农业、卫生、教育、企业等系统的优秀科技工作者11人进行评审。8月20日，十届区委第88次常委会议召开，讨论通过区科协关于将张勇等5人作为西山区候选人参加市级评选的请示。8月21日候选人推荐材料上报市评审领导小组。10月27日，市委组织部、市科协、市人力资源社会保障局联合发文“关于暂不开展第四届‘昆明市优秀科技工作者’评选表彰工作的通知”，评比表彰工作暂不实施。

10月22日，西山区举办全区科协系统2014年度科普宣传员培训班

9月20日，西山区2014年科普日活动中群众在现场体验天文望远镜

【科普工作品牌创建】 指导辖区内白马西区社区、广福社区、巡津新村社区、复兴社区、永顺里社区5家社区成功创建为2014年度“昆明市科普示范社区”；指导辖区内永兴路社区、永宁里社区、棕树营北区社区3家社区开展“云南省科普示范社区”申报工作。

指导永兴路社区创建为首批“云南省社区科普大学”示范单位。9月20日全国科普日期间，永兴路社区科普大学首期开班，面向社区居民举办了一期摄影知识讲座。

【开展2014年云南省公民科学素质调查工作】 区科协深入4个办事处8个社区开展2014年云南省公民科学素质调查工作。9月18日上午，区科协对抽样的8个社区科普专干和所属街道办事处科协秘书长进行入户问卷调查业务培训。9月30日，完成全部40份问卷的调查和统计汇总工作，并报送省科协。

【区级科普项目】 经过前期申报、资料审核、汇总评估、提出立项及经费建议、上会讨论等程序，全年完成科普活动、科普示范、科普能力建设3个类别的科普项目立项77个，拨付项目资金59.95万元。

【其他工作】 开展“家庭拒绝邪教”活动，编印《反邪教宣传材料》5000册，在各类科普宣传活动中进行发放。科普日期间在世纪半岛社区居委会、河南社区居委会组织开展“崇尚科学、反对邪教”宣传咨询活动。

4月24日，西山区老科协一届三次理事（扩大）会召开，区老科协理事18人出席会议，会长戚家骝作2013年度工作报告，安排2014年协会工作。省老科协副秘书长黄中顺代表省老科协向西山区老科协颁发“万名专家讲科普”活动先进集体奖牌。全年按时编辑并印发会刊《金秋》4期。12月，西山区向云南省科协申请创建2016～2020年度云南省科普示范县（市、区），获云南省科协同意批复。

（梁　璞）

气　象

【气候概况】 2014年西山区气温较常年偏高，降水量略多，日照正常至略多，是一个光热资源充足，降水充沛的年景。年内春季后期气温偏高，春旱显现。全区雨季开始特早，汛期降水量偏多。对农业生产条件而言，2014年的低温霜冻、春季干旱和汛期强降水天气对农作物生长影响较大，属偏欠年景。

【主要气候要素变化】 **降水量** 2014年西山区年降水量为1078毫米，较多年平均值979毫米偏多99毫米，偏多幅度为10%，较2013年偏多273毫米，自2005年以来第一个年降水量正常至略多且大于1000毫米的年份。

冬季（2013年12月至2014年2月）降水量为59毫米，较常年同期偏多31%。逐月变化上，2013年12月季降水量最多为36毫米。

春季（3～5月）降水量为103毫米，与常年同期相比偏少26毫米，偏少幅度为20%。逐月变化上，3～5月全区降水量偏少，5月降水最多为79毫米，比历史同期值偏少7毫米。2～5日出现连续阴雨天气，全区开始进入雨季，雨季开始期较常年属特早。

夏季（6～8月）降水量为733毫米，较常年同期偏多188毫米，偏多幅度为27%。其中6月降水量最多为277毫米，较历史同期值偏多104毫米。

秋季（9～11月）降水量为212毫米，较常年同期偏少19毫米，偏少幅度为8%。逐月变化上，10月、11月降水量较常年同期偏少，9月降水量150毫米，较常年同期偏多33%。

气温 2014年西山区年平均气温为16.4℃，较多年平均值偏高0.9℃，较2013年偏高0.4℃，是近6年来第三高的年份。全年月平均气温12月最低，为8.5℃，较上年平均最低气温高0.9℃；6月最高，为21.2℃，与上年月平均最高气温持平。与常年同期比较，2～9月、11月月平均气温均偏高，1月、10月持平，仅有12月偏低。

冬季平均气温为9.7℃，与常年同期持平；春季平均气温为18.7℃，较常年同期偏高1.8℃；夏季平均气温为20.7℃，较常年同期偏高0.5℃；秋季平均气温为16.3℃，较常年同期偏高0.8℃。其中年度最高气温出现在5月25日，达32.8℃，突破历史同期最高值；最低气温出现在1月22日，为-1.8℃。

日照 西山区全年日照时数为2634小时，较多年平均值偏多513小时，偏多幅度为24%，较2013年偏多121小时。2014年全年全区月日照时数6月最少，为138.2小时；3月最多为295.4小时。与常年同期相比，全区各月日照时数均为偏多，5月偏多幅度最大为40%，6月偏多幅度最小为3%。冬季日照时数为700小时，较常年同期偏多77小时，偏多幅度为12%。春季日照时数为867小时，较常年同期偏多181小时，偏多幅度为26%。夏季日照时数为455小时，较常年同期偏多45小时，偏多幅度为12%。秋季日照时数为592小时，较常年同期偏多181小时，偏多幅度为42%。12月日照时数为197小时，较常年同期偏多7小时，偏多幅度为6%。

【主要气候事件】 冬季雨雪过程较多，低温天气持续时间长。冬季西山区气候表现出前冷后暖，雨雪过程较多，低温天气持续时间长的特征。2013年12月中旬，2014年1月中旬和2月中旬共出现5次雨雪天气过程，整个冬季冷空气活动频繁，气温波动起伏较大。其中12月17～20日出现了一次较强的冷空气过程，极端最低气温出现在19日，达-3.6℃，为1987年以来同期的最低值。1月中旬一个旬内受3次冷空气天气过程影响，大部分地方出现降雪，2月17～19日再次出现降雪天气，全区范围内均形成明显积雪。

春季后期气温偏高，春季西山区前期多数时段维持晴到多云的天气，3～4月全区降水量偏少，气温偏高。5月中旬以后，出现持续近半个月的高温无雨天气，5月25日西山区最高气温达32.8℃，突破历史同期最高值。春季持续的高温少雨天气导致春旱开始显现，气象森林火险等级持续偏高。

主汛期降水量偏多，洪涝灾害严重，主汛期（6～8月）全区降水量为733毫米，较常年同期偏多188毫米，偏多幅度为27%，较上年同期偏多347毫米，偏多幅度为90%。主汛期降雨日数为60天，期间出现大暴雨（日降雨量≥100毫米）天气过程1次，暴雨（日降雨量≥50毫米）天气过程2次，大雨（日降雨量≥25毫米）天气过程4次。充沛的降水在给库塘蓄水提供充足水源，也造成洪涝灾害及其引发的地质灾害和农作物受淹等自然灾害现象的发生。2014年主汛期期间洪涝灾害较常年属偏多。

【主要气象灾害及影响】 **低温雨雪** 2014年冬季西山区气候表现出冬季前冷后暖，雨雪过程较多，低温天气持续时间长的特征。2013年12月中旬，2014年1月中旬和2月中旬共出现5次雨雪天气过程，整个冬季冷空气活动频繁，气温波动起伏较大。冬季低温雨雪天气给全区的电力、交通、农业等方面带来了不良影响。

暴雨洪涝 2014年西山区年降水日数123天，降水量较常年同期偏多，全年出现大暴雨天气1次，大到暴雨天气9次。暴雨造成部分地区出现洪涝、滑坡、泥石流等自然灾害，导致房屋损毁，农田受灾，交通、电力、水利等基础设施受损。

春季高温干旱 春季（3～5月）西山区平均气温18.7℃，较历史同期偏高1.8℃，较上年同期偏高0.9℃，为近10年来的最高值。持续高温天气导致春旱开始显现，森林火险等级持续偏高。农作物受旱严重，牲口饮水困难。

【气候与农业】 **气候对小春作物的影响** 2014年气候对小春作物的影响属偏欠年景。小春作物生长季，降雨偏多，日照正常，低温过程多，出现严重低温霜冻灾害，低温霜冻成为小春作物产量的主要限制因素；土壤墒情较好，除表层土壤外，土壤干旱不明显。气候对农作物的影响弊大于利。蚕豆生长期出苗期遇连阴雨，分枝期遇持续低温霜冻灾害，花期出现雨雪天气，对产量形成非常不利，产量偏低，属减产年景。

气候对大春作物的影响 2014年气候对大春作物的影响属平年。对大春作物生长有利的农业气象条件：大春作物生长季温度偏高，热量条件好；降雨充足，水分条件好；日照总体正常，光照条件正常。玉米、烤烟生育期气象条件适宜。不利的农业气象条件：大春作物生长季降雨偏多，出现区域性低温天气，水稻空秕率增加，发育期延长，成熟推迟。夏季洪涝造成部分农田受灾害，春作物农业气象条件评定为利弊相当，产量年景为平年。

【气象科普】 气象科普园全年365天免费对外开放，年内共接待参观人员近600人次，在“3·23”气象日、科技活动周、安全生产月活动期间发放昆明国家基准气候站简介、气象与生活、气象灾害防御条例、雷电灾害防御知识手册、气象与农业等宣传材料共计800余册，向广大市民宣传气象法律法规及防雷减灾知识。先后两次协助昆明电视台街头巷尾栏目完成气象科普采访宣传工作。

【人工增雨】 人工增雨分管领导及作业民兵坚持24小时值班，密切关注天气变化，抓住一次次天气时机，实施增雨作业，全年共作业107次，发射增雨火箭弹226枚，对抗旱保水和森林防火工作发挥重要作用。5月10日西山区气象局组织民兵进驻作业点，开展常态化人工增雨作业。11月12日，西山区气象局在区委区政府领导的关心支持下，成立西山区人工影响天气中心，配备5名工作人员。

【气象为农服务】 年初，西山区气象局建设“气象综合信息服务系统100套”。11月，完成电子显示屏、气象信息服务站及区域站的建设，共安装电子显示屏144块，利用电子显示屏整合发布公共信息新增40余家；在全区建成11个气象信息服务站，配备相应的气象信息员，按要求开展各项工作。至11月，共报送决策气象服务材料共80期，发布气象灾害预警信号118次。发送“三性”天气及短临预报、预警信息、雨量通报等各类手机短信共3.55万条。

（尹建军）

教育·卫生

编辑 郑 航

教 育

【教育机构】 年内全区共有省、市、区属各级各类学校238所，其中完全中学10所、普通中学9所、高级中学1所、九年一贯制14所、十二年一贯制2所、小学74所、幼儿园117所、中等职业教育学校9所、特殊教育学校1所、教育科研信息培训中心1个；在职教职工8994人，其中专任教师6759人；在校（园）学生11.75万人，其中教办学校7.4万人（区属学校6.16万人、市属学校1.25万人），民办学校4.35万人。区域人均受教育年限11年。西山区连续12年获昆明市教育局教育工作目标管理考核一等奖。

【教育经费】 在实行“以县为主”管理体制的基础上，区政府加大对教育的投入力度，确保全区教育经费的“三个增长”和及时、足额到位。全年国家财政性教育经费投入6.14亿元，同比增长1.48%。预算内教育经费投入4.76亿元，同比增长5.7%，其中教育事业费拨款3.81亿元，同比增长7.3%。

【学校基础建设】 校安工程开工5000平方米；竣工4.73万平方米，其中西山实验中学等7所学校校舍加固修缮项目2.06万平方米，书林片区排危改造工程1.1万平方米，2号片区配套学校新建面积5827.75平方米，育红小学、昆湖小学排危新建面积8700.2平方米，依兰中心等4所学校厕所及新华中心老街小学排危改造项目1180平方米，完成任务1481.95平方米。新华中心学校标准化建设项目总投资1275.4万元，拆除D级危房3521平方米，在校内新建教学综合楼3780平方米，8月投入使用。明朗中心学校搬迁重建项目完成征地等前期工作。为农村学校配备课桌椅2547套；省市为西山区9所小学配置科学、数学、音乐、体育、美术等设备，为4所初中学校配置数学、地理、音乐、体育、美术及理生化综合探究实验设备。

77200部队幼儿园、福海中学、书林一小、福娃娃幼儿园创建为市级绿色学校。

【义务教育“两免一补”落实情况】 按小学110元/生/年、初中190元/生/年的标准，免去全区城市义务教育阶段学生学杂费643.54万元，惠及学生5.57万人；按小学600元/生/年、初中800元/生/年的标准，投入农村义务教育阶段学校公用经费644.89万元，惠及学生9942人。为全区义务教育阶段公民办学校学生提供免费教科书，惠及学生5.57万人次。按小学1000元/生/年、初中1250元/生/年的标准，发放义务教育阶段寄宿生生活费补助373.94万元，惠及城乡学生3338人。区级预算按城市小学270元/生/年、农村小学117元/生/年，城市初中315元/生/年、农村初中162元/生/年，高中335元/生/年的标准，投入生均公用经费1668.61元，惠及学生5.23万人。拨付专项资金753.3万元，实施农村义务教育学生营养改善计划，覆盖碧鸡、海口、团结3个涉农街道办事处16所中小学41个校点的中小学生，春季学期惠及1.26万人，秋季学期惠及1.25万人。

【扶危济困工程】 按300元/生/年的标准，发放学前教育家庭经济困难儿童资助35.49万元，惠及幼儿2366人次。按一等助学金2000元/生/学年、二等助学金1000元/生/学年的标准，发放普通高中国家助学金226.25万元，惠及学生3288人次。推进“春蕾计划”，按照1500元/生/学年的标准，发放市级资助6.75万元，春季学期惠及35人，秋季学期惠及55人；按照1100元/生/学年的标准，发放区级资助16.5万元，惠及高中女生150人。按照800元/生/学年的标准，发放云南省家馨社区儿童救助服务中心资助金9.08万元，春季学期惠及114人，秋季学期惠及113人。对辖区内4所中等职业学校核拨国家助学金、免学费补助1681.75万元，惠及学生9.88万人次。发放昆明市考入全日制普通高等院校贫困新生政府资助（“行装补助”）21.8万元，惠及学生135人。继续推进中央专项彩票公益金教育项目“润雨计划”，发放家庭经济困难大学新生入学资助2.6万元，惠及学生45人。发放云南省优秀贫困学子奖励计划资助金13.5万元，惠及学生27人。发放家庭经济特别困难幼儿教师资助8万元，惠及教师8人；发放中央专项彩票公益"金励耕计划"中小学教师资助金17万元，惠及教师17人。完成156名贫困高校学生生源地信用助学贷款审批办理工作，合同金额98.58万元。完成21名大学生创业者的入户调查和初审工作，经农村信用社审批发放大学生创业贷款126万元。

严格执行学生资助公示、学生资助卡制定及学生资助专门档案制度，建立民生资金监管平台、定期及不定期检查机制、投诉举报受理机制，资助资金运行安全。

【实施"三个一"工程】 投入专项资金50万元，鼓励支持农村寄宿制学校开展勤工俭学活动，通过"建好一个基地，办好一个食堂，救助一批学生"，让学生"进得来、吃得饱、吃得好、留得住"，不因贫困而失学和辍学。全区勤工俭学开展面100%，实现义务教育阶段农村寄宿制学校免费教育。海口依兰中心学校双哨分校通过云南省及昆明市勤工俭学示范学校验收。

【学前教育】 年内全区有各类幼儿园104所，在园幼儿2.1万人，学前三年毛入园率达100.2%，主城区户籍入园率126.03%、西山区户籍入园率79.8%。公办幼儿园及普惠性幼儿园在园8974人，占比达42.67%。落实幼儿园教育指导纲要及3～6岁儿童学习与发展指南，开展公办园区域游戏调研活动9次，组织130余名区属各类型幼儿园园长、教研组长参加"幼儿园区域活动的组织与实施"讲座，防止民办幼儿园小学化倾向。

昆明市西山金牛幼儿园南亚园、昆明市第十五幼儿园西山丽城分园、昆明市西山爱迪幼儿园、昆明市西山金果幼儿园晋升省一级三等示范幼儿园。77200部队机关幼儿园、金牛南亚幼儿园、月光宝盒幼儿园、金果幼儿园、童心幼儿园等5所幼儿园通过优级园复评，蓝星幼儿园、团结和平中心学校幼儿园、海口云光中心学校幼儿园、海口新华中心学校幼儿园、海口建磷中心学校幼儿园、海口中轻依兰中心学校幼儿园、海口建磷幼儿园等7所幼儿园通过合格园评估。全区有省一级示范幼儿园31所，占全区幼儿园的36%；省二级示范幼儿园44所，占全区幼儿园的47.8%。有优级幼儿园44所，占全区幼儿园的42.3%；合格幼儿园48所，占全区幼儿园的46.15%。

【小学教育】 年内全区有各类小学36所，在校学生4.18万人，其中区属教办小学31所（办学点63个），有教学班级772个，学生3.61万人；民办小学5所，有教学班139个，学生5676人。小学毛入学率为104.03%、学龄儿童入学率为99.86%，巩固率为99.96%。

【中学教育】 年内全区有各类中学27所（含初中9所、九年一贯制11所、十二年一贯制2所、完中5所），在校学生2万人，其中初中5118人、九年一贯制1996人、十二年一贯制366人、完中1.25万人。初中毛入学率为110.98%，巩固率为99.82%；高中阶段毛入学率为98.64%。制定昆明市西山区教育局义务教育阶段学校素质教育及高中教育教学质量评价奖励方案，以"一校一测""纵横比较"的方式为每一所学校量身定制教育教学质量目标任务，中考成绩总平均分607.1，比上年提高35.1分，居全市第5名（较上年前进3名），优秀率27.05%；高考上线率达98.1%，其中一本上线率10%、二本上线率49.2%，622分以上5人。昆明市第一中学西山学校获云南省2014年一级高完中教育教学质量综合评价三等奖、昆明市2014年主城区高考质量综合考核优秀奖，西山一中、昆五中、云光中学获昆明市2014年高考质量综合考核进步，粤秀中学、西山区实验中学获昆明市2014年高考质量综合考核特色奖，西山区教育局获昆明市2014年高考质量综合考核二等奖。

【职业教育】 辖区内共有中等职业学校5所，在校生1.1万人。"双师型"教师占比达75.5%。应届毕业生推荐就业率达92.05%，职业证获得率达98%。区属中职学校投入实训基地建设费806.8万元，其中西山区职业高级中学一期投入38.8万元建设非物质文化遗产产学研实训基地，云南经贸外事学校投入300万元建设金工、汽修实训基地，云南昆明工业学校投入

5月27日，西山区人民政府与昆明市第一中学合作举办的昆明市第一中学西山学校揭牌成立
（区教育局　供稿）

368万元建设汽修等3个实训基地。中职学校生均设备值达3920元，较上年提高22.5%。

【民办教育】 全区共有民办及其他办学校97所，其中幼儿园77所、小学5所、九年一贯制学校8所、十二年一贯制学校2所、完全中学1所、中职学校4所。有教职工3359人，其中幼儿园1998人、小学236人、中学514人，中职学校611人。有在校生3.42万人，其中高中阶段1373人，占全区高中阶段教育25.87%；中职学校1.03万人，占全区中职教育93.79%。初中3314人，占全区初中阶段教育22.55%；小学5676人，占全区小学阶段教育13.57%；在园幼儿1.35万人，占全区学前教育64.33%。

健全民办教育公共财政资助体系，完善对民办学校奖励、补助及对民办学校学生的减免、补助机制，拨付区级民办教育发展专项资金388.2万元，省、市民办教育专项资金166万元。依法审批幼儿园8所、中小学1所、培训机构13个，撤销培训机构12个、幼儿园2所。

推进体制改革和机制创新，将建立和完善民办学校教师社会保障制度作为规范办学行为的重点，列入年检考核指标。按照“以检查发现问题，以问题设计培训，以定期培训为基础，穿插主题培训”工作思路，培训民办学校干部教师1500余人次。推荐8名民办教师参加昆明市第九届小学、幼儿园“学科带头人”“骨干教师”评选。加强公民办学校干部教师的对口帮扶，选派26名优秀干部教师参加公民办学校（幼儿园）交流，其中公办学校（幼儿园）干部到民办学校（幼儿园）帮扶3人，教师到民办学校（幼儿园）支教13人；民办幼儿园教师到公办幼儿园学习进修10人。

6月，采取“管评分离”方式，对区属73所民办幼儿园、15所民办中小学、4所民办职业学校、67所培训机构进行年检，将年检结果通过网络、

5月17～18日，第七届“二十一世纪中国儿童阅读推广人”论坛在昆明市西山区海贝中英文小学举行 （区教育局 供稿）

《昆明日报》向社会公示。表彰2013年度办学行为规范、办学成效较好、办学水平上等级的民办学校55所。9月，表彰奖励民办学校（园）优秀校长、优秀教师、优秀班主任及先进教育工作者90人。10～11月，开展非学历教育培训机构专项检查，规范区属62个民办非学历教育培训机构办学行为。11月，组织区民办学校开展行业自律评比活动，35个民办学校、幼儿园自愿参评，白马小学、高支队幼儿园等2所校园被评为区教育行业自律优秀单位，千禧龙庭幼儿园、锦艺幼儿园等7所校园被评为区教育行业自律先进单位，三育学校、西华幼儿园等25所校园被评为西山区教育行业自律合格单位。

【招生考试工作】 实施阳光招生工程，公开招生政策、高校招生资格及有关考生资格、录取信息、咨询及申诉渠道，义务教育阶段招生免试、免费、就近或相对就近分配入学，普通高中招生由市中招办统一录取。年内招收小学一年级新生5799人，其中本地户籍适龄儿童2727人，外来人员随迁子女3072人，2879名符合报名条件的外来人员随迁子女分配至区属教办小学，193名符合报名条件的学生分配至民办学校享受公费学位。小学毕业生共7109人，其中外来人员子女4114人，外来随迁子女在西山区初中报名登记点报名160人，分配至区属教办初中就读。

健全考风考纪责任制，实行诚信考试和诚信施考双向承诺制，在北师大昆明附中、西山一中、西山实验中学等3所学校建立国家教育考试考务管理与服务监控平台。完善学业水平考试考生信息标准化采集系统，组织完成2.72万科次的高中学业水平考试、1.02万人的初中学业水平考试；组织完成2917人的高考报名、体检、组织考试、填报志愿、补报志愿工作及3815人次的高考英语听力、口语考试。完成8347人自学考试工作、2562人全国成人高考工作、2738人硕士学位研究生考试工作，做到服务考生零距离、考务管理零差错、考风考纪零投诉。

【师资队伍建设】 **校级干部培训** 执行中小学幼儿园校（园）长新一轮培训计划，对校级干部进行岗位任职资格培训及岗位履职研修培训。组织7名中学副校长参加昆明市第24期中学校长岗位任职资格培训，组织10名民办幼儿园园长参加昆明市2013年民办幼儿园园长任职资格培训，组织25名校级干部参加校（园）长省外高级

研修班；专项培训民办学校、幼儿园负责人15人。全区公办校（园）长完成5年一周期的岗位高级研修培训，59所公办中小学、幼儿园的校（园）长及年审合格的民办学校、幼儿园校（园）长均持证上岗，公办副校（园）长持证上岗率70%。

教师整体培养工程 全年培训教师4933人次，其中1033人完成“国培计划（2013）”培训，合格率100%，741人参加“国培计划（2014）”培训；1356人参加2014年春、秋两季继续教育履职晋级省级一类课程培训；482人参加昆明市2014年春、秋两季地方性选修课培训，1554人次参加区级地方性选修课八段锦、电子白板的使用培训；73名中小学体育教师参加教学基本功培训；8名体育教师参加省体育舞蹈教师培训；4名幼儿园教师参加市农村幼儿园骨干教师培训；7名中小学德育负责人参加市中小学德育专题培训；8名小学教师参加市农村小学教师示范性培训；6名教师参加市“美国环球志愿者”英语教师培训；10名中小学班主任参加市中小学骨干班主任培训；2012～2014届新教师233人参加三年跟踪培养，2011届新教师88人参加终结考核；定期培训区属学校负责教师教育工作管理人员135人；100名心理辅导教师参加《校园心理危机干预》专项培训；129人完成2014届专科班“小学教育”专业、本科班“教育学”专业学历提高培训。

骨干教师培训 年内117名教师参加省级王蕾、姜茹和区级朱志刚等3个名师工作室研修，王蕾、姜茹工作室考核为2014年省级优秀名师工作室。开展区第八届中学“学科带头人”“骨干教师”评选，68人参加，11人获“学科带头人”称号，31人获“骨干教师”称号；开展区第五届中小学、幼儿园“教坛新秀”评选，129人参加，79人获“教坛新秀”称号；8名2011届新教师三年培养终结考核优秀，获区“教坛新秀”称号。区教科研信息培训中心与基层学校分别对2008～2013年获市、区“学科带头人”“骨干教师”“教坛新秀”称号的1154名教师进行年度动态考核，合格率为100%。全区现有特级教师6人；省级学科带头人5人、骨干教师21人；市级学科带头人77人、骨干教师108人；区级学科带头人336人、骨干教师428人，全区骨干教师队伍比例达到区域内专任教师总数的24%。

【教育信息化建设】 随校点布局调整及新增学校出现，新增3所学校光纤连接，112条光纤连接到校点，覆盖所有公办学校及部分民办学校。全区中小学生机比分别达到高中7.22：1、初中8.84：1、小学9.4：1；小学和初中64%以上班级拥有连网的多媒体设备；高、初中及小学100%实现“班班通”。全区中小学均按要求开齐开足信息技术课，开课率达100%。硬件投入达到昆明市教育信息化发展促进计划2015年规划指标。

以西山教育门户网建设为核心，加强区属各学校站群系统建设，门户网访问量356.98万人次。建设本地化资源库、“班班通”资源库、教育博客、远程培训、视频会议、成绩管理、网络备课、教育“掌上通”、校园监控等运用系统，收集教案17.5万篇，视频、课件、图片等资源325件，建有教师实名博客2484个，发表文章2.08万篇，形成区域化、网络化、精品化教学资源库。

年内推进教育信息化的应用，实施中小学教师教育技术能力远程培训和信息技术应用能力提升工程，参加中国电信校长信息技术能力培训15人次，参加教师信息技术应用能力提升工程324人次。开发电子白板与课程整合地方选修课，举办培训15期，培训教师814人，组织西山区电子白板课堂竞赛，评选优秀教学实录49个，优秀作品20件；组织西山区第二届电子网络备课平台优秀教案评选，采取网络推荐、网络评审、网络公示的透明评审模式，评选优秀教案203篇。推进“国家基础教育资源公共服务平台”规模化应用，教育资源平台教师、个人、学生、家长等各类空间注册6226人，其中教师空间注册2726人，占全区中小学一线教师的95%以上；学生空间注册1283人；家长空间注册2217人。10月，西山区5个专题教育社区负责人参加全国专题教育社区建设与应用研讨会，昆一中西山学校“三十六计 见招拆招”社区做经验交流。12月，敏特英语学习平台城域网版进入安装调试及培训阶段，全区教育信息化资源建构从重教逐步向重学转变。

【学校体育、卫生、艺术工作】 推进中小学生每天锻炼一小时与阳光体育活动，完善学校体育传统项目建设，学生体质监测上报率达100%。5月，举办全区中小学生篮球运动会、乒乓球运动会。6月，举办全区中小学生游泳运动会。9月，举办全区中小学生足球运动会。12月，举办全区中小学生田径运动会。参加昆明市首届体育教育教师基本功竞赛，获得初中女子第一、初中男子第一、小学组第一及2个团体第一。参加昆明市阳光体育大课间评比，9所学校获一等奖。昆五中、华昌小学等6所中小学列为昆明市足球网点学校。

加强卫生防疫、禁毒防艾及青春期性教育工作，开展心理健康教育，健康课开课率达100%，学生健康知识知晓率达100%。全区省、市、区属各类学校开展禁毒宣传教育活动100%，全区中小学生接受禁毒知识教育面达100%；在校学生无涉毒行为面达100%；四年级以上学生防治艾滋病知识知晓率达99%；教师禁毒防艾知识培训面达100%。招募艾滋病防控中学生志愿者40余名，开展志愿者活动2次，培训防控艾滋病骨干教师206人次。对14所区属学校控烟禁烟工作进行抽查。对全区学校100名心理辅导教师进行校园心理危机干预专项培训；录制校园危机的预防与应急管理并上传西山教育网，指导学校领导、教师、心理辅导员正确预防、识别和应对校园危机，缓解师生心理压力；承办2014年昆明市中学心理健康教育课堂教学竞赛；全区建有8个心理健康教育工作室。3月，对164个区属学校、幼儿园食堂进行专项检查，全区学校、幼儿园食堂食品安全量化分级达100%。6月，对全区公民办幼儿园进行预防手足口病覆盖式检查。7～8月，对托幼机构开展卫生保健合格单位评审，12个托幼机构通过评审。9月，600名初中学生免费接受“牙齿窝沟封闭”。

丰富艺术教育形式，提升学生艺术素养。5月，举办西山区第24届学生艺术节系列活动。6月，在昆明市第25届学生艺术节中，南坝中心学校、华昌小学、春苑幼儿园、西二幼获舞蹈一等奖，昆一中西山学校、阳光小学、求实小学获合唱一等奖。11月，参加昆明市高中青春健美操比赛，西山区教育局获优秀组织奖，昆一中西山学校获团体一等奖，西山区职业高级中学获团体二等奖，粤秀中学获特别推广奖。组织25名音乐教师参加昆明市音乐骨干教师合唱培训。

【教育督导】 完成西山区人民政府2014年履行教育职责自检自查，对全区22个职能部门、10个街道办事处履行教育工作职责及义务教育均衡发展情况进行督导评估。开展2013～2014年9月区财政教育投入和使用管理专项督导，自查本地教育投入法定增长、新增渠道落实情况及乡村教师生活费补助落实情况。组织2014～2015学年开学综合督导，对校园安全、治理教育乱收费、中小学体卫艺、开学、师德师风建设、校园责任督学挂牌督导等工作进行检查。配合区人大对区政府执行中华人民共和国义务教育法及云南省实施“中华人民共和国义务教育法”办法情况进行执法检查。落实督学责任区制度，健全全区中小学幼儿园年度教育目标督导制度，开展教育教学、招生、收费、校园文化建设、特色建设等专项督导检查。对创建为市级及以上的现代教育示范学校、省级优级（督导评估优级丙等及以上、等级评定一级三等及以上）学校、幼儿园免除年终教育目标考核、民办幼儿园年检，在当年教育目标考核、年检考核中给予加分奖励；对创建为现代教育示范学校的学校给予每校3万元奖励。完成幼儿园等级评定、督导评估19所，全区教育督导评估合格以上（含合格）幼儿园95所，占达到评估条件幼儿园的91.3%。认定崇新小学、德亨学校、华昌小学、侨光小学、西华园小学、红联小学、徐霞客中心学校、云光中心学校、建磷中心学校、谷律中心学校、龙潭中心学校等11所小学，粤秀中学、碧鸡中学、谷律民族中学、明朗民族中学等4所中学为西山区现代教育合格学校。

【纪检监察】 强化党风廉政建设的党委主体责任、纪委监督责任、主要领导第一责任、其他领导“一岗双责”，围绕考试招生、干部任免、职称评定、评先表模等人事方面的重点岗位，公务接待、津补贴发放、教育收费、资金拨付等财务方面的重点环节，项目采购、工程建设等事务方面的关键部位开展风险排查，查找内部机构廉政风险点40个、领导干部岗位风险点41个、普通干部个人岗位风险点83个，补充完善廉政规章制度24个。开展民主评议，规范办学行为，在进行教育收费、教辅征订、违规补课等常规检查，开展师德师风专项整治，公款送礼、违规收受学生及家长礼品礼金整治，大操大办升学宴整治，奢侈浪费整治等教育行风专项清理整治活动。以“敬廉崇洁，诚信守信”为主题，开展征文比赛、“小手拉大手　廉洁进我家”主题教育、讲“廉政小故事”“书廉　讲正　做诚实人”“厉行节约　反对浪费”等活动，推进廉政文化进校园。对10名离任校长开展任期内经济责任审计。对有偿补课2名教师给予警告处分。

【人事工作】 补充教师58人，其中免费师范生2人、面向社会公开招聘应届毕业生50人，定向招聘到农村基层服务期满高校应届毕业生6人。招聘“三支一扶”高校毕业生2人（待2年服务期满考核合格后办理聘用手续）。教办学校共有事业编制3565人，实有教职工3395人，空缺编制170人。有校级领导干部198人，其中书记50人，校长56人，书记、校长一肩挑3人；副书记3人，副校长85人；校长助理1人。全年任免干部24人，其中提任7人、交流10人、试用期满正式任职4人、免职3人。

完成初级职称34人（含民办学校32人），中级职称109人（含民办学校教师17人）、中学高级职称24人的职称评审及38名初职教师（含民办学校35名）的定职及79名2013年新参加工作教师的转正定职、定级及聘任工作。

统筹教师资源，选派86名优秀干部教师参加交流，其中公办学校（幼儿园）干部到民办学校（幼儿园）帮扶3人，公办学校（幼儿园）教师到农村或民办学校（幼儿园）支教48人，农村或民办学校（幼儿园）教师到城镇学校（幼儿园）学习进修35人。

【党建工作】 年内全区教育系统设党委1个、党总支（支部）71个，有党员1995名，其中在职1544名、离退休451名。新发展党员8人，党员转正33人。开展党的群众路线教育实践活动，听取基层学校（园）意见覆盖面达100%，通过发放意见表、召开座谈会、个别谈话等方式，征集意见建议63条，梳理整改问题25项，提出整改措施18个，着力“四风”方面存在的突出问题及群众强烈反映的招生、教育教学质量、教师编制不足等问题，废止不适用制度26个，修改完善制度12个。5月26日《昆明日报》刊登《扎实开展群众路线教育实践活动——西山：让更多孩子“上好学”》一文，报道西山教育局“转作风、促发展”践行群众路线活动工作情况。推进学生“关爱工程”，建立学习困难学生、单亲家庭学生、留守家庭学生和外来务工人员学生帮扶机制。整顿软弱涣散党支部7个，以民办学校党支部为重点，打造基层党建示范点。

【校园安全工作】 年内出台西山区教育局安全管理制度汇编，全区学校以预防校园暴恐事件及消防安全为主题开展春季学期应急演练活动，以预防校园暴恐事件和防震减灾为主题开展秋季学期应急演练活动。杨家中心学校获2014年市级防震减灾科普示范学校称号，龙潭中心学校获2014年区级防震减灾科普示范学校称号。

推进“平安校园”创建活动，对被评为“平安校园”的单位实行动态管理，持续提高学校安全管理水平。2月，对2013年被评为“西山区平安校园”的昆明市第十五幼儿园丽城分园等5所校园进行授牌；4月，昆明市第十五幼儿园等10所校园获“昆明市平安校园”授牌；5月，昆明市第三幼儿园获“云南省平安校园”授牌。9月，推荐昆明市第十七幼儿园、阳光小学等11所校园申报2014年度市级“平安校园”，并于10月进行考核验收。11月，对2014年申报“西山区平安校园”称号的昆明市西山清华摇篮幼儿园、西山博雅幼儿园进行验收，考核结果为合格。

开展校园安全大检查、大整治工作，按照“确保实现100%全覆盖检查、隐患100%挂牌整改、检查结果100%真实、安全检查档案100%建立”的“四个百分之百”目标，分片包干，对辖区内校园进行拉网式检查、排查。2月，与全区民办幼儿园签订不使用无校车资质车辆接送学生承诺书；3月13日，书林一小学生公交专线正式开通运行；5月，对农村山区校园接送学生车辆进行登记备案，清理不具营运资质社会车辆167辆。10月，区属相关职能部门组成专项督查组深入各街道办事处检查校园及周边社会治安综合治理隐患，倒排整改时限；开展全区校园消防安全隐患大检查，为区属校园补充价值26.4万元的安保器材，投入300万元，完成校园消防、防雷等设施配备，整改消防安全隐患。

（李治宇）

卫　生

【机构】 年内，西山区10街道办事处均成立政府举办社区卫生服务中心，5月4日，实现卫生院上划卫生局管理，下属有5家直属单位，其中参公事业单位1家（区卫生执法监督局），全额拨款事业单位3家（区疾病预防控制中心、区妇幼保健中心、区人才中心卫生分中心），差额事业单位1家（区人民医院），10家社区卫生服务中心。

【医疗卫生资源】 辖区有省、市医院4家（昆华医院、肿瘤医院、市第一人民医院、市儿童医院），部队医院3家（成都军区昆明总医院、武警总队医院、边防总队医院），民营医院26家，个体医疗机构653家，辖区内医疗机构总床位数9718张，其中非营利性医疗机构设置床位数7900张，营利性医疗机构设置床位1818张。年末，全区建成覆盖基层社区卫生服务机构124家，其中社区卫生服务中心29家（含街道办事处卫生院），社区卫生服务站54家，居委会卫生室38家，全系统在职在编职工689人，公务员16人，参照公务员管理人员17人，专业技术人员421人（其中高级职称30人，占专技人员的7.1%；中级职称139人，占专技人员的33%；其他职称人员252人，占专技人员的59%），其他人员27人。

【医疗卫生体制改革】 年内，全区92家政府举办的医疗卫生机构，均按要求在省药品集中采购平台上统一采购基本药物，基本药物取消加成，实行零差率销售，实施基本药物制度覆盖率为100%。12月底，上网采购药品4790万元，其中采购基本药物2463万元，基本药物采购率100%；区人民医院上网采购药品3285万元，基药采购1165万元，基药采购率35.46%；区保健中心上网采购188万元，基药采购19万元，基药采购率10.38%，实施基本药物制度指标全面达标。对执行零差率销售的49家政府举办的社区卫生服务机构，按照基本药物采购入库金额的15%给予补助，累计补助111.91万元；中央、省、市级财政对西山区54家村卫生室，按照每个居委会定编2名乡村医生每年8400元标准给予补助，共拨付97.44万元，区级财政补助116名乡村医生61.5万元。完成政府购买公共卫生服务兑现资金补助2097.79万元。

【疾病预防控制】 年内发表论文9篇“昆明市西山区食品中单核细胞增生李斯特菌的污染状况调查”“西山区2013年农村环境土壤中蛔虫卵及铅、镉监测结果分析”“2013年西山区农村生活饮用水水质监测结果分析”“西山区社区卫生服务建设中的政府职能研究”“2012年西山区居民恶性肿瘤发病和死亡分析”“昆明市西山区2010～2012年性病疫情分析”“昆明市西山区居民高血压患病现状及影响因素分析”“西山区居民慢性病流行现状分析”“西山区居民慢性病危险因素分析”。在原有检测项目基础上，新开展水中镉、水中亚氯酸盐、水中氯酸盐、水中铝、水中溴酸盐检验5个项目的检验新技术，检验项目达123项。完善疾病预防控制、卫生检验、监测评价、健康教育、信息管理和业务培训为一体的疾病预防控制体系，加强结核病、乙肝等重点传染病防治，控制鼠疫、霍乱、麻疹、脊髓灰质炎的发生，全年辖区内无突发公共卫生事件发生。10月29日，组织开展西山区2014年甲型H1N1流感处置应急演练，按要求完成流行病学调查、采样、消杀、评估等工作。加强慢性非传染性疾病综合防控工作，在全区范围内积极开展重性精神病常规筛查工作。落实免疫规划各项工作，开展麻疹疫苗强化及查漏补种工作。

全年先后参与开展科技周宣传、知识产权日活动、“3·24”结核病防治宣传、4月爱国卫生月宣传、“4·25”全国儿童预防接种日宣传、“5·31”世界无烟日、“6·14”世界献血者日”等大型宣传活动9次，全区各单位共出黑板报、宣传栏1625期、开展健康知识讲座367期，健康咨询指导12.92万人次、悬挂卫生宣传标语280余条、发放健教处方、宣传资料29.93万份，内容针对健康生活方式、健康素养、结核病、艾滋病、糖尿病、高血压等预防知识和当前季节性传染病、慢性非传染病等。

【卫生执法监督工作】 年内筹措资金为全区10个卫生监督协管站各配备执法车辆和取证设备。将卫生监督协管工作列为2014年工作重点，各业务科室与10个卫生监督协管站结对子的方式，建立QQ监督协管讨论群，加强卫生监督协管工作的沟通、交流。全年共组织协管员工作培训会2次，组织区协管站协管员参加“2014年昆明市卫生监督协管服务工作推进暨协管员培训会议”。发挥10个社区卫生监督协管站力量，在辖区内中心学校，区直、私立各学校，开展传染病防控、生活饮用水卫生、教学生活设施卫生为重点的学校卫生安全专项监督检查和美容美发行业卫生安全专项整治。共检查学校97所、美容美发店200余家；开展3个涉农街道办农村饮用水调查摸底。

对辖区内16家自愿申请提升量化分级等级评定的个体医疗机构实行量化分级复核工作。提升为A级单位4家，B级单位8家，保持原级别的单位4家。全区量化分级管理覆盖率96%。为净化西山区群众就医环境，保障医疗市场安全，共出动执法人员64人，出动车辆11台，重点整治城乡结合部，取缔无证行医4户，没收药品、器械600余箱（件），药品柜1个，摘除灯箱广告2块，下发相应卫生监督文书。对辖区22家民营医疗机构进行医疗安全法律法规的培训，与各民营医院机构负责人签订“医疗安全承诺书”。重点检查16家区卫生局发证的放射诊疗医疗机构。联合疾病预防控制中心监测放射工作个人剂量26个，大型设备性能监测7个，场所防护设施监测7个，稳定性能监测7个。16个医疗机构均能按要求开展放射诊疗活动。这些机构中的82名放射工作人员均持有放射工作人员证，按要求配备相应的防护用品并按时参加体检。

开展节前公共场所卫生专项检查。出动监督员58人次，监督车辆15辆次，共检查住宿业单位17家，美容美发业单位12家，公共浴室单位3家，集中空调单位4家、二次供水单位4家；与市卫生执法监督局共同对全区50家沐浴场所开展专项整治；开展快捷酒店卫生专项检查工作，共出动执法车辆72台次，执法人员216人次，共检查辖区快捷酒店116家；开展生活美容卫生专项整治活动，共计检查美容美发店200余家；开展歌舞娱乐场所专项检查，共出动执法人员54人次，车辆12辆次，对48户歌舞娱乐场所进行检查，在检查中向经营户和顾客发放防艾宣传手册100余份，对以上检查的存在问题单位，根据法律法规进行行政处罚。

全年对公共场所单位进行用品、用具及空气质量抽检182家，抽检937件（用品用具863件，空气质量抽检74件）。其中抽检酒店招待所55家，用品用具317件，空气质量53件；沐浴场所22家，抽检用品用具109件；美容美发场所74家，抽检用品用具337件；其他行业场所31家，抽检用品用具121件。学校卫生安全专项监督检查。共检查农村小学27所，农村中学5所，城市小学47所，城市中学15所，城市高校3所，共97所。

对全区二次供水单位和小区进行卫生许可工作，全区现有二次供水单位232家。年内二次供水办换证154家，新发证71家，复核验证83家。按照2014年昆明市饮用水卫生监督监测工作方案，结合西山区实际，与西山区疾病预防控制中心密切配合，完成对主城区10个二次供水点、5个农村自建设施（含2所学校）供水点的监测工作，共采集水样25件，全水质分析1件。对监测点的卫生管理情况进行督促指导，将监督监测结果上报至卫生监督信息系统（云南省平台），按质按量完成上级部门开展饮用水监督监测工作任务。

【妇幼卫生】 2013年10月1日至2014年9月30日全区活产数3877人，孕产妇系统管理3842人，系统管理率99.1%；产妇数3842人，住院分娩活产数3877人，产后访视3842人，住院分娩率100%，访视率99.1%，户籍孕产妇死亡2例（其中产科出血死亡1例、羊水栓塞死亡1例），孕产妇死亡率为51.59/10万。2013年10月1日至2014年9月30日全区7岁以下儿童保健覆盖2.64万人，7岁以下儿童保健管理率94.74%，3岁以下儿童系统管理1.18万人，儿童系统管理率94.81%。5岁以下儿童死亡18人，死亡率4.64‰，婴儿死亡15人，死亡率3.87‰，新生儿死亡12人，死亡率3.10‰。全区托幼机构共106家（其中由西山区妇幼保健中心负责管理的有93家），106家托幼机构中公立性质的22所，私立性质的84所。106家托幼机构共有在园儿童数2.13万人，入园儿童新生6887人均为体检后入园，新生体检率为100%。在园儿童参加定期体检2.09万人，占体检人数的97.9%。筛出患病儿童3811人，患病率18.24%；筛出缺点儿童9834例。在园的2911名教职工按要求定期进行体检2364人，定期体检率81.2%。全区完成新生儿代谢性疾病筛查1.37万人，筛查率77.25%；完成听力筛查1.22万人，筛查率68.62%。婚前医学检查人数1.07万人，接受HIV抗体检测人数1.06万人，HIV抗体检测率98.55%，接受梅毒检测人数1.06万人，梅毒检测率98.55%。孕期接受初次产前保健人数1.97万人，接受HIV抗体检测人数1.97万人，接受梅毒检测人数1.97万人，接受乙肝检测人数1.97万人。辖区助产医疗机构住院分娩产妇数1.65万人，活产数1.68万人；其中接受HIV检测产妇数1.65万人，孕产妇HIV抗体检测率100%，辖区内发现阳性孕妇11例，住院分娩阳性产妇2例，HIV母婴阻断干预措施覆盖率均达100%，HIV感染孕产妇抗病毒药物服药率为100%，婴儿抗病毒药物服药率100%，随访阳性产妇所生儿童12人，已满18月龄儿童应检测人数10人，实际检测10人，10例均检测阴性结案，18月HIV感染产妇所生儿童抗体检测率100%，上报失访1例；接受梅毒检测产妇数1.65万人，孕产妇梅毒检测率100%。随访管理梅毒阳性孕产妇53例，双阳34例，单阳19例。随访管理梅毒阳性产妇所生儿童28例，转出5例，排除先天梅毒10例，在西山区随访13例。梅毒感染孕产妇及所生儿童母婴阻断措施覆盖率100%，孕产妇药物治疗率100%，规范药物治疗率62.50%，梅毒孕产妇所生儿童药物治疗率100%；接受乙肝检测产妇数1.65万人，孕产妇乙肝检测率100%，乙肝感染产妇所娩活产数850人，注射乙肝免疫球蛋白儿童数850人，新生儿乙肝免疫球蛋白注射比例100%。

4月30日至6月3日，开展“关爱女性健康行动”妇女病普查工作，本次妇女病普查共2685名适龄妇女参加，查出盆腔炎15例、卵巢囊肿40例、卵巢畸胎瘤3例、子宫肌瘤143例、子宫腺肌症2例、宫腔积液2例、乳腺增生1247例、乳腺纤维瘤30例、乳腺纤维腺瘤10例、乳腺脂肪瘤12例、乳腺囊肿48例、乳腺包块性质待查7例、宫颈息肉23例、宫颈糜烂85例，阴道炎1278例，所有患病者均已根据疾病给予指导治疗和随诊。组织全区所辖10个街道办事处部分居委会以及部分非公企业35～64岁已婚妇女，开展“两癌”筛查项目工作。截至11月底，全区乳腺癌筛查1237例，无确诊乳腺癌病例；宫颈癌筛查2205例，无宫颈癌确诊病例。

1月1日至10月31日，共向助产医疗机构发放“出生医学证明”1.33万本，补办“出生医学证明”101本，经检查全区助产医疗机构管理规范，废证率均控制在1%以内。剖宫产率控制情况：2013年10月1日至2014年9月30日辖区助产医疗机构活产数1.75万人，剖宫产活产数6607人，以区为单位的剖宫产率为37.81%。全区共组织开展2次由区级妇产科、内、外科人员共同参与的孕妇普查工作，普查范围覆盖10个街道办事处和托管的滇池旅游度假区，普查人数5271人，普查率为97.96%，筛出高危孕妇1634人，高危筛出率为31%，其中由区级负责管理的人数为76人。通过资格审核的团结、海口、前卫、福海、金碧、碧鸡6家社区卫生服务中心按照相关要求开展围产建册工作；暂未开展建册工作的5家社区卫生服务中心，仍由保健中心具体承担。2013年10月1日至2014年9月30日，全区共建册7167人。

全年共开展危重高危孕产妇区级入户随访47次，参与人数118人次。对辖区有剖宫产史或子宫肌瘤手术史的孕妇进行疤宫妊娠筛查，全区筛查人数1088人。利用“贫困孕产妇救助经费”和“危急孕产妇救助经费”，对团结、碧鸡、海口等街道办事处的贫困、危重孕产妇进行经济援助。全年共救助孕产妇13人，补助经费15.39万元；结合团结街道办事处地处山区，交通不便、人均收入较低情况，向团结社区卫生服务中心下拨2014年1月1日至2014年11月30日建册补助经费共5.92万元。

【社区卫生工作】 全区10个街道办事处实现政府举办的社区卫生服务中心全覆盖。对134家公共卫生服务机构进行校验；按地区分布，碧鸡、海口、团结3个涉农街道办事处46家，占机构总数的40%，城区7个街道办事处68家，占机构总数60%。服务人口68.26万人，开展11项基本公共卫生服务项目综合服务比例100%。全区29个社区卫生服务中心纳入城镇职工医保定点医疗机构，纳入率达100%；在政府举办92家基层卫生服务机构实施基本药物零差率销售，零差率销售补偿资金由政府买单。开展专家进社区工作，在碧鸡、金碧气象路等11家社区卫生服务中心开展“省市级公立医院医疗专家进社区卫生服务活动”。全年医疗专家进社区专家人数93人，服务时间2896小时，诊疗2392

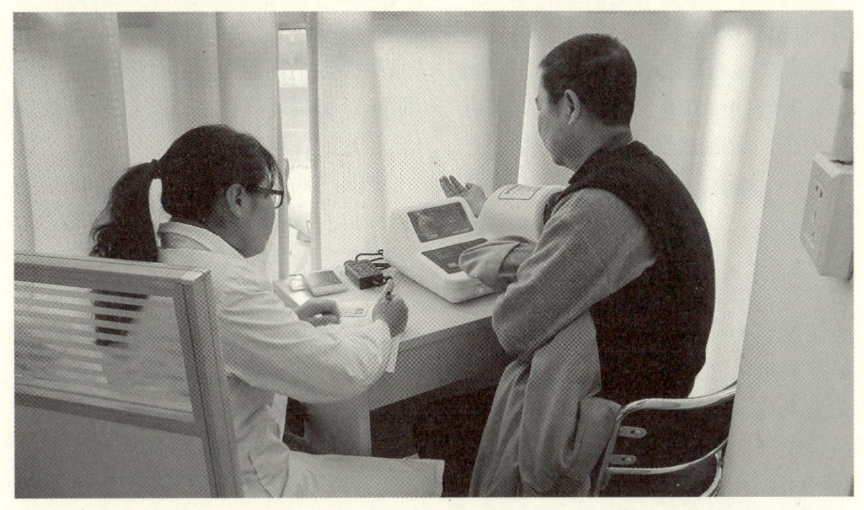

6月17日，西山区“健康小屋”中社区医生对参与自助体检的居民进行指导

（区卫生局　供稿）

人次，会诊68人次，组织社区义诊8次共346人次，上转病人117人次，组织健康咨询650次咨询人数1415人，开展学术讲座8次，开展适宜技术培训2次。根据工作开展情况进行2013年、2014年医疗专家进社区项目省级补助资金分配，将18万元补助资金及时兑付给支援专家。共组织全科医师转岗培训13人；城市社区卫生人员能力建设培训181人（其中管理人员26人、全科医生51人、全科注册护士48人、预防保健27人、七类卫计人员29人）；全科医师师资培训15人；村卫生技术人员急诊急救培训54人；乡镇卫生院管理人员培训7人；乡镇卫生院药学人员培训7人；乡镇卫生院骨干培训7人；基层医疗卫生机构处方集培训128人；54名乡村医生接受乡村医生急诊急救知识培训；对辖区10个街道办事处112家社区卫生服务分中心（站）、37家卫生室进行年度绩效考核。12月，累计建立居民健康档案60.45万人，建档率88.7%。年底，西山区海口社区卫生服务中心在2011～2013年度“示范社区卫生服务中心”的评选中，获“云南省示范社区卫生服务中心”称号，海口社区卫生服务中心朱红萍院长获昆明市“群众满意的社区医生”称号。组织贯彻全科医师团队签约服务工作和乡村医生签约服务工作，在开展工作试点的机构优选出300名全科医师，组建全科医师（乡村医生）团队102支，12月，共签约6.52万份协议，上门服务1139次，门诊服务6975次，电话服务657次，健康咨询3.61万次，举办讲座237次。

【医政工作】 落实医疗机构现场校验制度，3～5月对辖区内585家个体医疗机构，26家民营医院进行年度校验。组织开展医师资格考试审查和报名工作，全年完成医师资格考试报名1300人，开展直属各单位卫技人员全员继续医学教育，完成学分审验113人。强化基层卫生技术人员培训工作，着力提高基层医疗机构从业人员能力素质，完成中医临床技术培训2人，中医师资培训3人，乡村医生能西会中培训50人，培训合格率为100%。截至10月30日，受理执业医师变更430人、注册93人，执业护士变更191人、注册197人。

【艾滋病防治工作】 区政府继续与21家区防艾委成员单位及10个街道办事处签订年度防艾目标责任书，区委、区政府目督办把全区各单位防治艾滋病目标纳入区目督项目。区财政加强防艾经费投入，区级财政地方专项经费下拨55万元，较上年增加10万元。开展各级各类领导干部培训，开展副科级以上干部培训486人；开展入党积极分子、大学生村官、社区党组织书记、非公企业出资人代表培训，累计培训1190人；各街道开展领导干部培训32期，培训街道、社区领导干部1838人。开展好社区艾滋病综合防治工作，新增金碧街道金碧社区为艾滋病综合防治社区，西山区社区艾滋病综合防治工作扩展到6个街道的7个社区。采取多种措施加强对艾滋病防治知识的宣传与教育，各部门紧密结合部门及行业特点，组织重大节日宣传、QQ群、微信群、微博、手机APP、讲堂教育、讲座等形式多样的宣传教育活动，发放宣传资料8.46万份，发放安全套3.45万只。监测检测、高危人群行为干预、母婴阻断、感染者随访关怀等工作都按市级下达的各项指标完成。申请第三轮全国艾滋病综合防治城市示范区项目（2014～2018年），项目工作覆盖全区艾滋病综合防治的各个领域。

【计划免疫】 组织对辖区各预防接种点进行考核评审、复审，通过两次评审，西山区辖区内90个接种单位、滇池旅游度假区11个接种单位全部合格。西山区共14家医院列入哨点医院，对AFP、麻疹、新生儿破伤风、白喉、百日咳进行主动监测上报。各哨点医院共报告AFP病例142例，居住西山区的病例2例，AFP报告发病率3.02/10万。新生儿破伤风报告1例，百日咳报告1例，乙脑报告26例、居住西山区的6例，白喉、百日咳、流脑无病例报告。对报告的AFP、麻疹、新破、乙脑均进行调查处理，报告率及处理率均为100%。

建卡率100%，建证率100%，卡介苗接种率98.25%，脊髓灰质炎全程接种率97.81%，百白破全程接种率96.49%，含麻疹组份疫苗接种率97.37%，乙肝疫苗全程接种率96.49%，乙脑疫苗接种率95.16%，A群流脑疫苗接种率96.61%。加强免疫：建卡率100%，百白破接种率96.31%，含麻疹组份疫苗接种率97.24%，甲肝疫苗接种率95.85%，乙脑疫苗接种率96.77%，A+C群流脑疫苗接种率96.31%，白破疫苗接种率95.39%，脊髓灰质炎疫苗接种率95.85%。2014年，辖区内监测医院共报告麻疹病例29例，确诊19例，排除10例，居住西山区的病例9例，报告发病率17.26/100万。对确诊病例所在居委会进行应急接种，共开展4次应急接种，接种麻疹疫苗254剂次，进行病家消毒和危险因素调查。排除麻疹病例报告7例，排除病例报告发病率1.15/10万。开展麻疹抗体水平监测，全区共调查采血393人，实际检测367份标本，麻疹IgG>200mUI/ml362人，麻疹IgG>800mUI/ml276人，抗体阳性率98.64%，抗体保护率75.20%。开展乙肝表面抗原和乙肝表面抗体监测，共调查采血188人，实际检测177份标本，表面抗原全阴性，表面抗体阳性122人，抗体阳性率68.93%。

【结核病防治】 全年共治疗、管理传染性肺结核病人152人，每月按规定对病人进行督导一次。督导社区卫生服务中心及驻区医院和厂矿医院建立结核病专用的转诊登记本、痰检记录本，按转诊程序要求，做好病人的转诊工作，转诊率100%。固定专人负责结核病人报告和登记工作，建立健全医院结核病登记报告制度，报告率100%。病人追踪率100%，追踪到位率93%，结核病中检查艾滋病检查率81%，涂阳病人密切接触者筛查率100%，2013年涂阳病人治愈率90.29%。

【鼠疫及霍乱防治】 做好鼠密度监测工作，完成鼠肝、脾监测340份，鼠血清监测140份。2014年西山区医疗机构肠道门诊接诊7159人，培养2716人，培养率37.93%。全区设外环境污水02监测点5个，每月至少监测2次，完成各大宾馆、饭店60份海产品监测。坚持霍乱防治“四级督查”工作制度，落实对街道办事处督促检查，落实霍乱防治措施，及时发现可疑疫情。对政府所在地、风景旅游区及主要交通沿线开展旅社巡诊工作，每周巡诊一次，做好巡诊记录，及时发现和报告疑似霍乱病人。

【健康教育】 组织对基层健教人员进行培训，共培训3次141人。对全区街道办事处、社区居委会、医院、社区卫生服务中心（站）、学校、厂矿等单位督导56家次。利用多种形式开展好日常性健康教育活动。参与开展科技周宣传、知识产权日活动、“3·24”结核病防治宣传、4月爱国卫生月宣传、“4·25”全国儿童预防接种日宣传、“5·31”世界无烟日、“6·14”世界献血者日等大型宣传活动9次，全区各单位共出黑板报、宣传栏1625期、开展健康知识讲座367期，健康咨询指导12.92万人次、悬挂卫生宣传标语280余条、发放健教处方、宣传资料29.93万份。对居民群众、外出务工农民及流动人口制作发放印有艾滋病相关知识1.5万份。4月25日，西山区住建局、西山区疾控中心、西山区健康教育所联合在马街街道办事处马街摩尔城工地开展以防治艾滋病知识为重点的宣传活动。活动共发放“防治艾滋病健康处方”“防治艾滋病基本知识”环保购物袋等宣传材料3500余份，展出宣传展板8块，悬挂主题横幅布标7条，现场接受咨询260余人次，受教育2800余人。开展西山区流动人口—建筑工地男性农民工艾滋病综合防治项目，召开含启动、推进的相关工作会议4次，艾滋病农民工监测200人。

全面开展控烟工作，在全区商场、超市、车站、医院、机关事业单位、学校等公共场所设置醒目的控烟标志。引导各单位开展创建无烟单位评比活动，把“无烟单位”的创建与“卫生单位”“文明单位”紧密结合。各街道办事处共领发含控烟工作台账900余本，禁烟标牌680余块，禁烟标志1500余枚。

【爱国卫生工作】 健全经常性爱国卫生运动长效管理机制，推进“城乡清洁工程·清洁城市行动”各项目标任务完成，按照分片包干责任制，区级领导及59家区级机关职能部门参加各街道办事处周五卫生大扫除活动；各街道办事处在组织周五卫生大扫除，组织发动辖区机关、部队、居民小区物业管理、公共户单位及商户对自己卫生范围进行大扫除，参与公共场所卫生大扫除工作。共参加卫生大扫除人员4.5万人，共清除卫生死角1.08万处，清除各类垃圾1884.08吨，督促落实门前三包320户，清除小广告3.61万条，疏通下水道87.1千米，清理绿化带1113千米，清洗隔离带43千米。全区紧紧围绕“清洁城乡、美丽家园”宣传主题，开展广泛深入的宣传活动和环境卫生整治活动，年内全区共创建昆明市爱国卫生先进单位5家，无吸烟先进单位10家，昆明市卫生社区1家。完成云南省创建卫生城市复检，各项指标均已达标。

【公立医院改革】 4月21日，区医院开展中层干部竞聘上岗工作，经过个人报名、演讲答辩、民主测评、领导小组测评、任前公示、上级批准程序，50人脱颖而出，成为区医院新一届中层干部。向云南省卫生厅提出第二类医疗技术（白内障超声乳化手术）技术准入申报工作，该技术通过省级专家组评审，获技术准入。8月7日，区医院邀请北京埃德蒙医院管理咨询有限公司的台湾专家对全院职工开展以医院市场营销与品牌、医院优质服务的意义与实践、强化服务动机与服务模式介绍、服务从形象塑造开始、医院服务系统管理为主要内容，以现场授课、情景演练、报告、点评等形式，历时3个月共进行培训课程9次，参训人员约4000余人次，参训率95%。

【配套经费】 根据基本公共卫生服务配套经费相关规定，按照2013年末全区常住人口68.26万人，每人2.5元/年的标准，将基本公共卫生服务配套经费纳入2014年财政预算，全年预算经费170.65万元。中央按照每人每年28元，省级按照每人每年2.5元的标准，市级按照为每人每年2元的标准补助，全年中央、省、市累计下拨基本公共卫生服务补助经费2218.45万元，西山区配套基本公共卫生服务经费170.65万元全部拨付到位。

（马智远）

红十字会

【救灾工作】 完善西山区红十字会防灾减灾应急预案，规范备灾物资管理，充实救灾物资储备、加强应急队伍建设；为鲁甸地震灾区募捐善款41.96万元、为景谷地震灾区募捐善款1.89万元。

【救助工作】 为“昆明‘3·01’暴恐案件”无辜受伤遇难者募集到救助资金5.66万元；组织开展“我参与、我奉献，关爱贫困人群”募捐活动，为贫困人群募捐得善款1.03万元；为西仪敬老院争取到全自动升降护理床

1张、床垫2张、吸痰器1个；为多年坚持无偿献血的重病患者争取到无偿献血者帮扶救助金5000元；为白血病患儿申请到中国小天使基金2014年度彩票公益金项目人民币3万元。全年共开展“红十字博爱送万家”等爱心人道救助活动4次，募集发放价值17万余元的大米、棉被、棉衣、食用油等物资，700余名困难老党员等贫困人员受益；完成“3·01”暴恐事件遇难、无辜受伤等困难群众96人次的红会救助金材料审核和91.3万元红会救助金发放工作。

【救护工作】 推进应急救护培训“五进”工作，全年共完成普及性卫生救护培训33期4400余人。《昆明日报》《都市时报》昆明电视台K1（新闻）频道、昆明电视台K3（健康教育）频道进行集中采访报道。

【宣传筹资工作】 以“春节博爱送万家”等活动为载体，深入街道、社区向群众免费发放红十字会相关知识等宣传资料3.1万份，展示红十字常识介绍展板60余块，在全区200余块健康教育宣传栏上专题宣传红十字会知识3次；向市红十字会上报信息60篇，在西山区政府门户网、昆明社区卫生网登载信78篇，上报党务政务微博121条，多条信息被昆明市红十字会网站、西山区门户网和政务微博采用。“2014年群众性应急救护培训工作”和“救助昭通鲁甸地震灾区书法、绘画作品义卖活动”被昆明日报、都市时报、昆明电视台K1（新闻）频道、昆明电视台K3（健康教育）频道等省、市新闻媒体集中采访报道。积极组织募捐，全年共募集50.5万元善款。

【红十字青少年工作】 在西山区春苑小学组织开展红十字进校园活动，为16个班级200名学生发放价值1.58万元的200封未来信；组织西山区第一中学初二年级388名学生参加纪念中国红十字会建会110周年全国青少年红十字运动和防灾减灾知识竞赛；指导、协助西山区马街大渔小学红十字示范校的创建工作，为大渔小学制作红十字知识宣传栏、发放宣传折页等；为乐亩社区小学购置价值2000余元的乒乓球、篮球等慰问品。

【其他工作】 新发展个人会员168人、志愿者146人，为基层红会免费订阅“中国红十字报”和“博爱”杂志各18份；建立金牛社区红十字服务站；创建马街大渔小学红十字示范校；开展红十字青少年活动4次，志愿者服务活动4次。承办昆明市红会系统2014年“世界急救日”和“‘12·4’国家宪法日”宣传活动，在2014年全市红会系统工作目标完成情况考核中获全市红十字会系统“‘3·01’暴恐事件善后处置工作先进集体”“大型活动组织工作先进集体”“红十字五进工作先进集体”“遗体器官捐献及造血干细胞知识宣传工作先进集体”“争取上级项目先进集体”称号。

（邓　超）

文化·旅游·体育

编辑 郑 航

文 化

【春节文化进社区】 1月15日至2月15日，组织开展区、街道、社区三级“文化进社区”活动。区文化馆组织以“文艺闹新春”为主题的惠民演出11场，服务社区市民达3万人次；区图书馆组织以“春联增春色”为主题的图书、春联服务活动，为西山辖区市民赠送春联1.5万对，“福”字和门神1.5万对；区文物管理所和非物质遗产保护中心共同组织“文化遗产进社区”主题宣传活动，组织宣传展板120平方米。春节期间，区属10个街道和103个社区组织开展以向经济收入低的老人、残疾人或农民工赠送电影票、书籍、春联和门神为主要内容的“文化扶贫”，以同心协力、跳绳等趣味性强的小游戏娱乐群众为主要内容的“趣味综合文体活动”等活动160场次，服务市民8万人次。

【公共文化服务体系建设】 年内制定《西山区基本公共文化服务项目（2014年5月28日修订）》《西山区基层公共文化服务运行机制建设考核工作2014年修订方案》《西山区基层公共文化服务考核办法》《昆明市西山区基层公共文化服务运行机制区级示范点（特色文化项目建设）申报书》等一系列制度文件10份。新的制度范围更广，内容更加丰富，删除一些在实践中过于僵硬的条款，全区公共文化体系建设日趋规范化、标准化、科学化。

1月14日，西山区2014年三下乡活动启动仪式

【公共文化服务运行资金保障】 全区基层公共文化服务运行机制建设资金到位率到达100%。全年投入基层公共文化服务运行机制建设专项经费696万元，区财政应承担的基层公共文化服务运行机制建设专项经费626万元，实际到位629万元；市财政应承担69.6万元，实际到位69.6万元。根据“保障基本运行，重点投入特色项目”原则，全年共下拨文化站（室）基本运行费300万元，下达特色社区2014年宣传和文化氛围建设启动经费117万元、共享工程运行费31万元、文化进社区经费15万元，考核结果应用233万元。

【公共文化服务项目开展情况】 全区基层公共文化服务项目落实率达80%以上。根据《西山区街道文化站工作标准》，各文化站全年工作类别共5类29项，开展各类公共文化服务活动290次（项）。全区街道文化站对照工作标准开展工作，从类别上完成5类29项，从次数上全年开展活动2470次，每个文化站平均开展活动达247次，占工作标准规定量的85%；根据《西山区社区文化室工作标准》，各文化室全年工作类别共6类25项，开展各类公共文化服务活动277次（项）。年内全区社区文化室从类别上完成6类25项，从次数上全年开展活动2.35万次，每个文化室平均开展活动228次，占工作标准规定量82%。

【公共文化服务特色社区建设】 年内区文化旅游体育局专门制定《西山区2014年特色文化社区建设实施意见》和《昆明市西山区基层公共文化服务运行机制区级示范点（特色文化

项目）建设和评审标准》《昆明市西山区基层公共文化服务运行机制区级示范点（特色文化项目建设）申报书》，将特色社区建设分为3个阶段，确定2014年为特色文化社区宣传和文化氛围营造年，2013～2014年陆续下达特色文化社区建设经费127万元。10月底，龙门社区完成龙门文化艺术村文化创意产业开发工作方案编定，组织文化创意产品——“祖氏滇绣画”引进培训班3期；观音山社区辖区文化旅游展示和观光点地图以及社区发展和文化展示浮雕墙制作以完成设计工作；秋苑社区建设“楼宇文化示范单元”1个、建成“楼宇文化长廊”1条，主题文化展板90块，建设文化主题展示墙36面，约1440平方米，成立社区居民文化兴趣小组9支，举办主题活动11期；盛高大城社区举办“五位一体”文化主题活动14次；龙潭社区完成民俗博物馆主体工程，举办民俗节日体验活动4次；和平社区举办非物质文化遗产进校园活动11次；白鱼社区建设宣传栏20块，主题墙500平方米，打造龙队两支。

【公共文化服务基础设施建设】 年内针对海口街道办事处山冲社区群众需求量大，社区积极性高，设施基础好的情况，在原来作为文化室组成部分的图书阅览室的基础上，扩大规模，拓展功能，将其建成为西山区公共图书馆山冲分馆。使用面积达150平方米，配置图书7000册、杂志50种、报纸20种、配置电脑6台，分馆10月1日正式对外开放。

承担昆明市“十二五”文化站室改、扩建任务25个，其中中平、船房、山冲等10个社区文化室列为区政府为民办实事项目。9月30日，全部完成，改、扩建后的25个文化室总面积达3052平方米，最小面积80平方米，最大面积260平方米。改、扩建后的文化室至少拥有图书阅览、培训讲座等至少两个功能室和一处室外活动场地。落实市财政改、扩建经费补助32万元，下达各街道、社区启动资金25万元。

【文化扶贫和惠民】 组织各街道办事处从2013年11月至2014年3月对全区乡镇老放映员进行调查，共调查老放映员近百名，经领导小组多次审定核查，最后确定年内发放生活补助的老放映员14名，未到发放年龄的14名。6月6日起至6月19日，对上述人员进行公示，发放第一次生活补助14人9.31万元。

【文物保护】 年内共向上争取资金852万元，完成“东、西寺塔”保护设施建设项目的立项工作和龙门石窟修缮资金申报工作，先后启动修缮各级文物9个。观音山观音寺等七项区级文物保护单位被昆明市人民政府公布为第六批市级文物保护单位。

【非物质文化遗产保护】 全年完成8个非物质文化遗产区级保护名录和19个区级传承人申报、审批工作，新增国家级非物质文化遗产保护名录1项、省级代表性传承人1名。先后应邀组织承办、协办或参与完成各类非物质文化遗产宣传、展示活动。举办7个非遗展示、展演活动工作任务：官渡古镇举办的全国非遗联展、省博物举办“祖氏滇绣画——祖玉兰刺绣精品展”、在省人大举办祖玉兰刺绣精品展、在北京举办的“中国非物质文化遗产保护出版成果展”、昆明国际会展中心南博会非遗技艺展示、昆明市文化馆举办昆明市非物各类展览质文化遗产成果展、由云南省文化厅在云南中医学院呈贡校区举办的非遗进校园展演活动。区非遗中心提升改造工程竣工投入使用。以文化馆办公楼三楼原“非遗展示馆”为基础，提升改造西山区非遗中心，打造辖区集非遗精品展示、传播、推广交流和服务为一体的综合性的非遗保护工作平台，并于7月通过验收投入策划使用。

【文学艺术精品及惠民活动】 民间文化技艺项目“葫芦雕绘”获第四届全国非遗联展银奖；由区文化馆编排的苗族芦笙舞《赶花山》晋级《我要上春晚》栏目云南选区总决赛，获得最佳演出奖。举办第二十七届西山音乐节，引入高雅的交响乐演奏，以“高雅艺术进万家.和谐交响暖人心”为活动主题。2～12月举办西山区全民阅读活动，覆盖区级机关事业单位、区属社区、辖区学校、驻区部队和企业等30家。从5月启动至12月，举办“疏通群众血脉，凝聚核心力量”惠民演出活动百场，覆盖全区10个街道办事处和103个社区，组织演出150余场，服务群众1.5万人次。

【图书馆】 全年图书借阅室接待读者1.13万人次，流通图书10.6万册次，修补破损图书164册，新办借书证757个；报刊借阅室接待读者5.19万人次，装订报纸1101份；少年儿童借阅室接待读者1.19万人次，电子阅览室接待成年读者1956人，未成年读者1315人；图书馆歌德电子借阅下载3967次，政府大楼一楼歌德电子借阅下载5042次，采编室分编新书4380册。

【馆外图书流通点】 加大图书进社区、图书下乡的推进力度，全年建设流动服务点29个，使图书公共服务无死角。流通点每次最多配送图书1000册（西山看守所），最少配送图书200册（雷达站），全年流通点配送图书进校30次、进机关、部队配送图书12次，共配送1.89万册次，全年进校举办有奖知识问答20次。进部队举办有奖问答3次，进社区举办有奖问答4次。受到部队官兵、公安干警，机关干部、学校师生及社区居民的欢迎和好评，在《云南日报》《昆明日报》《春城晚报》等刊登12次，昆明电视台新闻频道报到2次，云南电视台都市条形码报道1次。

【农家书屋】 在2013年实现全区农家书屋全覆盖的基础上，2014年为每个农家书屋新增图书100册，培训农家书屋管理员103人次。

【知识产权宣传活动】 参加知识产权宣传周活动启动仪式，展出“知识产权”宣传展板，印制向市民发放“保护知识产权宣传材料”资料2600份、发放“规范文化市场、促进文化繁荣发展”“昆明市暨西山区知识产权宣传教育基地简介”等宣传材料及“保护正版、打击非法出版”“开展扫黄打非共建和谐社会”宣传画3000份，向市民宣传知识产权保护知识和鉴别违法音像制品知识。活动周期间，开展“知识产权进校园”系列宣传活动，4月24日，进入西山区马街中心学校春雨小学，结合学校学生年龄特点，发放宣传资料，举办知识产权有奖知识竞答，推进“尊重知识、崇尚创新、诚信守法”为核心的知识产权文化建设。在“4·26”知识产权宣传周启动仪式活动上，展出保护知识产权宣传展板，向市民发放宣传画6000余份，接受群众咨询60余人次。参加全省侵权盗版制品及非法出版物集中销毁活动，提供依法收缴的侵权盗版和各类非法出版物5万片。

【文化市场管理】 1月开始，开展“安全生产”“消防安全”“火灾隐患排查”专项行动。共检查各类文化旅游市场经营单位2100余家次。责令现场、限期整改30余家次；全年辖区文化旅游经营场所无安全责任事故的发生。文化旅游市场综合执法大队共计出动执法车辆100余次，出动执法人员300余人次，检查文化旅游市场经营单位2100余家次，责令现场、限期整改30余家次，下发责令整改通知1份。完成出版物经营许可证、娱乐经营许可证、印刷经营许可证、网络文化经营许可证年检换证工作，6月10日共年检文化经营许可证643本。按照昆明市增加629家网吧的发展总量，西山区新增40家互联网上网服务营业场所经营单位。根据窗口的接件情况，依法按照时限办理文化市场的行政许可项目审批及管理服务项目工作，共新办许可证59个、变更许可证项目内容56件、转出8件、旅行社分社及服务网点备案12件、遗失补证10件、退件7件。

旅　游

【旅游收入】 年内全区监测范围内的旅游企业共接待游客1003.67万人次，同比增长10.58%，实现旅游收入100.82亿元，同比增长18.1%。其中景区（点）、度假山庄接待游客401.47万人次，实现营业收入21.84亿元；乡村旅游经营户接待游客361.32万人次，实现营业收入14.3亿元；宾馆（酒店）接待游客140.53万人次，实现营业收入30.66亿元；旅行社接待游客100.35万人次，实现营业收入34.02亿元。

8月11日，云南文博会西山展区

【黄金周假日旅游工作】 春节黄金周全区纳入监测范围内的旅游企业共接待游客90.75万人，同比增长0.7%，实现旅游收入2.38亿元，同比增长27.96%；国庆黄金周全区纳入监测范围内的旅游企业共接待游客40.9万人次，同比增长13.90%，实现旅游收入2.46亿元，同比增长18.27%。

【旅游企业情况】 年内全区共有旅游景区点11个（其中市属2个），A级景区4个。旅行社20家，星级宾馆酒店11家，乡村旅游经营户及度假山庄172家，其中星级乡村旅游经营户74家。五星级3家，四星级10家，三星级25家，二星级24家，一星级12家。

【乡村旅游】 抓好乡村旅游标识牌设计安装、成立西山区旅游协会、创建国家A级旅游景区等“八个一”工程。一是开展一次乡村旅游环境综合整治。西山区文化旅游体育局牵头，依托团结、碧鸡、马街、海口街道办事处，在主要乡村旅游集中区域开展环境综合整治专项行动。二是安装一批乡村旅游标识牌。制定西山区乡村旅游标识标牌规划设置安装工作方案，9月，经区政府批准后，通过政府招标采购确定制作方，开展实地踩点、设计等各项工作，年内完成标识牌的制作及安装。对15家高星级乡村旅游经营户制作统一规范的企业铭牌，打造精品乡村旅游品牌。三是种植一片乡村旅游景观带。在浑团公路、乐律武公路上种植波斯菊、万寿菊数万株，公路沿线繁花似锦，美丽的田园景象引来众多游人前往、驻足观赏。四是组织成立西山区旅游协会筹备组，经过走访调研、会员吸纳、搭建组织构架及草拟章程等一系列工作酝酿，10月29日召开西山区旅游协会成立大会。五是区文化旅游体育局配合团结街道办事处对乐居古寨进行保护开发规划工作。年内完成项目规划的市级审批、房屋保护性修复及筹建20公顷园等各项工作。六是区文化旅游体育局制定开展旅游景区质量等级评定工作实施方案，结合景区创建需求，开展实地指导。通过对龙润大龙潭生态园A级景区初评、复评工作，评定龙润大龙潭生态园为国家2A级旅游景区。

【旅游项目】 西山区继续推进以“招商引资促旅游项目建设”工作。推进云南海航广场·皇冠假日酒店、昆钢索菲特酒店等大项目，引入国际知名品牌入驻西山区，带动西山区旅游项目品牌及档次的实质提升。西山区做好服务，营造良好的投资环境，帮扶企业顺利开展项目建设。云南海航广场皇冠假日酒店、昆钢索菲特酒店两个在建项目完成投资4.77亿元。昆钢索菲特酒店完成95%工程量。

【旅游宣传工作】 2月开设微信公众号——“行走西山”，为企业宣传服务、为游客咨询服务，举办“舌尖上的西山”美食评选、“读好书送好礼”等活动，展示西山区旅游、文化、体育发展风采，增加西山区旅游吸引力。制作一部“见你美丽西山”文化旅游宣传片。宣传片全面展示西山区历史文化、旅游资源及精品，通过“行走西山”政府微信公众号、昆明旅游网等渠道开展实景展示宣传。以绘画的艺术表现手法，设计制作的一系列文化旅游宣传品。运用奏章式折页、画片、明信片等形式，选取西山龙门、大观楼、东西寺塔、金马碧鸡坊、石龙坝水电站、聂耳墓6个主题，出品一套题为“西山如画”的宣传品，通过国内旅游交易会和宣传活动进行西山区文化旅游宣传。

（张　艳）

西山国家级风景名胜区

【经营管理】 全年旅游总收入达3921.58万元，购票游客人数57万人次。

年内景区紧紧围绕创建国家5A级旅游景区总体目标，做好各项经营管理工作。一是全面开展创建“5A”工作。联合云南民族村景区共同创建国家5A级旅游景区，对双方旅游资源进行梳理和整合，抽调专职人员组成资料、资源评价和服务质量3个小组准备各项申报资料；按照国家旅游质量等级的划分和评定标准进行自检自查，针对软硬件差距积极展开整改。景区创建“5A”软硬件基本达标，创建申报材料通过省、市评审，上报国家旅游局评审。二是按照“5A”标准，提升旅游服务。树立“以人为本，游客至上”的服务理念，突出人性化服务，推行规范化、标准化管理，完善内部管理制度，加强督查考核；建立景区数字化管理平台，完善景区网站建设及建立景区交通治安监控系统，提高景区信息化、数字化管理水平。三是加强员工培训及管理。为提升景区服务质量，对全体员工进行旅游法、服务规范、防火安全知识等专题培训；组织部分员工到九乡及民族村进行旅游服务学习；对景区导游讲解员进行专项培训考核；完成专业技术人员继续教育培训13人次；召开景区领导干部结构化研讨专题会，梳理和整理出四个大项18个小项的意见、建议以及景区存在的突出问题，结合实际存在问题，根据意见、建议组织各部门拟定相关工作方案。

【规划编制】 编制完成《昆明滇池国家级风景名胜区西山景区详细规划》。按照国务院《昆明滇池国家级风景名胜区总体规划（2011～2025）》要求，发掘景区的历史、人文、自然和旅游资源，配合云南省住建厅开展《昆明滇池国家级风景名胜区西山景区详细规划》编制工作。规划由省住建厅上报住建部审批。开展景前区（高峣片区）规划设计方案编制工作，对接昆明市规划局西山分局与设计方上海复旦设计院多次对景前区ABCD四个地块规划设计方案进行修改完善，上报区规划分局审批。

【项目建设】 西山区2014年183项建设项目之一西山风景区建设项目，计划总投资5.643亿元，年内完成总投资2.029亿元，完成项目年度投资365.5万元。

完成景区内导向标识、警示标识、垃圾箱的统一制作安装，白龙沟饮水工程一期整改等旅游基础设施及水利建设工程，并积极对接地铁三号线西山站点建设，完成景前区新游客中心建设及停车场建设工程，新游客中心及停车场已投入使用。景前区

6月20日，西山风景区新建游客中心

碧鸡历史文化古镇（商业步行街）项目，完成规划报批以及水保、环评、交评、地质灾害评估等前期立项工作，取得选址意见书及规划许可证。项目前期建设施工已完成地勘、树木移栽、场地平整及“茶马花街”主体工程基础建设等前期工作。太华山庄、玉兰园提升改造项目建设工作。太华山庄及玉兰园改造项目是景区旅游文化产业发展的重点项目，预计总投资1亿元以上，累计投资已达5千万元。年内成立玉兰园提升改造项目合作公司，编制完成项目可研，通过专家评审，进入立项审批阶段。太华山庄改造项目正在进行绿化景观工程建设及内部装修，玉兰园改造项目正在实施综合楼装修。

【营销宣传】 在原有187家合作旅行社基础上，全年共与省内27家旅行社签订合作协议，合作旅行社214家。对旅行社施行新的“套票优惠措施”，针对昆明出租车客源制定出租车营销奖励办法，与云南民族村、滇池索道合作成立营销联盟，整合旅游资源，推出西山景区至云南民族村旅游线路，共同营销旅游套票。派出营销人员参加旅游交易会，赴客源市场进行宣传营销活动，全年在国内外共发放景区宣传资料2万余份。在昆明火车站出口及昆石高速小喜村收费站设置大型户外广告，对景区旅游品牌进行广泛宣传。通过在淘宝网等知名旅游网站刊登景区电子画册和销售电子门票，签订网络宣传及代售门票协议。开通宣传微博，利用网络平台扩大品牌知名度。

【护林防火及安全生产】 景区加大护林防火人财物投入，共投入防火资金200余万元，森林防火专职人员121人（其中专职扑火人员15人、季节防火人员81人、专业扑火队15人、猫猫箐森林防火管理人员10人），聘请护林管养人员对景区200个森林防火水窖进行管养。在风景区公路沿线、林间道路、后山登山公路、景区主要景点入口做好防火宣传、巡查及堵卡等各项防火工作，取得森林火灾、火情零报告的好成绩。层层签订岗位安全责任书、明确各部门安全责任人和安全管理人，健全完善景区安全管理制度，做好索道、环保大巴、电瓶车等交通设施日常安全维护工作，定期对职工及驾驶员进行安全培训。每天进行安全巡逻，及时清理景区游道沿线危石危树。每周及节假日对景区各景点游览区域进行安全大检查，全年无旅游安全事故发生。

【环境综合整治】 全年清理整治违规占道经营135个，无证照违规经营摊点1840个，说服教育制止兜售31人次。对猫猫箐社区农房违建、加层下达责令停工限期整改通知书778份，设置卡点检查，制止违法建筑材料进入景区，拆除猫猫箐违法加层房屋面积550平方米及耕地内违章建筑面积180平方米，共730平方米。清理整治景前区非法客运及喊客拉客现象，共清理整治非法营运车辆4194台次，制止非法喊客拉客3758人次。坚持实行日巡、月考核等检查制度，每天对景区辖区内环境卫生、环卫设施、公厕管理、“门前三包、门内达标”等情况纳入日常考核内容，加强环卫综合整治提升管理的日常督查、考核力度。开展“城乡清洁工程”，完成第二届“中国—南亚博览会”的环境卫生综合整治工作。

（黄　兴）

体　育

【体育基础设施建设】 年内完成11条室外健身路径安装和7个农民体育健身项目的储备工作，完成第六次体育场地普查工作。在科学配置体育场地资源，解决人民群众日益增长的公共体育设施服务需求的基础上，推进西山区体育场提升改造工作，向广大市民免费开放，提供锻炼及休闲场所。

【中小学生体育竞技】 4月17～20日在昆明市体育场举行2014年“昆明市中小学生田径运动会”比赛。获8枚金牌、9枚银牌、9枚铜牌，高中组团体总分第四名、初中组团体总分第七名、小学组团体第三名。5月中，西山区中小学生游泳比赛在西山区天逸温泉游泳馆举行，此次游泳比赛分为小学男女、中学男女两个组别，共有15所学校400余人参加。6月9～14日在书林一小举行2014年西山中小学生篮球比赛。12月16～19日，在昆明市第一中学西山学校举行西山区中小学生田径运动会。全年在省、市各项体育赛事中，西山区共获21枚金牌、28枚银牌、25枚铜牌，多次获“优秀组织奖”和“体育道德风尚奖”。

【群众体育】 年内参加全国“龙腾狮跃闹元宵”活动，按要求组织30人参加比赛，在34支代表队中获优秀表演奖。西山区代表队参加昆明市健身气功站点联赛的两个集体项目（健身气功.八段锦、健身气功.六字诀）均获一等奖；在个人4个项目比赛中（健身气功.八段锦、健身气功.易筋经、健身气功.六字诀、健身气功.五禽戏）3个第一名，1个第二名。昆明市第五届外来务工人员健身运动会，4个代表队在参赛的8个项目中获集体跳大绳第三名；押加（大象拔河）60公斤级：第一名、第五名；80公斤级：第一名、第四名；掰手腕：70公斤级，第一名；滚轮胎：第四名、第六名；斗脚比赛：第二名、第五名，获组委会颁发的“优秀组织奖”。

【体育指导与培训】 11月，在西山区团结街道办事处大龙潭举办西山区大学生村官和文体专干社会体育指导员培训活动。全区10个街道办事处的50余名大学生村官和18名文体专干参加培训。

（张　艳）

社会生活

编辑　刀培凤

人口・人民生活

【人口】　2014年末，西山区常住人口为77.5万人，其中户籍人口为52.8万人。在户籍人口中：男性人口26.29万人，女性人口26.51万人，男女性别比为99.21（以女性为100，男性对女性的比例）。年末户籍人口与2013年末的52.14万人相比，增加6597人，增长1.26%。从户籍人口年龄结构看，0～18岁人口8万人，18～35岁人口10.39万人，35～60岁人口22.82万人，60岁以上人口为11.64万人。

【人民生活】　据统计，2014年西山区农村常住居民人均可支配收入1.39万元，同比增长8.8%；城镇常住居民人均可支配收入3.2万元，同比增长12%。

（马忠义）

2014年商品零售价格总指数

以上年为100

指　标	2011年	2012年	2013年	2014年
商品零售价格总指数	104.9	102.0	102.5	101.8
一、食品	111.4	107.3	106.2	105.7
二、饮料、烟酒	102.9	104.0	104.8	98.9
三、服装、鞋帽	100.3	95.5	101.1	100.1
四、纺织品	122.4	108.1	104.1	97.6
五、家用电器及音像器材	94.5	96.7	98.4	97.4
六、文化办公用品	99.2	97.4	99.9	99.8
七、日用品	103.8	104.3	99.9	99.8
八、体育娱乐用品	104.3	98.5	96.9	99.8
九、交通、通信用品	96.2	96.8	97.7	100.4
十、家具	110.2	102.0	100.7	100.0
十一、化妆品	99.4	102.7	100.4	102.3
十二、金银珠宝	114.0	100.7	91.2	87.6
十三、中西药品及医疗保健用品	103.2	100.8	103.2	101.9
十四、书报杂志及电子出版物	104.4	99.9	96.1	101.5
十五、燃料	110.8	102.4	107.0	101.8
十六、建筑材料及五金电料	104.3	100.8	103.1	101.9

2014年城镇住户调查收支情况

项　目	单位	2014年	2013年	2014年比2013年增减%
人均可支配收入	元/人	32022.68	29443.06	8.76
人均消费支出	元/人	22412.41	19351.30	15.82
1.食品烟酒	元/人	7662.06	6802.36	12.64
2.衣着	元/人	2177.39	1623.84	34.09
3.居住	元/人	1486.73	1539.08	-3.40
4.生活用品及服务	元/人	1719.87	1189.50	44.59
5.交通通信	元/人	2485.00	2195.76	13.17
6.教育文化娱乐	元/人	4505.64	3703.43	21.66
7.医疗保健	元/人	1648.27	1370.11	20.30
8.其他用品和服务	元/人	727.45	927.21	-21.54

2014年城镇住户家庭基本情况

项目名称	单位	2014年	项目名称	单位	2014年
一、住房情况			8.组合音响	套/人	0.13
现住房总建筑面积	平方米/人	51.45	9.摄像机	架/人	0.04
二、耐用消费品情况			10.中高档乐器	件/人	0.01
1.摩托车	辆/人	0.01	11.微波炉	台/人	0.30
2.助力车	辆/人	0.19	12.空调器	台/人	0.02
3.家用汽车	辆/人	0.17	13.消毒碗柜	台/人	0.06
4.洗衣机	台/人	0.34	14.洗碗机	台/人	0
5.电冰箱	台/人	0.34	15.健身器材	套/人	0.02
6.彩色电视机	台/人	0.39	16.固定电话	部/人	0.15
7.计算机	台/人	0.25	17.移动电话	部/人	0.73

2014年农村住户调查收支情况

项　目	单位	2014年	2013年	2014年比2013年增减%
全年纯收入	元/人	13923.69	13701.93	12.00
人均生活消费支出	元/人	11899.68	10560.05	12.69
1.食品烟酒	元/人	5072.42	4573.75	10.90
2.衣着	元/人	1773.65	1633.90	8.55
3.居住	元/人	544.19	799.16	-31.91
4.生活用品及服务	元/人	1090.86	737.22	47.97
5.交通通信	元/人	5856.66	5456.74	7.33
6.教育文化娱乐	元/人	2462.22	2105.60	16.97
7.医疗保健	元/人	808.73	757.65	6.74
8.其他用品和服务	元/人	240.81	418.98	-42.52

2014年农村住户家庭基本情况

项目名称	单位	2014年	项目名称	单位	2014年
一、住房情况			6.彩色电视机	台/人	0.43
1.居住住房面积	平方米/人	54.70	7.组合音响	套/人	0.16
2.出租住房面积	平方米/人	21.60	8.微波炉	台/人	0.26
二、耐用消费品情况			9.消毒碗柜	台/人	0.02
1.摩托车	辆/人	0.12	10.中高档乐器	件/人	0.01
2.助力车	辆/人	0.02	11.摄像机	架/人	0.01
3.家用汽车	辆/人	0.26	12.计算机	台/人	0.18
4.洗衣机	台/人	0.33	13.固定电话	部/人	0.04
5.电冰箱	台/人	0.28	14.移动电话	部/人	0.76

人口控制

【简况】 全年补助计划生育宣传员62.42万元，及时足额拨付应配套的计划生育奖励资金474.31万元、新农合93.59万元、独子费76.87万元。拨付流动人口专管员经费134.64万元。流动人口专管员社区工作经费10.2万元。全年开展人口计生宣传活动20余次，受教育群众近10万人次，宣传经费投入近20万元。

年内，永昌街道办事处永兴路社区、金碧街道办事处西岳庙社区、碧鸡街道办事处西华社区、海口街道办事处中新社区、团结街道办事处妥排社区被市人口计生委确定为“生育文化示范社区”。永昌街道办事处永顺里社区、金碧街道办事处西岳庙社区、前卫街道办事处广福社区被市人口计生委确定为“流动人口信息化示范社区”。

7月1日，西山区计生局开展“单独夫妇”信息核查培训

（区计生局　供稿）

【免费孕前优生健康检查】 大力做好宣传教育、婚育咨询、孕前筛查诊断，引导群众积极参与出生缺陷一级预防，努力形成全社会关心支持“优生促进工程”的良好氛围。一是与区卫生局、区民政局合作在区行政服务中心婚检点开展宣传，向符合条件进行孕前优生检测的结婚登记夫妇发出预约信、检查三联单及“家庭档案”。二是与市计生服务中心协作，由市计生服务中心医务人员定期到西山区为当地群众提供此项健康检查。三是由群众自行前往市计生服务中心接受此项免费服务。通过街道办事处、社区工作人员认真细致的工作，全年共对617对计划怀孕夫妇进行免费孕前优生检测。

【“单独二孩”工作】 “单独二孩”文件下达以后，一是认真制定西山区“单独二孩”政策实施方案；二是加强培训，举办“单独二孩”政策解读培训班，街道办事处、社区计生干部260人参加培训，对二孩政策有了深刻了解，以便给群众更好的政策解答及业务办理；三是加大宣传，印制以办理流程所需材料为主要内容的大幅宣传海报发到社区张贴，长期宣传；四是拟定便民措施，明确“单独二孩”申报地为女方所在单位或所居住的社区；五是对申报“单独二孩”的夫妇进行国家免费孕前优生健康检查；六是召开“单独夫妇”信息核查培训会，250余人参加，共收集“单独夫妇”信息9058条。

截至12月31日，全区接到“单独二孩”政策咨询电话2250个，来访1500人，审批办理“单独二孩”的申请510卷，办证490本。

【“失独家庭”扶助】 区委、区政府完善对“失独家庭”的关怀与补助政策。一是经济救助，发放一次性抚慰金及特别扶助金；为每户“失独家庭”办理一份计划生育家庭意外伤害保险；为“失独家庭”成员开展免费生殖健康检查；为“失独家庭”成员办理公交乘车“爱心卡”。二是优先帮扶，内容有工作就业优先；改善居住条件优先；养老保障优先；发展创业优先。三是亲情关怀，包括提供再生育服务、收养服务；提供法律援助、心理危机干预；组织结对帮扶。2014年发放“失独”补助金70.38万元，一次性抚慰金3.75万元，为“失独”人员购买意外险3.2万元，办理爱心公交卡180张。走访慰问“失独家庭”，送去慰问金2.26万元。

【社会抚养费征收审计】 为强化区社会抚养费审计监督，确保社会抚养费及时足额征收，规范管理，根据有关法律、法规，结合区社会抚养费管理实际，与区审计局联合制定《西山区社会抚养费审计监督管理暂行办法》，依此办法，对2013年的社会抚养费征收进行延伸审计。

（刘珂廷）

人力资源·社会保障

【城乡就业】 进一步完善区级、街道、社区三级公共就业服务网络，组织开展系列公共就业服务活动。2014年，共开发有效就业岗位2.3万个，实现城镇新增就业1.74万人，城镇下岗失业人员再就业3914人，就业困难人员就业2964人，城镇登记失业率2.5%。

贯彻落实各项就业扶持政策，为3210名就业困难人员核发社会保险补贴805.6万元。开发公益性岗位583个，安置283名就业困难人员上岗，其中高校毕业生8人。发放小额担保贷款1616万元，扶持220名失业人员创业。发放“贷免扶补”创业贷款649万元，扶持100名创业人员。向市局推荐劳动密集型小企业贷款4户。

全面推进促进农民就业工作，拟定《西山区2014年促进农民就业工作方案》，并由区政府与街道办事处签订目标责任书，层层分解目标，落实责任。组织6家涉农街道办事处社会事务保障所所长、农促专干及农民就业信息员共52人参加2014年农民就业信息员业务培训会，提升信息员的业务水平。开展市级水源区农村劳动力转移培训就业工作，为2个水源地提供岗位信息共4927个。完成团结街道办事处龙潭居委会“农民创业示范乡村”创建工作。

全力做好高校毕业生就业工作，对区1440名离校未就业高校毕业生就业情况进行调查，并建立工作台账。在区就业局服务大厅设立高校毕业生就业帮扶窗口，为高校毕业生提供就业失业登记、政策咨询、职业指导、岗位信息、职业介绍、职业培训、档案保管、人事劳动保障代理等“一站式”服务。针对大学生举办专场招聘会7场，提供就业岗位5594个。新建大学生就业见习基地3个，提供685个就业见习岗位，有486名高校毕业生到岗见习。至12月底，西山区青年创业园和创业基地面积扩大到4333平方米，在园项目58个，涉及农副产品、生物科技、设备研发生产、文化创意、租赁、商品销售、家政服务等多个产业，累计带动就业712人，实现营业额共7036万元。

开展就业培训工作，组织开展技能培训班47个，培训农村劳动者2281名；组织松花坝水源区、禄劝云龙水库技能培训班共5个班，完成水源区农村劳动力技能培训250人；组织开展创业培训5期，培训创业人员222人。

【基本社会保险】 西山区基本社会保险参保91万人次。

养老、工伤、生育保险 截至12月，西山区职工基本养老保险参保14.74万人，工伤保险参保8.6万人，生育保险参保7.67万人。严格执行退休人员养老金待遇计发政策，为4.27万名参统企业离退休人员发放养老金共10亿元，巩固养老金100%社会化发放成果。确保参统企业工伤、生育保险待遇按时足额支付，支付工伤保险待遇2095人992.3万元，支付生育保险待遇2348人2503.6万元。

医疗保险 完成社会保障IC卡二代卡制卡各项准备工作。截至12月，参保人数据信息核对工作全面完成，提交制卡数据4.2万人，完成发放城乡居民二代卡5355张。全市二级以上定点医疗机构均可以使用二代医保卡进行住院结算。不断加强和完善内控

2月28日，西山区就业局在马街西部客运站举办“春风行动”现场招聘会

制度，提升医保服务质量，全面修订和完善《西山区医疗保险中心内部操作控制办法》《西山区医疗保险中心审核支付内部控制制度》，并完成中心计算机操作人员书面授权及审核支付业务人员书面授权工作。截至12月底，城镇职工医疗保险参保17.48万人，城乡居民医疗保险参保24.13万人。做好城镇职工、城乡居民医疗保险待遇兑付工作，共完成107家定点医疗机构城镇职工基本医疗保险3.28万人次1.147亿元的住院费用审核支付工作，审核出不合理费用116.44万元；完成城乡居民基本医疗保险1.44万人次4911.91万元住院费用审核支付工作，审核出不合理费用52.13万元，确保医疗保险基金合理有效支出。

失业保险 继续扩大失业保险的覆盖面，1～12月全区核定失业保险参统企、事业单位3353户，参保职工9.93万人。接收管理单位移交的失业人员档案5865份，办理失业登记7886人次。发放失业保险金3431.84万元。为领取失业保险金失业人员参加职工基本医疗保险缴费527.49万元，保障了失业人员的基本生活，促进了失业人员就业，稳定了企业岗位。

城镇居民社会养老保险 通过加强政策宣传、深入基层指导协调、加强业务知识培训、简化业务办理流程等措施，全区城镇居民社会养老保险参保人数8.44万人，其中新参保约1400人，续保6.2万人，享受待遇2.1万人。认真做好城乡居民社会保险待遇支付发放工作，截至12月，西山区被征地人员社会养老保险待遇领取人数达1.1万人，发放养老金共4488.2万元；城乡居民社会养老保险待遇领取人数达2.1万人，发放养老金共1812.1万元。

社会保险基金稽核 认真做好社会保险清缴工作，共追缴养老保险历年欠缴760万元，组织开展西山区参保企业书面稽核工作，书面稽核率达60%。对4.27万名城镇职工社会养老保险退休人员进行养老金资格认证工作，认证面达100%，及时暂停支付119名未在规定时间内提供养老金领取资格认证手续的退休职工的退休金，杜绝社保基金流失。对3.2万名城镇居民社会养老保险和被征地人员基本养老保险待遇领取人员资格开展认证工作，对认证截止时间未参与认证的370人及时办理个人账户余额退还及养老保险关系终止手续，以及暂停其养老生活费发放和个人账户封存。加大医保稽查力度，截至12月，对异地住院核查221人，核查金额519万元；对38家定点医疗机构诊疗科室违反规定慢性病超范围用药基金支出进行追缴，追回360.35万元。市、区联合检查4起，追回资金50万元，共约谈调查30余人次。通过用法制化、规范化、经常化的稽查工作，遏制了违规医疗行为、欺诈套保行为发生，维护了参保患者医疗消费权益。

5月5日，云南省首批加载金融功能的社会保障卡试点发行仪式在西山区中国银行马街支行举行

【人事人才】 大力实施人才强区战略，不断完善人才培养和开发、评价发现、选拔任用等机制。1～12月，高层次人才培养与引进110人，全区新增高技能人才808人。

完成2013年度党政群机关单位工作人员和事业单位工作人员年度考核工作，党政群机关单位考核人员共1784人，事业单位实际参加考核的人员4608人。2014年上报公务员招录计划5名，经过笔试、资格复审、面试、体检、考核等工作，新招录公务员4名；2014年西山区计划招聘114名事业单位工作人员，招聘工作于4月26日正式启动，历经报名、笔试、面试、体检、考核等工作，最终聘用105名（含公开招聘97人，定向招聘6人，免费师范毕业生2人），其中一般事业单位22人、教育系统51人、卫生系统32人。

9～10月，西山区人社局联合西山区总工会主办2014年“比技能、强素质、促发展”职工职业技能大赛，550人参加比赛。

【自主择业和企业军队转业干部管理】 做好自主择业军队转业干部管理服务工作，在春节和“八一”节期间向自主择业军队转业干部放慰问金共29万元，为2013年转业的20名自主择业军转干部办理医疗保险。组织2008年以来转业的自主择业军转干部参加上级举办的为期7天的个性化培训，取得相应的资格证书，提升了自主择业军转干部的就业能力。向区政府申请经费14万元，为全体自主择业军转干部进行第二次健康体检。指导全区各街道办事处建立自主择业军转干部活动室，配备必要的学习、活动设施，解决自主择业军转干部参加学习、组织生活等场所问题。

做好企业军转干部解困稳定工

作，在“两会”、党的十八大和南博会期间，对企业军转干部的情况进行全面排查，做好军转干部维稳工作。对符合生活困难补助条件的企业军转干部，向上级申报和发放生活困难补助经费共407.17万元，给有特殊困难的企业军转干部以个案解决方式发放春节和“八一”节慰问金共6万元，较好解决了企业军转干部的实际困难，维护了社会稳定。2014年全区未出现企业军转干部进京赴省非正常上访情况。

【工资福利工作】 贯彻省、市相关政策，及时兑现考核结果，为符合滚动升级的机关工作人员427名晋升级别工资；为2012年、2013年考核为称职以上的机关工作人员2644名晋升级别工资档次；为全区2013年考核为合格以上等次的事业单位工作人员4385名正常增加薪级工资。

为2013年年终考核结果为优秀等次的418名公务员落实嘉奖；审核、审批746名因工作调动、职务（岗位）变动的机关事业单位工作人员的工资待遇，办理机关、事业单位招考录用的208名大中专毕业生的工作转正定级手续；做好工资统发审核工作，月平均审核7000余人次，金额2550万余元。

严格执行政策，开展退休审批、审核、登记工作，共审批、登记退休人员1636名；审核因特殊工种、因病、军队转业（退伍）人员提前退休613人。

审核、审批全区机关、事业单位在职及离退休人员79人死亡后的丧葬费、抚恤费、遗属补助费及按照省市相关政策调整丧葬抚恤费。

【和谐劳动关系】

信访仲裁 2014年共接待来信来访1000余件，涉及职工1257人，来信来访回复率保持100%。接收仲裁申请255件，立案179件，所立案件按期结案率保持在95%以上。审查集体合同27份，涉及企业14户，涵盖职工7531人，全区已建工会企业集体合同登记签订率保持在75%以上。办理1.31万户企业劳动合同登记，涉及职工6.7万人，劳动合同签订鉴证（登记）合格率为100%。

劳动监察 开展清理整顿人力资源市场秩序专项行动，对辖区内的职业中介机构进行清理检查，查处1家用人单位的诈骗招工行为，规范10家用人单位的招工行为。认真实施2014年度劳动保障执法年审工作，年审过程中督促用人单位补签劳动合同1000余人，审查用人单位规章制度6400余件。同时，加大对历年未按时参审用人单位的行政处罚力度，共处罚用人单位66户，处罚金额4万元。截至12月，西山区劳动监察队监督检查用人单位700余户，涉及劳动者3000多人；接待群众来电、来访1900余起，立案查处劳动保障违法案件132件，结案132件，共追缴拖欠农民工工资69万元；参与处理因拖欠农民工工资而引发的突发事件69件，涉及工程款及农民工工资3.1亿元。加大对建筑施工企业工资支付行为的监管力度，有效管理好农民工工资保证金专用账户，共责令缴纳农民工工资保障金1727万元，涉及建筑施工企业21户。

规范编外用工管理 针对上年区属机关事业单位编外用工专项清理整顿工作中发现的问题，拟定《西山区关于规范区属机关事业单位编外用工方案》上报区政府印发全区执行。鉴于区财政承担的劳务派遣人员工资待遇偏低情况，从2014年5月1日起，劳务派遣人员每人每月增资500元，已通知劳务派遣委托单位西山区劳动力市场落实增资工作并到区人社局备案。

工伤认定 接受工伤认定咨询480件，受理工伤案件380件，认定为工伤或者视同工伤373件，较好地维护了受伤害工伤职工及用人单位的合法权益。

（王书德）

民族·宗教

【年度少数民族人口】 西山区少数民族人口众多，除彝、白、苗、回4个世居少数民族外，还有壮、傣、哈尼、纳西、满、蒙古、布依、傈僳、拉祜、藏、佤、景颇、瑶、布朗、阿昌、怒、普米、独龙、德昂、基诺、水等少数民族。2014年末，全区户籍人口52.8万人，其中汉族44.6万人，占总人口数的84.4%；少数民族8.2万人，占总人口数的15.6%。少数民族人口中彝族3.2万人，占少数民族人口的38.8%；白族2.1万人，占少数民族的25.1%；回族1.53万人，占少数民族的18.6%；苗族2205人，占少数民族的2.6%；其他少数民族人口1.22万人，占少数民族的14.6%。

【年度少数民族干部】 2014年，全区机关、事业单位共有干部5773人，其中少数民族干部1183人，占干部总数的20.5%。机关干部1542人，其中少数民族干部307人，占19.9%；事业人员4231人，其中少数民族876人，占20.7%。区级领导干部39人，其中少数民族9人，占23.08%；科级领导干部501人，其中少数民族117人，占23.35%。

【“民族团结进步边疆繁荣稳定示范区”建设】 贯彻落实中共昆明市委、市政府关于建设“民族团结进步边疆繁荣稳定示范区”的意见，西山区成立示范社区建设领导小组，明确区级责任领导、牵头责任单位、责任单位、措施要求等。区目标管理督查办公室对示范区建设的相关工作任务进行分解立项督查，并列入年度工作目标管理考核。争取省、市城市民族工作补助项目9项103万元，继续巩固和提升永和里、棕树营南区、里仁、雨花等5个民族团结进步示范社区的创建质量和水平。争取省、市繁荣发展少数民族文化事业经费2项33万元，深度挖掘历史民族文化内涵，协助完成团结民族风情小镇规划，加快推进团结集镇民族风情小街建设和乐居彝族村寨保护开发。在西山区棕树营小学、育红小学、团结民族中学、西山区第一中学等10所学校开展“云南省千所民族团结示范学校”创建活动，促进“民族团结进步边疆繁荣稳定示范区”建设。

【加强民族团结宣传教育、宗教和谐工作】 以“民族团结月”“民族团结周”“民族团结日”及少数民族传统节日等为载体，深入开展民族团结进步创建活动进农村、进社区、进学校、进企业、进军营、进宗教活动场所，在复兴、永和里、棕树营南区、金碧、雨花5个社区建立民族团结宣传教育知识长廊，在云南民族印刷厂、“中华老字号”洪光保元堂等企业开展“民族团结进企业”活动。

昆明火车站“3·01”暴恐事件发生后，组织伊斯兰教活动场所负责人、教职人员和广大穆斯林参加“昆明市伊斯兰教界强力谴责‘3·01’暴力恐怖事件座谈会”，会上发表致全体穆斯林的公开信；妥善处置辖区内一酒店拒绝新疆同胞入住投诉；对新疆维族同胞返乡实行火车票救助；完成昆明铁路枢纽扩能改造工程——鲲山牛羊肉冷冻厂征地拆迁；健全民族关系监测和预警应急机制，及时开展对涉及民族方面舆情搜集、监测工作，有效确保辖区内民族宗教界团结稳定。

【建立区级领导联系宗教代表人士制度】 为密切联系宗教代表人士，2014年4月区委制定下发《中共昆明市西山区委办公室关于建立区级领导挂钩联系宗教界代表人士工作机制的通知》，建立区级领导25人挂钩联系宗教界代表人士工作机制，即区级领导按照“一对一”的结队方式，挂钩联系区佛教、基督教、伊斯兰教、道教等宗教中具有一定影响的代表25人，并配套工作经费25万元。工作制度建立以来，区级领导纷纷深入各自联系的宗教活动场所联系代表人士，认真听取宗教界人士和信教群众对党委和政府工作的意见和建议，掌握和关心他们的生产生活情况，帮助他们解决一些实际困难，建立了良好的信任关系。挂钩联系宗教代表人士制度的建立及实施，有利于维护社会和谐稳定大局，使宗教代表人士和广大信教群众自觉承担社会责任，继续深入挖掘宗教教义、宗教道德和宗教文化中的积极因素。

【开展“宗教慈善周”活动】 区民宗局积极组织开展“宗教慈善周”系列活动，顺应公益慈善事业的规律，加强对宗教界的引导，9月18日在团结街道办事处喜乐福老年公寓举行西山区2014年“宗教慈善周”活动捐赠仪式，共募捐善款27.6万元和床上用品、食用油、大米等物资价值5万元，促进宗教公益慈善活动的专业化、制度化和规范化。

【马街清真寺调整充实管理委员会成员】 马街清真寺是马街地区信仰伊斯兰教的各民族穆斯林举行宗教活动、讲经宣教、培养宗教教职人员的场所。近年来，由于管委会班子不健全，存在民主作风差、财务不按期公开情况，导致部分回族同胞先后到区、市宗教部门和宗教团体反映，要求调整充实寺管会成员。区民宗局高度重视，多次到清真寺召开座谈会，听取广大穆斯林的意见、建议，制定调整充实工作方案，于6月6日在马街清真寺召开会议调整充实寺管会班子。此次调整，是首次在宗教界采用公推直选方式选举寺管委会成员。新一届马街清真寺管委会由10人组成，设主任1人、副主任3人。

【明朗基督教堂新堂落成】 明朗地区是清光绪八年（1882）基督教传入昆明时西山区最早接触西方基督教文化的地区之一，最早的教堂设在冷水沟（现砚台村）。“文革”期间停止活动，1978年党的十一届三中全会后恢复宗教信仰自由政策。1999年设临时活动点于能大德牧师家中，2006年经区民宗局批准在大兴村建新教堂，2010年昆明西北绕城高速公路建设，教堂位于公路红线内被拆除。2013年12月在区民宗局的牵头下，经明朗教堂与白眉社区居委会、妥睦居民小组协商，社区、小组同意转让位于白眉农贸市场内的原白眉社区卫生所给教会。该建筑物占地面积748平方米、砖混建筑面积205.46平方米、砖木建筑面积173.08平方米，以总价28万元永久性转让给明朗教会作为宗教活动场所，经全面修缮建成一幢能容纳100余人开展宗教活动的教堂，满足了当地信教群众需求。

2014年11月27日，团结街道办事处明朗基督教堂举办圣诞礼拜暨新教堂落成开堂庆祝活动，来自全区12个基督教活动场所（点）200余名信徒参与庆祝活动。

（徐　爽）

民政工作

【救灾救济】 修订完善《西山区自然灾害应急救援预案》和《西山区自然灾害应急指挥简本》等行动方案，强化区、街道、社区三级自然灾害应急预案体系和灾情速报制度。常态减灾和应急救灾相结合，增强自然灾害综合防御能力。建立灾情搜集、查灾核灾、应急救助、后勤保障和恢复重建等工作组，构建全面、系统的防灾减灾组织网络。

2014年西山区雪灾、旱灾、涝灾、火灾等自然灾害频发。据统计，辖区内因发生各类自然灾害，致使4775人受灾。针对灾情，先后组织对灾情严重的8个居委会和15个居民小组进行实地走访调查，详细询问口粮、饮水等基本生活状况，做好灾情核查和统计工作。同时根据灾情实际，有针对性地制定《西山区民政局关于对旱灾受灾困难群众生活救助的实施方案》《西山区民政局“4·16”团结棋台火灾灾后救助实施方案》，并按照相关救助规程积极开展灾民救助工作。团结“4·16”火灾，集中安置灾民49人，向受灾群众发放104床棉被及生活必需品；对受火灾影响的21户农户给予生活困难救助4.48万元；对因自然灾害导致民房倒损的24户受灾户给予危房救助资金6.77万元。

【防灾减灾宣传】 以“城镇化与减灾”为主题，积极开展“5·12”防灾减灾宣传活动，利用悬挂标语、发放宣传资料、设置展板、设立咨询台等形式，在全区共开展集中宣传活动12次，向广大群众发放宣传挂图600余份，发放宣传小册子2000余份，发放中小学生和城市农村防灾减灾手册80份。通过活动的开展进一步提高全社会防灾减灾意识，有效地提高广大群众灾害自救互救能力。加强灾害应急管理，开展应急演练，5月16日在原云南省印染厂家属区（现救灾仓库前）开展以“搭建救灾帐篷”为主题的应急演练工作。西山区民政局全局干部职工积极参加，通过技能培训和实际操作，基本掌握搭建帐篷的技巧。

做好民政救灾物资储备管理工作，储备各类男女衣裤1500余件（条）、棉被毛毯1200床、大衣风衣1000件、各类鞋子200双、线手套150双、雨衣200件、强光应急手电50支、彩条布30卷、12平方米单帐篷210顶。

【城乡低保工作】 根据昆明市民政局要求，2014年城乡社会救助对象实现全面提标，城市低保由原来的人均425元/月提高到475元/月，较上年提高11.8%；农村低保由原来的人均240元/月提高到270元/月，较上年提高12.5%。农村五保集中供养标准由原来的人均460元/月提高到530元/月，较上年提高15.2%；分散供养标准由原来的370元/月提高到430元/月，较上年提高16.2%。

全面开展低保清理核查和低保农转城工作。从2014年7月14日起，按照《昆明市西山区城乡低保专项清理整治行动实施方案》，有计划、有步骤地开展全区低保专项清理工作。截至12月底，共清退城市低保348户，其中通过昆明市居民经济状况核对系统比对不符合低保保障321户；经群众举报核实后取消低保保障27户。杜绝“关系保”“人情保”“搭车保”“重复保”现象发生。按照区统筹办和昆明市民政局相关要求，全区农村低保全部转为城市低保，纳入城市低保人数为6746户9165人，保障人数占全区非农人口的1.92%。截至12月共发放低保金3303.8万元，月人均补差381.22元。

【社会救助】 全年通过“一站式”医疗救助平台救助449人，共支出救助资金82.58万元；对187户城乡特困群众进行医疗救助，共支出医疗救助金42.72万元；全面资助1.04万名农村五保户、低保人员、孤老、重残等困难群众参加居民医保，共支出资金72.8万元；对483户因病致贫、因灾或生活出现短暂性困难的人群，给予相应补助，共发放临时性生活困难补助金70.28万元。

【农村五保供养】 切实保障五保对象基本生活权益，将五保供养经费列入财政预算，统一供养标准，并办理居民医保。全区农村五保户206户212人，其中集中供养173人，分散供养29人，全年共支付五保供养经费96.72万元，集中供养率为82.07%。

【社会福利工作】 2014年西山区有民办养老机构16家，集体办敬老院3家，床位数2154个，入住老人1507人。安置困难家庭精神病人41人；依法办理收养关系24例；收送各类弃婴到市儿童福利院寄养11人。进一步加强流浪乞讨人员救助管理工作，开展农历“三月三”民间艺术节专项救助、“寒冬送温暖”“城乡清洁工程”流浪乞讨专项救助、迎“南博”等专项整治行动，救助流浪乞讨人员45人。为全区30名社会散居孤儿发放基本生活费28.57万元，其中西山区财政本级配套资金4.76万元，完成本级配套资金并实现生活补助增长15%。全区有社会福利企业3个，就业95人，其中残疾职工37人，残疾职工占企业就业总人数的39%。各企业残疾职工上岗率100%。

【“3·01”暴恐善后处置】 “3·01”严重暴力恐怖事件发生后，区民政局抽调22名工作人员组成善后安抚工作组赶赴市第一人民医院，对15名遇难者的家属进行一对一的安抚工作。积极向上级协调资金551.39万元，在区指挥部统一安排部署下，做好遇难人员家属抚慰和遇难人员遗体辨认、保存、火化、兑付救助金等善后工作。经过22天的细致工作，完成15名遇难者的善后工作。

【慈善事业】 加强街道办事处一级慈善组织建设，积极帮助有条件的街道办事处建立慈善组织，全区有6家正在筹备。西山区慈善协会鼓励辖区单位发扬人道主义精神，扶危解困，多方筹集善款善物，广泛开展多种形式的慈善救助活动。全年共接受捐款110.47万元、“贝因美”奶粉390件、轮椅32把。开展贫困家庭慈善助学、家庭困难儿童救助、向地震灾区群众献爱心等活动。慈善救助资金总额达到本年度捐赠总量的100%。

【双拥工作】 利用春节、“八一”等时机，组织召开全区军地座谈会，采取“想法互听、建议互提、难题共解”的方式，促进全区双拥工作进一步开展，全年为驻区部队送去慰问金243.04万元。为4名随军家属调动工作事宜进行协调安排；帮助部队协调解决45名子女入学转学问题；投入支持部队

7月5日，“3·01”事件遇难者家属领取救助金

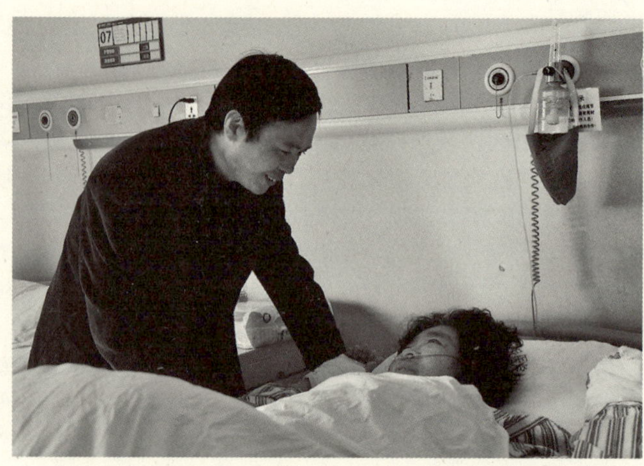

7月6日，善后安抚工作组到医院看望“3·01”事件伤者

建设经费66.1万元；成功调解处理军地纠纷5起，有效解决军地双方相关困难问题；大力开展法律、优抚安置政策文化进军营活动，工作人员17次走进军营为部队1300余名官兵讲解转业安置相关政策法规和相关法律知识。

驻区部队先后组织开展大型义诊活动3次，帮助贫困山区群众近2000人；森警部队、黄金十支队、95429部队参与大小森林灭火工作10多次，出动车辆105台次、兵力2050人次；95429部队、武警云南总队医院、武警昆明森林支队、武警黄金十支队出动官兵100余名，在团结街道办事处棋台社区新建“双拥林”2公顷；驻区部队出动1000多人次参与军警联防，有效地预防了驻区各类案件的发生。

11月，西山区双拥工作被省委、省政府、省军区授予“全省第九届双拥模范城（区）称号”，并授牌。

【优待抚恤】 改进优抚资金发放办法，实现各类优抚补助社会化发放。调整2014年度优抚对象抚恤补助，按时发放优抚对象定期定量补助金、残疾人员抚恤金、军休干部职工生活补助共1280.6万元，抚恤金和生活补助较上年增长10%。积极做好优抚对象的帮扶解困工作，统一将“三难”（生活难、医疗难、住房难）优抚对象全部纳入城乡低保和城乡医疗救助范畴。全年共支出各种补助经费44.8万元，为241名优抚对象解决“三难”问题；为全区284名义务兵发放优待金209.42万元。

【退役士兵安置】 全年接收退役士兵共213人，其中自主就业142人，发放自主就业补助金165.96万元；自谋职业44人，发放一次性自谋职业补助金161.5万元。加大退役士兵技能培训力度，鼓励退役士兵报名参加职业技能培训、创业培训和学历教育培训，全年共有208人参加创业培训、86人参加职业技能培训、120人报名参加1年以上学历教育培训，合格率90.5%。

【军队离退休干部安置服务管理】 做好军休干部、无军籍职工、地退人员“三类人员”接收、服务管理工作。全年共接收军休干部39人、无军籍职工106人。积极落实军休人员“两个待遇”，定期组织支部书记（委员）学习国家、省、市、区文件和社会经济发展情况通报；看望困难、生病住院军休干部、军休职工及病故军休干部家属74人，支出经费2.49万元；发放“三类人员”工资和补贴7481.13万元，缴纳医疗保险987.35万元，扫描、整理、录入军休干部档案资料约1.1万份到“民政部军休干部2013版数据库”，并按要求整理1365份军休干部、职工档案。

【村务公开和民主管理工作】 上报梁源、云龙社区作为2014年村务公开民主管理示范点；在全区58个村改居社区增设社区居务监督委员会，确保社区各项居务公开透明、管理有效到位。完成9个街道办事处社区财务代理服务中心和农经站的农村经济管理检查，检查率100%；随机抽查社区、小组的财务公开工作，公开率100%。

【“和谐社区”建设工作】 2014年11月国家民政部命名西山区永昌街道办事处为“全国‘和谐社区’建设示范街道”；永昌街道办事处永兴路社区、盛高大城社区和金碧街道办事处复兴社区为“全国‘和谐社区’建设示范社区”。推进城乡社区自治组织全覆盖，在永昌、福海、前卫3个街道办事处增设的华昌路、阳光、滇池路、世纪半岛、同德锦江5个新社区正式成立，全区社区总数从98个增加到103个。制定下发《西山区社区干部管理暂行办法》和《西山区社区设置暂行办法》，积极探索社区事务准入工作。深入推进“三维数字社区”“智@家”智能社区信息交互平台试点，利用QQ交流平台、“幸福驿站”公众服务账号，全面打造信息化社区，初步建立起“管理型、网络型、服务型”的社区数字化模式。为符合条件的600余名社区干部缴纳“五险”426.64万元，切实解决社区干部的后顾之忧。

投入资金51.5万元，完成社区门头标识统一工作。撰写《西山区民政局参加云南连心“三区”社工人才支持计划外出交流学习调研报告》，被市委组织部《昆明市人才工作动态》全文转发。

2月14日，西山区民政局婚姻登记窗口应对元宵节领证高峰

【婚姻登记】 2014年登记结婚5446对，补领结婚登记1174对；办理离婚登记2223对，补办离婚105人；出具未婚、未再婚证明1.31万份。完成1995～1999年结、离婚登记历史数据的补录工作。

【社团、民办非企业登记管理】 依法做好社会组织日常登记管理工作，通过政府购买服务，西山区民政局进行指导和扶持的方式，组建成立云南省首家与社会组织合作共建的县区级社会组织培育基地和社会工作人才服务中心，并于10月31日挂牌。截至12月，共办理民间组织登记525家，其中社会团体登记202家，民办非企业单位登记323家。组织443家社会组织进行年检，年检421家，年检率95.1%。

【殡葬管理】 大力提倡绿色殡葬、环保殡葬，继续开展“鲜花换纸钱”活动，在全区41个入山防火卡点同时设置鲜花交换点向祭扫群众发放鲜花6万余支，惠及2.5万群众。全年投入资金4877万元用于农村公益性公墓建设，并有重点地加大对海口街道办事处白玉凤凰山农村公益性公墓建设的督促管理，该公益性公墓已基本达到经营性公墓的服务管理水平。积极落实殡葬惠民政策，累计投入资金461.6万元，对农村人口死亡火化、骨灰进入农村公益性公墓和其他合法公墓的家庭进行补助，惠及家庭1618户。完成“三沿五区”（“三沿”指沿铁路、沿公路、沿通航河道两侧，“五区”指水源保护区、文物保护区、风景旅游区、住宅区和开发区）坟山绿化工作，共种植各类乔、灌木7000株，完成全区农村公益性公墓植树绿化任务。

【地名·门牌·勘界】 制定下发《西山区街道行政区域管辖线首轮联合检查工作实施方案》，完成马（街）—团（结）、团（结）—碧（鸡）、海（口）—碧（鸡）行政区域管辖线的联检工作，联检双方街道办事处签订《昆明市西山区创建平安边界睦邻友好公约》。审核上报地名命名请示8件，其中住宅类命名7件，道路命名1件。办理门牌变更手续87件，增设地名标志牌12块，对全区1201块道路街巷指示牌进行检查验收。草拟《西山区第二次全国地名普查工作实施方案》，做好全国地名普查前期准备工作。

2月21日，盛高大城社区“五位一体”为民服务站百项服务品牌“幸福驿站”揭牌运行

（永昌街道办事处 供稿）

【移民后期扶持】 发放大中型水库移民后期扶持资金27.86万元，争取上级投入专项资金142.86万元，启动中宝社区白塔小组人畜饮水管网改造、里仁社区里仁大村文化活动室建设、青鱼社区多功能活动室建设和白鱼社区黑荞坝子人畜饮水4项工程。完成云南省滇中引水工程西山段前期实物调查工作。

（郭明泉）

老龄工作

【简况】 西山区老年活动中心全年接待服务老年人共7.2万人次，接待人数占全区老年人总数的65%。各老年人协会结合实际，组织开展形式多样的活动125次。全区10个街道办事处及西山风景名胜区管委会，辖103个社区，组建老年人协会95个，占92.23%。全年共办理“云南省老年人优待证”1.09万本，为符合政策的1.17万名80岁以上的高龄老年人发放保健金675.5万元。

不断加强养老基础服务设施建设，截至2014年底，共建成社区居家养老服务中心16个、农村幸福院4家、村居委会老年日间照料中心2个、养老机构16家，总床位数2154张，老年人活动场所、环境得到较大改善。

【敬老节庆祝活动】 2014年10月2日重阳节，即西山区第29届敬老节，对全区23位百岁寿星老人、1096位90岁以上高龄老人、144位特困老人、103位老复员军人、69位老乡干部和3家敬老院进行走访慰问，发放慰问金34.55万元，并对年内新增的11名百岁老人颁发“幸福之家”匾。区老龄委成员单位分成5个慰问组对全区10个街道办事处和西山风景区管委会的6位百岁寿星、5位90岁以上高龄老年人、6位特困老年人、1位老复员军人、2位老乡干部、2家敬老院进行重点走访慰问。其他1415位老人由各街道办事处、社区按要求走访慰问到户到人。

9月27日，省委副书记、省长李纪恒和副省长张祖林、省政府秘书长卯稳国、市长李文荣一行来到西山区福海街道办事处怡康温泉花园小区登门看望101岁的付纪棠老人和他的老伴——90岁的张志芳老人。

10月21～22日，由区委宣传部、区文旅体局联合主办，昆明聂耳交响乐团、西山青少年交响乐团承办的西山区音乐节分别来到金碧敬老院、寿星敬老院进行2场慰问文艺演出，让敬老院的老年人度过一个幸福快乐的节日。

在“敬老月”期间开展“老有所为”先进典型人物评选宣传活动，在推选出的西山区13名“十佳老有所为楷模”中推荐1名参加云南省“老有所为”先进典型人物评选。

【社区居家养老工作】 2014年西山区建设社区居家养老服务中心6个，项目总建设面积2800平方米，设床位70张，总投资261万元，省级补助资金113万元和区级配套资金47万元，下拨到6个社区居家养老服务点。其中碧鸡街道办事处西华社区居家养老服务中心和海口街道办事处中平社区居家养老服务中心建成并投入使用，10月团结街道办事处龙潭社区居家养老服务中心、11月西山风景区管委会猫猫箐社区居家养老服务中心，先后揭牌开业。10月20日区老龄办组织相关街道办事处的分管副主任、街道老龄办工作人员及6个社区居家养老服务中心的负责人，到滇池旅游度假区的大渔社区和滇池卫城居家养老服务中心（站）参观学习。积极开展居家养老社会化服务试点，引入庚泉养老服务产业集团与弥勒寺社区签订承包经营协议。

【老年人生活状况调查】 2014年4月对西山区户籍人口中的失能、空巢、独居老年人进行生活状况调查。全区共有60岁以上老年人10.91万人，其中失能老人731人、半失能2498人、空巢5719人、独居3457人，共1.24万人，占老年人数的11%。在这1.24万人中，经济状况好的有1569人、经济状况中等4956人、经济状况差5880人、残疾老年人963人，已入住养老机构老年人284人，想进养老机构老年人375人。这些老人生活自理能力差甚至不能自理，需要有人日常照护，需要家庭、社会多方面关照。

8月，第二期全国居家养老状况调查昆明市启动仪式暨访谈员培训会在昆明市军供站召开。西山区作为昆明市调查的5个主城区之一，选择永宁里社区、6家养老机构、4家养老企业参加调查。社区选派10名访谈员进行入户调查，组委会秘书处随机抽取永宁里社区的250名老年人作为调查对象，完成200份有效问卷调查。通过调查进一步摸清底数，了解各类老人的需求，为做好服务、制定为老服务政策奠定了基础。

【助老工程】 开展解决“五老”（老干部、老战士、老专家、老教师、老劳模）住房难情况调查和老年人活动设施建设情况调查，及时将情况统计表上报市老促会。对团结和平社区小厂居民小组一老乡干部的住房情况进行勘查，由市老促会、区老促会各补助2万元为老人修缮住房，敬老节前老人安全入住。

2014年市老龄福利事业发展促进会办公室救助西山区贫困老年人45人，发放救助金1.35万元，市老促会救助区贫困老年人27人，发放救助金8100元。区老促会救助贫困老年人72人，对69名老乡干部和103名老复员军人进行走访慰问，发放慰问救助金7.3万元。年内募集资金6.06万元，救助特困老人支出13.96万元。

（李　昂）

残疾人事业

【残疾人医疗、养老帮扶】 全年共帮助2063名三、四级残疾人参加城乡居民基本医疗保险，其中直接为海口、团结、碧鸡820名农村残疾人交纳参保费用；对1243名城乡三、四级残疾人给予全额补助，共补助14.44万元。

完成2014年全区三、四级残疾人参加城乡居民社会养老保险补助1459人，按每人每年补助100元的标准，补助金额共14.59万元。

【残疾人教育帮扶】 对全区156名义务教育阶段的在校残疾学生、高中阶段在校残疾学生及其残疾人家庭子女提供就学补助；对2014年考取大、中专院校的68名贫困残疾学生及其家庭子女入学给予补助；对参加特殊教育学习的19名残疾儿童、少年给予就学补助。全年共补助243人25.87万元。

【残疾人就业帮扶】 完成1038家用人单位1089万元的残疾人就业保障金审核工作，已入区财政国库873万元。完成580人次的残疾人免费培训。采取多形式开展残疾人就业工作，推荐残疾人160人次就业。

【残疾人康复服务】 在全区完成筛查工作，为达到复明手术成熟期的328名患者实施复明手术。为全区有需求的残疾人配发用品用具372件。为219名精神病患者实施免费发药服务，选送38名精神疾病患者入住区精神康复站开展工疗康复训练，补助自购药款166人，服务423人。为0～14岁100名残疾儿童、少年建立康复档案，制定康复训练计划，并按步骤实施“一对一”社区康复训练服务。依托昆明市西山区洛克米（Look mi儿童潜能拓展中心）特教康复中心，选送9名自闭症儿童、少年实施专业的康复训练，并发放康复训练补助费7.6万元。

【残疾人托养服务补助】 按照居家托养服务要求，对全区413名重度残疾人和智力、精神残疾人实施居家托养服务补助工作，补助金额共46.36万元。按照残疾人机构托养服务工作要求，对全区45名各类残疾人实施机构托养服务补助工作，补助金额共12.6万元。

【节日慰问】 春节期间市、区两级慰问残疾人家庭820户；“助残日”区级慰问316户；中秋节期间市、区、街道办事处慰问920户。全年共慰问2056户，发放慰问金61.68万元。

【无障碍设施改造】 在全区开展入户筛查，对符合条件的残疾人家庭进行评估。为视力残疾人配发盲人语音电饭煲182台，为2户残疾人家庭环境进行无障碍设施改造，为8户残疾人家庭配发电视机、家具。

【盲人按摩机构管理】 换发盲人保健按摩机构开业资格证29本，停业8家，入户检查17家次。完成全区盲人保健按摩机构基本情况调查，走访32家，明确各自管理归属社区。通过社区专职委员日常检查，建立全区盲人保健按摩机构及从业人员的基本档案。全区共有盲人保健按摩从业人员105人，其中盲人按摩师81人，昆明籍盲人按摩师25人。

（施冠宇）

扶贫工作

【改善欠发达地区群众生产生活条件】 在14个居民小组实施道路硬化、机耕路修建和“美丽乡村”建设项目，道路硬化长7390米2.08万平方米，场地硬化约768平方米，建机耕路1980米，建垃圾房3间，改善14个小组595户2253人的生产生活条件；在2个小组实施人饮管网改造项目，安装引水管道5030米，解决2个小组116户347人饮水困难问题。

【帮助欠发达地区农民增收】 安排扶贫专项资金10万元，在团结、海口街道办事处实施农业产业结构调整项目，示范推广种植万寿菊168.33公顷和刺香玫瑰53.33公顷。通过农业产业结构调整项目的实施，解决欠发达地区农民就业问题，带动休闲观光和生态旅游业的发展，帮助欠发达地区农民增收。

投入扶贫资金10万元，配合区转移办完成农村劳动力转移培训1.32万人次。通过培训，不断提高欠发达地区贫困人口素质，提高欠发达地区农民学科技、用科技的能力，走科技致富之路。

【开展应急救灾和零星扶贫】 投入应急救灾和零星扶贫资金40万元，主要以农业生产扶持、进村道路维修、抗旱和文化活动室设施配置等为主，补助项目14项，使受灾地区群众和零星贫困人群的生产生活条件得到明显改善。

【争取上级资金和项目实施】 争取到云南省扶贫办“革命老区”开发建设项目资金50万元，在西山区“革命老区”海口街道办事处青鱼社区实施道路硬化项目，实施青鱼塘村至中轻依兰集团公司主干道826米路基开挖和青鱼塘村至中轻依兰集团公司油库约300米道路硬化工程，解决青鱼塘村和甸基村314户居民出行难问题。

争取到省、市级“整村推进”项目资金60万元，实施妥排居委会洋西力杆小组进村道路硬化项目，硬化进村道路620米；实施朵亩居委会小乐亩

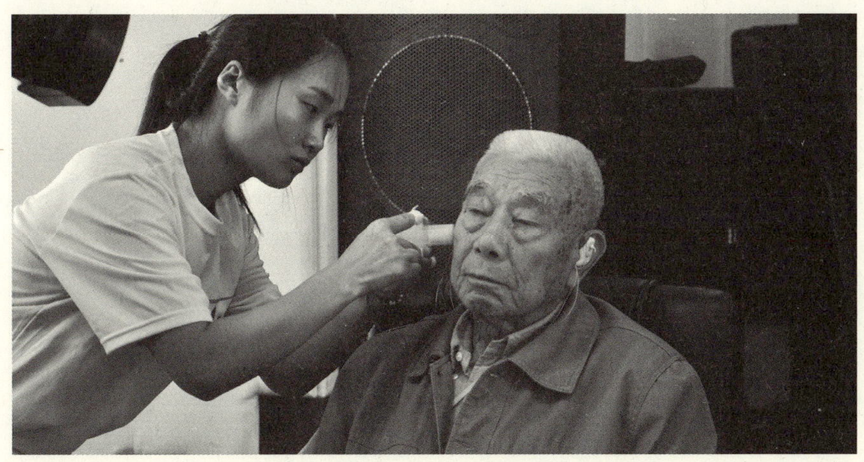
6月12日，西山区残联为残疾人验配助听器

下村村内道路和文化活动场地硬化项目，硬化村内道路200米，硬化文化活动场地1400平方米；实施蔡家居委会新民村核桃种植项目，连片种植“云新高原”品种核桃40公顷、散种26.67公顷。

争取到省、市级易地扶贫搬迁项目资金351.6万元，实施海口街道办事处双哨社区中良子、安家屋基和小麦地3个在地质灾害滑坡山体上的居民小组共104户、293人的整村搬迁项目。该项目占地7.73公顷，预计总投资5935.05万元，年底完成项目前期工作和场地平整等基础工程分项工作，正在实施上部房屋建设。

【区外定点帮扶工作】 根据市委、市政府关于“十二五”扶贫工作方案要求，西山区“十二五”期间定点挂钩帮扶东川区。结合东川区扶贫开发工作实际，本着“优势互补、互惠互利、多域合作、共同发展、全面进步”的原则，2014年投入帮扶资金200万元，实施东川区阿旺镇海科村委会白沙地小组异地搬迁点基础设施配套工程和岩头村委会坡头小组、干彝小组山羊养殖项目。

【贫困户建档立卡工作】 为进一步掌握农村贫困人口分布现状及结构，实施精准扶贫，按照昆明市扶贫办的相关要求，结合西山区实际，于2014年8月开始进行西山区贫困农户基本情况调查登记，开展扶贫开发建档立卡工作，共完成166户610人贫困农户识别工作。

【存在的困难和问题】 扶贫对象经济社会发展基础薄弱，加大解决相对贫困人口增收致富的工作压力。经过多年努力，全区的扶贫开发工作取得明显成效，但与全区平均发展水平相比仍存在较大差异。由于扶贫对象特定的自然、历史、社会、文化、交通、经济等各方面条件限制，欠发达地区发展速度远远低于城镇、城郊、坝区。

欠发达地区基础设施滞后，扶贫投入与需求矛盾突出，扶贫资金投入有限，项目分散，影响整体效益发挥，难以打造亮点。

在已解决温饱问题的群众中，部分群众生产和生活条件仍相对较差，“造血”功能较弱，抵御自然风险和市场风险的能力弱，极易返贫。因此，巩固脱贫成果，防止因灾、因病返贫的任务仍很艰巨。

欠发达地区资源开发滞后，可持续发展能力差，缺少龙头企业带动，资源优势没有转化为产业优势，农村居民增收缓慢。

（潘焕平）

街道办事处概况

编辑　郑　航

马街街道办事处

【大事记】　1月28日，马街街道办事处《西丽园社区报》试刊发行。

3月31日，省政协主席罗正富到办事处调研政协委员之家建设情况。

10月3日，完成昆枢工程拆迁工作。

11月19日，完成辖区居民小区天然气置换工作。

【人口·面积】　马街街道办事处辖区总面积27.14平方千米，辖梁源、明波、大渔、张峰、积善、马街、普坪、德缘、西丽园9个社区居委会，32个自然村，62个居民小组，26个居民小区。驻辖区中央、省级、市属企业单位78个，区属企业单位56个，个体私营企业5580个。2014年末，全处总人口2.28万户5.15万人，其中男性2.68万人，女性2.47万人。

【党建工作】　年内开展党员“政治生日”谈话制度，在街道7个社区党委、2个社区党支部、1个非公企业党委、3个“两类”组织党总支、88个党支部中党员已过“政治生日”有1214名；坚持社区和机关干部“民情日记”记录考核制度，记载“民情日记”756篇，开展“共产党员活动日”；坚持每季度定期召开街道、社区党建工作推进会；实施“六项”民心工程，为民解忧排难，为群众办实事，做好事；全面推广“四议两公开”工作法，加快推进党建“三有一化”工作进度，把党务公开与政务、居务、财务公开结合起来，强化党内外监督。

围绕党的群众路线教育实践活动，坚持每周政治学习日制度、副科以上领导干部学习日、专业技术人员继续教育培训等；健全和完善“五制一公开”。共发展新党员9名，党员转正27名，在新发展的党员中，35岁以下的有5人，占总数的55.6%；大专以上学历的2人，占总数的22.2%；初中学历的4人，占总数的44.4%；妇女3人，占总数的33.3%。落实党风廉政建设责任制，党政“一把手”认真履行“一岗双责”，层层签订年度目标责任书。据统计，街道公务接待费用同比减少15.2万元，减幅81%；减少会议数量4个，同比减幅25%；精简简报种类1种，同比减幅50%；精简简报数量9期，同比减幅18%；11月30日，街道以党工委名义下发的文件43个，同比减少33个，减幅50%；以行政名义下发的文件28个，同比减少34个，减幅55%。做到转变工作作风，精简会议、文件、简报，减少“三公”开支，厉行节约。

开展党的群众路线教育实践活动，制定印发系列文件，设立专门办公室，组建工作联系组9个，明确专人负责。听取意见，查摆问题，严格按要求召开领导班子专题民主生活会及基层党组织专题组织生活会。班子共制定整改措施19条，制定专项整治方案措施23项，街道领导班子整改清单共列整改问题7条，具体整改措施15条。班子整改清单所列的7条问题已全部整改完成。

3月6日，马街街道召开党的群众路线教育实践活动动员大会

（马街街道办事处　供稿）

处理好群众的来信来访工作，全年共办结各类积案15件，化解5年以上积案3件、5年以下信访积案5件。贯彻“8433”工作要求，全面推广“插甸经验”、升级版“孟连经验”“绥江经验”，把基层党组织的工作重心转到服务改革、服务发展、服务民生、服务群众、服务党员上来，建构起“三位一体”的服务体系，加强社区党组织建设，发挥社区党组织服务群众的功能。加强大学生“村官”队伍建设及日常管理，配合上级组织部门完成大学生村官随机调研工作。

推进在职党员到社区报到为群众服务工作，先后有29个省、市、区单位，320名在职党员到社区报到，共开展活动18次、服务群众658人次、听取意见26条、解决纠纷2件。抓好软弱涣散基层党组织的集中整顿工作，从4月开始，街道党工委提出“摸清底数，夯实基础，搭建平台，真抓实干，建设服务型党组织”的整顿思路，街道党工委委派1名常务书记加强组织建设；搭建社区党建平台（通过入户、家访、采集党员信息，建立支部党员QQ群、短信平台）；强化活动阵地、宣传阵地、服务阵地，使“三会一课”制度化、正常化；整顿工作通过区委的检查验收，社区党支部改变了“软弱涣散”形象。

对区委组织部确定的全处辖区内的30家规模以上非公企业进行走访、调查；重点打造腾辉党支部为两类组织党建示范点；落实党建目标责任、加强经费保障、加强工作宣传总结，夯实两类组织党建工作基础。

【经济简述】 财政收入及各经济指标稳步增长，全年完成财政收入3.573亿元，完成目标任务3.468亿元的103.01%，超年度目标任务3.01个百分点；完成上划中央“两税”收入2.075亿元，完成目标任务2.073亿元的100.07%，超年度目标任务0.07个百分点；完成地区生产总值（GDP）70.1亿元，增速11%。完成规模以上工业总产值8.58亿元，完成目标任务10.445亿元的82.14%；完成规模以上固定资产投资58.9亿元，完成目标任务55.25亿元的106.6%，超年度目标任务6.6个百分点；完成社会消费品零售总额73.4亿元，完成目标任务64.78亿元的113.3%，超年度目标任务13.3个百分点；完成城镇居民人均可支配收入3.63万元，增速7.6%。

【非公经济】 以招商引资为主线，以楼宇经济为重点，以培育税源和增加财政收入为落脚点。继续做实“领导工程、专班工程、能力工程、情感工程”四大工程，做好既有项目的服务、包装，壮大，想方设法加快重大项目的推进进度，超额完成年度招商工作任务。全年共申报招商引资项目9个，考核认定资金16.45亿元，完成年度目标任务15亿元的109.67%，超进度9.67个百分点。

【财务代管】 全处社区财务委托代理服务中心工作人员持会计从业资格证书的专职代理会计6人，社区财务人员15人。代管社区居委会9个（含城市社区2个）、62个社区居民小组资金，共开设银行账户2个。根据实际开展工作的需要共设84个账套分别对各社区居委会及居民小组进行核算。全年共审批用款报告822件，审批金额2.861亿元，9家社区居委会、62个居民小组2014年1～4季度财务公开工作全部完成，公开率100%。

【重点工程建设】 **草海项目** 已完成协议签订6344户，占总拆迁户数6965的91.12%，签订协议面积301.14万平方米，占总拆迁面积的79.59%；完成拆除面积292.31万平方米，占总拆迁面积的77.22%。累计完成征地455.08公顷，占总征地面积的68.43%（国有土地31.66公顷、集体土地423.43公顷）。

昆枢建设工程 10月，昆枢工程最后一户拆迁户鲲山冷冻厂完成拆迁协议签订，昆枢工程333户计33.5万平方米的协议签订及拆除工作已全部完成。完成征地26.99公顷（含红线外4.33公顷）。

地铁三号线 完成签订拆迁协议17户，占总户数22户的77.27%，签订协议面积5.4万平方米，占拆迁总面积4.79万平方米的112.85%（注：因红线调整，拆迁总面积有新增，故以签订协议面积为准）；拆除面积5.32万平方米，占总拆迁面积的111.11%，地铁项目仅4个点位未拆除。已征用土地面积6.63公顷（其中红线内3.25公顷），红线内征地面积占总任务数的85%。

【城中村改造】 **47号片区一期（马街摩尔城项目）** 9栋回迁安置房中有8栋封顶断水，剩余一栋建至6层；商品房共14栋，封顶5栋；公建部分共11栋（公寓、酒店等），封顶8栋。48号片区一期（山水清城项目）完成一期征地拆迁工作，正在实施安置房建设。一期回迁3栋安置房共624套计5.8万平方米，现2栋已封顶，共488套，另1栋建至地下室。51号片区（兰亭上锦项目）片区332户居民完成回迁安置，85%的商品房住宅部分已建成，商业部分建设进度经过半。52号片区专项规划获市规委会批准，按程序完成了相应中介机构招投标工作，确定安置房规划设计方案。8月，西山区政府常务会议原则批准西山区52号片区城中村改造项目征收拆迁补偿安置指导意见。53号片区项目回迁安置房共7栋1162套计14万平方米。回迁安置房分布在G、H、J地块，其中，G地块（A2-1、A1-4地块）已开工建设，在申报规划方案。J地块在进行规划方案调整，H地块在进行土地组建工作。

【城市管理】 完成辖区1278户商户、单位“门前三包”签订工作，“门前三包”监管到位，签约率、履约率都95%以上；依法完成门头招牌审批36件，各类环保项目审批39件；办结数字城管案件1.72万件，结案率100%。完成新增绿地面积2.24万平方米；按区政府拆临拆违要求，完成辖区11个点8.16万平方米临违建筑的拆除工作。5月、6月，办事处按区级安排，以良好的市容环境迎接中国第十六届科协大会及第二届“南博会”举办。

【土地管理】 完成草海片区征地346.94公顷；完成45号安置地块征地54.67公顷；完成46号安置地块征地57.37公顷；完成昆枢铁路工程征地28.06公顷；完成地铁3号线征地6.32公顷。配合区国土资源局完成第十三次全国卫片对照检查，对3个发生变化的图斑及时取照，到用地单位完成变化图斑地块的调查，判定无违法用地图斑。全年共进行土地巡查77次，加大执法巡查力度，巩固和规范土地市场秩序和矿产开发秩序，遏制国土资源违法违规行为发生。

【水环境治理】 与9个社区居委会签订河道保洁责任书、防汛责任书。共出动河道保洁人员2.03万人次，打捞河面漂浮物、河堤、绿化带垃圾、杂草270吨。全年辖区降水量650.4毫米，降雨天数72天，出现水淹点4个，安排人员进行抽排水，确保居民群众安全出行。开展河道巡查44次，滇池界桩3次。

【气象工作】 年内成立马街街道办事处气象信息服务站，配置20人气象信息员队伍，及时传递气象防灾减灾气象信息，全年发布气象信息41条。

【农房监管】 全年共出现城中村违法建设行为19起，违法建设面积2138平方米。违法建筑出现后街道办事处综合执法部门及各社区反应及时，先后对19起违法建筑进行查处并全部拆除完毕，查处率拆除率均为100%。

【护林防火】 与4家涉林社区、95户驻林区及林缘地带的单位、企业、住户签订2014年度森林防火责任状，结合全处林区实际，将林区划分为8个包保责任片区，实行森林防火包保责任制；严格实行24小时领导带班值班制度，坚持日报告、零报告制度，严格野外火源管理。调整充实森林防火指挥部成员，成立由71人组成的森林防火工作巡查组，增设由130名人员组成的护林扑火应急队伍，切实做到人员、经费、措施全面到位。6月26日通过区级年度森林防火考核。

【安全管理】 全面落实安全生产责任制，与9家社区居委会签订责任书；加强重点单位安全大检查，强化消防、交通检查整治，严防重大灾害事故发生。对重点单位、市场、学校、经营场所以“查问题、查责任、查措施、查隐患”为核心，全年开展专项安全检查13次，检查建筑施工拆迁企业279家、学校12所次、液化气销售点157家次，现场整改28家，限期整改7家，取缔无证经营2家。

【食品安全管理】 成立由办事处主任为组长，分管副主任为副组长，卫生、综治、综合执法等部门负责人为成员的食品安全工作领导小组；开展食品安全检查35次，对辖区26家学校及幼儿园、14个建筑工地食堂、60户鲜粮制品经营户、240多户餐饮经营户进行多轮检查，检查覆盖率100%；组织辖区250多名从事餐饮经营的业主进行年度业务培训，定期开展食品安全宣传活动；办结消费者投诉14个，办结率100%；全年辖区无安全事故发生。

【卫生工作】 加强社区医疗卫生体系建设，开展计划免疫、健康教育、医药咨询、免费体检、“慢五病”防治等工作，建立居民健康档案6.91万份，建档率94.6%，电子档案6.3万份，建档率86.69%；对2618名65岁老人进行免费健康体检。强化妇幼保健网络建设，全年辖区孕产妇637人，住院分娩率100%，保健覆盖率99%；为0～6岁婴幼儿免费进行体检5912人次。儿童保健管理率95.7%，儿童系统管理率96.62%；完成乙肝疫苗接种661人、卡介疫苗接种652人次、脊髓灰质炎疫接种2873人次，儿童建卡证率100%，接种率98%。对辖区内35例艾滋病感染者和病人进行随访关怀。开展健康教育工作，建立健康档案3.27万份，健康咨询2.59万人，举办健康讲座18期。

【民政工作】 全年走访慰问城乡孤寡老人、残疾儿童、困难户32户，发放慰问金1.24万元；发放冬寒救济衣物120件（套）；办理特困户、低保户临时生活、医疗救济112户，救济金额17.85万元；办理特殊困难群众火化补助10人，发放补助金1万元；为5名散居孤儿发放基本生活费4.76万元。做好各类民政对象的补助金、救济金定期发放工作。发放各种补助金的民政对象共355人（低保户除外），民政事业费247.8万元。

落实各项优抚条例，走访慰问部队17家，发放慰问金8.6万元；慰问残疾军人106人次，慰问“三属”对象44户；慰问在乡老复员军人和带病退伍军人27人次；慰问享受定期补助两参人员和参战民工390人次；慰问困难企业复退转军人400人次；慰问现役军人家属101人；慰问60岁以上农村籍退役士兵36人；兑现义务兵家庭优待金28人20.72万元。全年严格按政策及时发放重点优抚对象各种抚恤金、伤残金、补助金186.84万元。

抓好殡葬管理工作，层层落实责任制，与各社区居委会签订“殡葬管理目标责任书”，2014年全处死亡129人，火化129人，死亡火化率达100%。巩固“三沿五区”坟山墓地绿化整治工作成果，在“三沿五区”植树2.67公顷计3万株。

加强基层政权建设及和谐社区建设工作，与各社区居委会签订“2014年和谐社区建设工作目标责任书”，积善、德缘、西丽园3个新申请创建市级和谐社区的居委会通过初验。为70名符合条件的社区干部购买“五险”，为59名自愿参加工会医疗互助的社区干部办理相关手续，为217名考核称职的社区干部兑现绩效补贴14.72万元，及时拨付社区干部岗位补贴和办公经费262.8万元，发放老乡干部生活补贴8844元。

【劳动就业和社会保障】 提供有效就业岗位2709个，新增城镇就业人数2443人，下岗失业人员再就业人数623人，完成农村劳动力转移就业人数771人，对辖区692户低保户累计发放低保金330万元，完成652家用工单位、企业的劳动执法年审工作，完成居民保险9981人，医保2.19万人，灵活就业养老保险1204人。

【科信工作】 全年科技科普投入占年度财政预算收入的2.3%；申报2014年科技项目18项，实施4项；申报西山区科技进步创新奖2项，获专利一等奖一项；完成各类科普讲座及科技培训3706人次；培育知识产权试点企业1家，知识产权示范企业2家，知识产权实施转化项目企业2家，知识产权试点学校1个；开展企业、社区知识产权宣传培训活动3次。

【残联及老龄工作】 抓好CBR项目的康复工作，累计康复对象88人；慰问残疾人家庭100户3万元。

发放80岁以上高龄老年人保健金4123人33.56万元；办理“云南省老年人优待证”138本。

【文化体育】 通过多种形式，利用多种载体，对社区居民群众进行社会美德、家庭美德、集体主义、爱国主义教育，树立文明向上的社区精神风貌。遵守基层公共文化服务运行机制建设专项资金管理办法规定，专项资金由街道财政所代管，确保资金使用规范率100%；文化专干到位率100%；文化室提升改造工程完成率100%。全年组织各类文化体育活动9次。

【计划生育】 完成常住人口符合政策生育率94.7%；优选节育率62.7%；各项奖励制度确认准确率100%；流动人口计生信息交换平台回复率95%；完成生育妇女免费补服叶酸发放179人；免费孕前优生检查64人；新建生育文化示范社区1个（梁源社区）；新建流动人口计划生育信息化管理示范社区1个（张峰社区）。

【信访工作】 全年共受理各类信访案件20件次，来信5件次，来访5件，约80人次，调处率为90%以上，来电15件次，办理网上信访11件，办结率100%。开展书记主任接待日11期，共接待来访群众11批次，25人次；受理市、区级便民热线235件，与上年同期相比增加106件。其中投诉类146件、举报类54件、求助类6件、建议类12件、表扬类1件、咨询类9件、其他类7件，满意率98%。电话交办75件，电话自办件30件，办结率100%。办理媒体（电视）舆论交办件5件，办结率100%。

【司法调解工作】 现有社区调解委员会9个、街道调解委员会1个、厂矿调解委员会1个；社区调解小组总数33个、厂矿调解小组11个，社区调解员总数173名、厂矿调解员42名。全年共调解纠纷1222件，调解率100%；调解成功1210件，调解成功率99%；履行率100%。开展法制宣传5场次，法制宣传栏4期，法制讲座2场次。发放各类相关资料8000份。开展普法活动41场次，散发宣传材料2.89万份，受教育人数5.47万人次。认真处理群众来电来访及法律援助申请，全年共接待群众来信（电话）67件、来访28件，涉及179人。为群众提供法律咨询服务51次。

【妇联工作】 调整充实马街街道办事处（2011～2020年）妇女儿童发展规划领导小组，完成新建“儿童之家”1个（西丽园社区“儿童之家”）；开展法律援助，为妇女儿童平等享受合法权益提供法律保障，辖区“妇女之家”达标率100%；完善辖区老龄工作网络，开展“五个一”基层老龄组织建设，全年发放高龄补贴68.48万元，辖区养老服务覆盖率85%。

【精神文明建设】 小组。开展“迎南博、讲文明、树新风”“做一个有道德的人”主题实践活动；组织开展“道德讲堂”活动及“道德模范”巡讲活动及文明餐桌行动；抓好文明单位的创建，申报区级文明社区2家（西丽园社区、德缘社区）；组织各社区和辖区文明单位积极开展清明“网上祭英烈”活动、“六一”“做一个有道德的人”网上签名寄语活动、“七一”童心向党歌咏活动、“十一”网上向国旗敬礼等主题实践活动。弘扬雷锋精神，开展学雷锋志愿服务活动及关爱他人、关爱社会、关爱自然的“三关爱”志愿服务活动。

（朱廷辉）

金碧街道办事处

【大事记】 3月，开展实施单独两孩政策工作，办事处成立领导小组。

6月，全面完成西坝路改扩建拆迁工程。

7月，金碧街道办事处完成10号片区严家地村村民回迁安置房选房工作。

10月，金碧街道办事处根据自身需求，经过10个月的自主研发开发出了一个简洁实用的金碧街道民政资金管理运用软件。

12月，复兴社区少数民族网站开通，实现社区居民和少数民族居民对科技信息和少数民族文化资源等的共享。

【人口·面积】 金碧街道办事处地处昆明主城区西南部，辖区总面积6.23平方千米。辖得胜桥、巡津街、书林街、金碧、复兴、西岳庙、弥勒寺、工人新村、气象路、西坝南、河南、立夏路、卢家营、西坝北、严家地15个社区居民委员会、下设刘家营居民小组、弥勒寺、西坝新村1～6组共10个居民小组，辖区公共户单位165家。2014年末，全处总人口3.86万户9.79万人，其中男性4.83万人，女性4.95万人。

【党建工作】　基层党组织覆盖面扩大到“属地属业”，街道党工委所属84个党组织中，有社区党组织15家，新经济组织党组织22家，新社会组织党组织2家；党委4个、党总支8个、党支部75个，党员2008人。落实各级党组织书记抓党建第一责任人机制，健全完善制度，实行党员干部包保，坚持每月不少于2次到社区、“两类”党组织中开展直接联系群众服务工作；选配2名“两类”党组织常务书记；对15个社区开展党建工作专项述职测评；组织机关支部党员培训188人次，培训社区党员干部和非公经济党组织负责人1116人次；对3名不合格党员按自行脱党给予除名处置；针对3个企业党组织书记履职不到位、党员流失和1个居民小组党支部财务管理混乱、公房租金偏低等问题开展专项整治，通过选优配强班子、结对帮扶、法制宣传圆满完成辖区4个软弱涣散党组织整顿。开展服务型党组织建设工作，探索建立“一项制度、两房建设、三级体系、四联机制、五项服务”工作机制，党群干群关系进一步密切，党风政风、社会风气明显好转。设置党员责任区135个，对220名无职党员设岗定责，成立志愿者队伍96支，志愿者1286人，参与到基层组织建设、环境卫生整治、邻里纠纷调解、关爱帮扶等各项工作中。春节、建党节、中秋节期间，组织社区工作人员走访慰问辖区老党员、困难党员、流动党员、大学生“村官”156人，发放慰问金和慰问品3.68万元。

【党风廉政建设】　一是多措并举，深化廉政风险防控，围绕权力集中、资金密集、资源聚集和监管薄弱等领域对廉政风险点排查情况开展“回头看”，全面深化落实党风廉政建设目标责任。二是选树典型，做到以点带面扩大影响。办事处选取西坝南等3个社区打造党风廉政示范社区，通过党风廉政文化墙、文化阵地的建设，加强党务、政务公开，促进社区反腐倡廉制度化、规范化和科学化。加强对社区人员的教育培训，加强对低保补贴、高龄补贴、伤残补贴等民政救济资金的管理。三是依法行政，做到权力公开透明。办事处通过建立健全财务管理办法、奖金分配管理办法、规范用工管理办法和重大项目和城中村工作经费管理办法等，规范“四重一大”事项决策程序，加强政府采购、建设项目资金管理，确保权力在阳光下操作、在规范中运行。四是严格执行“八项规定”“九个严禁”。严格落实厉行节约、反对浪费精神，改进会风、文风。做到重点时期、节假日通过短信、飞信等及时发出预警信息、廉政提醒，做到廉情动态及时掌握。

围绕“为民、务实、清廉”分4个环节开展党的群众路线教育实践活动。查摆出领导班子存在的问题16条、领导干部存在的问题108条，全部问题均整改完成进行公开公示。通过活动广大党员、干部受到群众观点的深刻教育，贯彻党的群众路线的自觉性和坚定性明显增强。道路修复、水淹点整治、车辆乱停乱放等群众反映强烈的突出问题得到有效解决；通过废、改、立重新修订制度29个，街道制度体系更加完善。

【经济简述】　全年完成地区生产总值目标值61.6亿元，完成绝对值61.7亿元，增速7.8％；财政税收目标值1.859亿元，完成绝对值1.883亿元；规模以上固定资产投资：目标值50.61亿元，完成绝对值31.57亿元，增速-0.95%；规模以上工业总产值目标值1.39亿元，完成绝对值1.36亿元，增速2.3％；社会消费品零售总额目标值50.5亿元，完成绝对值47.2亿元，增速8.7%；城镇居民人均可支配收入，目标值3.63万元，完成绝对值3.54万元，增速8.6%；招商引资：目标值7亿元，完成9.439亿元。

【招商引资工作】　年内重点打造金碧特色商业街区，根据规划，金碧特色商圈是由金碧广场与多条巷子组成，通过打造街巷文化特色，错位发展，形成各街道有特色、有文化、不重复的发展布局。打造以东寺街为主轴线，金马碧鸡坊、东西寺塔两翼融合发展购物、餐饮、休闲、娱乐产业的“金碧特色商业街区”。继续扶持好辖区内奥特莱斯等大商场的发展，服务好楼宇公司企业，重点抓好昆钢科技大厦、中天文化空间等项目的二次招商以及服务工作，贯彻落实各项扶持优惠政策，确保企业入驻和经营正常运行。区内“九大中央商务区”中的文化空间项目、“八大总部”中的昆钢集团总部建设、“七大五星级国际品牌酒店”中的昆钢科技大厦索菲特酒店、海航皇冠假日酒店、融城优郡项目建设等项目得到有效推进，时代广场、华海新境界等综合写字楼的二次招商全面展开，继续着手培育3～5幢税收超亿元、产值上百亿元的商务楼宇品牌。

【城中村改造】　城中村改造7号片区一期回迁房完成基本建设，正与区级相关职能部门、开发商一起拟制分房、招商工作；8号片区改造总户数399户，已签370户，签约率92.73%，拆除面积9.26万平方米，完成片区内云南白药集团所属资产征收工作，正进行回迁房建设用地A1地块土地组件工作；在片区中探索出以司法推进城中村改造工作途径，助推A2地块征收；10号片区，7月，完成一期回迁安置房分配，正在进行二期征地拆迁攻坚工作，其中肾脏病医院、宝马4S店、老兵大楼、盆景园餐厅已签订补偿协议，部分进行拆除。

城市道路交通设施建设工作，7月再次启动西坝路改扩建，金碧街道办事处按时完成全线拆迁工作。铁路枢纽扩能改造：协议签订44户，签约率100%，完成拆迁面积1.1万平方米，拆除1.08万平方米，完成率98%。

【城市建设与管理】 围绕“城乡清洁工程”紧扣“创卫”标准，从严整治城市综合环境。全年网格巡查处理案件5.45万件，共处理市、区数字城管件2.06万件。落实“门前三包”责任制。对辖区2497户商户进行分类化管理，督促责任落实。组织动员辖区多支志愿者队伍，定期开展环境卫生整治活动，坚持每周五下午卫生大扫除活动，全力改善辖区环境卫生面貌。强力整治金马碧鸡广场、昆华医院、儿童医院等重点区域的市容市貌、交通秩序、环境卫生、占道经营等乱象。强化市、区级检查、媒体曝光问题整改，通过对责任片区片长、社区、保洁公司、文明监督岗、城管科、执法中队奖惩考核。

【农林工作】 在严家地融城优郡小区、西昌路金马跃兴园小区种植滇朴、榕树、桂花等乔木，共新建绿地2万平方米。以异地代植方式在团结乡栽种旱冬瓜、藏柏等苗木2公顷3万株，发放节水、环保宣传材料800余册。

【民政及残联工作】 年内辖区内有“低保”家庭1339户1718人，发放低保金911.76万元；发放临时救助280户40.41万元、困难残疾人家庭248户4.31万元。各类重点优抚人员717人，发放“两参”人员生活补助金88.51万元、伤残军人抚恤金263.39万元、云南省独生子女伤残及死亡奖励扶助160人23.61万元，失独家庭一次扶助金7户2.75万元。为辖区失业人员提供有效就业岗位2800个，1561人实现了就业；登记城镇失业人员1614人，扶持创业23人，扶持高校毕业生就业145人；受理申报城镇居民基本医疗保险、缴费1.94万人；核定社会养老金缴费2122人。至年底办事处目前持有第二代残疾人证的有1528人，其中肢残698人、视力残283人、智力残162人、精神残244人、听力残81人、言语残疾10人、多重残疾50人。为每一位残疾人建立档、卡、册等全面的数据库。按时为36名贫困精神病患者送达治疗药物，为30名残疾学生和残疾人子女发放“春雨助学”助学金2.11万元；为102名残疾人发放包括轮椅、语音电饭煲、收音机等在内的生活用品；为13名白内障老人申请实施手术重获光明。在“斯达克·世界从此欢声笑语——中国（云南）”助听项目的服务过程中，为37名听力障碍者筛查适配，免费安装助听器。

殡葬管理工作方面，清明节、中元节期间，在辖区开展文明祭祀的宣传，并对辖区的城市死亡人口进行监管，定期向区民政局报告辖区死亡人口情况，火化区域死亡人口火化率骨灰100%进入公墓安葬率均达100%。

【老龄工作】 辖区80岁以上老年人2230人，其中100岁以上老人9名，为80岁以上老人发放老龄补贴47.05万元。及时调处涉老纠纷，做好来信来访的回复和登记。按时完成社区居家养老、农村幸福院、养老机构建设任务。做好老年节庆祝活动，做好慰问工作。同时做好私立敬老院防火安全专项检查，确保辖区内敬老院不出现安全事故。

【妇联工作】 专门组织妇女观看VCD生殖健康录像，把医学专家请到办事处为辖区妇女讲授“妇女生殖健康”“妇女与艾滋病预防”等知识，请专业律师为社区妇联讲解《妇女权益保障法》《新婚姻法》，增强辖区妇女的法律意识，提高妇女的自我保护意识。以下岗失业人员、零就业家庭、进城务工人员作为帮扶重点，扎实开展“再就业援助五送活动”，举办技能培训，参加人数50余人。开展“提供六送服务，关爱女性健康”宣传活动，为广大妇女送岗位、送健康、送技能、送政策、送法律、送文明，以及在非公经济组织中创建“进城务工妇女之家”活动，为进城务工妇女搭建交流、学习的平台活动在西寺塔举办。在金碧街道党工委的领导下，金碧街道妇联在所属15个社区成立社区妇联组织，由社区书记担任妇联主席，设定1名妇联专干并担任妇联副主席，建立和完善妇女之家、社区巾帼志愿者队伍和妇女维权等组织。开展“巾帼建功”活动积极参与文明城市、文明社区建设，社区的妇女维权岗建岗率达100%。“六一”儿童节，向区妇联推荐残疾儿童26人。5月31日，区委、区妇联和办事处的领导到社区，对辖区2名残疾儿童进行走访慰问。在小学生学前家长培训工作中，配合区妇联，完成770名家长的家教知识培训工作任务。加大妇女干部培训力度，举办妇女干部培训班2期。

【社区建设】 办事处辖区15个社区居委会全部建立社区老年协会，在部分社区建立儿童托管机构。其中在弥勒寺社区创建以差异化、生活服务为特色的居家养老服务中心；在气象路社区创建以医疗服务为特色的居家养老服务中心；在巡津社区率先成立昆明市首家外来务工人员子女托管中心及外来人员家长培训学校；在西坝北社区创建儿童之家。解决社区“两房”问题，完成西坝南、西坝北、弥勒寺、书林、严家地社区两房装修，及时做好新建小区预留社区用房和公益服务设施。加强社区信息化，以数字城管、街道自主开发的社区民政管理系统为支撑，创建社区管理、人员统计、人员分布、用户帮助、问题解答、便民服务、民政资金监管为一体的工作平台。开展各类综合性文艺演出、展览及培训120余场；持续3年开展“金碧花蕾——社区青少年文体系列活动”品牌创建。

复兴社区创建为全国和谐社区创建示范社区；创建省级民主法制社区

1家，市级民主法治社区8家，区级民主法治社区6家；西岳庙社区创建为市级计划生育示范社区、“巾帼示范社区”；15家社区中，11家完成市级和谐社区创建，2家社区为市级和谐社区示范单位；金碧社区创建为昆明市防治艾滋病示范社区；气象路、金碧、西坝南社区文化室通过创建提升，并被区列为2014年西山区改造惠民八件事实之一。

【劳动和社会保障】 全年共下拨服务站建设经费7.2万元。确定安康路社区卫生院为普通门诊定点医院；11月30日，办事处劳动保障事务所办理自谋职业、灵活就业人员购买社会养老保险3938人。办理城镇居民基本医疗保险审核申报2.24万人，实际缴费1.78万人，参保率达95%；新增购买城乡居民社会养老保险任务数2122人，完成2368人；城镇职工养老保险3638人；城乡办理参加失业保险辖区企业职工1.01万人；续费购买城乡居民社会养老保险任务数2000人，完成2368人。开展辖区各类企业劳动执法年审工作，任务数600家，完成910家。劳动保障“两网化”社区覆盖率达100%。健全办事处、社区“二级”劳动保障工作平台，采取黑板报、动员会、入户等多种形式开展劳动社会保障宣传工作，为民服务窗口印制大量的劳动保障事务办理服务指南免费对办事群众发放，上报各类报表、信息、台账、资料。就业再就业工作方面，提供有效就业岗位任务数2800个，其中水源区安置就业岗位686个，高校毕业生就业岗位254个。辖区失业人员1561人实现就业；登记城镇失业人员有1614人，辖区失业率控制在3%以内；“贷免互补”扶持创业6人，小额担保贷款扶持17人；高校毕业生实名登记150人，就业145人，就业率达90%。

【计划生育】 辖区总人口16.14万人，已婚育龄妇女1.42万人，采取避孕措施人数1.28万人，避孕节育率达89.85%。2013年10月至2014年9月30日止，发生育证453本，出生462人，出生人口政策生育率98.51%；办理独生子女父母光荣证641本，其中一孩408人，二孩54人。为辖区失37户独家庭发放一次扶助金共计15.75万元。9月底，共有流动人口1.34万人，按照流动人口计划生育服务管理全国“一盘棋”的工作标准，在15个社区配备流动人口计划生育协管员，全国PADIS平台及时回复信息和录入信息，全年新录入320人，应用率100%。

7月、8月办事处、社区联合市计生委宣教处在柿花桥和西寺塔广场大型计生政策法规宣传活动，发放宣传资料200余份，避孕套4000余只。9月底，辖区内单独两孩政策咨询人数共有200余人次，单独两孩夫妇，经计生局审批后下达计划生育通知书的夫妻共有63对。另一对单独夫妻为妨害计划生育管理（未达到生育间隔时间而生育），已在生育后接受行政处罚；共办理“流动人口婚育情况证明”23本。全年共召开例会12期，组织计生专干及流动人口专干进行计生干部业务知识培训会2次。按时上报各类信息简报，全年共上报简报12期。接待人民群众来访咨询服务380余人次，回复上级下转信访3件。实施出生缺陷干预工程，努力提高人口素质，每月1次优生检测，婚前、孕前学员培训工作达100%。举办孕前培训12期，培训360人次，免费发放斯利安179瓶、避孕套4万只，免费发放叶酸片或自购符合孕前、孕中服用的达100%。

【民族宗教工作】 全年召开党政联席会议专题研究民族宗教工作2次，街道民族宗教工作领导小组每季度对辖区少数民族集居地民族工作进行检查1次，对发现的问题协助有关部门及时解决。利用会议、党课等形式在党员干部，群众中开展马克思主义民族观、宗教观和党的民族宗教政策和法律法规的宣传教育，宣传教育面达90%以上，在中小学开展民族宗教政策、法律、法规宣传教育，受教育面达85%以上。加大对宗教活动场所的管理。保证在第一时间里掌握宗教活动动态，及时排查矛盾隐患，妥善处理好矛盾和纠纷没有出现越级上访，抓好民族宗教的稳定工作。在“3121”示范点创建工程三年工作规划中，12月建立“复兴社区少数民族网站”。

【科技文化】 投入科技经费2.25万元，组织申报区级以上科技项目11项，组织实施11项；完成各类科普讲座及科技培训1840人次；培育知识产权试点示范学校1家。开展学校、社区知识产权宣传培训活动。组织开展科技活动周活动，利用2014科技活动周，办事处举办“贴近实际、贴近生活、贴近群众”的科技成果惠及民生活动。围绕携手建设创新型城市，科技与生活同行的“科技活动周”主题，开展的青少年展示科普活动，提高青少年科技创新能力。

【卫生工作】 加强督导管理，对下属社区卫生服务机构的日常业务指导与服务工作监督检查，做到每4～7月督导2次。在社区卫生服务工作方面，完成六位一体的社区卫生服务工作，争取在数量、质量上有所突破，合理规划和理顺社区卫生服务机构的建设和管理。街道按照区委区政府的要求，全面开展爱国卫生工作。4月组织爱国卫生月活动，清除“四害”孳生场所，改善环境卫生质量，及时处理背街小巷的垃圾死角和楼院楼道的乱堆乱放以及百姓投诉的卫生问题。对辖区重点部位，卫生死角，空白地带，对辖区5家农贸市场等处进行卫生清除，将“四害”密度控制在国家范围内。在辖区10家机构设置宣传栏95块，出宣传栏66期，开展知识讲座60期，发放健康教育处方2.5万份，发放宣传资料2.7万份，建立健康档案1.5

万份，签健康合同3800份，健康咨询指导3万人次，悬挂宣传布标30条。预防接种1岁以内基础免疫管理336人，1岁半至2岁加强免疫管理823人，3～6岁加强免疫管理900人。一类疫苗接种3627人次，服脊灰糖丸1800人次。实现自死鼠零报告，传染病家庭100%消毒、访视168家次，托幼托老机构及社区环境消毒19家次，结核病防止推荐、随访、追踪42例，结核病人管理9人。金碧社区创建为“防艾”示范社区。35岁以上居民血压监测1.98万人次，管理高血压人数1054人，管理糖尿病人数666人，死因调查862例。重性精神病患者社区监管与随访指导442例，重性精神病筛查登记972例，非重性精神病管理753例。

【国土资源管理】 完成省、市、区重点项目征地工作和土地收储工作，全年无土地权属纠纷。铁路枢纽扩建工程涉及被征地单位10家，现已征地10家。应征地面积1.59公顷，已征地面积1.59公顷。完成比例100%。西坝路改扩建工程，总面积6.61公顷，签订集体征地协议7400平方米，征地补偿费296.37万元已拨付，房地合赔面积5.87万。城中村改造项目土地征收工作，完成十号片区一期（总面积4.74公顷）土地交易组件工作，已挂牌出让，该项目已进入施工过程中。完成八号片区城中村改造土地征收工作，片区改造总面积3.58公顷，国有土地1.26公顷、集体土地2.32公顷，完成国有土地征地面积9800平方米、集体土地征地面积2.32公顷，未完成云南白药集团89号院国有划拨土地2100平方米，云南建工第四建设有限公司700平方米。

【环境保护】 重点对辖区负责的城中村拆迁改造工地、道路交通建设、拆临拆违等工地，增加检查频次，进行规范管理，尤其加强夜间工地扬尘防治，强化施工作业规范管理，设置施工围栏，防止扬尘污染，对工地附近道路采用湿式清扫，要求施工方增加洒水降尘频次。在“六五”世界环境日紧紧围绕“思前·食后·厉行节约”主题，开展形式多样的创建知识宣传教育活动，出动宣传人员75人，发放各类宣传材料1万份。对辖区内建筑企业进行普查，并建立详细的工作台账。对有非法排污行为的1家企业，限期整改，对达不到环保要求的建筑企业上报区环保执法部门予以取缔。遏止排污行为回潮反弹。至12月底共受理审批件120件，其中餐饮34件、茶室27件、其他建设项目59件，因不符合有关规定拒审项目5件，所审批项目的环境影响评价执行率为100%。对辖区756家排污企业进行拉网式排查，接受审批件65件，辖区盘龙江、大观河、玉带河等入滇河道周边单位、商户共签订“河道三包”责任书138份，对辖区28个淹水点进行排查和清淤。对进河道保洁公司大观河东岸、盘龙江西岸、玉带河、兰花沟、柳坝河等入滇河道进行日常保洁和河岸绿化管护工作，打捞垃圾约30余吨。

【安全生产】 强化安全文化建设，完善一建一档、隐患排查、温馨提示三项机制，实行安全生产分片包任务责任制，落实“一票否决”“一岗双责”责任制，签订安全责任书565份，开展“安全生产月”活动，6月16日，开展以“强化红线意识、促进安全发展”为主题的“安全生产月”宣传活动，现场发放宣传资料1200份，展出展板6块，安全生产环保手提袋200个。在“南博会”期间发放昆明市第二届“中国——南亚博览会”倡议书1万份。发放迎南博张贴宣传画800张。发放“昆明市人民政府关于迎南博讲文明树新风的通告”6000份。在“两会”等重要节日期间开展重点工程建设领域、“三合一”场所、电动车行业、网吧等重点行业专项整治，加强交通安全、消防安全、危险品安全、食品安全日常检查，全年办事处无发生食品安全责任事故。年内，出动165人，对600多家餐饮企业开展食品安全专项监督检查。强化对辖区5个市场卫生、设施、经营守法检查力度，构筑食品安全防线。

【综治维稳工作】 昆明“3·01”暴恐事件处理中，按照中央、省、市、区工作要求，金碧街道迅速组织力量，成立街道、社区工作人员组成的71个工作组，第一时间赶赴受伤和遇难群众善后处置工作一线，结合实际、构建体系，以赴开展遇难、受害人及其家属安抚工作。做到来有人接、住有准备、食有人送、住有人陪、诉求有复、走有人送。

在南博会期间，办事处按照维稳责任区域分工，定点、定时、定岗、定人，在重点时段、重点项目、重点场所、重点区域实行重点稳控，做到“包保”措施全落实，确保维稳责任区域全覆盖、无盲点。发挥西山区中央丽城小区物业管理纠纷人民调解委员会、“一小时法律援助服务圈”、综治志愿者协会、反邪教教育基地和阳光工作站等社会力量的作用，有效整合综治、司法、维稳、信访、法庭、公安力量，延伸和扩大人民调解组织的功能，及时排查化解因土地征用、非法集资、办理低保等引发的突出问题，调解重大矛盾纠纷8件，一般性矛盾纠纷656件，有效处理信访案件17件，为辖区人民群众的生产生活营造和谐稳定的外部环境；开展禁毒人民战争，辖区内有吸毒人员642人，现纳入管控341人（社区戒毒56人、社区康复116人、强制隔离戒毒115人、在康复场所13人、服用美沙酮41人）。社区戒毒（康复）安置帮教工作，采取“四强化四落实”举措。

（陈　勇）

永昌街道办事处

【大事记】 2月21日，盛高大城社区“五位一体”为民服务站百项服务品牌“幸福驿站”揭牌运行。

4月4日，云南省民政厅副厅长熊梅率队到盛高大城社区调研“五位一体”为民服务站建设及和谐社区建设工作。

4月13日，永昌街道盛高大城社区“五位一体”为民服务站试点工作经验在国家民政部培训中心主办的“全国城乡社区自治创新培训班培训大会”上交流推广。

4月21日，云南省住建厅副厅长赵志勇率云南省创建“平安城镇小区示范试点”调研组到永昌街道盛高大城社区调研云南省“平安城镇小区示范点”现场交流会前期准备工作。

4月22日，“全国社区侨务工作明星社区”在西山区党员服务中心举行侨法宣传角挂牌仪式。

10月21日，副市长关清华率工作组到盛高大城社区参观指导社区文化阵地建设工作。

10月29日，云南省办公厅副主任石洪樑、市委办副主任杜文等领导一行到盛高大城社区调研“五位一体”为民服务站建设及基层社区建设工作。

11月2日，永昌街道办事处继2009年后再次被国家民政部命名为“全国和谐社区建设示范街道”；辖区盛高大城、永兴路2个社区获“全国和谐社区建设示范社区”称号。

11月20日，永昌街道永兴路社区坚持一年多为9名空巢老人免费提供早餐的热心居民秦晓红，经过社区推荐、网上投票，获2014年度“云南好人”荣誉称号。

12月4日，永昌司法所联合北京盈科（昆明）律师事务所在永昌中心公园举行第14个全国法制宣传日暨首个国家宪法日宣传咨询活动。

12月8日，永顺里社区儿童之家项目获志愿服务昆明交流会暨首届中国青年志愿服务项目大赛云南地方赛金奖。

【人口·面积】 办事处辖区面积3.88平方千米，设有永兴路、永顺里、益康路、黄瓜营、永和里、永宁里、螺蛳湾、金牛、马洒营、盛高大城、华昌路（地缘型社区）、马家、永联（都市村庄型社区）、金花、云纺（单位型社区）共15个社区，有村民小组10个。2014年末，全处总人口2.09万户5.26万人，其中男性2.57万人，女性2.69万人。

【党建工作】 12月，永昌街道党工委下设社区党总支2个，党支部31个，其中社区党支部11个，居民小组党支部10个，非公企业党支部7个，国有企业党支部1个，机关支部1个，离退休党支部1个，共有党员859名。全年共发展新党员3名。

永昌街道党工委紧紧围绕“创新基层党建、服务民生需求，构建和谐社区”的总体目标，推进“三有一化”。3月5日，街道办事处正式启动党的群众路线教育实践活动。组织召开街道领导班子专题会议，通过群众提、自己找的方式，深入查找思想及“四风”方面存在的问题，街道班子成员共查找出“四风”方面的问题107条，针对收集到的意见建议，街道领导班子列出整改问题14条，制定整改措施14条，班子成员列出整改问题76条，制定整改措施76条，所属各级党组织班子列出整改问题74条，制定整改措施77条，落实整改。

对因拆迁造成信访矛盾集中，治安隐患突出被列为软弱涣散党支部的黄瓜营社区党支部进行整顿。盛高大城社区党支部被评为市级党建示范点、永兴路社区党支部被评为区级党建示范点。成立议事协商委员会，组建志愿者队伍，建立党员责任区、楼道党小组，选配楼栋长等，实现“社区是我家，建设靠大家”的“共驻、共建、共管、共创、共享”社区管理模式。投入5万余元改造益康路社区为民服务站，坚持“一居一特色”理念，鼓励社区根据自身实际抓创新、出亮点，实行“费随事走”，把有限的经费用在鼓励多做事，多出成绩、出亮点上。注重奖惩，制定下发关于加快建设和谐社区实行“创先争优”目标考核奖励的实施意见，对获得国家、省、市级荣誉的分别给予奖励。

【廉政建设】 以“为民、务实、清廉”为主题，立足街道工作实际，积极探索和尝试有效的监督、预防机制。落实党风廉政建设目标责任制，与各党组织负责人签订2014年党风廉政建设责任书，健全和完善党工委统一领导、党政齐抓共管党风廉政建设工作的局面。开展第二批党的群众路线教育实践活动，加强党风党纪、廉洁自律和警示教育，特别是对十八大以来的廉政新规进行学习教育，构筑“不想腐”的预防机制。宣传党风廉政建设和反腐败斗争的形势任务、决策部署和工作要求，宣传党中央以零容忍态度坚决惩治腐败的鲜明立场和坚强意志，发挥廉政文化在教育干部、引领社会、凝聚民心方面的重要作用，开展廉政文化示范点的创建活动。严格“八项规定”，深入基层，改进作风，加强政风行风建设，精简发文、规范会议，严格落实建设工程招投标“八个百分之百”、防治“小金库”，政府采购等制度，深化源头治腐，坚决纠正损害群众利益的不正之风。加强行政成本控制，全面推行公务卡反复强调严禁公款吃喝、厉行节俭，反对铺张浪费。

【效能建设】 坚持“四议两公开”，健全民主诉求机制、群众利益表达机制、居委会民主和监督机制。建立和完善街道“创先争优”考核奖惩体系，充分调动干部工作积极性，结合“四群”教育、“三深入”活动，自觉改善服务态度，打造高效务实的优质软环境。全年发布工作动态信息122条，重要决策听证1件，重要事项公示30件，重点工作通报246件，接听“96128”电话15件，转接成功率满意率均为100%。做好政府门户网站信息更新、维护工作。自觉接受人大及其常委会的法律监督、工作监督和政协的民主监督，按要求完成1件人大代表建议主办件、3件协办件，1件政协提案主办件的办理工作。抓好为民服务中心窗口服务工作，全面落实行政问责制、首问负责制、限时办结制、服务承诺制和“一站式”办结制，全年街道为民服务中心和各社区为民服务站共办理5630件，办结率100%。

【妇联工作】 组织社区妇女干部参加2014年西山区基层妇女干部培训班。组织辖区妇女代表参加市、区妇联举办的各类培训共计4次，举办失业失地妇女创业培训1次。加大城市小额担保贷款的宣传，协助区妇联完成农村小额信贷任务，促进下岗、失业妇女创业和再就业。组织辖区内巾帼志愿者参与到“城乡清洁工程”、南博会、创城攻坚行动中，深入开展以“五好五有”为标准的“巾帼示范社区”创建活动，创市级“巾帼示范社区”1个。宣传社会荣辱观和男女平等基本国策，开展“迎新春、送温暖”、“三八”节慰问贫困母亲、“六一”节慰问辖区残疾儿童以及“维护女性权益，构建和谐家庭”为主题的系列活动，营造妇女儿童发展有利环境。征订《家庭教育文摘》866份。配合区妇联完成2014年学前儿童家长培训永昌片区的报名工作，全年报名610人，超额完成目标任务。

【社区建设】 年内盛高大城社区居家养老服务项目获批，计划建设面积800平方米，项目总投资约100万元。盛高大城社区“五位一体”管理模式见成效，创新模式在国家民政部培训中心主办的全国城乡社区自治创新培训班上进行经验交流和推广。7月，全省“平安城镇小区示范点”现场交流会在盛高大城社区召开。10月，华昌路、螺蛳湾、黄瓜营社区创建为市级和谐社区，实现所辖15个社区（金花、云纺除外）和谐示范社区全覆盖。11月4日，盛高大城、永兴路社区荣获“全国和谐社区建设示范社区”荣誉称号，永昌街道办事处继2009年后再次获“全国和谐社区建设示范街道”荣誉称号。

【经济简述】 地方公共财政预算收入完成2.05亿元，比上年增长4%，地区生产总值（GDP）完成59.4亿元，增速8.2%；规模以上固定资产投资完成33.32亿元，增速5.1%；社会消费品零售总额完成35.4亿元，增速8.3%，城镇居民人均可支配收入3.31万元，增速9.4%。乡镇企业现价总产值完成70.365亿元，乡镇企业工业销售总产值完成10.45亿元，农产品加工工业总产值完成3.938亿元，乡镇企业营业收入完成125.26亿元，乡镇企业实缴税金完成3.899亿元，从业人员2.58万人。民营经济增加值完成49.51亿元。

【招商引资】 2014年目标任务为内资16亿元，外资2000万美元，依托辖区螺蛳湾片区（螺蛳湾投资公司片区）、17号片区城中村改造、万达广场、蓝光昆仑中心等建设项目，完成内资17.32亿元，完成全年任务数的108%；以盛高大城房地产开发为平台，完成外资2000万美元。

【环境保护】 深入开展滇池保护、环境保护工作，加强对禁煤、禁白的宣传和查处，严格把好办事处权限范围内的环保项目审批关，处理环保投诉3件，办理“建设项目环境影响登记表”17份、变更申请11份。“排污许可证”年审完成327份。认真开展环保进社区、及“绿色社区、宁静社区”创建工作，完成盛高大城社区创建绿色社区的申报。

【安全生产、消防工作】 落实安全生产“一岗双责”责任制，建立街道一级网格、社区二级网格15个、企事业单位三级网格77个的安全监管体系，实行安全网格责任人备案登记制。加大监督检查力度，开展安全生产大检查，结合“六打六治”打非治违等专项行动及安全生产月活动，切实加强对人员密集场所、学校、有限空间作业场所、深基坑、道路交通、燃气供应及使用场所和危化品行业的安全隐患排查整治，共签发安全提示22份、整改通知90份、停工通知11份，约谈建设、施工、监理企业99次，确保辖区生产安全。开展辖区小（微）型普通客车排查登记、建档管理工作，全年完成辖区2177辆小（微）型普通客车排查登记建档工作，登记建档率105％。

推进消防工作“四个基础”“四

6月19日，永昌街道办事处永顺里社区开展消防应急演练
（永昌街道办事处 供稿）

个能力”建设，组织辖区内的企事业单位进行了消防演练2次，推进“街道乡镇消防安全网格化管理”，不断建立和完善社区消防工作长效机制。指导云纺（集团）有限公司、昆明冠生园食品有限公司2家企业开展工贸行业企业安全生产标准化创建工作。

【食品安全】 配齐专职工作人员，制订工作制度，形成办事处与社区两级安全网络；对辖区内餐饮单位、宾馆饭店、学校进行巡查，检查覆盖率100%；发现问题及时督促整改，与辖区食品安全成员15个单位签订责任书，食品生产经营企业质量安全承诺书签订率100%；各社区设立食品安全监督员，对食品药品安全进行监督、报告；在春节、元旦、“五一”“十一”及旅游季节等时期，制定专项食品安全整治和检查方案，先后检查生产企业1家，餐馆139家、学校幼儿园14家，下达整改责任书28份，完善各设施72项。严厉整治无证无照进行食品生产、经营的行为，共受理食品流通许可申请90份、发证95份、正在办理4份、现场核查200次、食品安全巡查354户；受理并解决消费者投诉举报3起，发出责令改正通知书1份、对1家无食品流通许可证的经营户依法进行查处。在中秋节前，对云南纺织（集团）股份有限公司举办的“2014年中秋食品节展销会”的市场主办方进行行政约谈，加大对月饼、食用油、肉和肉制品、乳制品、蔬菜、酒类、饮料、调味品和地方特色食品等节日热销食品的监督检查力度，在两节期间无食品安全投诉；全年辖区内无食品安全责任事故发生。

组织辖区内的餐饮服务经营者参加区食药局举办的餐饮服务培训活动，在福地农贸市场内组织并现场开展对生鲜猪肉经营者和鲜粮制品经营者的法律法规培训各1次；组织开展食品安全知识集中宣传活动4次，以“四创”“食品安全宣传周”等为契机，在办事处小花园、永兴路社区等举办食品卫生知识讲座3期，举办了一场食品安全卫生知识为主的宣传活动。各社区利用板报、橱窗等宣传食品安全工作，共出宣传板报48块，橱窗18块，悬挂布标36条，发放宣传资料500余份。对辖区内的食品经营单位进行培训，对社区食品安全监管员进行2次以会代训的培训。

【土地管理】 完成17号三期土地征收工作，完成率为100%；完成螺投公司A3-1地块征地3.83公顷，完成96.6%；完成土地矿产卫片执法整改工作，制止违法用地、违法采矿行为，未发现违法用地情况，无土地权属纠纷。

【城市管理】 加强对农房违法加层和无序建房的整治，建立“一户一档”制度，无违法加层和无序建房情况。加大拆临拆违工作力度，完成拆除9个点的目标任务。加强辖区内门头招牌和道路占用、开挖审批工作，2014年审批门头招牌61件，拆除不合格店招店牌13块，整治违章LED广告牌62件。处理区数字城管督办件1.53万件，按时结案率100%。做好辖区五华体育馆、盛高大城一、二期、云纺商业区、新都昌欣界苑（云南伽南温泉酒店）、云牧楼、沃尔特商城6个点的亮化工程，完成南博会景观照明工作。加强市政设施维护，及时更换破损的果皮箱、窨井盖等，并对辖区主城区内堵塞、破损的雨水篦子进行修复，在易发生淹积水的路段新装雨水篦子8个，在汛期严格执行防汛抗旱值班制度，雨季时未发生大的淹积水现象。

【“城乡清洁工程”】 一是建立街道社区领导（片长）日巡查机制，按照办事处责任区域网格划分，每周定期、不定期对城乡清洁工程进行督察，全年下达“永昌街道办事处环境卫生督察通报”48期，专项督查通报12期，整改各类卫生问题500余起，清理小广告1000余条，清除垃圾死角、楼道杂物100余处，出动清运车辆100余车次，清运垃圾800余吨。二是加大宣传力度，充分利用板报、宣传栏等平台，动员社会力量参与城市市容环境卫生和交通秩序的监督管理，并开展业务培训，分别对社区工作者、业主和外来人员进行了2859人次的培训，发放宣传小册子、倡议书等3万余份，先后出黑板报、墙报120多期，更换宣传牌140多块，召开居民大会10余次，群众知晓率97%以上。加大对随地吐痰、乱扔垃圾、乱丢烟头等不文明行为的劝导，提升居民素质。三是建立周五爱国卫生大扫除机制，机关各部门、社区及辖区机关、企业、学校、部队积极参与周五爱国卫生大扫除活动。四是落实市容环境卫生管理责任，按照清扫保洁作业“市场化、专业化、班组化、职业化”的要求，实行模块管理，分级负责，网格化保洁，人盯人班组化作业，保证日扫2次、全日保洁，居民区生活垃圾日产日清，保持街道整洁、河道清洁，卫生设施完好。五是建立联动执法机制，联合执法中队重点对马洒营、华昌路、永昌路等重要路段开展了占道经营、车辆乱停乱放等交通微循环整治工作，协调交警3大队出动警力35人次，查处违法停车行为28起，其他交通违法行为100余起；加快辖区引摊入市规划建设，对永昌路、马洒营小区和黄瓜营片区流动小摊贩进行引摊入市，指定了永明路、益康路上段、永昌路为引摊地点，规范管理，在规定时限内完成市民举报、媒体曝光、上级督办问题的整治；六是落实“门前三包”责任制，签订“门前三包”责任书2400多份，并加强巡查，做到每周检查，每月评比，做得好的商家获“流动红旗”。

【水务工作】 落实河（段、片、点）长责任制，加强辖区内采莲河、杨家河、盘龙江的保洁，做到河道（岸）垃圾定点堆放和及时清运。辖区范围内河道已向外承包，制定对承包方的考核制度，每天安排12名保洁员对辖区河道进行保洁，并严格按考核制度进行考核。对4条河道周边的违法建筑和影响河道水质的建筑进行摸底调查，及时协商，坚决拆除。以第二十三届“世界水日”为契机开展宣传活动，完善部门责任，制定防汛责任制，提高辖区内防洪应急管理能力，建立防洪抗旱统计、核实上报机制，确保辖区内的防洪安全和用水安全。落实河道门前三包，营造良好的环境氛围，共签订责任书18份，其中盘龙江4份、采莲河7份、金家河3份、杨家河4份。

【螺蛳湾商务区建设】 市、区、街道三级协调工作组多次组织召开专题会议，研究部署相关工作，着力解决项目推进瓶颈问题，并以A3-1、A2-4地块作为拆迁拆除攻坚地块，抽调副科以上领导干部组成工作组，包干到户深入开展入户动迁工作，A3-1地块剩余12户，A2-4地块剩余178户。螺投片区A1-4、A1-7地块商业回迁房裙楼已封顶断水，塔楼建至18层。项目招商工作在进行中，已经与横店院线、大润发超市及万豪酒店等企业达成意向合作。年内完成金花公司厂房、螺投与云纺集团交叉地块A1-3、A1-6地块建构筑物的拆除，截至12月，螺蛳湾片区累计签订协议4955份，签约率66.5%，拆除建筑物67万平方米，拆除率58.3%。完成A1-3、A1-6地块云纺集团国用土地0.94公顷征收。完成A3-2、A2-6地块螺蛳湾新村5333平方米集体建设用地的征用。

【城中村改造及回迁安置房建设】 3月启动一期回迁安置房分房，经大量反复沟通，完成调查摸底、征求意见前期各项准备工作，6月底确定分房方案，7～8月份按程序完成687户回迁户分房工作，共安置房源1177套，协调解决回购资金及分房前拖欠过渡安置费，陆续兑现回购资金1.2亿元，完成分房工作，确保辖区社会稳定。12月，完成17号片区三期F1、G、H地块的土地组件，受迁改工程影响的2幢回迁安置房封顶断水。永丰商住楼居民户全部签订完毕，仅剩余商户1户、农房2户未签协议。12号片区回迁房A栋建至地面25层，C栋建至27层，B栋主楼建至地面10层。11号片区统建房全部完成协议签订。12月，签订协议291份，仅剩余8户（9栋）未签，签订率为97%。累计拆除村民房屋223幢，拆除面积12万余平方米。16号片区（金融产业园区一期）永昌辖区仅剩的前卫茶叶市场，在市、区相关部门支持下，在进行拆除前相关准备工作。

【科技文化】 年内组织召开科技工作会议2次，科技经费投入中占本年度财政预算支出的10%；申报区级科技项目2项、区级科技进步奖1项，完成区科信局要求的项目管理工作；开展科技培训、讲座及法律法规宣传，开展培训12期，讲座20次，有关法律法规宣传3次，培训2218人；做好四个重大活动（科技活动周、三下乡、科普日、知识产权宣传日）的宣传活动。创建知识产权保护示范社区1家；培育知识产权保护试点企业5家。开展社区、企业知识产权宣传培训12次。

完成文化室提升改造工程，完善街道社区文化站软、硬件建设，组建多支文艺队伍，举办形式多样的文体活动。6月，办事处成功举办第二届“美丽春城、幸福永昌”文化艺术节。

【卫生工作】 开展健康教育工作，辖区内初级卫生保健覆盖率100%，孕产妇、婴儿死亡率、辖区助产机构剖宫产率控制在指标内，住院分娩率100%；剖宫产率控制在26%。建立健全本区域内卫生监督本底资料，卫生监督协管工作规范化，做好日常卫生监督巡查工作，专项工作完成及时，配合卫生监督局进行执法检查并做好登记。结合“城乡清洁工程”活动，开展爱国卫生运动，参加上级组织的培训及卫生监督执法培训。结合“爱卫月”宣传活动，发放宣传资料8000份、宣传布标118块，组织开展春季灭鼠和夏季灭蝇、蚊、蟑螂活动，举办除“四害”培训会4次，培训437人，共投放溴敌隆鼠药900千克、大功达可湿粉60千克，设宣传板报90块，消除“四害”滋生地50余处，保障辖区广大居民身心健康。将防治艾滋病经费列入办事处财政预算，对艾滋病困难家庭实施关怀救助，利用春节、妇女节等节日开展走访慰问，建立并完善“一人一档”健康档案。

【计划生育】 落实相关政策，按“四同”管理加强流动人口计划生育管理，开展育龄妇女免费补服叶酸工作，免费发放214人；免费孕前优生健康检查50对；在盛高大城社区开展“生育文化示范社区”创建工作，在永顺里社区开展“流动人口计划生育信息化管理示范社区”创建工作；落实计生相关政策，发放“奖优免补”经费、一次性奖励14户5.75万元；发放教育三免及教育奖学金164人；办理一孩生育证150本、二孩审批41人、办理独生子女光荣证160本、申报独生子女保健费1348人；对违反计划生育政策进行行政处罚15人，征收社会抚养费3人；举办孕前培训5期，培训260人次；为842名流动妇女、1859名常住妇女进行妇科检查。

【劳动就业及社会保障】 通过开展“就业援助月”“民营企业招聘周”和“高校毕业生就业援助月”等活动，宣传和解读国家相关就业及社会保障政策；提供有效就业岗位2500个，完成城镇新增就业2300人，完成目标任务的100%，城镇登记失业率控制在3.5%以内；为失业人员办理小额担保贷款17人，完成目标任务数。完成贷免扶补扶持创业6人，1完成目标任务数。完成新增小额担保贷款17人，完成目标数的100%。城乡居民社会养老保险续保目标任务2000人，完成参保人数2044人。社会保障事务所（站）设有医疗保险经办点11个，居民基本医疗保险实现100%医保联网，完成缴费13695人。年审“失业证”2380本，新办“失业证”1400本，申报社会保险补贴1300人。核定失业保险企业8000人，完成劳动保障执法年审企业650家，年审覆盖率100%，完成任务目标的100%。

【民政工作】 落实民生政策，城乡低保增长率15%以上；完善覆盖城乡全体居民的社会救助体系，做好符合条件困难人群救助金发放工作；做好老年、残联、双拥优抚工作，落实部分退役人员的优抚政策，按时、足额发放优抚对象抚恤金，开展春节、“八一”、中秋等重大节日慰问活动，为困难复退转军人、军属、残疾军人、两参人员、无军籍职工等发放慰问金；开展殡葬宣传工作，依法开展殡葬工作，完成殡葬报表的上报工作。清明节、中元节期间，开展大型殡葬宣传活动2次，发放宣传资料2000份，展出展板14块，认真宣传、落实《云南省殡葬管理条例》，加强殡葬管理，死亡火化率100%。

【法制建设】 加强法制宣传教育工作，共组织街道办事处机关干部、职工和社区居委会干部开展普法培训16期260余人次；组织指导各单位、社区居委会出法制宣传橱窗、黑板报241期，开展广播宣传35次，放映录像35场次，开展法制宣传教育和法律咨询服务活动45场次，上街宣传33场次，散发宣传材料6万份，悬挂宣传布标140余幅，展出各种图片200余幅。以全区“法律六进”工作为契机，组织开展“法律进社区”活动45次；组织开展青少年法制教育活动4次、流动人口普法教育活动1次。全年共组织辖区60余家公共户单位与永昌街道办事处普法与依法治理领导小组办公室签订“永昌地区普法与依法治理工作目标责任书”。在城市管理、服务及经济工作中，特别是在城中村改造、工程招投标、重大决策等方面提供法律意见。规范社区财务委托代理服务，行政审批、计划生育、城市农村型社区集体收益分配等各种规章制度，在社区建设中，体现“四民主”“三公开”。加强人民调解工作，永昌地区调解组织机构健全，年内共组织召开调解例会9次，举行调解主任培训1次，调解小组负责人培训1次。12月，各调委会（含调解室）共调处各类民间纠纷344件，调解成功率为100%。接收刑满释放人员11人，经过开展“两劳”安置帮教工作，未发现重新违法犯罪人员。接收社区矫正对象8人，其中缓刑7人、保外就医1人。除1人病危未工作外，其余7人均工作稳定，生活有保障。

【社会治安综合治理】 健全永昌辖区群防群治组织网络，强化治安防控措施，推行网格化服务管理，永昌辖区共创建“6995”信息群15个，加入信息平台1166人。作为西山区第一批成立的永顺里、永兴路、盛高大城3个社区综治服务站正式挂牌，建立5个综治宣传专栏，在永兴路社区、永顺里社区开展治安志愿者红袖标工程队伍建设，群防群治工作不断加强。

按照网格化管理工作机制，落实包保责任制，加强对“两劳”释放人员、“法轮功”重点练习人员、老上访户、金座非法集资、涉军群体等重点人员的帮教和监控工作，确保南博会、亚洲艺术节及省、市、区“两会”，党的十八届四中全会期间等敏感时期辖区的稳定。疏导和调解17号片区回迁安置房分房工作中的矛盾和纠纷，协调区级部门资金3500万元垫付螺蛳湾片区拖欠过渡安置费，加强社会矛盾纠纷隐患排查和化解工作，维护辖区稳定。全年共受理各类矛盾纠纷344件，调解成功100%；受理便民热线138件，办结率100%，群众满意率95%以上；接待各级及群众来电来访150余人次，办结率100%。

（黄迎红）

前卫街道办事处

【大事记】 3月13日，市政法委书记金志伟一行10余人对金产园区万达广场项目、大商汇提升改造项目、辖区临时过渡农贸市场等进行实地调研。

3月26日，正威国际集团领导层一行到金融产业园区实地考察集体总部建设选址工作，区政府相关领导陪同考察并作了园区情况介绍。

4月9日上午，办事处购买5辆新型节能警用电动车赠予交警七大队一、二、三中队，用于交通管理巡逻。

同日，省委广福小区二期被云南省住房和城乡建设厅授予2013年度云南省园林小区称号。

5月28日，办事处联合省公安厅国保总队，刑警总队到红庙社区对重度残疾人开展慰问活动。

6月18日，市政府副市长关清华一行到金家河巡查河道综合整治工作。

6月30日，办事处联合省委组织部、省环境保护厅在广福社区居委会“开展党的群众路线教育实践活动暨迎‘七一’文体展演”系列活动。

11月，南坝社区创建为国家级人口和计划生育基层群众自治示范社区。

【人口·面积】 前卫街道办事处辖区有4个翻牌社区居委会和3个纯社区居委会，25个居民小组。办事处辖区东西最大距离8.1千米、南北最大距离7.5千米，总面积10.75平方千米。2014年末，全处总人口3.41万户7.39万人，其中男性3.62万人，女性3.77万人。绝大多数为汉族，主要少数民族有彝族和回族，彝族1425人、回族1166人。人口密度为每平方千米5460人。2014年人口出生率9.49‰，人口死亡率6.93‰，人口自然增长率2.56‰。

【党的群众路线教育实践活动】 3月6日，前卫街道启动党的群众路线教育实践活动，领导班子集中学习12次，开展理论中心组专题学习2次、专题讨论2次，组织开展专题讲座辅导2次，领导班子成员讲党课11次，撰写心得体会24篇。采取发放征求意见表、设置意见箱、开通接访电话等，广泛征求意见建议。共整改问题65条，具体整改措施143项，街道所属5个社区领导班子整改清单中，整改问题35条，班子成员合计整改问题193条，均在2014年年内整改完成。重点开展软弱涣散党组织整顿工作，街道党工委副书记、街道联系点点长、副点长直接指导整顿工作，及时了解掌握整顿工作进展情况。选优配强党组织负责人，落实领导责任，包片定点结对帮扶。共制作“党的群众路线教育实践活动”专题宣传栏8块、相关宣传展板32块、制作室内宣传标牌8块、活动情况专栏9块、宣传广告牌1块、LED显示屏2块。

【廉政建设】 街道党工委成立党风廉政责任制工作领导小组，党工委书记全面履行党风廉政建设和反腐败工作第一责任人职责。责任体系强化对“一把手”的监督，采取重大事项集体议事决策制度、重大事项报告制度，集中研究、讨论街道办事处重大事项及重大经费开支。把党风廉政责任工作内容细化，层层分解，及时与机关各部门、各社区签订工作目标责任书。按照西山区五级联动工作开展的通知精神，扎实抓好畅通群众诉求渠道五级联动信息监督工作。邀请纪委、信访领导到街道为辖区5个社区的纪检委员、信息员开展相关培训。全年街道五级联动信息录入上报549条。

【经济建设】 完成地方公共财政预算收入3.529亿元，完成全年考核任务3.395亿元的103.9%；地区生产总值完成61.1亿元，增幅10.6%。规模以上固定资产投资完成104.13亿元，增幅84.37%；社会消费品零售总额完成61.2亿元，增幅15.6%；城镇居民人均可支配收入完成3.47万元，增幅10.4%；规模以上工业总产值完成7.31亿元，增幅-4.2%。财源结构中商贸经济所占权重最大、增幅明显，财政运行质量高。

【招商引资】 年内招商引资任务为内资任务25亿；外资3000万美元。办事处实际上报内资项目15个，到位内资41.631亿元，考核认定资金内资26.885亿元，完成全年内资任务25亿元的107.5%。办事处整合辖区工商、税务、银行等多部门业务流程以及相关优惠政策，制作前卫街道办事处投资指南宣传手册，在各片区、项目开盘及相关活动上进行广泛发放；以西山区加快楼宇经济和总部经济发展扶持奖励办法为依据，协助辖区企业完成申报和奖励。

【重点项目建设】 **昆明西山万达广场项目** 由昆明万达广场投资有限公司投资建设，完成大商业、两幢SOHO、酒店及5#楼主体，超高层（南、北塔）45层核心筒结构完成。全年实际到位资金3.571亿元，考核认定资金1.79亿元。10月31日，万达百货、万达院线、万达酒店管理等企业正式营业，开业头3日客流达99万人次，销售收入达1.12亿元。万达广场与大量国际和国内一流的各种业态商家建立紧密的“订单式商业地产”合作伙伴关系。

大商汇商贸中心二期改建提升项目 由昆明大商汇实业有限公司投资建设，开工建设A1-1地块7栋建到8层，1、6栋建到地下室-2层。实际到位资金7959万元。

云南师范大学润城学校项目 由云南龙宇房地产开发有限公司投资建设，行政楼、中学部、小学部封顶（共6层），综合楼、两幢宿舍楼建成交付使用，9月正式招生入学，实际到位资金4.612亿元。

【城中村改造】 **18号片区润城项目** 由云南龙宇房地产开发有限公司投资建设，项目一期第一大道30万平方米已交付使用，润城学校、幼儿园9月1日正式开学。已有省能投、温州商会、中建三局、国信证券、市设计院、省水利设计院、上海禾嘉等企事业单位购买物业入驻。开工面积120万平方米，总在建面积210万平方米；总在建城市道路七条、河道一条，片区公司垫资进行建设，施工单位已进场。全年累计到位资金1.262亿元。该片区拟建回迁安置房11幢，总建筑面积15.9万平方米，四区的2栋回迁安置房现已封顶，3月交付使用；七区5栋、十一区3栋回迁安置房，建至19～23层；十区1栋暂未动工建设。

19号片区润城项目 由云南子元房地产开发股份有限公司投资建设，项目A4地块8幢住宅建成，A1、A2和A3共8幢商业及办公设施正建设中。累计到位资金4.541亿元。该片区共有3栋回迁安置房，均已封顶。

20号片区一期广福城项目 由云南集成广福房地产开发有限公司投资建设，项目A1、A3、A5、A7、A8、A9、A10、A11地块住宅及办公楼项目已完成室内外装修和绿化工作。各地块的水、电、煤气、外装、绿化等接近尾声，全年累计到位资金7.63亿元。该片区4栋回迁安置房已建设完毕，8月11日完成回迁房分配工作，12月份全部交付使用。

20号片区二期未名城项目 A7、A8住宅及配套商业2 11月交付使用，A6商业地块在进行地下室施工。全年累计到位资金2.958亿元。该片区的3栋回迁安置房2013年10月份分房，2014年4月交付使用，交房533套。

21号片区华海新天地项目 一期净用地10公顷已签订土地出让协议；二期总用地28.67公顷，净用地19.17公顷；三期总用地10.14公顷，净用地6.24公顷。该片区拟建回迁安置房6栋，总建筑面积11.2万平方米，12月实现封顶断水。

22号片区奥宸广场项目 该片区A2-2地块4栋商品房12月份封顶，全年实际到位资金2.061亿元。片区5栋回迁安置房封顶。

昆明泛亚金融产业中心园区海埂路片区综合整治项目 已征收土地130.4公顷，共搬迁13个城中村1864户居民和253家企业，共拆除各类建（构）筑物总面积136.24万平方米，土地和房屋征收分别完成已明确目标任务的96%和86%。确保平安银行、人民银行、中国银行的拟选址用地以及园区整体道路基础设施建设。

【国土资源管理】 配合国家审计署昆明特派办开展自2006年以来土地出让金收支情况、建设用地的审批储备供应及耕地保护工作的审计；做好城中村改造项目用地的拆迁和服务工作，年内完成城中村18号片区（二期）4.61公顷土地和22号片区4.22公顷净用地的土地征购工作，协助城中村改造指挥部完成21号片区（一期）10土地的挂牌交易任务。完成2014年前卫辖区内卫星监测9个图斑的现场踏勘、拍照、资料收集上报工作。

【城市管理】 办事处以“城乡清洁工程”全覆盖为重点，提升城市管理水平，营造宜居环境。办事处副科以上领导包片到各社区，并担任辖区18条主次道路的路（段）长，每周组织对包干区域和道路进行巡查督办，督促责任单位对存在问题进行迅速整改，协调解决重难点问题，保证各项工作目标扎实有效推进。全年取缔占道经营1.4万起，整治店外经营3600起，规范“门前三包”1600户，处置违反城市管理条例980起，整治不规范施工围挡40次，组织开展渣土运输专项整治70次，联合交警、公安开展多部门联合整治4次。通过快速反应微信平台处置存在问题1.13万起，保证辖区清洁、卫生的市容环境。依托“城乡清洁工程”全面开展城市重要区域绿化美化工作，超额完成绿化任务9公顷。

【滇池保护】 全面开展河道周边环境卫生综合整治，加大盘龙江西侧河堤、金家河、正大河、太家河、清水河水面及综合整治后河道的绿化保洁、河道护栏的监管；中元节期间调动城管人员92人，对盘龙江、正大河沿河道的路口守口劝阻乱烧，乱倒垃圾350人次，清理河道边垃圾8.5吨；签订河道三包责任书58份。河道沿岸单位、商户签订“门前三包”责任书69家140份；全年开展正大河清淤查堵工作2次，开展金家河水系截污及水环境治理，督促片区投资人尽快完成河道征地任务。分别在南坝小学、官庄小学、红庙小学、拥护小学、前卫中学组织开展保护滇池生态环境知识竞赛，以“小手牵大手”为主题开展普及滇池保护与治理的相关知识，10月20日，组织同德锦江社区工作人员及同德锦江辖区内小区、大商汇商户、居民代表等共计130余人开展滇池保护宣讲活动。

【计划生育】 全处有育龄妇女1.11万人，已婚育龄妇女7780人，生育一孩的妇女6032人，避孕节育率100%，领取独生子女证的夫妇3149人；生育二孩及以上妇女1151人，避孕节育率达100%。全年出生人口241人，生育一孩215人，生育二孩26人，符合政策生育率达95%。11月，南坝社区创建为国家级人口和计划生育基层群众自治示范社区；12月18日，广福社区创建为昆明市流动人口计划生育信息化管理示范社区，并建立流动人口计划生育协会。

【劳动社会保障】 提供有效就业岗位2529个，城镇新增就业人数2211人，累计转移输出503人，实现新增农民转移就业收入711.03万元；城乡居民养老保险参保缴费7812人，按月领取养老金待遇1952人；扩大被征地人员基本养老保险的覆盖率，完成150人的参保任务；实际缴纳城镇居民医疗保险费1.78万人；解决辖区74户84名低保人员的基本生活，发放低保金49.5万元。

【依法行政】 建立完善突发事件应急处置体系，把依法治理、综治维稳纳入全处党建、经济社会发展总体目标。全年排查各类矛盾纠纷584起，调处582起，成功率99.7%。受理民间纠纷105件，调解103件，成功率98%。接办市长、区长热线、政务服务专线，及时解决群众诉求，纠正自身问题，年内共受理市长、区长热线件220件，办结回复率100%，群众满意率达98%。在网上发布完成15项重要事项公示，每月对12项以上重点工作事项进行通报，促进行政权力阳光运行。严格遵守中央关于改进工作作风密切联系群众的“八项规定”精简规范会议和文件简报，规范公文处理，厉行勤俭节约。

按《会计法》要求，办事处对各居委会、居民小组的会计账进行检查，对全办事处4个居委会25个居民小组的账务进行定期公布，并由居民签字认可。同时建立健全财务审批制度，全年完成用款审批45件，审批金额达标5亿余元。

【文体教育】 办事处文化站有排练室、健身室、图书阅览室、电子阅览室、会议室、办公室等服务项目，全年服务群众达3000余人次。文化站藏书4700多册、报刊6种、杂志13种；各社区文化室藏书达到1200册、报刊3种、杂志10余种。办事处以各种形式、各种方法积极开展文体活动，组织开展各种大型文体活动10次。办事处拨款3万元作为文体进校园活动经费，学校演出场面较大、参与性广，收效明显。6月30日，办事处在南坝中心学校、广福社区等组织开展党的群众路线教育实践活动暨迎“七一”文体展演活动。

推进素质教育，加强校园及周边

环境安全防范和综合整治，积极协调区级相关部门，督促片区重建改造指挥部解决前卫中学、拥护中心学校过渡校舍的问题，并明确新建校舍建设时限，解决群众较为关心的子女就学问题。

【社区建设】 办事处组织辖区20名社区工作人员赴社区建设先进单位跟班学习，加强社区年轻干部的培养锻炼。创建和谐社区、民主法治社区，年内申报4家市区级和谐社区、民主法治社区并完成迎检；整做好社区建设项目摸底储备工作，年内筛查申报项目5项，包括社区公共服务项目2项、社区服务模式探索1项，社区为民服务站打造项目2项。

7月16日，依照选举程序，同德锦江、世纪半岛两筹备社区第一届居民委员会居民代表推选大会召开，会议共选出居民代表66名。两筹备社区选民登记6123人，其中世纪半岛社区选民登记2927人、同德锦江社区选民登记3196名。7月30日，同德锦江、世纪半岛社会均完成第一届社区居民委员会的选举工作，分别选举产生居委会委员9名，其中居委会主任1名、副主任2名。

【民政工作】 及时足额发放各类民政对象定期定量生活补贴78.6万元，发放救灾救济困难人群医疗、生活困难救助金额4.4万元，为14名重点优抚对象办理医药费临时救济5.8万余元。走访并慰问烈士家属及革命伤残军人、机关退伍军人、60岁以上农村籍退役士兵、现役军人共计115人5.51万元。发放60岁农村籍退役士兵生活补贴24人1.62万元。8月3日鲁甸地震，办事处共收筹集善款33.06万元，其中办事处集体捐款10万元，机关干部个人捐款2.61万元，辖区社区居委会、企业等捐款20.46万元。

【残联工作】 办事处残联理事长（专干）和村（社区）专（兼）职委员10名，持证残疾人399人。春节前，办事处共走访慰问辖区困难残疾人40户，发放慰问金1.2万元；3月5日，办事处组织机关各部门联组织开展“学雷锋”志愿活动，志愿者服务队到辖区残疾老人家里，为其打扫卫生；在“春雨行动”扶残助学工作中，10名受助学生补助金额7800元；助残日期间，办事处走访慰问困难残疾人家庭24户，发放慰问金7200元。全年免费配发残疾人用品用具25件，发放重度残疾人居家托养服务补助费20人1.16万元；举办“残疾人心理健康、营养保健”培训班1期，培训47人。

【科技工作】 1月19日，办事处在龙江公园组织开展科技、文化、卫生、法律进村入户为主要内容的一系列“三下乡”活动。4月22日，开展以“保护知识产权，激励知识创新，运用知识财富，发展知识经济”为主题的世界知识产权日宣传活动；办事处以“携手节能低碳　共建碧水蓝天”的主题，广泛宣传节约能源资源和生态文明理念；6月10日“绿色出行日”，要求全单位干部职工乘坐公共交通工具、骑自行车或步行上下班。全年办事处共开展科普讲座5次，培训450人次；开展知识产权、农函大及其他培训9次，培训1153人次。

【环境保护】 成立以办事处主任为组长，副主任1名为副组长，相关部门负责人及各居委会主任为组员的环境保护和创建“环保模范城市”工作领导小组，全面协调指导办事处的环保工作。年初，同5家居委会签订环境保护目标责任书，将环境保护工作考核目标分解到辖区各居委会、居民小组、各驻处单位。6月5日，办事处组织开展“6·5”环境日系列宣传活动，在希望路佳湖农贸市场门口和龙江公园分别设置世界环境日宣传咨询活动点，现场发放环保袋300个、发放环保法规及节能宣传资料600余张（本），粘贴宣传布标2条、“创模”宣传画10余张。全年审批适用填写环境影响登记表的项目94家，参加环保协办项目的现场踏勘，按时限对协办项目及时提出书面初审意见。

【安全生产】 建立健全办事处安全生产监督管理考核奖惩体系；加大投入，精心组织，举办安全生产培训班4次，采取月检查和专项检查结合的方式，开展各项安全生产监督检查，加大对拆迁工作的安全检查力度，辖区安全生产形势不断好转；协助交警部门开展道路交通安全宣传教育活动，提高群众遵守法律法规的意识，进一步改善辖区交通环境。2月21日

11月24日，前卫街道办事处举办消防队员比武大赛活动
（前卫街道办事处　供稿）

14:00时，金产园区希望路菜市场突发火灾事故，区委、区政府、街道办事处迅速组织公安、消防、城管综合执法等部门对火灾现场进行全力扑救。并积极组织协调处理商户的赔偿、安置等后续事宜。为深刻汲取该次火灾事故经验教训，切实消除辖区农贸市场、集贸市场、商场的火灾隐患，组织大规模监督检查发现火灾隐患或违法行为206处，督促整改火灾隐患或违法行为94处，处置重大火灾隐患10处。

【卫生保健】 办事处根据社区居民需求，创建打造“健康小屋、“妈妈课堂”“家庭责任医生”等亮点工作，引进居民健康体检自测设备，免费为居民开放。开展城镇居民医保工作，实际缴纳保险费1.78万人；开展妇幼保健、居民初保和传染病防控工作，举办健康知识培训班6期，建立居民健康纸质档案7.44万份，建档率91.11%。

【社会治安综合治理】 与辖区各社区、各相关单位签订综治工作目标责任书，签订率100%。办事处以联系社区为单位，分片包干，责任到人，街道领导、机关工作人员下沉到社区开展工作。不断完善矛盾纠纷信息排查网络，严格实行“零报告”制度，切实做到“小事不出社区、大事不出街道、矛盾不上交”。全年办事处共受理信访案件29件、网信8件、接访38批次，未出现到京非正常上访和滋事的情况；排查矛盾纠纷584起，成功调处582起，调处成功率99.7%。

“3·01”事件发生后，办事处抽调人员配合开展好安抚工作，同时组织民兵、城管队员等力量开展“不稳定情况”排查。加强与小区物管公司、辖区派出所的协作配合，对在辖区租住的涉疆户逐户进行排查，确保社会大局安定有序、和谐稳定。6月6日上午，办事处联合省公安厅反恐中队在龙江公园开展“防范应对恐怖袭击”志愿宣传活动。现场展出恐怖袭击防范常识宣传展板30块，发放公民防范应对恐怖袭击手册800份，“美丽春城　清洁昆明”宣传手册120份。

（张忠升）

福海街道办事处

【大事记】 4月16日，省、市、区人大代表对办事处24号片区二期（泛亚百货Shopping Mall总部）和27号片区（凤凰御景）改造情况进行实地调研。

5月9日，第七届昆明泰国节开幕式在南亚风情·第壹城举行。昆明市副市长关清华、泰国内政部社区发展司司长宽猜以及其他领导人发表重要讲话并剪彩。

5月28日，第二批群众路线教育实践活动云南省委第一督导组常务副组长彭济生一行到福海街道调研群众路线教育实践活动开展情况。

6月18日下午，市政府阮凤斌副市长率市级有关部门到辖区中石油云南销售分公司就商贸和社会消费品零售工作进行调研，区政府副区长李汝林及区级相关部门领导参加。

7月15日，城市流动和贫困儿童家访示范项目昆明启动会在船房社区居委会召开。

11月13日，市司法、区司法局考核组到船房社区进行“法律六进”示范点验收工作。

11月21日，省妇联主席、省妇儿工委副主任和红梅等领导为船房社区“儿童之家”授予“实施国家‘两纲’示范县区儿童之家”牌。

12月20、21日红星国际爱琴海购物中心正式开业两天，人流量达50万人次，商场销售额经初步统计约为8000万元。

【人口·面积】 福海街道办事处辖河北、船房、杨家、陆家、福海、新河以及新成立的阳光社区居委会、滇池路社区居委会8个社区居民委员会，45个居民小组，总面积16平方千米。2014年末，全处总人口2.38万户5.04万人，其中男性2.46万人，女性2.58万人。

【党的群众路线教育实践活动】 3月5日福海街道党工委召开党的群众路线教育实践活动以来，共有81个党组织1400余名党员参加活动。发放并收回民主评议表118份，发放征求意见表43份，对收集到的意见建议进行梳理。同时开展集中学习，发放学习资料3300余册，覆盖到辖区所有党员，撰写心得体会500余篇。张贴省、市、区委活动办发放的宣传标语3000份，结合福海街道实际，自制标语160份、布标40条、电子屏宣传2块、展板1块。

深入查摆“四风”突出问题和联系服务群众“最后一公里”问题。街道领导班子梳理出“四风”问题215条，领导班子44条，一把手28条，其他班子成员共143条。针对存在问题，班子和成员深刻剖析自身问题存在的根源，经过6次反复查找、修改对照检查材料，在两轮交心谈心的基础上，于8月7日召开街道领导班子专题民主生活会。各基层党组织“压茬”召开专题组织生活会和民主评议党员工作，评出好的党组织77家、较好（补课）的2家、一般（返工）的1家，好的党员1465名、较好的126名、差的19名，结合区委组织部不合格党员处置方案，最终拟确定差评党员1名。

【经济简述】 办事处各项经济指标运行状况良好，综合经济实力显著增强，完成各项指标任务。全年完成地区生产总值达到67.9亿元；地方一般预算收入完成2.909亿元；上划中央“两税”完成4911万元；规模以上固定资产投资完成49.88亿元；规模以上工业总产值全年完成10.28亿元，同比增长0.9%；社会消费品零售总额完成110.9亿元，同比增长7.4%；城镇居民人均可支配收入全年完成3.43万元，同比增长10.6%。

【招商引资】 招商引资内资全年目标任务为16亿元，全年预计完成17.83

亿元，完成任务数的111.44%。外资目标任务数为2500万美元，预计完成2500万美元，完成目标任务数的100%。

【城市管理】 全年共开展大扫除活动40余次，出动人员6000人次。深入落实"门前三包"责任制，印发"美丽春城·清洁昆明"等宣传动员资料近7000份，挨家挨户发放，向商户讲解"门前三包"的要求以及昆明创建世界知名旅游城市的知识，引导商户自觉遵守"门前三包"规定；印发"门前三包"责任书2.5万份，检查考核表2万份，派出5个组专项对沿街商铺近7000商户重新签订新的"门前三包"责任书，签约率100%。全年共督促近1000余户次临街门店落实"门前三包"责任，劝导店外占道经营250余户次，处罚150余户次；表彰奖励履约商户120户。

结合辖区实际，与昆明交警七大队建立联勤共管工作机制，整治占道经营及乱停乱放现象，组织精干力量，出动执法车辆，对我处辖区道路违法停车、车辆流动占道经营等行为进行强势整治，规范机动车依规定区域同向停放；对城市道路内非机动车辆乱停乱放、占道经营、乱摆摊点现象进行宣传教育和专项整治，严禁农贸市场周边道路商家占用道路资源、违法停放车辆。全年共整治占道经营2000次，处罚80余起；整治农贸市场周边160余次。

受理数字案件1.27万件，其中处置小广告3632件、沿街晾挂1324件、绿化改造4件、市政设施79件（更换雨水箅子13套、窨井盖26套、街沿石50余米、修复道路100余平方米）、果皮箱修复37件、福海执法中队1583件（7月以来）、"万路洁"保洁公司保洁区域593件、其他片区4608件、办事处城管科协调处理843件，月平均案件1270.3件，总体按期结案率99.08%。全年通过自查向各社区及公共责任单位下发督查通报178期，自查出335项问题整改。

完成拆除的目标任务103宗违章建筑，拆除面积达24.41万平方米；另拆除任务外金岸春天、正和小区和平巷等违章建筑共99.9平方米。全年整治拆除违规广告牌160余块。注重巡查制度，责任到人，严格查处，杜绝新增，对违法私搭乱建行为一律发现一起依法予以拆除一起。

【土地工作】 五号地块二期集体地的征地工作全部按期完成；五号一期土地的征地工作，完成35.61公顷的土地征收工作任务，其中集体土地面积8.38公顷、国有地面积27.23公顷。已完成集体土地征收面积1.87公顷，需拨征地资金722.11万元，未征地面积33.73公顷（其中集体土地面积6.5公顷、国有土地面积27.23公顷）。

26号片区（一期）拟征地面积21.72公顷（集体土地14.11公顷、国有土地7.61公顷）全部完成征地工作，征地补偿款已足额支付到位。25号片区（二期）拟征地面积1.73公顷，由昆明垠创房地产开发有限公司投资改造。31号片拟征地面积2.78公顷，由昆明金海创房地产开发有限公司投资改造，完成集体土地1.41公顷，国有土地1.36公顷的征用工作，征地资金需836.17万元，由于投资方资金不到位，还没有支付征地补偿款。

草海37号安置地块农房拆迁协议签订率及拆除率100%；五号地块正推进。西福路延长线37号地块至南连接线涉及西福路延长线建设征地工作农户部分已全部签订协议，还剩2家国有企业、1家租地建房企业因要求过高拒绝签订协议。

绿地·海珀澜庭项目属于草海片区四号地块，征地面积20.88公顷，其中国有土地10.3公顷、集体土地10.58公顷。6月6日项目投资人绿地集团（昆明）置业公司以14.23亿元拍得草海4号地块3宗共11.59公顷住宅用地，6月8日以4.86亿元交易价，拍得草海片区3宗总面积3.96公顷的商务金融用地。

【城中村改造】 福海街道办事处共涉及城中村片区13个，单体项目3个（福海广场项目、昆锐新天地项目、旭东·尚景），项目总投资206亿元，实际到位投资46亿元，完成土地交易5个片区，启动开发建设项目7个。

【园林绿化】 全力推进辖区范围小区、单位建绿任务，共完成绿化面积任务6644.27平方米（新闻路延长大观河边南二环闸道旁1556.57平方米、海珀澜庭售楼部1650平方米、27号片区A3地块3407.7平方米、滇池路博大酒店30平方米）。经过对辖区福康花园南区、福康花园北区等38个小区绿化率进行核查，办事处2002年以后建成的小区绿化率均25%以上。完成对办事处辖区7家省级公共单位、驻昆部队建绿补绿调查工作，并按时完成创建国家生态园林城市园林绿化、辖区攀援、乔木植物及绿化建设工作进展情况的上报工作。

【滇池治理】 做好辖区内西坝河、船房河、大观河、采莲河、杨家河、中沟、清水河河道三包工作，全年签订"河道三包"责任书182份。做好办事处"城乡清洁工程"工作，绿化美化采莲河两岸环境，提升办事处的城市品位。完成采莲河沿岸987.78平方米补绿；采莲河沿岸砌围墙、铁围栏、修复花台、铁门、砖砌护栏、防盗铁丝网、场地平整、垃圾外运、绿化红土等卫生整治零星工程。

为加强滇池渔业资源保护，严厉打击偷捕滇池渔业资源的违法行为。区滇管执法分局、福海街道办事处联合行动，巾帼打捞队出动船只2只14人，取缔收缴地笼渔具300米，约15只，对打捞上岸地笼渔具进行刀划销毁处理、同时对钓鱼的群众进行耐心说服教育。共计组织对所负责区域的滇池水体保护区及主要入湖河道检查30次，禁磷5次，日常河道巡查50次，河道垂钓、捕鱼日常巡查26次。

【安全生产】 建立健全安全生产目标责任制，全面推行各级安全生产责任制，与8个社区居委会签订责任书，实行严格的目标管理和奖惩制度。安全生产工作专题会议4次，定期会议10次。在“两节”期间、“五一”、中秋、国庆等重大节假日期间组织辖区内的安全生产专项检查工作。

福海安监站对辖区内各液化气销售点进行定期、不定期的安全检查，累计检查液化气销售点115家次。1月28日，安监站对烟花爆竹销售点进行了专项检查。6月“安全生产月”活动期间，全街道办事处组织安全生产大检查，对街道办事处辖区内的各类在建施工工地安全，房屋拆迁现场，房地产开发项目等重点企业进行检查，共检查企业14家次。6月10日在南亚风情·第壹城广场开展安全生产月宣传教育活动，发放宣传资料500份，各社区居委会在辖区内悬挂宣传标语，发放宣传资料320份。

【文化体育】 将公共文体经费列入街道办事处财政预算，做到专款专用，基层公共文化服务运行机制配套资金使用规范。

加强文化站规范化建设管理，将文化站工作人员岗位考核纳入街道办事处机关干部职工岗位考核。5月28日，举办“疏通群众血脉 凝聚核心力量”首场文艺演出，由昆明市新昆明电影院广告有限公司到辖区各社区、共建单位播放数字电影共30场。5月22～23日，福海街道办事处组织人员参加在文化站排练厅举办的民族民间舞蹈培训班。按照区文化局工作要求，组织人员参加在西山区文化馆举办的区中老年人武术（太极拳）辅导员培训班、“群众广场舞蹈”培训班、西山区“大家乐”群众广场舞蹈比赛、西山区中老年人“云南民族广场舞”辅导员培训班以及西山区“云南民族健身操”辅导员培训班。

【计划生育】 全处符合政策生育率94.69%；随访率100%；办理壹孩“生育服务证”288本，上报贰孩审批185户。全处接受出生缺陷干预和咨询近570人次，免费发放小剂量叶酸片221盒，对221名服用情况定期随访，随访率99%；完成57对114人计划怀孕夫妇的孕前优生检测。开展计划生育相关宣传活动22场次，发放各类宣传资料2万余份，实现计划生育政策法规、避孕节育、出生缺陷、优生优育、生殖保健等知识宣传的全覆盖。及时足额发放和兑现符合奖励扶助及特别扶助对象计划生育补助资金1.92万元，低保家庭补助款11.46万元，农业人口独生子女义务教育奖学金8.78万元，农村独生子女考取高中、大专本科阶段“奖学金”10.36万元，独子女保健费14.76万元。完成符合独生子女伤残死亡特别奖励扶助对象21户32人、低保独生子女家庭奖励对象108户，农业人口独生子女“奖优免补”对象资格审核、公示和上报工作。完成“昆明市流动人口协会”和示范社区创建任务。

【社会保障】 办事处通过推荐、招聘对接方式共安置公益性岗位8个，其他工作岗位513个，新增就业和再就业人员2043人，完成目标任务数的92.86%，确保登记失业率控制在3.5%以内。经调查落实现有农村富余劳动力5571人，区转移办下达任务是转移500人、培训150人，共完成转移513人、培训165人。完成续费7213人、新参保587人，领取待遇人数共2804人，至年底参保人数1.06万人，完成100％。

【民政工作】 办事处管理低保户273户399人，其中新办低保户21户23人，因死亡、领取养老保险报批取消低保户11户15人，对不符合低保条例的5户5人取消享受城市低保政策。审核AB类证173份，发放低保金201.9万元。年初制定殡葬改革实施方案，成立领导小组，建立健全组织和执法机构，与社区签订目标责任书，加强宣传和引导，全年辖区死亡人口火化率100%。办理临时救济15人、临时医疗救济9人，金额2.44万元。居务公开、账务公开为载体，强化了基层政权民主建设，发挥群众组织的自治作用。

【残联工作】 为免费服药的贫困精神病人开展精防巡诊，对30人进行服药治疗效果的评估（10人纳入免费服药、20人办理年底补助药款），新增补助药款3人，送区工疗站治疗4人。继续开展和支持CBR项目工作，康复对象肢体残1人、脑瘫儿4人、智力残（唐氏）1人、视力残3人、听力残1人，通过康复训练，康复对象有不同

7月1日，福海街道办事处开展庆祝建党93周年“七一”文艺汇演
（福海街道办事处 供稿）

程度的康复效果。为27名残疾人申请办理用品用具；按照区残联的安排共为三、四级残疾人办理基本医疗保险补助申请材料33份；残疾人创业扶持专项资金申请2人；盲人保健按摩行业情况调查4家；应往届残疾人大中专毕业生就业情况6人，其中已就业4人、未就业2人。开展扶残助学“春雨行动”，为义务教育阶段、高中、职高，在校残疾学生9人、残疾人家庭子女高中学生3人进行申请、审核、公示阶段工作。

【老龄工作】　将老龄工作纳入党委政府的目标管理，加强老年法宣传力度，营造敬老、爱老、助老的社会氛围。对80岁以上的老人发定助37.68万元；优先将因灾、因残特困老人纳入低保，引导其加入新型农村合作医疗，解决生活难、医疗难问题。

【信访工作】　街道办事处共受理信件86件次、重复信访69件次。其中普通来信71件、全国网上信访0件、“区级领导接待日”交办10件、市区联办督办件5件，全部按要求办结。来访接待工作：来访91批4362人次。其中群体性上访51批4250人次、个人上访40批112人次。受理市、区级便民热线375件，比上年同期相比增加123件。其中投诉类250件、举报类88件、求助类8件、批评类1件、建设类11件、表扬类5件、咨询类3件及其他9件，满意率98%。

【司法行政】　街道司法所及下辖3个派出所联调室、6个社区共受理来访210余人次，法律咨询80余人次，调处民间纠纷296件，每个征地片区引发的矛盾纠纷均直接在街道调解会解决。

【环保审批】　完成项目审批工作，共接受申请167份，现场踏勘167份，不符合办理要求61份，已向申请人说明情况，办理审批106份，办结率100%。

（王　蓓）

棕树营街道办事处

【大事记】　3月，昆明大观酒店龚晓芳、李艳梅荣获西山区2013年“金牌工人”“创新能手”。

10月14日，街道妇联、社区妇联成立妇调委工作室，由街道办事处、各社区调解委员会、妇联主席及法律工作者组成。

11月9日，城中村改造指挥部发布3号片区拆迁通告，正式启动拆迁工作。

12月，棕树营街道南区社区建立“儿童之家”。

【人口·面积】　棕树营街道下辖棕树营南区、棕树营北区、白马西区、白马东区、近华社区、土堆社区、鱼翅路社区和昆医大社区8个社区居委会，辖区面积4.5平方千米。2014年末，全处总人口1.7万户4.06万人，其中男性2.01万人、女性2.05万人。

【党建工作】　落实好党建工作责任制，履行党工委书记党建“第一责任人”职责，全年召开党工委会5次，部署党建工作，在教育实践活动中，履行好“一把手”工作职责。抓实软弱涣散基层党组织整顿工作，召集街道分管领导、包片联系领导认真研究制定整顿方案，对白马东区社区党组织负责人进行调整，特别是对群众反映突出的老年活动室问题进行整顿。落实干部直接联系服务群众、街道领导和机关干部包片联系社区及定期走访社区群众等工作制度，按照“8433”创建思路，抓实街道机关在职党员到社区开展联系服务群众工作，整合辖区资源，开展好共驻共建工作。严格党员教育管理，坚持好党的“三会一课”、民主生活会和民主评议党员工作制度，全年讲党课8次。坚持党员标准，对民主评议中的4名不合格党员按程序进行处置。按月发放社区干部、居民小组干部工作补贴，制定实施社区干部休假制度，协调和安排基层党建工作经费54万元，投入资金10万元改造升级社区活动场所5个。

【党的群众路线教育实践活动】　3月，办事处启动党的群众路线教育实践活动，街道党工委及其下属的3个党总支和34个党支部818名党员参加，整改完成领导班子整改方案中的18个问题及整改清单中的9个问题，“一把手”整改方案中的13个问题及整改清单中的7个问题，街道其他党员领导干部整改方案中的115个问题及整改清单中的76个问题。

【党风廉政建设】　领导班子成员履行“一岗双责”，根据工作分工抓好职责范围内党风廉政建设工作，从机关到社区，层层落实党风廉政工作目标责任制，做到定期检查，把党风廉政建设工作落到实处。坚持领导班子成员分片联系工作制度，对分管联系的社区和部门的党风廉政建设工作全面负责，做到经常深入基层，督促落实各项工作任务；开展廉政文化建设，提升宣传教育水平，结合党的群众路线教育实践活动，开展理想信念和宗旨教育、党风党纪和廉洁自律教育、从政道德教育和警示教育。全年上报区纪委信息41条，其中被区纪委采用2条，进入省、市报刊上报登载3篇。

【精神文明建设】　按照区委组织部的“共筑中国梦”工作要求，开展“中国梦”“图说我们的价值观”宣传活动，组织干部群众参与“我们的价值观·我们的中国梦”网上知识竞赛，完成答卷50份。参与“中国好人”“昆明好人”“西山道德模范”评选活动，开展“三关爱”志愿服务活动9次，开展“道德讲堂”活动4次。按照区创城办的工作要求，做好2014年西山区创建省级文明城区公共文明指数测评相关工作，按要求上报台账；制定棕树营街道办事处“城乡清洁工程”宣传教育工作方案，开展相关宣传工作，定期上报重点、亮点工作7

期，向信息点编辑室供稿156篇。组织辖区单位开展区级文明单位（社区）创建活动，开展“讲文明、树新风”群众性精神文明创建活动5次。

【经济简述】 完成总体财政收入2.854亿元，同比增长18.4%；完成地方财政收入1.088亿元，同比增长27.86%；完成地区生产总值38.5亿元，增速7.2%；完成社会消费品零售总额23.7亿元，增速12.1%；完成规模以上固定资产投资41.05亿元，增速17.15%；完成规模以上工业总产值3600万元，增速6.5%；城镇居民人均可支配收入3.6万元，增速8.7%；招商引资5.686亿元，完成区下达任务数的113.72%。

【城市管理】 加大对城市街道、环境卫生、路政设施、门头招牌、小广告整治力度；巡检并及时处理辖区道路存在的问题，落实街道“城乡清洁”工作方案以及网格化管理制度。全年处理数字城管案件5.2万件，结案件5.08万件，结案率98%。其中清理小广告1.37万件、暴露垃圾2433件、道路不洁2844件、破损道路97件、道路广告牌整治4171件、市政设施修复188件、绿地环境5101件、施工废料973件、清理占道游商3063件、占道经营5094件、其他问题177件，签订“门前三包”责任书1640家。

【综合行政执法工作】 全年组织大规模的整治行动100余次，出动执法人员1100人次、执法车230辆次，取缔占道经营650起、流动摊贩70余起，说服教育480起。查处上级交办投诉件3145件、办事处交办投诉件29起，中队接到投诉81件，完成率和回复率100%；开展辖区“门前三包”检查，检查整治商户602家，法规宣传教育581家，处罚21家，罚款4200元；清理小广告328起。

【土地管理】 以全面推进城中村改造的征地、交易工作为中心，配合城中村改造1～5号片区集体土地、国有土地征用，权属面积调查，国有土地注销，土地挂牌交易报件，组件等工作。一号片区征地总面积5.77公顷，完成挂牌交易。二号片区分两期改造，其中一期征地面积7.22公顷，完成征地手续；二期征地5.41公顷，完成征地前期手续。四号片区征地面积20.99公顷，分三期开发，一期开发面积9.06公顷，2011年完成挂牌交易工作，大部分拆迁户实现回迁安置；二期征地6.9公顷，完成征地挂牌交易；三期尚未开始。五号片区分两期开发，一期为白马庙新村，二期为白马庙老村，土地开发总面积8.3公顷，完成征地及交易工作。

【文化体育】 坚持“为人民服务、为社会主义服务”的“二为”方针，遵循文化要“贴近生活、贴近市场、贴近群众”的三贴近宗旨开展工作，街道文化站举办公益性群众文化活动18期、单项性文体活动12期，公益性展览、非物质宣传展示活动5期，群众业余创作演出6期，编办和宣传文化走廊及橱窗22期，举办各类培训班21期，利用数字化文化共享工程组织视频课2期，新书推荐12期，免费放映电影48期。

【计划生育】 坚持计划生育目标责任制管理，层层落实目标责任，至年底，完成孕前优生监测工作和叶酸增补项目发放110人。办理一孩“生育服务证”235本、二孩“生育服务证”43本、办理“独子证”292本；办理迁昆落户98人；婚育证明盖章485份。做好上级各项经费补助发放工作，审核办理低保家庭计划生育奖励补助42人4.92万元；特别扶助54人，其中伤残家庭30人、死亡家庭24人3.24万元；发放失独家庭一次性慰问金7户3.25万元、发放独子保健费446户541人3.24万元、为失独家庭办理“生育关怀爱心卡”18人，失独家庭购买“国寿计划生育家庭意外伤害保险”17份。“5·29”协会日配合市计生协会慰问19户，每户金额1000元。

【爱国卫生】 开展“爱卫月”和“世界无烟日”等宣传活动，全年共发放宣传资料1000份。扎实开展春、冬季灭鼠活动和夏季灭蚊、灭蝇、灭蟑螂活动，投放灭鼠药溴敌隆毒饵325千克，阳性率2.5%，“四害”密度得到有效控制。坚持开展周五卫生大扫除活动，全年组织大型义务劳动40余次，参加近6000人，出动车辆40余辆次，清理卫生死角600余处，清运各类生活垃圾50余吨，疏通沟渠近8千米，清运各类杂物40多车，清除小广告2.5万条。

【民政工作】 为2户困难家庭的孩子考取大学办理慈善助学补助6000元；为40多户困难家庭办理减免学费、助学金手续。发放困难户临时救济金35户3.85万元、低保人员殡葬补助2户2000元、优抚对象发放医疗救助金23户7.65万元、慰问伤残军人149人及发放伤残补助金等各项费用193.19万元、参战补助103人43.53万元、“三属”定期抚恤金40人次12.52万元、带病退伍军人补助5360元、在乡老复员军人补助1.53万元、老女兵补助2名7.39万元、义务兵家属优待金18人次12.98万元。

【老龄工作】 发放80岁高龄老人964人补助金40.29万元、90岁高龄老人91人补助金6.79万元、百岁老人5人补助金4.07万元。在敬老节期间，街道对90岁和百岁老人进行慰问。

【残联工作】 组织实施残疾人康复，为3人免费做白内障复明手术，为辖区内15名患者申请到免费服药，为13名患者争取了自购药款补助，1名入住新丰医院康复治疗。完成辖区21名0～14岁残疾儿童的筛查、信息采集，对10名0～14岁的残疾儿童进行一对一入户康复服务。助残日期间，配发残疾人辅助用品用具39件，为18名听力障碍患者免费佩戴助听器24台。中秋、国庆期间，入户慰问贫困残疾人家庭187户，发放慰问金5.41万元。为279名三、四级参加城乡居民医疗保险的残疾人申报补助，每人补助70元，共1.95万元；为58名三、四级参加城镇养老保险的残疾人申报补助，每人补助100元，共5800元；发放32名重度残疾人护理费，每人每月100元，共3.84万元。为帮扶残疾人就业，街道积极组织残疾人培训，推荐3名参加残疾人招聘会，向辖区单位推荐2名残疾人就业，推荐1名残疾人到先科职业培训学校培训计算机维修，组织50名辖区残疾人或社区残联工作者参加“家政服务员”技能培训。

开展就业与再就业工作，全年提供有效就业岗位2761个，其中提供高校毕业生就业岗位500个。城镇新增就业人数2373人，其中城镇下岗失业人员再就业667人、就业困难人员就业637人，城镇登记失业率控制在3.5%以内。组织进行辖区失业保险的核定工作，在年度执法年审工作中，共发放劳动保障执法年审工作通知712份，有650家企业通过劳动保障执法年审。做好最低生活保障工作，对新申请对象的资格进行严格把关，对符合享受低保条件的，做到当月申请、当月初审上报。全年新增低保家庭13户13人，停发19户19人，减少低保17户17人。至12月，辖区城市低保户201户269人，发放低保金108.74万元、廉租房补贴9.76万元。推进城镇居民基本医疗保险工作，10月底，完成城镇居民医疗保险参（续）保1.1万人。

【禁毒工作】 坚持“四禁并举、堵源截流、严格执法、标本兼治”的禁毒工作方针，建立健全强制隔离戒毒、社区戒毒、自愿戒毒、社区康复和药物维持治疗相互衔接的戒毒机制，辖区登记在册吸毒人员111人，其中男性79人、女性32人；死亡4人，戒断3年以上37人，现有数70人；强制戒毒26人、社区康复19人、药物维持治疗14人、社区戒毒9人、进入康复场所1人，均纳入管控范畴。2014年，辖区公安派出所共查获毒品案件70起，抓获犯罪嫌疑人93人，摧毁贩毒窝点1个，缴获毒品1539.63克，缴获毒资3920元，逮捕34人。

【安全生产】 深入贯彻落实安全生产“一岗双责”制和安全生产监管“区域全覆盖”制度，全年走访企业、商家、学校达182人次，保证安全生产工作在基层落实；对辖区内建筑企业、工业企业、危化品企业以及近27家各类商贸服务摊点及单位进行摸底核查，健全台账管理，对重点企业和单位全时监管。街道先后组织企业班组长安全培训，培训企业17个，参训班组长160人，合格率100%，企业员工受训4464人次。落实安全生产责任制，与8个社区居委会签订责任书，还签订“一岗双责”责任书11份，与辖区重点企业、在建项目签订安全生产责任书27份。全年组织各类检查、督查59次，出动1709人，检查各类企业4507家，各级排查出的隐患491条，现场整改475条，限期整改16条。

【为民服务中心】 街道为民服务中心共为群众办理各种便民服务事项1.32万件次，提供各类咨询5013人次，街道为民服务站共为居民提供服务和咨询6582件次。针对“街道为民服务中心管理不规范，服务不到位被市区随机调研组多次曝光，服务性党组织建设特色亮点不多”的问题，街道采取5项措施，增加4个服务窗口，8名工作人员，为群众提供优质服务；加强服务性党组织建设，将棕树营北区社区党支部创建为示范党支部。

【武装工作】 开展思想政治工作和国防宣传教育，动员符合条件的青年参加民兵组织，经审查批准，新入队基干民兵7人，完成区人武部下达棕树营街道94人的民兵整组任务，组织50人次参加民兵预备役野战条件下后勤炊事训练；参与民兵“考、比、拉”训练15人次；参与为期20天的民兵军事训练暨森林山火的备勤工作200人次；参与“8·03”鲁甸地震应急救援备勤工作45人次。在昆明市14个县区参加的野战条件下后勤炊事比武中，街道民兵参赛队代表区人武部取得第二名。在征兵工作中，街道开展征兵政策宣传，发放宣传册450份、悬挂标语22条、张贴通告286份、入户宣传103人次、报名27人、应征入伍10人，完成年度征兵任务。

【食品药品安全工作】 与辖区内578家食品流通企业、156家餐饮服务业签订质量安全承诺书，签订率达100%。重大节日期间对重点区域、重点环节、重点品种开展食品安全专项整治活动，出动执法人员36人次执法车辆4辆次，检查肉及肉制品经营户197户、鲜粮制品11户、海鲜经营户25户，规范不合格经营户3户。全年发放食品安全宣传资料600余份，受教育600余人；组织社区开展食品安全知识宣传活动4次，上报信息月报表12期，工作简报8期。

【应急管理工作】 组建街道、社区两级综合应急救援队伍，开展应急预案演练，先后组织地震灾害应急搜救演练1次、消防应急演练1次、地震消防紧急疏散演练1次、参与指导企业高楼消防安全演练1次、参与组织幼儿园消防演练1次。积极储备应急保障物资，储蓄编织袋5000个、铁锨60把、发电机3台、水泵5台、电镐1把、切割机4台、空气滤心机2台、干粉灭火器40只，基本保证一定规模的应急所需。

【科技工作】 街道党工委把科技工作纳入议事日程，专项研究科技工作2次，把科技经费投入纳入街道年度财政预算，全年科研开发经费投入

12月5日，棕树营街道办事处开展普法志愿者服务活动

（棕树营街道办事处　供稿）

10万元，占本级年度财政预算支出的1.25%。全年推荐申报科技项目4项，经过专家论证，成都军区昆明总医院“静脉药物配伍评价技术及信息支持平台的研究”立项成功。

【防艾工作】 街道分别与各社区签订艾滋病防治工作目标责任书，通过健康知识宣传栏、黑板报、讲座等形式开展对居民群众的宣传教育，发放印有艾滋病相关知识的便签、书签、日历卡、宣传册700份，安全套400只。在第二十七个“世界艾滋病日”，各社区组织开展“12·1”世界艾滋病日宣传活动，在各大药房门前设宣传点，开展“行动起来，向‘零’艾滋迈进”为主题宣传咨询活动，发放防艾知识宣传资料1000份、安全套500只，制作布标7幅，出动宣传员24人，宣传面2000人次。

【河道治理】 对乌龙河和老运粮河的日常保洁和管护常抓不懈，全年共清理和打捞沿岸及河面垃圾、漂浮物176吨，做到河面无漂浮物、河岸无乱堆垃圾杂物。在“中国水周”“世界水日”“环境保护日”“滇池保护治理宣传月”开展滇池保护和治理的宣传活动，发放滇池保护相关宣传材料3100份，巡查河道34次，说服劝离垂钓者258人次、查处违法清洗车辆26起。

【环境保护】 严格对权限内建设项目依法审批，全年接件157件，其中已审批并办理建设项目环境影响登记表9件，变更项目8件，新办临时排污许可证5件，办理临时排污许可证延期133件，初审环境影响报告2份。发放宣传资料700份、环保宣传册30份、发放“致全区人民的倡议书”及《云南省滇池保护条例》150份。

【司法工作】 全年举办普法宣传讲座8次、出法治宣传橱窗90余期、悬挂法制教育横幅70余幅，开展法治宣传进学校、进社区活动10余次，散发宣传材料1.4万份，展出图片100张。全年共受理调解案件842件，调解成功837件。社区矫正和安置帮教工作，严格按照法律法规及相关管理规定对社区服刑人员进行管理及监督教育，在册24名社区服刑人员中，缓刑23名、管制1名，管控率达100%，无脱管漏管及重新犯罪人员；接收刑释解教人员10名，帮教率98%。

【消防安全工作】 年初和“两会”期间，组织街道8个社区居民委员会及相关公共单位积极开展“今冬明春”清剿火患及人员密集场所消防安全隐患专项排查整治行动。全年出动400人次，对辖区25家大中小型超市、5个集贸市场、9个小生产加工企业、11所学校（幼儿园）、3所养老院、7家医院、209个小餐饮场所、347个小商铺，以及辖区网吧、KTV等场所和单位进行常态化安全隐含排查和监督管理，对发现的消防安全隐患要求及时整改，或下发整改通知书限期整改。开展消防安全教育宣传，组织学校及各社区居委会进行消防应急疏散演练。全年悬挂消防安全宣传布标70余幅，宣传展板300余块次。开展消防安全知识进校园、进社区、进工地专题讲座8次，组织开展消防安全应急演练6次，发放宣传资料4.7万份。

【交通安全工作】 大力宣传超速超员等交通违法行为的危害，召开专题会议1次，发放宣传材料5000份、出黑板报4期。开展“迎南博”“无车日”等道路交通安全大检查大整治宣传活动，做好“南博会”城市道路解堵治乱工作，召开专题会议2次，对辖区占道经营等情况进行督促检查及宣传，发放宣传单6000份；开展小微型面包车建档工作，至年底共排查和登记辖区有车单位、住户面包车1788辆，向微型面包车主、驾驶员发送手机短信2000条，登记建立微型面包车纸质档案和电子台账1829份。开展“春节期间道路交通安全秩序整治行动”“驾驶员登记专项整治行动”“辖区道路交通安全整治行动”“迎南博”“安全生产月”“创文明、保平安交通秩序整治行动”“交通安全大检查行动”“中小学校交通安全集中整治行动”六大整治行动。

（李学亮）

西苑街道办事处

【大事记】 3月19日，昆明市党的群众路线实践教育活动督导组到西苑街道秋苑社区检查指导党的群众路线教育实践活动开展情况。

6月23日，与梁源派出所、工商局、交警九大队、综合执法队等多家单位共同对相益巷步行街进行专项整治清理，恢复步行街功能。

11月21日，中共昆明市市委宣传部副部长市文明办主任杨凤华，市委宣传部副调研员黄越、张立其，市委宣传部干部处副处长俞静月一行，在区委宣传部相关领导陪同下，到西苑辖区调研社区开展社会主义核心价值观宣传工作。

【党的群众路线教育实践活动】 3月5日，启动党的群众路线教育实践活动作，成立由党工委书记任组长的领导小组及工作机构，派出5个联络组，先后举办工作培训会2次，累计深入联系点调研走访44次，开展民情访谈66次。党工委书记带头讲党课1次，撰写学习笔记69篇，深入联系点调研21次，开展民情访谈38次，与班子成员谈心交心47次，提出整改措施20条。党员领导干部撰写心得体会82篇、学习笔记513篇。街道领导班子带头开门搞活动，真开门、开大门，先后召开专题座谈会3个，收到意见建议69条，制定相应的整改措施57项，全处各级党员领导干部深入重点项目、企业、社区、住宅小区、公共单位、居民群众，听取党员群众意见294人次，征求意见建议达141条，分类梳理、落实责任，逐一整改解决。

【人口·面积】 西苑街道办事处东起人民西路与西园路交叉口，南到二环西路与成昆铁路交叉口，西至成昆铁路交叉点，北至秋苑二期与兴苑路交叉点，辖区面积1.72平方千米。至年末，办事处辖5个社区居委会，23个居民小组。全处总人口1.4万户3.38万人。其中男性1.69万人、女性1.69万人。

【党建工作】 推行网格化服务管理，严格按照“三深入、四联户”活动要求，街道副科以上领导实施包片包任务责任制，完善干部直接联系群众工作制度和机制，通过勤走访、勤对接全力做好各项协调服务工作。凯苑社区党支部被定为软弱涣散党组织，街道党工委统筹协调各相关部门，制定整改措施，确保问题得到解决。强化远程教育终端站点管理，开展形式多样的教育学习培训活动，坚持完善“三会一课”、创先争优、党性分析、民主评议，抓实无职党员设岗定责、星级管理工作。通过远程教育站点每年每个社区组织学习不少于80小时，坚决杜绝计划内站点零点击现象。为昆明城建房地产开发股份有限公司党委派驻常务书记1名，由办事处副主任担任。昆明城建房地产开发股份有限公司党委被评为“两类”组织党建示范点。

为隆重纪念中国共产党成立93周年，西苑街道开展了“五个一”纪念活动，结合“城乡清洁”环境卫生大扫除开展党员志愿者服务活动；重温入党誓词，邀请西山区检察院副检察长杨竹芳同志做职务犯罪专题讲座。做好与东川区拖布卡镇格勒村城乡基层党建“县包乡”“乡包村”工作，给予东川区拖布卡镇格勒村帮扶款1.5万元。落实结对帮带，由联系社区的街道副科以上领导和社区党支部书记结对帮带大学生村官，开展交心谈心，及时发现、梳理、分析、总结大学生村官在社区工作的问题及经验。

开展经常性反腐倡廉宣传教育活动，推进社区廉政文化示范点创建工作，秋苑社区被评为2013年区级“党风廉政建设示范社区”。

【精神文明】 围绕“唱歌曲、诵经典、学礼仪、讲故事、做承诺、送吉祥”开展道德讲堂。组织开展“读好书求新知”“书香昆明”建设及全民阅读活动。设立书香昆明公共阅读服务点13个，提供报刊书籍1000余册。开展“讲文明促和谐”主题教育活动。以“迎南博讲文明树新风”为契机，广泛宣传“昆明精神”和“公民道德建设实施纲要”，把为民办实事、办好事作为群众性精神文明创建活动的重要内容，组织辖区志愿者队伍80余人，开展交通文明岗志愿者、文明排队乘车活动。

【综治维稳】 党工委把综治维稳及平安建设工作纳入街道经济社会发展总体目标，建立网格化工作机制，“3·01”事件抽调11人参加善后安抚工作，全国“两会”、南博会期间，24小时做好重点人员管控工作。深入开展同“法轮功”等邪教组织的斗争，完善“四个一”管控措施。加强技防物防人防力量，组建一支500余名巡逻队伍，打造7个层次防控网，设置警务公开栏20块、温馨提示栏20块。深入开展“无毒社区”“无毒单位”创建活动。

【经济简述】 地区生产总值完成23.8亿元，地方公共财政预算收入完成4148万元，上划中央“两税”完成4997万元。规模以上固定资产投资目标9.4亿元，城镇居民人均可支配收入完成3.27万元，社会消费品零售总额25.7亿元。

【招商引资】 1～10月，完成招商引资（注册资本金）1.72亿元，占全年任务1.5亿元的114.67%，完成全年目标任务。

【城市管理】 为做好迎“城乡清洁工程”和迎接南博会的相关工作，成立督查巡逻组检查辖区的环境卫生，发现问题及时处理。对不履行“门前三包”商铺1270家进行整治，取缔占道经营3689起、流动摊贩3082起、夜间烧烤摊60起，清除喷涂、张贴小广告2.09万条，整治不文明行为154起、乱停乱放100起。处理“12345”城管类投诉78件，各类城管类案件1290件。

建立河道长效管理机制，设立队长1名，组长2名，将8名河道保洁员分为6个段进行责任划分，与新、老运粮河周边的127家店铺签订“河道门前‘三包’责任书”。与辖区公共单位、街巷、小区主要道路沿线商户签订“门前三包责任书”1485份，签订率100%。在碧鸡公园周边路段推行“门前三包”示范店铺评选，进一步提高知晓率、履约率。1～10月修复辖区道路破损路面45平方米，维修果皮箱5个，修复窨井盖6个，清理路面接坡2处。巩固道路景观提升工作成果，严格按材质、规格审批门头，截至10月21日共审批门头招牌89家。抓好二环路沿线两侧100米范围内屋顶临违建筑整治拆除工作，以3年工作任务为目标，突出治理重点，坚持管控热点，目标中5个地块的拆除任务。

加强老旧小区环境卫生管理，对辖区内秋苑一期、凯苑小区、兴隆小区等多个小区物管公司反应的小区内破旧家具及绿化修剪垃圾清运难问题，协调区环卫进行清运，共出动垃圾清运车10车次、120余人次。召开规范相益巷管理听证会，在相益巷张贴、发放相关通告。6月24日，办事处联合交警九大队、马街工商分局、梁源派出所、西苑城管综合执法中队、秀苑社区居委会等相关单位80余人，对相益巷内违停、乱停车辆、占道经营、漫摊经营等问题进行集中综合整治，恢复相益巷7米步行街功能。对碧鸡公园周边占道经营突出，影响市民休闲娱乐和周边居民生活的情况采取综合整治、规范管理、有序引导等措施。将兴苑路以北至肿瘤医院段昆州路（长约300米）两侧人行道作为占道经营疏导路段，每天18:00～22:00定时、定点为摊贩提供固定规范管理场所。

【计划生育】 利用社区黑板报、宣传栏等宣传平台宣传单独二孩有关政策，“5·29”计生协会纪念日开展宣传活动，发放宣传资料700余册，发放避孕套2000只。开展培训2次，将流动人口管理纳入常住人口的管理服务范围，做好流动人口的管理工作，办理迁昆落户68起、孕前优生健康检查40对、办理异地新生儿落户66起。共上报二孩审批23例，已审批18例。办理“云南省生育服务证”130本、“独生子女父母光荣证”175本，出具计生相关证明229份，无证生育行政处罚6例，征收社会抚养费1例，向34人发放失独家庭一次性抚慰金。

【民政工作】 对辖区32人给予临时救济，发放救济金6.42万元。做好优抚工作，办事处优抚对象共有136人，全年发放伤残抚恤金52.43万元、伤残护理费3.41万元；“两参”生活补助8.51万元、农村退役士兵生活补助960元。春节慰问金8700元。“八一”向辖区现役军人家属、三属、复员干部等209人，发放慰问金4.47万元。开展城乡60岁以上老年人基本需求情况入户调查，按时发放生活补助、百岁老人补助4560元。

【文化体育】 按照市级标准继续抓好文化站、文化室规范建设，扩建秀苑社区文化室，招考文化专干8名。按照文化专项资金使用规定严格规范使用资金，文化站、文化室考核绩效指标落实46.44万元。组织开展大、中、小型文艺晚会、传统文艺节目汇演、排舞训练、健康知识培训120多场次，秋苑社区文艺代表队代表西山区参加昆明市广场舞比赛获二等奖。完成辖区老放映员普查、公示工作，完成健身路径普查上报工作，完成篮球场普查工作。

【残联工作】 5月19日，开展以“关心帮助残疾人，实现美好中国梦”为主题的第二十四次全国助残日活动，慰问辖区内残疾人（残疾儿童6名）21名，送出慰问金6300元。开展“春雨行动”，为辖区4名残疾学生争取补助金。为辖区残疾人申请并发放各种残疾人用品用具51件。完成“助听项目”适配筛查工作，为18名居民争取到耳膜取样。开展盲人保健按摩行业摸底调查，摸底登记6家盲人按摩店。春节期间共看望慰问残疾困难家庭40户并送上慰问金。为辖区生活不能自理的残疾人发放7～12月份的护理费600元，组织辖区30名残疾人插花技能培训。

【科信工作】 组织中国医学科学院医学生物研究所等4家单位申报区级以上科技项目5项；开展知识产权宣传周活动，举办“反侵权”等专题讲座5场。开展以“科学生活、创新圆梦”为主题的科技活动周活动，举办“心理健康知识”“节约用水、珍惜水资源”等科普讲座5场。组织开展科技“三下乡”宣传活动1次。

【食品安全】 成立以办事处主任为第一责任人，分管副主任为直接责任人的食品安全领导小组，与社区签订“食品安全目标责任书”，完善食品安全监管网络，加大食品安全监管工作力度。对辖区内153家餐饮服务单位、2个学校食堂、7个幼儿园食堂、3个集体供餐单位共165家餐饮服务单位进行了食品安全检查。按照“示范街”要求对高安巷进行规范管理。办理食品流通许可证，共接件101件、办理100件，核查经营场地100户。

【卫生工作】 清理卫生死角120处，清除垃圾50多吨；以社区居委会为单位发放灭鼠药500千克。组织开展以“提高烟草税，保护下一代”为主题的“第27个世界无烟日”宣传活动。5月31日，组织5个社区居委会在梁源小区（三期）小花园举行“第27个世界无烟日”宣传活动，发放控烟知识宣传资料200份，中国吸烟危害健康报告（基于科学证据的结论）资料100份，居民心理健康读本50份。开展艾滋病防治工作，艾滋病防治知识宣传资料入户，成人防治知识知晓率85%。

【社会保障】 共完成城镇新增就业1141人，收集有效就业岗位信息3814个，对应届高校毕业生实名登记人数75人，收集高校毕业生就业岗位500

个，城镇下岗失业人员再就业人数206人，就业困难人员就业人数106人，城镇登记失业率控制在3.5%以内。开展“就业失业登记证”“失业证”年检和发证工作。办理“就业失业登记证”431本，年检“就业失业登记证”187本、“失业证”566本。失业保险严格按照昆明市失业保险征缴业务规程要求，城镇其他从业劳动者个人申领失业保险132人。城镇居民医疗保险参保续保7109人，目标任务数7002人，完成目标数的102%。

落实城市“低保”、保障性住房解困政策，做好对困难群众的帮扶和救助。至10月底，有“低保”165户242人，发放低保金100.8万元。通过对低保管理工作进行定期复查，城市“低保”申请、入户、听证、审核等程序规范，无违规现象；按时发放低保金，无延迟发放现象；“低保”档案齐全规范。最低收入家庭住房租赁补贴涉及户数8户15人，发放廉租房租赁补贴1.4万元。至9月底，申请公共租赁住房的预登记31人。

（袁琼荣）

碧鸡街道办事处

【大事记】 5月14日云南省文化厅厅长黄峻等省、市领导到碧鸡街道龙门社区对打造龙门文化艺术村项目进行调研，区委书记赵学农、副区长吴韵梅等陪同。

10月15日碧鸡街道办事处召开党的群众路线教育活动总结会。

11月1日，从眠山车场到西华社区的C25路公交车开通，碧鸡街道富善、西华等社区群众出行乘车难的问题得到解决。

【人口·面积】 碧鸡街道办事处辖社区居民委员会7个，居民小组29个，自然村39个，总面积76.73平方千米，年末耕地总面积285.7公顷，其中水田199.6公顷、旱地86.1公顷。

2014年末，全处总户数1.19万户，总人口2.62万人，其中男性1.29万人，占总人口的49.2%；女性1.33万人，占总人口的50.8%。民族以汉族为主，少数民族白族3554人，占总人数的13.6%；彝族1563人，占总人数的6%。少数民族5761人，占总数的22%。人口自然增长率1.726‰。

【党建工作】 街道办事处党工委下辖党委1个（金泽公司党委），党总支9个（社区党总支7个、“两类”组织党总支1个、流动党员党总支1个），党支部44个（机关党支部2个、退休党支部1个、草莓协会党支部1个、流动党员党支部1个、“两类”组织党支部7个、企业支部4个、村小组支部28个）。有党员1270名，其中男党员863名、女党员407名，少数民族党员292名，大专以上党员260名。强化党员教育管理，参加入党积极分子培训13名，新发展党员6名，其中男党员1名、女党员5名、少数民族党员1人。

抓实服务型党组织创建，在西华社区党总支开展服务型党组织示范点创建工作。以服务型党组织建设为引领，牢固树立“书记抓、抓书记”责任意识，构建党组织“一把手”抓基层党建工作责任体系。加强党内民主建设，推行委员联系代表、代表联系党员、党员联系群众“三联系”制度，积极推行党代表提案提议制度，切实发挥党代表作用。加强对7个社区党组织党务公开、政务公开、财务公开，做到月公开、季度公开、半年公开、年度公开。街道科级领导每半年与所联系社区主要领导及分管科室站所负责人进行1次廉政谈话，对苗头性、倾向性问题及时进行提醒教育，做到防患未然。

健全党风廉政建设责任制考核机制，完善考核办法，把落实“两个责任”作为年度检查考核的重点内容。健全完善责任追究体系，推进责任追究常态化、规范化，有错必究，有责必问。坚决执行干部廉洁从政准则。开展自查自纠，着力检查自己在廉洁自律、廉洁从政方面存在的问题。坚决执行“三重一大”决策制度。对“重大决策、重要人事任免、重大项目安排、大额度资金运作”做具体规定。

【党的群众路线教育实践活动】 广泛宣传，街道张贴宣传海报2480张，张贴宣传标语120条，制作大型户外宣传牌4块、宣传展板58块。集中学习7次41小时360人次，中心理论学习1次2小时30人次，视频会议学习4次200人次，撰写读书笔记51篇、心得体会44篇、观后感44篇、副科以上领导讲党课7次。深入基层和群众广泛听取意见，梳理“四风”问题，进行边学边查边改，开展随机调研16次，深入农

7月9日，碧鸡街道办事处召开领导班子专题民主生活会

（碧鸡街道办事处　供稿）

户民情恳谈79人次，共发放征求意见表1275份，征求到涉及工作建议、土地问题、拆迁问题、惠民政策落实、拖欠款项和社会保障等意见建议81条。6月，街道班子成员开展交心谈心活动，采取全面展开谈、针对问题谈、深入反复谈等方式，交换班子之间的意见，形成“批评意见清单”。集中解决群众反映强烈、急需解决的突出问题9项，按照制度建设总体思路，清理全街道近几年来出台的有关制度规定，梳理出需要“废、改、立”制度规定15项，修订完善制度规定2项，新制定完成制度规定9项。

【经济简述】 全年完成地区生产总值16.4亿元，增速8.1%；完成规模以上固定资产投资14.44亿元，增速133.83%；完成规模以上工业增加值10.83亿元，增速13%；完成社会消费品零售总额13.3亿元，增速3.2%；城镇居民人均可支配收入2.81万元，增速7.8%；农村居民人均可支配收入1.5万元，增速11.7%。

财政总收入完成2.232万元，同比增长17%。其中地方财政一般预算收入完成7298.34万元，减收248.67万元；上划中央“两税”完成3624万元，超收271.5万元，同比增长8.1%。财政一般预算支出安排1008.6万元，年末完成财政一般预算支出1273万元，比上年增加支出145.28万元，增加的主要原因为偿还借款70万及增加文体经费支出。办事处实有预算人员235人，其中在职在编人员61人，村委会干部人员补贴71人，村民小组干部人员补贴72人，其他财政补贴人员31人。

【乡镇企业】 年末全街道共有乡镇企业1548个，企业从业人员1.75万人。完成乡镇企业总产值34.454亿元，同比增长0.01%；完成农产品加工总产值3.101亿元，同比增长0.02%；完成乡镇企业实交税金8194万元，同比增长4.67%；完成乡镇企业营业收入40.906亿元，同比增长7.22%；完成非公经济增加值11.484亿元，同比增长11.45%。

【城乡一体化建设】 **昆明长坡国际物流园区建设项目** 完成安置房片区、汽车片区、烟草片区、市政道路集体土地征收107.67公顷，国有土地征收15.33公顷，林地征收19.35公顷，16幢安置房建设主体封顶，汽车片区里仁小组拆迁农户51户拆除1.1万平方米。碧鸡医院主体封顶，投入资金1亿元。碧鸡博览公园（西山区第二园博园）绿化全部完成，丰田、路虎、大众、斯巴鲁品牌汽车展馆开馆，累计投资2.2亿元。街道办配合区指挥部完成山邑村83套及富善晖湾村57套回迁房分房工作。

四退三还安置房建设项目 A地块安置房主体建设完工，准备进行晖湾村270套回迁房的分配，B地块安置房工程建设进展顺利。

铁路枢纽工程 完成长坡林木补偿、迁坟工作，征地18.05公顷，其中集体土地15.77公顷、国有土地2.29公顷。地铁3号线完成征收西山公园国有土地2247平方米、昆明发电厂国有土地7580平方米、水泥厂国有土地23.12公顷。完成企业拆迁18家、民房22家、集体公房8家，拆除面积9.94万平方米。

黑荞母杨梅山水库建设 完成土地测量、实物指标调查，道路、通讯光缆、电力、饮用水管道改迁工作，临时用地征租地2.63公顷，征地13.59公顷，签订农户拆迁合同13户和苗木及附属物补偿合同28户。

滇池西岸建设 配合上级完成观音山南、观音山北、西华3个湿地公园土地约20.42公顷范围内控制点、导线点的复测工作，滇池西岸绿道建设交地8000公顷。

【新农村建设】 实施“美丽乡村”区级试点村项目5个，总投资430万元，其中争取区级补助365万元，5个建设项目主体完工，进入装修收尾阶段。安排新农村建设、“美丽乡村”“幸福乡村”建设项目的专项工作经费，以确保相关工作顺利推进。申报2014年村级公益事业建设一事一议财政奖补资金项目4个，申请资金98万元，集体自筹35.38万元，项目受益1289户3286人。推广新型节能灶200眼，安装太阳能路灯100盏、太阳能热水器220套。

【农业生产】 深化农业产业结构调整，完成小春种植作物205.4公顷，其中粮食作物76公顷；大春种植作物210.6公顷，其中粮食作物139.87公顷。蔬菜复种完成231.3公顷，总产量完成5840.7吨。继续发展以韭菜种植为主的规模化绿色蔬菜种植，种植草莓23.43公顷、葡萄5.2公顷、金银花18.33公顷、草坪20公顷。全处蔬菜质量安全抽检158个，合格率98%。加强新型农民培训，全处举办各类实用技术、科普讲座24期，培训1716人次。

【农业基础设施建设】 推进“五小”水利工程建设，7个项目分别是：龙门社区蓄水池管网改造工程、黑荞母小组人饮管网配套工程、古莲小组人饮管网及一户一表改造工程、白草村小组人饮管网改造工程、富善晖湾村小组人饮工程、西合园小组排洪沟改造工程、富善小组排洪沟建设工程。共新建100立方米蓄水池2个、人饮管网21千米、排洪沟4.1千米，工程总投资257.17万元，其中3项工程已完工。

【畜牧兽医】 全处生猪出栏2.05万头、肉牛出栏93头、肉羊出栏1614只、肉禽出栏17万羽，肉类总产量2048.2吨、禽蛋产量74.8吨。全年猪瘟、猪蓝耳、猪口蹄群体免疫密度到98.8%，牛、羊口蹄群体免疫密度达到100%，禽流感群体免疫密度达100%，重大动物疫病应免畜禽免疫密度100%，街道办事处未发生区域性重大动物疫情。贯彻好场地检疫、动物标识及疫病可追溯体系建设工作，共检疫生猪2.95万头，均合格。

【农经和财务代管工作】 严把资金审批、使用、报账关，实施民主理财、民主监督，规范财务公开制度和财务档案管理。至12月，共代管72个账套，代管资金1.224亿元。居委会财务计公开77次，居民小组财务公开319次。对涉及农村、农民（居民）的收费行为进行清查，通过清理检查，农业用水、用电价格执行情况较好，农村医疗服务收费按规定进行明码标价、价格公示，农村基础设施建设、农资经销单位等方面均无违反价格的行为。

【土地管理和使用】 结合街道办事处重点项目征地及土地收储工作，完成昆明长坡国际物流中心集体土地征收任务15.75公顷；完成昆明铁路枢纽工程碧鸡社区碧鸡关小组集体土地征收任务427平方米；完成地铁3号线工程西山风景区管委会国有土地征收任务2247平方米；完成草海下穿工程碧鸡社区河尾小组集体土地征收任务1.27公顷。在国土管理工作方面，严格执行土地管理法律、法规，依法查处违法用地，违法用地巡查55次，发现违法用地8件并下达责令停止土地违法行为通知书；对辖区内各矿点巡查56次，全年举报私挖盗采7件，街道及时向分局大队上报了相关情况。逐一对83宗卫片图斑进行现场核查并收集相关资料；对辖区内的地质灾害隐患点巡查58次，设立地质灾害监测点7处，与居委会主要领导和监测人员签订地质灾害工作明白卡，下发地质灾害隐患通知书7份，与地质灾害点所危及到的农户签订地质灾害避险明白卡100份。

【城市管理】 抓好城市管理工作，控制无序建房，切实改善人居环境。街道执法中队、城管科对各社区加强巡查监管力度，制作宣传栏8个，悬挂横幅40条，张贴宣传图册600多张，清理店外（占道）经营60起，收缴违规占道广告牌50块，清理乱堆乱放80起，签订“门前三包”责任书786户，规范“门前三包”100户，清理卫生死角40处，处理媒体曝光案件5起，对各社区下发督查通报27期，处置数字城管案件80条。各社区开展大型环境整治活动30余起，全年投入经费200万元，新建垃圾间10间、改建14间，新建卫生公厕1个。做好农房治理和拆临拆违工作，办事处执法人员取消双休日和节假日，组织夜间加班，执行组长负责制和分片区分组巡查制，发现并处理无序建房345起，占道经营123起，违规取土6起，完成拆临拆违工作任务。

【林业工作】 落实森林防火工作任务，完善防火工作机制，发放户主责任书6240份，整个防火期7个防火检查点登记车辆1万余辆、人员6万余人，收缴火具458个。防火期投入资金248.12万元，其中居委会、小组自筹资金78.35万元，完成西华1.07千米防火通道建设，6个防火看守房建设，富善10公里防火通道维护，龙门2600米消防水管安装，碧鸡4个防火水窖新建等任务。共修建防火水窖54个，防火看守房11间。2014年防火期签订防火责任书338份，防火期内136名护林人员卡点值守和巡山护林，形成覆盖全街道范围的管理网络。整个防火期，辖区内发生违规用火1起，过火面积150平方米，无林木受害、无人员伤亡。

【绿化工作】 增加经费投入，明确具体措施，完成义务植树6.38万株。园林绿化以抗旱保苗为主，出动车辆40台次，人员120人次对辖区绿化带及小游园进行浇灌。完成单位绿化2家，绿化面积1.79万平方米。

【环境保护】 以创建国家级“生态街道”市级生态社区为核心任务，推进生态文明建设，宣传环保各项法律法规，按照规定碧鸡街道办事处停止有污水排放企业的相关审批工作，协同区环保局现场采点、踏勘、审批环境影响报告表8家；检审临时排污许可证80家次。受理群众来电来访投诉事件，共配合区环保监察大队对辖区9件投诉进行处理。

【滇池治理】 对辖区范围内湖滨生态带、滇池水面进行综合整治，清除生活垃圾3吨、杂草7吨，打捞水白菜15吨。做好辖区内入湖河道王家堆渠的保洁管护和滇池湖滨带的卫生保洁工作，日平均清理漂浮物0.5吨，日清扫沿岸生活垃圾0.6吨，共打捞漂浮物290多吨。在辖区内开展“世界水周”节约用水宣传活动，发放宣传资料110余份，在各学校对五年级近500学生开展“保护母亲湖——滇池”宣讲活动。加强湖滨带管理，禁止在湖滨带开垦种植、挖塘养殖、违章建筑等破坏湖滨带行为，配合区水务局综合执法中队查处富善居民小组违章建盖大棚2户；严厉打击制止辖区内钓鱼、电鱼等违法偷捕滇池渔业资源的活动，发现处理钓鱼等违法行为18起。

【文化体育】 文化工作以突出重点、整合资源开展各项文体活动为主，全年投入群众文化活动经费54万元，开展文化体育活动80场次，面向特殊群体开展的活动1次，管理全街道文化室7家、农家书屋7个。

【科信工作】 全年科技经费预算投入41万元。申报科技项目7项经过评审，进入实施阶段。举办农业科技阳光工程培训2期，开展农村富余劳动力技能培训2期，取得职业资格证书91人。全年农村实用技术培训1858人。利用知识产权宣传周、科技周、科普日等，组织实施各项宣传活动。

【计划生育】 街道办已婚育龄妇女6527人，出生170人。计划生育政策知晓率97%，宣传品进村入户率95%，各项奖励制度资格确认准确率100%，流动人口计划生育信息交换平台回复率95%，流动人口育龄妇女信息采集率80%，叶酸服用率70%。在执行“奖、优、免、补”政策上严格把关，实行层层审核，办理计划生育特别家庭扶助47人，奖励养老扶助165人，独生子女家庭一次性奖励7户，发放独生子女家庭奖学金571人。

【卫生保健工作】 制定下发碧鸡街道乡村一体化管理实施方案，防疫工作仍继续巩固提高“十四苗”接种率，接种率98%以上。全面开展除“四害”工作和环境卫生整治及云南省卫生乡镇创建工作，在辖区7个社区居委会及所有公共单位投放鼠药200千克，春季、秋季灭鼠检测单位8家，辖区内鼠密度控制在国家标准之内。在辖区7个居委会卫生室开展“艾滋病职业暴露防治知识培训”和艾滋病知识入户问卷调查，利用黑板报、宣传栏、电视广播、上街宣传等各种途径进行艾滋病防治知识的宣传教育。

【劳动就业和社会保障】 完成就业再就业任务，提供有效就业岗位1505个，小额担保贷款22人，扶持创业人员12人，完成城乡居民基本医疗保险1.68万人，新参保被征地人员养老保险209人，准确及时发放城市最低生活保障、原民办教师补助、军转干部困难补助等。开展劳动监察，加强对社区服务站人员的培训和管理。

【民政工作】 春节、“八一”节期间慰问驻辖区部队7家。发放优抚对象临时医疗困难救助金6人1.83万元、生活困难救助21人2.81万元，全年发放各种抚恤和补助金163.79万元。做好“两参”人员调查摸底和身份认定工作，经申报审核，符合享受生活补助的参战人员159人，均按时领取“两参”人员生活补助。共发放救济粮20吨，救助临时生活困难群众45人，发放救助金7.5万元，救助临时医疗困难群众46人，发救助金额7.4万元，免费送治精神病患者2人4次，农村五保户集中供养率达55.8%。

在清明节期间开展形式、方法多样的殡葬法规宣传，成效显著，确保辖区死亡人口100%的火化率，建立辖区内所有死亡人员火化和安葬台账，按季度报送区民政局。贯彻落实省、市、区有关基层政权和社区建设的方针政策，指导社区居委会开展好居民自治工作。严格按照财务制度要求，管好用好各项民政经费，专款专用，财务做到日清月结，按月报送财务报表及账务，无挪用、拉用、截留民政资金现象。

【残联工作】 全年慰问残疾人93人次2.49万元，核实发放扶残助学“春雨行动”贫困残疾人家庭子女助学补助16人9000元，发放贫困残疾人助学款5000元，开展白内障人员实施免费复明手术、脑瘫康复、聋儿康复等活动，为残疾人免费提供了手杖盲仗、轮椅等残疾人用品用具。

【妇儿工委工作】 在西华社区新建“儿童之家”1个，街道辖区内7个社区“妇女之家”建设达标率100%。组织学龄前儿童家长进行培训，宣传和征订《家教文摘》让家长学习到多方面的教育知识。组织社区妇女进行“两癌”筛查，对筛查出的妇女进行免费检查和经济上的补助。

【综治工作】 利用民间传统节日“三月三”开展综治维稳宣传，发放宣传手册2050份，解答群众法律问题71件，受教育1万人。围绕创建“平安村”工作，开展好每月2次的矛盾纠纷隐患排查调处工作，坚持抓小、抓苗头，从根本上预防和化解矛盾，排查出矛盾纠纷隐患18件，涉及区级部门处理12件、办事处的3件，全部落实处理完毕。街道办及社区共调处各类民间纠纷177件，调解成功175件，成功率98.8%。构建派出所、社区、居民小组密切配合的防范网络，严厉打击各类违法犯罪活动。深入开展社区矫正、刑释解教人员安置帮教工作，做好禁毒防艾宣传、严厉打击邪教活动。

【安全工作】 落实安全网格化监管体系，构建“责任全覆盖、监管无盲区”的网格化单元式安全生产监管责任体系。主要领导亲自部署亲自抓，并亲临现场带队参加检查。共召开安全生产会议16次，传达上级指示精神并安排部署各项工作，确保安全生产工作真正落到实处。加强交通安全宣传教育，在西华社区建设道路交通安全宣传教育室1个，排查危险路段，及时消除隐患。在全处社区内开展小型普通客车交通违法行为专项整治工作，为1413辆小微型客车建档登记，签订交通安全责任书。在全处范围内开展消防安全、企业安全、交通安全、食药安全大检查工作，检查单位、企业560家，对有问题的企业限期进行整改。

【食品药品安全监管】 共开展食品安全检查120余次，下达限期责改通知41份。在检查中，发现问题及时处置，无法处置的，上报上级相关部门；共办理“食品流通许可证”24份；协调配合公安、质监、食药、工商等上级职能部门，查处辖区无证照小作坊，查处取缔作坊4个。按照年初下达的西山区人民政府碧鸡街道办事处关于成立食品药品安全工作协调委员会的通知，农林水、兽医站、中心学校、工商分局、派出所、环保等职能部门各司其职，协调配合，做好监管工作。配合区食药局稽查队，对辖区餐饮经营户，特别是学校、幼儿园进行“秋季食品安全检查”10次。对辖区鲜肉及肉制品加强监督检查，每周对碧鸡农贸市场的摊点（12个摊点）进行1次检查，检查销售的鲜猪肉检验检疫合格证400次。开展“鲜粮制品食品安全整顿治理”，对辖区内米线加工点加强监督检查，5家有问题的米线加工点中2家由公安机关立案侦查，另外3家正进行整改。

【工青妇工作】 发挥团组织在非公团建工作中作用，不断扩大组织覆盖面，延伸工作触角，建立非公企业团支部1个。组织向鲁甸地震灾区捐款2653元、为共青团“1+X”希望水窖捐款1100元、为贫困大学生捐款4000余元。街道妇联开展“平安家庭”创建活动，共创建平安家庭50户，创建区级“五好文明家庭”2户。开展保护妇女儿童合法权益法律法规宣传教育活动，发放相关学习手册、家庭美德与安全知识读本200册。

【人武工作】 完成20名应急民兵集中集训，组织17名民兵参加“5·22”安宁森林大火扑救工作，完成166人基干民兵的录入。广泛开展征兵宣传工作，动员和组织适龄青年开展网上报名参军，通过网上报名，全处112人均按要求报名。全年办事处共有17名适龄青年应征入伍，完成征兵任务。

（杨　蕾）

海口街道办事处

【大事记】 1月14日，昆明海口工业园区光学片区项目开工仪式。

1月28日，西山区发展和改革局下放项目备案审批权给海口街道办事处，举行行政审批权限下放授印仪式，海口工业园区对入园项目正式行使项目备案权。

7月2日，国家环保部发布的《2014年关于国家级生态乡镇的公告》中，海口街道办事处被授予“国家级生态乡镇”称号。

7月16日，市委目督办副主任张志宏等领导一行到海口调研园区（街道）经济指标完成情况。

8月13日，中央第四巡回督导组组长（国家人口和计划生育委员会原主任、党组书记）张维庆率中央第四巡回督导组部分成员及省、市、区相关领导莅临里仁社区现场指导专题组织生活会。

9月9日，园区（街道）与昆明广播电视网络有限责任公司签订战略合作协议。海口广播电视网络工作站提档升格为县级工作站。

9月10日，云南省档案局副局长王志强一行5人到海口工业园区管委会（街道办事处）调研档案管理工作。

10月24日，昆明海口工业园区管委会与云内动力集团有限公司举行招商引资合作协议签约仪式，市政府副市长王春燕、副秘书长李先祥，区委书记赵学农、区政府区长郭希林，园区管委会主任保文胜及云内动力集团有限公司董事长杨波等领导出席签约仪式。

12月19日，“山冲社区居家养老服务中心”建成，为居家老年人提供生活照料、家政服务、康复护理和精神慰藉等方面的服务。

12月22日，市委常委、副市长何刚到海口调研，区委、区政府相关领导及职能部门负责人陪同调研。

【人口·面积】 全处辖12家社区居委会，自然村54个，居民小组74个。总面积174.37平方千米，其中耕地面积2778.04公顷、林地面积8663.07公顷、城乡建设用地2887.18公顷、水域用地50.17公顷。2014年末，海口街道办事处总户数3.11万户，总人口6.73万人，其中男性3.48万人，占总人口的51.68%；女性3.25万人，占总人口的48.32%；汉族人口5.73万人、少数民族1.03万人，流动人口1.43万人。

【党建工作】 园处合一后，海口工业园区党工委下设3个党支部，共有40名党员。其中机关党支部1个、非公支部2个（新铜人实业有限公司党支部、云盘山磷化工有限公司党支部）。海口街道党工委下设12个社区党组织，共有党员1416名。其中涉农社区11个（党委9个、总支2个，支部75个）、城区社区党支部1个；非公企业党组织9个（企业党委3个，党支部6个）有党员846人；机关支部、退休支部、流动党员支部、企业支部各1个，有党员67人。海口工业园区党工委、海口街道党工委共有党员2369名。

结合党的群众路线教育实践活动，开展民主评议党员，并对被评为“差”的27名党员进行深入调查，及时上报不合格党员的处置方案。7月1日，海口工业园区（海口街道）、尖山磷矿、中新社区、中平社区在海口挂红山共同开展“企地共建，重温入党誓词，庆祝党的生日植树活动”，纪念中国共产党诞辰93周年，以实际行动践行党的群众路线，学习杨善洲精神。

坚持“园区（街道）是人才工作主阵地，人才是企业发展生力军”的理念。通过构建一个全新的“一站多室”的双层建站模型，为园区人才队伍建设，突破关键技术制约，推动产学研紧密结合，发挥引领带头作用，产生良好的经济效益和社会效果。至年底，建成昆明海口工业园区专家工作站等2个专家工作站，云南新铜人实业有限公司夏文华专家工作室等5个专家工作室，聚集高层次人才40多名，开创海口人才工作新局面。

【党风廉政建设】 年初制定工作计划，把党风廉政建设与园区（街道）重点工作紧密结合起来，园区（街道）与区纪委签订“五级联动”专项责任书。为园区（街道）党工委主要领导与社区党组织负责人签订12份、园区（街道）主要领导与班子成员签订20份、分管领导与科室层层签订责任书。在日常工作当中，通过定期召开工作会议，分析研究园区（街道）党风廉政建设工作形势，抓源头治理，从整章建制，加强对重点工程领域的监督，加强领导干部监督和管理，社区居务监督委员会监督工作，“三公”经费自检自查，节前各项监督检查，党风巡查，定期对社区五级联动工作进行检查，督促社区进行廉政文化建设6个方面强化监督检查。全年园区（街道）领导班子无违规违纪事件发生，未发现违反廉政准则和有关规定的违纪问题。

【党的群众路线教育实践活动】 3月6日，启动群众路线教育实践活动，园区（街道）两个党工委，12家社区党组织及下属支部、11家“两类”组织共114个党组织2369名党员参加。

园区（街道）党工委先后组织召开11次党工委会、20次领导小组工作会、4次分析研判会、10次督导工作会。成立13个包片联系组，深入指导社区、非公企业260次、个别谈话800余人次、梳理意见建议1037条，及时发现并整改问题740条（社区领导班子180条，班子成员560条）、督促“补课”300余项。召开座谈会30多场（次），发放调查问卷表320多份，征求意见建议110余条，领导班子成员深入园区重点项目、企业、社区、群众，新城建设、河道治理、护林防火和维稳一线，听取群众意见3500人次，征求意见建议达1534条。经园区（街道）党工委对所属114家党组织的专题组织生活会进行指导评价：党委被评为好的有10家、较好的有2家；社区党总支被评为好的有1家、较好的有1家，党支部被评为好的有88家、较好的有8家、一般的有4家。对园区（街道）2348名党员（21名科级以上领导干部除外）进行民主评议，被评为好的有1743名（占比为74.23%）、一般的有578名（24.6%）、差的有27名（1.17%）。对存在问题的里仁社区、4家非公企业党支部进行了“补课”“返工”“回炉”工作，投入资金439万元，解决中滩街路面破损严重及其沿街建筑老旧，脏、乱、差突出，中滩街交通秩序混乱等19个问题。各社区投入资金1.2亿余元，惠及群众5万人，切实解决群众在出行、社会保障、医疗、增收致富等方面的基本需求问题。经园区（街道）党工委、活动办组织机关干部、社区干部、“两委员一代表”等140人进行民主测评，对园区（街道）开展党的群众路线教育实践活动的满意率97.8%，对园区（街道）副科以上领导的满意率95%。

【经济简述】 地区生产总值完成42.5亿元，规模以上固定资产投资完成31.91亿元，规模以上工业总产值完成88.33亿元，城镇居民人均可支配收入完成2.93万元，农民人均纯收入完成1.51万元，社会消费品零售总额完成12.1亿元，外贸进出口额完成5588万美元。

【财税工作】 地方公共财政预算收入完成1.89亿元，完成全年任务1.887亿元的100.13%；上划“中央两税”完成1.579亿元。

【招商引资】 内资上报13亿元，外资上报1322万美元。招商引资项目20个，上报实际到位资金13亿元，上报实际利用外资1322万美元。新签项目5个，协议总投资25.95亿元。分别为：云南滇凯节能科技有限公司昆玻异地搬迁技改项目、云南中烟再造烟叶有限公司易地技术改造项目、昆明客车制造有限公司改装客车搬迁暨技术升级改造建设项目、云南云天意达环保节能科技有限公司20万吨/年磷石膏综合利用项目、昆明捷奥斯晶华光电科技有限公司天文望远镜生产线及研发项目。

【乡镇企业】 乡镇企业总产值完成35.885亿元，同比增长8.2%；农产品加工总值完成3.288亿元，同比增长17.6%；非公经济增加值完成19.479亿元，同比增长12.67%；非公企业从业人员3.62万人，同比增长10.26%。

【农业生产】 全年粮食作物种植面积882.4公顷，总产量5172.9吨。小春面积204.53公顷，产量774.5吨。其中小麦53.33公顷、大麦30公顷、蚕豆80公顷、豆类41.2公顷（豌豆）、冬春玉米80公顷；大春面积651.33公顷，产量4633吨。其中水稻50公顷、玉米534.67公顷、马铃薯16.67公顷、杂粮50公顷。经济作物804.33公顷（蔬菜709.73公顷，花卉园艺168公顷），其中鲜切花种植140公顷，生产鲜切花1.935亿枝）。

调整产业结构，发展都市型农业及无公害蔬菜。依托现有耕地，实施水改旱193.33公顷，间套种200.67公顷，晚秋种植267.33公顷，测土配方施肥733.33公顷（其中核心示范54公顷）。完成土地流转56.19公顷，IPM综合植保技术推广15公顷，农残检测553个（其中水果30个），实用技术培训3826人次，职业技能培训200人。以大棚蔬菜设施农业为龙头，大力发展无公害蔬菜生产，全年完成709.73公顷，总产3.15万吨，总产值4480.95万元；实施蔬菜标准化示范种植完成180.07公顷，绿色蔬菜实际完成402公顷。

【农业基础设施】 做好汛期防洪蓄水安全工作，全处共有小（二）型水库7座，设计库容蓄水140万立方米，当前蓄水138万立方米；小坝塘20座设计库容41.6万立方米，当前蓄水39.5万立方米；小水池29个，容水量2.96万立方米，当前蓄水2.88万立方米；小水窖2738个，容水量4.11万立方米，当前蓄水4万立方米。

1月至10月21日降水量为696.5毫米，按年度计划基本完成蓄水任务。坚持做到“一库一塘一策”，确保汛期安全的同时多蓄水、蓄好水，为农村人畜饮水及农业生产提供保障。做好白鱼居委会人饮配套工程（已完工并投入使用）和云龙社区居委会桃树村小组管网配套工程。

【畜牧业】 畜牧生产和重大疫病防治，生猪产地检疫开具产地检疫证明6.6万头次，中新街活畜市场生猪检疫2149头次。完成生猪出栏2.6万头、肉牛出栏836头、肉羊出栏3984只、肉禽出栏15.28万只，肉类总产量3351.5吨，禽蛋产量301.9吨。

重大动物防疫注射，畜禽3973户次，畜禽存栏50.97万头只次。完成猪口蹄、猪瘟、高致病性蓝耳病防疫1854户次，饲养量2.61万头次；牛口蹄疫防疫注射703户次，饲养量3949头次；羊口蹄疫防疫注射348户次，饲养量2.1万只次；签订羊小反刍兽疫防疫协议152份，防疫注射羊小反刍兽疫疫苗152户9984只；高致病性禽流感防疫注射916户44.87万只次、羊痘防疫152户、鸡新城疫防疫791户注射24.4万只。全年免疫畜禽抗体合格率100%。

开展养殖科技推广工作，全年生猪品种改良2523窝次，牛冻精改良89窝次。羊的胚胎移植人工授精技术推广选择3户村民128只，完成基础母羊选择，胚胎移植20只，受孕母羊13只，出生羔羊9只，产活羔8只；人工授精羊108只，36只母羊生产，流产2只，羔72只，产活羔67只，死羔5只，其他还未出生。举办养羊培训、胚胎移植、人工授精、羊小反刍兽疫、疑难杂症诊疗、青储饲料等科技培训11期229人次。

【劳动力转移】 农村劳动力转移8639人，转移就业1816人，新增转移就业641人，新增加收入2520万元，技能培训人数425人，创业培训10人。

【新农村建设】 青鱼社区小海口村、双哨社区牌坊村、中新社区耳材村、里仁社区山冲村等4个自然村7个居民小组被上级批准列为“新农村省级重点建设村”，建设项目17个；海丰社区马房村被批准列为“新农村市级示范村”，建设项目7个，2月底完成全部项目建设。做好项目资料整理归档，接受上级对4个省级重点村、1个市级示范村所有建设项目的验收。

申报云龙社区小场村和青鱼社区青鱼塘村作为区级美丽乡村建设示范村。云龙社区小场村有农户86户210人，拟建设文化长廊、农家书屋、更新人饮水管网等，共需资金66万元，社区和小组自筹6万元；青鱼社区青鱼塘村有农户132户378人，拟建设小游园广场、休闲凉亭、公厕、垃圾收集间等，共需资金82万元，社区和小组自筹24万元。云龙小场村的村庄风貌和人饮管网改造工程完工，农家书屋和文化长廊完成主体工程，正在装修。青鱼社区青鱼塘村村庄风貌改造和公厕、垃圾间、太阳能路灯安装、小游园工程等工程已完工。

11月底驻海口街道11个社区的工作队员为社区共争取资金659.83万元，帮助社区引进项目11个，为民办实事为67件。

【林业】 逐级签订责任书，进入防火期以来，召开森林防火工作会议11次，其中专题会议5次。各社区每天坚持利用广播宣传森林防火；组织巡山护林人员学习培训森林防火知识、技能及法律法规；到学校上森林防火宣传课12课时，发放学生用防火宣传课本9000册、在学校深入开展“五个一”工程（学生森林防火知识课堂、写一封家长公开信、出一期有关防火方面的黑板报、写一篇以森林保护、森林防火为题材的作文、写一条防火标语）；制作永久性防火宣传标语牌61块、刷写防火固定标语32条；制作、悬挂防火布标63条、小标语1320条。清明节期间发放五彩旗162面、悬挂文明祭祀宣传布标15条，发放防火宣传U盘26个、做影像图4张、签订“五类人”监管责任书20份；森林防火专题文艺演出1场。海口工业园区（海口街道）林业站共出动宣传车24次，广播46次，发放悬挂标语2800条，日历1.08万份，上报有关林政资源管理工作简报16期。

开展绿化造林工作，鼓励企业、单位、个人捐资赞助碳汇造林工作，共募10.6万元。完成矿山、石场植被恢复14.63万株，草籽撒播20.13公顷，村庄、城镇居民区四旁植树3.34万株，义务植树4.49万株。

【环保及安全生产工作】 对9家企业环保审批项目现场踏勘，在区环保局的业务指导、支持下，时限内完成6家企业的环保审批工作，对申请办理试生产的企业污染治理设施现场检查，批准1家达到试生产条件的企业进行试生产，完成3家达到环境保护“三同时”验收条件的建设项目环境保护“三同时”竣工验收，对市以上环保部门审批的项目，建设单位及需办理工商手续的，办理3家建设项目环保审查意见，配合园区做好中烟项目、云南正邦科技有限公司项目环保前期协调工作。配合海口工商分局年审，共审批办理餐饮、美容、住宿、加工项目环保手续10件，新办理临时排污许可证18件，更换临时排污许可证31件；对权限外审批项目及时提出初审意见，协助区环保局完成新建项目审批工作，做好排污申报和排污许可证工作；各项许可审批材料按月及时报送区环保局备案，对辖区建设项目实行环境“一票否决权”。

【消防安全】 治理未取得安全生产许可证进行生产的非煤矿山共检查非煤矿山26家次，发现隐患72条，制作现场检查记录38份，下发整改指令8份，督促整改26条，整改率91%。加大冶金机械企业执法力度，检查冶金机械企业7家，发现各类安全隐患51条，下发整改指令2份，督促整改隐患49条，整改率达96%。加大危险化学品执法力度，检查危化品企业40余家次，发现安全隐患9处，当场整改7处，限期整改2处，发出整改指令12份，提出安全建议与措施36条，受理处置群众举报案件1起。

加大消防专项整治，重点加强对学校、商场、歌舞厅、宾馆饭店、网吧、板房聚集点等人员密集场所的消防安全检查，及时消除火灾隐患，深入治理“三合一”“多合一”生产经营单位火灾隐患。加大学校专项整治，加强对师生的安全教育，增强安全意识，开展学校及周边安全隐患排查治理工作，维护校园安全稳定工作。截至10月30日，查处违法、违规生产经营单位3家；执法监察处罚1家；受理各类安全事故隐患举报投诉4件，处置4件。

【国土资源管理】 完成2014年城镇批次建设用地报批中涉及海口工业园区项目的组件及昆明铁路枢纽征地工作、海口螳螂川河道整治征地工作、柳树箐村地质灾害点搬迁土地组件报批及征地工作、滇池西岸一级开发征地工作、高海高速海口收费站扩建征地工作。

协调组织园区（街道）辖区内11个社区与园区（街道）签订基本农田划定责任书。完成海口街道办事处双哨社区、中宝社区基本农田保护标示牌栽种及安装工作，完成基本农田划定工作任务。按要求和时限完成土地、矿产变更调查及土地矿产卫片执法检查工作，卫片执法检查海口共移交分局执法大队立案查处违法用地39宗。加强耕地保护，加大土地、矿产资源巡查及执法监察力度，维护好国土资源管理秩序，共开展动态巡查211次，其中土地类动态巡查107次、矿山类动态巡查73次、地灾巡查31次。完成铁路枢纽征地工作54.93万公顷，及时兑现所有征地补偿费，征地工作完成征地总量的99%。配合办事处完成市级保障房项目征地工作，完成83.39公顷征地任务。发放“防灾工作明白卡”15份、“避险明白卡”155份、“隐患通知书”15份。海口地区共有需监测的地质灾害隐患点10个，共巡查地质灾害隐患点31人次。

对海口街道办的矿山企业进行矿业权核查工作，对开采范围进行检查核实，对存在越界开采2家矿山企业进行了处罚。开展“打非治违”专项整治行动，对中宝石马哨、双哨牌坊村、双哨杨梅山、海丰鞍山、桃树白莲水井等盗采点进行专项整治，在整治行动中共出动挖机12次、工作人员70人，填埋因盗采留下的大小矿洞、矿坑39个。

【滇池治理】 对在封湖期间违法捕鱼事件进行依法查处，对辖区滇池水域内300余套网具进行清理。结合螳螂川综合治理工作，做好螳螂川河道保洁工作，共处理乱倒乱排85起，疏通河道8次，制止向河道倾倒垃圾115次，劝阻钓鱼人员90人，清理杂草25船，打捞漂浮水葫芦及水白菜40船，打捞、处理垃圾550吨。利用中国水周、“4·26”知识产权宣传日、全国城市节约用水宣传周、“6·26”禁毒宣传日、科技活动周、河道三包宣讲、滇池保护治理宣传月等系列活动，共发放各种宣传材料1.4万份（册），发放致全市人民“爱我春城、护我滇池、共建现代新昆明美好家园”的倡议书5000份，宣传手册2000册，保护滇池日历画1000张，抗旱节水倡议书1000份，《昆明市节约用水管理条例》《昆明市民节水手册》各1000册，《云南省水土保持条例》2000份，节约用水环保袋1000个。

【科信工作】 开展各类科普讲座、农村劳动力阳光工程培训（农村实用技术培训3826人次、职业技能培训等200人）。在科技活动宣传周活动期间共开展绿色蔬菜绿色防控IPM讲座2期：蔬菜病虫害防治技术和：玉米高产创建示范种植技术讲座。申报区级以上科技项目2项，申报区级科技项目20项（工业19项、电子信息1项）。配合培育科技孵化器，配合完成全处太阳能路灯300盏的安装及调试。全年完成各类科普讲座及培训4026人次。开展知识产权试点示范、优势企业1家（云南飞隆劳尔设备有限公司）。在办事处公示栏公开各类情况汇报和工作简报，做好无线电宣传工作，利用园区办公楼电子屏滚动播放宣传PPT、设置2块宣传板、发放宣传单730余份。上报公开各类政务信息917条，其中党政机关电子政务门户网西山子网（内网）149条、昆明西山区门户网（外网）778条、西山区政府信息公开门户网（外网）778条。

【卫生工作】 卫生院一类疫苗接种2428人次（卡介苗6人次、脊灰疫苗1346人次、含麻疹疫苗122人次、乙肝疫苗114人次、百白破疫苗220人次、流脑疫苗179人次、乙脑减毒活疫苗134人次、其他疫苗193人次），接种率已达标。登记传染病9人，上报9人，死因调查129人。对辖区内的孕妇建立围产保健手册，通过建册筛查出高危孕妇311人，全部纳入孕产妇系统管理。对辖区内0～7岁儿童按区保健中心的要求进行体检，通过体检筛出高危儿童，全部纳入儿童系统管理。开展妇幼卫生监测工作，建册546人，分娩326人，剖宫产151人。0～6岁儿童系统管理3396人，管理率100%。掌握辖区内65岁以上老年人4626人的基

5月20日，海口街道办事处开展2014年科技活动周活动

（海口街道办事处 供稿）

本信息，做好老年保健工作。

及时报告突发公共卫生事件并协助预防和处理突发公共卫生事件，督促辖区公共场所卫生、食品卫生从业人员、饮用水卫生管理人员办理健康证523人并按要求对其进行卫生知识培训，督促企业职工到有资质的医院进行职业病体检；参与违法案件的调查取证1起，指导卫生监管单位依法完成整改204次，完成专项监督检查工作1起，对辖区内非法行医、健康相关产品制假售假举报并经查实后2起，各块工作都有台账。按时完成区卫生执法监督局、区药品食品监察局下达的各项整治工作任务。组织健康知识讲座9次，参加459人次；公共健康咨询12次，参加1.63万人次；设置健康教育宣传栏3块、更新内容13次；播放音像资料20种，102次；发放宣传资料21种1.35万份。

做好高血压病、糖尿病的初筛、随访工作，每季度组织医护人员到居民小区进行面对面随访。做好艾滋病防治的宣传工作，对孕产妇及婚前检查的人员免费进行艾滋病初筛，其中孕检561人，阳性4人（原阳2人），母婴阻断4人；婚检515人，阳性2人，其中原阳2人；术前检查140人，无阳性。

【计生工作】 全处总人数7.64万人，辖区内共有育龄妇女2万人，已婚育龄妇女1.65万人。常住人口“一孩生育服务证”办理210本；男方“婚育证明”办理256人；符合政策生育二孩申报审批98户（“单独两孩”30户）；独生子女父母光荣证共291本，其中农业79本、城镇212本；流出人口“婚育证明”办理6本、流入人口“婚育证明”查验16人。按照国家流动人口信息化工作要求，全员流动人口入库率和流动人口育龄妇女入库率分别达到85%和90%。优选节育率达60%，已婚育龄妇女意外怀孕保护率达60%，台账准确率90%。

强化计生管理和服务职能，稳定低生育水平，常住人口符合政策生育率89.62%。免费孕前优生健康检查项目完成86对172人；农村妇女增补“叶酸”（斯立安）预防神经管缺陷项目。至10月免费发放叶酸361人1083瓶，目标人群增补叶酸知晓率、服用率分别达90%，叶酸服务依从率达71%；为已婚育龄妇女免费实施计划生育手术227人（包含流动人口），其中放环88例、取环78例、人流60例、引产1例。

及时准确发放计划生育奖励金，审核、录入一次性奖励家庭13户22人，发放一次性奖励金3.55万元。审核报批高考加分53人、中考加分130人。审核报批享受养老生活补助的184人，独子家庭89人，独女家庭95人，兑现121人12.43万元。审核农村独生子女家庭新农合参保人7035人，审核申报享受城镇、农村独生子女低保户615户71.8万元。审核报批城镇、农村独生子女伤残家庭27户38人，死亡49户73人，发放特别扶助金32.36万元。审核发放独生子女死亡一次性抚慰金39户，其中初婚20户、再婚3户、离婚13户15.5万元。审核报批“半边户”41户，其中独子22户、独女19户。农村及社会人独生子女保健费1284户2061人，其中社会人289户339人、农村995户1722人，共11.23万元。审核报批农业人口升学一次性奖励金174人，其中高中、职高、中专96人，大专41人，本科37人，共21.92万元；审核、报批、录入农业人口独生子女义务教育奖学金614人，其中小学300人，中学314人，共12.96万元；审核申报昆明市计划生育协会生育关怀对象（独生子女死亡伤残父母）公交“爱心卡”30人。

【社会保障】 全年审核城乡低保1404户2209人；共完成151户公租房申请的审核申报办理工作，发放城镇住房补贴656户1227人38.48万元。办理失业证1366人，提供有效就业岗位1400个，供高校毕业生就业岗位500人，城镇新增就业1000人，城镇下岗失业人员再就业完成400人，就业困难人员就业250人，贷免扶补扶持创业12人，小额担保贷款扶持创业22人，应届高校毕业生实名登记150人，实名登记的高校毕业生就业率90%，困难高校毕业生就业率100%。

推进城乡居民社会养老保险参保续保工作，完成2万人；年内办理新参保451人；完成城镇灵活就业人员参加职工养老保险409人，特别对自谋职业和灵活就业人员参加社会保险给予50%的社会保险补贴，根据相关政策审核办理社会保险补贴105人；超龄人员”养老保险生存认证524人；开展城乡居民基本医疗保险参保续保工作，完成31161人；对辖区内74家企事业单位失业保险进行核定；申报灵活就业人员领取失业保险金审核190人。

【民政工作】 为解决人民群众生活问题，及时组织人员进行调查，共有旱灾困难户163户，涉及救助4.29万元。发放民政事业费278.9万元，其中民政管理事务费21.97万元、抚恤费195.38万元、退役安置1708元、优抚对象医疗救助1.5万元、火化补助11.2万元、城镇社会救济3.11万元、自然灾害生活救济30000元、农村社会救济34.08万元、医疗救助11.18万元。五保户共有63人，其中昆明市敬老福利院的有14人、里仁敬老院7人、分散供养42人。享受参战人员补助金的有264人次，补助标准从原来的每月285元增加到每月320元，价格补贴每人24元，共发放补助105.58万元。危房救助1户1人3000元。

开展婚姻登记工作，共办理结婚登记363对、补结婚登记77对，离婚登记155对、补办离婚证2对，开具未婚、未再婚证明1075份。10月份申报创建海丰、中新、中宝、桃树、云龙、青鱼、双哨7家社区为昆明市市级和谐社区，并考核验收，等待上级部门核查。

【残联工作】 在春节、助残日、中秋、国庆等重大节日期间走访慰问253人，发放慰问金7.59万元。春雨助学补助26人1.78万元，大、中专助学补助19人4.6万元。2014年居民医疗保险补助58人4060元。养老保险补助297人，待区上审批后再进行发放。白内障筛查3次542人，符合白内障手术患者79人。

为39名残疾人免费配发用品用具48件。对各社区分3次进行美国斯达克助听器验配筛查，共筛查65人，符合验配31人，对符合验配人员进行免费安装。对3名残疾人家庭进行无障碍设施改造，为残疾患者创造良好康复环境。组织各社区360多人免费验配老花镜，符合验配317人。发放半年重度护理费发放77人4.62万元。

精神病防治康复工作，符合条件进行药款补助14人，免费服药18人。残保金审核67家，其中安置达比20家，安置残疾人39名，需交金41家，新办6家，核定征收残疾人就业保障金27.57万元。全年共办理"中华人民共和国残疾证"80本。组织残疾人78人进行蔬菜种植、烹饪、茶艺、蔬菜病虫害防治、刺绣等技术培训。对生活有困难的残疾人给予临时困难救助5人5000元。做好残疾人信访接待工作，对残疾人反映的困难和问题，能够解决的及时给予解决，对不符合政策的给予耐心劝说。接待来访70余次，做到上不交矛盾，下不推卸责任。

【老龄工作】 海口街道办事处有敬老院2所，居家养老点2个，中平社区居家养老点已经过验收，山冲社区西仪居家养老点正在新建，投入经费110万元。发放高龄保健金3486人次，101万余元。全年共办理老年人优待证772本，补办18本。在敬老节期间慰问246人5.52万元，其中百岁老人3人、90岁以上老年人186人，老复员军人17人，离职老乡干部17人，特困老年人23人。

【社会治安综合治理】 全年调处各类纠纷298件，调解成功292件，调处成功率98%。年度海口庭新收各类民商事案件109件，审结79件，结案率86.11%；执行案件14件，执行率100%。在已结案件中，调撤率为70.42%。海口派出所共接处警5894起，同比上升27.14%。报立刑事案件432件，同比下降14.12%；破获刑事案件231起，同比下降7.23%。打处犯罪嫌疑人83人（逮捕43人、刑事拘留67人），抓捕网上逃犯14人，破获毒品案件5件。查处各类行政案件71起。

开展群体性事件隐患排查、预警、整治，及时果断处置群体性事件10起，特别是白塔村村民堵路事件，做到信息准确、掌握及时、分级预警、有效处置，防止事态的扩大，确保辖区社会治安形势的稳定。"3·01"事件发生后，及时启动维稳应急预案，成立维稳工作领导小组，抽调10人组成2个工作组到区政府参加维稳工作。南博会期间做好综治维稳工作，打造良好的社会治安环境。

年内海口派出所办理毒品案件12起，零星贩毒7起，收戒吸毒人员54人，强制戒毒30人、社区戒毒13人。严密控制"法轮功"等非法邪教组织的违法犯罪活动，列管控制"法轮功"重点人员8人（11月3日刑满释放1人），涉军上访人员2人，均签订管控责任书，做到一人一档，对重点人口中吸毒人员、青少年，分别建立帮教小组，落实帮教措施，及时掌握动态情况，层层落实管控和帮教责任，并保证动态录入率达100%。

认真落实道路交通管理责任制，建立有效的交通安全管理防范体系，出动人员330人次，检查车辆660余辆，辖区共发生交通事故522起，受伤120人，死亡12人，经济损失141.27万元，查处交通违法行为950起，查获无牌无证两轮摩托65辆，查获盗抢机动车6辆。对辖区内的新建生产企业、商场、市场等进行火患排查及整治，共排查商场4家、旅店11家、市场4家，共排查清剿火患22条，整治清理农贸市场1家，旅店3家，下整改通知书5份，整治火患22条。加强辖区内13.27公里铁路线的铁路护路工作，保证铁路运输畅通。

【工青妇工作】 海口街道总工会、团工委、街道妇联联合街道志愿者协会组织开展"城乡清洁、美化环境"海口志愿者在行动——暨工青妇志愿服务活动2次，团工委组织开展"城乡清洁、青年志愿者在行动"主题系列活动7次，春节前，街道总工会协助区总工会对102名困难职工、困难农民工发放慰问金3.06万元，街道妇联慰问贫困母亲2名。3月份，街道妇联在社区组织开展"我为春蕾捐十元"活动，共筹到捐款1.5万元，为辖区4名女童申请救助。5月，街道妇联按照区妇儿工委的安排组织877名妇女参加西山区卫生局开展的"两癌"筛查；分别在白鱼社区、街道举办2期防艾和农村初级医疗救助知识讲座，培训妇女300人；在中滩街开展大型宣传活动8次，悬挂宣传横幅3幅，展出展板5块，发放宣传资料2.1万份，发放避孕套6000只，提供计生、文化、法律咨询、义诊等各项服务活动。"六一"期间，街道妇儿工委慰问残疾儿童15名，11家社区为辖区12所中小学送去慰问金。

【精神文明建设】 坚持"领导干部培训日"学习制度，组织开展好"书香昆明"学习活动，向上级报送各类信息、简报达1100多条，做好各级文明单位（村）创建、农村精神文明建设、文明交通示范工、志愿服务活动、第二届南博会、"城乡清洁工程"等重点宣传任务，开展社会宣传工作。园区（街道）共发放、张贴各类宣传资料5000份，张贴宣传标语267条，制作广告标语5块，制作展板、黑板报27块，利用电子显示屏滚动播放标语口号数十条。

【重点工程】 **海口新城、滇池西岸开发、市级统建保障性住房海口螳螂**

川项目 项目于2013年9月正式启动，在海口新城500公顷范围内进行建设，一期征地面积83.39公顷，在一期项目中又涉及公租房用地面积18.75公顷、保障房用地面积8.8公顷。共涉及3个社区居委会19个居民小组，4193户9107人；涉及西仪公司、云南北方光电集团等中央、省、市企业，职工、家属3.6万人，流动人口1.5万人。共拆除房屋（含看守房）136户9598.42平方米，大棚等其他附属设施2456个66.65万平方米。兑付补偿款2.935亿元（征地款合计1.979亿元、附属设施补偿款4.162亿元）。按工作时限要求完成83.39公顷的土地征收工作，并签订征地补偿协议，交付施工单位进行建设。

地质灾害搬迁工作 一是双哨社区中良子、小麦地、安家屋基3个小组地质灾害搬迁项目，现一期基础工程及一、二期室外附属工程于2013年11月13日开工，5月中旬完成。二是柳树箐地质灾害点搬迁工作，区政府垫资约460万，建设7649.64平方米的临时安置过渡房，将所有农户全部搬入临时安置过渡房中居住。完成小组162户房屋的测绘、评估、造价等工作，完成柳树居民小组边区1：500地形地测绘工作，确定搬迁安置点，完成安置用地地形图测绘、规划调整工作，与云南磷化集团对接搬迁安置工作开展事宜。

螳螂川（海口河）二期综合整治项目 项目从老街大桥至滚龙坝，长约10.8千米，共分为5个标段，概算投资3.757亿元，共征地46.39公顷、租地43公顷，签订并拆除房屋363户3.51万平方米；共需资金1.27亿元，到位资金9000万元，征地拆迁工作和主体施工已完成。

（张春兰）

团结街道办事处

【大事记】 3月20日，团结生态旅游开发区管理委员会与花红园社区居委会、雨花社区居委会、白眉社区居委会签订《棋盘山国家森林公园调整管理范围的三方协议》。

8月11～20日，区民族宗教侨务局在团结街道大龙潭举办西山区第六期苗文、第五期彝文文化遗产传承培训班。9月29日，团结街道办事处在蔡家社区举办“2014年迎国庆·红歌、山歌、调子”汇演。

10月18日，昆明市业余自行车联赛（西山站）在团结街道办事处举行。

【人口·面积】 街道办事处辖社区居委会16个，居民小组119个，自然村136个。总面积424.66平方千米，耕地面积2031.2公顷，其中田677.8公顷、地1353.4公顷。2014年末，全处总户数1.02万户，总人口3.38万人，其中男性1.67万人、女性1.72万人。

【党的群众路线教育实践活动】 3月，街道党工委开展党的群众路线教育实践活动，覆盖全体党员，107个党支部1285人参加测评，351人进行了个别谈话，收到党员群众意见41条。开展集中学习64次，班子成员讲党课16次，参加集体学习1500余人。发放活动学习材料2322本、学习笔记本200余本，撰写学习心得体会68篇，完成各项规定的学习篇目。街道党工委召开专题会议3次，意见征求会3次，与社区干部群众交流136次，听取1146人的意见建议，“四风”方面的意见建议63条。经过党工委专题会议研究分析，查找出班子在“四风”方面存在的问题17个，一把手在“四风”方面的问题12个，其他班子成员在四风方面的问题120个。查找出针对实际工作存在的突出问题2个，党工委对收集到的63条意见建议逐项进行分解，就问题整改落实牵头领导和责任人。

街道党工委下派16个社区工作组，深入全处119个小组开展联系服务群众活动。围绕森林防火、抗旱救灾、矛盾纠纷排查化解、走访困难群众等各项重点服务群众的工作，班子成员带领工作组下社区500余次，走访联系党员群众1000余人，及时送水99车次。投入资金41.3万余元在6个小组建设抗旱应急工程6件，惠及群众3200余人。

【党建工作】 年内完成对白眉、下冲、谷律、妥排、乐亩、朵亩、棋台7个社区远程教育卫星播放站点的调研、统计工作，7个社区均转换为电信模式站点，7个社区均已接通网线，有条件转换为电信模式站点，相关转换工作正在协调中。建立健全“月督查、季通报”制度，加大对10个电信模式，7个卫星模式远程教育站点的系统监控、管理和故障排除力度，有9个电信站点均能正常播放。充分运用服务型党组织综合平台，利用手机短信、客户端对党员群众进行宣传教育。以妥吉社区百王寨为背景拍摄的微电影《百王寨》和以街道妥吉社区红色信贷为题材的宣传片《红色信贷》被省委组织部列为全省党员必学课程。

对街道为民服务中心、16个社区为民服务站进行升级改造，在全省带头试验安装使用“服务型党组织综合平台”。利用平台共召开视频会议8次，公开政务信息779条，收发公文4779次，群发短信17.9万条，办事审批103件，党员教育5800人次。按照“红色信贷”的相关要求，共有28名党员贷款190万元。在妥吉社区探索实施“红色农场”的项目试点，由社区党总支书记牵头，企业投资建设，8户党员种养殖大户共同参与，成立百王寨农业科技公司，形成公司+支部+党员的合作模式，以点带面，辐射推动周边社区、群众增收致富。

通过进村入户、走访座谈的方式对全处16个社区进行摸底排查，确定棋台社区党总支为软弱涣散党组织，街道党工委及时采取措施，进行整顿。对社区党总支书记、大学生村官、平台操作员等开展了业务操作培训4期，提升基层党组织服务群众的能力。年内，共发展党员7名，其中女性2名，少数民族5名，35岁以下6名，工人3名，农民4名，大专以上2名。完成了发展目标，按期办理转正22人。

【党风廉政建设】 年内，街道党工委定期召开会议研究党风廉政建设工作，严格执行党风廉政建设责任制，健全组织机构，落实一岗双责，层层签订责任书，定期不定期进行检查。以领导干部为重点，深入开展党风党纪教育、示范教育、警示教育和岗位廉政教育等党风廉政宣传教育月活动，共举办廉政党课40场，强化辖区1875名党员干部廉洁自律意识和自觉性；抓好党纪法规教育，组织机关干部学习贯彻中央“八项规定”、省“实施办法”、市“实施细则”以及各项廉政规定16次。下发《2014年团结街道反腐倡廉“每周一个主题”宣传教育活动方案》，开展特色反腐倡廉教育和廉洁文化活动。清理腾退办公用房2546平方米，会议数量同比下降40%，文件数量精简10%，纸质文件印发量下降90%，三公经费开支减少5.25%，公务接待费同比下降11.54%，培训经费下降12%，取消街道机关年度总结表彰、节日慰问、节日庆典等活动。

【干部队伍建设】 对人员编制进行全面核查，摸清机构和人员编制底数，实现“四清”。对街道中层管理岗位实施竞聘上岗，通过公开报名、资格审查、民主评议、党工委研究任用等环节，对25个中层管理岗位进行了竞聘。抓好大学生村官日常管理。在下派16个社区工作组的基础上完善帮带引导制度，实现街道班子成员和驻社区常务书记、新农村建设指导员对14个大学生村官的“一对一”结对帮带；严格实行大学生村官定期汇报制度，召开大学生村官工作例会3次；加强对大学生村官动态管理，年内进行了日常考核3次。

【精神文明建设】 结合实际申报区级文明村1个（雨花社区赵家村小组）、区级文明单位2个（西北绕城明朗中心站、西山区团结农村信用合作社），并通过考核。做好对“十星级文明户”创建、巩固、复查工作，高度重视“八星级文明小组”创建工作，在认真总结已往创建工作经验的基础上，加强对“十星级文明户”创建和巩固工作的领导，严格按照操作程序和方法，把工作重点放在了抓巩固、提高质量上，开展“十星级文明户”复查工作，促进了村民文明意识和素质的提高。

【经济简述】 全处乡镇企业营业总收入完成20.637亿元；规模以上固定资产投资完成6.49亿元；规模以上工业总产值完成1.954亿元；地方财政总收入完成1.242亿元；地方财政预算收入完成5924万元；上划中央“两税”完成2981万元；城镇居民人均可支配收入2.21万元；农村居民人均可支配收入1.44万元。

【财务监管】 对处辖16个居民委员会，119个居民小组集体经济实行统一管理、统一核算，建立账目149套。全面做好“三资”清理工作，年底对全处所有居组的资产资金进行清理核对，确保账实相符。实行资金动态管理，建立资金动态表，将账务情况及时反馈给委托单位，彻底清理规范专项资金的管理和使用，盘活各居组账上的“深度睡眠资金”，监督、指导各委托单位合理依法依规使用资金。

【招商引资】 年内，共引进项目6个：云南好宝有机农业有限公司生态农庄项目、昆明神宇农业科技有限公司饲料加工项目、昆明农丰农业科技有限公司民俗博物馆项目、云南盘玥房地产开发有限公司团结民族风情小镇项目、云南正港农牧科技有限公司饲料加工项目，实际到位资金4.346亿元，完成全年任务数3亿元的144.88%，超进度44.88个百分点。

【农业生产】 年内，完成粮食作物播种1817.4公顷，完成计划面积103%。粮食总产达1141.63万千克，完成目标任务的104%。完成蔬菜种植面积1126.5公顷，花卉园艺种植面积完成520.7公顷，完成任务指标的100.1%。同时，完成农业实用技术培训5272人次，职业技能培训完成207人次。

【科信工作】 组织科技项目申报，年内投入科技资金15万元，占本处财政预算支出的1.1%；完成辖区企业申报科技项目11个，其中云南腾飞鹿业产品有限公司高原特色鹿干巴开发、昆明贻游翔包装有限公司、昆明明镜制药厂戒毒胶囊3个项目立项。科技项目奖励方面，由昆明贻游翔包装有限公司申报的纸质裁剪软件应用与开发项目已上报区科信局。建立团结乐亩社区知识产权宣传教育基地活动，在和平中心校区成立知识产权试点示范学校，强化科技培训宣传，并加大知识产权执法力度。另外，重视信息化建设，加强科技人才培养。完成16个社区及街道的党建网络平台建立，实现视频会议、信息发布、网上办公等。广泛开展科技培训，举办各类知识讲座68期，培训5000人次，为农村社会经济的发展培养各类人才，推荐突出贡献奖1名。开展“知识产权宣传周”宣传活动，同时在交通要道人流密集地悬挂布标。

【畜牧业】 年内，重大动物疫病群体免疫密度常年维持在90%以上，其中应免畜禽密度100%，免疫抗体合格率全年保持在70%以上。完成重大动物疫病群体免疫牲畜口蹄疫强制免疫10.89万头次，完成出栏肉猪3.03万头、肉牛1055头、肉羊5847只、肉禽15.01万只，肉类总产362.10万千克，禽蛋总产36.90万千克。

【新农村建设】 年内，做好乐亩居委会寨子村及蔡家居委会蔡家村省级新农村重点建设村工作。投入资金

423万元，完成小游园建设安装休闲亭2座，绿化65平方米，铺青石板92平方米；完成村间道路硬化1条长530米（1060平方米）、新建公厕4座（每座51.62平方米）、垃圾收集房2间、安装村庄消防水池340米及机房1套；墙体美化6000平方米、墙体彩绘460平方米；修建村庄排洪沟渠253米。新建多功能活动室1栋513.3平方米，新建村民活动场地及附属设施建设2处383.12平方米，省级重点建设村建设项目年内全面竣工验收。

做好律则社区核桃箐村市级“美丽乡村”示范村建设，项目投资854万元。完成修建村内污水管网1676.5米、修建污水收集井45个、新建化粪池2座、新建50立方米污水处理池1个；铺设红砂石板路1517.15平方米、完成村间道路硬化717.6平方米、建设民俗文化广场650平方米、建设停车场面积840平方米；建设休闲长廊1座、亭子2座；安装村内消防、人饮管共5920米，建设50立方米人饮水池1个、建设150立方米水源池1个、建设钢筋砼水池200立方米1个；新建公厕2座、垃圾收集房2间，建设砖木结构牲畜养殖房69间。安装太阳能路灯40盏，建设彝族特色民族寨门一道，种植云南樱花100株、红叶李60株、鸡冠花110棵、叶子花35棵，完成蔬菜种植4公顷。11月7日，完成市级“美丽乡村”示范村建设项目初验工作。

做好白眉居委会章白村及谷律居委会盛家塘村区级美丽乡村示范村建设，建设项目投入资金609万元。完成村间道路硬化1条2200平方米，新建多功能活动室1栋864.68平方米及其配套附属设施建设。新建公厕3座（每座51.62平方米）、垃圾收集房3间（每间16.98平方米）、建设农产品销售集贸市场钢架大棚480平方米框架结构商铺1栋200平方米及毛石挡墙400平方米、村内墙体美化6700平方米、墙体彩绘300平方米、新建机耕路1条800米、修建三面光水沟1条600米，区级“美丽乡村”建设项目年内全面竣工验收。

【林业】 年内，辖区共发生森林火灾1起、荒火2起、违规用火3起，均无人员伤亡事故发生，森林火灾受害率控制在1‰。狠抓宣传教育，做好森林管护，杜绝侵占林地和大的森林火灾的出现。强化资源林政管理工作，正确处理好生态保护和资源开发的关系，制止乱砍滥伐、非法圈占用林地等案件的发生，确保辖区内森林资源的安全，全年处理各类林政案件41起。大力开展植树造林，完成义务植树22.81万株，“五采区”植被恢复34.4公顷，完成森林覆盖增长率≥0.33%的目标任务。种植林木24.19万株，种植面积96.7公顷，完成林木覆盖增长率≥0.67%的目标任务。高度重视森林病虫害防治工作，未出现重大林业检疫性有害生物危害，完成2013年第二批及2014年国家级公益林1.48万公顷补偿费兑付工作。

【水利】 年内，按质按时按量完成西山区下达团结街道办第一批“五小”水利工程12件，完成投资282.6万元；完成第二批“五小”水利工程14件，完工3件，1正在扫尾件，正在施工中8件，准备招投标2件，总投资401.1万元。完成明朗水库枢纽区7.15公顷土地征地，18户农户拆迁工作及大坝帷幕钻孔灌浆，输水隧洞浇筑，大坝防渗墙浇筑等工作。花山坡水库进行扫尾工程。马水河水库、黑沙坡坝塘、麻地箐坝塘已完工。全力做好抗旱工作，街道办共拉水409车，解决辖区居民生产、生活用水问题。落实蓄水、防汛工作，对全处72个大小水库、坝塘进行全面监测，加强水源地保护。

【环境综合整治】 按照“城乡清洁工程·清洁城市行动”工作要求，16个社区居委会119个居民小组落实“城乡清洁工程·清洁城市行动”活动。广泛开展环保宣传活动，与中心区238家经营户签订“门前三包”责任书，签约率98%。开展“世界环保日”宣传活动，发放宣传材料600余份，加强对不文明行为和占道经营的整治，定期开展建设项目现场踏勘工作，努力打造文明、整洁、优美的和谐新城乡。加强餐饮业的环境管理，调查120余家农家乐及餐馆的隔油池建设及油烟净化器安装情况。完成律则、半天臼农村环境综合整治验收及岔河村庄污水处理、公厕的验收。新建移动垃圾房24座，投入10.8万元。街道环卫队共清运垃圾约1200万千克，运至垃圾焚烧厂进行无害化处理。全年处理数字城管案件246份，结案率100%。完成11家社区创建市级生态社区“回头看”工作，通过复查考评。

【旅游工作】 年内，游客接待数和旅游营业收入大幅增加，乡村旅游经营户148户，接待156.8万人次，经营收入3154.79万元，同比增长16.8%。10月，黄金周接待人数突破22.67万人次，营业收入83.29万元，门票收入17.8万元。

【城市管理工作】 年内，开展不文明行为集中整治活动，与辖区经营户签订“门前三包”责任书238份，查处违规设置各类广告标语36起，施工工地整治24次，每周五均开展卫生大扫除活动，查处不文明行为450人次。安排执法人员和协管人员10余人，对辖区2条主干道和主要街道的占道经营和店外经营行为进行巡查整治，下达整改通知书13份，清理占道经营和店外经营380多起，取缔占道经营36起。

【安全生产】 年内抓好安全专项整治工作，组织相关部门对辖区内重点部位、重点企业、重点项目多次开展安全大检查，开展各类专项检查活动53次，检查企业93家次，涉及非煤矿山、危险化学品、烟花爆竹、燃气、建筑施工工地等领域，检查发现隐患47条，现场整改35条，限期整改35条，隐患整改率达100%。认督促企业落实安全生产责任体系，建立各项安全管理制度和操作流程，加强安全生产培训教育，做好生产设备设施的管理，同时做好检查、整改、监控以及应急管理工作，全年未发生安全事故。

【土地资源管理】 年内，完成卫片图斑调查工作，持续开展农房违法建设和无序建房专项整治行动，坚决遏制各类新增违法建设，下达“责令停止违法行为通知书”117份，“责令改正违法行为通知书”94份，开展日常联合巡查工作80余起，启动强拆行动14次，拆除违法建筑面积1200平方米，拆除超过800米的围墙。完成基本农田划定、界桩埋设和宣传牌建设工作及违法用地清理工作。

【矿产资源管理】 采取措施加大对私挖盗采矿产资源的整治力度，出动人员930余人次、车辆530台次、挖掘机械160余台次，填埋矿洞400余眼，组织断路82条，收缴清运铁矿100万千克；立案查处（做价值鉴定）1起，与森林公安联合办案2次；在巡查过程中共抓获外来盗采人员500余人（部分人员2次以上），移交派出所80余人，做询问笔录65份。积极开展土地普法宣传活动，在私挖盗采点张贴宣传标语1000余条，发放宣传材料2000余份。做好地质灾害防治工作。完成发放“两卡一书”工作。加强地质灾害巡查，设立警示标牌6块。加强群测群防工作，与各居委会签订“地质灾害防治责任书”，与矿山企业签订“安全生产责任书”，并对监测人员进行监测、防范业务培训。积极做好征地、权属纠纷与调解工作。

【社会保障】 年内，共办理就业失业登记证1140本，提供有效就业岗位目标任务数320个；高校毕业生就业岗位目标任务数完成76个；城镇新增就业人数目标任务数完成196个；援助禄劝县水源区劳动就业岗位任务数完成57个；城镇下岗失业人员再就业人数目标任务数完成31人，城镇登记失业率控制在3.5%以下。完成技能培训472人、创业培训94人，转移就业人数1847人，新增转移人数645人，完成转移收入3254.78万元。做好城镇居民基本医疗保险“门诊大病”待遇审批工作，及时发放社会保障卡，方便群众就医，为7809人办理了医保卡。做好城乡居民养老保险工作，完成城乡居民养老保险参保续保1.82万人。

为符合条件、有创业意愿的辖区居民提供每人5万～8万元的贷款作为创业启动资金。完成贷免扶补35户，完成小额担保贷款放款62人。

【民政工作】 年内，完成全处城镇低保979户1254人，五保人员共有100人，其中集中供养33人、分散供养67人，集中供养率33%。全处死亡214人，火化214例，火化率达100%。在清明节期间，免费发放康乃馨鲜花3000束，各类宣传材料3000份，悬挂横幅布标6条，宣传标语60条，并对祭扫的1200量次车辆进行疏导。

【计划生育】 年内，全处已婚育龄妇女6853人，采取长效避孕措施的有5793人，优选节育率78.75%。审核发放壹孩“生育服务证”申请176份，审核报批贰孩“生育服务证”申请86份，办证合格率100%；共办结计划生育行政处罚卷宗34份，办理落户手续34人。常住人口出生307人，其中壹孩183人、贰孩122人、符合政策多孩2人、计划内生育293人、计划外生育14人，符合政策生育率达95.44%。办理“独生子女父母光荣证”84本。为73人申报养老生活补助7.49万元，“半边户”10人1.02万元，特别抚助奖励金7人1.49万元；为11户2人申报了独生子女父母一次性奖励1.1万元；为52户独生子女低保家底兑现补助金6.18万元；为175名农业人口独生子女申报教育奖学金2.42万元；为51名考取高中、中专、职高、技校、大专、本科的农业人口独生子女申报奖励金6.3万元；为409名独生子女父母申报独生子女保健费2.45万元；为1929名符合计生补助条件人员申报全民医保补助13.5万元；六一儿童节期间，街道办事处还对全处14周岁以下234名农村独生子女进行慰问，慰问金额1.17万元；为47名参加中考高考的农业人口独子女申报加分。

【残联工作】 年内，在助残日期间慰问残疾人28户8400元。到65户贫困精神病患者家中耐心细致同精神病人交谈并询问病情，鼓励其积极参加社会生产劳动及家务劳动。精神病人到工疗站免费住院治疗2名、办理托养服务3名、免费发药56名、发放了购药款补助12人4800元。对28名康复对象进行一对一康复训练，效果显著，开展0～14岁残疾儿童少年康复训练阶段性效果评估工作。为67名各类残疾人免费发放盲表、盲杖、手杖、腋仗、移动坐便器、步行辅助训练器、轮椅、盲人语音电饭煲等用品用具。为筛查出的32名听力残疾人免费验配由美国斯达克提供的助听器，5名残疾人上报无障碍设施改造，74名重度残疾人发放了居家托养补助6.82万元，3名重度残疾人办理机构托养。参加城乡居民基本医疗保险残疾人15人，发放补助1050元。对参加城乡居民基本养老保险的三、四级残疾人241名发放补助2.41万元。年内，组织残疾人77名进行蔬菜种植培训。对应往届残疾大中专毕业生就业情况进行摸底调查。组织残疾人3名参加昆明市第三届残疾人技能竞赛。

为符合资助条件的20名在校残疾学生及残疾人子女进行调查填表审批上报，经审核公示后发放助学款1.25万元。考取大、中专的残疾学生及残疾人家庭子女8名发放扶残助学补助款1.7万元。

【老龄工作】 年内，为60岁以上老年人办理老年人优待证217本，为555人高龄老年发放补助金7.6万元，为621位高龄老人办理银行卡。第29届“老年节”期间对90岁以上高龄老人44人、在乡老复员军人28人和老乡干部25人、特困老人29人进行慰问，慰问3.49万元。积极引导社会力量兴办养老机构，不断推进居家养老工作健康发展。争取省、市、区资金85万元，补助社区居家养老服务站，永靖社区喜福乐居家养老服务站、龙潭社区居家养老服务站通过验收挂牌，大兴社区服务站、福寿园居家养老服务点正在筹备中，为棋台社区、白眉社区、永靖社区老年活动室配备设备设施。成立老年协会16个、老年分会119个、老年人艺术团文艺队28支。

【文化体育】 年内，全处16个社区58支文艺队开展丰富多彩活动，演出206场次，表演各类节目896个，送戏到组116个，观众1.84万人次。为给群众提供更便利的公共文化服务，放映免费电影192场，观众1.13万人次。农文网学校共为2046名读者提供服务，图书借阅1826人。举办33人参加的民间刺绣培训；推荐非遗苗族舞蹈《赶花山》节目参加中央三台2014年《我要上春晚》走基层全国选拔活动；结合党的群众路线教育实践活动，编排完成花灯歌舞《群众路线是金桥》剧本；开展交通安全广播宣传活动；“户户通”工程安装完成206户，涉及12个社区21个小组的21套广播设施安装到位。基层公共文化服务运行机制配套资金使用规范，健全完善资金使用台账，做到专款专用。街道配备文化专干19人，文化专干到位率100%。

【卫生工作】 推进城乡一体化管理，设专职卫生联络员1名负责本单位的艾滋病工作，制定工作计划，设立5万元防治艾滋病防治专项经费，开展乡村医生业务知识培训和防艾培训，参训300人，初级卫生保健覆盖率达100%。开展健康教育、卫生宣传，爱卫、除害防病等宣传活动，发放禁毒、预防艾滋病等宣传资料4500余份，利用党建网络平台发布防艾知识短信3500余条，悬挂防艾宣传标语35条；开展昆明市卫生社区、爱国卫生先进单位、无烟先进单位的创建活动。吸毒人员干预覆盖率100%。转介美沙酮维持治疗，转介成功率45%。

【社会治安综合治理】 年内，办事处与区委区政府签订综治、维稳目标管理责任书，成立综治维稳工作领导小组。坚持实行“谁主管，谁负责”的责任追究制和综治维稳工作一票否决制，并与社区居委会、各直属单位签订责任状，将目标管理落实到基层。办事处在财政十分困难的情况下，仍然安排20万元作为维稳工作活动经费，在龙潭、和平2个集镇中心社区组建2支共40人（龙潭32人、和平8人）的治安巡逻队，协同派出所对辖区进行24小时值班巡逻。

在“3·01”事件特别防护期间，办事处党政领导亲自带队与派出所干警一道，对辖区暂住人口、特种行业、服务场所、人员集聚区进行地毯式、拉网式排查，走访维稳重点户、上访户，确保辖区政治稳定和社会安定。办事处大力强化治安防范工作，构筑防控打一体化的治安防控体系，治安巡逻队实行24小时不间断巡逻，在一些案件多发的重点路段和重点区位实行蹲点布控，有力地遏制街头犯罪等多发性犯罪势头。

【信访工作】 年内，办理信访件36件，其中来信15件、来访21件，共办结35件，办结率97.2%。办结的信访件对上级进行了汇报，对群众进行了答复，没有办理完毕的也正与群众积极进行协调，做好稳控工作。在减少和遏制群众上访，特别是集体上访和越级上访，维护社会稳定工作中，做了大量深入细致的工作，使全处信访工作逐渐步入了规范化、法制化轨道。

【禁毒工作】 推进无毒社区创建工作，巩固“无毒街道”成果，春节前、“综治宣传月”“6·26”国际禁毒日、“10·26”中国禁毒日在龙潭街开展大规模禁毒和防治艾滋病宣传活动4次。深入社区、小组开展禁毒检查。在罂粟的生长期，街道机关16个工作组、社区三委班子、居民小组干部分别对辖区的房前屋后，田间地头开展拉网式排查，未发现大块种植罂粟、大麻的情况。掌握吸毒人员底数，认真开展帮教活动。帮教小组定期对在册吸毒人员进行谈话，掌握在册吸毒人员的思想动态和生活状况，鼓励其树立生活信心，走上正常人的生活，并为其解决生活和工作上的困难。

（张玉仙）

8月8日，团结街道举办“民族文化节” （团结街道办事处 供稿）

人　物

编辑　刀培凤

【国家级表彰先进人物】

李潇潇　生于1986年，研究生学历，昆明市西山区人民检察院民行科科员。

李潇潇自参加工作以来，爱岗敬业，勤奋好学，树立“立检为公、执法为民”的坚定信念。2014年7月，作为全省选出的6名培训人员之一，李潇潇在云南省检察官学院进行为期4个半月的民行业务培训，她吃苦耐劳、不骄不躁，经过一系列的测试，被选为两名参赛者之一，代表云南省前往北京参加首届全国民事行政检察业务竞赛，最终取得优异成绩。2014年11月，李潇潇被最高人民检察院授予“全国民事行政检察优秀办案人”荣誉称号。

2014年获云南省党政机关表彰的先进人物表

姓　名	工作单位	获奖时间	荣誉称号	颁奖单位
李志明	西山区农林局	2014年12月	参与完成的《昆明生猪免疫新技术推广应用》获云南省农业技术推广奖二等奖	云南省农业厅
夏九鲜	西山区农林局	2014年12月	参与完成的《昆明生猪免疫新技术推广应用》获云南省农业技术推广奖二等奖	云南省农业厅
郑国英	西山区农林局	2014年12月	参与完成的《昆明生猪免疫新技术推广应用》获云南省农业技术推广奖二等奖	云南省农业厅
尹海英	西山区农林局	2014年12月	参与完成的《昆明生猪免疫新技术推广应用》获云南省农业技术推广奖二等奖	云南省农业厅
赵远仙	团结街道办事处	2014年9月	科技兴乡贡献奖	云南省人民政府
杨妍芳	团结街道办事处	2014年11月	科技进步二等奖	云南省农业厅
邬培昆	团结街道办事处	2014年11月	科技进步二等奖	云南省农业厅
孙绍美	团结街道办事处	2014年11月	科技进步二等奖	云南省农业厅
蒋　蕾	团结街道办事处	2014年11月	科技进步二等奖	云南省农业厅

2014年获昆明市委、市政府表彰的先进人物表

姓　名	工作单位	获奖时间	荣誉称号	颁奖单位
杜德富	西山区农林局	2014年2月	昆明市创建国家森林城市先进个人	昆明市人民政府
贾东申	西山区农林局	2014年2月	昆明市创建国家森林城市先进个人	昆明市人民政府
张林华	西山区农林局	2015年2月	昆明市第八批新农村建设工作队优秀常务书记	昆明市委、市政府
余　娟	西山区统计局	2014年9月	昆明“最美普查员”	昆明市市政府第三次全国经济普查领导小组
张如宾	西山区统计局	2014年9月	昆明“最美普查员”	昆明市市政府第三次全国经济普查领导小组
张　勤	团结街道办事处	2014年9月	昆明“最美普查员”	昆明市市政府第三次全国经济普查领导小组
苏云宏	西山区机关事务管理局	2014年6月	“3·01”事件善后工作先进个人	昆明市委、市政府

【西山区见义勇为先进个人】

朱义弟　男，1987年10月20日出生，西山区保利六合工地水电项目部水电工。

2014年6月8日12时30分许，朱义弟在保利六合5号楼工地，发现2名男子在工地盗窃电缆线，二人被发现后立即逃跑，朱义弟随即进行追堵，同时闻讯赶来的保利六合工地保安员与之一起抓捕。抓捕过程中，嫌疑人用随身携带的胶把钳将朱义第和保安员打伤。朱义第和保安员不顾疼痛合力将嫌疑人制服后，移交棕树营派出所处理。经查，犯罪嫌疑人对盗窃电线及暴力抗拒抓捕的犯罪事实供认不讳，被公安机关依法逮捕。

唐御麟　男，1962年12月生，金碧派出所社区保安。

2014年8月10日22时50分许，唐御麟下班后骑电动车回家，途经金碧路大德大厦人行道时，见有一男一女在撬电动车，唐御麟上前盘问时该男子转身朝金马碧鸡坊方向逃跑。唐御麟继续对女子进行盘问，约2分钟后，逃跑的男子乘坐一辆电动车返回，在唐御麟左下腹部连捅三刀后逃走。唐御麟忍住剧痛向派出所报警并拉住嫌疑女子，一直坚持到民警赶来。8月11日，根据嫌疑女子交代，另一嫌疑人被抓获。

夏　江　男，1993年8月生，昆明平运汽车运输有限公司职工。

2013年12月2日10时许，夏江骑摩托车到中滩街办事，途经中滩大桥时，突然听到一名妇女哭喊救命，夏江急忙停车询问，得知她的小孩掉到河里后，夏江立即跳进冰冷的河里，将小孩成功救起。救人后夏江悄悄离开。

第四届西山区道德模范

西山区敬业奉献模范			西山区诚实守信模范			西山区孝老爱亲模范		
肖曙芳	女	昆明市儿童医院	张起洪	男	富善社区	刘　娅	女	云南省移动通信服务公司
张政雨	男	团结街道办事处	戴福宝	男	昆钢铁合金厂	徐延红	女	昆明驿通停车管理有限公司
西山区助人为乐模范			**西山区见义勇为模范**					
张丽霞	女	西山区就业局	崔贵建	男	棕树营街道办事处			
罗锐明	男	盛高大城小区	苏伟强	男	团结妥排社区			

西山好人

敬业奉献好人			诚实守信好人			孝老爱亲好人		
钟文静	女	西苑街道秋苑社区	毕　坤	男	西山区鱼翅路社区	秦晓红	女	永昌街道永兴路社区
代云华	女	昆明市第十五幼儿园	周万春	男	云南六心经贸有限公司	金美芝	女	西山区福海中学
助人为乐好人			见义勇为好人					
顾丽凤	女	棕树营北区社区	吴文明	男	云南省化学工业建设公司			
张启明	男	春苑小区	李建刚	男	金盾保安服务有限公司			

2014年西山区获高级专业技术职务任职资格人员表

序号	姓　名	性别	民族	单　位	任职资格	资格认定时间
1	邓声平	男	汉	昆明市西山区第一中学	中学高级	2014年10月
2	廖玉英	女	汉	昆明市西山区第一中学	中学高级	2014年10月
3	晏春娥	女	汉	昆明市西山区第一中学	中学高级	2014年10月
4	张福美	女	彝	昆明市西山区第一中学	中学高级	2014年10月
5	能绍祥	男	彝	昆明市西山区团结民族中学	中学高级	2014年10月
6	彭新云	男	汉	昆明市第十九中学	中学高级	2014年10月
7	谭　艺	女	汉	昆明市第十九中学	中学高级	2014年10月
8	朱咸谋	男	汉	昆明市第十九中学	中学高级	2014年10月
9	白丽萍	女	彝	昆明市第十八中学	中学高级	2014年10月
10	谢莉萍	女	汉	昆明市第十八中学	中学高级	2014年10月
11	江思远	男	汉	昆明市西山区云光中学	中学高级	2014年10月
12	耿艳萍	女	汉	昆明市西山区云光中学	中学高级	2014年10月
13	钱晓燕	女	汉	昆明市西山区粤秀中学	中学高级	2014年10月
14	胡建萍	女	汉	昆明市西山区粤秀中学	中学高级	2014年10月
15	叶桂锦	女	汉	昆明市西山区粤秀中学	中学高级	2014年10月
16	李　田	男	汉	昆明市西山区前卫中学	中学高级	2014年10月
17	杨　荣	女	汉	昆明市第五中学	中学高级	2014年10月
18	李　虹	女	汉	昆明市第五中学	中学高级	2014年10月
19	王海燕	女	汉	昆明市第五中学	中学高级	2014年10月
20	侯　波	男	汉	昆明市第五中学	中学高级	2014年10月
21	李　红	女	汉	昆明市西山区实验中学	中学高级	2014年10月
22	温瑞平	女	汉	昆明市西山区实验中学	中学高级	2014年10月

续表

序号	姓　名	性别	民族	单　位	任职资格	资格认定时间
23	肖义勇	男	汉	昆明第一中学西山学校（原北京师范大学昆明附属中学）	中学高级	2014年10月
24	喻文彬	男	汉	昆明第一中学西山学校（原北京师范大学昆明附属中学）	中学高级	2014年10月
25	杨　慧	女	汉	昆明市西山区教育科研信息培训中心	中专高级讲师	2014年10月
26	李琼珠	女	汉	昆明市西山区人民医院	副主任医师	2014年8月
27	张绍怀	女	汉	昆明市西山区人民医院	副主任医师	2014年8月
28	能克武	男	彝	昆明市西山区人民医院	副主任医师	2014年8月
29	刘　炯	男	汉	昆明市西山区人民医院	副主任医师	2014年8月
30	洪　波	女	汉	昆明市西山区人民医院	副主任医师	2014年8月
31	李丽芬	女	汉	昆明市西山区人民医院	副主任护师	2014年8月
32	王文兰	女	汉	昆明市西山区人民医院	副主任护师	2014年8月
33	苏丽萍	女	白	昆明市西山区人民医院	副主任护师	2014年8月
34	冯　煜	女	回	昆明市西山区永昌社区卫生服务中心	副主任护师	2014年8月
35	朱红萍	女	汉	昆明市西山区海口卫生院	副主任医师	2014年8月
36	张惠玲	女	汉	昆明市西山区文化馆	副研究馆员	2014年10月
37	李彦佳	女	白	昆明市西山区文化馆	副研究馆员	2014年10月
38	张　虹	女	白	昆明市西山区马街街道办事处	高级工程师	2014年10月
39	吴秀华	女	汉	昆明市西山区水利水电勘测设计队	高级工程师	2014年10月
40	刘廷华	男	汉	昆明市西山区植保植检站	高级农艺师	2014年10月
41	杨霖霞	女	白	昆明市西山区茶桑果站	高级农艺师	2014年10月
42	杜红莲	女	汉	昆明市西山区农业技术推广站	高级农艺师	2014年10月
43	石生武	男	彝	昆明市西山区碧鸡街道办事处农科站	高级农艺师	2014年10月
44	夏九鲜	女	汉	昆明市西山区畜牧兽医站	高级兽医师	2014年10月
45	苏培仁	男	白	昆明市西山区畜牧兽医站	高级兽医师	2014年10月

2014年西山区获中级专业技术职务任职资格人员表

序号	姓　名	性别	民族	单　位	资格名称	资格认定时间
1	李文波	女	汉	昆明市西山区第一中学	中学一级	2014年9月
2	张　熙	女	汉	昆明市西山区第一中学	中学一级	2014年9月
3	旃春芳	女	蒙古	昆明市西山区第一中学	中学一级	2014年9月

续表

序号	姓 名	性别	民族	单 位	资格名称	资格认定时间
4	罗 芳	女	汉	昆明市西山区第一中学	中学一级	2014年9月
5	于建明	男	汉	昆明市西山区粤秀中学	中学一级	2014年9月
6	王 燕	女	汉	昆明市西山区粤秀中学	中学一级	2014年9月
7	舒前银	男	汉	昆明市西山区粤秀中学	中学一级	2014年9月
8	熊秀娟	女	汉	昆明市西山区粤秀中学	中学一级	2014年9月
9	叶红波	女	汉	昆明市西山区德亨学校	中学一级	2014年9月
10	王夕茜	女	汉	昆明市西山区德亨学校	中学一级	2014年9月
11	石晶晶	女	满	昆明市第五中学	中学一级	2014年9月
12	蔡 蕾	女	彝	昆明市第五中学	中学一级	2014年9月
13	李剑波	男	汉	昆明市第五中学	中学一级	2014年9月
14	李 玲	女	汉	昆明市第五中学	中学一级	2014年9月
15	刘跃伟	男	汉	昆明市第五中学	中学一级	2014年9月
16	苏 静	女	回	昆明市西山区前卫中学	中学一级	2014年9月
17	朱春仙	女	汉	昆明市西山区前卫中学	中学一级	2014年9月
18	李洪杰	男	汉	昆明市西山区碧鸡中学	中学一级	2014年9月
19	陈 蓉	女	彝	昆明市西山区碧鸡中学	中学一级	2014年9月
20	施育刚	男	彝	昆明市第十八中学	中学一级	2014年9月
21	王鸿飞	男	汉	昆明市第十八中学	中学一级	2014年9月
22	梁志伟	男	回	昆明市第十八中学	中学一级	2014年9月
23	兰 楠	男	汉	昆明市西山区职业高级中学	中学一级	2014年9月
24	戚 贤	女	汉	昆明市西山区职业高级中学	中学一级	2014年9月
25	刀 锋	女	佤	昆明市西山区团结民族中学	中学一级	2014年9月
26	李兴祥	男	汉	昆明市西山区团结民族中学	中学一级	2014年9月
27	谢金璇	女	汉	昆明市西山区实验中学	中学一级	2014年9月
28	徐弦钰	男	汉	昆明市西山区实验中学	中学一级	2014年9月
29	何晓霞	女	汉	昆明市西山区实验中学	中学一级	2014年9月
30	李 彭	男	汉	昆明市西山区海口建磷中心学校	中学一级	2014年9月
31	何林元	男	汉	昆明市西山区海口建磷中心学校	中学一级	2014年9月
32	王灿灿	女	汉	北京师范大学昆明附属中学	中学一级	2014年9月
33	汤 岚	女	汉	北京师范大学昆明附属中学	中学一级	2014年9月
34	张彩艳	女	汉	北京师范大学昆明附属中学	中学一级	2014年9月

续表

序号	姓　名	性别	民族	单　位	资格名称	资格认定时间
35	孟鲁玉	女	汉	北京师范大学昆明附属中学	中学一级	2014年9月
36	王丽萍	女	回	北京师范大学昆明附属中学	中学一级	2014年9月
37	李　蓉	女	汉	北京师范大学昆明附属中学	中学一级	2014年9月
38	吴绍龙	男	汉	北京师范大学昆明附属中学	中学一级	2014年9月
39	龙　微	女	汉	昆明市西山区德亨学校	小学高级	2014年9月
40	王锐娟	女	汉	昆明市西山区德亨学校	小学高级	2014年9月
41	胡　非	女	汉	昆明市西山区德亨学校	小学高级	2014年9月
42	黎　蕊	女	彝	昆明市西山区春苑小学	小学高级	2014年9月
43	徐　玲	女	汉	昆明市西山区书林第二小学	小学高级	2014年9月
44	曾俊苗	女	汉	昆明市西山区阳光小学	小学高级	2014年9月
45	朱艳华	女	汉	昆明市西山区工人新村小学	小学高级	2014年9月
46	苏　敏	女	汉	昆明市西山区工人新村小学	小学高级	2014年9月
47	李　洁	女	汉	昆明市西山区工人新村小学	小学高级	2014年9月
48	陈海燕	女	汉	昆明市西山区工人新村小学	小学高级	2014年9月
49	刘丽霞	女	汉	昆明市西山区工人新村小学	小学高级	2014年9月
50	杨　海	女	白	昆明市西山区求实小学	小学高级	2014年9月
51	朱　丹	女	汉	昆明市西山区求实小学	小学高级	2014年9月
52	杨　武	男	汉	昆明市西山区棕树营小学	小学高级	2014年9月
53	秦　瑶	女	汉	昆明市西山区棕树营小学	小学高级	2014年9月
54	许延凯	男	汉	昆明市西山区城市希望小学	小学高级	2014年9月
55	张家柱	女	汉	昆明市西山区城市希望小学	小学高级	2014年9月
56	郑雅兮	女	汉	昆明市西山区城市希望小学	小学高级	2014年9月
57	张　燕	女	汉	昆明市西山区红联小学	小学高级	2014年9月
58	浦恩丽	女	汉	昆明市西山区育红小学	小学高级	2014年9月
59	刘祥绕	女	汉	昆明市西山区育红小学	小学高级	2014年9月
60	周孺昌	男	回	昆明市西山区育红小学	小学高级	2014年9月
61	徐德春	男	汉	昆明市西山区书林第一小学	小学高级	2014年9月
62	张　静	女	白	昆明市西山区书林第一小学	小学高级	2014年9月
63	蔡玉红	女	汉	昆明市西山区昆湖小学	小学高级	2014年9月
64	郑力玮	男	汉	昆明市西山区崇新小学	小学高级	2014年9月
65	李学民	男	汉	昆明市西山区团结谷律中心学校	小学高级	2014年9月

续表

序号	姓　名	性别	民族	单　位	资格名称	资格认定时间
66	李　军	男	白	昆明市西山区团结谷律中心学校	小学高级	2014年9月
67	蔡雪飞	女	汉	昆明市西山区海口建磷中心学校	小学高级	2014年9月
68	潘　超	女	彝	昆明市西山区拥护中心学校	小学高级	2014年9月
69	施新星	女	汉	昆明市西山区马街中心学校	小学高级	2014年9月
70	胡　妍	女	汉	昆明市西山区马街中心学校	小学高级	2014年9月
71	杨　敏	女	傈僳	昆明市西山区碧鸡观音山中心学校	小学高级	2014年9月
72	杨　燕	女	汉	昆明市西山区徐霞客中心学校	小学高级	2014年9月
73	杨丽华	女	白	昆明市西山区徐霞客中心学校	小学高级	2014年9月
74	杨　洁	女	汉	昆明市西山区徐霞客中心学校	小学高级	2014年9月
75	董晓云	女	汉	昆明市西山区徐霞客中心学校	小学高级	2014年9月
76	肖景文	男	汉	昆明市西山区前卫南坝中心学校	小学高级	2014年9月
77	李晨阳	男	汉	昆明市西山区前卫南坝中心学校	小学高级	2014年9月
78	吴月桂	男	汉	昆明市西山区前卫南坝中心学校	小学高级	2014年9月
79	方成圆	女	汉	昆明市西山区海口依兰中心学校	小学高级	2014年9月
80	李立伟	男	汉	昆明市西山区海口依兰中心学校	小学高级	2014年9月
81	杨盈盈	女	汉	昆明市西山区福海杨家中心学校	小学高级	2014年9月
82	官红琼	女	汉	昆明市西山区福海杨家中心学校	小学高级	2014年9月
83	满　秀	男	汉	昆明市西山区福海杨家中心学校	小学高级	2014年9月
84	李敏敏	女	汉	昆明市西山区马街大渔中心学校	小学高级	2014年9月
85	杨　勇	男	汉	昆明市西山区马街大渔中心学校	小学高级	2014年9月
86	栗亚娟	女	汉	昆明市西山区马街大渔中心学校	小学高级	2014年9月
87	张旭东	男	白	昆明市西山区马街大渔中心学校	小学高级	2014年9月
88	贾春玲	女	汉	昆明市西山区马街大渔中心学校	小学高级	2014年9月
89	董正斌	男	汉	昆明市西山区马街大渔中心学校	小学高级	2014年9月
90	苏明霞	女	汉	昆明市第十七幼儿园	小学高级	2014年9月
91	罗燕茹	女	汉	昆明市第十五幼儿园	小教高级	2014年9月
92	徐秋霞	女	汉	昆明市第十五幼儿园	小教高级	2014年9月
93	李孝莲	女	汉	昆明市西山区第一幼儿园	小学高级	2014年9月
94	张亚萍	女	汉	昆明市第三幼儿园	小学高级	2014年9月
95	胡婷霞	女	汉	昆明市委机关幼儿园	小学高级	2014年9月
96	张丽娟	女	汉	昆明市委机关幼儿园	小学高级	2014年9月

续表

序号	姓 名	性别	民族	单 位	资格名称	资格认定时间
97	丁 莉	女	彝	昆明市第九幼儿园	小学高级	2014年9月
98	傅子刚	男	汉	昆明市西山区图书馆	馆员	2014年8月
99	解坤梅	女	汉	海口街道办事处农林水综合服务中心	工程师	2014年8月
100	王利娟	女	汉	昆明市西山区新闻中心	编辑	2014年9月

2014年西山区各街道办事处百岁老人统计表

序号	姓 名	性别	年龄	出生年月	健康状况	所属社区
1	吴正明	男	100	1914年8月	一般	昆冶社区
2	陈 桦	女	106	1908年2月	一般	西坝北社区
3	刘琼仙	女	108	1906年2月	一般	弥勒寺社区
4	倪银生	男	102	1912年10月	一般	工人新村
5	曾桂珍	女	102	1912年9月	一般	西岳庙社区
6	汪李氏	女	100	1914年2月	一般	西坝南社区
7	熊 焕	男	100	1914年3月	一般	西坝南社区
8	周 敏	女	100	1914年8月	一般	立夏路社区
9	谢子华	男	105	1909年9月	一般	螺蛳湾
10	郑吉平	女	105	1909年12月	一般	永兴路
11	刘米氏	女	100	1914年4月	一般	湖滨社区
12	赵何香	女	100	1914年1月	一般	云龙社区
13	董朝向	男	105	1909年5月	一般	中新社区
14	项瑞雰	男	100	1914年12月	一般	阳光社区
15	付纪棠	男	100	1914年5月	一般	陆家社区
16	杨德之	男	105	1909年9月	一般	春苑社区
17	金玉枝	女	102	1912年8月	一般	丽苑社区
18	季伟达	男	100	1914年2月	一般	春苑社区
19	程文华	女	103	1911年9月	一般	白马西区
20	王秀贞	女	100	1914年9月	一般	白马西区
21	杨达生	男	103	1911年10月	一般	棕树营北区
22	高其能	男	101	1913年8月	一般	棕树营南区
23	李永汉	男	101	1913年12月	一般	棕树营北区

2014年西山区各街道办事处90岁以上100岁以下老人统计表

序号	姓　名	性别	年龄	序号	姓　名	性别	年龄	序号	姓　名	性别	年龄
马街街道办事处（合计：96人）				31	赵绶先	男	94	62	张　义	男	95
1	杨帜南	男	91	32	李桂珍	女	93	63	张本信	男	97
2	梁绍兰	女	91	33	束秀英	女	91	64	张国啟	男	93
3	赵连新	男	90	34	徐如仙	女	90	65	赵芬英	女	93
4	台翠英	女	97	35	杨应祥	男	90	66	丁淑英	女	91
5	顾德英	女	96	36	杨如英	女	90	67	王明英	女	91
6	杨凤琪	男	95	37	梁树英	女	93	68	王琼芬	女	91
7	张德英	女	95	38	姜永英	女	91	69	柏继珍	女	91
8	卜起英	女	95	39	黄梅仙	女	92	70	张雨龙	男	94
9	肖光荣	男	94	40	毕秀英	女	91	71	宋正凤	女	93
10	夏美林	女	93	41	杨　智	男	90	72	杨秀珍	女	94
11	刘云仙	女	93	42	张开新	男	90	73	李月娥	女	92
12	张朝良	男	91	43	赵莲英	女	90	74	唐蔚茹	女	92
13	夏琼祖	女	90	44	李树恭	男	90	75	孙楚伟	男	93
14	李　福	男	90	45	刘　英	女	96	76	张子隆	男	93
15	张祥英	女	90	46	苏玉珍	女	94	77	白　鳌	男	92
16	张应龙	男	90	47	黄秀芬	女	92	78	朗文治	男	92
17	杨文兰	女	93	48	黄谋堂	男	92	79	杜贯彻	男	91
18	李发英	女	93	49	晏翠英	女	91	80	佟巨德	男	91
19	李容娟	女	92	50	徐桂英	女	91	81	谭桂英	女	94
20	喻锦英	女	93	51	张惠英	女	90	82	尹耕溪	男	91
21	王印珍	女	94	52	徐翠英	女	90	83	沈荣金	女	92
22	杨文清	女	95	53	徐兰英	女	90	84	方嘉绩	男	92
23	张友娣	女	93	54	何秀英	女	91	85	李明阳	男	91
24	明学英	女	91	55	吴瑞华	男	91	86	李素芬	女	91
25	李兰英	女	91	56	杨绍兰	女	95	87	杨林仙	女	90
26	杨金陵	男	90	57	李红英	女	93	88	徐祖兰	女	90
27	张树英	女	90	58	李戌英	女	95	89	保凤兰	女	90
28	陈翠珍	女	90	59	许鹤生	男	97	90	刘玉华	女	90
29	吴桂英	女	90	60	刘香薇	女	96	91	周绍轩	男	97
30	郑华英	女	90	61	彭秀珍	女	95	92	胡静林	女	94

续表

序号	姓　名	性别	年龄	序号	姓　名	性别	年龄	序号	姓　名	性别	年龄
93	沈其信	男	92	27	王素仙	女	92	58	黄　涛	男	90
94	汤尔聪	女	91	28	徐立昌	男	92	59	杨文显	男	90
95	杨丽华	女	90	29	王怀民	男	90	60	杨绍华	女	90
96	苏　华	女	90	30	唐秀英	女	90	61	陈如梅	女	91
金碧街道办事处（合计：287人）				31	何继先	男	90	62	廖惠芬	女	94
1	余桂英	女	92	32	徐文裕	男	90	63	陈蓉秀	女	90
2	李　英	女	92	33	李　喜	男	90	64	尹穆英	女	95
3	杨桂珍	女	90	34	秦昭媛	女	90	65	黄淑芝	女	95
4	曹炽昌	男	94	35	郭昌玉	男	91	66	刘彩兰	女	93
5	苗兴贵	男	93	36	万世碧	男	92	67	张凤英	女	91
6	陈丽辉	女	91	37	梁其绶	男	94	68	赵恩耀	男	93
7	王嘉瑜	男	99	38	陈玉珍	女	93	69	韩秀英	女	93
8	何桂仙	女	94	39	葛增兰	女	96	70	郭代氏	女	93
9	吴杨先	男	93	40	管金桃	男	98	71	李秀英	女	93
10	黄维治	女	96	41	陈　建	男	94	72	杨伯泉	男	93
11	何士云	男	90	42	姚章新	男	94	73	朱瑾美	女	92
12	付恒昌	男	98	43	黄志高	男	94	74	段开兴	男	92
13	邵杏华	女	93	44	张倍华	男	93	75	马明恩	男	92
14	左相英	女	97	45	蒋兆仙	女	93	76	葛美珍	女	91
15	张正云	男	91	46	赵桂珍	女	93	77	李桂玉	女	91
16	刘文成	男	91	47	何佩云	男	90	78	谢建堂	男	91
17	黄　冰	女	91	48	李钟兆	男	91	79	张淑英	女	91
18	赵凤稚	女	93	49	华小凤	女	93	80	祁巧蓉	女	90
19	陈杏芳	女	95	50	吴淑华	女	90	81	潘　荣	男	90
20	王桂英	女	94	51	王碧仙	女	91	82	丁建洲	男	90
21	刘云贵	男	94	52	郑桂仙	女	91	83	郭秀英	女	90
22	贾秀玲	女	93	53	石宝莲	女	91	84	李淑坤	女	91
23	万玉仙	女	91	54	刘兰英	女	91	85	刘永辉	男	95
24	吕雅诗	女	93	55	孙留翠	女	90	86	马琼仙	女	96
25	李素月	女	90	56	张荣华	男	90	87	李觉惠	女	96
26	杨友斌	男	90	57	张兴家	男	90	88	张天玉	女	94

续表

序号	姓 名	性别	年龄	序号	姓 名	性别	年龄	序号	姓 名	性别	年龄
89	吕 祐	男	94	120	方瑞华	女	92	151	吴景孟	男	91
90	王桂英	女	92	121	文素珍	女	92	152	张宏才	男	91
91	虞玉芬	女	92	122	刘秀芝	女	92	153	范美仙	女	90
92	李淑贞	女	96	123	何淑芳	女	92	154	周桂珍	女	90
93	李琼华	女	91	124	黄正乾	男	92	155	李曼琼	女	90
94	倪秀珍	女	93	125	张德胜	男	91	156	舒淑贞	女	90
95	王秀英	女	93	126	杨永坤	女	90	157	赵琼英	女	90
96	陈祖华	男	92	127	童兆龙	男	90	158	张娅清	女	90
97	李桂英	女	91	128	李竹英	女	90	159	徐桂珍	女	90
98	高镇标	男	91	129	刘湘甫	男	90	160	杨瑞珍	女	93
99	陈淑英	女	90	130	杨明楷	男	90	161	郭际昌	男	91
100	王景兰	女	90	131	刘春培	男	90	162	董学明	女	90
101	赵开如	男	90	132	梁 华	男	90	163	陈义美	女	90
102	陈 骧	女	90	133	田精诚	男	93	164	姜秀仙	女	90
103	邱宝珍	女	98	134	陈锡珍	女	94	165	戴仲恒	男	91
104	施竹云	女	97	135	王克治	男	95	166	吴崇礼	男	99
105	谭杜芳	女	95	136	杨昌寿	男	91	167	马桂珍	女	92
106	张碧华	女	96	137	乐贞卿	女	91	168	付显君	女	91
107	夏其英	女	95	138	张素秋	女	96	169	陈丕祯	男	90
108	张凤芝	女	98	139	凌志祥	男	95	170	李玉英	女	92
109	丁惠文	女	94	140	童才定	女	94	171	吕 云	男	96
110	杨 芬	男	94	141	王桂伍	男	94	172	李兰芝	女	90
111	马凤英	女	93	142	高秀芳	女	93	173	胡敬之	男	95
112	张凤仙	女	94	143	何美兰	女	93	174	饶秀英	女	92
113	惠汝英	女	93	144	蔡 诚	女	92	175	马玉仙	女	92
114	罗有模	女	93	145	王家谟	男	92	176	赵文礼	男	93
115	田明霞	女	93	146	马云仙	女	92	177	巫琼仙	女	94
116	肖一宾	男	93	147	李选周	男	91	178	熊若芬	女	90
117	吕秀珍	女	93	148	赵汝兰	女	91	179	段瑞兰	女	90
118	沈秀英	女	93	149	王长信	男	91	180	刘庚年	男	90
119	杨秀英	女	92	150	杨宝才	男	91	181	赵荣兴	男	92

续表

序号	姓　名	性别	年龄	序号	姓　名	性别	年龄	序号	姓　名	性别	年龄
182	毕桂英	女	94	213	袁世忠	男	94	244	吴若莲	女	91
183	和树芳	女	95	214	徐北兰	女	93	245	范玉钧	女	91
184	李映雪	女	97	215	李凤仙	女	93	246	罗宗沛	男	95
185	刘汝珍	女	95	216	段成祐	男	92	247	李桂珍	女	99
186	尚月华	女	94	217	苏泽民	男	91	248	胡元芝	女	91
187	周青莲	女	94	218	周琼英	女	90	249	杨莲芝	女	93
188	赵桂英	女	92	219	锁才秀	女	90	250	陆瑞祯	男	96
189	陈秀宽	男	93	220	王树琴	女	98	251	王　玉	女	90
190	康云芳	女	93	221	陈剑鸣	女	95	252	陈寿昌	男	93
191	王绍芳	女	93	222	岑　嵩	男	95	253	马玉珊	女	94
192	喻秉森	男	93	223	李小莲	女	94	254	卿烈熙	男	95
193	张美仙	女	93	224	祝多杰	男	93	255	孔庆才	男	92
194	邢淑会	女	92	225	马世华	男	93	256	马少逵	女	92
195	殷汝义	男	92	226	戴昆华	男	99	257	尚培媛	女	95
196	马润珍	女	92	227	彭桂英	女	92	258	符开武	男	92
197	夏若兰	女	91	228	崔桂英	女	91	259	赵新然	男	91
198	李毅华	男	91	229	田凤芝	女	91	260	邱代文	男	90
199	丁竹英	女	91	230	杨基培	男	90	261	余瑞萍	女	90
200	腾绍珍	女	91	231	鲁志中	男	90	262	宋庆柔	女	90
201	解文秀	女	91	232	王子健	男	90	263	张秀英	女	91
202	罗航之	男	90	233	王琼英	女	93	264	钱孔云	男	90
203	潘淑俊	女	90	234	钟治平	男	91	265	张慧馨	女	90
204	李凤英	女	90	235	刘宝珍	女	91	266	秦天惠	女	90
205	龙秀卿	女	96	236	庄正明	男	91	267	任志伟	男	90
206	宋淑若	女	91	237	张桂珍	女	93	268	许秀兴	男	97
207	董瑞珍	女	96	238	肖桂英	女	92	269	李凤英	女	94
208	李和忠	男	92	239	周桂芬	女	92	270	王家福	男	94
209	李肃珍	女	90	240	马冬秀	女	96	271	张星焕	男	93
210	刘桂珍	女	91	241	王定武	男	96	272	罗玉珍	女	93
211	苏维华	女	92	242	高冬吉	女	96	273	丁翠英	女	93
212	马彩珍	女	95	243	李桂芝	女	94	274	李竹英	女	93

续表

序号	姓　名	性别	年龄
275	张桂贞	女	92
276	李国华	男	92
277	祝桂仙	女	92
278	桑爱娥	女	95
279	王家兴	男	92
280	吕国英	女	91
281	施汇川	男	92
282	马国有	男	91
283	杨桂芬	女	90
284	胡世英	男	90
285	李子诚	男	90
286	韩治林	女	90
287	余志云	男	90
永昌街道办事处（合计：161人）			
1	王培荷	女	91
2	丰洪英	女	95
3	李国泰	男	95
4	王纪林	男	95
5	李秀芬	女	95
6	赵玉珍	女	92
7	袁孟仁	女	97
8	龚　泽	男	94
9	赵　鑫	男	94
10	李存仙	女	93
11	卫旺翠	女	92
12	周德骏	女	92
13	龚淑芬	女	94
14	龙文远	男	94
15	程　瀚	男	92
16	秦本荷	女	91
17	李荷秀	女	96
18	刘锡荣	男	96
19	沈惠芬	女	97
20	沈致和	男	99
21	汤家和	男	99
22	李学梦	男	97
23	黄云清	女	96
24	王　峥	女	95
25	苏云光	男	95
26	杨桂英	女	94
27	陈志建	男	94
28	朱鸿运	男	94
29	陈忠英	男	93
30	顾琼淑	女	93
31	鲍文金	男	92
32	王怀云	男	92
33	马宁常	女	92
34	张菊仙	女	92
35	石秀英	女	92
36	赵其福	男	92
37	徐悦圣	男	91
38	李翠英	女	91
39	段淑文	女	91
40	魏述玄	男	91
41	席素灵	女	91
42	马凤英	女	91
43	鲁惠芳	女	91
44	张凤芝	女	91
45	杨学智	男	91
46	杨凤春	男	91
47	杜瑞珍	女	90
48	徐大志	男	90
49	孔淑华	女	91
50	杨家凤	女	96
51	刘琼仙	女	93
52	张学光	男	91
53	段玉芝	女	91
54	吴兴兰	女	90
55	魏树珍	女	90
56	张菊蓉	女	90
57	张凤英	女	90
58	李福民	男	91
59	杨惠英	女	94
60	谭静卿	女	92
61	张凤玉	女	92
62	徐竹英	女	92
63	董淮权	男	92
64	朱芝兰	女	92
65	方再祯	男	92
66	王明云	女	91
67	曹二印	女	91
68	李秀芬	女	95
69	马建国	男	94
70	梁凤仙	女	94
71	程官华	女	94
72	卢琼芳	女	93
73	刘景德	男	91
74	彭济民	男	93
75	张兰香	女	93
76	李映仙	女	93
77	黄为榕	男	93
78	李丽芳	女	93
79	尹琼芝	女	91

续表

序号	姓　名	性别	年龄	序号	姓　名	性别	年龄	序号	姓　名	性别	年龄
80	张廷樑	男	93	111	洪家芝	女	92	142	文桂仙	女	90
81	况德光	男	92	112	邬桂珍	女	93	143	李素仙	女	90
82	孙　鹏	男	92	113	李家珍	男	92	144	孙桂英	女	90
83	周源功	男	92	114	朱林章	男	92	145	曹　瑜	男	90
84	汪云汉	男	92	115	何保林	男	94	146	李　智	男	90
85	姜玉芝	女	91	116	许蕴芳	女	96	147	李桂英	女	90
86	李桂华	女	96	117	黄晓模	男	95	148	宋桂英	女	90
87	赵芳槐	女	94	118	韩桂英	女	94	149	汤炳铨	男	90
88	李开武	男	95	119	于云从	男	93	150	钟开运	男	90
89	肖英堂	女	93	120	叶世琼	女	91	151	代竹明	女	90
90	代玉平	女	93	121	杨焕珍	女	91	152	张秀珍	女	90
91	欧阳泽华	男	93	122	马美忠	男	99	153	高现云	男	90
92	母文英	女	93	123	张云珍	女	92	154	杨桂英	女	90
93	王绍兰	女	92	124	夏振兰	女	94	155	梁雁冰	女	90
94	易明英	女	92	125	李如珍	女	96	156	张曼华	女	90
95	李长青	男	91	126	赵桂英	女	92	157	丁　保	男	90
96	吴民谦	女	91	127	雷桂仙	女	92	158	赵琴芳	女	90
97	太幼秋	男	90	128	李锡渭	男	92	159	王立情	男	90
98	解桂英	女	91	129	张素珍	女	90	160	彭祖烈	男	90
99	王家福	男	96	130	刘琼仙	女	90	161	王洪图	男	90
100	刘凤英	女	96	131	陈崇文	男	92	**前卫街道办事处（合计：47人）**			
101	李文军	男	91	132	周子均	男	99	1	杨芝梅	女	94
102	周桂仙	女	94	133	郭桂珍	女	96	2	熊　珍	女	90
103	李桂华	女	93	134	许曼卿	女	97	3	王秀英	女	91
104	刘惠芳	女	93	135	许美玉	女	95	4	张秀英	女	93
105	冯兰英	女	91	136	江青平	男	93	5	杨凤英	女	92
106	张天琳	女	91	137	聂素馨	女	92	6	张学英	女	92
107	酒雪芳	女	90	138	范正权	女	91	7	王　俊	男	91
108	范玉华	女	91	139	范惠明	男	90	8	孙永德	男	90
109	李秀英	女	97	140	陈让维	男	90	9	庞文顺	男	94
110	雷正高	男	95	141	唐桂仙	女	90	10	李秀英	女	93

续表

序号	姓　名	性别	年龄	序号	姓　名	性别	年龄	序号	姓　名	性别	年龄
11	韩凤英	女	90	42	普桂英	女	90	25	代桂英	女	91
12	郑桂英	女	90	43	屈信珍	女	98	26	马桂英	女	91
13	太　恩	男	94	44	马雪芬	女	93	27	郑礼泉	男	92
14	陆兰英	女	92	45	王　荣	男	90	28	潘　良	男	91
15	江　升	男	92	46	董秀英	女	94	29	许曙光	男	94
16	余永英	女	92	47	尹　莲	女	92	30	陈秀珍	女	91
17	李凤英	女	92	**福海街道办事处（合计：72人）**				31	段惠琼	女	92
18	金海玉	女	90	1	张凤英	女	90	32	赵兰珍	女	92
19	陆琼珍	女	91	2	李进英	女	92	33	任福森	男	96
20	赵凤英	女	95	3	李桂英	女	91	34	曹桂英	女	92
21	杨凤英	女	90	4	金文荣	男	92	35	朱适迁	女	93
22	詹福英	女	93	5	金术芳	女	90	36	周顺昌	男	92
23	肖凤英	女	93	6	孙钟英	女	94	37	资　臣	男	93
24	张凤英	女	91	7	罗佩富	男	95	38	肖玉仙	女	91
25	顾美英	女	90	8	杨凤珍	女	92	39	张秀蓉	女	96
26	范　礼	男	95	9	曹兰英	女	91	40	陈光国	男	93
27	普正林	男	96	10	杨海仙	女	90	41	唐克良	男	92
28	姚凤翔	男	95	11	严朝英	女	98	42	李全义	男	93
29	肖美玉	女	92	12	蔡　华	男	91	43	邓仰贤	男	98
30	陶凤珍	女	94	13	雷努生	男	93	44	刘　云	男	97
31	杨桂珍	女	92	14	李桂英	女	92	45	杨正孟	男	90
32	尹　桂	女	92	15	李有让	男	96	46	王加德	男	93
33	李月伦	男	95	16	周竹清	女	90	47	贾应芝	女	91
34	杨桂珍	女	90	17	董加美	女	93	48	李桂英	女	90
35	王美英	女	91	18	李桂仙	女	90	49	徐栾英	女	91
36	越明福	男	91	19	太桂英	女	98	50	陈莲英	女	90
37	汪群华	女	97	20	林竹芳	女	94	51	韩茂福	男	90
38	黄丽君	女	93	21	杨春荣	男	96	52	代本祥	男	93
39	张秀贞	女	90	22	杨菊芬	女	92	53	陆凤英	女	92
40	刘润芝	女	94	23	许　鑫	男	91	54	赵永年	男	93
41	李　天	男	93	24	栗荣华	女	94	55	敖桂芬	女	90

续表

序号	姓　名	性别	年龄	序号	姓　名	性别	年龄	序号	姓　名	性别	年龄
56	黄淑芝	女	95	14	董云芝	女	94	45	纪学礼	男	91
57	李　才	男	95	15	张培兰	女	93	46	何光华	男	92
58	陆国英	女	90	16	杨桂芝	女	90	47	陈世萍	女	92
59	何兰英	女	90	17	张成英	女	93	48	李仕亮	男	93
60	陆国祥	男	96	18	张宝翠	女	98	49	任宝莲	女	93
61	李秀芝	女	90	19	李淑珍	女	98	50	姜桂芳	女	93
62	杨桂英	女	92	20	吴仁英	女	94	51	赵贵兴	男	90
63	何桂珍	女	90	21	刘存珍	女	98	52	周云美	女	97
64	任丽荣	女	93	22	春兰仙	女	93	53	张淑芝	女	92
65	非锡功	男	94	23	杨和英	女	93	54	李莲芝	女	96
66	张志芳	女	90	24	李映林	女	90	55	牛美英	女	96
67	杨杰明	男	91	25	杨　富	男	96	56	董应春	男	91
68	王艳蓉	女	91	26	樊莲英	女	96	57	董　琼	女	91
69	李　钧	男	90	27	代述志	男	93	**棕树营街道办事处（合计：94人）**			
70	李金国	男	92	28	金美芝	女	91	1	郑慧清	女	98
71	杨兰英	女	90	29	李吉英	女	92	2	罗惠芝	女	98
72	牛昌娣	女	94	30	王彩国	男	90	3	张桂珍	女	93
碧鸡街道办事处（合计：57人）				31	唐桂仙	女	90	4	吉觉新	女	95
1	王金翠	女	90	32	杨凤英	女	90	5	刘月娥	女	94
2	杨正兰	女	93	33	高树香	女	92	6	许美佳	男	93
3	夏如秀	女	95	34	张曼萍	女	90	7	陈子豪	女	91
4	董继芝	女	90	35	黄凤英	女	93	8	李淑珍	女	91
5	云书仙	女	91	36	陈伯膺	男	90	9	汤毓芳	女	91
6	段荣昌	男	92	37	魏云树	女	92	10	撒兴贵	男	91
7	张琼英	女	91	38	沈国珍	女	92	11	张时芬	女	91
8	杨如英	女	97	39	杨琼英	女	92	12	赵　钧	男	91
9	张玉莲	女	94	40	陈连福	男	94	13	陈秀英	女	90
10	李绍兰	女	90	41	许树仙	女	90	14	许静芬	女	90
11	杨琼英	女	96	42	贾宗正	男	90	15	王文才	男	90
12	苏琴英	女	90	43	姚秀英	女	91	16	唐桂仙	女	90
13	杨会英	女	97	44	金鸣俊	男	90	17	谭建平	男	90

续表

序号	姓　名	性别	年龄	序号	姓　名	性别	年龄	序号	姓　名	性别	年龄
18	王丽华	女	90	49	梅世仙	女	90	80	童兆鹏	男	91
19	谢　炜	男	96	50	徐丽华	女	90	81	邹萃芬	女	90
20	简惠英	女	94	51	胡　义	男	90	82	李树珍	女	94
21	邓凤英	女	92	52	侯组桂	男	90	83	雷衡芳	女	95
22	曹启文	男	91	53	段翠英	女	94	84	王顺临	女	96
23	孙寿英	女	91	54	杨连珍	女	92	85	向汝荣	男	91
24	杨玉珍	女	91	55	李兰仙	女	94	86	邓庆昌	男	91
25	李兰英	女	91	56	邱淑珍	女	94	87	胡同增	男	90
26	张玉英	女	90	57	刘道钊	男	90	88	潘荣房	男	94
27	侯　碧	女	90	58	陈宗年	男	94	89	陈洪瑞	男	94
28	马　富	男	93	59	张丽芬	女	94	90	王文龙	男	94
29	高尚珍	女	93	60	孙倩云	女	91	91	姚安瞬	男	92
30	李桂珍	女	90	61	雷桂英	女	98	92	彭守智	女	92
31	高尚珍	女	93	62	唐若英	女	91	93	罗桂媛	女	90
32	李桂珍	女	90	63	徐群芳	女	99	**西苑街道办事处（合计：55人）**			
33	吴秀珍	女	94	64	赵桂馥	女	93	1	易国珍	女	96
34	张得衢	男	93	65	吴兴华	男	93	2	毕光远	男	96
35	李钟英	女	92	66	李永康	男	92	3	陈桂芳	女	93
36	李钧春	男	91	67	黄芝亭	女	91	4	孙兰英	女	93
37	文定英	女	94	68	朱紫萌	男	92	5	周乃秋	女	93
38	李佩兰	女	93	69	吴美光	女	97	6	李桂英	女	93
39	关怀瑾	男	98	70	王凤英	女	94	7	肖雅琴	女	92
40	洪明忠	男	92	71	谢国发	男	93	8	周怀玉	男	92
41	何宏昌	男	92	72	李德斌	男	92	9	施树元	男	92
42	罗南菊	女	93	73	唐若英	女	91	10	杨万云	男	90
43	吴寿丰	男	91	74	陈忠槐	男	91	11	陈学寅	男	90
44	谢忠秉	男	91	75	王永林	男	90	12	李桂英	女	90
45	孔祥晶	男	94	76	牛慧君	女	94	13	张守华	女	90
46	陈秉仁	男	94	77	李宗彪	男	92	14	刘克强	男	90
47	余绍轩	男	91	78	刘正明	男	92	15	胡连贵	男	92
48	陈玉美	女	91	79	周培礼	男	90	16	赵美淑	女	91

续表

序号	姓　名	性别	年龄	序号	姓　名	性别	年龄	序号	姓　名	性别	年龄
17	李凤麟	女	91	48	杨世勋	男	95	23	张兴珍	女	94
18	张桂英	女	91	49	马惠仙	女	93	24	康　玉	男	91
19	马正昌	男	94	50	温以宽	男	92	25	毕福先	男	92
20	杨　云	女	90	51	马凤仙	女	90	26	毕福德	男	94
21	杨仕荣	男	94	52	杨连昇	男	90	27	邬翠莲	女	91
22	向彩虹	女	94	53	寇兰芬	女	95	28	李　翠	女	92
23	李节英	女	94	54	施瑶芝	女	98	29	胡　福	男	94
24	汪勇敏	女	94	55	孟世和	男	90	30	李翠英	女	91
25	殷忠发	男	93	**团结街道办事处（合计：44人）**				31	李桂兰	女	95
26	卢仲文	男	93	1	毕美兰	女	94	32	李翠喜	女	94
27	张如英	女	92	2	陈桂芝	女	92	33	矣新祥	男	92
28	杜秀英	女	92	3	韩　美	女	92	34	杨安顺	男	90
29	王仲英	女	92	4	李寸兴	女	95	35	李桂英	女	90
30	赵　耕	男	93	5	李德根	男	94	36	李祖云	女	90
31	普文靖	男	91	6	李富贵	男	92	37	苏任会	女	90
32	谢永才	男	91	7	李桂兰	女	94	38	毕美喜	女	90
33	王琼芝	女	91	8	李美芝	女	91	39	李三囡	女	90
34	沙有厚	男	91	9	李　桃	男	92	40	苏应树	男	90
35	蒋继秀	女	90	10	李秀英	女	93	41	苏李秀	女	91
36	蒋秀兰	女	90	11	李玉兰	女	93	42	杨家福	男	90
37	杨庆堂	男	99	12	李正发	男	96	43	张忠友	男	91
38	方惠如	女	93	13	陆维乾	男	91	44	陆维庆	女	90
39	杨翠英	女	92	14	能梅珍	女	92	**海口街道办事处（合计：183人）**			
40	李凤书	男	91	15	施仲科	男	93	1	李克英	男	92
41	李文英	女	91	16	王翠芝	女	96	2	李兰芳	女	93
42	马兴元	男	91	17	邬翠兰	女	93	3	纪　旺	男	93
43	王杨琼	女	91	18	邬明清	女	93	4	杨树芝	女	90
44	吴金文	男	90	19	熊正英	女	94	5	张成仙	女	90
45	杨义德	男	90	20	张秀英	女	93	6	张玉英	女	90
46	黄桂林	男	96	21	李忠英	男	91	7	彭莲英	女	90
47	柳学陶	女	96	22	毕怀桂	女	91	8	张继英	女	90

续表

序号	姓　名	性别	年龄	序号	姓　名	性别	年龄	序号	姓　名	性别	年龄
9	张文林	男	92	40	蒋翠英	女	91	71	王桂英	女	93
10	严桂珍	女	92	41	宋桂仙	女	91	72	李玉清	女	91
11	段凤英	女	92	42	杨竹英	女	90	73	杨寿仙	女	91
12	杨桂芬	女	94	43	李桂英	女	90	74	刘家忠	男	90
13	张彦光	男	93	44	金光平	男	94	75	邓玉珍	女	90
14	张桂英	女	91	45	瞿明熙	男	93	76	朱绍周	男	90
15	张云来	男	92	46	李范高	男	92	77	杨存英	女	92
16	张别芝	女	93	47	肖越辉	男	94	78	顾如英	女	93
17	谭汝才	男	93	48	李惠英	女	92	79	杨秀珍	女	95
18	刘加有	男	90	49	杨惠侬	女	91	80	马桂花	女	92
19	胡开友	男	91	50	苏其刚	男	93	81	李琼英	女	94
20	邹桂仙	女	90	51	梁琼仙	女	95	82	马桂英	女	90
21	程文英	女	90	52	范如光	男	93	83	马学英	女	90
22	何汉卿	男	90	53	刘敏达	男	96	84	李凤英	女	90
23	康秀英	女	91	54	廖安辉	男	95	85	王勤书	男	95
24	非占清	男	92	55	王　芸	女	92	86	王炳忠	男	94
25	陈　云	男	91	56	刘伟鹏	男	92	87	郑小留	男	93
26	李长生	男	91	57	陈锦辉	男	91	88	马凤彩	女	93
27	高凤仙	女	90	58	李克谦	男	97	89	蔡发新	男	91
28	杨小英	女	90	59	杨　渊	男	95	90	陈燮堂	男	92
29	赵家祥	男	93	60	张尚质	男	93	91	黄楚元	男	98
30	安凤英	女	92	61	张力中	男	95	92	李振德	男	93
31	黎幕贞	男	91	62	赵泽生	男	93	93	孔玉珍	女	93
32	谭宝琴	男	91	63	杨凤英	女	91	94	高　文	男	94
33	王仲康	男	91	64	许凤英	女	93	95	张桂英	女	91
34	刘桂仙	女	90	65	璩连英	女	93	96	龚玉芝	女	93
35	张秀华	女	90	66	蔡桂英	女	92	97	马焕英	女	92
36	赵美英	女	93	67	李寿安	男	92	98	吴元芳	男	92
37	李兰英	女	91	68	谢　坤	男	93	99	李国樑	男	92
38	张桂英	女	92	69	马存英	女	93	100	万竹仙	女	96
39	杨绍英	女	93	70	计秀英	女	93	101	郭来香	女	95

续表

序号	姓　名	性别	年龄	序号	姓　名	性别	年龄	序号	姓　名	性别	年龄
102	马照明	男	92	131	王美芝	女	95	160	李桂珍	女	91
103	陈玉清	男	94	132	董桂珍	女	92	161	杨德义	男	94
104	马兆留	男	91	133	刘中平	男	94	162	高桂华	男	91
105	王志林	男	98	134	胡凤英	女	97	163	李文保	男	90
106	肖开有	男	94	135	杨兴贵	男	92	164	李　荣	男	91
107	赵兰英	女	91	136	谢纬汉	男	91	165	李福义	男	92
108	吴秀珍	女	93	137	李月英	女	95	166	毕学周	男	91
109	郝菊英	女	92	138	耿云王	男	91	167	赵桂英	女	90
110	罗谷成	男	96	139	王金娣	女	91	168	李国保	男	90
111	张翠英	女	93	140	栾左兰	女	92	169	董存玉	女	90
112	潘小伯	男	91	141	王彩英	女	93	170	何秀芬	女	90
113	沈凤仙	女	90	142	王月英	女	93	171	李敏英	女	90
114	王　彩	女	90	143	栾玉珍	女	95	172	蒋桂仙	女	90
115	杨培业	男	90	144	李美英	女	91	173	杨少先	男	90
116	蒋文双	男	90	145	李玉英	女	96	174	杨翠英	女	90
117	毕凤英	女	90	146	姜小存	女	90	175	尹格拉	女	90
118	罗保竹	女	90	147	杨正翠	女	91	176	徐春学	男	90
119	覃凤仙	女	90	148	杨美莲	女	91	177	张惠英	女	90
120	尹向才	男	90	149	杨彩仙	女	96	178	陈桂英	女	91
121	杨学芝	女	90	150	陆文仙	女	94	179	张守英	女	90
122	陈桂英	女	90	151	杨桂美	女	91	180	何桂珍	女	95
123	姚正本	男	90	152	李　良	男	91	181	程惠英	女	93
124	马如骏	男	90	153	杨莲英	女	90	182	展从义	男	91
125	倪桂英	女	94	154	陈桂英	女	90	183	李竹仙	女	90
126	薛琼英	女	92	155	杨会珍	女	90	西山风景区管委会（合计：2人）			
127	邓竹英	女	90	156	窦丽珍	女	90	1	杨琼珍	女	91
128	赵桂芝	女	92	157	高天盛	男	91	2	朱桂英	女	91
129	孔令发	男	91	158	王兰英	女	94				
130	杨　成	男	92	159	陈自仙	女	91				

附 录

编辑 罗桂莲

文件·报告

西山区2014年国民经济和社会发展计划执行情况与2015年国民经济和社会发展计划草案的报告

——2015年1月15日在西山区第十五届人民代表大会第三次会议上

西山区发展和改革局局长 万 方

各位代表：

受区人民政府委托，现将昆明市西山区2014年国民经济和社会发展计划执行情况与2015年国民经济和社会发展计划草案的报告提请区十五届人大三次会议审查，并请区政协委员和列席人员提出意见。

一、2014年国民经济和社会发展计划执行情况

2014年，全区经济在新常态下平稳运行，民生保障不断加强，社会事业全面进步。初步预计，全区实现地区生产总值458亿元，增长10.1%；地方公共财政预算收入完成34.6亿元，增长6.4%；区域规模以上固定资产投资完成474亿元，增长18.3%；社会消费品零售总额完成413亿元，增长12.6%；万元地区生产总值能耗下降4%；城镇常住居民人均可支配收入达3.12万元，农村常住居民人均可支配收入达1.48万元，分别增长11%和13%；城镇登记失业率控制在2.5%以内；人口自然增长率4.8‰。

（一）突出经济结构调整，产业结构更优化

坚持把产业结构优化转型升级作为产业发展的重点，产业结构进一步优化，三次产业比由上年末的0.8：26.9：72.3调整为0.7：26.2：73.1。一是现代服务业提质增效。万达广场、红星国际爱琴海购物公园顺利开业，万达文华、中石油阳光五星级酒店投入运营；昆钢科技大厦、云投中心等重点项目顺利推进；金马碧鸡特色文化旅游商业街区启动建设；总部企业新增4家；商务楼宇面积新增42.1万平方米；15家实力文化企业入驻大观文化创意产业示范基地，文化产业增加值达218亿元。全区第三产业预计实现增加值334亿元，增长10.5%。二是第二产业转型加速。新增规模以上工业企业5户，亿元以上工业项目4个竣工投产、4个开工建设；建筑产业发展迅速，在库建筑企业新增57家。全区预计实现规模以上工业增加值42亿元，增长11.5%，规模以上工业企业主营业务收入完成107.9亿元，规模以上工业固定资产投资预计完成30.2亿元。三是高原农业特色突出。全区粮食作物播种面积3052.1公顷，预计实现粮食总产量1.88万吨；完成花卉、园艺种植面积980公顷；蔬菜种植面积1848.93公顷；四季特色瓜果园区建设初见成效；香草芳林都市农庄基本建成，好宝有机都市农庄获得都市农庄权益证书。农业龙头企业达50家，实现产值65亿元，带动区内外农户11.65万户。第一产业预

计实现增加值3.7亿元，增长4%。

（二）突出承载平台建设，园区发展更强劲

海口工业园区建设速度不断加快，完成基础设施投资4.82亿元，中滩街、海川路、典赤路改造工程主体完工，园区道路体系逐步完善；成功签约昆玻异地搬迁技改项目、中烟异地技改、改装客车升级改造等5个项目；公租房项目封顶断水；光学片区建设逐步启动。团结生物医药食品加工园区正港农牧、荣强饲料等6家企业建成投产，实现产值1.5亿元。长坡国际物流园区抢抓“园处合一”机遇，完成土地征收142.33公顷；成功签约云南省烟草公司昆明市公司、云南港鑫实业有限公司、云南兴长江实业有限公司、云南家居家具有限公司、云南天宇现代置业有限公司等5个项目；安置房项目有序推进。西山风景区紧紧围绕建设世界知名旅游城市的目标，景区软硬件环境不断优化，管理服务水平不断提升，5A级景区创建通过省、市旅游局评审。金融产业园区不断完善工作机制，完成土地及房屋征收43户约16万平方米；成功吸引了蓝光昆仑中心等重点项目落户园区。

（三）突出政府服务水平，发展环境更优质

坚持区级领导联系服务重点企业制度，着力解决企业发展、项目推进难题。出台西山区加快产业转型升级促进经济平稳较快发展实施意见，切实做到稳增长、调结构、促转型、惠民生。坚持引资与引智并举，不断创新招商方式、搭建招商平台，吸引了75个内资项目入驻西山区，实际到位市外资金103.7亿元；引进外资项目5个，实际利用外资8899.7万美元。进一步放宽注册资本条件，精简工商登记前置审批项目，新登记企业同比增长56.6%，非公经济实现增加值238亿元，增长9.5%。

（四）突出基础设施建设，城乡发展更协调

一是城乡道路建设全面推进。16条6.3千米城市道路建成通车；8个自然村进村道路硬化、改扩建工程全面完成。二是城中村改造不断深入。33个片区56个城中村改造继续推进，13个片区8268套98.9万平方米回迁安置房交付使用；草海片区45、46号地块共35栋安置房封顶断水，37号地块安置房启动建设；滇池西岸片区完成土地移交147.33公顷。三是农村基础设施不断完善。团结民族风情小镇建设不断加快，1.9公顷商业街工程启动建设；2个新农村省级重点建设村、1个市级“美丽乡村”建设和6个区级“美丽乡村”试点村建设完成。

（五）突出环境综合整治，生态环境更优美

生态环境不断改善。清水河、金家河等3条水系支流15.2千米河道整治、海口河水环境综合整治、老运粮河清淤工程、海口工业园区污水并网全面完成，团结集镇污水收集处理工程启动建设；完成石漠化年度综合治理工程；创森工作得到巩固提升；城市绿地新增165.4公顷；空气质量优良天数达343天，优良率为95.8%；污染减排目标任务全面完成，城市治理卓有成效，“城乡清洁工程”建设不断深入，环境状况明显改善；集中整治重点、难点区域130余个；新建、改扩建公厕15座，新建垃圾中转站2座，垃圾清运率和垃圾无害化处理率均达100%。

（六）突出社会民生为本，社会发展更和谐

一是社会保障覆盖面不断扩大，保障水平不断提高。实现城乡基本医疗保险全覆盖，基本医疗保险参保41.58万人；城乡居民社会养老保险参保8.43万人，城镇职工基本养老保险参保14.73万人；提供有效就业岗位2.3万个，开发公益性岗位583个，小额担保贷款扶持创业220人；建成各类安置房73.5万平方米，交付使用4055套42.4万平方米。二是教育事业不断进步，教育均等化水平不断提升。学前教育毛入园率达100.02%，义务教育入学率和巩固率达99%以上，高中阶段毛入学率达98%以上，2014年高考上线率达98.1%；完成17所学校4.7万平方米校舍改造。三是医疗卫生改革不断深化。国家基本药物制度实施范围不断扩大，基本药物制度覆盖率达100%；昆明三博脑科医院正式营业，碧鸡医院建设项目推进顺利；民营医院新增3家，个体医疗机构新增10家。四是文旅体事业协同发展。实现旅游收入100.8亿元；建成全市首个非物质文化遗产产学研实训基地，首个社区图书馆；完成10个街道办事处11条室外健身路径安装工作和7个农民体育健身项目的储备工作，成功举办了首届“西山区团结高原山地自行车公路邀请赛”；完成船房、中平等25个社区文化室改扩建。五是科技创新成果丰硕。2014～2016年国家知识产权强县试点县（区）申报成功；加大科技型企业培育力度，投入科技研发资金5373.8万元，实施区级科技项目146项；云南省光谷光机电科技孵化器培育成效显著，入孵企业从去年的12家增加到26家。六是社会和谐稳定局面得到巩固。构建了独具西山特色的“九网一体系”立体防控格局，破获各类刑事案件6614起；切实加强和改进反恐怖工作，圆满完成“3·01”严重暴力恐怖事件善后处置工作；化解社会矛盾纠纷工作机制不断完善。

二、重点项目推进情况

西山区2014年计划实施的新（续）建财政性投资建设项目共82项，计划总投资128.2亿元，2014年计划投资35.95亿元，2014年到位资金25.3亿元，占年度计划投资的70%；2014年完成投资24.19亿元，占年度计划投资的67%。七大类建设项目完成投资占年度计划投资百分比排序为：社会公共事业及民生项目完成98%、“美丽乡村”建设项目完成100%、园区基础设施建设项目完成99.9%、农林水建设项目完成76.6%、生态环境建设项目完成58.2%、道路建设项目完成43.6%。

三、当前全区经济社会发展中的困难和问题

在经济持续下行，宏观形势严峻复杂情况下，2014年全区经济社会发展保持了经济平稳运行与社会和谐稳定的局面，但发展中存在的一些困难和问题需引起高度重视。一是宏观经济形势依然严峻，结构性矛盾短期内无法解决，经济发展中的不确定因素不断增多，高度依赖投资需求的状况将持续存在。二是经济总量不大，增长动力不足。目前全区产业层次还不高，质量尚不优，工业、投资、消费增长乏力，规模以上工业企业由年初66户下降为60户，建设项目年度完成投资比上年下降11.86%，40%左右餐饮企业营业额负增长。三是受土地、资金和信贷政策趋紧等因素影响，重点项目建设推进难度进一步加大。四是按照在全市率先实现小康的目标及广大群众期盼要求，全区目前的社会保障体系还有待完善，社会公共服务和社会治理工作还需不断加强。

四、2015年国民经济和社会发展主要目标任务

2015年，是“十二五”规划实施的收官之年，我们要以党的十八届三中、四中全会，习近平总书记系列重要讲话，中央、省和市经济工作会精神为指导，深入贯彻落实省委九届九次全会和市委、区委十届六次全会精神，主动适应经济发展新常态，以建设国际化商务中心和山水园林新城区为目标，以改革创新为强大动力，加快产业结构转型升级，更加注重民生改善，促进经济持续健康发展和社会和谐稳定。

2015年全区国民经济和社会发展主要预期目标建议为：地区生产总值增长9%左右；地方公共财政预算收入增长6.5%；规模以上固定资产投资增长14%；社会消费品零售总额增长11%；城镇常住居民人均可支配收入增长9%以上；农村常住居民人均可支配收入增长10%以上；万元地区生产总值能耗下降2%；城镇登记失业率控制在4%以内；人口自然增长率控制在6‰以内。

围绕上述目标任务，2015年应着力抓好以下工作：

（一）加快产业转型升级，积极培育经济新增长点

主动应对经济发展新常态，积极采用新思维、新方式，加快推进“1662”产业的培育提升，进一步加强载体建设，坚持改造提升传统产业，大力培育壮大新兴产业，加快产业结构调整和集群集聚发展，不断提升发展质量和效益，推动经济发展提质增效升级。

强化第三产业的优势地位。以“310”项目为重点，继续推进万达广场、润城、广福城、云投中心、马街摩尔城、百集龙等城市综合体项目实施，加速实现国际化商务中心建设目标。大力发展金融服务业，依托泛亚金融产业中心园区，引进国内外银行、保险、证券、基金等金融机构，力争昆明市房地产交易中心、土地交易中心、公积金中心落户金融产业园区；人民银行昆明中心支行电子银行结算中心、中国银行云南省分行、农业发展银行云南省分行入驻园区；加快建设区域性跨境人民币金融服务中心。以长坡国际物流园区为中心，加快推动现代物流业发展，构建辐射全国以及东南亚物流格局，启动港鑫汽车城项目一期、云南家居家具文化商业中心等项目建设。加快现代旅游业发展，挖掘非物质文化遗产、传统民族文化底蕴、区域历史文化等资源，大力发展文化旅游产品，提升西山区“山—水—人—城”的文化内涵，加快推进玉兰园提升改造、西山风景名胜区景前区“茶马花街”等项目建设。

加快形成第二产业转型突破。抓住昆明市调整优化工业产业布局契机，坚持优化存量与做大增量并重、传统产业与新兴产业发展并重，围绕“一园两片”“一园三板块”空间发展布局，搭建产业集群发展平台；加快传统工业转型升级，依托云天化、云磷集团、三环化工、西仪股份等龙头企业，积极引进与磷产业共生发展的工业产业，努力构建从光电子材料到器件、整机、系统和配套加工装备的全产业链；做强做优工业园区，采用“定制招商”的引资模式，引入科技含量高、经济效益好、资源消耗低、环境污染少、人力资源优势得到充分发挥的工业项目，提高园区土地集约利用水平，提升海口工业园区发展平台；强化园区配套服务支撑，积极打造新型工业化城市片区，加快推进昆明海口工业园区2号路北延线（一标段）及截污干管工程、昆明海口工业园区光学片区3号和5号路、海口铁路专用线及成品油库等项目建设。积极发展生物医药食品加工业，按照团结片区定位，依托理想集团、明镜药业、保元堂制药等龙头企业，积极培育产业集群，把西山区打造成为昆明生物医药发展的特色重点区域。

发展高原特色都市型现代农业。大力发展专业大户、农业庄园、农民专业合作社等新型农业经营主体，确保全区专业合作组织达30个以上，带动农户增收1500万元以上；新增省、市农业龙头企业3家，实现第一产业增加值增速2%。提升农产品附加值，依托龙头企业，加强优势农产品原料基地建设。重点发展畜禽、果蔬、中药材、经济作物等高附加值的农产品精深加工企业；延伸农业产业链，依托滇池、西山、棋盘山、卧云山等风景名胜区，大力发展集都市型高原特色现代农业和旅游为一体的休闲体验型果园、生态菜地、生态养殖场，推动农业生产向生态化、园林式、观光型的都市型高原特色现代农业转变。

（二）协调发展社会事业，更好地保障和改善民生

加大民生投入，围绕教育、卫生、环境等重点领域，2015年计划投资14.04亿元，实施43项民生工程，着力保障和改善民生，增强经济发展的内生活力和动力。一是扎实推进教育事业发展。坚持改革创新，促进教育公平，提高教育质量，激发教育活力，最大限度提高优质教育资源覆盖面，促进全区教育优质均衡发展，确保学前教育毛入园率达100%、户籍适龄儿童入园率达90%；依托“增量扩优”计划，缩小城乡义务教育差距；加快实施西山一中、明朗中心学校等11所学校排危新建工程；完成20号片区、24号片区配套学校建设，推进22号片区配套学校建设。二是持续提升医疗卫生水平。加强基层医疗卫生服务机构建设和人才培养力度，转变服务模式，着力提升医疗技术水平和基础服务能力，新增医疗机构10家。三是加强公共文化、体育服务能力。继续推进特色文化社区建设，探索公共文化服务模式，以滇池博物馆为平台，推进文博事业服务大众；加强体育基础设施建设，提升竞技体育水平，举办全民健身活动和赛事，提高全社会对体育事业的关注程度和参与热情。四是做好就业和社会保障工作。坚持实施积极就业政策，多渠道开发就业岗位，统筹做好农村转移劳动力、城镇就业困难人员、退役军人等重点群体就业工作，提供有效就业岗位2万个以上，城镇新增就业1.7万人以上，城镇登记失业率控制在4%以内；建设覆盖城乡的社会保障体系，力争全区城镇“五险”参保率达95%以上，基本医疗保险参保覆盖率达到95%以上；建立以居家为基础、社区为依托、机构为支撑的社会养老服务体系，新增居家养老服务中心3个；继续推进保障性住房和安置房建设，全力推进18、21、22号片区回迁安置房工程收尾和分房工作，完成8号、26号片区回迁安置房规划方案报批工作并启动建设。五是完善安全体系。健全各级安全责任机制，继续加强以食品、药品为主的公共安全产品监管，实现安全生产监督百分之百覆盖。六是进一步推进平安建设。以“零发案”网格创建工作为切入点，进一步加强社区网格人防、物防和技防网建设，深入推进立体化社会治安防控体系建设；进一步建立健全情报信息收集交流综合运用机制、反恐维稳应急防控长效机制、重点场所阵地常态管控机制、反恐防恐宣传发动长效机制，力争做到“止于未发”；减轻完善矛盾纠纷预防和化解机制，不断畅通群众诉求表达渠道，引导群众依法有序表达诉求，全面维护社会和谐稳定。

（三）加强生态文明建设，坚持绿色低碳发展

一是发展绿色低碳经济。充分发挥省级生态区品牌优势，积极完成创建国家生态园林城市建设任务，大力推行绿色公共交通出行，推动建设绿色科技住宅，全力打造绿色低碳城区。二是大力推动节能减排。全面推广清洁生产，完善环保倒逼机制，严格限制重污染企业项目落地，加快淘汰转型低端落后产能；扩大监测范围，确保全区工业经济快速增长的同时，形成低投入、低能耗、低排放，高产出、能循环、可持续的发展方式，确保万元地区生产总值能耗下降2%。三是狠抓环境治理和生态建设。进一步加强河道沿岸综合治理，完成污水处理厂主体工程建设，同步完善项目截污管网建设，继续推进清水河、杨家河、太家河截污及水环境治理项目，继续实施金家河水系、新运粮河支流水环境综合整治工程；加强林业生态建设，巩固创森成果，实施石漠化综合治理、“五采区”植被修复及低效林改造等林业生态工程，新增造林500公顷以上。

（四）提高城市管理服务水平，促进城乡统筹发展

不断强化城市管理。突出以人为本思想，全面做好城市精细化、规范化管理工作；以“抓脏治乱解堵”为工作重点，继续深入开展“城乡清洁工程”；坚持堵疏结合，加大对占道经营、店外经营的整治力度；认真抓好环境卫生管理，确保城镇垃圾无害化处理率100%；严格按照“七个百分百”的要求，设置“三池一设备”，强化建筑工地及渣土运输管理，依法查处违法建设行为，确保完成“拆临拆违”三年行动计划。

加快城乡建设步伐。全力推进城中村改造，加快22个片区230万平方米征地拆迁和收尾工作；完成螺蛳湾项目A3-1地块、润城项目二期第二批次等7个地块约33.33公顷净用地土地组件上报工作；加快推进云投中心二期、共信国际等在建项目建设，完成团结风情小镇商业街建设；建成西坝路、西福路等16条9.4千米城市道路，完成砚台小组等4条农村道路路面硬化及大修工程；积极开展防火工作，坚决做到“三个确保”和“三个力争”，新建森林防火通道20千米，森林防火专用水窖20个；实施农村太阳能热水器推广安装900套，推广成品节柴灶2000眼，新建农村户用沼气池50口；巩固提升团结、海口、碧鸡街道办事处国家级生态乡镇示范作用，全面实施10个“美丽乡村”建设。

（五）全面深化改革开放，激发经济发展新活力

深入推进各项改革。深化行政审批制度改革，做好省、市审批权限下放承接工作，进一步优化审批流程，推进行政审批项目集中化、规范化、标准化管理；积极探索政府购买社会服务制度，推进政府向社会组织转移职能和购买服务，扩大社会组织在社会管理服务方面的参与度；大力发展民营经济，鼓励民营及社会资本进入基础设施及公益性投资领域；继续推进区级公立医院综合改革试点工作，实施乡村医生人事制度改革，建立乡村医生合理的准入和退出机制；继续推进公务用车制度改革工作；启动供

销社综合改革试点工作，构建农村产权交易服务体系，健全农业支持保护制度；推进文化体制机制创新，推动政府部门由办文化向管文化转变，鼓励社会力量、社会资本参与公共文化服务体系建设。

提升开放型经济水平。抓住国家实施“一带一路”战略和沿边政策带来的发展机遇，加大同周边区域和周边国家的贸易往来，形成全方位开放新格局。一是提高招商引资成效。将招商引资与培育新的经济增长点、调整产业结构紧密结合，着力增强发展后劲。推动海口工业园区、长坡国际物流园区、团结生物医药食品加工园区向规模化、集约化、高端化、专业化、特色化发展，搭建园区建设平台；依托“十大中央商务区”引进一批税收回报多、支撑作用大的现代商贸项目，推动服务业向规模化、高端化、专业化、国际化发展；以“十大总部”建设为重点，引进国内外大型企业设立区域总部，鼓励现代服务业、先进制造业、高新技术产业和优势传统产业等企业落户西山，促进西山区总部聚集发展；加快拆迁和土地交易步伐，加快推进云内动力集团有限公司“玻璃深加工项目”和“新能源客车项目”，云南中烟再造烟叶有限公司“易地技改项目”等项目尽快落地。二是积极实施“走出去”战略。完善对外投资支撑服务体系，扩大企业及个人对外投资，支持有条件的企业开展并购投资、证券投资和联合投资，扩大投资合作空间。

（六）加强规划编制，共绘“十三五”发展蓝图

“十三五”时期是全区全面建成小康社会的关键时期，是全面深化改革在重要领域和关键环节取得决定性成果的攻坚时期，也是转变经济发展方式取得实质性进展的战略机遇期。2015年，在扎实推进“十二五”规划实施后期工作，确保完成规划主要目标任务的同时，立足西山区情，紧扣民生、着眼发展、突出改革，科学谋划西山区“十三五”发展，突出重点任务、重点领域、重大工程，准确定位未来5年西山区经济社会发展和目标，推动经济和社会可持续发展。

五、2015年重大项目建设计划

2015年计划实施财政性投资项目83项，以农业、道路交通、社会公共事业及民生保障、“美丽乡村”建设、生态环保、园区基础设施建设为重点，年度计划投资23.68亿元。农业基础设施方面：加大以农田水利为重点的农村基础设施建设力度，加快推进明朗、杨梅山等水库水源工程建设；完成团结棋台河取水抗旱应急工程、石漠化综合治理年度建设项目和森林防火基础设施建设。道路建设方面：加快道路基础设施建设，全面推进西坝路、海埂路等22条道路建设。社会公共事业及民生方面：继续推进2013年保障性住房、海口工业园区基础配套公租房、长坡物流园区安置房建设；完成粮食储备中心库改扩建；加快推进育红小学、昆湖小学等排危工程。“美丽乡村”建设方面：做好西山区2015年“美丽乡村”建设项目。生态环保方面：推进滇池西岸中段村庄农村环境连片综合整治；完成章白、新邑苗木基地建设和南连接线高速公路综合整治；提升盘龙江（西山区）示范段景观。园区基础设施方面：加快完善园区配套设施建设，继续推进海口工业园区2号（北延线一标段）、3号、5号（部分）道路建设；同时完成7号（北延线）、9号道路供水管和2号路北延线（一标段）截污干管工程建设。抓紧启动一批重大项目前期工作，重点推进11项项目前期工作，其中农林水建设项目2项；社会公共事业及民生项目9项。

各位代表，过去一年全区经济社会平稳发展，新的一年任务艰巨、责任重大，我们将在区委坚强领导下，在区人大及其常委会的法律监督、工作监督和区政协的民主监督下，勇于创新、扎实工作，加快建设国际化商务中心和山水园林新城区！

昆明市西山区2015年财政性投资建设项目计划表

单位：万元

序号	项目名称	责任单位	项目性质	建设内容及规模	计划总投资	项目开工以来累计到位资金	项目开工以来累计完成投资	2015年计划投资	2015年各级配套资金计划情况				
									中央补助	省级补助	市级补助	区级资金	
												区级配套资金	其他
一、农林水建设项目（共14个项目，2015年计划投资24422万元）													
1	西山区明朗水库加固扩建续建工程	区水务局	续建	完成附属工程建设	26293		12510	14428		525	5403	8500	
2	新建杨梅山水库工程	区水务局	续建	主体工程完成80%	6017		3274	1500				1500	

续表

序号	项目名称	责任单位	项目性质	建设内容及规模	计划总投资	项目开工以来累计到位资金	项目开工以来累计完成投资	2015年计划投资	2015年各级配套资金计划情况				
									中央补助	省级补助	市级补助	区级资金	
												区级配套资金	其他
3	老运粮河（下）段西山区段水环境综合整治工程	区水务局	续建	完成建设（管护2年）	1054			601				601	
4	清水河、杨家河、太家河截污及水环境治理	区水务局	续建	与片区改造同步推进	16500		5304	300					300
5	西边小河、卖菜沟、小沙沟、大沙沟、郑和路沟、扁担沟水环境综合治理工程	区水务局	续建	与片区改造同步推进	30272		8192	500					500
6	金家河水系截污及水环境综合整治工程	区水务局	续建	与片区改造同步推进	35833		17824	600					600
7	西山区大墨雨水库除险加固工程	区水务局	新开工	完成主体工程	222			222				222	
8	西山区里母高除险加固工程	区水务局	79%	完成主体工程	215	110		215			90	125	
9	西山区陡嘴水库	区水务局	前期	总库容133.8万立方米	5098								
10	西山区牛鼻村水库	区水务局	前期	总库容100.5万立方米	4608								
11	螺投片区内采莲河改造项目	区水务局	79%	河道改造1100米	1739			1739					1739
12	团结棋台河取水抗旱应急工程	区兴禹水资源开发有限公司	续建	完成项目建设手续，项目供水运营	6300			3300					3300
13	森林防火基础设施建设	区农林局	新开工	建设20公里森林防火通道及20个森林防火水窖	140			140				140	
14	西山区石漠化综合治理工程	区农林局区水务局	续建	人工造林4872亩，封山育林3.03万亩，新建排洪沟4.39千米、排灌渠4.75千米	3455			877	700	88	19	70	
		小计			137747	110	47104	24422	700	613	5512	11158	6439
二、道路建设项目（共22个项目，2015年计划投资64035万元）													
1	西坝路改扩建工程	区城管局	续建	建成通车	112372		92667	5999				5999	
2	西福路延长线南段建设	区住建局	续建	在拆迁完成的情况下，争取建成通车	11957		2883	2123				2123	
3	西山390号路	白沙地土地一级开发指挥部	新开工	完成前期工作，建成通车	6000			6000					6000
4	西山391号路	白沙地土地一级开发指挥部	新开工	完成前期工作，建成通车	2725			2725					2725

续表

序号	项目名称	责任单位	项目性质	建设内容及规模	计划总投资	项目开工以来累计到位资金	项目开工以来累计完成投资	2015年计划投资	2015年各级配套资金计划情况				
									中央补助	省级补助	市级补助	区级资金	
												区级配套资金	其他
5	西山392号路	白沙地土地一级开发指挥部	新开工	完成前期工作，建成通车	2229			2229					2229
6	西山393号路	白沙地土地一级开发指挥部	新开工	完成前期工作，建成通车	4749			4749					4749
7	西山360号路	区道路指挥部	新开工	完成前期工作，启动建设，于2016年建成通车	3183			3183					3183
8	西山361号路	区道路指挥部	新开工	完成前期工作，建成通车	2208			2208					2208
9	海埂路（西山171号路）	区水务局	新开工	完成前期工作，启动建设，于2016年建成通车	12113			12113					12113
10	昆明市西山区益宁路下穿成昆铁北段建设工程（春雨路至成昆铁段）	区道路指挥部	新开工	完成前期工作，启动建设，于2016年建成通车	14963			6988				6988	
11	昆明市西山区大渔路下穿成昆铁北段建设工程（春雨路至成昆铁段）	区道路指挥部	新开工	完成前期工作，启动建设，于2016年建成通车	6752			6752				6752	
12	昆明市西山区西山区1号规划路下穿成昆铁北段建设工程（春雨路至成昆铁段）	区道路指挥部	新开工	完成前期工作，启动建设，于2016年建成通车	9121			4540				4540	
13	西山95号路中段（螺投片区）	区道路指挥部	新开工	长91米,红线宽15米的道路建设（含道路、排水、交通、照明、绿化等）	180			180					180
14	西山181号路中段（螺投片区）	区道路指挥部	新开工	长91米,红线宽20米的道路建设（含道路、排水、交通、照明、绿化等）	201			201					201
15	西山180号路南段（螺投片区）	区道路指挥部	新开工	起于181号路，止于采莲路。长521米（其中永明路-采莲路276米计入半幅，含与永明路相交十字路口）红线宽20米的道路建设（含道路、排水、交通、照明、绿化等）	972			972					972

续表

序号	项目名称	责任单位	项目性质	建设内容及规模	计划总投资	项目开工以来累计到位资金	项目开工以来累计完成投资	2015年计划投资	2015年各级配套资金计划情况				
									中央补助	省级补助	市级补助	区级资金	
												区级配套资金	其他
16	永明路东段（螺投片区）	区道路指挥部	新开工	长255米（其中58米计入半幅）、红线宽25米的道路建设（含道路、排水、交通、照明、绿化等）	572			572					572
17	采莲路东段（螺投片区）	区道路指挥部	新开工	长116米（半幅计入）、红线宽20米的道路建设（含道路、排水、交通、照明、绿化等）	152			152					152
18	妥睦线K2+350–砚台	区交通运输局	新开工	2015年建成通车	740			740				740	
19	大妥排线	区交通运输局	新开工	2015年建成通车	350			350				350	
20	车和公路K9+200–K13+000大修工程	区交通运输局	新开工	2015年建成通车	750			750				750	
21	西山区2015年农村公路路网结构改造（交通安保）工程	区交通运输局	新开工	2015年建成通车	190			190				190	
22	云峰加油站—西山钢铁厂公路大修工程	区交通运输局	新开工	2015年建成通车	320			320				320	
		小计			192798		95550	64035				28752	35283

三、社会公共事业及民生项目（共37个项目，2015年计划投资134999万元）

序号	项目名称	责任单位	项目性质	建设内容及规模	计划总投资	项目开工以来累计到位资金	项目开工以来累计完成投资	2015年计划投资	中央补助	省级补助	市级补助	区级配套资金	其他
1	昆明市西山区2013年保障性住房建设项目	西山区城改置地发展有限公司	续建	2015年竣工验收	35554		10630	21333				5000	16333
2	昆明海口工业园区基础配套公租房建设项目	海口工业园区管委会	续建	主体工程收尾，并实施绿化、景观、电梯安装等工程	43749		28355	10000				3800	6200
3	西山区综合福利院及民政配套设施项目	区民政局	续建	完成工程进度50%	4929		0	3000				3000	
4	昆明长坡物流园区安置房建设项目	长坡园区管委会	续建	A2、A3地块竣工、A1地块开工	45929		33771	17351				0	17351
5	西山区粮食储备中心库改扩建项目	区粮食局	续建	完工	9835		4500	5335				5335	
6	西山公安业务技术办公用房项目	区公安分局	续建	完成装修、绿化等配套设施工程	11900		2000	4000	1600	572		1828	
7	2014年新建垃圾中转站1座（西山区城中村51号片区A1地块垃圾中转站）	区城管综执局	续建	建设竣工并投入使用	261		60	261			60	201	
8	2014年新建公厕5座	区城管综执局	续建	建设竣工并投入使用	200		80	200			100	100	

续表

序号	项目名称	责任单位	项目性质	建设内容及规模	计划总投资	项目开工以来累计到位资金	项目开工以来累计完成投资	2015年计划投资	2015年各级配套资金计划情况				
									中央补助	省级补助	市级补助	区级资金	
												区级配套资金	其他
9	2014年提升改造公厕6座	区城管综执局	续建	建设竣工并投入使用	120		115	120			60	60	
10	昆明市西山区近华浦路及春苑小区道路照明提升整治工程	区城管综执局	新开工	2015年完成该项工程	536	300		236				236	
11	海口特大桥景观亮化工程	区城管综执局	新开工	2015年完成该项工程	589	200		389				389	
12	2015年新建垃圾中转站1座（山海城邦A5地块G3垃圾中转站）	区城管综执局	新开工	建设竣工并投入使用	120			120			60	60	
13	2015年提升改造公厕6座	区城管综执局	新开工	建设竣工并投入使用	120			120			60	60	
14	2015年新建2座公厕	区城管综执局	新开工	建设竣工并投入使用	120			120			40	80	
15	育红小学教学楼排危新建	区教育局	续建	2015年3月份完工	1227		334	277	277				
16	昆湖小学排危新建	区教育局	续建	2015年3月份完工	1328		450	458		458			
17	云光中学排危新建	区教育局	新开工	2015年完工	5931			4745	875		481	3389	
18	西一中强基提质暨排危改造一期	区教育局	新开工	2015年完工	3180			2544	115	86	63	2280	
19	依兰中心学校排危新建	区教育局	新开工	2015年完工	2578			2062	333		183	1546	
20	昆明市第三幼儿园排危新建	区教育局	新开工	2015年完工	1102			882				882	
21	明朗中心学校整体搬迁重建	区教育局	新开工	2015年完工	5841	1300	1300	4673		600		4073	
22	建磷中心学校海磷分校排危新建	区教育局	新开工	2015年完工	1921			1537	244		134	1159	
23	城中村改造20号片区前卫中学新建	区教育局	新开工	2015年完工	16999			13599	390	3404	266		9539
24	城中村改造24号区红星美凯龙初中1所新建	区教育局	新开工	2015年完工	6699			5359				5359	
25	城中村改造20号片区二期红庙小学新建	区教育局	新开工	2015年完工	3848			3078				3078	
26	建磷中心学校建磷小学排危新建	区教育局	前期	完成前期手续	1861			20				20	
27	建磷中心学校化建分校排危新建	区教育局	前期	完成前期手续	4699			20				20	
28	马街中心学校春雨分校排危新建	区教育局	前期	完成前期手续	1594			20				20	
29	团结民族中学排危新建	区教育局	前期	完成前期手续	1686			20				20	
30	谷律民族中学排危新建	区教育局	前期	完成前期手续	1932			20				20	

续表

序号	项目名称	责任单位	项目性质	建设内容及规模	计划总投资	项目开工以来累计到位资金	项目开工以来累计完成投资	2015年计划投资	2015年各级配套资金计划情况				
									中央补助	省级补助	市级补助	区级资金	
												区级配套资金	其他
31	谷律中心学校朵亩分校排危新建	区教育局	前期	完成前期手续	1242			20				20	
32	永靖中心学校排危新建项目	区教育局	前期	完成前期手续	1131			20				20	
33	徐霞客中心学校排危新建	区教育局	前期	完成前期手续	2594			20				20	
34	城中村改造22号片区小学1所新建	区教育局	前期	完成前期手续	3852			20				20	
35	西山区（螺投片区）第14、15号片区A3-2号地块配套30班小学及附属工程建设项目	区教育局	前期	新建30班小学一所，学校总建筑面积8966.5平方米，完成可研、地勘、设计等前期手续，完成室外工程含道路硬化、运动场、化粪池、检查井、水、电及绿化景观等。	3713	3045		20				20	
36	西山区滇池湖滨生态带建设“四退三还一护”A地块一期安置房建设项目	区兴禹水资源开发有限公司	续建	上半年实现工程项目验收分房	15000			5000					5000
37	西山区滇池湖滨生态带建设“四退三还一护”及“迁村并点”B地块安置房建设项目（一期）	区兴禹水资源开发有限公司	续建	一期安置房建设项目二、三标段完成建设内容，四标段完成主体建设工作。	239841			28000				5000	23000
小计					483761	4845	81595	134999	3834	5120	1507	47115	77423

四、美丽乡村建设项目（共1个项目，2015年计划投资3800万元）

序号	项目名称	责任单位	项目性质	建设内容及规模	计划总投资	项目开工以来累计到位资金	项目开工以来累计完成投资	2015年计划投资	中央补助	省级补助	市级补助	区级配套资金	其他
1	西山区2015年美丽乡村建设项目	区统筹城乡办	新开工	完成10个美丽乡村建设村建设工作	3800			3800				3800	
		小计			3800			3800				3800	

五、生态环境建设项目（共6个项目，2015年计划投资5439万元）

序号	项目名称	责任单位	项目性质	建设内容及规模	计划总投资	项目开工以来累计到位资金	项目开工以来累计完成投资	2015年计划投资	中央补助	省级补助	市级补助	区级配套资金	其他
1	西山区2013年生态功能区转移支付资金项目	区环保局	续建	保护生态环境和改善民生，坚持经济发展与生态保护并重，增强生态环境保护意识。	868			868				868	

续表

序号	项目名称	责任单位	项目性质	建设内容及规模	计划总投资	项目开工以来累计到位资金	项目开工以来累计完成投资	2015年计划投资	2015年各级配套资金计划情况				
									中央补助	省级补助	市级补助	区级资金	
												区级配套资金	其他
2	西山区2014年省级环保专项资金项目滇池西岸中段村庄农村环境连片综合整治工程	区环保局	新开工	具体为：1．9个自然村生活污水收集处理率达到60%；2．9个自然村农村生活垃圾定点存放清运率达到100%；3．生活垃圾无害化处理率≥70%	300			300				300	
3	集镇污水处理站及污水收集系统建设工程（团结片区）	区兴禹水资源开发有限公司	新开工	2015年内完成项目污水处理厂的建设，截污管网的建设根据团结片区规划情况同步开展	5400			1500				500	1000
4	西山区苗木基地建设	区园林绿化局	续建	完成章白、新邑苗木基地续建工作	3057			1254				1254	
5	盘龙江（西山区）示范段景观提升工程	区园林绿化局	新开工	完成盘龙江（西山区）示范段景观提升工程	1317			1317				1317	
6	西山区南连接线高速公路综合整治提升杨树种植工作	区园林绿化局	新开工	2015年完工	200			200			100	100	
		小计			11142			5439			100	4339	1000
六、园区基础设施建设项目（共3个项目，2015年计划投资4108万元）													
1	昆明海口工业园区光学片区3、5号路（部分）建设及1-07~1-09号地块场地平整工程建设	海口工业园区管委会	续建	2015年完工	2996			1227					1227
2	海口工业园区7号道路北延线工业、生活供水管及9号路生活供水管施工项目	海口工业园区管委会	续建	2015年完工	267			173					173
3	昆明海口工业园区2号路北延线（一标段）及截污干管工程	海口工业园区管委会	续建	2015年完工	4512			2708					2708
		小计			7775			4108					4108
		合计			837023	4955	224249	236803	4534	5733	7119	95164	124253

西山区2014年地方财政预算执行情况和2015年地方财政预算草案的报告

——2015年1月15日在西山区第十五届人民代表大会第三次会议上

西山区财政局局长　李天才

各位代表：

受区人民政府的委托，现将昆明市西山区2014年地方财政预算执行情况和2015年地方财政预算草案提请区十五届人大第三次会议审查，并请区政协委员和列席人员提出意见。

一、2014年地方财政预算执行情况

2014年，面对宏观经济环境复杂多变、市场有效需求不足、经济下行压力增大的严峻形势，全区财税工作在区委的正确领导和上级财税部门的关心帮助下，在区人大的法律监督、工作监督和区政协的民主监督下，积极适应经济发展新常态，围绕打造国际化商务中心和山水园林新城区，坚持“稳中求进、改革创新”总基调，着力稳增长、调结构、惠民生、转作风，步履坚定、扎实有力、成效显著，为在全市率先全面建成小康社会打下了坚实基础。

（一）地方公共财政预算收支执行情况

1．地方公共财政预算收入

地方公共财政预算收入完成34.595亿元，为预算34.464亿元的100.38%，比上年同期32.513亿元增收2.082亿元，增6.40%。

2．地方公共财政预算支出

地方公共财政预算支出完成35.529亿元，扣除专项转移支付支出4.542亿元，实际支出30.987亿元，为预算30.392亿元的101.96%；比上年同期29.736亿元增支1.252亿元，增4.21%。

区级具体支出情况是：

（1）一般公共服务支出3.406亿元，为预算3.423亿元的99.50%，主要是厉行节约收回指标。

（2）国防支出249万元，为预算249万元的100%。

（3）公共安全支出2.951亿元，为预算2.951亿元的100%。

（4）教育支出4.428亿元，为预算4.212亿元的105.13%，主要是列支“2014年中小学校舍维修改造长效机制中央转移支付资金”。

（5）科学技术支出6078万元，为预算6078万元的100%。

（6）文化体育与传媒支出1845万元，为预算1865万元的98.93%，主要是厉行节约收回指标。

（7）社会保障和就业支出2.47亿元，为预算2.422亿元的101.98%，主要是列支“城市低保和临时生活救助中央转移支付资金”。

（8）医疗卫生支出1.256亿元，为预算1.249亿元的100.59%，主要是列支“基层医疗卫生事业单位绩效工资上级转移支付资金”。

（9）节能环保支出1853万元，为预算818万元的226.53%，主要是列支“生态功能区省级转移支付资金”。

（10）城乡社区支出2.054亿元，为预算2.054亿元的100%。

（11）农林水支出8458万元，为预算8457万元的100.01%。

（12）交通运输支出894万元，为预算894万元的100%。

（13）资源勘探电力信息等支出1070万元，为预算1173万元的91.22%，主要是厉行节约收回指标。

（14）商业服务业等支出359万元，为预算359万元的100%。

（15）金融支出97万元，为预算97万元的100%。

（16）国土海洋气象等支出501万元，为预算501万元的100%。

（17）住房保障支出1.208亿元，为预算1.208亿元的100%。

（18）粮油物资储备支出936万元，为预算939万元的99.68%。

（19）其他支出10.98亿元，为预算10.73亿元的102.33%，主要是安排偿还融资。

3．地方公共财政预算收支平衡情况

地方公共财政预算收入34.595亿元，加返还性收入1.178亿元，一般性转移支付收入1.268亿元，专项转移支付收入4.542亿元，上年结余收入2943万元，收入方总计41.877亿元；地方公共财政预算支出35.529亿元，一般性转移支付支出5.714亿元，安排预算稳定调节基金2500万元，支出方总计41.494亿元，收支相抵，年终结余（净结余）3830万元。

（二）政府性基金收支执行情况

1．政府性基金预算收入

政府性基金预算收入完成2.937亿

元，为预算2.729亿元的107.63%；比上年同期50.549亿元减收47.612亿元，减94.19%。

2. 政府性基金预算支出

政府性基金预算支出4.293亿元，扣除政府性基金补助支出1.447亿元，上年结余结转拨付663万元，当年实际支出2.78亿元，为预算2.729亿元的101.88%；比上年同期50.343亿元减支47.564亿元，减94.48%。

3. 政府性基金预算收支平衡情况

政府性基金预算收入2.937亿元，加政府性基金转移收入1.447亿元，上年结余结转663万元，收入方总计4.449亿元；政府性基金预算支出4.293亿元，支出方总计4.293亿元，收支相抵，年终结余1569万元，结转下年拨付1569万元。

以上数字均为快报数，最终决算数在市财政局审核批复财政总决算后，再向区人大常委会专题报告。

二、攻坚克难，全力完成2014年工作任务

（一）拓展财源，强化征管，确保财政收入稳定增长

不断强化财政和各执收部门协作配合的工作机制，加强部门联动提升工作合力，在做好现有税源征管的基础上，努力挖掘新的收入增长点，实现了财政收入稳定增长。一是完善税收征管措施，严格执行房地产税费一体化征收、政府投资项目委托代征等有效措施，坚持管查并重的工作方式。二是不断加大调研督查力度，完善收入协调机制，强化收入稽查力度，形成多级联动抓收入的强大合力。三是加强非税收入的清理征管，扩大非税收入管理覆盖面，加强国有资产（资源）、罚没财物等收入的征缴力度，建立“以票管收”和“票款分离”的征管新机制。通过多措并举，全区财政收入实现了一季度“开门红”、二季度“双过半”、年底全面完成，平稳增长。

（二）优化支出，强化管理，支持全区经济社会大发展、快发展

在加强厉行节约反对浪费的同时，坚持把保障和改善民生作为重要内容，集中财力加大对经济和社会事业发展关键环节的支持力度。

一是优先发展教育事业。拨付校安工程、过渡板房搭建及重点工程建设项目资金7272万元，中小学校舍维修改造资金2493万元，“班班通”工程融资租赁设备租金1892万元，生均公用经费1351万元，中等职业教育免学费补助资金1292万元，农村义务教育学校公用经费1050万元，进城务工随迁子女义务教育学校新建和改扩建资金1000万元，城市义务教育阶段免学杂费补助资金643万元，中小学校图书购置项目经费588万元，中等职业教育学校中央及省级国家助学金489万元，校园保安经费483万元等。确保中小学校舍安全工程建设等所需资金，促进教育均衡发展。

二是着力完善社会保障体系。拨付低保资金4147万元，低收入人群实现同城同待遇；拨付被征地农民养老保险金1612万元，城乡居民医保资金1086万元、养老保险资金201万元，确保城乡居民医疗待遇、养老待遇落到实处；拨付就业专项资金1358万元，促进农民就业资金352万元，保障城乡劳动就业工作顺利开展；拨付卫生院在职人员工资668万元，推进基层医疗卫生机构体制改革。

三是全力维护社会稳定。拨付维护社会治安管理经费5312万元，国内安全保卫经费200万元，网络侦控管理经费200万元，反恐经费178万元，“四个一”惠民安防工程经费150万元，平安建设宣传工作经费79万元等。深化平安西山建设，持续完善立体化治安防控体系。

四是加大政府性投资力度。基本建设支出11.388亿元，有力地支持了道路、“城乡清洁工程”、环境生态等重大基础设施建设。重点投入：西坝路征地拆迁和城市道路建设资金2.867亿元，“城乡清洁工程”、出入滇河道截污及水环境治理工程等项目资金2.241亿元，“四退三环一护”安置房回购和保障房建设资金1.672亿元，区公安分局业务办公用房、粮食中心库改扩建等项目资金7000万元。

五是全面支持城乡统筹发展。拨付“美丽乡村”建设资金902万元，高标准农田建设资金378万元，“一事一议”普惠制项目资金319万元，苹果矮化密植产业升级资金213万元，通过“一折通”及时发放农资综合补贴、良种补贴、农机具购置补贴399万元，全面落实各项强农惠农政策。

（三）深化改革，提升效能，不断推进财政科学化管理水平

一是加强财政管理信息系统建设，进一步完善全区财政管理信息系统及部门预算编制系统软件，实现财政资金一体化管理，为预算资源分配和财政管理提供支持工具，巩固政府收支分类改革成果。二是深入推进预算信息公开工作，在相关网站上公开全区2013年财政总决算、部门决算和2014年部门预算、“三公”经费预算等信息。三是积极探索预算绩效管理，对24个100万元以上财政支出项目实施绩效评价，核减资金2694万元。四是全面推行票据管理信息化，一方面认真做好摸底调查工作，大力宣传电子化票据管理，加强用票单位实际操作能力培训，共完成全区62家行政事业单位82个管理卡和开票点的财政票据电子化管理安装工作；另一方面根据医疗收费票据相关管理办法，共完成全区52家医疗单位的财政票据电子化管理安装工作。五是完成全区行政单位会计制度培训工作，确保行政单位新旧会计制度的顺利衔接。六是认真贯彻中央“八项规定”和省、市相关要求，坚持厉行节约，大力压缩会议、接待、出国、购车等一般性支出，严控“三公”经费增长。

各位代表，2014年财税工作取得的成绩来之不易，这得益于区委的正确领导，得益于区人大、区政协的

监督支持，得益于全区人民的共同努力，也凝聚着全区财税干部的辛勤汗水。在肯定成绩的同时，我们也清醒地看到，当前财政运行中还存在着不少困难和问题，主要表现在：受宏观经济形势、结构性减税和产业结构不合理等因素影响，财政收入增收压力大；民生支出、重点项目建设资金需求较多，财政收支矛盾突出；财政管理的科学化、规范化和信息化水平有待进一步提高；政府性债务管理有待进一步加强等等。对于上述问题，我们将在今后的工作中通过深化财政改革、创新财政管理、积极稳妥地逐步统筹解决。

三、2015年地方财政预算草案

2015年西山区财政工作的指导思想是：全面贯彻落实党的十八大及十八届三中、四中全会精神和市委、区委十届六次全会精神，以科学发展观为指导，牢牢把握稳中求进总基调，坚持以提高经济发展质量和效益为中心，主动适应经济发展新常态，保持经济运行在合理区间，把转方式调结构放到更加重要位置，狠抓改革攻坚，突出创新驱动，强化风险防控，加强民生保障，为加快建设国际化商务中心和山水园林新城区，全面建成小康社会奠定更加坚实的基础。

拟建议地方财政收支预算安排如下：

（一）地方公共财政收支预算

1. 地方公共财政预算收入

地方公共财政预算收入36.844亿元，增6.50%。

2. 财力测算

按照现行市对区财政管理体制测算，地方公共财政预算收入36.844亿元，加返还性收入1.18亿元，一般性转移支付收入5587万元，上年结余收入（净结余）3830万元，减去一般性转移支付支出6.141亿元，2015年地方财政可用财力为32.825亿元。

3. 地方公共财政预算支出

按《2015年政府收支分类科目》支出科目的有关规定和“零基预算”要求，具体支出拟安排如下：

（1）一般公共服务支出3.446亿元。

（2）国防支出222万元。

（3）公共安全支出3.112亿元。

（4）教育支出3.945亿元（其中教育费附加支出9500万元）。

（5）科学技术支出4923万元（其中技术研究与开发支出4627万元）。

（6）文化体育与传媒支出1928万元。

（7）社会保障和就业支出2.601亿元。

（8）医疗卫生与计划生育支出1.271亿元。

（9）节能环保支出868万元。

（10）城乡社区支出2.38亿元。

（11）农林水支出7317万元。

（12）交通运输支出931万元。

（13）资源勘探信息等支出1004万元。

（14）商业服务业等支出2712万元。

（15）金融支出103万元。

（16）国土海洋气象等支出476万元。

（17）住房保障支出1.21亿元。

（18）粮油物资储备支出1023万元。

（19）预备费9847万元，占地方公共财政预算支出的3%。

（20）其他支出11.725亿元（含基本建设支出资金，归还“银政合作”贷款本息、BT回购资金、融资借款等）。

（二）政府性基金收支预算

政府性基金预算收入16.264亿元，政府性基金预算支出16.264亿元，收支平衡。

（三）国有资本经营收支预算

国有资本经营预算收入80万元，国有资本经营预算支出80万元，收支平衡。

四、积极进取，科学谋划2015年财政工作

（一）以适应经济发展新常态为核心，全力完成财政收支目标任务

一是科学应对经济下行压力增大、财税体制深刻变革等挑战，抓好发展这个第一要务，确保财政收入稳中有进积极“进”、稳中有为主动“为”。二是提质量、强保障，加强重点税源监控，抓好税收形势研判，坚持落实责任与激励机制并重，建立健全地方税收保障工作长效机制，把握组织收入的主动权，确保财政收入均衡入库。三是规范非税收入管理，强化票据“以票管收”，加强区级国有资产有偿使用收入的征收管理。四是树立“节支就是增收”的理念，严格控制“三公”经费，切实降低行政成本。五是优化财政支出结构，提高财政支出使用的有效性。

（二）以增投入惠“三农”为基础，着力促进城乡发展一体化

一是落实强农惠农富农政策。完善农村金融奖补政策，把粮食直补、农资综合补贴、良种补贴、农机具购置补贴等综合补贴政策落到实处。二是加快改善农业生产条件。加大农田水利基础建设支持力度，提高农业综合生产能力。三是深化农村综合改革。深入推进“美丽乡村”项目建设，抓实村级公益事业“一事一议”财政奖补工作。

（三）以保民生建和谐为重点，着力推进民生持续改善

一是促进教育公平和质量提高。落实教育经费法定增长机制，保障学前教育、义务教育“增量扩优”工程、中小学校舍安全工程、学生营养改善计划等顺利实施。二是完善社会保障财政投入机制。推进城乡居民养老、医疗保险制度和城乡最低生活保障制度，完善扶持就业创业政策，支持建立社会养老服务体系。三是积极支持医药卫生改革。落实国家基本药物制度、基层医疗卫生机构体制改革

的财政补助政策。四是推进实施机关事业单位养老保险制度改革，加快实现城乡基本养老保险全覆盖。五是不断完善住房保障政策。多渠道吸引社会资金支持保障房建设，推进保障性安居工程预算绩效综合评价工作。

（四）以财税体制改革为契机，着力夯实财政管理基础

一是推进透明预算制度建设，逐步实施全面规范的预决算公开，推进重大民生支出、财税政策和规章制度等方面的公开，建立“三公”经费公开长效机制。二是加强预算绩效管理，强化政府项目投资评审，提高财政资金管理水平，建立科学化、制度化的财政支出管理体系。三是加强政府性债务管理，逐步剥离融资平台公司承担的政府融资职能，建立健全债务风险预警及应急处置机制，防范和化解债务风险。四是加强财政管理，硬化预算约束，深入推进综合预算，增强财政集中调控能力，规范财政资金安排使用、预算追加等程序。五是树立财政“大监督”理念，充分发挥会计监督检查的职能作用，保障财政资金安全和政府重大投入落实到位。

（五）以严要求树形象为目标，着力强化反腐倡廉建设

一是时刻紧绷反腐倡廉这根弦。把廉政建设贯穿于财税改革发展的全过程，做到廉政建设与财税工作同部署、同落实、同检查、同考核。二是强化干部教育监督管理。把党要管党、从严治党贯穿于干部教育监督管理的全过程，对违规违纪问题坚决零容忍。三是整顿财经秩序。将部门所有收支纳入预算管理，巩固和提升公务卡制度，防范“小金库”死灰复燃。

各位代表，2015年是全面深化改革的关键之年，是全面推进依法治国的开局之年，也是全面完成“十二五”规划的收官之年。做好2015年的财税工作，使命光荣，责任重大。我们将在区委的坚强领导下，在区人大的法律监督、工作监督和区政协的民主监督下，坚定信心、迎难而上，开拓进取、扎实工作，全面加快建设国际化商务中心和山水园林新城区，为在全市率先全面建成小康社会而努力奋斗！

昆明市西山区2014年地方公共财政预算收支决算情况表

单位：万元

收入科目	决算数	支出科目	决算数
地方公共财政预算收入合计	**345949**	**地方公共财政预算支出合计**	**355292**
增值税（12.5%)	31708	一般公共服务支出	34777
营业税(50%)	92694	国防支出	292
企业所得税（8%)	8657	公共安全支出	30541
个人所得税(8%)	4302	教育支出	47634
资源税	8549	科学技术支出	6415
城市维护建设税	31818	文化体育与传媒支出	3064
房产税(50%)	12075	社会保障和就业支出	39887
印花税	8887	医疗卫生支出	16207
城镇土地使用税（50%）	3499	节能环保支出	8982
土地增值税	54725	城乡社区支出	21477
车船税(50%)	3260	农林水支出	11687
耕地占用税（50%）	2764	交通运输支出	894
契税（50%）	31050	资源勘探电力信息等支出	4211
其他税收收入	—	商业服务业等支出	2795
专项收入	13998	金融支出	97
行政事业性收费收入	8218	国土海洋气象等支出	1546
罚没收入	10159	住房保障支出	13759

续表

收入科目	决算数	支出科目	决算数
国有资本经营收入	—	粮油物资储备支出	1229
国有资源（资产）有偿使用收入	16853	预备费	—
其他收入	2733	其他支出	109798
转移性收入	**69873**	**转移性支出**	**57143**
返还性收入	11776	返还性支出	—
一般性转移支付收入	12678	一般性转移支付	57143
专项转移支付收入	45419	专项转移支付	—
调入预算稳定调节基金	—	**安排预算稳定调节基金**	**2500**
上年结余收入（净结余）	**2943**	**年终结余（净结余）**	**3830**
地方公共财政预算收入总计	**418765**	**地方公共财政预算支出总计**	**418765**

昆明市西山区区本级2014年地方公共财政预算支出执行情况表

单位：万元

支出功能分类科目	2014年预算数	预算拨款数	省、市级专款	区级实际支出	超（短）支	完成预算%
一般公共服务支出	34228	34777	719	34058	-170	99.50
国防支出	249	292	43	249	—	100.00
公共安全支出	29510	30541	1030	29511	1	100.00
教育支出	42122	47634	3351	44283	2161	105.13
科学技术支出	6078	6415	337	6078	—	100.00
文化体育与传媒支出	1865	3064	1219	1845	-20	98.93
社会保障和就业支出	24224	39887	15183	24704	480	101.98
医疗卫生支出	12490	16207	3643	12564	74	100.59
节能环保支出	818	8982	7129	1853	1035	226.53
城乡社区支出	20535	21477	942	20535	—	100.00
农林水支出	8457	11687	3229	8458	1	100.01
交通运输支出	894	894	—	894	—	100.00
资源勘探电力信息等支出	1173	4211	3141	1070	-103	91.22
商业服务业等支出	359	2795	2436	359	—	100.00
金融支出	97	97	—	97	—	100.00
国土海洋气象等支出	501	1546	1045	501	—	100.00
住房保障支出	12080	13759	1679	12080	—	100.00
粮油物资储备支出	939	1229	293	936	-3	99.68
其他支出	107298	109798	—	109798	2500	102.33
支出总计	303917	355292	45419	309873	5956	101.96

昆明市西山区2015年地方公共财政预算收支预算情况表

单位：万元

收入科目	2015年预算数	支出科目	2015年预算数
地方公共财政预算收入合计	**368436**	**地方公共财政预算支出合计**	**328245**
增值税（12.5%)	34500	一般公共服务支出	34464
营业税(50%）	96402	国防支出	222
企业所得税（8%)	9200	公共安全支出	31115
个人所得税（8%）	4500	教育支出	39446
资源税	9000	科学技术支出	4923
城市维护建设税	33000	文化体育与传媒支出	1928
房产税（50%）	13000	社会保障和就业支出	26006
印花税	9198	医疗卫生与计划生育支出	12708
城镇土地使用税（50%）	3900	节能环保支出	868
土地增值税	61275	城乡社区支出	23799
车船税（50%）	3500	农林水支出	7317
耕地占用税（50%）	3000	交通运输支出	931
契税（50%）	36000	资源勘探信息等支出	1004
其他税收收入	—	商业服务业等支出	2712
专项收入	25098	金融支出	103
行政事业性收费收入	7818	国土海洋气象等支出	476
罚没收入	8159	住房保障支出	12100
国有资源（资产）有偿使用收入	8153	粮油物资储备支出	1023
其它收入	2733	预备费	9847
		其他支出	117253
转移性收入	**17387**	**转移性支出**	**61408**
返还性收入	11800	返还性支出	—
一般性转移支付收入	5587	一般性转移支付	61408
专项转移支付收入	—	专项转移支付	—
预算稳定调节基金	—	**预算稳定调节基金**	—
上年结余收入(净结余）	**3830**	**年终结余**	—
		减：结转下年的支出	—
		净结余	—
地方公共财政预算收入总计	**389653**	**地方公共财政预算支出总计**	**389653**

西山区人民法院工作报告

——2015年1月16日在西山区第十五届人民代表大会第三次会议上

西山区人民法院院长　何家华

各位代表：

我代表西山区人民法院向大会报告工作，请予审议，并请区政协委员和列席会议的同志提出意见。

2014年主要工作

2014年，在区委的正确领导下，在区人大及其常委会、区政协和上级法院的监督指导下，在区政府和社会各界的大力支持下，西山区人民法院认真贯彻落实党的十八大及十八届三中、四中全会精神，履行宪法和法律赋予的职责，紧紧围绕“努力让人民群众在每一个司法案件中都感受到公平正义”的工作目标，全面提升审判质量和效率，各项工作取得了新的进步，区法院诉调中心被最高人民法院授予“全国先进集体”称号，民三庭吴娴法官被最高人民法院授予“全国办案标兵”称号，在全市法院工作考评中，西山区法院考评成绩位居全市基层法院第一。

一、认真履行审判职责，服务全区发展大局

2014年，西山区法院共受理各类案件1.09万件，结案1.001万件，综合结案率为91.7%，大量案件的顺利审结，为全区经济社会发展提供了有力的司法保障。

（一）依法打击刑事犯罪，切实维护社会稳定

全年共受理各类刑事案件1127件，结案1102件，结案率为97.8%。

刑事审判以维护社会稳定、保障人民群众生命财产安全为首要任务，全力为西山区经济社会发展营造平安、稳定的法治环境。

依法惩处严重刑事犯罪，审结故意杀人、抢劫、绑架、强奸、毒品等犯罪案件213件；严惩职务犯罪，审结贪污、贿赂、渎职等职务犯罪案件20件29人，其中处级干部2人，科级干部6人，在审理、宣判职务犯罪案件时，与区纪委共同组织320余人次的干部旁听庭审，用身边的典型案例警示教育身边的广大干部；审结集资诈骗、合同诈骗、非法吸收公众存款、盗窃、抢夺、诈骗等多发性财产犯罪案件405件。依法审理醉酒驾驶机动车犯罪案件，组织全市驾驶员培训学校的教练、学员400余人到区法院旁听醉驾案件的庭审，遏制醉酒驾车的多发态势，保障了公共安全。对罪行较轻、确有悔罪表现的初犯、偶犯、未成年犯依法从轻处罚。共判处5年以上有期徒刑111人，判处五年以下有期徒刑651人，拘役69人，免予刑事处罚12人，宣告适用缓刑233人，单处罚金17人。

确保审判质量，加强非法证据排除工作，在全市首家开展公安机关警察、检察机关侦察员出庭作证工作，昆明市公安局组织260多名警察旁听了15件警察出庭作证案件的庭审过程。注重保护刑事被害人的合法权益，为符合法律援助条件的被告人指定辩护律师163名。加大对刑事自诉案件、刑事附带民事诉讼案件的调解力度，为刑事被害人挽回经济损失406万元。

（二）妥善审理民事纠纷，促进社会和谐发展

全年共受理各类民商事案件6690件，结案6538件，结案率为97.7%。

民商事审判以促进社会和谐、促进经济发展为出发点，按照服务全区重点工作的要求，注重通过民商事审判工作为全区营造一个诚信守法的法治环境，切实为全区的经济发展提供优质的司法服务。

以保障交易安全、促进经济交往为重点，认真审理合同商事纠纷、金融纠纷、商品房买卖纠纷等案件，营造诚实守信的市场环境。受理商事纠纷案件4214件，解决争议金额4.84亿元，为企业、经营者挽回经济损失4.03亿元。公正、高效审理劳动争议、医患纠纷、交通事故赔偿、物业管理纠纷等案件489件，切实保护人民群众合法权益。依法审理婚姻家庭、赡养、继承、邻里纠纷、人身损害赔偿、农民工追索劳动报酬等案件1027件，注重保护老年人、妇女、儿童、劳动者合法权益，为老人、妇女、儿童、劳动者追索赡养费、抚养费、劳动报酬886万元。

不断加大调解工作力度，努力实现案结事了。民商事案件调解、撤诉结案率为69.2%。工作中，把维护稳定和防止矛盾激化贯穿于审判活动全过程，大量事关群众切身利益的民商事纠纷得到顺利审结，有力地促进了社

会和谐稳定。

（三）依法审理行政纠纷，促进依法行政

全年共受理行政案件61件，结案55件，结案率为90.2%。审查非诉行政执行案件273件。

行政审判涉及政府与群众的关系，对依法行政有着重要影响，区法院坚持保护合法权益、化解行政争议、促进依法行政的原则，推行行政首长出庭应诉工作，积极探索建立行政诉讼和解机制，试点开展行政诉讼简易审理机制。在妥善审理行政案件的同时，加强对行政执法人员的法律培训，行政庭法官为西山区综合行政执法局140余名具有行政执法资格的人员讲授行政诉讼理论与实务课程，提高行政执法人员依法行政的能力。作为云南省委党校、云南省行政学院的法学教育实践基地，为46名县处级领导干部开展了依法行政法制培训。

（四）全面加强执行工作，大力破解执行难题

全年共受理执行案件3032件，结案2314件，结案率为76.3%，执结金额1.94亿元。

以树立司法权威、缓解执行难为目标，突出执行工作的强制性、规范化、信息化，在全省基层法院中第一家建成执行指挥中心，充分发挥指挥中心为审判服务、为执行服务的双重功能。继续在人员上、装备上向执行工作倾斜，在抓好常规执行工作的同时，集中开展打击拒不执行判决、裁定专项活动，积极采取搜查、扣押、拘留等法律赋予的强制手段，着力提高执行兑现率，拘留27人，对76人进行了执行布控，公布失信被执行人名单300余人，对1人实施了限制离境。集中开展追索劳动报酬、赡养费、抚养费、抚恤金、医疗、工伤、交通事故损害赔偿等10类涉民生案件的执行，取得了良好的社会效果。进一步加大对特困人员的执行救助，通过执行救助专项资金，对33人进行执行救助，发放执行救助金14.85万元。

二、加大司法公开力度，让司法在阳光下运行

通过建立司法公开查询中心，打造审判流程公开、执行信息公开、裁判文书公开三大平台，开展“庭审走近民众”阳光司法活动，加强人民陪审员工作等四项措施，加大司法公开力度。

（一）建立云南省首家司法公开查询中心

司法公开查询中心实现了五大功能：便民自助查询、电子档案纸质档案查询、诉讼过程执行过程查询、外网司法公开查询、法律资料查询。通过司法公开查询中心，当事人可以便捷地了解自己案件的进展情况，使司法公开真正落到实处。

（二）着力打造“三大公开平台”

大力推行审判流程公开、执行信息公开、裁判文书公开。通过微信、微博、电子大屏幕公布所有案件的开庭时间、地点，公开审判流程信息，坚持新闻发布制度，加强新闻宣传工作力度，建立案件信息查询系统，方便当事人查询和监督案件的进展情况。全面推行执行信息公开，坚持执行公开、透明、告知制度，公开司法评估、拍卖过程，建立执行案件流程资料，方便当事人及时查询执行相关信息。推进裁判文书上网公开工作，共上网公布裁判文书2447件，公布数量位居全省基层法院第一。

（三）开展“庭审走近民众”阳光司法活动

开展阳光司法活动63次，旁听人员3000余人次。采用“请进来”的方式，广泛邀请社会各界人士到法院旁听案件审理，监督法院审判工作；采用“走出去”的方式，派出法官送法进社区、进厂矿、进农村、进学校、进军营，到现场开庭审理案件，组织广大群众旁听案件审理过程，一些诉讼纠纷得到就地解决，起到了“审理一案，教育一片”的效果。

（四）加强人民陪审员工作

88名人民陪审员参加审理案件2608件，占全院适用普通程序审理案件的99%，充分发挥了人民陪审员的重要作用，司法公开力度进一步加大。按上级法院要求，区法院承担了昆明市853名新任人民陪审员的审判实务培训工作。按照人民陪审员倍增计划，增选人民陪审员100名，目前增选工作正在开展。

三、加强“两个中心建设”，认真践行司法为民

以开展党的群众路线教育实践活动为契机，通过加强诉讼服务中心、执行指挥中心建设，认真践行司法为民宗旨，提高服务水平和办事效率，方便了群众诉讼。

（一）完善诉讼服务中心，方便群众诉讼

诉讼服务中心以“便民、利民”为建设理念，整合司法资源，拓宽诉讼服务范围，为群众提供贯穿于诉前、诉中、诉后的多层次、全过程、综合性诉讼服务。规范有序的诉讼流程指引、分类明确的诉讼接待窗口，为群众到法院诉讼提供了良好的环境和极大的便利。为舒缓当事人的急躁情绪，加强了公共区域的绿化环境建设，受到了群众的好评，被授予“云南省园林单位”称号。安排审判经验丰富的法官轮流到诉讼服务中心值班，为群众提供诉讼指导、法律咨询、判后答疑等服务，达到了“走进一个厅，事务一站清”的服务效果。

（二）建成执行指挥中心，提高执行效率

作为云南省执行指挥中心建设重点推进单位，区法院从缓解执行难、深入推进执行过程公开的思路出发，提出了前瞻创新的建设理念，从指挥有力、信息共享、查控一体、运转高效、反应快速、功能强大、高度安全七个方面考虑，建成执行指挥中心投入使用，彻底改变了原来的老式执行方式，所有原来需要法官外出查询的被执行人银行账户、房产状况、工商登记、税务状况等情况，现在全部打包交给执行指挥中心统一查询，执行

指挥中心建成后，已向20家银行查询2588次，查询金额3000余万，指挥中心信息共享、查控一体的功能得到发挥。通过GPS全球卫星定位系统管理警车、采用单兵3G移动装备指挥现场执行等功能得到实现。把原来已建成的庭审直播功能、视频会议系统、安保羁押监控连入指挥中心，为民商事法官提供查询当事人身份情况、查询公司注册年检情况、当事人送达地址确认等服务，提高了诉讼效率和执行效果，受到当事人欢迎。

2014年8月12日，全省法院“两个中心建设”现场观摩会在区法院召开。2014年8月21日，全市法院深化“两个中心建设”会议在区法院召开，区法院向全省法院同行介绍了工作经验。

四、改革创新工作机制，全面提高司法水平

区法院是最高人民法院确定的小额速裁试点法院、诉调对接试点法院。2014年8月，省委政法委确定区法院为全省6家司法改革试点法院之一。在党委和上级法院的领导下，区法院以改革创新为契机，全面提高司法水平。

（一）加强诉调中心工作，快速妥善解决纠纷

作为全国诉调对接试点法院，区法院抽调十名法官成立了诉调中心，按照“简单案件快速审理”的要求，区法院45%的民商事案件由诉调中心进行快速审理，结合小额速裁试点工作取得的经验，区法院以提高审判效率为目的，大力推行简易程序和小额诉讼程序，诉调中心受理案件2991件，审结2969件，结案率99.3%，70%的案件在30天之内结案。诉调对接试点工作在最高人民法院的终期评估验收中，综合考评得分在全国42家试点法院中位居全国第二。

（二）创新未成年案件审判工作，保护未成年人合法权益

2014年2月成立未成年案件审判庭，收案123件，结案122件，结案率99.2%。承担了昆明市重点课题《未成年人审判实务研究》，引入心理干预和心理辅导机制，委托心理咨询师对所有未成年当事人进行心理疏导，从保护未成年人身心健康出发，在未成年案件审判中创新性的采用社会调查、圆桌审判、绿色通道等制度，贯彻教育、感化、挽救、保护的方针，坚持教育为主、惩罚为辅，切实保护未成年人的合法权益。认真完成审判任务的同时延伸审判职能，积极参与青少年犯罪预防与救治工作，深化法庭帮教，建立回访制度，做好社区矫正工作，为未成年人健康成长做出努力。

（三）以科技创新为载体，提高司法效率

本着向科技要人力、向创新要效率的原则，区法院继续全面加强信息化建设工作。依托信息化建设实现审判、执行工作的规范化，把审判各个环节的信息录入系统，实行审判流程网上管理。依托数字化法庭，对案件庭审活动进行全程录音录像。远程提讯室投入使用，开通远程视频接访室，建立网络举报投诉监督平台。通过全院监控系统，对法院的安全保卫工作、犯人提押看管、审判场所秩序等实行全方位的实时动态监控。通过科技创新，提高了司法效率，节约了人力、物力。

五、大力加强队伍建设，转变作风树立形象

（一）强化思想政治教育

结合党的群众路线教育实践活动，抓好队伍政治思想和作风纪律建设。加强法院党团组织建设，切实发挥党员干部的先锋模范作用和党组织的战斗堡垒作用。积极开展创建学习型法院、学习型党组活动，着力强化队伍积极向上、争先创优的意识。

（二）全面提升业务技能

组织全院法官参加业务培训161人次，着力提高法官的综合业务素质，提升法官驾驭庭审、制作裁判文书和化解矛盾纠纷的能力，8名法官撰写的案例入选“中国法院2014年度案例”，占昆明市入选案例的1/4。派出16名法官坚持每周到两所大学开设法学实践课。以召开标准示范庭的方式，为全省500余名初任法官开展了岗前培训工作，加强书记员庭审记录、司法警察技能培训，书记员在技能竞赛中获得全省团体三等奖。区法院连续4年承担云南省重点调研课题，多名法官在裁判文书评比中获奖，一批理论联系实践的调研文章公开发表。这些措施都有效地提高了干警的业务技能，有力推动了审判工作。

一年来，在办案任务越来越重、执法要求越来越高、工作压力越来越大的情况下，区法院大力加强队伍建设，不断转变工作作风，广大干警始终保持了饱满的工作热情和良好的精神风貌，一线法官人均办案145件，继涌现出全国优秀法官蔡磊、全国司法统计工作先进个人李卫、昆明市劳模创新工作室带头人张芳等先进个人后，最高人民法院又授予民三庭吴娴法官“全国办案标兵”称号。一年来，区法院受到中央及省、市级表彰18次，干警受到上级表彰21人次。

六、自觉接受监督，不断加强和改进法院工作

区法院把自觉接受监督作为促进工作的动力。坚持及时向区人大、区政协汇报、通报法院工作情况，邀请人大代表、政协委员到法院旁听案件审理，接受代表、委员视察5次，通过手机短信平台向代表、委员通报法院重要工作、重大审判活动。在“两会”期间，派出中层干部列席旁听人大代表、政协委员分组讨论、协商法院工作报告，认真听取、全面收集代表和委员的意见和建议，努力改进法院工作。认真办理人大批转的信访件，做到件件有登记、事事有落实、结果有反馈。

各位代表、各位委员，一年来，在区委、区人大、区政府、区政协和社会各界的关心、支持和帮助下，区法院工作取得了新进展。在此，我代

表区法院向长期以来关心支持法院工作的各位代表、各位委员表示最衷心的感谢！

面对新的形势和任务，我们也清醒地认识到工作中还存在以下问题和不足：一是审判质量和执行工作效率离人民群众的要求还有差距，还需要进一步下大力气提高。二是司法公开的力度和范围还需要进一步扩大。三是法官队伍的司法能力和工作作风还需要进一步加强。对这些存在的问题和不足，我们将在今后的工作中切实采取有效措施予以解决。

2015年工作意见

根据中央、省市政法工作会议、全省、全市法院院长会议和区委的安排部署，2015年，西山区人民法院将深入学习贯彻党的十八大及十八届四中全会精神，以“努力让人民群众在每一个司法案件中都感受到公平正义”为工作目标，按照“抓一流审判质量、创一流工作业绩、建一流基层法院”的工作要求，全面加强审判执行工作，切实抓好队伍建设，充分发挥审判职能，为西山区经济社会发展提供良好的司法服务和保障。围绕以上总体目标和任务，应着力抓好以下工作：

一、以党的十八大及十八届四中全会精神为指引，确保法院正确的政治方向

党的十八届四中全会明确了司法工作在全面推进依法治国中的重要地位，将确保公正司法、提高司法公信力提升到了前所未有的高度。区法院要深入学习贯彻全会精神，始终保持正确的政治方向，紧紧抓住人民法院面临的重大历史机遇，把思想和行动统一到中央关于全面深化改革、全面推进依法治国的重大决策部署上来，增强做好审判执行工作的自觉性和主动性，切实以全会精神指导实践，推动工作，公正司法。

二、做好司法改革试点工作

作为云南省6家司法改革试点法院之一，2015年，区法院将以司法改革试点工作为重点，探索完善司法人员分类管理制度、司法责任制、司法人员职业保障机制，推进以审判为中心的诉讼制度改革，有效发挥审判对侦察、起诉的制约和引导作用，确保案件事实证据经得起法律的检验。建立健全以主审法官、合议庭为主的办案组织，突出主审法官、合议庭办案主体地位，让审理者裁判、由裁判者负责，形成谁办案谁负责的司法责任体系。

三、加强信息化建设

本着向科技要人力、要效率的原则，继续加强信息化建设工作，在区委、区政府的大力支持下，区法院已完成了4间数字法庭的建设。2015年，要进一步完善院内数字法庭建设工作，增建数字法庭并完善数字法庭功能，在便民利民、司法公开、高效司法方面再上新台阶。

四、加强司法公开三大平台建设

在加强审判流程公开、裁判文书公开、执行信息公开三大司法公开平台建设上下功夫，进一步完善执行指挥中心功能，进一步整合司法公开查询中心功能，依托查询中心实现审判流程和案件信息全公开，按照最高人民法院的要求实现裁判文书全部上网公开。

五、进一步接受领导和监督

自觉接受区委领导，自觉接受区人大、区政协监督，及时汇报法院工作的重大部署、重大工作措施以及重大案件审理情况。继续加强与人大代表、政协委员的沟通联络工作，进一步畅通接受建议和意见的渠道。自觉接受社会各界的监督，确保人民法院正确履行职责。巩固群众路线教育实践活动成果，深入开展“三严三实”和“忠诚、干净、担当”专题教育，将作风建设常抓不懈，切实增强群众观念，不断提高法官做群众工作的能力和水平，不断完善便民利民的长效机制。

各位代表、各位委员，2015年是贯彻落实党的十八大及十八届四中全会精神，全面深化改革、全面推进依法治国的重要一年，西山区人民法院将以更加饱满的热情，更加务实的态度，更加勤奋的作风，自觉履行宪法和法律赋予的职责，为加快西山区发展作出努力！

西山区人民检察院工作报告

——2015年1月16日在西山区第十五届人民代表大会第三次会议上

西山区人民检察院检察长　崔庆林

各位代表：

我代表西山区人民检察院向大会报告工作，请予审议，并请区政协委员和列席会议的同志提出意见。

2014年检察工作回顾

2014年，在区委和上级检察院的正确领导下，在区人大及其常委会的监督、政府的支持和政协的民主监督下，区人民检察院紧紧围绕全区工作大局，以执法办案为中心，以服务发展为主线，以强化法律监督、强化自身监督、强化高素质队伍建设为总要求，以创先争优为抓手，以创建“全国模范检察院”为目标，充分履行检察职能，全面推进队伍建设，为西山区经济社会发展提供了有力的司法保障。

一、以执法办案为中心，促进公平正义，维护和谐稳定

坚持把促进公平正义、维护和谐稳定作为检察机关的首要任务，依法严厉打击各类刑事犯罪，深入查处和预防职务犯罪，不断强化诉讼监督，执法办案成效明显。

（一）认真履行批捕、起诉职能，积极推进平安西山建设

依法严厉打击各类刑事犯罪，共受理提请批准逮捕案件1041件1596人，经审查批准逮捕847件1217人；受理移送审查起诉案件1137件1583人，经审查提起公诉1086件1511人。

突出打击重点，一是积极处置突发应急事件，“3·01”暴恐案件发生后，按照统一部署，区检察院第一时间派技术骨干赶赴现场指导固定证据，调集精干力量组成工作组，做好善后安抚及庭前稳控工作，取得积极效果。二是积极开展缉枪治爆、扫黄禁赌、涉恐涉暴涉毒三个治安治理专项行动，全年共办理涉恐涉枪涉爆犯罪13人，涉黄涉赌犯罪53人，毒品犯罪255人，有效维护了社会秩序。三是严厉打击严重侵害公民人身权利犯罪及多发性侵财犯罪，共办理故意杀人、强奸等暴力犯罪34人，办理“两抢一盗”、诈骗等犯罪684人，切实增强人民群众安全感。

注重打击与保护并重，完善检察环节贯彻宽严相济刑事政策工作机制。无逮捕必要不批捕90人，建议适用简易程序开庭审理452人，提出从轻处罚的量刑建议108份，为96名犯罪嫌疑人指定了辩护律师。开展刑事附带民事案件的和解工作，达成和解19件，努力化解矛盾，减少社会对抗。

（二）加大惩治和预防职务犯罪力度，深入推进反腐败斗争

立案查办贪污贿赂职务犯罪案件19件29人，立案查办国家工作人员滥用职权、玩忽职守等渎职犯罪案件6件7人。其中大案21件32人，县处级以上要案4人，大要案率为94%，较上年上升5个百分点。通过查办案件为国家挽回经济损失470余万元。

围绕西山区经济社会发展的关键环节和重点领域，以及人民群众关心的热点、焦点问题，集中开展了3个专项行动：一是严肃查办贪污、挪用公款、私分国有资产案件4件12人；二是配合城市建设和环境综合整治工作，查办私搭乱建、违章无序建房背后的贿赂犯罪11人；三是密切关注发生在群众身边、损害群众利益的职务犯罪，重点查办了李某某骗取国家上千万惠农资金的犯罪案件，挖掘出一批贪污渎职要案线索。

深化职务犯罪预防工作。结合办案开展案件预防，帮助发案单位分析原因、总结教训、堵漏建制，完成案件剖析13篇，发出检察建议10份。分析职务犯罪发生的特征和趋势，及时向有关单位发出职务犯罪预警建议3份，预防同类犯罪的发生。以社会普遍关切的医疗卫生、行政执法、涉农惠农等领域为重点，结合行业特点，开展专项预防，提出防治对策，形成预防调查报告13篇。与云南省第三女子监狱共建预防职务犯罪警示教育基地，开展警示教育活动95次，受教育人数达5000余人，实现预防规模、质量与效果的有机统一。

（三）强化对诉讼活动的法律监督，努力维护司法公正

全面加强对侦查、审判、执行等诉讼活动的监督力度，努力让人民群众在每一个具体的案件中感受到公平正义。

加强立案监督和侦查活动监督，保证案件质量。对应当立案而不立案的，监督立案18件，对不应当立案而

立案的，监督撤案8件；对发现的25件违法行为坚决予以纠正，对漏捕、漏诉的36名犯罪嫌疑人予以追捕、追诉。作为全省试点单位，推行命案现场介入侦查、引导取证工作，实现侦查环节全程全面监督，从源头防范冤假错案的发生。

加强审判活动监督，促进公平公正。通过庭前会议、检察长列席审委会等形式，加强与人民法院的配合和制约；注重对判决结果的全面审查，依法提出一审刑事抗诉11件，法院已经改判5件；对生效刑事判决建议市检察院提出抗诉2件，市院已提出抗诉；提出再审检察建议2份，法院已改判。加强民事诉讼活动监督，受理当事人不服人民法院生效判决、裁定9件，发出再审检察建议3份；对民事执行活动进行监督，发出检察建议5份；对民事审判活动提出检察建议7份；对裁判正确的，认真负责做好当事人的息诉罢访工作，维护人民法院审判权威。

强化对刑罚执行的监督，保障刑罚依法正确执行。积极开展减刑、假释、暂予监外执行专项检察活动，赴外地调查核实暂予监外执行人员执行情况，共审查案件2428件；加强对西山看守所、省第三女子监狱监管活动的监督，对发现的26件违法行为进行纠正；加强社区矫正监督，对全区320名矫正对象全部予以建档管理，预防和纠正脱管漏管、违法解除矫正等问题，建议收监执行13人。

二、以改革创新为动力，着力提升执法效果和服务水平

自觉把各项检察工作融入全区改革发展稳定大局，紧紧围绕全区中心工作，以突出执法效果和服务水平为核心，不断改革创新推动发展。

（一）依托检察职能，助推法治西山建设

积极参与整顿和规范市场经济秩序工作，平等保护各类市场主体的合法权益。依法打击经济犯罪，办理破坏市场经济秩序犯罪案件42件61人；深化商业贿赂专项治理，办理对非国家工作人员行贿、受贿案件6人。健全单位和个人行贿犯罪档案查询机制，接待查询3933次，通过降低资质或市场禁入，推进社会诚信体系建设。

大力推进行政执法与刑事司法、检察监督相衔接。建成可与全区29个行政机关实现信息共享的网络平台，并逐步探索建立案件线索移送、信息交流、工作协助、联系会议等制度；加强对行政执法行为的监督，对行政执法中的违法行为，发出检察建议16份，建议行政机关向公安机关移送涉嫌犯罪的刑事案件6件11人；联合区财政、国土部门采取有力措施，成功追缴被长期拖欠的土地出让金13亿元，追回金额占全市的72%。

（二）完善工作机制，务实服务群众

践行司法为民，注重保障民生权利，努力把严格执法与热情服务有机结合起来。加强检务服务中心建设，构建窗口部门为前沿、职能部门为依托的“大控申”工作格局，建成集案件移送、案件查询、律师阅卷、控告申诉、法律咨询于一体的接待大厅，方便群众来访，及时解决群众诉求。开展“检察长接待日”24天，配合开展“区级领导接访日”23天，受理群众来信来访173件，其中举报线索78件，全部限时办结，确保无“涉检”进京访，重要节日、重要时段无影响社会秩序的“涉检”信访。推进检力下沉，延伸法律服务，以派驻检察室为依托，紧密联系街道、社区，构建面向基层的“执法办案室、法制宣传室、群众工作室”。落实综治维稳措施，到街道办事处巡回检察22次，参与矛盾纠纷调处39起，举办法制宣传讲座17次，发放宣传材料1400余份。

注重对困难群众和特殊群体的关心保护。为12名遭受犯罪侵害，急需医疗、救助的刑事特困被害人提供救助金7.3万元。不断完善未成年人检察工作，对138名未成年犯罪嫌疑人实行分案办理、诉前引导、案后跟踪回访、犯罪记录封存的特别保护制度，将司法教育、心理矫治、道德感染融于一体。通过与社会组织合作开展“未成年人司法项目”“未成年人犯罪问题法律诊所”，为未成年人检察工作提供专业化、规范化、社会化帮教服务。结合发案情况，到重点院校及周边社区开展法制课堂、法制宣传等检校共建活动，努力提升青少年自我保护和预防犯罪的能力。

（三）推进检察改革，强化自身监督

转变办案模式，以信息化建设提升执法规范化水平。全面实行案件集中管理，规范案件流程，构建了“统一受案、流程监控、动态监督、案后评查”的执法办案管理体系。所有案件均通过统一业务应用系统进行运转，实现“执法信息网上录入、执法程序网上流转、执法活动网上监督、执法质量网上考核”，通过现代信息技术，把规范执法和监督制约的触角深入到每一起案件、每一个环节。

深化检务公开，推进阳光检察。推行集案件查询、预约登记、诉讼进程告知于一体的一站式便捷服务；制定《律师、诉讼代理人案件查询、阅卷等工作的规定》，保障律师执业权利；以案件信息公开系统为依托，构建实体、移动终端、网络三位一体的数字化检务服务平台，通过人民检察院案件信息公开网，实现法律文书公开、案件程序性信息查询、重要案件信息发布，以公开促进公正。

牢固树立“监督者更要接受监督”的意识，自觉接受人大、政协和社会各界的监督。向区人大常委会专题报告工作3次，向区政协常委会专题通报工作1次，接受区人大代表视察工作2次、区政协委员视察工作5次，向区人大、区政协书面通报工作情况4次；组织人大代表、政协委员、统战人士、人民监督员、特约检察员和社会各界群众参加旁听庭审评议、案件评查、检察开放日等检务活动12次；通过走访座谈、信息平台、网络微博等多种方式，加强与代表委员联络渠道，全年共办理代表建议11条。

三、从严治检，持之以恒推进过硬队伍建设

结合党的群众路线教育实践活动，以作风建设为切入点，切实提高检察人员的思想政治信仰和法治素养，努力建设一支信念坚定、执法为民、敢于担当、清正廉洁的过硬检察队伍。

（一）以教育实践活动推动作风建设常态化

深入开展党的群众路线教育实践活动，聚焦“四风”和执法司法突出问题。制定《关于厉行勤俭节约反对铺张浪费的实施意见》《加强纪律作风建设督察工作办法》等各项制度，下大力气整饬作风。2014年以来，会议次数同比减少50%，会议费用下降46%，文件简报精益求精，报送信息质量受到省、市检察院的高度肯定，会风文风得到进一步改进。公务接待和公车管理更加严格规范；清理调整办公用房，节约开支，行政运行费用同比下降42%，机关勤俭节约、务实高效的工作作风基本形成。

（二）狠抓队伍党风廉政建设

建立“年初有目标、过程有控制、年末有总结”的“一把手”主体责任工作链条，强化痕迹管理和监督责任。检察长和部门负责人抓住四个关键：一是抓重点。做到党风廉政建设重要工作检察长亲自部署、重大问题亲自过问、重点环节亲自协调、重要案件亲自督办。二是抓管理。制定《部门负责人落实党风廉政建设主体责任实施细则》，要求在日常管理中了解干警思想状况及工作表现，对发现的苗头性问题，及时谈话提醒、促其改正。三是抓机制。注意从其他地区发生的涉检信访舆情、违法违纪案件中，总结教训、自检自查、堵漏建制。四是抓查究。始终保持对自身腐败问题的“零容忍”，纪检部门依法依纪履行职责，及时查究队伍中的一些纪律作风方面的苗头性问题。通过严明纪律，抓早、抓细、抓实，确保干部清正、检风清廉。

（三）继续推进执法能力建设

紧紧围绕提升法律监督能力推进专业化建设，与西南政法大学、昆明理工大学共建教学科研实践基地，深入实施检察人才素质提升和育才工程；借助青年检察官协会，通过举办西检讲坛、法学沙龙、业务竞赛、列席检委会等方式，为青年干警成长成才拓宽渠道、提供平台。坚持“以人为本、和谐发展、管理民主、制度完备、富有效率、充满活力、各尽所能、各得其所”的发展理念，尊重干警意愿、关心干警发展、解决干警需求，以真挚的人文关怀，不断增强干警对检察职业的归属感。西山检察队伍正朝着理论素养好、实践能力强、检察业务精、群众工作通、纪律作风硬的方向迈出坚实步伐。

各位代表、各位委员，2014年，区检察院各项工作稳中求进，好中求快，各方面都上了一个新台阶，获得了“全国检察机关文明接待室”“全国检察宣传先进单位”等多项荣誉称号，多名干警获得全国、省级检察机关“优秀办案能手”称号。这些成绩的取得，是区委和上级检察院正确领导的结果，是人大的法律监督、政府的支持和政协的民主监督的结果！在此，我谨向各位代表、委员表示衷心的感谢！

认真总结成绩的同时，我们也清醒地看到存在的问题和困难，主要是：少数案件办理的力度、质量和效果离高标准、严要求有一定差距；队伍的整体素质与依法治国的新形势、新要求还不适应；少数干警的工作劲头有待进一步提高，作风建设还需持之以恒加强。对于这些问题，我们将在今后的工作中努力加以解决。

2015年工作计划

2015年，是全面深化改革和落实依法治国的关键之年，也是实现西山区“十二五”规划目标任务的收官之年。区检察院将全面贯彻落实党的十八大和十八届三中、四中全会精神，以邓小平理论、“三个代表”重要思想、科学发展观和习近平总书记系列重要讲话精神为指导，深入贯彻落实好《2014～2018年基层人民检察院建设规划》，坚持以执法办案为中心，以司法改革为动力，以队伍建设为根本，探索推进检察体制改革，深入推进“执法规范化标准化、队伍专业化职业化、管理科学化信息化、保障现代化实用化”建设，强化法律监督，维护公平正义，为推动平安西山、法治西山建设奠定坚实的基础。重点做好以下几方面的工作：

一、加大执法办案工作力度，服务西山经济社会发展大局

一是全力维护社会和谐稳定。以人民群众平安需求为导向，严厉打击严重刑事犯罪，贯彻宽严相济刑事司法政策，深入推进轻微案件快速办理机制，用法治思维和法治方式推进平安西山建设。二是继续保持查办和预防职务犯罪的高压态势，促进国家工作人员依法行政、廉洁从政。加快侦查信息化、装备现代化建设，牢固树立办案数量、质量、效率、效果和安全相统一的业绩观。三是强化诉讼监督工作。不断提高对侦查、审判、执行等诉讼活动的监督力度，继续完善行政执法与刑事司法衔接制度，积极探索提起公益诉讼机制，着力提升监督的水平和实效。四是把案件质量作为执法办案的生命线。严把案件事实关、证据关、法律适用关、程序关，坚守防止冤假错案的工作底线。五是加强执法规范化建设，统一适法标准，规范自由裁量。结合执法办案，大力加强法治宣传和法治文化建设，增强全民法治观念，助推法治西山建设。

二、深入推进检察改革，提升司法公信力

作为全省司法改革的试点单位，深入贯彻落实中央关于深化司法体制改革的总体部署，紧紧围绕强化法律

监督能力，依法有序、积极稳妥推进检察人员分类管理，构建符合司法办案专业要求的组织机构体系和办案组织模式，完善主任检察官办案责任制，探索建立符合检察职业特点的职业保障制度，不断提高检察队伍的职业素养和专业水平，形成符合检察工作规律的责任体制和运行机制。深入推进检务公开，细化执法办案公开的内容、对象、时机、方式和要求，健全主动公开和依申请公开制度。坚持和完善检察开放日、人民监督员等制度，切实保障人民群众对法律监督工作的知情权、参与权和监督权。

三、以队伍建设为根本，夯实检察工作发展基础

深化理想信念和政治纪律教育，深入开展“三严三实”和“忠诚、干净、担当”专题教育活动，巩固拓展群众路线教育实践活动成果，继续着力解决群众反映强烈的“四风”突出问题，努力形成作风建设新常态。加强“学习型党组织”建设，提高领导班子科学谋划工作发展的水平和能力，搭建一个坚强领导集体。坚持以专业化建设为导向，以岗位素能标准为依据，有条件、有步骤地开展检察人才重点培养工程；落实职业化建设目标任务，完善队伍管理制度规范，切实提高管理科学化水平。深入开展检察文化建设，以政法干警核心价值观、检察官职业道德规范为引领，以铸造职业精神为核心，培育和繁荣检察文化。持续加强纪律作风建设，推进廉政教育经常化、规范化和制度化，坚持靠制度管人管事管权，切实把权力关进制度的笼子。始终保持“零容忍”态度，坚决查处检察人员违纪违法案件。

各位代表、各位委员，面对新形势新任务，区人民检察院将紧紧依靠区委和上级检察院的正确领导，更加自觉地接受人大、政协和社会各界的监督，坚定信心、励精图治、真抓实干，促进检察工作全面发展，为推进依法治区，加快建设国际化商务中心和山水园林新城区、率先在全市全面建成小康社会而努力奋斗！

国民经济统计资料

西山区2014年国民经济和社会发展统计公报

西山区统计局 （2015年4月）

2014年，面对复杂多变的国内外经济形势，全区人民在市委、市政府和区委、区政府的正确领导下，以党的十八大和十八届三中、四中全会、中央经济工作会及习近平总书记系列重要讲话精神为指导，认真贯彻落实省委九届九次全会、市委、区委十届六次全会会议精神，坚持稳中求进的工作总基调，全力推进改革开放，着力创新宏观调控，奋力激发市场活力，努力培育创新动力，国民经济在新常态下平稳运行，结构调整出现积极变化，发展质量不断提高，民生事业持续改善，实现了经济社会持续稳定发展。

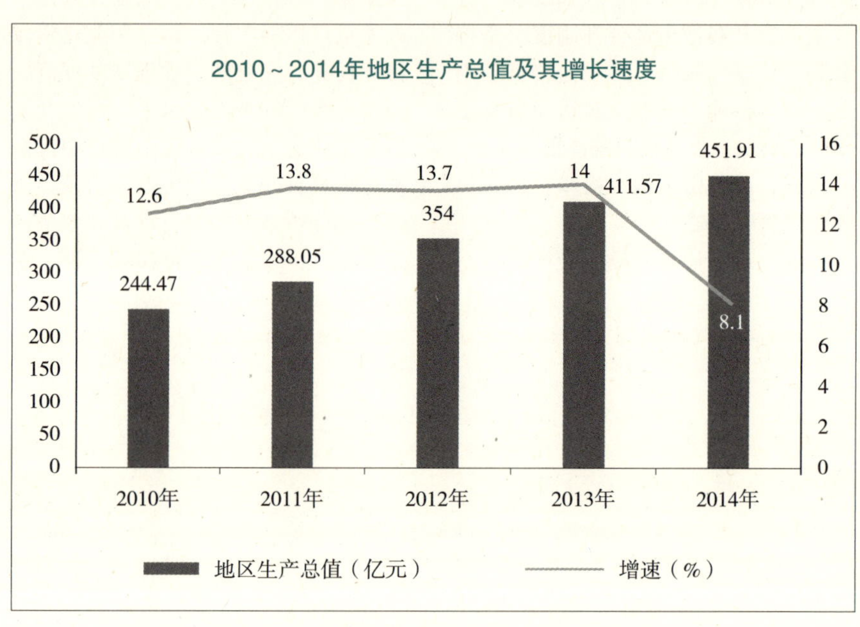

一、综合

年末全区常住人口77.5万人，比上年末增长0.4%，出生率11.74‰，死亡率6.45‰，人口自然增长率5.29‰。

年末全区户籍人口52.8万人，比上年末增长1.3%。户籍人口中少数民族人口8.23万人，占总人口的15.6%。主要世居少数民族为彝族，有3.19万人；其次为白族，有20647人；第三为回族，有1.53万人；第四为苗族，有2205人；其他少数民族的人口合计1.22万人。从户籍人口年龄结构看，0～18岁人口7.95万人，18～35岁人口10.39万人，35～60岁人口22.82万人，60岁以上人口为11.64万人。

国民经济平稳增长。初步核算全年全区实现地区生产总值（GDP）451.91亿元，按可比价格计算，增长8.1%，其中第一产业实现增加值3.6亿元，增长4%；第二产业实现增加值119.96亿元，增长9.5%；第三产业实现增加值328.35亿元，增长7.6%。

三次产业结构比为0.8:26.5:72.7。人均GDP达到5.84万元。

财政收入稳定增长。全年全区地方公共财政预算收入完成34.59亿元，增长6.4%，其中税收收入29.40亿元，增长2.3%。地方公共财政预算支出35.53亿元，下降3.8%。

二、农业

全年实现农林牧渔业总产值5.86亿元，比上年增长3.8%。其中农业产值3.06亿元，增长6.4%；林业产值0.36亿元，增长1.8%；畜牧业产值1.91亿元，增长0.2%；渔业产值0.25亿元，增长3.7%；农林牧渔服务业产值0.28亿元，增长4.1%。

全年粮食种植面积3052公顷，产量18522吨；蔬菜种植面积2501.5公顷，产量6.29万吨；鲜切花种植面积174.8公顷，产量3714.8万枝。

全年肉类总产量1.1万吨，比上年下降19.5%；禽蛋产量862.9吨，增长1.3%；牛奶产量119吨，比上年增长2.6%。

全年农用化肥施用量（折纯）3261.7吨，农村用电量3984.2万千瓦小时。年末农业机械总动力13.31万千瓦特。

三、工业和建筑业

工业生产平稳较快增长。全年全部工业增加值64.95亿元，比上年增长10.0%，其中规模以上工业企业增加值

2014年主要农、畜产品产量及增长速度

指 标	单位	产 量	增速（%）
粮食	吨	18522	1.3
谷物	吨	16166.5	11.5
蔬菜	吨	62867.4	12.8
园林水果	吨	8695.1	19.7
肉类总产量	吨	11003.8	-19.5
猪肉	吨	9357.8	-20.5
牛奶产量	吨	119	2.6
肉猪出栏数	头	99308	-14.6
家禽出栏数	只	395892	-23.6
肉羊出栏数	只	12977	-14.9
猪年末存栏数	头	77214	7.2
羊年末存栏数	只	34716	19.8
大牲畜年末存栏数	头	5409	-21.8

2014年主要工业产品产量及增长速度

产品名称	单位	产 量	增速（%）
磷矿石（折含五氧化二磷30%）	吨	797666	-24.3
饲料	吨	10638	102.0
硫酸（折100%）	吨	1030812	1.1
农用氮、磷、钾化学肥料（折纯）	吨	221600	18.8
磷酸一铵（实物量）	吨	410013	14.6
磷酸二铵（实物量）	吨	1523688	-0.1
中成药	吨	6301	32.6
水泥	吨	239120	-28.1
光学仪器	台	23158	-20.1
发电机组（发电设备）	千瓦	940400	27.1
交流电动机	千瓦	760579	-20.4

41.60亿元，增长12.2%。在规模以上工业中：轻工业增加值8.91亿元，增长3.6%；重工业增加值32.69亿元，增长14.5%。从行业看，磷化工制造业实现18.77亿元，下降4.4%；医药制造业实现6.62亿元，增长26.6%；通用设备制造业实现1.23亿元，增长36.1%。

全年规模以上工业企业实现销售产值145.10亿元，比上年增长3.2%；实现利税总额8.89亿元，比上年增长103.3%，其中利润总额3.25亿元，增长324.8%；产品销售率99.81%。

全年全区建筑业实现增加值55亿元，比上年增长8.9%。完成建筑企业总产值181.3亿元，比上年增长3.4%。年末具有资质等级的总承包和专业承包建筑业企业194户，从业人员6.45万人。房屋建筑施工面积811.9万平方米，房屋建筑竣工面积540.6万平方米。

四、规模以上固定资产投资

规模以上固定资产投资增速放缓。全年区域规模以上固定资产投资完成483.64亿元，增长20.7%，区属规模以上固定资产投资完成388.33亿元，增长14.8%，其中第二产业完成投资30.94亿元，下降26.5%；第三产业完成投资357.39亿元，增长20.7%。

全年房地产开发投资263.2亿元，增长37.8%。

五、国内贸易

市场销售稳定增长。全年完成社会消费品零售总额414.2亿元，增长11.7%。按经济成分划分，公有制经济实现零售额70.79亿元，占全区比重的17.1%；非公有制经济实现零售额343.41亿元，占全区比重的82.9%。

2014年分行业规模以上固定资产投资及增长速度

行业	投资额（亿元）	同比增长（%）
总计	388.33	14.8
农、林、牧、渔业	0	0
采矿业	16.42	841.1
制造业	13.82	-65.0
电力、热力、燃气及水生产和供应业	0.70	-19.3
建筑业	0	0
批发和零售业	14.52	-57.4
交通运输、仓储和邮政业	0.58	-76.7
住宿和餐饮业	1.58	-78.8
信息传输、软件和信息技术服务业	0	0
金融业	1.35	100
房地产业	292.05	37.8
租赁和商务服务业	3.37	-35.0
科学研究和技术服务业	13.59	178.7
水利、环境和公共设施管理业	26.06	25.3
居民服务、修理和其他服务业	0	0
教育	0.41	-82.6
卫生和社会工作	2.59	-33.4
文化、体育和娱乐业	0	0
公共管理、社会保障和社会组织	1.29	176.6

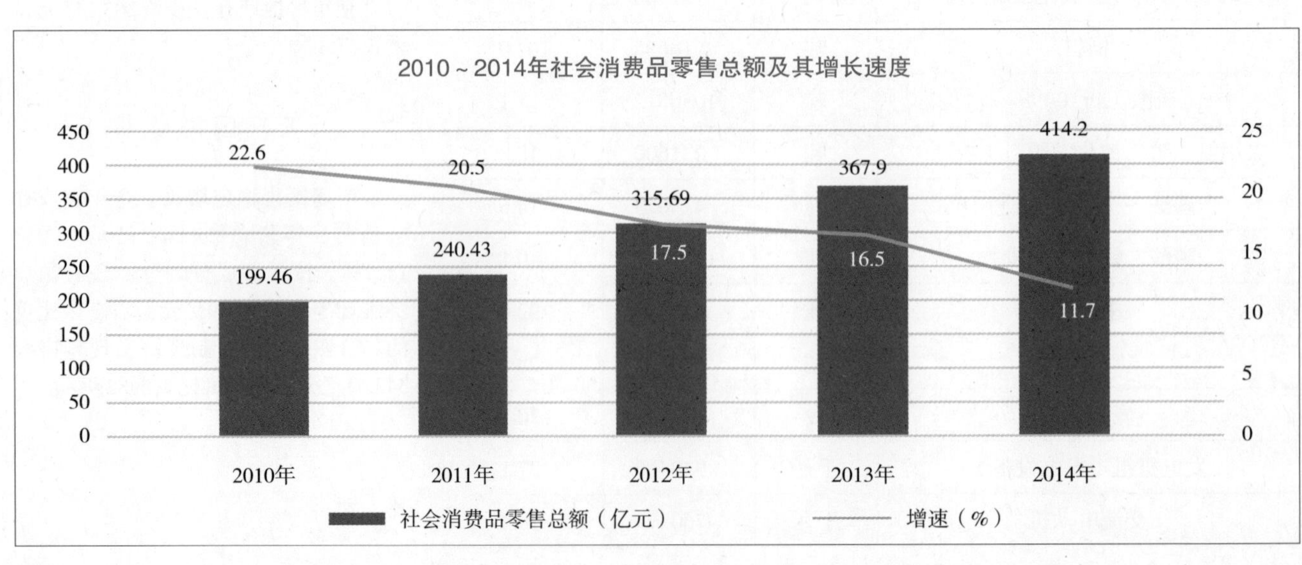

六、交通、邮政和旅游

交通运输平稳增长。全年交通运输、仓储及邮电运输业实现增加值6.73亿元，增长5.3%。

全年完成邮政业务收入2357.47万元，函件为1240万件。

全年西山区共接待国内外游客1003.67万人次，实现旅游收入100.82亿元，增长18.1%。制作了“西山如画”文化旅游宣传品及《遇见你美丽西山》旅游宣传片，西山风景区申报创建国家5A级旅游景区通过省级评定。

七、金融

金融市场运行总体平稳。年末金融机构各项存款余额725亿元，比年初增长4.19%，其中单位存款319.2亿元，个人存款383.6亿元，分别增长3.09%和增长4.97%。金融机构各项贷款余额479.9亿元，比年初增长18.38%，其中短期贷款145.8亿元，中长期贷款331.2亿元，分别增长30.98%和13.19%。

2014年金融机构存贷款情况

指　标	年末数（万元）	比年初增长（%）
各项存款余额	7253872.39	4.19
其中：单位存款	3192162.53	3.09
个人存款	3836437.43	4.97
各项贷款余额	4799079.70	18.38
其中：短期贷款	1457717.89	30.98
中长期贷款	3312503.22	13.19

八、招商引资

全年引进市外到位资金103.7亿元，完成市政府下达100亿元任务的103.7%，超计划进度3.7个百分点；实际利用外资8899.7万美元，完成市政府下达8700万美元任务的102.3%，超计划进度2.3个百分点。

九、科技、教育、文化和卫生

科技教育和文化体育卫生事业较快发展。全年实施科技计划项目146项，其中重大科技计划项目54项；评选2014年科学技术进步奖7项、专利奖2项、创新认定奖41项。全年受理专利申请589件，获专利授权417件。

年末共有各级各类学校238所。其中小学74所（完小74所）；完全中学10所；初级中学9所；高级中学1所；幼儿园117所；中职学校9所；特教学校1所（昆明市盲哑学校），九年一贯制学校14所，十二年一贯制学校2所，教育科研中心1所；共有在校学生总数11.75万人。其中普通中学在校学生2.68万人，比上年减少2.28%；普通小学在校学生4.71万人，比上年增加0.95%；幼儿园入园班8311人，比上年增长0.39%。小学入学率99.86%，小学毛入学率达103.44%，初中毛入学率达110.36%，小学辍学率为0.02%，初中辍学率0.19%，初中升入普高57.42%。

年末共有业余文化艺术表演团体184个，文化馆1个，公共图书馆1个，并完成昆明市“十二五”文化站室改、扩建任务25个，全部社区文化室共计开展活动2.35万次。

年末共有卫生机构687个，其中医院49个；卫生机构共有病床9403张，其中非营利性医疗机构设置床位数7900张，营利性医疗机构设置床位1403张；在职在编医生3767人，护士3966人，医技人员970人。新增无害化卫生厕所1000户，卫生厕所普及率94.56%。

十、人民生活、环境保护和社会保障

城乡居民收入继续增加。全年全区城镇常住居民人均可支配收入达3.2万元，比上年增长8.8%；农村常住居民人均可支配收入达1.39万元，比上年增长12.0%。

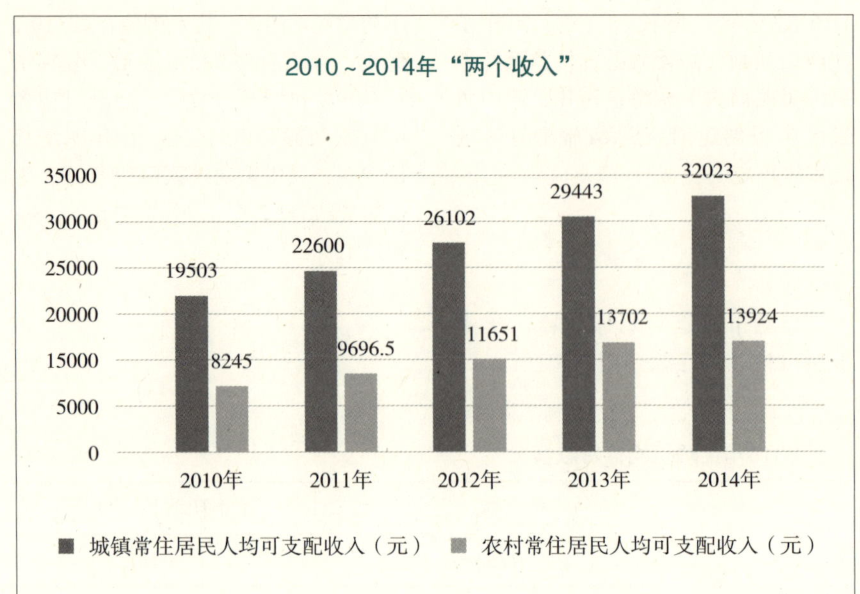

全年共办理环保“三同时”验收132家，发放排污许可证166家；获得环境监测有效数据3万个。全年单位GDP能耗下降4.46%；规模以上工业企业万元增加值能耗下降31.78%。

社会保障建设取得新进展。全年共发放城镇职工基本养老保险金10亿元；支付医疗保险金3.021亿元；最低生活保障金4167万元，其中城市居民最低生活保障金4030万元，农村居民最低生活保障金137万元；城镇新增就业1.74万人，城镇登记失业率控制在2.5%，实现农村劳动力转移就业6175人次。年末拥有公办城市老年养老机构3个，床位72张；民办老年养老机构14个，床位数2157张。

注：

1．本公报中数据除农业总产值外其余均为初步统计数。

2．地区生产总值、各产业增加值绝对数按现价计算，增长速度按可比价格计算。

3．金融机构存贷款余额的增长速度是采用银行可比口径计算。

2000～2014年西山区主要年份国民经济主要指标

指标名称	计量单位	2000年	2005年	2010年	2012年	2013年	2014年
一、年末户籍人口	人	332891	420778	501093	513749	521405	528002
城镇人口	人	205399	320070	396256	513749	521405	528002
农村人口	人	127492	100708	104837	—	—	—
二、从业人员数	人	149083	160204	206543	130823	159060	154396
其中：职工人数	人	9073	100713	111645	117260	137979	134329
三、生产总值（当年价）	万元	754078	1247272	2444733	3540018	3910169	4139257
第一产业	万元	27029	23489	26997	32563	33356	34452
第二产业	万元	281463	426707	704049	960057	1044844	1173388
第三产业	万元	445586	797076	1713687	2547398	2831969	2931417
人均生产总值	元	12497	18479	33289	46232	50748	53513
四、固定资产投资							
全社会固定资产投资	万元	55619	536176	2105325	2810000	3382999	4141981
五、地方财政收入	万元	27907	69019	170018	266368	325128	345949
地方财政支出	万元	27721	65916	198104	290989	369374	355292
六、农业生产							
1. 农林渔业总产值（当年价）	万元	48477	36467	43547	52806	56456	58601
农业产值	万元	33894	19484	17876	27031	28730	30566
林业产值	万元	1902	2119	2358	3099	3570	3634
牧业产值	万元	10077	11407	20313	18656	19064	19110
渔业产值	万元	2604	2456	1800	2110	2414	2503

续表

指标名称	计量单位	2000年	2005年	2010年	2012年	2013年	2014年
2. 主要农产品产量							
粮食	吨	47720	26816	17086	17580	18294	18522
油料	吨	175	253.5	240	212	157.3	157.9
烤烟	吨	1198	655	—	—	—	—
水果	吨	6021	5157	6102	6450.7	7261.6	8695.1
猪牛羊肉	吨	8098	9566.6	8469	10529	12629	9586.7
水产品	吨	2548	1147	800.7	800.5	507	507
大牲畜年末存栏	头	24021	14982	10950	8016	6916	6916
3. 农业生产条件							
乡村劳动力	人	89218	69613	51931	51515	52517	52659
耕地面积	公顷	7168	4039.1	3289.2	3195.8	3181.6	3110.8
其中：田	公顷	3480	1621	1283.8	1105.2	1140.5	1029.8
地	公顷	3688	2418.1	2005.4	2090.6	2041.1	2081
农业机械总动力	万瓦特	16521.2	12755.99	12408	12449.8	12795	13310
农作物播种面积	公顷	12811	8428.2	6917.3	5911.8	5959.3	6084.6
其中：粮食作物	公顷	9981	5080.9	4158.5	3428	2994.9	3052
烤烟	公顷	690	101	—	—	—	—
农业化肥施用量（折纯量）	吨	5828	3544.9	3179.5	3851.1	3736.6	3261.7
农村用电量	万千瓦/小时	4017	5316.4	3071.4	3557.6	3381.4	3984.2
4. 农业经济总收入	万元	1980320	2678171.79	3477108			4956962.73
七、工业生产							
1. 全部工业总产值（当年价）	万元	302900	984921	1631942	2328886	1619699	1668945
轻工业	万元	99001	194677	300671	742602	516467	355087
重工业	万元	204899	790244	1331271	1586284	1103232	1313858
2. 全部工业企业单位数	个	3105	2003	2321	2005	736	699
八、社会消费品零售总额	万元	213000	638358	1994590	3156871	3679027	4141981
九、教育							
普通中学在校学生数	人	12174	20917	20645	27177	27423	26797
小学在校学生数	人	27015	52391	47119	47587	46609	47055
学龄儿童入学率	%	100	100	100	100	100	100
十、卫生							
医院床位数	床	238	6951	8217	8989	9065	9065
医生数	人			10857	11900	9095	11366
十一、公路通车里程	千米	730.3	515.99	489	516.185	632.814	642.259
十二、居民生活							
职工工资总额	万元			292606	425447	549093	615107
职工年平均工资	元	9976	12714	26924	37334	40475	46465
农民年人均纯收入	元	3708	4978.19	8245	11651	13702	13924
城镇居民人均可支配收入	元		8831.48	19503	26102	29443	32023
城乡储蓄存款余额	万元		692175	2767386	5903284.4	6961503.5	7253372.40

注：2013年、2014年生产总值为第三次全国经济普查后衔接数。

昆明市14县市区主要经济指标排序

地　区	年末总人口（万人）		位　次	生产总值（当年价、亿元）		位　次
	2013年	2014年		2013年	2014年	
昆明市	657.9	662.6		3415.31	3712.99	
五华区	86.3	86.7	1	827.95	894.42	1
盘龙区	82.2	82.6	4	452.46	497.29	4
官渡区	87.0	87.4	2	790.06	866.00	2
西山区	77.2	77.5	3	411.57	2109728	3
东川区	27.7	27.9	10	73.25	451.91	10
呈贡区	32.6	33.0	13	132.56	148.11	7
晋宁县	29.4	29.7	11	96.06	102.43	8
富民县	15.0	15.3	14	48.95	53.96	14
宜良县	42.9	43.2	7	155.18	166.25	6
石林县	25.4	25.6	12	67.67	64.79	12
嵩明县	29.5	30.1	8	75.62	84.41	9
禄劝县	40.5	40.8	6	58.20	63.64	13
寻甸县	46.5	46.7	5	64.95	72.60	11
安宁市	35.7	36.2	9	230.68	230.94	5
地　区	地方公共财政预算收入（亿元）		位　次	地方公共财政预算支出（亿元）		位　次
	2013年	2014年		2013年	2014年	
昆明市	450.75	477.97		585.75	593.66	
五华区	36.31	32.47	2	32.77	31.12	2
盘龙区	33.25	33.40	5	37.11	36.43	4
官渡区	45.00	40.01	1	47.05	40.16	1
西山区	32.51	34.59	3	36.94	35.53	3
东川区	6.93	7.10	12	22.21	22.31	6
呈贡区	11.07	14.29	6	14.75	17.22	12
晋宁县	13.43	14.50	7	24.45	24.92	10
富民县	4.27	4.73	14	9.83	9.97	14
宜良县	6.84	7.21	8	17.68	15.92	11
石林县	7.45	5.13	11	14.30	14.09	13
嵩明县	9.03	9.70	9	17.01	18.99	9
禄劝县	5.98	6.06	13	22.74	21.95	8
寻甸县	7.24	7.62	10	22.90	23.05	7
安宁市	26.99	22.74	4	31.03	27.28	5

续表

地　区	规模以上固定资产投资（亿元）		位　次	社会消费品零售总额（亿元）		位　次
	2013年	2014年		2013年	2014年	
昆明市	2931.50	3138.17		1702.30	1905.89	
五华区	445.47	305.37	5	404.53	446.61	1
盘龙区	327.63	426.43	3	336.65	375.19	3
官渡区	577.18	557.31	1	328.64	371.39	4
西山区	400.81	478.58	2	367.90	414.20	2
东川区	69.43	85.43	13	15.24	17.38	13
呈贡区	262.61	332.74	4	28.58	31.17	6
晋宁县	117.83	127.72	7	25.10	28.61	9
富民县	36.99	48.29	14	11.60	13.10	14
宜良县	90.90	102.18	10	25.71	29.17	8
石林县	105.89	114.88	8	27.34	31.16	7
嵩明县	121.71	106.09	9	20.35	23.32	12
禄劝县	84.50	101.91	12	20.96	23.72	11
寻甸县	80.10	102.18	10	21.51	24.53	10
安宁市	210.45	249.05	6	68.18	76.34	5

地　区	农村常住居民人均可支配收入（元）		位　次	城镇常住居民人均可支配收入（元）		位　次
	2013年	2014年		2013年	2014年	
昆明市	9273	10366		28354	31295	
五华区	12040	13476	5	29700	32099	1
盘龙区	12158	13543	4	29974	32056	2
官渡区	14025	14213	1	30820	32036	3
西山区	13702	13924	2	29443	32023	4
东川区	5137	5765	14	21775	23608	14
呈贡区	12445	13760	3	28297	31720	5
晋宁县	10728	10913	7	26228	28806	10
富民县	9891	10148	10	25433	28528	11
宜良县	10090	10346	8	26643	29124	8
石林县	10031	10284	9	27002	29512	7
嵩明县	9260	10040	11	25945	29013	9
禄劝县	5438	5920	13	22083	23726	13
寻甸县	5630	6113	12	23020	24861	12
安宁市	10974	12562	6	29360	31606	6

续表

地区	农林牧渔业总产值（当年价、亿元）		位次	粮食总产量（万吨）		位次
	2013年	2014年		2013年	2014年	
昆明市	298.66	316.77		123.01	123.60	
五华区	3.22	3.25	14	0.84	0.97	13
盘龙区	7.83	7.90	12	3.98	4.35	10
官渡区	13.57	14.20	9	2.42	2.51	11
西山区	5.65	5.86	13	1.83	1.85	12
东川区	11.33	12.21	10	7.96	7.77	6
呈贡区	9.15	8.65	11	0.49	0.30	14
晋宁县	30.17	32.34	5	4.96	4.79	8
富民县	14.40	15.18	8	6.79	6.72	7
宜良县	63.01	66.29	1	17.90	17.82	3
石林县	30.34	32.88	4	14.62	14.83	4
嵩明县	22.91	24.36	6	10.42	10.24	5
禄劝县	33.80	36.81	2	21.48	22.48	2
寻甸县	33.07	35.62	3	24.48	24.56	1
安宁市	20.23	21.21	7	4.83	4.42	9

地区	烤烟总产量（万吨）		位次	蔬菜总产量（万吨）		位次
	2013年	2014年		2013年	2014年	
昆明市	8.44	7.46		250.95	262.56	
五华区	0.08	0.07	10	1.83	1.86	14
盘龙区	0.76	0.33	6	8.75	8.34	10
官渡区				7.14	4.78	13
西山区				5.57	6.29	12
东川区	0.03	0.05	11	14.06	14.05	7
呈贡区				19.84	19.80	6
晋宁县	0.21	0.19	9	39.59	40.70	2
富民县	0.28	0.26	7	6.65	6.91	11
宜良县	1.20	1.03	4	38.80	41.23	1
石林县	1.49	1.42	2	26.93	28.59	4
嵩明县	0.48	0.42	5	32.49	36.03	3
禄劝县	1.43	1.36	3	8.70	12.23	9
寻甸县	2.21	2.14	1	12.83	13.65	8
安宁市	0.29	0.19	8	27.76	28.10	5

续表

地　区	猪牛羊肉总产量（万吨）		位　次	人均猪牛羊肉产量（千克）		位　次
	2013年	2014年		2013年	2014年	
昆明市	44.92	431071		69	65	
五华区	1.05	9978	10	12	12	11
盘龙区	0.54	5630	13	7	7	13
官渡区	0.80	9459	12	9	11	12
西山区	1.26	9587	11	16	12	10
东川区	4.37	41041	4	158	148	3
呈贡区	0.03	402	14	1	1	14
晋宁县	2.67	24186	8	91	82	9
富民县	2.15	20970	9	144	138	5
宜良县	6.46	61359	3	151	143	4
石林县	2.83	25569	7	112	100	7
嵩明县	3.33	31556	6	114	106	6
禄劝县	6.81	68530	2	169	169	2
寻甸县	8.83	87474	1	190	188	1
安宁市	3.80	35330	5	107	98	8

地　区	人均粮食产量（千克）		位　次	人均蔬菜产量（千克）		位　次
	2013年	2014年		2013年	2014年	
昆明市	188	187		383	398	
五华区	10	11	13	21	22	14
盘龙区	49	53	10	107	101	11
官渡区	28	29	11	82	55	13
西山区	24	24	12	72	81	12
东川区	289	279	7	509	505	7
呈贡区	15	9	14	612	604	6
晋宁县	169	162	8	1353	1377	1
富民县	454	444	4	445	456	8
宜良县	419	414	5	908	958	4
石林县	579	582	1	1066	1121	3
嵩明县	355	344	6	1109	1209	2
禄劝县	532	553	2	216	301	9
寻甸县	528	527	3	277	293	10
安宁市	136	123	9	784	782	5

续表

地区	人均生产总值（元）		位次	人均社会消费品零售额（元）		位次
	2013年	2014年		2013年	2014年	
昆明市	52094	56236		26150	28866	
五华区	96161	103461	1	47011	51661	2
盘龙区	55179	60351	4	41206	45533	3
官渡区	91021	99312	2	38081	42591	4
西山区	53416	58424	5	48048	53549	1
东川区	26542	29226	10	5550	6251	12
呈贡区	40914	45155	6	8947	9503	8
晋宁县	32842	34663	9	8714	9681	7
富民县	32742	35616	8	7835	8648	9
宜良县	36300	38618	7	6060	6777	11
石林县	26799	25406	12	10959	12220	6
嵩明县	25810	28326	11	7016	7826	10
禄劝县	14424	15656	13	5231	5836	13
寻甸县	13999	15579	14	4661	5264	14
安宁市	65163	64238	3	19621	21235	5